“祭祀黄帝陵与中华民族伟大复兴新征程”
学术论坛论文集

陕西省黄帝陵文化园区管理委员会
（陕西省公祭黄帝陵工作委员会办公室） 编
西北大学中国思想文化研究所

西北大学出版社
·西安·

图书在版编目（CIP）数据

“祭祀黄帝陵与中华民族伟大复兴新征程”学术论坛论文集／陕西省黄帝陵文化园区管委会，西北大学中国思想文化研究所编. --西安：西北大学出版社，2021.10

ISBN 978-7-5604-4852-7

Ⅰ.①祭… Ⅱ.①陕… ②西… Ⅲ.①中华文化-文集 Ⅳ.①K203-53

中国版本图书馆 CIP 数据核字（2021）第 206545 号

“祭祀黄帝陵与中华民族伟大复兴新征程”学术论坛论文集

作　　者：陕西省黄帝陵文化园区管理委员会（陕西省公祭黄帝陵工作委员会办公室）
　　　　　西北大学中国思想文化研究所　编
出版发行：西北大学出版社
地　　址：西安市太白北路 229 号
邮　　编：710069
电　　话：029-88303059
经　　销：全国新华书店
印　　装：西安华新彩印有限责任公司
开　　本：787 毫米×1092 毫米　1/16
印　　张：36.25　　插　　页：8
字　　数：610 千字
版　　次：2021 年 10 月第 1 版第 1 次印刷
书　　号：ISBN 978-7-5604-4852-7
定　　价：116.00 元

西北大学名誉校长、清华大学暨西北大学教授张岂之先生
在学术论坛开幕式上视频致辞

陕西省人民政府副省长方光华在学术论坛开幕式作重要讲话

陕西省人民政府副秘书长高阳主持学术论坛开幕式

西北大学副校长常江在学术论坛开幕式致辞

学术论坛开幕式

学术论坛会场

“祭祀黄帝陵与中华民族伟大复兴新征程”学术论坛与会代表合影

畅通民族血脉　焕发民族活力

陕西省人民政府副省长　方光华

（2021 年 4 月 5 日）

党的十九大报告指出，中国特色社会主义进入新时代。新时代是全面建设社会主义现代化强国的时代，是奋力实现中华民族伟大复兴中国梦的时代。去年 10 月召开的党的十九届五中全会指出，我国特色社会主义进入新阶段，这是开启全面建设社会主义现代化国家新征程、奋力推进中华民族伟大复兴进程的新阶段。

全面建设社会主义现代化，推进中华民族伟大复兴，将会遇到许多新问题和新挑战，将进行具有许多新的特点的伟大斗争。这需要进一步凝聚民族意志，振奋民族精神，以新的精神状态和奋斗姿态，在各个领域进行创造性的工作，把中国特色社会主义推向前进。

文化是民族的血脉，是人民的精神家园。良好的精神状态离不开文化的熏陶。文化能昭示时代主题的精神内涵，并唤醒人的奋斗意志。文化能开放人的心灵，促成不同领域创造者的心灵碰撞，激发创新的火花。文化能酝酿激励和尊重创新活动的氛围。当前，更要畅通民族血脉，焕发民族活力。

要坚持用习近平新时代中国特色社会主义思想武装头脑。现代化是近代以来摆在中国人民面前的时代课题，民族复兴是近代以来中国人民的共同梦想。经过一个多世纪的艰苦探索，我们摸索出中国特色社会主义这样一条向现代化迈进、实现民族复兴的康庄大道。在这一道路的探索过程中，中国共产党将马克思主义普遍真理与中国特色社会主义具体实践相结合，形成了毛泽东思想、邓小平理论、“三个代表”重要思想、科学发展观、习近平新时代中国特色社会主义思想等思想成果，将中华理性思辨传统发展到新的高度。习近平新时代中国特色社会主义思想，从理论和实践结合上系统回答了新时代坚持和发展什么样的中国特色社会主义、怎样坚持和发展中国特色社会主义这一重大课题。我们一定要系统把握习近平新时代中国特色社会主义思想的科学内涵、精神实质和根本要求，掌握贯穿其中的科学观点，增进与解决实际问题相结合的水平，努力提高现代化建设能力。

要从民族优秀传统文化中吸取智慧。习近平总书记指出，中国特色社会主义植根于中华文化沃土、反映中国人民意愿、适应中国和时代发展进步要求，有着深厚历史渊源和广泛现实基础，不但显示出社会主义的活力，也显示出中华文明的生命力。近代以来世界现代化的历史反复证明，现代化在与外部嫁接和移入中，必须落实到其内在的根基。西方的现代化，无论是近代西方的科技文明还是文艺复兴、宗教改革和启蒙思想，都有其文化传统。中国的现代化是中国人在自己本土深厚的文化积累上进行的运动，只有立足传统的深厚根基才能持久。它需要我们从历史中吸取智慧，建立起历史、现在和未来的联系。

要深化与世界其他文化的沟通。习近平总书记指出，把我们所走过的路置于人类文明的历史长河，就会看到，近代以来特别是改革开放以来，中国特色社会主义事业丰富了世界现代化进程的探索，显示出社会主义的活力，为人类文明增添了色彩，丰富了人类精神生活的内涵。当今世界，人类文明发展方向依然面临多种选择，世界并不平静。习近平总书记多次强调要用命运共同体的理念观察和处理中国自身和世界问题。人类命运共同体理念坚持国家独立自主、坚持和平发展、坚持文化多样性，渗透中华文化的精神追求，凝聚着近代以来中华民族追求独立解放的宝贵经验，表达了中国追求和平发展和为世界福祉贡献力量的决心。只有秉持人类命运共同体的文化理念，以更加开放包容的胸怀融入世界，加强与世界其他文化的交流，才能为中国全面现代化营造良好的外部环境，才能为人类文明作出新的更大贡献。

黄帝是中华民族的人文始祖。陕西桥山黄帝陵是黄帝的陵寝所在地。黄帝陵前的祭奠，自唐代宗大历五年（770）列入国家祀典后，延续千余年未变。黄帝陵成为全球华人尊崇敬仰的人文圣地，每年的清明公祭已成为凝聚海内外炎黄子孙的精神纽带。2015 年 2 月，习近平总书记在陕西视察时指出：“黄帝陵是中华文明的精神标识。”

在开启全面建设社会主义现代化新征程的新阶段，黄帝依然是我们的一面旗帜。

增强做中国人的骨气底气需要用中华优秀传统文化加以滋养。中华民族能在漫长历史中生生不息、薪火相传，一个很重要的原因就是有一脉相承的精神追求、精神特质。中国有五千多年文明史，积累了丰富的理性思辨。在近代以来的民族独立解放斗争中，以及国家建设和改革的伟大实践中，形成了丰富多彩的思想体系。中华理性思辨传统和中国特色社会主义理论体系仍将是我们在世界文化激荡中站稳脚跟的根基，仍将是我们观察和融入世界、影响和改善世界格局的精神路标。

治国理政需要从中华优秀传统文化中汲取智慧。今天，摆在我们面前的一项重大历史任务，就是要推动中国特色社会主义制度更加成熟更加定型，为党和国家事业发展、为人民幸福安康、为社会和谐稳定、为国家长治久安提供一整套更完备、更稳定、更管用的制度体系。而要做到这一点，中华优秀传统文化所蕴含的政治智慧不容忽视。习近平总书记强调，一个国家的治理体系和治理能力是与这个国家的历史传承和文化传统密切相关的。解决中国的问题只能在中国大地上探寻适合自己的道路和办法。我们推进国家治理体系和治理能力现代化，要学习和借鉴人类文明的一切优秀成果，但不是照搬其他国家的政治理念和制度模式，而是要积极总结我国古代治国理政的探索和智慧，从我国的现实条件出发并创造性前进。

推进文明交流互鉴仍然需要从中华文明的发展历史中获得启迪。中华文明是在与其他文明交流互鉴中发展过来的。从历史上的佛教东传、“伊儒会通”，到近代以来的“西学东渐”、新文化运动、马克思主义和社会主义思想传入中国，再到改革开放以来全方位对外开放，中华文明始终在兼收并蓄中历久弥新。文明交流互鉴，是推动人类文明进步和世界和平发展的重要动力。我们应坚持相互尊重、平等相待，美人之美、美美与共，开放包容、互学互鉴，与时俱进、创新发展，共同消除现实生活中的文化壁垒，共同抵制妨碍人类心灵互动的观念纰缪，共同打破阻碍人类交往的精神隔阂，在推进构建人类命运共同体的进程中，把中华文明和世界文明推向新高度。

习近平总书记指出：每一种文明都延续着一个国家和民族的精神血脉，既需要薪火相传、代代守护，更需要与时俱进、勇于创新。中国人民在实现中国梦的进程中，将按照时代的新进步，推动中华文明创造性转化和创新性发展，激活其生命力，把跨越时空、超越国度、富有永恒魅力、具有当代价值的文化精神弘扬起来，让收藏在博物馆里的文物、陈列在广阔大地上的遗产、书写在古籍里的文字都活起来，让中华文明同世界各国人民创造的丰富多彩的文明一道，为人类提供正确的精神指引和强大的精神动力。黄帝陵已经成为海内外中华儿女寻根、筑梦、铸魂的民族圣地。我们要继续把黄帝陵祭奠谱写成为中华文明的赞美诗，畅通民族血脉，焕发民族活力，为全面建设社会主义现代化，推进中华民族伟大复兴，作出新的贡献。

目　录

黄帝与黄帝文化

文化传承与创新

文化创新与民族复兴新征程

黄帝与黄帝文化

在“祭祀黄帝陵与中华民族伟大复兴新征程”学术论坛上的发言

张岂之

（西北大学名誉校长、教授）

欢迎学界朋友们光临陕西省黄陵县，参加2021年清明祭陵学术论坛，今年的学术论坛已是第十四届。

一、5000多年的文明史与中华民族大融合

黄帝和炎帝是中国远古传说中的人物，这些传说经过文字加工，保存在先秦及秦汉以后的一些文献中。

传说不都是虚构，只要有佐证，其中有可信的部分。关于黄帝及其历史贡献，经司马迁（前145—前90年）在《史记》中的叙述，以及后来中国考古学关于中华文明起源的探讨，这些都说明黄帝时期揭开了中华文明的序幕。

司马迁写《五帝本纪》，作为中华历史的开篇；“五帝”之首就是黄帝。[①]

根据《史记·五帝本纪》，加上中华文明起源的考古研究，揭示了黄帝时代距今有5000多年。今天中华儿女称中华文明源远流长，有5000多年的悠久历史。

在氏族部落的繁衍过程中，黄帝统一了黄河流域的大片土地，成为中原部落联盟的首领。黄帝时代，国家雏形确立、文字初现。制作车、船，学会打井、养蚕和缫丝。推进原始农业，制作冠冕衣裳，又设官治民，为中华民族的多元统一奠定了物质和教化的基础。后代子孙们推崇黄帝、祭祀黄帝，尊奉黄帝为中华民族的人文初祖。

从历史来看，中国的汉族，是各民族大融合的结果。在先秦时期，我国有

① 五帝：黄帝、颛顼、帝喾、尧、舜。

华夏、东夷、北狄、西戎和百越等五大民族集团。中国的主体民族就是各民族融合的结果。

汉族能在中国历史上起主导作用，不仅因为它的人口众多，更重要的是因为它有比较先进的生产方式，比较发达的经济和文化。

在中国历史上，有过少数民族入主中原进行统治的时期，比如有鲜卑建立北魏，契丹建立辽，女真建立金，蒙古建立元，满族建立清。他们在进入中原以前，都处于比中原的汉族低的发展阶段，当他们进入中原以后，不仅未能改变汉族原有的生产方式和文化积淀，还接受了汉族文化，由此推动了汉族文化与少数民族文化的交融和发展。

2015 年 2 月国家主席习近平到陕西视察工作，指出陕西省有许多特点，“黄帝陵是中华文明的精神标识”就是其中之一。对此加以阐发，使更多的人了解，有助于建立坚实的文化自信基石，加强民族凝聚力，这是十分必要的。

二、中华文明与中华文化

中华文明有自己的源头，五千多年没有中断。

中华文明在春秋战国时期孕育出博大精深的百家之学；中华文明在中国历史上为维护国家统一和民族团结作出了不可磨灭的贡献。一部中国历史实际上是中华文明传承发展的历史。

中国古代思想文化如泉之水，显示出强劲的生命力，它始终以一种开放的姿态，吸收域内和域外文化，在融合会通的基础上，消化吸收各家的理论学术成果，不断丰富发展自身。

今天我们在黄帝陵祭祀人文初祖黄帝，回顾中华文化的丰富内涵，使我们深感在清明祭黄帝陵时，对不断发展的中华文化努力加以领会和推进，十分必要。正如习近平总书记在哲学社会科学工作座谈会上所说：“中国古代大量鸿篇巨制中包含着丰富的哲学社会科学内容、治国理政智慧，为古人认识世界、改造世界提供了重要依据，也为中华文明提供了重要内容，为人类文明作出了重大贡献。”

习近平总书记在 2014 年纪念孔子诞辰 2565 周年国际儒学学术会议上说：“中国人民的理想和奋斗，中国人民的价值观和精神世界，是始终深深植根于中国优秀传统文化沃土之中的，同时又是随着历史和时代前进而不断与日俱新、与时俱进的。”当我们祭祀人文初祖黄帝时，对此会有很深的体会。

今天，正逢纪念中国共产党建党一百周年，我们应该深入地总结建党一百年来的丰富经验，为中华民族伟大复兴新征程、为人类文明进步继续作出新的贡献！

祭陵学术会议，开展了十几年，每年我们都组织海峡两岸暨香港的学者代表参加祭陵活动和相关的学术研讨。这个情况，因为疫情的原因，今年无法继续。台湾的学者朋友们今年没有机会来陕西参加祭祀黄帝陵及相关学术活动，但发来了视频发言和学术论文，我们对他们的辛勤付出和大力支持表示诚挚的感谢！同时也祝在座的专家学者和各界朋友们身体健康、快乐如意！

预祝第十四届祭陵学术会议圆满成功！

谢谢！

论黄帝是中华文明的始祖

杨东晨　杨尚儒
（陕西历史博物馆研究员、中华伏羲文化研究会副会长）

我国的历史非常悠久，随着考古工作的不断发展和深入，我们经历了以云南元谋人为代表的175万年史，以重庆巫山人为代表的200万年史。陕西蓝田上陈家山人被发现后，又将我国历史延长到了212万年。考古界将我国1万年前的社会称为旧石器时代；1万至公元前2070年称为新石器时代。我们仅对新石器时代晚期，父系氏族社会首位代表人物黄帝的事迹作一简述，以与专家、学者相交流，不妥之处，请多加指正。

一、轩辕由部落长至称黄帝

黄河是我国第二大河，上源于卡日曲，出青海省巴颜喀拉山脉各姿各雅山麓，东流经甘肃、宁夏、内蒙古、陕西、山西、河南等省区，在山东省北部注入渤海。轩辕（后称黄帝）的故里（生地）也随之有多种说法，主要有山东、河南、陕西、甘肃等学术观点。改革开放后，经过各地从文献记载到实地考察、争论，逐渐形成国家“台办”“侨办”主办的河南新郑祭祀黄帝故里，陕西黄陵县祭祀黄帝陵墓。我们对此完全赞成和拥护，现仅从学术角度上，再对轩辕故里在渭水流域谈些认识和看法。

（一）轩辕故里在西北黄土高原的清水县

黄河流域的炎黄故里有多处，历来有争论。改革开放后，学术界有渭水流域、黄河流域两种观点。前者认为：“炎黄两个氏族部落发祥于我国西北黄土高原地区。”①甘肃省轩辕文化研究会成立后，进一步明确了具体地点。《帝王

① 张岂之主编：《中国历史》，《先秦卷》（刘宝才、钱逊、周苏平主编），北京：高等教育出版社，2001年7月第1版，第26页。

世纪》黄帝云："母曰附宝，见大电绕北斗，枢星照郊野，感附宝，孕二十四月，生黄帝于寿丘，长于姬水，有圣德，受国于有熊，居轩辕之丘，故因以为名，又以为号。"《水经注·渭水》云："渭水又东南合泾谷水"，"又西北，轩辕谷水注之，水出南北轩辕溪，南安姚瞻以为黄帝生于天水，在上邽城东七十里轩辕谷，皇甫谧云生寿丘，丘在鲁东门北，未知孰是也"。清代梁玉绳《汉书·人表》考云："以戊巳日生黄帝于天水。"《甘肃通志》云："轩辕谷隘，清水县东七十里，黄帝庭此。"《直隶秦州新志》载："帝生于轩辕之丘。名曰轩辕，今清水县有轩辕谷。"《甘肃省志考异》云："轩辕谷在上邽城东七十里，轩辕帝生处也。"秦安县大地湾新石器时代遗址第四期文化，可与黄帝氏族相结合。原党和国家领导人华国锋同志视察清水县时，曾题写"轩辕故里"四个大字。轩辕氏族部落后沿渭水东徙，到达今宝鸡地区，又逐渐迁居于今陕西黄陵县，正与《中国历史》之《先秦卷》"炎黄两个氏族部落发祥于我国西北黄土高原地区"相吻合。从团结世界华人大局出发，天水市人民政府和民众，从不与新郑"争高低"，而是以虚心吸取其隆重大型祭祀经验，搞好祭祀活动，促进天水及清水县经济、文化发展为己任。

（二）桥山轩辕部落奉炎帝命东徙

轩辕氏族部落在今黄陵县桥山地区生产、生活、居住后，形成与炎帝部落群体（在今宝鸡地区）相邻，且尊炎帝为"盟主"的部落。《国语·晋语》云："昔少典娶有蟜氏，生黄帝、炎帝。黄帝以姬水成，炎帝以姜水成，成而异德，故黄帝为姬，炎帝为姜，二帝用师，以相济也。"从文献记载和历史实际知炎帝、黄帝先后均有八代，且炎帝八代均有其名和事迹；轩辕则只有一代之名和事迹。陕西地区，尤其是渭水流域的龙山文化遗址、出土文物可为资证。

《中国古史的传说时代》曰："炎帝及黄帝的氏族居住在陕西，也不知道经历几何年月。此后也不知道因为什么缘故一部分逐渐东移。黄帝氏族东迁的路线大约偏北，他们大约顺北洛水南下，到今大荔、朝邑一带，东渡黄河，跟着中条山及太行山逐渐向东北走。今山西省南部沿黄河的区域，姬姓的建国很多。"①"炎帝氏族也有一部分向东迁移。他们的路途大约顺渭水东下，再顺黄

---

① 徐旭生：《中国古史的传说时代》，桂林：广西师范大学出版社，2003 年 10 月第 1 版，第 49 页。

河南岸向东。"①

(三)轩辕邑于涿鹿与炎帝居曲阜

轩辕部落定居于涿鹿(今属河北省)后，在氏族先民留居或迁徙下，以及沿途氏族公社先民的不断加入，形成了从今山西至北京西北部的势力范围。《史记·五帝本纪》云："黄帝者，少典之子，姓公孙，名曰轩辕。生而神灵，弱而能言，幼而徇齐，长而敦敏，成而聪明。"②《集解》徐广曰："号有熊。"《索隐》案："有土德之瑞，土色黄，故称黄帝，犹神农火德而称炎帝然也。以此黄帝为五帝之首，盖依《大戴礼》《五帝德》。"③轩辕部落奉炎帝为盟主。

轩辕为氏族部落长时，炎帝神农氏已传至八世孙。《史记·五帝本纪》《索隐》释："世衰，谓神农氏后代子孙道德衰薄，非指炎帝之身，即班固所谓'参卢'，皇甫谧所云'帝榆罔'是也。"炎帝参卢一行到达今河南淮阳后，巡视、安抚了氏族或部落长，安定了局势。之后，他们又东行至曲阜(此地本为东夷皋陶和伯益的故地)，安抚欲叛乱的蚩尤部落。《帝王世纪》云：炎帝"初都陈，又徙鲁。"

二、黄帝任盟主开创统一天下新时代

炎帝八世孙参卢一行初到蚩尤部落的地区时，蚩尤主动让出邑地使参卢一行安住，表示尊重。没有多久，蚩尤欲称霸的野心就暴露了出来。

(一)炎帝参卢一行战败后逃于涿鹿

蚩尤部落系黄河中游的先民，地跨今山西、河北的一部分，尊奉炎帝为盟主。势力逐渐壮大后，驱逐了曲阜地区的皋陶、伯益部落，占据了曲阜等地区，形成包括九黎部落的一大势力。有的文献称其为古天子，有的称其为能征善战的武将，曾得卢山(在今江西)铁而制造兵器。蚩尤看炎帝参卢迟迟不返回西方，便叛而驱逐，战争爆发。参卢帝率军镇压，失败后退至轩辕驻地

① 徐旭生：《中国古史的传说时代》，桂林：广西师范大学出版社，2003年10月第1版，第52页。

② 〔汉〕司马迁：《史记》，北京：中华书局，1959年9月第1版，1982年11月第2版，第3、4页。以下引《史记·五帝本纪》，不再逐一注明。

③ 〔汉〕司马迁：《史记·五帝本纪》，《集解》《索隐》，北京：中华书局，1959年9月第1版，1982年11月第2版，第5页。

涿鹿。

（二）轩辕临危受命抗击蚩尤大军

轩辕热情迎接炎帝参卢一行，让出居地涿鹿城（今河北省怀来县）使其一行人居住。面对蚩尤部族的追击，参卢帝主动让权于轩辕，并许诺取胜后让帝位于轩辕。轩辕几次推让，无奈而答应。轩辕率部落联盟军抵抗，战争十分激烈。《史记》卷一《正义》引《鱼龙河图》云："黄帝摄政，有蚩尤兄弟八十一人，并兽身人语，铜头铁额，食沙石子，造立兵仗刀戟大弩，威振天下，诛杀无道，不慈仁。万民欲令黄帝行天子事，黄帝以仁义不能禁止蚩尤，乃仰天而叹。天遣玄女下授黄帝兵信神符，制伏蚩尤，帝因使之主兵，以制八方。蚩尤没后，天下复扰乱，黄帝遂画蚩尤形象以威天下，天下咸谓蚩尤不死，八方万邦皆为弭服。"《山海经》云："黄帝令应龙攻蚩尤。蚩尤请风伯、雨师以从，大风雨。黄帝乃下天女曰'魃'，以止雨。雨止，遂杀蚩尤。"孔安国曰"九黎群号蚩尤"是也。《山海经》云："黄帝令应龙攻蚩尤。蚩尤请东五十六里。出五里至涿鹿东北，与涿水合。又有涿鹿故城，在妫州东南五十里，本黄帝所都也。晋《太康地里志》云'涿鹿东一里有阪泉，上有黄帝祠'。"涿鹿是轩辕由渭水流域迁入该地的部落城，又是称帝后的临时都城。不久，黄帝就正式迁都于"有熊之墟"，即今河南新郑市。

三、黄帝迁都新郑开创新时代

《元和郡县志》云："郑州新郑县，本有熊之墟。"《读史方舆纪要》卷四十七开封府新郑县云："古有熊地，黄帝都焉。"《说文月刊》第4卷合订本载钱穆《神农与黄帝》曰："疑黄帝之名与黄水、黄沟有关。太山即自然山，在新郑县西黄水所源。疑'自然'乃'有熊'字讹。然则黄帝部落之居地，应在今河南新郑，断无疑矣。"黄帝时代与以前的部落长相比，显著特点就是有了统一国土的战争。现将黄帝在都城新郑创建的文明伟业，简述如下。

（一）黄帝东巡并安抚皋陶与伯益部族

炎帝参卢与黄帝时期，东方的皋陶、伯益部落，均被蚩尤驱逐到了沿海地区，并占据了他们部落的故地曲阜。黄帝在大臣等陪同下东巡，除视察民情、游历泰山等地外，就是安置皋陶、伯益等部落回到故地曲阜（今为市），以巩固和稳定对黄河下游地区的局势。

从考古资料看，山东地区的龙山文化，主要分布在今山东南部和江苏北部地区，东至于海，西北至黄河北岸，安徽北部及河南东部地区。根据由山东龙山文化及其分布的地区的特征、居民的体质，“一般认为，他们属于我国后称的东夷民族集团”①。

（二）西巡问道广成子以治国

黄帝为巩固政权，遂在大臣和护卫人员保护下，回到渭水流域视察，并专程拜访和问道于广成子。《史记·五帝本纪》云：黄帝“西至空桐，登鸡头”。《索隐》云：“山名也。后汉王孟寨鸡头道，在陇西。一曰崆峒山之别名。”《正义》引《括地志》云：“空桐山在肃州福禄县（今甘肃庆阳市）东南六十里。《抱朴子·内篇》云：‘黄帝西见中黄子，受九品之方，过空桐，从广成子受自然之经，即此山。’《括地志》又云‘笄头山一名崆峒山，在原州平高县西百里，《禹贡》经水所出，《舆地志》云或即鸡头山也。’郦（道）元云‘盖大陇山异名也。《庄子》云广成子学道崆峒山，黄帝问道于广成子，盖在此。’”黄帝西行的用意主要是向广成子问道和会面，同时也含有巡视故居地之意。

陕西临潼县（今为西安市辖区）康家，武功县浒西庄、赵家来，扶风县案板，岐山县双庵，凤翔县大辛村等龙山文化遗址，年代距今5000年至4500年之间。黄帝为5000多年的部落联盟首长，处于龙山文化的早期。临潼康家遗址有规则的聚落部局、成排成列的房屋，反映了当时的家族生活状况。甘肃省东部，即渭河上游的新石器时代晚期文化，亦大体如此。

（三）北征山戎以扩土

《史记·五帝本纪》载：黄帝“北逐荤粥，合符釜山”。《集解》引《匈奴传》曰：“唐虞以上有山戎、猃狁、荤粥，居于北蛮。”《索隐》：“匈奴别名也。唐虞已上曰山戎，亦曰熏粥，夏曰淳维，殷曰鬼方，周曰猃狁，汉曰匈奴。”内蒙古的龙山文化阶段遗址，主要分布在黄河及其支流沿岸的台地上，相当于三五里就有1处，比较密集。釜山，《括地志》说在妫州怀戎县北三里，即今河北涿鹿县南桑干河南岸；而涿鹿之阿即涿鹿山的开阔处，地处于北山与太行山交接处，自古就是向燕山以南河北平原的要道。从内蒙古地区的考古发掘看，以黄

① 翁独捷主编：《中国民族关系史纲要》，北京：中国社会科学出版社，1990年2月第1版，第27页。

河流域托克托县海生不浪遗址为代表的海生不浪文化，年代距今5000年左右，同黄帝时代相当。从兴隆洼文化(8000年)至老虎山文化(4000余年)知，内蒙古在黄帝时代，原始先民们制造石锄以开垦土地，种植粟米以供生计，烧制陶器以供灶煮，建造房屋、挖掘窑洞以供居住，还开挖围壕、垒砌石城以供防卫。在数千年的历史中，创造了灿烂的原始农业文明。更为可喜的是，在赤峰市翁牛特旗三星他拉乡，出土了红山文化碧玉龙，被学术界誉为“中华第一龙”，恰与5000余年的红山文化时期相当。

(四)向南扩土

《史记·五帝本纪》云：黄帝“南至于江，登熊湘。”《集解》引《封禅书》曰：“南伐至于召陵，登熊山。”《地理志》曰湘山在长沙益阳县(今湖南益阳市)。《正义》引《括地志》云：“熊耳山在商州上洛县西十里(即今陕西商洛市商州区)。”

(五)开创中华民族文明制度

《史记·五帝本纪》载：“官名皆以云命，为云师。置左右大监，监于万国。”《集解》应邵曰：“黄帝受命，有云瑞，故以云纪事也。春官为青云，夏官为缙云，秋官为白云，冬官为黑云，中官为黄云。”张晏曰：“黄帝有景云之应，因以名师与官。”黄帝又“举风后、为牧、常先、大鸿以治民”。《正义》：“举，任用，四人皆帝臣也。”得此四位贤才，还有一段感人的故事。《正义》引《帝王世纪》云：“黄帝梦大风吹天下之尘垢皆去，又梦人执千钧之弩，驱羊万群。帝寤而叹曰：‘风为号令，执政者也。天下岂有姓力名牧者哉?’于是依二占而求之，得风后于海隅，登以为相。得力牧于大泽，进以为将。黄帝因著《占梦经》十一卷。”可见黄帝为国为民的求贤治国精神，是多么的高尚和诚恳!郑玄云：“风后，黄帝之三公也。”案：“黄帝仰天地置列侯众官，以风后配上台，天老配中台，五圣配下台，谓之三公也。”《封禅书》云：“鬼臾区号大鸿，黄帝大臣也。死葬雍(今陕西凤翔县)，故鸿冢是。”《艺文志》云“鬼容区兵法三篇”也。即鬼臾区又称鬼容区。这些官员的名称和事迹，虽然都是后来的文人学士所撰(黄帝时代还没有文字记载，只能是口耳相传)，但也在一定程度上，反映出父系社会比母系氏族社会进步的情况。同母系氏族社会相比，以武力统一天下，辅以恩德，是一大进步。

(六)黄帝时代的创造发明

1942年，毛泽东主席为陕西黄帝陵撰的《祭黄帝文》曰：“赫赫始祖，吾华肇造。胄衍祀绵，岳峨河浩。聪明睿智，光被遐荒。建此伟业，雄立东方。”“懿为我祖，命世之英。涿鹿之战，区宇以宁。”黄帝的创造发明，实际是鼓励臣民发明创造。《走出疑古时代》考证：“古史传说从伏羲、神农到黄帝，表现了中华文明萌芽发展和形成的过程。《史记》一书沿用《大戴礼记》所收《五帝德》的观点，以黄帝为《五帝本纪》之首，可以说是中华文明形成的一种标志。”黄帝正妃嫘祖，发明了养蚕抽丝、织绸做衣服。《世本·作篇》载：“黄帝使羲和占日，常仪占月，臾区占星气，伶伦造律吕，大挠作甲子，隶首作算数，容成综此六术，著《调历》。”还载：“共鼓、货狄作舟。”“夷牟作矢(即箭)，挥作弓。”“雍父作舂，雍父作杵臼。”《黄帝内传》云：“帝令邑夷造车，以便民。”《帝王世纪》云：黄帝“使岐伯尝味草木，典医疗疾”。掌管黄帝膳食的杜康，发明了造酒术。李学勤《炎黄文化与中华民族》文章说：“黄帝时期的创造，多出于诸臣，如《世本·作篇》讲的，包括天文、历法、律吕、算数、乐器、图书、冕服、杵臼、弓、矢、架牛、车船等，足见黄帝可称古代文明的象征。”① 陕西黄陵县“黄帝陵”院内，保存的中华民国临时大总统孙中山先生《祭黄帝陵文》曰：“中华开国五千年，神州轩辕自古传，创造指南车，平定蚩尤乱，世界文明，唯有我先。”

四、黄帝晚年巡视南方以安民

黄帝南巡，自古以来认识不一。因5000多年前江南地区未形成有名有姓的部落长，故传说人物或部落首领，多系北方部落长的南巡或其后裔的南迁。黄帝征战统一天下时，曾到过南方，晚年则是寻查、安抚南方各族部落长和了解民情。以下有关地方资料，参考了《三皇五帝》有关章节。②

(一)巡游今安徽黄山

相传黄帝70多岁时，携妻子嫘祖、四妃嫫母，在臣子、护卫人员陪同下

① 李学勤：《走出疑古时代》，沈阳：辽宁大学出版社，1997年12月第2版，第41页。

② 本节地方资料参考倪民：《三皇五帝》，郑州：河南文艺出版社，2013年6月第1版，第101页。

南巡。流传下来的是先到黟山，即唐玄宗天宝六年(747)改名的黄山，位于今安徽省南部。传说黄帝游过此山，并在修身炼丹，故更名为“黄山”。《方舆胜览》云：“黄山，在太平县南三十里。旧经黄帝栖真之地。”轩辕峰、浮丘峰、容成峰、炼丹峰、棋石峰、青鸾峰、桃花溪、黄山温泉等，皆有黄帝及其臣子浮丘公、容成子等的传说。如黄山东北部的轩辕峰，相传为黄帝隐居处，峰顶有石室、神仙洞。黄山西南部有浮丘峰，传为浮丘公游览休息处；还有容成峰，传为容成氏游览处。黄山石床峰、炼丹峰、青鸾峰、桃花峰等处，均有黄帝、浮丘公、容成子的传说遗迹。《黄山图经》云：“桃花峰连钵盂峰，高八百仞，下有桃花源，桃花溪，即黄帝亲种桃花，至今遍峰、遍源、遍溪，洞中纯是桃花，三月盛开，每谢(落)之时，满溪水红，流入汤泉溪，即桃花汤。”《黄山志形胜》载：“朱砂泉在朱砂峰下，相传为轩辕黄帝取水炼丹处。”之后，黄帝一行又到洞庭湖等地巡视。

（二）巡视湖南

《庄子·天运》曰：“北门成问于黄帝曰：‘帝张《咸池》之乐于洞庭之野，吾始闻之，惧；复闻之，怠；卒闻之，惑；荡荡默默，乃不自得。’”此为黄帝一行巡视黄山后，巡视今湖南洞庭湖时演奏《咸池》乐曲的情况。清代诗人钱谦益《炼丹台》亦云：“张乐洞庭湖，采药黟山巅。”即黄帝是巡视黄山后，又到洞庭湖一带巡视的。清代《湖南方物志》云：“湘阴县南三里，有笙竹岐。世传黄帝张乐洞庭之野，采竹于此。”湖南湘阴县，位于洞庭湖东南岸边。岳阳市西南洞庭湖中的君山，又名熊耳山、湘山，就是黄帝“南至江，登熊湘”的地方。君山最高处有“轩辕台”，又名“铸鼎台”。

黄帝和嫘祖等人又南行，到达今湖南衡阳地区。《天下南岳》云：“皇帝岩，在金简峰下，距南门约半里余。传说黄帝轩辕氏受戒经于此而得名。后讹音误以为皇帝岩。岩上有石刻‘皇帝岩’三字。”今南岳衡山地图上，已明确标识为“黄帝岩”。黄帝一行至衡山视察中，正妃嫘祖不幸病逝。《轩辕本纪》载：“帝周游行时，元妃嫘祖死于道，帝祭之为祖神。”《湘衡稽古》云：“雷祖从帝南游，死于衡山，遂葬之。今岣嵝(衡山)有雷祖像，上有雷祖之墓，谓先蚕冢。其峰下曰西陵路，盖西陵氏始蚕，后人祀之为先蚕也。”雷祖，即嫘祖。先蚕，即神蚕之义。黄帝十分悲痛，特选才高的贤妃嫫母监护祭祀嫘祖。《艺文类聚》引《轩辕本纪》云：“黄帝纳丑女，号嫫母，使训宫人，而有淑德，奏上德之颂。帝周游行时，元妃死于道，帝祭之，以为祖神。令次妃嫫母监护于道，以时祭之，因以嫫母为相似。”

（三）巡视浙江

黄帝忍住悲痛，在大臣、护卫人员保护下继续南巡。浙江省丽水市缙云县，也是黄帝一行巡视的地方。唐代《元和郡县志》云：“缙云县，一名仙都，一曰缙云，黄帝炼丹于此。”《郡国志》亦云：“括州括苍县缙云山，黄帝游仙处。有孤石特起，高二百丈，峰数十，或如羊角，或似莲花，谓三天子都。”括苍县即今缙云县县内的侧都山“鼎湖峰”，东靠步虚山，西临好溪水，有“天下第一峰”之称。传说黄帝南巡时，曾在此山峰顶炼过丹，峰顶被丹鼎压陷，聚水成湖，故曰“鼎湖”。唐朝徐凝《题缙云山鼎池二首》诗中有：“黄帝旌旗去不回，空余片石碧崔嵬”诗句。南宋状元王十朋诗篇中亦曰：“黄帝归客入仙都，厌看西湖看鼎湖。”从以上这些叙述中，我们可知黄帝十分热爱大江南北的疆土，关心种族、语言、服饰不同的氏族公社或部落先民，天下先民也十分尊重、敬仰黄帝。

综上所述，距今5000多年的黄帝，是父系氏族社会的首位部落联盟首长，又称最高军事联盟首长。他以前所未有的军事手段统一，辅之以安抚而统一了大江南北。原始社会先民有了部落或古国的村落、古城、房屋。农业、家庭饲养业、手工业生产等，均达到了文明阶段，即黄帝是父系氏族社会的首位领袖，中华文明的始祖！

黄帝时代与河南巩义双槐树遗址考古发现

李桂民

（聊城大学历史文化与旅游学院教授）

传说中的黄帝时代，或称五帝时代，时间范围大约在公元前3000年前后到公元前2070年，综合学术界的多数观点，大致可以对应考古学上的仰韶文化晚期和龙山文化。在这一时期，农业、手工业显著进步，中国文明的进程明显加快，以粟为主的旱作农业、以彩陶或灰陶为主要特征的陶器制造业、以猪为主的家畜饲养业，以及壕沟或城墙环绕的中心聚落，构成这一时期文化的基本面貌。由于缺乏当时的文字资料，对这一时期的历史所知不多，且真实与虚妄并存，使后人难以了解这一时期历史的真实面貌。在先民的群体记忆里，黄帝是作为大一统的帝王形象出现的。随着河南巩义双槐树遗址考古发现的公布，又再一次出现把黄帝和考古遗址相联系的观点。对于双槐树遗址，除了记者采访报道外，罕见相关的专门论文①，本文主要根据已经公布的考古材料，谈谈自己对黄帝时代及其河南巩义双槐树遗址考古发现的认识，不当之处，敬请指正。

一

黄帝时代是和中国文明的起源紧密相连的，我们习称的中华文明5000年，就是从黄帝时代算起的。抛开中国国家形成时间的争论不说，考古发掘成果真实呈现了黄帝时代的社会发展面貌。尽管当前的考古成果还不足于解决全部上古问题，但足以促使我们反思以往结论，尤其是传说与考古发现的契合点，应

---

① 双槐树遗址的发掘报告没有正式公布，相关论文仅见范毓周：《河南巩义双槐树“河洛古国”遗址浅论》，《中原文化研究》2020年第4期；胡义成：《河南“河洛古国”考古新发现和“有熊国”新探》，《中原文化研究》2020年第5期。

当引起学界对古史传说价值的重视。

国家的产生是社会生产力发展的结果，而族群冲突自古有之，黄帝时代由于局部地区族群冲突的空前加剧，战争成为黄帝时代的一个重要特点，从而出现了远古时期的"战国时代"①，并使得祀与戎在古代政治生活中的地位凸显。可以说，在中华远古历史的群体记忆中，黄帝时代是和战争密不可分的，也就是说黄帝时代是统一中国的雏形。当然，黄帝是部族象征，其部族有着久远的传承，一个人不可能延续千年，而对于一个部族则完全可以，黄帝有熊氏的说法就是把黄帝和部族联系起来。根据司马迁《史记·五帝本纪》的记载，黄帝要晚于神农氏炎帝，当神农氏世衰蚩尤叛乱而炎帝不能伐，于是求助于黄帝，这种传说反映了周边部族力量向中原地区发展所引发的军事冲突。

黄帝时代时间跨度很长，如果把黄帝仅仅看作个体存在显然难以成立，一般的解释是黄帝是杰出的部族首领。由于这个称号被后来的继承者所沿袭，进而使得黄帝成为部族首领或部族的代称，这样说法肯定了黄帝传说的历史素地。还有的学者依据古代纬书上的说法，认为黄帝有许多代，每代都有具体名字，由于材料的来源问题，古史研究者一般不予以采信。另外，还有一种观点认为黄帝是神话人物，是神话历史化的产物，不过，这种观点在历史学界已经不是主流，目前来看，即便研究神话的学者，也倾向认为黄帝是人间族群信奉的神，不再认为黄帝完全和人类社会无涉了。

在对历史的群体记忆中，古代帝王世系上的缺环恰恰是历史口耳相传的本真表现，其后当历史意识产生以后，把远古的传说写入史书，使得这些远古记忆呈现碎片化，而缺乏关于远古时代的完整记忆。后来的史家对于文献的选择态度亦是相当谨慎的，在记载的时候往往不忘交代材料来源。关于远古的记忆，长期的口耳相传难免有失真之处，但远古传说的主干大体是真实

① 李桂民：《黄帝史实与崇拜研究》，北京：中国社会科学出版社，2014 年版，第 32 页。

的。关于黄帝的诸多不雅驯的说法[①]，司马迁在世时听闻很多，有些很明显是后人附益，比较容易区分开来，司马迁在写作《五帝本纪》时就对材料有所取舍。

在中国上古史研究中，长期存在对中国古代文明成就低估的问题。20世纪初期古史辨派在古史问题上提出的不少观点，今天看来已经过时。这得益于考古学的发展，对学界疑古和走出疑古的观点，需要客观看待。疑古不是否定一切，走出疑古也不是肯定一切，无论是疑古还是走出疑古，其观点都有科学的合理内核。疑古思想并不是近代才出现的，而是古已有之，只不过古代学者大多不敢疑经，清代才有学者把疑古的范围扩大到经书，古史辨派提出的东周以上无史论，观点已经无法成立，西周史自不必说，由于殷墟甲骨文的发现，商代史也已经成为信史。夏代历史则没有那么幸运，虽然发现了二里头遗址，二里头遗址是夏都所在成为主流观点，但由于没有发现文字，使得夏朝依然没有摆脱传说时代。

尽管目前没有发现公认的商代以前文字，但在新石器时代的众多遗址，发现了大量陶器刻符，像山东大汶口陶文，于省吾、唐兰、李学勤等学者都曾进行过释读[②]，其观点得到广泛认可。这种刻符出现甚早，河南贾湖遗址的甲骨刻符距今有8000多年，这些刻符被认为是文字或起着类似文字的作用。在史前城址中，值得重点提及的是山西的陶寺遗址，陶寺遗址不仅存在厚葬，而且在一残破扁壶和骨耜上发现形似文字的符号，尽管对陶寺遗址发现的符号是否

---

① 在《史记》中，司马迁说了一段意味深长的话，对这段话不同人有着不同的解读，颇耐人寻味。“太史公曰：学者多称五帝，尚矣。然《尚书》独载尧以来；而百家言黄帝，其文不雅驯，荐绅先生难言之。孔子所传《宰予问五帝德》及《帝系姓》，儒者或不传。余尝西至空桐，北过涿鹿，东渐于海，南浮江、淮矣，至长老皆各往往称黄帝、尧、舜之处，风教固殊焉，总之不离古文者近是。予观《春秋》《国语》，其发明《五帝德》《帝系姓》章矣，顾弟弗深考，其所表见皆不虚。《书》缺有间矣，其轶乃时时见于他说。非好学深思，心知其意，固难为浅见寡闻道也。余并论次，择其言尤雅者，故著为本纪书首。”

② 于省吾：《关于古文字研究的若干问题》，《文物》1973年第2期；唐兰：《中国奴隶社会的上限远在五六千年前》，参见山东大学历史系考古教研室：《大汶口文化讨论文集》，济南：齐鲁书社，1979年版，第120页；李学勤：《论新出大汶口文化陶器符号》，《文物》1987年第12期。

是文字学界有不同看法①，但陶寺遗址是尧都的观点则得到了越来越多学者的支持。

在族源研究问题上，族姓的作用应当引起重视，由于族姓的稳定性，从族姓出发探讨族源是一条重要途径。在学界为传说人物是否存在而争论不休时，需要进一步思考民众为何热衷于对根的认同。笔者在参加湖南省舜帝陵虞舜祭祀大典的时候，在舜帝陵看到一群人突然跪倒在地，当看到他们身上穿的黄马甲上一个大大的"姚"字，心中顿悟这是舜帝后裔对其远祖的祭拜。在学术会议上，也曾看到围绕着传说人物的有无而针锋相对的观点，无论我们对此持何种观点，这种血缘和文化认同本身就是史学研究的重要对象。

近年，中国考古学被寄予厚望，力图通过考古解决历史问题，其中中国文明起源研究业已上升到国家层面，因为这不仅涉及文化自信和文化认同，还涉及中华民族凝聚力的问题。因此，国家加大对考古学的支持力度，就是希望通过考古学解决中国历史上的诸多学术公案。因为仅仅依靠文献，由于记载歧异和不同解读，在一些重大问题上难免会长期陷入争论。古史辨派就曾坚信自己研究方法的正确，并对新生的中国考古学提出挑战。当然，考古学是一门具有局限性和偶然性的学科，历史上一些重大学术问题的解决不可能一蹴而就，但随着地下出土成果的越来越多，无疑会促使人们的认识渐趋一致。

二

近年来史前考古成绩斐然，由于考古发现的偶然性，出现了历史上一定时期边地文明高于中原地区的现象，这种情况对于中华文明中原说带来了挑战。"最早中国"究竟出现在哪里？在考古发现中，红山文化、良渚文化和陶寺文化、石峁文化等，这些有着高度礼制文化的文明都不在天下之中的河南境内，尽管红山文化没有发现大型聚落，而良渚文化城址的面积远超黄河中游地区的陶寺城址，良渚遗址是杭州市余杭区的良渚、瓶窑、安溪三镇之间诸多遗址的总称，是长江下游地区的代表性遗址，良渚遗址还于2019年列入世界遗产名

① 沈长云、张渭莲：《中国古代国家起源与形成研究》，北京：人民出版社，2009年版，第174页；陈治军：《陶寺遗址出土"家有"骨刻辞的意义》，《殷都学刊》2017年第3期；何驽：《陶寺遗址IIM26出土骨耜刻文试析》，《考古》2017年第2期。

录。河南仰韶文化虽然发现较早，长期以来没有发现大型的聚落遗址。陕西榆林神木市高家堡镇的石峁城址，面积达到400多万平方米，是中国已知规模最大的龙山时代晚期城址。在河南境内，也发现多处龙山时代的城址，如安阳后冈、登封王城岗、淮阳平粮台、新密古城寨、濮阳戚城等，其中登封王城岗不少人认为是禹都阳城，淮阳平粮台因为严整规划的方正格局、早期城市的排水系统和道路上的车辙痕迹等而入选2019年全国十大考古发现。虽然在河南发现了诸多龙山时代城址，甚至还有更早的仰韶时代的郑州西山古城，该城址位于郑州北郊的邙岭余脉上，北距黄河仅有4千米，距今5300～4800年，有学者认为该城址为黄帝时代古城①，由于其开启了大规模城垣规制的先河，得以入选2015年全国十大考古发现。不过，河南境内的城址面积偏小且缺乏厚葬，所以在良渚、陶寺、石峁等城址被发现以后，文明起源的中原中心说受到了挑战，因此，要改变这种认识，河南考古工作者无疑承担着更重的责任。

2020年5月7日，双槐树遗址重大考古发现发布会召开，正式公布了2013年到2020年双槐树遗址考古的重要成就，该发布会经过媒体报道后立刻引起了广泛关注。双槐树遗址位于河南省巩义河洛镇双槐树村南高台地之上，北距黄河2千米，西距伊洛河4千米，是古代伊洛地区先民进入华北平原的重要门户，地理位置优越。该台地文化遗存十分丰富，分布有裴李岗、仰韶等不同时期的考古学文化，该遗址在1985年全国文物普查时被发现，2016年成为河南省文物保护单位，2013年经国家文物局批准，正式进行考古发掘，由郑州市文物考古研究院作为牵头单位，联合中国社会科学院考古研究所、中国丝绸博物馆和巩义文物考古研究所等单位联合发掘的，该项目对于中华文明探源和丝绸之路考古有着重要意义。双槐树遗址东西长1.5千米，南北宽0.78千米，残存面积达到117万平方米，换算下单位的话相当于1755亩，双槐树遗址目前已经发掘的面积3500多平方米。

史前社会终结和文明社会开端的标志是国家出现，这是学界的共识②。根据2020年5月7日的通报会，认为双槐树遗址是距今5300年左右的都邑遗

① 许顺湛：《郑州西山发现黄帝时代古城》，《中原文物》1996年第1期。

② ［美］乔纳森·哈斯：《史前国家的演进》，北京：求实出版社，1988年版；《中国文明起源研讨会纪要》，《考古》1992年第6期。

址，专家建议命名为“河洛古国”。“古国”这一概念是著名考古学家苏秉琦所提出，指的是早期城邦式原始国家，他的古国—方国—帝国的社会演进论述[①]，为学界所熟知。苏先生将红山文化“坛、庙、冢”等遗存的文化性质确定为早期城邦式原始国家，不过，需要指出的是，苏先生的古国，不同于西方塞维斯的酋邦，酋邦并不是严格意义上的国家，仅仅相当于前国家阶段[②]，“游团”“部落”“酋邦”“国家”和“古国”“方国”“帝国”是东西方两种不同的文明生成理论，而古国则经历了氏族、古城、古国的演进过程。

双槐树遗址面积虽然还算不上最大，但已经算非常大的史前遗址了。该遗址的一个重要发现是三重环壕和带有瓮城结构的围墙。内壕周长 1000 米，中壕 1500 米，外壕残长 1600 米，北边有天然屏障黄河。发掘者认为双槐树遗址在大型中心居址南面有瓮城结构的围墙，范毓周认为这道围墙的功能是把政治区和生活区分开，不同于后世城市或宫城用于护卫的瓮城[③]。这种说法有其道理，因为这道围墙不是在大型殿宇式建筑外面，而是把大型殿宇式建筑和居住区阻隔开来。

双槐树遗址另一个重要发现是大型礼仪建筑。在内壕里围墙外有一座 15 开间的殿宇式建筑，应属于宗庙性建筑，同时也是双槐树部族首领处理内外事务的场所。双槐树遗址还发现了 3 处夯土祭坛，祭坛位于墓葬区内。据公布的材料，双槐树遗址发现了“北斗九星”，是用九个陶罐摆成北斗形状，发现于最大房子的门廊内，反映了仰韶先民对北斗的崇拜。在双槐树遗址，还发现了 20 多处人祭和动物祭的礼祀遗迹，动物祭所用动物主要是猪，有的是在活着的时候被埋的，所用的猪大多数是幼年猪，也有用 1. 5 ~ 2 年的成熟猪祭祀的，这可能反映了祭祀者的经济水平的差异。

双槐树遗址第三个重要发现是一个家蚕牙雕。家蚕牙雕是用野猪獠牙雕成，牙雕栩栩如生，造型逼真，表现了家蚕吐丝时的形态。尽管目前公布的材

---

① 邵望平、汪遵国：《迎接中国考古学的新世纪——中国考古学会理事长苏秉琦教授访谈录》，《东南文化》1993 年第 1 期。

② 李学勤主编：《中国古代文明与国家形成研究》，昆明：云南人民出版社，1997 年版，第 12 页。

③ 范毓周：《河南巩义双槐树“河洛古国”遗址浅论》，《中原文化研究》2020 年第 4 期。

料还没有发现丝绸，但其周边遗址已经发现了丝绸实物，反映了家蚕为仰韶先民所熟悉，是当时农桑文明的反映。郑州地区的丝绸实物一般是在瓮棺葬中发现的，在双槐树遗址也发现了孩童的瓮棺葬，由于瓮棺葬整体迁移到专门研究机构，双槐树遗址瓮棺葬中是否能够发现丝绸实物，还有待材料的进一步公布。河南巩义双槐树遗址出土的文物除了特别珍贵的家蚕牙雕以外，还有陶器、石器和骨器等，陶器有陶罐、陶盆、陶缸、陶钵、陶鼎、小口尖底瓶、陶壶、陶豆等，骨器有骨簪、骨针、骨锥等，石器有石铲、石斧、石钺等器物。

另外，双槐树遗址发现的墓葬区主要有三处，有1700多座大型公共墓地，墓葬一区和二区位于外壕和中壕之间，不过中壕西北方情况不明，不过，外壕从西门不远处折向西再向北然后内折，形成三面包围的相对封闭结构，其中墓葬二区规模较小，有外壕西南门和西门可以通往环壕外。墓葬一区和墓葬三区面积较大，墓葬三区位置居中，位于遗址高台建筑南面，这里埋葬的可能是神职或首领级人物。外壕有通往外面的道路，说明双槐树三重环壕聚落是一座防御性的建筑群。双槐树遗址的墓葬分布比较整齐，成排分布，墓中随葬品少，即便在大墓当中亦是如此。

三

河南巩义双槐树遗址考古发掘项目是郑州市级首个被纳入国家重大社科基金的人文项目；科技部还将双槐树遗址作为全国11个具体项目之一纳入中华文明探源工程。该项目的阶段性成果公布后，在社会上引起强烈反响，各大媒体予以报道，王巍、李伯谦等给予了高度评价，王巍认为："双槐树遗址的重要考古发现，实证了河洛地区在5300年前后这一中华文明起源的黄金阶段的代表性和影响力，填补了中华文明起源关键时期、关键地区的关键材料，也表明以双槐树遗址为中心的仰韶文化中晚期文明，的的确确是黄河文化之根。"①李伯谦曾经先后多次到遗址进行考察，他认为双槐树遗址呈现出的景象与内涵，契合了《易经》"河出图，洛出书，圣人则之"的记载，不排除双槐树遗址

① 《河南巩义"河洛古国"重大考古成果发布》，《文物鉴定和鉴赏》2020年第9期，第99页。

是黄帝时代的都邑所在，至少是早期中国的酝酿阶段①。

双槐树遗址重大考古发现发布会召开后，经过各大媒体报道，引发热议。河南多次召开专家论证会，对双槐树遗址的性质进行讨论，其中王巍和李伯谦的意见经过媒体报道后，产生了很大影响。由于该遗址发掘面积有限，大约发掘了3500平方米，材料尚没有系统整理公布，一定程度上影响到对此问题的深入研究，不过，从披露的材料看，对于此遗址的性质基本上是可以确定的。

河南双槐树遗址发现的有着三处环壕和围墙的遗址，被认为是具有都邑性质的中心聚落。在此中心聚落内，发掘出了中国最早的"宫殿"。双槐树遗址的建筑经过专门设计，已经具备了中国古代大型宫殿建筑格局的雏形。整个遗址宫室建筑群面积4300平方米，目前发现3处大型院落，院落外有800多平方米的大型广场，值得注意的是位于夯土基址东半部的2号院落。孙英民认为，从发现的三重环壕、巨型夯土高台宫宇建筑、北寝南朝、左右并列、一门三道等遗存现象看，双槐树遗址的宫寝宫宇"礼制"布局直接影响了此后的陶寺和二里头等夏商都城规划布局，找到了历史时期都城规制的源头②。双槐树遗址大型夯土建筑，以及大型居址，符合后世前朝后寝的建筑布局，是目前发现的中国都邑建筑设计的早期来源。环壕作为史前遗址的防御设施在考古上多有发现，半坡、鱼化寨和姜寨都曾发现环壕，不过环壕周长和壕内面积都比双槐树遗址小得多。到庙底沟文化时期，环壕周长和规格有了显著增长，杨官寨遗址环壕周长有1945米，扶风案板壕沟环绕面积达到了25万多平方米。庙底沟时期出现了特大型的房址，如西坡遗址的F105面积达到372平方米。有学者认为这种大型房屋在居址中占重要地位，应该是早期宫殿的萌芽③。双槐树遗址的殿宇式建筑有夯土台基，已经出现了所谓"宫殿"性质的建筑。

双槐树遗址发现的家蚕牙雕，无疑是一件文物精品，只不过蚕类器物在其他考古文化中也曾经发现，发掘者认为当时已经出现了丝绸，并希望能够在瓮棺葬中发现丝绸的实物。近年丝绸的起源地时常有新的说法，双槐树遗址尽管

---

① 王丁、桂娟、双瑞：《"河洛古国"掀起盖头，黄帝时代的都邑找到了?》，《决策探索》(上)2020年第6期。

② 温小娟：《双槐树遗址发现中国最早"宫殿"》，《河南日报》2021年1月14日，第1、5版。

③ 杨利平：《庙底沟文化的崛起》，《大众考古》2018年第10期。

现在还没有发现丝绸的消息公布，而在荥阳青台遗址曾经发现丝绸实物，青台遗址距离双槐树遗址不远，两地相距不足百里。荥阳青台遗址的丝织品在两个瓮棺葬中发现，发现的丝织残片保存不好，时间距今5300年到5500年左右。附近的汪沟遗址也发现有丝织品，这说明在距今5000年左右，在天下之中的中原地区已经出现了植桑养蚕，并且能够制造丝织品。

双槐树遗址发现的“北斗九星”以及排列规整的墓葬区，同样也值得进一步思考。远古人类能够观察天象，这是确凿无疑的，在大河村遗址出土的陶器上就有彗星纹彩陶片，不过，尽管用陶罐模拟北斗这种推论合理性颇高，但要坐实这个结论还为时过早。事实上，“北斗九星”并不是第一次发现，在河南荥阳的青台遗址也曾发现“北斗九星”，媒体曾经进行过报道，在郑州还专门召开过“青台遗址天文遗迹专家鉴定研讨会”，专家认定“青台遗址发现的‘北斗九星’标志物大小与天体实际亮度基本一致，为天文遗迹无疑。‘北斗九星’与周围祭祀遗迹构成整体，与中国古代文献中记载的‘斗建’和‘冬至祭天’相符，对研究中国早期天文学和中华文明起源具有重要意义。”①双槐树遗址的墓葬区尚未公布详细资料，不过大体情况基本清楚，墓葬没有明显区别，随葬品不丰富，至今没有发现厚葬现象。

对于双槐树遗址，有的专家称之为“河洛古国”，上文已经谈到，“古国”是苏秉琦提出的一个概念。尽管双槐树遗址还没有发表系统的发掘报告，不过，20世纪80年代发掘的荥阳青台遗址，对于认识双槐树遗址的性质具有一定的参考意义。荥阳青台遗址和双槐树遗址基本上是同时代的文化遗存，青台遗址上限稍早于双槐树遗址，在考古发现上二者有着许多共同之处，在荥阳青台和双槐树遗址都发现有三重环壕和“北斗九星”。就遗址来看，双槐树遗址发现了大型居址和殿宇式建筑，殿宇式建筑与大型居址之间发现有围墙，而且双槐树遗址的面积要比青台遗址大得多，但是和龙山文化时期的陶寺遗址相比面积又明显偏小。在环壕内部尽管存在高台式建筑、居址和墓葬，但目前公布的资料还看不到当时存在居民居住分区的情况，而且环壕内的遗址可居住的人数有限。荥阳青台遗址的墓葬分儿童瓮棺葬和成年人墓葬两种，多单人直肢

① 桂娟、李文哲：《专家确认郑州青台遗址“北斗九星”为5000多年前天文遗迹》，新华网2019年6月21日。

葬，存在母子和男女合葬墓，婚姻关系已经脱离对偶婚，进入一夫一妻制阶段①。

荥阳青台仰韶文化遗址在文化面貌上和郑州附近的大河村遗址比较接近。大河村遗址发掘始于1972年，包括仰韶晚期、龙山文化、二里头文化和殷商文化，延续时间长达3300年，是中原地区发现的比较典型的文化遗存。大河村遗址出土文物较丰富，2010—2011年考古发掘的仰韶时期的26座墓葬，除了M207为灰坑葬人外，其他墓葬都无随葬品②。大河村、青台、双槐树仰韶文化遗址以及郑州西山古城都处于黄河南不远距离内，说明当时居民依然沿袭近河而居的生活习惯。双槐树遗址没有发现厚葬，即便是大墓也没有多少东西。顾万发认为“这可能跟中原地区的丧葬思想有关，首领掌握军事权和祭祀权，但宗教色彩不浓郁，不主张把生前的东西带到死后世界，这也是其延续社会发展的重要方面”③。这种说法就目前中原地区的考古发现来说，具有一定的道理，如果综合考虑的话，实际上应该是社会分化程度的有限性在墓葬上的反映。

河南巩义双槐树遗址的考古成果，既有与其他遗址相同的发现，也有重要的新发现，其中最重要的发现是大型夯土台基的发现，这是中原遗址聚落形态的新变化，预示着特权阶层的出现和礼制思想的萌芽，而双槐树遗址及其郑州附近遗址的重要发现，使得我们基本能够还原距今5000年左右先民的生活场景。长期以来，由于在中原地区的河南一直没有发现墓葬中贫富悬殊的现象，以致有观点认为中原是文明发展的洼地。不过，种种迹象表明，中国远古时代黄河、长江、辽河等流域，文明发展的步伐基本同步，由于考古发掘的偶然性，在河南一直没有发现仰韶和龙山文化时期的厚葬。公元前3000年左右，正值传说中的黄帝时代，大墓鲜有随葬品的现象，和文献记载中“黄帝能成命百物，以明民共财”的说法相符合。虽然在双槐树遗址，发现了类似后世宫殿

① 张松林等：《青台仰韶文化遗址1981年上半年发掘简报》，《中原文物》1987年第1期。

② 张建华等：《郑州市大河村遗址2010—2011年考古发掘简报》，《华夏考古》2019年第6期。

③ 王丁、桂娟、双瑞：《“河洛古国”掀起盖头，黄帝时代的都邑找到了?》，《新华每日电讯》2020年5月8日，第9版。

的建筑，从学界流行的多种文明的标准看，双槐树遗址的居民尚未迈入文明门槛，但双槐树遗址的一些新发现丰富了对仰韶文化晚期文明发展程度的认知。

河南巩义双槐树遗址，从公布的资料看，看不出房址分区的情况，各环壕之间距离太小，甚至有的地方两环壕之间没有任何功能区，居址内人口规模较小，文化面貌与荥阳青台遗址具有相似性，二者相距百里左右，在郑州附近明确发现同时代有城墙的遗址是郑州西山古城，但是在该遗址并没有发现与之相应的庙、坛、殿、堂、冢之类遗存。城址的出现是为了防御的需要，当时的防御并非是为了应对内部威胁，而是不同文化之间冲突的结果，而双槐树遗址没有发现古城，主要是因为其位置不在不同族群的交界地带。可以说，高耸的城墙代替深陷的壕沟，是不同族群冲突加剧的产物。郑州附近的大河村、后庄王、青台、点军台、双槐树遗址等在文化面貌相近，社会动员能力日益增强，有些人甚至已经通过技能或从事公共事务而不再从事手工劳动，不过在族群内部，社会分化程度还相对有限，在走向文明的进程中，需要重视中国社会独特的特点，只有这样，才能对中国文明起源问题有更深刻的认识。

道教黄帝信仰再考察

张泽洪　张　卓

（四川大学道教与宗教文化研究所教授；
四川大学道教与宗教文化研究所博士生）

黄帝被尊为中华民族始祖，人文初祖，在中国社会有着长期的影响。在中国传统的儒释道三教中，道教以信仰黄老之道而著称。道教推崇黄帝是得道的神仙，斋醮科仪文书中更有独具意蕴的黄帝名号。笔者曾发表《道教信仰视野中的黄帝》，对道教神仙传记中的黄帝，道教斋醮法术中的黄帝，道教五方五帝观念中的黄帝，道教丹道医学中的黄帝进行考察。① 黄帝是道教所尊崇祖先神的典型，道教黄帝信仰的建构与形成，从一侧面反映出道教塑模祖先神的特点，道教黄帝信仰的建构有助于中华民族凝聚力的形成，是道教研究中值得进一步考察的问题。

一、道教尊崇黄帝及其神仙化的塑造

道教尊崇华夏人文始祖黄帝，亦尊崇先秦道家的老子。西汉立国至文景之世，朝廷倡行黄帝老子之道，社会上尊崇黄帝老子学说，论大道则先黄老而后六经，以致形成所谓“黄老之学”。《隋书·经籍志》叙述《老子》《庄子》等道家著作后说：“自黄帝以下，圣哲之士所言道者，传之其人，世无师说。汉时，曹参始荐盖公能言黄老，文帝宗之。自是相传，道学众矣。”②早在道家庄子的学说中，就视黄帝为得道者。《庄子·大宗师》宣称大道“黄帝得之，以登云

① 张泽洪：《道教信仰视野中的黄帝》，《四川大学学报》2018 年第 2 期，第 104—113 页。

② 〔唐〕魏徵、令狐德棻撰：《隋书》，北京：中华书局，1973 年，第 4 册，第 1003 页。

天”。[1] 早期道教在创立过程中，汲取了黄老之学的思想元素，用以建构道教的神仙学说与神学理论。道教黄帝崇拜经历了长期的历史过程，道门中历代高道的想象力和创造力，最终形成具有祖先崇拜特色的黄帝信仰。

(一)道经中自称道家黄帝之教

在道教经书的神仙叙事中，常将黄帝、老子并称，甚至称吾道家黄帝之教。道教以推崇黄帝之道而立教，道教的神仙学说亦宗本黄帝，此彰显道教作为中华传统宗教的特质。南宋薛道光、陆墅，元陈致虚注《紫阳真人悟真篇三注》之《悟真篇记》就说：“明违黄帝之言，全失老君之旨。”[2]我们知道黄帝之言与黄老之学，是先秦两汉哲学讨论的重要话题。道经中不乏黄帝、老子并称的例证，我们试举以下数例。宋张君房《云笈七签》卷七十《内丹诀法》引陶植《还金术三篇并序》说：

> 若天地在乎手，造化由乎身，自凡跻圣，名列金簿，与黄帝、老子为先后，所以顾兹门而无别径也。[3]

宋邓牧《洞霄图志》卷六《洞霄宫碑》说：

> 而道为天地万物之宗，幽明巨细之统。此虑羲、黄帝、老子所以握乾坤，司变化也。[4]

宋沈庭端《华盖山浮丘王郭三真君事实》卷一《三真记》说：

> 夫神仙之学，大抵宗本黄帝、老子，以清静无为、虚心寡欲为本，而佐以阴功密行及炼丹服气之术。[5]

明朱权《天皇至道太清玉册序·原道》说：

> 凡有生之民，所称之道，所用之字，所服之衣，所居之室，所用之器，皆吾中国圣人黄帝、老子之所制也。岂非皆出于吾道教哉![6]

在道教各宗师看来，道教的内丹诀法，天地万物之道，炼丹服气的神仙之

---

① 〔晋〕郭象注：《庄子》卷三，《文渊阁四库全书》第1056册，第39页。

② 《道藏》，文物出版社、上海书店、天津古籍出版社联合出版，1988年，第2册，第969页。下同。

③ 《道藏》第22册，第491页。

④ 《文渊阁四库全书》，台北：台湾商务印书馆，1986年，第587册，第455页。下同。

⑤ 《道藏》第18册，第48页。

⑥ 《道藏》第36册，第357页。

学，甚至社会生活之道，大抵都宗本于圣人黄帝。北宋苏轼《上清储祥宫碑》对道教尊崇黄帝、老子的特点，有一段精彩的论述：

道家者流，本出于黄帝、老子。其道以清静无为为宗，以虚明应物为用，以慈俭不争为行，合于《周易》“何思何虑”，《论语》“仁者静寿”之说，如是而已。①

宋元史家马端临有道教之术杂而多端之说，认为黄帝老子所言清静无为才是道家要旨。南宋彭耜《道德真经集注·杂说》卷上，就认为相较于方士的符箓道法，黄帝老子之道是道教之本。② 早在司马迁《史记》的黄帝叙事中，就已将黄帝、老子并称。西汉时期，黄帝老子学说在社会上颇有影响，朝野尊黄帝老子之术者不乏其人。明代皇家道士朱权推崇黄帝，明确宣称道教为黄帝之教。明朱权《高上玉皇本行集经前序·原序》说：

今九流之中，三教之内，所用之文字，所服之衣裳，所居之房屋，所用之器皿，皆黄帝之始制，是皆出于吾道家黄帝之教焉。③

黄帝是三皇五帝中之得道者，历来被视为帝王得道的典型。元陈致虚《上阳子金丹大要》卷十一《与至阳子田至斋》说：

帝皇之得道者，若羲、农、黄帝焉。……道之在天地间，成仙作佛者，历历不可以指数也。④

在中古道教兴盛的唐宋时期，唐代李姓皇帝尊崇老子，宋代赵姓帝王则尊崇黄帝。⑤ 北宋王朝以赵姓出于黄帝，尊道教的黄帝为圣祖，加尊号为圣祖上灵高道九天司命保生天尊。封建王朝尊黄帝、老子为远祖，将古代社会的神道设教推向极致。明代道经《道法会元》卷二说：“先天元后乃老子之母玄妙玉女，犹太宗以轩辕黄帝为始祖，故尊事黄帝为圣祖，先天太后即黄帝母也。”⑥

---

① 〔宋〕苏轼撰：《东坡全集》卷八十六，《文渊阁四库全书》第1108册，第383页。

② 〔宋〕彭耜《道德真经集注杂说》卷上说：“尝窃论之，黄帝老子之道，本也；方士之言，末也。”《道藏》，第13册，第261页。

③ 〔明〕周玄贞撰：《皇经集注》，《道藏》第34册，第629页。

④ 《道藏》第24册，第40页。

⑤ 宋蒋叔舆《无上黄箓大斋立成仪》卷十五《醮谢请献门》首列《圣祖位序说》称：“唐以李姓出于老子，故祖老子；本朝以赵姓出于黄帝，故祖黄帝。”《道藏》第9册，第464页。

⑥ 《道藏》第28册，第680页。

总之，黄帝信仰在宋代得到皇室的推崇，更进一步确立了其在道门的宗主地位。

东晋葛洪，南朝陈马枢，唐代李筌、张果，唐末五代杜光庭，北宋王松年、陈葆光、曾慥、张君房、李思聪、蹇昌辰、任照一，南宋俞琰、刘处玄，元代赵道一，元明道士王玠，明代张宇初、朱权、周玄贞等，在其经论中都祖述黄帝，着力渲染黄帝的道教宗主地位。在道教宗师关于黄帝的神圣叙事中，黄帝既是自然体道帝王的典型，也是最早得道神仙的楷模。

（二）道教黄帝传记的神圣叙事

至西汉司马迁《史记》卷一《五帝本纪》宣称黄帝"有土德之瑞，故号黄帝"之后，[①] 道教承袭了司马迁的黄帝叙事，并在魏晋道教神仙理论的建构中，对世俗的黄帝传说进行吸纳改造，开始了黄帝形象的神圣化塑造加工。魏晋道经《赤松子中诫经》开篇，就以"轩辕黄帝稽首问赤松子曰"而立论。[②] 道教经书在史籍黄帝传说基础上，开始对黄帝得道之说进行神仙化的建构。唐逄行珪《鬻子》卷下《数始五帝治天下第七》说颛顼："因修黄帝之道而行其政令，不改革也。"[③]春秋战国列御寇《列子》卷六称："《黄帝之书》云，至人居若死，动若械，亦不知所以居，亦不知所以不居。"[④]此所谓黄帝之书，与伏羲、神农合称为三坟，三坟被视为先秦时期的大道。总之，所谓黄帝之书至少是魏晋时期流行的典籍。[⑤]

南朝道士陈马枢撰《道学传》，收录南朝陈以前100多位神仙、道士的传记。《道学传》说：

> 黄帝，少典之子，姓公孙，号常鸿氏，一号归藏氏，又有缙云之瑞，亦号缙云氏。又有土德之瑞，故号曰黄帝。弱而能言，圣而预知，好道希妙，故为道家之宗也。[⑥]

---

① 〔汉〕司马迁撰：《史记》，北京：中华书局，1959年，第1册，第6页。

② 《道藏》第33册，第731页。

③ 《道藏》第27册，第164页。

④ 《文渊阁四库全书》第1105册，第631页。

⑤ 列子为战国前期思想家，为道家思想代表人物之一。而《列子》一书为东晋张湛辑录增补而成，大致反映魏晋时期之思想。

⑥ 〔宋〕陈葆光撰集：《三洞群仙录》卷一《盘古物祖，黄帝道宗》，《道藏》第32册，第235页。

《道学传》的神仙叙事以言简意赅为特点，其黄帝传记明确称之为道家之宗。在此后道教神仙传记的编撰中，更逐步丰富完善了黄帝得道、授道的神话传说。唐广明二年(881)，王权撰《广黄帝本行记》三卷，该书原名《广轩辕本纪》三卷，述黄帝成长及治理天下之事的上、中二卷已佚，今仅存叙述黄帝修道成真之事的下卷。唐王权《广黄帝本行记》说：“黄帝以天下既理，物用具备，乃寻真访隐，问道求仙，冀获长生久视，所谓先理代而登仙者也。”[①]亦渲染黄帝在治理国家成功之后，又致力于追求神仙之道的神话。

在宋代道教的神仙传记中，黄帝的传记已居于特殊地位，说明宋代是道教黄帝信仰建构的完成时期。南宋陈葆光《三洞群仙录》，其卷一开篇就为《盘古物祖，黄帝道宗》，此道宗有道教宗主、得道宗师之意，道经中称黄帝、庄子，都曾使用“道宗”一词，亦称太上老君为“玄玄道宗”。[②]《三洞群仙录》记载神仙故事1054则，而将黄帝列为首篇介绍，已确认黄帝在道教神仙中的特殊地位。宋张君房《云笈七签》卷一百《轩辕本纪》，元赵道一《历世真仙体道通鉴》卷一《轩辕黄帝》，亦都尊黄帝为道教神仙第一，这与赵宋王朝尊黄帝为圣祖的社会历史背景正相符合。总之，宋代道教明确宣称黄帝是道宗，且在秦汉史籍黄帝叙事的基础上，凸出黄帝神圣性的建构与描写，诸如黄帝的经书法术是天神传授，黄帝与七十二天神相会，黄帝在名山五岳封神等传说，道教都竭力赋予华夏英雄祖先黄帝无比的神性。其中，最典型的是天神传授说的建构。宋张君房《云笈七签》卷一百《轩辕本纪》说：“黄帝修德义，天下大理。乃召天老谓之曰：吾梦两龙挺白图，出于河，以授予，敢问于子。天老对曰：此《河图》《洛书》将出之状，天其授帝乎！”[③]此天老授黄帝《周易》箓图的故事，本出于《周易》之《河图挺佐辅》篇，此神圣叙事暗示道教所用的周易八卦，亦是黄帝得天神之传授而行世。

(三)道教各派宗承黄帝

道教黄帝信仰的建构始于早期道教创立时期，早期道教的天师道、灵宝

① 《道藏》第5册，第33页。

② 唐吴筠《宗玄先生文集》卷下称南华真人“南华源道宗”。敦煌文书S.4365号《唐玄宗御制道德真经疏释题》有“庄老道宗”之语，杜光庭《道德真经广圣义》卷三《释御疏序上》称太上老君为“玄玄道宗”。

③ 《道藏》第22册，第676页。

派、上清派都推崇黄帝，可以说黄帝信仰是道门集体智慧的结果。西汉刘安《淮南鸿烈》卷二十四《说林训》称："黄帝，古天神也。"①早在东汉道教教团创立的五斗米道时期，托名张道陵所撰的《老子想尔注》，就有"黄帝仁圣知后世意""道使黄帝为之"之说。② 在早期天师道的二十四治中，新津老君山所在的稠稉治，相传为黄帝学道的名山。北周道经《无上秘要》卷二十三《正一炁治品》载："稠稉治，上应危宿，治去汶山江水九里，山高去平地一千七百丈，昔轩辕黄帝学道之处也。"③此传说可视为早期天师道黄帝崇拜的社会记忆。

东晋灵宝派道士葛洪建构道教神仙理论，最早宣称黄帝为得道之神仙。葛洪《抱朴子内篇·明本》说："黄帝既治世致太平，而又升仙，则未可谓之后于尧舜也。"④葛洪多处的黄帝叙事显示灵宝派对黄帝的尊崇。南北朝道经《元始上真众仙记》载太昊氏、颛顼氏、祝融氏、轩辕氏、金天氏分别治五山，称"轩辕氏为黄帝，治嵩高山"⑤，更成为后世道教科仪五方五帝说的理论基础。六朝道经《太上无极大道自然真一五称符上经》卷下：

> 黄帝曰："天老以小兆未知天气，故授兆《灵宝五称符经》。"⑥

《灵宝五称符经》是六朝古灵宝经，黄帝天老授经说代表灵宝派的观点。北周道经《无上秘要》卷三十《经文出所品》说：

> 《中央黄天真文赤书》，一名《宝劫洞清九天灵书》，一名《黄神大咒》，一名《黄帝威灵策文》。⑦

古灵宝经认为《黄帝威灵策文》刻书佩身，可免万灾，则东晋南朝的灵宝派确乎推崇黄帝。

南北朝上清派道经《上清太上开天龙蹻经》卷一《黄帝请问宁君诀第一》赞曰："轩辕黄帝夙植仙津，上感神精，诞灵特秀，位承天帝，复道求真，清斋

---

① 《道藏》第28册，第134页。

② 饶宗颐著：《老子想尔注校证》，上海：上海古籍出版社，1991年，第8、14页。

③ 《道藏》第25册第64页。

④ 王明著：《抱朴子内篇校释》，北京：中华书局，1986年，第171页。

⑤ 《道藏》第3册第270页。关于道经的作者及编撰时代，本文依据《增注新修道藏目录》(丁培仁编著：《增注新修道藏目录》，成都：巴蜀书社，2008年)。

⑥ 《道藏》第11册，第641页。

⑦ 《道藏》第25册，第96页。

玄阙。”[①]黄帝夙植仙津说未见于世俗史籍，这是上清派对黄帝神性的想象创新。南北朝道经《上清元始变化宝真上经九灵太妙龟山玄箓》卷下载：“若行黄帝之道，当以季月服黄上八维生景玉门之符。”[②]此经书为早期上清派经典，则说明上清派亦倡行黄帝之道。

元全真道士王志道《玄教大公案》卷下，有“黄帝大圣人”之称。[③] 元代得净明、全真、清微诸派之传的赵宜真《原阳子法语》卷下《警学偈十六首》，有“黄帝曾师七十人，人人岂必尽仙真”之语。[④] 金元的全真宗师承袭南北朝道教正一派、灵宝派、上清派的传统，都致力于推崇黄帝之道，在经法理论中着意建构黄帝信仰。

我们知道先秦时期的祖先崇拜，已经形成相当成熟的祭祀理论。《国语·鲁语上》载春秋时鲁国大夫展禽说：“夫圣王之制祀也，法施于民则祀之，以死勤事则祀之，以劳定国则祀之，能御大灾则祀之，能捍大患则祀之。”[⑤]这就是华夏先民祖先崇拜的祭祀五原则，此先秦宗法宗教的祭祀原则为道教所继承。黄帝以有功于民而享受道教的崇祀，成为道教法坛祖先神灵的典型代表。

二、道教神仙叙事中的黄帝

民国时期顾颉刚先生撰《黄帝故事的演变次序》，曾将早期黄帝形象的演变过程归纳为六个阶段。[⑥] 顾颉刚总结了以儒家为主体的黄帝叙事的演变，其黄帝形象演变说为学术界所承认。而在道教仙传的宗教叙事中，关于黄帝得道亦有各种神异传说。道教的黄帝叙事涉及道教学的诸多方面，我们至少可以从七个方面予以归纳，从这些侧面不难看出道教确乎崇信黄帝之道。

(一)道教神仙学说中的黄帝

在道教的神仙传记中，黄帝的传记居于特殊的地位。道教仙传中黄帝得

① 《道藏》第33册，第731页。

② 《道藏》第34册，第227页。

③ 《道藏》第23册，第904页。

④ 《道藏》第24册，第86页。

⑤ 〔战国〕左丘明撰：《国语》，上海：上海古籍出版社，1978年，第166页。

⑥ 《顾颉刚读书笔记》卷一《纂史随笔(三)》，顾颉刚撰：《顾颉刚全集》，北京：中华书局，2011年，第431—432页。

道、鼎湖上升的传说，是道教仙话中脍炙人口的故事。道教历代宗师对此黄帝神话有新的诠释。东晋葛洪《抱朴子内篇·微旨》：“黄帝于荆山之下，鼎湖之上，飞九丹成，乃乘龙登天也。”①明确宣称黄帝所得为金丹之道。唐杜光庭《道门科范大全集》卷七十八《上清升化仙度迁神道场仪》的说文称：“臣闻混元函谷，控白鹿以西升；黄帝鼎湖，驾髯龙而高举。莫不以长生为本，却死为先。”②则旨在宣扬黄帝所得为长生之道。宋张君房《云笈七签》卷三《道教本始部》之《天尊老君名号历劫经略》说：“故黄帝以道治世一百二十年，于鼎湖山白日升天，上登太极宫，号曰中黄真人。”③“中黄真人”是道教赋予黄帝的道号之一，黄帝确乎是与道合真的得道之人。宋王松年《仙苑编珠》卷上《伏羲八卦，轩后五篇》说黄帝“乃铸鼎荆山炼丹，丹成，有黄龙下迎，韦臣同升者七十二人。”④黄帝偕七十二人一同升仙，是道教仙话史上得道最多的范例。轩辕黄帝鼎湖飞升的仙话，在道经中有不同版本的诠释，旨在昭示黄帝是得道升仙之人。道教还有黄帝与帝喾、夏禹，“并遇神人，咸受道箓”之说。⑤ 黄帝接受道教道箓的传说，则喻示已得道法的正式传授。

（二）道教神仙叙事中的黄帝

从先秦诸子的《庄子》《尸子》《列子》《管子》《尉缭子》《关尹子》《亢仓子》，到秦汉魏晋南北朝的《史记》《汉书》《后汉书》《文选》等史籍，在引经据典阐述哲理时，都已然形成“黄帝曰”的叙事风格。道教对黄帝信仰的塑造与建构，也承袭这一叙事传统以阐述道教经义。我们试举数例：

东晋道经《洞神八帝元变经·持神驭伏第十三》说：

黄帝曰：“人性能通鬼神，而神与人道理有殊。”⑥

北周道经《无上秘要》卷六《帝王品》称：

黄帝曰：“三皇者，则三洞之尊神，大有之祖气也。”⑦

---

① 《道藏》第28册，第195页。

② 《道藏》第31册，第943页。

③ 《道藏》第22册，第18页。

④ 《道藏》第11册，第21页。

⑤ 《隋书·经籍志》，〔唐〕魏徵、令狐德棻撰：《隋书》，北京：中华书局，1973年，第4册第1093页。

⑥ 《道藏》第28册，第403页。

⑦ 《道藏》第25册，第19页。

宋曾慥《道枢》卷三十《真一篇》说：

黄帝曰："宇宙在吾手，造化在吾身。"①

在道教的神仙叙事中，天界神仙的太上老君、天真皇人、广成子、宁先生，都与黄帝有道法的传授交流。道教的天地自然之道，道教祀神的斋醮科仪，道教的修仙飞行术，道教的内丹修炼之道，甚至治身治国之道，都得到仙真的传授。唐代道经《金锁流珠引》卷七载：

太上老君告黄帝曰："幽思转身，告命万神。合通天地，自得其真。"②

唐代道经《金锁流珠引》卷四《五等礼师引诀》说：

太上老君授黄帝礼师法，别有科仪，具用五等。③

宋张君房《云笈七签》卷二十九《禀生受命·禀受章》说：

昔天真皇人于峨嵋山中告黄帝曰："一人之身，一国之象也。胸腹之位，犹宫室也；四肢之列，犹郊境也；……能知治身，则知治国也。"④

宋张君房《云笈七签》卷一百二十《道教灵验记》之《青城丈人授黄帝龙蹻并降雨验》说：

青城山，黄帝诣龙蹻真人宁先生，受《龙蹻经》，得御飞云之道。⑤

元陈致虚《上阳子金丹大要》卷七《朔望弦晦须知》说：

故广成子谓黄帝曰："目无所见，耳无所闻，心无所知，神将守形，形乃长生。一泄之后，即出一阳，而交一阴，是为离也。自此而往，情欲已萌，淳朴已散，精气日损。"⑥

上古时期黄帝问道于广成子，是道经中广为传颂的仙话。而广成子传授的

① 《道藏》第20册，第760页。《道法会元》卷一《清微道法枢纽》载为："黄帝云：宇宙在乎手，万化生乎心。"

② 《道藏》第20册，第391页。

③ 《道藏》第20册，第369页。

④ 《道藏》第22册，第211页。

⑤ 《道藏》第22册，第833页。

⑥ 《道藏》第24册，第26页。

是修身养性，才能得长生不老之道的要义。元陈致虚《太上洞玄灵宝无量度人上品妙经注·序》说：

轩辕时，皇人与太清三仙王会峨嵋山，黄帝再拜问道。皇人授以五牙三一之文并《度人经》上卷，黄帝修之上仙。①

天真皇人授给黄帝《度人经》上卷，为东晋南朝古灵宝经之一，《度人经》讲述道教济世度人之道。元代道士陈致虚为《度人经》的撰作传授，建构出一个颇具神学色彩的授经谱系。称元始天尊撰《度人经》授玉晨道君，玉晨道君授玄一真人，玄一真人授天真皇人。黄帝得天真皇人、太清三仙王传授《度人经》，则象征黄帝获得神仙之道的真传，果然黄帝修炼此度人之道而成为上仙。

（三）《道藏》中托名黄帝的经书

道教造作的经书中多有托名黄帝的道经，医学、占卜、外丹术、法术道符等经书以祖述黄帝为特点。《道藏》中诸如《黄帝内经》《黄帝龙首经》《黄帝金匮玉衡经》等十五种托名黄帝的经书，构成道教黄帝信仰的重要内容。据唐代道经《金锁流珠引》卷十四引录《黄帝集灵记》，此经有大禹编为四十九卷之说，此《黄帝集灵记》实为法术道符的汇编。道教的《黄帝阴符经》，主论道家哲学与修养之术，是托名黄帝著述中最有影响的名篇。《黄帝阴符经》东晋南朝已问世。东晋南朝道经《洞真上清太微帝君步天纲飞地纪金简玉字上经》说：

而世传惟《阴符》一经，为黄帝书，其文质而雅，深而要，非有道者，其能是乎。②

北魏寇谦之在进行新道教改革之时，就以曾藏此经于嵩山石室而知名。明张宇初《岘泉集》卷一《辨阴符经》：

史称黄老者，以黄老之道同也。而黄帝之言，未之见焉。若子列子之谓《黄帝书》曰者，大率与老同。③

第四十三代天师张宇初认为《黄帝书》与《老子》的学说，共同构成道教遵行的黄老之道。道教有黄帝悟道而撰写《阴符经》之说，以致历史上《黄帝阴符经》的注疏最多，今仅存于明《正统道藏》的便有 24 种，反映道门人士对此经

① 《道藏》第 2 册，第 393 页。

② 《道藏》第 33 册，第 444 页。

③ 《道藏》第 33 册，第 201 页。

的重视。

（四）道教饮食养生与黄帝

道教有着丰富的饮食养生思想，充满着中华先民的生活智慧，是历代高道大德探索总结的结果。道经中论说饮食养生的要义，其开篇也托黄帝之口而立论。《孙真人备急千金要方》卷七十九《食治》称：

黄帝曰："五味入于口也，各有所走，各有所病。"①

唐范脩然《至言总》卷三《禁忌》称：

黄帝曰："一日之忌，夜莫饱食。一月之忌，暮莫大醉。"②

宋张君房《云笈七签》卷五十七引天台白云《诸家气法·服气精义论并序》说：

黄帝曰："食谷者知而夭，食气者神而寿，不食者不死。"③

道教论说饮食养生之要义，刻意引用黄帝之说以立论，托名黄帝的饮食养生的法门和禁忌，甚至比饮食养生更高的服气之法，都旨在彰显这些养生理论来自黄帝的智慧。

（五）道教丹道与黄帝

道教丹道旨在追求长生不老信仰，丹道修炼亦源自黄帝的养生思想。在道教经书的丹道叙事中，称黄帝是最早服食神丹者。宋李昉《太平御览》卷六百七十八《道部二十传授上》说：

昔黄帝、老子奉事元君，元君以受要诀，况乎不逮彼二君者，安能自得仙度世者乎。按《荆山经》及《龙首记》皆云黄帝服神丹。④

东晋葛洪《抱朴子内篇·遐览》提及《荆山经》《龙首记》各一卷。明《正统道藏》收录《黄帝龙首经》上下两卷。则东晋道教已有黄帝服神丹之说。东晋葛洪《神仙传》卷五《张道陵》，还有天师张道陵得黄帝九鼎丹经之说。托名黄帝

① 《道藏》第26册，第516页。
② 《道藏》第22册，第859页。
③ 《道藏》第22册，第392页。
④ 《文渊阁四库全书》第899册，第161页。

的《黄帝九鼎神丹经》为西汉末东汉初的道经，该经说黄帝服食九鼎神丹而升仙。[①] 唐宋道教盛行金丹之道，宣称黄帝修之而登云天，老君修之是为道祖。黄帝既是金丹之道的习得者，又是在道门传授金丹之道者，东汉道教祖师张道陵就曾得黄帝丹法的传授。《太平御览》卷六百六十四《道部六》引《集仙录》曰：

张天师道陵隐龙虎山，修三元默朝之道，得黄帝龙虎中丹之术。[②]

唐杜光庭《墉城集仙录》卷六载：

孙夫人者，三天法师张道陵之妻也。……依太一元君所授黄帝之法，积年丹成，变形飞化无所不能。[③]

道教金丹道在唐宋时期成为道教修炼成仙的主流，在朝野和社会上很有影响，所谓黄帝金丹道就是这种社会氛围下的产物。唐代道教有一种黄帝内视法，是存想五脏五色的修炼方法，则此黄帝内视法又具有内丹术和存想法结合的特点。

（六）道教戒律与黄帝

道教经书在阐扬教理教义时，常托称神仙天尊之口以叙事，用“黄帝曰”“老君曰”“太上曰”“太极真人曰”“天尊曰”“道君曰”“太上道君曰”“道曰”“道言”“师曰”的口吻宣讲经义，以此强调教理教义的神圣性。北周道经《无上秘要》卷四十六《洞神戒品》，在宣讲道教戒律的功能时，就托黄帝以宣教，其论洞神五戒说：

黄帝曰：“人不持戒，吏兵不附其身，所得无验，徒劳用心。”若不信至道承事师，若欲使吏兵防身护命，却死来生，禳疾延寿，为人消灾，救治厄患，存思求微，克期取验者，受五戒。[④]

北周道经《无上秘要》卷四十六《洞神戒品》宣讲“洞神八戒”，亦称：

黄帝曰：“余尝闲居，太上垂降，见问经戒大小始终。余虽受持，多所不了，未测次序，具启太上。”太上答曰：“凡诸戒律，通应共

---

① 〔东晋〕葛洪《抱朴子内篇·金丹》：“按《黄帝九鼎神丹经》曰，黄帝服之，遂以升仙。”（《道藏》第 28 册第 183 页）《云笈七签》卷六十七《金丹部》之《黄帝九鼎神丹序》亦称：“按《黄帝九鼎神丹经》曰：黄帝服之，遂以升仙。”（《道藏》第 22 册，第 466 页）

② 《文渊阁四库全书》第 899 册，第 70 页。

③ 《道藏》第 18 册，第 195 页。

④ 《道藏》第 25 册，第 165 页。

行。”其间缓急繁简高卑，各有意义，准拟玄源变化，生数皆渐相成，三五八九、十百千万，虽随缘所堪，亦不可越略，知因向正，法修长生不死，三五兼参，宜受八戒。[①]

魏晋南北朝道教有洞神三戒，洞神五戒，洞神八戒和想尔九戒，分别是早期道教灵宝派、天师道的戒律。《无上秘要》借黄帝之口宣讲洞神五戒，洞神八戒的要义，显示早期道教戒律亦依托黄帝以宣示的特点。

（七）道教法术中的黄帝神符

道教法术中的符箓具有驱邪的功能，在道门和社会上行用广泛。相传西王母曾传授黄帝神符。道经中所见黄帝符箓、真文，有黄帝真符、元始黄帝真符、黄帝御魔总真灵符、中央黄帝土功符、中央黄帝玉符、黄帝全角符、中央黄帝赤书玉篇真文、黄帝威灵策文等。道教斋醮法坛行用的符箓灵文、真文玉字，具有祈禳驱邪的无穷法力。宋张君房《云笈七签》卷一百《轩辕本纪》说：

玄女传《阴符经》三百言，帝观之十旬，讨伏蚩尤。授帝《灵宝五符真文》及《兵信符》，帝服佩之，灭蚩尤。[②]

此《灵宝五符真文》为东汉出世，为道教史上之古灵宝经，该经谈及的黄帝神符或许即灵宝符文。相传黄帝以金简书《灵宝五符真文》，一通藏于钟山，一通藏于宛委之山。黄帝所得的《灵宝五符真文》为道教常用符箓，可以安镇天地，开度鬼神，具有强大的驱邪功能。宋元道经《灵宝无量度人上经大法》卷二十说东晋真人许逊，“曾亲受黄帝之书，用铁板书此五符，投于湘渚，斩馘妖毒”。[③] 东晋许逊所书铁板五符，即《灵宝五符真文》。

唐代道经《金锁流珠引》卷十一《说佩诸地隐讳》称：

昔黄帝得广成君教佩此九地真讳，经过之处，神灵俱见，拜送扶迎，不敢为患，受驱使。[④]

道教有佩天地之真讳的法术，认为身佩九州真讳、五岳名讳，则具有驱使鬼神的法力。黄帝得九地真讳隐术的传授，则是具有驱使神灵法力的仙真。

北周道经《无上秘要》卷二十五《三皇要用品》说：

---

① 《道藏》第25册，第165页。
② 《道藏》第22册，第679页。
③ 《道藏》第3册，第731页。
④ 《道藏》第20册，第406页。

黄帝得神图天文字，以知九天名山川灵之字。若能按文致诸神者，可以长生，可令召司命削死籍，必为人除之，然后修道求术，必得神仙矣。①

此黄帝得神图天文字的传说，喻示黄帝已掌握求取长生之道的方法。

综上所述，道教的神仙学说、修炼法门、经法制度都要远推至黄帝时期，宣称是由黄帝创造而产生，这是典型的黄帝崇拜思维的结果。而道教经书中不乏黄帝赴天下名山寻真访隐，终获长生久视的不死之道、真一之道的记载。诸如道教地理的《五岳真形图》，乃宣称是黄帝赴五岳临摹山势真形而撰成。在西汉司马迁《史记·五帝本纪》的黄帝叙事中，黄帝是一位有功于民的伟大之"人"，而历史上道教对黄帝进行了神仙化的改造提升，赋予黄帝华夏祖先神的品格。总之，黄帝由"人"到"神"的转化，道教黄帝信仰的建构与形成，显示道教塑模华夏祖先神的智慧和想象力，道教对黄帝神性和神格的塑造，在道教神仙信仰体系中具有典型性。道教宣称黄帝是帝皇得道之典型，经过道教神学理论精心塑造的黄帝形象，成为中华民族共同尊奉的祖先神，对黄帝的信仰至今在中国社会还有着持久的生命力。

余　论

道教以神仙信仰为鲜明特色，道教神仙体系中的祖先神，都是历史上有功于民之人，此亦显示道教奉中国之道的特点。黄帝作为华夏先民认同的英雄祖先、人文祖先，道教则着力建构其问道、得道的神圣历史。道教宣称黄帝是自然体道者，这可谓是得道的最高境界。历代道门人士都致力于弘扬黄帝之至道，甚至直接称道教为黄帝之教。明代皇家道士朱权比较儒释道三教的特点说："校其佛氏之教，导之以慈爱；黄帝之教，导之以仁义；老氏之教，导之以道德，陈之以忠孝；孔氏之教，导之以礼乐，陈之以纲常。"②朱权刻意在道教中分列黄帝之教与老氏之教，一定程度上反映出道教崇拜黄帝的历史真实。道教所塑造的黄帝伦理道德神仙形象，在当代社会仍有其教化功能和现实意

① 《道藏》第 25 册，第 72 页。

② 〔明〕朱权撰：《天皇至道太清玉册》卷六《宋理宗皇帝御制化胡辩》，《道藏》第 36 册，第 422—423 页。

义。总之，道教黄帝信仰的形成经历了长期的历史过程，在历代高道黄帝叙事的想象建构之下，最终奠定了黄帝为道教宗主的地位。黄帝是远古帝王被奉为祖先神的典型，道门对黄帝神格的精心塑造和圣化，彰显出道教作为中华本土宗教的自信。

新时代新征程全球化视野下关于祭祀黄帝陵与铸牢中华民族共同体意识研究

——兼谈黄帝陵升格“国祭”与申请加入“世遗”

霍彦儒

（宝鸡炎帝与周秦文化研究会会长、研究员）

摘　要：近年来，习近平总书记曾在不同场合，站在民族团结、国家统一的战略高度，多次提到“铸牢中华民族共同体意识”这一具有历史和现实意义的重大问题。本文依据习总书记的讲话精神，从“炎黄华夏是形成中华民族共同体的凝聚核心”“祭祀黄帝陵是铸牢中华民族共同体意识的独特文化基因”“关于黄帝陵升格‘国祭’和申请加入‘世遗’的建议”等三个方面，论证了在新时代、新征程和全球化视野下祭祀黄帝陵对铸牢中华民族共同体意识的重要性和必要性。

关键词：祭祀；黄帝陵；中华民族；共同体意识；文化基因

“铸牢中华民族共同体意识”，是习近平总书记站在民族团结、国家统一的战略高度，在多个场合强调的一个具有历史和现实意义的重大问题。2014年9月习近平总书记在中央民族工作会议暨国务院第六次全国民族团结进步表彰大会上的讲话中首次指出：“加强中华民族大团结，长远和根本的是增强文化认同，建设各民族共有精神家园，积极培养中华民族共同体意识。”[①]在党的十九大报告中习近平总书记进一步指出：“全面贯彻党的民族政策，深化民族团结进步教育，铸牢中华民族共同体意识，加强各民族交往交流交融，促进各

① 习近平：《在中央民族工作会议暨国务院第六次全国民族团结进步表彰大会上的讲话》，《人民日报》，2014 年 9 月 30 日，第 1 版。

民族像石榴籽一样紧紧抱在一起，共同团结奋斗、共同繁荣发展。”①在第十三届全国人民代表大会第一次会议各代表团分组讨论中，习近平总书记在参加内蒙古代表团讨论时再次强调“铸牢中华民族共同体意识”这一问题。解读习近平总书记关于“铸牢中华民族共同体意识”一系列讲话精神，我们说，习近平总书记提出的这一重大理论思想，这不仅是维护国家统一的思想基础，是促进民族团结、社会稳定和国家长治久安的基石，而且是走进新时代、迈上新征程，实现中华民族伟大复兴的“中国梦”的必然要求。正如中共中央办公厅、国务院办公厅印发的《关于全面深入持久开展民族团结进步创建工作铸牢中华民族共同体意识的意见》中所指出的：“中华民族共同体意识是国家统一之基、民族团结之本、精神力量之魂。”②尤其是对由 56 个民族组成的中华民族而言，不仅具有重要的现实意义，而且具有深远的历史意义。

何谓中华民族共同体意识？“共同体”是一个描述群体而非个体的概念。民族共同体意识是指一个民族或多民族在不断交往交流交融的历史进程中，在历史、心理、社会、制度、政治、文化等层面取得一致性或共识性的集体身份认同，也就是命运共同体。而对中华民族而言，要取得各民族的一致性或共识性的集体意识身份认同，就必须形成共同体意识。共同体意识是维系共同体群体性存续的关键因素。而这种共同体意识的形成，并非只有一种途径，而是有多种途径和形式。但在这多种途径和形式中，黄帝陵祭祀作为一种非血缘(不能完全排除血缘)的独特的文化礼仪活动无疑是一种重要而有效的途径。习近平总书记指出：“黄帝陵是中华文明的精神标识。”既是“精神标识”，那么，祭祀黄帝陵无疑对铸牢中华民族共同体意识就具有极为重要的作用。

一、炎黄华夏是形成中华民族共同体的凝聚核心

中华民族是对在中国九百六十万平方千米上长期居住、劳动和繁衍的各民族的总称。费孝通先生说：“中华民族作为一个自觉的民族实体，是近百年来

① 习近平：《决胜全面建成小康社会夺取新时代中国特色社会主义伟大胜利——在中国共产党第十九次全国代表大会上的报告》，《光明日报》，2017 年 10 月 27 日，第 1 版。

② 中共中央办公厅、国务院办公厅：《关于全面深入持久开展民族团结进步创建工作铸牢中华民族共同体意识的意见》，《人民日报》，2019 年 10 月 24 日，第 1 版。

中国和西方列强对抗中出现的，但作为一个自在的民族实体则是几千年的历史过程所形成的。”①而在数千年形成中华民族共同体的过程中，汉族是其形成的主体民族。而汉族的前身则是华夏族。尽管“华夏族”名称出现较晚，但作为一个族体的孕育、起源和形成，却是很早的，大概在炎黄时代就已开始孕育和起源了。随着历史的演进，居住在中原地区的华夏联盟集团，通过“五帝”、夏商周至春秋战国数千年与周边其他各族的交往交流交融，华夏族基本形成。但形成和凝聚的核心无疑是以炎、黄、蚩为代表的三部族，即通过涿鹿、阪泉之战结盟而建立的华夏联盟集团。《汉书·地理志上》云：

> 昔者黄帝，作舟车以济不通，旁行天下，方制万里，画野分州，得百里之国万区。是故《易》称“先王（以）建万国，亲诸侯”，《书》云：“协和万国”，此之谓也。尧遭洪水，褱山襄陵，天下分绝，为十二州，使禹治之。水土既平，更制九州，列五服，任土作贡。……殷因于夏，亡所变改。周既克殷，监于二代而损益之，定官分职，改禹徐、梁二州合之于雍、青，分冀州之地以为幽、并。故《周官》有职方氏，掌天下之地，辩九州之国。……周爵五等，而土三等，……周室既衰，礼乐征伐自诸侯出，转相吞灭，数百年间，列国耗尽，至春秋时，尚有数十国，五伯迭起，总其盟会。陵夷至于战国，天下分而为七，合纵连横，经数十年。秦遂并兼四海。

这段话从历史的角度总结了华夏族从黄帝（实际上还包括炎帝、蚩尤等族）经尧、舜、禹到商、周再到春秋战国至秦统一各族的融合过程，反映了中华民族（华夏族）共同体形成的历史进程和特点，即由“一元多支”到“多元一体”②的历史实际。而这个“一元”则为黄帝（亦包括炎帝），也就是炎黄（华夏）集团。司马迁在《史记·五帝本纪》中，从种族的角度认为，华夏族始于“五帝”。而“五帝”之首则又始于黄帝。黄帝是华夏族即中华民族的始祖。尽管司马迁的这个“一元”论，古今以来遭到一些人的质疑，甚至被否定，但是，有一点值得肯定，即确立了炎黄华夏是中华民族（华夏族）共同体的“凝聚核心”

① 费孝通等著：《中华民族的多元一体格局》，中央民族学院出版社 1989 年版，第 1 页。

② 石兴邦：《羌文化与凤县·序》，陕西人民出版社 2011 年版，第 2 页。

却是毋庸置疑的。

徐旭生先生在其《中国古史的传说时代》一书中，将中国原始社会晚期的族群划为三大集团，即华夏、东夷和苗蛮。他说：华夏集团是"三集团中最重要的集团，所以此后他成了我们中国全族的代表，把其他的两集团几乎全掩蔽下去。此部族中又分两个大亚族：一个叫作黄帝，一个叫作炎帝"。[①] 炎帝和黄帝就成为华夏集团的代表性人物，即华夏集团的凝聚核心。所以我们说，从华夏(炎黄)集团到华夏联盟集团，又通过融合东夷、苗蛮、西戎、北狄各族团，再到华夏族，直至今天由56个民族组成的中华民族，其间虽经历了五六千年或更长的时间，但始终"以炎黄华夏为凝聚核心"。正如习近平总书记2019年9月在全国民族团结进步表彰大会上的讲话中所指出的："我们悠久的历史是各民族共同书写的。早在先秦时期，我国就逐渐形成了以炎黄华夏为凝聚核心、'五方之民'共天下的交融局面。"[②]

炎黄华夏在形成中华民族共同体进程中，其"凝聚核心"的作用主要体现在以下几个方面：

第一，炎黄二帝为形成中华民族(华夏族)共同体开辟了以中原为核心的共同生存地域。《国语·晋语四》云："昔少典娶于有蟜氏，生黄帝、炎帝。黄帝以姬水成，炎帝以姜水成，成而异德，故黄帝为姬，炎帝为姜。""姜水""姬水"今学者考证多认为，炎帝与炎帝族起源地大约在今"陕西西部偏南"，黄帝与黄帝族起源地大约在今"陕西的北部"[③]。我们说不管是"陕西北部"还是"陕西西部偏南"，实际上这两条水均在渭河中上游一带，即关中西部。这是华夏族凝聚核心——华夏(炎黄)集团的起源地。

炎黄二族随着人口的增加，或气候的变化诸原因，除部分族民仍留居原地姜水、姬水一带继续生活外，则有部分族民分别先后在炎帝、黄帝的率领下，"抚万民，度四方"[④]。《淮南子·主术训》记载：炎帝与炎帝族"南至交趾，北

---

① 徐旭生：《中国古史的传说时代》，广西师范大学出版社2002年版，第45页。

② 习近平：《在全国民族团结进步表彰大会上的讲话》，《光明日报》，2019年9月27日，第2版。

③ 徐旭生：《中国古史的传说时代》，广西师范大学出版社2003年版，第49页。

④ 《史记·五帝本纪·集解》引王肃曰："度四方而安抚之。"

至幽都，东至旸谷，西至三危。”①《史记·五帝本纪》记载：黄帝与黄帝族“东至于海，登丸山，及岱宗。西至于空桐，登鸡头。南至于江，登熊、湘。北逐荤粥，合符釜山，而邑于涿鹿之阿。”②从这些古史传说中，我们可以知道，华夏(炎黄)集团分别与东夷集团融合，将生存地扩展至华北平原、中原地区，华夏(炎黄)集团又与苗蛮集团融合，开辟了江汉地区。《尚书·尧典》云：“窜三苗于三危。”“三危”，学者考证为今甘肃敦煌。《吕氏春秋》记述尧战南蛮，舜、禹赶走苗民，并更易其习俗。通过战争及经济、文化的相互交流，使苗蛮民族逐渐同化于华夏，成为华夏族的一员。这也从江汉地区大溪文化、屈家岭文化及“‘湖北龙山文化’一系列地区文化遗存中有越来越多的华夏族中原地区仰韶文化，河南、陕西龙山文化的文化因素”③中可以看出，华夏族的势力在“五帝”时期已达到江汉地区乃至西北甘青一带。

炎黄二帝从关中渭河西部起源到东进中原、南至江汉、西迁河湟、北到华北，华夏、东夷、苗蛮“三大集团不断接触，始而相斗，继而相安，血统与文化逐渐交互错杂，终于同化，形成一种融合而较高的民族文化——华夏文化”④，组成了以华夏(炎黄)集团为主体的，融合东夷、苗蛮两集团在内的新的华夏部落大联盟，即华夏族，其地域扩大至黄河、长江一带。从考古学文化方面来看，从半坡、庙底沟，到大汶口，从彭头山、河姆渡到大溪、马家浜，再到石家河、良渚等多种类型文化的相通性说明，在距今5000年前后以中原(陕、豫、晋三角交汇之地)为中心的黄河、长江两大河流的中下游地区，可以说已成为一个“统一的整体”，为中华民族(华夏族)共同的生息地。

第二，炎黄二帝为形成中华民族(华夏族)共同体创造了以粟、稻为主的共同的农耕经济生活。世界上两位研究栽培作物起源的先驱者——法国的德康多尔和苏联的瓦维洛夫，都认为中国北方是粟和黍的起源地，何炳棣先生更系

---

① 其意是说炎帝与炎帝族曾分别迁往今岭南、河北北部、山东西部、甘肃敦煌等一带。

② 其意是说黄帝与黄帝族曾往东到过今山东海滨、泰山。往西到过今甘肃平凉崆峒，登上鸡头山。往南到过长江流域，登上熊山、湘山。往北驱逐过少数民族荤粥，与四方诸侯在釜山合过符，又在今河北涿鹿山下平地建过都邑。

③ 李绍连：《略论炎黄二帝及其历史业绩》，《炎黄文化研究》1995年第2期。

④ 天石：《中国古史的传说时代·序》，广西师范大学出版社2003年版，第5页。

统地论证了中原是粟、黍等旱地作物起源的核心地区。[①] 黄河中下游地区大量的考古发现，如北京东胡林、河北磁山、河南裴李岗、西安半坡、宝鸡北首岭等遗址也提供了这方面的实物证据。传说，炎帝发明了粟作农业。黄帝在炎帝发明粟作农业的基础上，又做出进一步的发展，“艺五种”“播百谷”，诞生了粟、黍、稷、稻、麦等多种农作物品种。炎黄二帝的生活时代是在新石器时代的晚期，其活动地区主要在以中原为核心的黄河流域，从时间、空间上正好相互印证。我们说，随着华夏族势力的日益强大，其文化的进一步传播和影响，“公元前第三千纪中华大地的古文化面貌同一性逐渐加强”[②]。这种“同一性”反映在农业和自然生态上，黄河流域“基本上都是粟作农业区，生态属于干旱或半干旱的森林草原环境。只有汉江北部和淮(河)黄(河)接壤地区为粟稻杂交种区，属湿热的森林草原带”。[③] 与此前后，在长江中下游，湖南道县玉蟾岩、浙江浦江上山和义乌桥头等遗址诞生了稻作农业，距今9000年后传播到淮河流域和黄河下游地区，距今6000年后向华南、台湾甚至更远的地方扩散。而这个时期也正好处于炎黄时代，初步形成了“南稻北粟”的两大农业区。这说明此时的黄河流域和长江流域已基本形成以农业为主体的经济体系新格局。

第三，炎黄二帝为形成中华民族(华夏族)共同体建构了以英雄祖先为对象的共同的崇拜心理。人类学、考古学研究表明：人类的“崇拜”心理大约产生于“原始社会的旧石器时代中期和晚期”[④]。而随着氏族社会的发展，在经历了图腾崇拜、女性祖先崇拜后，到了新石器时代的中、晚期，又出现了男性祖先崇拜。这个时期，在我国正是古史传说中的炎黄时代。

我们知道，文献记载炎黄与炎黄时代有着多项发明创造：炎帝的功绩主要反应在农耕、医药和交易等物质文明方面；黄帝的功绩，除了衣食住行外，更突出的是反应在制度等精神文明方面。因为他们“有功列于民”(《国语·鲁语》)，成为中华民族的人文初祖、文化英雄，所以不仅受到其后裔的崇敬，而且受到非后裔族的崇敬。如《国语·鲁语》说到有虞氏和夏后氏均“禘黄帝而

---

① 苏秉琦：《重建中国古史的远古时代》，《新华文摘》1997年第11期。

② 罗琨：《论阪泉之战和涿鹿之战》，《炎黄文化研究》1999年第6期。

③ 王震中：《从仰韶文化与大溪文化的交流看黄帝与嫘祖的传说》，《炎黄文化研究》1995年第2期。

④ 吕大吉主编：《宗教学通论》，中国社会科学出版社1989年版，第361—372页。

祖颛顼”，自认为是“黄、炎之后”。这是说作为虞、夏后裔的杞人、鄫人、陈人都自认为是炎帝、黄帝之后裔，世代相沿祭祀炎帝、黄帝。战国以后，对炎帝、黄帝的祭祀突破了血缘的范围。如秦人自认为是少昊之后裔，春秋初作西畤，祭白帝少昊，到战国初，随着国土扩大，秦国所辖已经包括了河西的关中地区，于是，秦灵公三年（前422）“作吴阳上畤，祭黄帝；作下畤，祭炎帝”（《史记·封禅书》）。

由炎黄二帝建构的以英雄祖先为对象的心理崇拜，在华夏/汉民族乃至中华民族的形成和发展过程中，发挥了极其重要的核心凝聚作用。“炎黄子孙”一语的演变和广泛使用就反映了这一事实。据《国语·周语下》载太子晋言：“夫亡者岂系无宠？皆黄、炎之后也。”班固《汉书·魏豹田儋韩王信》云：“赞曰：周室既坏，至春秋末，诸侯殆尽，而炎黄唐虞之苗裔，尚犹颇有存者。”“黄、炎之后”“炎黄苗裔”，虽尚未形成一个独立词，但这一用语，已是“炎黄子孙”的雏形语①。现在“炎黄子孙”已成为每一个中华儿女的自称用语，中华儿女以此而感到自豪，其中就蕴含着以“英雄祖先”为对象的崇拜心理。

这种共同的崇拜心理，还反映在自称为“龙的传人”，即以龙为图腾上。何星亮先生说：“龙原是一种图腾。但它与其他图腾有区别。它最初可能是一个部落的图腾，后来演变为超图腾、越民族的图腾，成为中华民族共同信奉的、延续时间最长的图腾神。”②如将炎帝说成是女登“感龙首”而孕（《帝王世纪》），是“人面而龙颜”（《春秋元命苞》），黄帝是附宝“见大电绕北斗枢星，感而怀孕”，“大电绕”具有蛇的形象，蛇是龙的原生型。《史记·孝武本纪》说黄帝“鼎既成，有龙垂胡髯下迎黄帝。黄帝上骑……龙乃上去”。显然，在这些史传里“龙”已成为炎帝、黄帝的化身和象征，成为氏族、部落、华夏族及中华民族共同崇拜的图腾对象。河南濮阳西水坡遗址发现的蚌壳摆塑的“龙”“虎”形象，辽宁阜新查海遗址发现的“石龙”，都在说明中华民族很早就已产生了龙的崇拜心理。

第四，炎黄二帝为形成中华民族（华夏族）共同体建立了以姜、姬二族互

① 参见霍彦儒：《“炎黄子孙”的历史演变及其意义》，《孺子文集》（上），三秦出版社2007年版，第161—170页。

② 何星亮：《中国图腾文化》，中国社会科学出版社1992年版，第356页。

通婚姻的血缘关系。炎黄二帝具有四五千年的亲缘关系，炎黄二族是两个时代“相济”的通婚族。有学者从图腾学及原始社会婚姻形式和演变角度考察后认为：炎帝是牛氏男子和蛇（有蟜）氏女子妊姒婚配所生，黄帝生母附宝也为蛇（有蟜）氏，故炎帝母、黄帝母均为蛇氏，有血缘关系。[①] 还有学者从人类学角度考证后认为：吴权为炎帝之臣，“系羌族”，与炎帝同族。“吴权之裔吴妪（枢）生黄帝，另分为姬姓”，“居姬水而得名”。吴妪即附宝[②]。可见，炎帝、黄帝确为“兄弟”。当然，这里所说的“兄弟”，不是我们今天意义上所说的兄弟，而是说他们二人同出于少典氏、有蟜氏，为“双胞族”[③]。因为炎黄为互通婚姻的双胞族，所以，古人说成“兄弟”是有道理的。姬姜二族的通婚关系，从炎黄时代开始，一直延续到两周之际，繁衍出数千个支族。《帝王世纪》说，帝喾高辛氏为姬姓。又说，帝喾有四位妻子，其子拥有天下。首位妻子是有邰氏的女儿，名叫姜嫄，生下后稷。有邰氏是炎帝的后裔族，封为姜姓，而姜姓炎帝是周人始祖弃（后稷）的“外家国”（《说文解字》），即舅家。弃（后稷）为姬、姜两族（姓）通婚所生。周太王“爰及姜女”为妃叫太姜，生王季，王季生文王，文王元妃叫周姜，武王的元妃叫邑姜，是姜太公之女，生成王及唐叔虞。可见周建国前后，姬姓贵族和姜姓贵族已世为婚姻。“他们联姻的目的，是因为要加强炎黄同源的关系”，“团结一致，共同对付商朝等东夷族的压迫”。[④] 姬、姜二族这种频繁通婚，一直延续到春秋、战国之际。除了周王多娶姜姓女子为妻之外，其他姬姓诸侯国也有，如卫国有庄姜、敬姜、夷姜、宣姜、定姜，鲁国有文姜、声姜、哀姜、穆姜，晋国有姜氏（穆公夫人）、齐姜，郑国有武姜（申侯之女）、齐姜，芮国有芮姜等。另外，姜姓国也有娶姬姓者，齐国有季姬、王姬、蔡姬、卫姬、孟姬、虞姬、东郭姬等。[⑤]

从炎黄时代起，炎黄二帝所开创建立的姜、姬二族的通婚结盟关系，促进

---

① 屠武周：《神农、炎帝和黄帝的纠葛》，《南京大学学报》（哲学社会科学）1984 年第 4 期。

② 何光岳：《先吴的来源和迁徙》，《宝鸡文理学院学报》（哲学社会科学）1995 年第 4 期。

③ 霍彦儒：《姬姜二族的“三缘”关系》，《寻根》1997 年第 1 期。

④ 何光岳：《炎黄源流史》，江西教育出版社 1992 年版，第 913—914 页。

⑤ 何光岳：《炎黄源流史》，江西教育出版社 1992 年版，第 915 页。

他们到周代已牢固地融为一体，共同灭掉了强大的商王朝，奠定了炎黄姜姬二族在华夏族中的主体地位，为发展成为世界人数最多的汉民族打下了牢固的基础，为汉民族吸收和融合周边各少数民族和在形成中华民族的数千年中奠定了根基，中华民族为何能绵延不断、长盛不衰，且像滚雪球一样越滚越大，不管遇到什么困难和挫折都裂而不散，衰而不亡，这与从炎黄二帝起所建立的姜、姬二族的血缘认同不无关系。所以从某种意义上说“炎黄子孙”一语也就反映了这种源远流长的“一脉相承”的血缘基因。

二、祭祀黄帝陵是铸牢中华民族共同体意识的独特文化基因

何谓文化基因？《辞海》解释：基因“是指物体携带和传递遗传信息的基本单位”。《不列颠百科全书》定义是指“世代相传的遗传信息的载体”。这是生物学的解释。文化基因是指相对于生物基因而言的非生物基因，主要指先天遗传和后天习得的，主动或被动，自觉与不自觉而置入人体内的最小信息单元和最小信息链路。从形而上说主要是指信念、习惯、价值观等；从形而下说是指物化载体，如集国家历史文化于一身的都城和陵墓等。

在中国历史上，祭祀礼仪文化作为形成中华文明的因素之一，则已成为中华文明的“独特文化基因”。而号称“天下第一陵”的黄帝陵，虽则古史传说为黄帝的“衣冠冢”，但因黄帝的崇高始祖地位和其久远的祭祀历史文化，已成为古今中外华夏儿女心目中黄帝形象的象征，成为千千万万华夏儿女的精神依托，成为亿万炎黄子孙表达慎终追远、缅怀先祖情感的神圣之地。正如习近平总书记所指出的：“黄帝陵是中华文明的精神标识。”①因而，对“祭祀黄帝陵”或“黄帝陵祭祀”来说，它包含着两个方面的内容，即形而上的“祭祀礼制”和形而下的“物化载体陵墓”，这就是文化积淀十分深厚的黄帝陵成为中华文明具有“独特文化基因”②之所在的原因。亦如刘庆柱先生在其《不断裂的文明史》一书中，在解读“陵墓若都邑”时所说：“殡葬史在某种程度上可视为社会历史

① 习近平2015年春节前夕赴陕西考察时的讲话。参见姚引良：《黄帝陵是凝聚海内外中华儿女的精神纽带》，陕西省公祭黄帝陵工作委员会办公室编《“黄帝陵是中华文明的精神标识”学术交流会论文集》，陕西人民出版社2016年版，第1页。

② 习近平：《建设中国特色中国风格中国气派的考古学更好认识源远流长博大精深的中华文明》，《求是》2020年第23期。

的缩影，古代墓葬浓缩着华夏与中华民族的相关重要历史文化信息，成为礼仪之邦的礼制物化载体，构成中华民族五千年生生不息的礼制文明史，蕴含着中华民族历史文化的核心基因。”①换句话说黄帝陵祭祀也就成为“铸牢中华民族共同体意识”的“独特文化基因”。

那么，我们如何认识和理解上面提到的这句话？文献记载（包括民俗、传说）和古今黄帝陵祭祀活动早已为我们做出了明确的回答。

《左传·成公十三年》云：“国之大事，在祀与戎。”《礼记·祭统》云：“礼有五经，莫重于祭。”这都是在说祭祀在古代中国国家中的重要地位。而要追溯中国祭祀文化的起源，古史传说始于炎黄时代及其以前。例如，文献中有“伊耆氏”“蜡祭”的传说。“伊耆氏”传说为炎帝（神农氏）的尊号。可见在炎帝时代就已有了祭祀。《路史·后记》云：黄帝“崇祀炎帝于陈”。杜佑《通典》云：虞舜祀“五帝”于“五府”。这里所说“五帝”，无疑也包括炎黄二帝在内。虽说是传说，但其中必包含有历史的“素地”。但祭祀作为一种礼制，它成熟于殷商、西周时期，如在殷商甲骨文中，已多次出现有“祭”和“祀”二字。从二字的字形，前者解释有“祭天拜神敬祖”之意，后者解释为小孩跪在神主（牌位）前祭神祭祖之意。西周时期，已有了完备的“吉礼”仪式。

但是，若要追溯祭祀意识的产生，从考古学文化看，萌芽于数十万年前的北京周口店山顶洞人，考古发现在该遗址人死后的尸体旁撒有赤铁矿石粉末。有研究者认为，这说明当时的人们已产生了灵魂观念和原始信仰。② 在距今8000年左右的河南舞阳贾湖遗址墓葬中，发现了带有宗教仪式性的龟甲、古笛等遗物。在距今7000多年前的北方内蒙古兴隆洼、辽宁阜新查海等遗址中发现了玉玦、玉钻以及玉斧、玉钺等遗物。从这些遗物制作精致、通体抛光、刃部没有使用痕迹等来看，考古人员认为，这可能是当时先民祭祀时所使用的“神器”。在以后经过炎黄时代、“五帝”时代，到夏商周、秦汉、魏晋南北朝、隋唐五代、宋元明清等历朝历代史书、方志等典籍中，都可以看到记载官方或民间祭祀神灵、帝王和始祖的文字。尤其是祖先崇拜、祖先祭祀，不仅贯穿于

① 刘庆柱：《不断裂的文明史——对中国国家认同的五千年考古学解读》，四川人民出版社2020年版，第368页。

② 傅亚庶：《中国上古祭祀文化》，高等教育出版社2005年版，第9—13页。

中国古史的传说时代，而且贯穿于中国三千多年的历史时期。例如史前时期，先民就已有了“入土为安”的思想意识。每个部落有其专门墓葬区，人死后土葬深埋，装殓整齐，随葬物品。这不仅是对去世人特别关爱和敬重的体现，也是现实社会人伦亲情关系的反映。这不仅在河南裴李岗文化遗址有发现，而且这种“聚族而居，聚族而葬”的葬俗延续数百年之久。可见《周礼》所记载的“族聚”在距今8000年前就已出现了。受其影响和传承，在以后的历史时期，先祖祭祀作为三大祭祀(祭天、祭地、祭先祖)之一，流传至今，形成祭祀礼制文化，并成为中国传统文化的重要组成部分，且影响到社会生活的各个方面。在这古今以来林林总总的各种形式的祖先祭祀中，无论是官方，还是民间；无论是皇亲国戚，还是平民百姓；无论是太平盛世，还是多事之秋；无论是华夏/汉民族，还是少数民族；无论是陵祭，还是庙祭等，都将炎黄二帝作为祭祀对象，或单独祭，或合祭，或陪祭，都世世代代延续着直至今天。犹如一条奔腾不息的溪流，形成中华文明、中华民族生生不息、连绵不断的一种独特的文化基因。而且在祭祀中，不是作为一家一族之“私祖”进行祭祀，而是作为中华民族之“共祖”进行祭祀。如清世祖顺治八年(1651)祭黄帝文中所说：“继道统而新治统。”其意是说，要以继承黄帝以来历代所形成的“道统”来治理国家，说明当时非汉族的满族也承认黄帝的始祖地位。

这种炎黄祖先祭祀，不仅在古史中有记载，而且考古学文化中也有发现。例如《史记》中的《秦本纪》有秦灵公设上畤、下畤祭黄帝、炎帝的记载；在《高祖本纪》《孝文本纪》《孝景本纪》和《孝武本纪》等篇中也有高祖、文帝、景帝、武帝祭祀“五帝(白帝、青帝、炎帝、黄帝、黑帝)”的记载。这些记载，已被今之宝鸡凤翔雍山血池秦汉祭祀遗址和陈仓吴山遗址出土的刻有“上畤”陶片①和“玉人、玉琮”②所实证。魏晋南北朝时期的魏、晋、宋、齐、梁、陈等朝在南郊祭天的同时以设五帝神位陪祭。北魏等鲜卑少数民族皇帝如魏太祖、魏世祖、文成等亦都自称为黄帝后裔，尊黄帝为始祖，多次“幸逐鹿，登桥山，观温泉，使使者以太牢祠黄帝庙”，或“遣有司祀黄帝”。(《魏书》卷三、卷一〇

① 陈亮：《凤翔血池遗址发现畤字陶文》，《宝鸡日报》，2017年6月27日，第7版。

② 陈亮、王星：《宝鸡又发现大型祭祀遗址》，《宝鸡日报》，2018年12月8日，第2版。

八）唐代始立“三皇（伏羲、神农、黄帝）庙”，元、明、清在全国20多个省的府、郡、州、县设三皇庙、先农坛，每到春耕时节举办“藉田”礼，以祭炎帝。明、清在京城南京、北京设立帝王庙，炎帝、黄帝牌位列置中间前排。自北宋赵匡胤在今炎陵县（旧称酃县）确立炎帝陵之后，宋元明清直至民国时期，历朝历代每隔三年便派员赴炎帝陵致祭，留下了50多篇祭炎帝文。至今，这种黄帝、炎帝祭祀活动或公祭或民祭，已涉及全国有关省份，如陕西、河南、山西、湖北、湖南、河北、福建、甘肃、四川、台湾等市、县。

不仅全国多地的炎黄祭祀世代不息，而且陕西黄帝陵祭祀亦是世代延续，直至今天。据《史记·孝武本纪》记载：自汉武帝元封元年（前110）“北巡朔方，勒兵十余万，还祭黄帝冢桥山”始，历代多有帝王大臣赴桥山祭祀黄帝陵。唐代宗大历五年（770），朝廷在黄帝陵置庙，“四时飨祭，列于祀典”（《唐会要》卷二二）。自此以后的宋元明清，尤其是明清两朝，规定每三年一祭，由皇帝御制祭文，朝廷派员赴黄帝陵致祭。明代先后致祭14次，清代先后致祭30次。[①] 清末陕西同盟会及台湾丘逢甲等爱国人士也赴桥山祭扫黄帝陵。中华民国刚一成立，孙中山就于1912年3月派员前往黄帝陵致祭，并以临时大总统的名义撰写祭文。民国自1935年至1949年于每年清明节国民党中央、国民政府都要派员祭祀黄帝陵。特别是抗日战争期间的1937年清明节，国共两党中央分别派员同祭黄帝陵。中共方面由时任政治局常委、军委主席毛泽东亲拟和书写祭文。这次国共共祭黄帝陵，对国共两党暂搁前嫌、携手合作，对建立抗日战争民族统一战线，唤起国内全民抗战、海外华侨华裔回国参战、支援抗战发挥了积极作用。中华人民共和国成立后，自1955—1964年，每年清明节由陕西省人民政府主持公祭黄帝陵，“文化大革命”结束后，从1980年至今在每年清明节继续由陕西省人民政府主持致祭。参加人员除本地党政领导、机关和企事业单位代表外，还邀请全国省市、港澳台同胞及海外华夏儿女参加。此外，从1994年清明节始，国家领导人及国家有关部委领导专程赴黄帝陵参加祭祀典礼。在公祭黄帝陵的同时，民间一直未停止过，或群众团体、或家族、或个人，每年春节、清明、重阳等节日，前去祭扫黄帝陵。自1998年起，每

① 何炳武、刘宝才主编：《黄帝陵志》，陕西人民出版社2005年版，第114—118页。

年农历九月初九重阳节，黄陵县各界民众举办民祭活动，并邀请来自海内外炎黄子孙参加。至今陕西黄陵县的桥山黄帝陵便成为安葬黄帝和古今华夏儿女祭祀朝拜黄帝的神圣陵寝之地。

数千年来的炎黄祭祀，尤其是黄帝陵祭祀的唯一性已成为中华传统文化中一种独特的文化现象。而这种独特的积淀十分深厚的黄帝陵祭祀文化，成为中华文明的精神标志。因而我们说，黄帝陵祭祀是铸牢中华民族共同体意识的独特文化基因。

三、关于黄帝陵升格“国祭”与申请“世遗”的建议

黄帝陵积淀有十分深厚、丰富的文化内涵。先秦以来留下了大量有关炎黄方面的传说史料；近百年尤其是近四十多年来，炎黄文化研究所取得了丰硕成果；自古至今炎帝、黄帝祭祀，尤其是黄帝陵祭祀，海内外亿万中华儿女的积极参与；大量史前遗址的陆续发现和百年来考古学文化的长足发展等，使亿万炎黄子孙形成共识、取得认同：黄帝是中华民族伟大的人文初祖，是中华民族的光辉旗帜，是中华民族共同体的凝聚核心；黄帝文化是中华文明、中华民族之根、之源、之魂，黄帝陵是凝聚中华亿万儿女的精神纽带；黄帝陵祭祀是铸牢中华民族共同体意识的独特文化基因。一言以蔽之，就是习近平总书记所说：“黄帝陵是中华文明的精神标识。”所以，在全国各族人民走进新时代、迈进新征程，为实现中华民族伟大复兴的“中国梦”，完成祖国统一，以及面对经济全球化，面对欧美强权的打压，反华势力的挑拨、围堵、污名、“甩锅”等，将黄帝陵祭祀升格为国家祭祀（简称“国祭”）和申请黄帝陵祭祀为世界遗产（简称“世遗”），正当其时，具有重大而深远的历史和现实意义。

（一）升格黄帝陵为“国祭”的意义

一是有利于将炎黄认同、民族认同上升为国家认同，增强“爱国”观念。对于具有56个民族的中国国家而言，在这多种认同中，国家认同是最根本、最基础、最重要的认同。只有取得全体每个公民对国家的认同，才能有国家的凝聚力，才能使国家长治久安。刘庆柱先生说：“我们要有个物化载体，把全中国各族人民凝聚起来。我建议用黄帝把我们连起来，我们要从文化上、历史上谈中华民族的认同性，谈国家的认同性。祭黄帝不是单单血缘上找祖宗。为什么叫黄帝？‘帝’的前提是他必须是国家政治领导人。因此，许嘉璐先生说

的祭拜黄帝，应该成为国家祭祀，也就是'国祭'。所谓'国祭'实际是'祭国'，和祭祖联系起来就是祭祖国。"①这里说的"祭国""祭祖国"实际上就是指对国家的认同，也就是爱国主义。因为，以国家名义祭祀黄帝陵，就是体现国家意志，体现从国家层面对黄帝的认同，反过来说，黄帝是中华民族的象征，也就是中国国家的象征，认同黄帝也就是认同中国国家；认同黄帝是中华民族之始祖，也就是认同黄帝是中国国家之"始祖"。联系海内外当前存在的"台独""港独""藏独"等分裂势力，这种分裂势力可能还会长期存在，所以，加强国民的国家认同就显得更为重要和迫切。回溯中国历史，无论是华夏/汉民族执掌政权，还是少数民族执掌政权，都尊炎黄为祖先，将炎黄、黄帝陵列入祭拜对象。其目的就是要以此证明自己执掌政权的合理性和合法性，以此取得天下子民对朝廷的认同。古代中国，朝廷就指代国家。认同朝廷，就是认同国家。今天，我们祭拜黄帝陵，虽是为了证明共产党执掌政权的合理性和合法性，但说明今天的中国国家是古代中国国家的传承和发展，今天的中华文化、中华文明、中华民族是古代中华文化、中华文明、中华民族的传承和发展。正如毛泽东主席所说："今天的新政治新经济是从古代的旧政治旧经济发展而来的，中国现时的新文化也是从古代的旧文化发展而来的，因此，我们必须尊重自己的历史，决不能割断历史。"②所以，升格黄帝陵祭祀为"国祭"，无疑是加强国家认同的一种有效途径。近年来，每年数以万计的海内外中华儿女自愿参加各类形式的黄帝陵祭祀、炎黄文化活动，就"从一个侧面说明了，中华民族自我意识的高扬，甚至可以说是又一次觉醒的标记"。③ 也说明对中国国家认同意识的增强。

二是有利于从国家层面普及炎黄文化和中华优秀传统文化，增强和提高对炎黄文化和中华优秀传统文化的自知、自信和自觉。今天多有学者认为，炎黄文化与中华传统文化有着密切的关系。我们"国祭"黄帝陵，就可以从国家层面，肯定炎黄文化是中华文化的祖根文化、源头文化，是中华传统文化的重要组成部分；炎黄精神是今天中华民族精神之滥觞，是中华民族复兴的光辉旗

① 刘庆柱：《国祭也是祭国》，《光明日报》，2015 年 9 月 7 日，第 16 版。

② 毛泽东：《新民主主义论》，《毛泽东选集》（第 2 卷）人民出版社 1966 年版，第 668 页。

③ 许嘉璐：《从拜祭炎黄想到的》，《光明日报》，2017 年 5 月 6 日，第 11 版。

帜。有国家祭祀力量的推动，就便于炎黄文化和中华优秀传统文化的传承和弘扬，对增强文化自知、自信、自觉有着重要作用。当前，因炎黄祭祀分散于炎黄有关的地方举办，所以，为了地方利益，多将炎黄文化看作是一地之文化，据为己有，各自为宗，断章取义，相互打架，出现了“局内”热热闹闹，“局外”冷冷清清的状况。这就必然影响了炎黄文化和中华优秀传统文化的普及和推广，尤其是非炎黄地的民众，对此兴趣不高，对炎黄知之甚少。这无疑影响到对炎黄文化的自知、自信和自觉，自然也影响到对中华优秀传统文化的自知、自信和自觉。

三是有利于整合各地祭祀资源，提升祭祀质量；整齐祭祀秩序，严肃祭祀礼制；淡化祭祀功利，回归祭祀本义。自20世纪80年代以来，多地通过挖掘炎黄文化资源，成立社会组织，政府支持参与，陆续举办祭祀炎黄活动，积累了较为丰富的炎黄文化资源，也积累了较为丰富的黄帝陵祭祀文化。但由于分散各地，多从本地经济利益出发，“祭祀搭台，经贸唱戏”，相互攀比，你争我抢。因此，这不仅严重影响了祭祀的严肃性，失去了祭祀的本来意义，而且也是对人、财、物的消耗和浪费。因而，急需将黄帝陵祭祀上升为“国祭”，整合祭祀资源，整齐祭祀秩序，提高祭祀质量，使炎黄祭祀回归本义——认祖归宗，发挥祭祀文化的独特化育作用，净化心灵，培育精神，以文化人、以文育人。

(二)申请黄帝陵祭祀为“世遗”的意义

随着我国经济的崛起，国际地位的提升，改革开放的逐步深入，一带一路的实施，我国政治、经济越来越受到国际社会的关注，包括炎黄文化在内的中华传统文化也越来越引起国际社会的兴趣。例如，每年不乏非华裔海外人士到黄帝陵或其他有炎黄遗迹的地方，或参加祭祀活动，或参观考察。在这全球化背景下，如何由文化大国成为文化强国，取得世界话语权，崛起于世界民族之林，笔者认为在升格黄帝陵祭祀为“国祭”的同时，申请黄帝陵祭祀为“世遗”，这不仅有可能性，而且有必要性。可能性：前面已讲过，黄帝陵不仅有传承千年的完备的祭祀礼制和积淀深厚的文化，而且有汉唐以来的陵庙建筑和良好的自然生态环境，即相传距今五千多年的“黄帝手植柏”，两千多年的“汉武帝挂甲柏”，覆盖桥山的数万棵柏树，其周围还有数百处新石器时代的文化遗址等，这一切构成了或无形的，或有形的历史和自然的双遗产。这是“申遗”的基础。

必要性：从国内来讲，这对进一步提高黄帝、黄帝陵在华夏儿女心目中的崇高地位，坚定文化自信，建设中华民族精神家园，增强中华民族凝聚力和铸牢中华民族共同体意识有着不可替代的作用；从国际来讲，不仅对构建全人类命运共同体有重要的启示和借鉴作用，而且以祭祀黄帝陵为平台，对加强各国之间文明互鉴，促进世界各民族文化交往交流，推动世界和谐发展，共同进步繁荣也有着积极意义。

四、结语

从以炎帝、黄帝为首的华夏集团到融合东夷集团和苗蛮集团，形成华夏民族，再到秦汉一统，汉民族确立，其间经历了五六千年之久。而炎黄二帝作为华夏/汉民族、中华民族共同体的缔造者、凝聚核心，在生存地域、经济生活、心理崇拜、亲缘关系等方面作出了开创性的贡献。因而，“尽管民族学和历史学已经证明华夏族并非单一祖先”[①]，但是后人却一直把炎黄二帝作为华夏/汉民族乃至中华民族始兴和统一的象征，作为共同的祖先加以供奉、祭拜。正因为如此，几千年来，“尽管各民族之间或民族内部，产生过种种矛盾、冲突，以至于战争，也曾造成国家的分裂和地区之间政权的对立”，但“统一的时间长于分裂，而且越到后来，统一时间越长，统一的局面越巩固”。[②] 这种巨大的凝聚力和牢固的稳定性，不能不说是与炎黄华夏集团的“凝聚核心”有着密切的关系。今天，我们要实现中华民族的伟大复兴，而各民族的团结进步，则是实现中华民族伟大复兴的基础。而要中华各民族团结进步，关键就是习近平总书记所说的“铸牢中华民族共同体意识”。而黄帝陵祭祀无疑是一种铸牢中华民族共同体意识的重要形式和途径。所以，升格黄帝陵祭祀为国家祭祀，申请黄帝陵祭祀为世界遗产，对铸牢中华民族共同体意识，构建全人类命运共同体不仅是可行的，而且也是必要的。

---

① 萧克：《弘扬中华民族优秀文化，促进社会主义精神文明》，《光明日报》1991 年 5 月 11 日，第 2 版。

② 萧克：《弘扬中华民族优秀文化，促进社会主义精神文明》，《光明日报》1991 年 5 月 11 日，第 2 版。

黄帝陵是铸牢中华民族共同体意识的重要资源

张茂泽

（西北大学中国思想文化研究所教授）

陕西黄陵县的黄帝陵，是中华民族始祖黄帝的陵寝，有“华夏第一陵”之称。黄帝陵是中华民族圣地，也是中华民族的重要文化符号。

2015 年 2 月，习近平在陕西考察时指出，“黄帝陵是中华文明的精神标识”。轩辕黄帝陵文化积淀十分深厚，对历史文化要注重发掘和利用，溯到源，找到根，寻到魂。我们要找到历史和现实的结合点，深入挖掘历史文化的价值观念、道德规范、治国智慧，做到以文化人，以史资政。黄帝陵积淀的深厚文化内涵，正是新时期我们铸牢中华民族共同体意识，凝聚海内外中华儿女团结一心，实现中华民族伟大复兴的重要资源。

黄帝是中华民族的始祖，也是中华文明的人文初祖。经过五千多年传承弘扬，更成为凝聚中华民族的精神纽带、华夏儿女团结奋斗的精神旗帜。悠悠五千年，黄帝成为中华文化的象征符号，黄帝陵则成为中华文明的精神标识。

一、中华始祖

黄帝本是部落首领，阪泉之战、涿鹿之战后，被尊为天下共主。黄帝、炎帝、蚩尤部族融合，构成华夏民族的基础。黄帝文化则发展成为华夏文化的重要组成部分。

黄帝被确认为中华始祖，经历了一个历史过程。先是口头传说，后是古史描述。黄帝开始只是华夏始祖，后来则变成华夏和其他许多民族的共同始祖。这以中华各族交往交流交融为基础，从原始社会，到魏晋南北朝，经数千年积累才完成。记录这一历史过程的代表性著作有司马迁《史记》，唐房玄龄《晋书》、李延寿《北史》、北齐魏收《魏书》等。

司马迁《史记》以《五帝本纪》开篇，而黄帝居首。他描述，黄帝是少典氏的后代，少而聪明，长大后修德振兵，成为天下共主。黄帝娶嫘祖为妻，生25个儿子。五帝中的颛顼、帝喾、尧、舜都是黄帝的后代。大禹所传的夏人，契的后裔商人，后稷的子孙周人，以及春秋战国时期各诸侯国，多属黄帝血脉。司马迁系统记录了黄帝的血脉传承，确立了黄帝的华夏始祖地位。

司马迁还记载，秦人、汉朝人，都是黄帝的后裔。闽越人是越王勾践的后代，而越王勾践则是周太伯之后，与周文王一家。朝鲜王满本为燕人，是周召公的后裔，也和周人一家。西汉时期北方匈奴的先祖则是"夏后氏之苗裔"（《史记》卷110《匈奴列传》）。夏后氏，与大禹同姓姒，即夏人的后代。匈奴也属于黄帝血脉。南方"蛮夷"的先祖盘瓠，则是高辛氏帝喾的大臣，因有功，帝喾"以女配盘瓠"，并生子12人，6男6女，后来发展为族群，"号曰蛮夷"（《后汉书》卷86《南蛮西南夷列传》）。广布中国南方的蛮夷也有黄帝的血脉基因。司马迁等汉代史学家已经构建起古史文化系统，说明中华大地多个民族都有黄帝的血脉基因。

从考古发掘看，中华民族始祖，前有元谋猿人、蓝田猿人等，从文献记载看，则有有巢氏、燧人氏、神农氏等。司马迁等却认同黄帝是中华民族始祖，可以视之为汉代中华民族共同体意识萌发的产物。

华夏文化经典《诗经》《尚书》不提黄帝，反映先秦大儒孔孟荀思想的《论语》《孟子》《荀子》也不言黄帝。《国语·晋语四》记载，炎帝、黄帝是兄弟，为少典氏娶有蟜氏所生；黄帝姓姬，炎帝姓姜。有关黄帝的文献记载流传很少，更多的只是传说，而且"其言不雅驯"。司马迁进行实地调查研究，西抵崆峒，北达涿鹿，东至于海，南到今江浙、湖南、云南。所见各地风俗不同，但多言黄帝遗迹。他才断然将《黄帝本纪》作为篇首。

战国中期，黄老学派开始尊崇黄帝。汉初，朝廷崇尚黄老，无为而治，发展生产，尤其是汉文帝，厉行节约，轻徭薄赋，三十税一，国家很快富起来，成就"文景之治"。司马迁的父亲司马谈，推崇"道德家"，即黄老道家。司马迁尊崇黄帝，有黄老的家学渊源，也有黄老思想指导国家政策实践效果的检验。黄帝被确认为华夏和其他民族的始祖，适应了汉代维护和巩固多民族统一大国的需要。黄老学主张无为而治，在实践中被理解为君主无为，臣下有为，受到诸侯国支持。汉景帝时尾大不掉，导致七国之乱。汉武帝即位，继续加强中央集权，削弱诸侯国势力。在男耕女织的小农经济条件下，只能在政治制度和思想文化上采取措施，维护和巩固多民族大国的统一。政治上，加强中央集权，地方推广郡县制。思想文化上，表彰六经、罢黜百家，催生两汉经学，为国家提供意识形态支持，又创立三纲五常为帝国提供道德规范约束。黄帝始祖地位的奠定和认同，适应了这一历史需要。

以司马迁为代表的汉代人已经认同黄帝是民族始祖。这种始祖认同是民族认同的表现。随着华夏汉族和其他民族愈益密切的交往交流，这种始祖认同也得以发展，民族认同意识日益增强。黄帝成为中华各族交往交流交融的黏合剂。

魏晋南北朝时，国家分裂，黄帝意识勃发。房玄龄等编撰《晋书》，记载北方民族史，多以黄帝为始祖，洋溢着中华各族天下一家的意识。当时，民间有人在鄠县自称“大黄帝”(《晋书》卷106《载记第六》)，聚众数千，建元龙兴。建立大夏政权的匈奴人赫连勃勃，熟悉黄帝事迹。以黄帝、大禹血脉后裔自居，“自以匈奴夏后氏之苗裔也，国称大夏”(《晋书》卷130《载记第三十》)。他说：“昔轩辕氏亦迁居无常二十余年，岂独我乎!”以黄帝为据，力主以游牧骑兵对付后秦姚兴，说：“吾以云骑风驰，出其不意，救前则击其后，救后则击其前，使彼疲于奔命，我则游食自若，不及十年，岭北、河东尽我有也。待姚兴死后，徐取长安。”其口头禅是“朕大禹之后，世居幽朔”，今“将应运而兴，复大禹之业”(《晋书》卷130《载记第三十》)，有意识地凸显其黄帝－大禹血统，强化其政权的正统合法性。

两晋南北朝时，匈奴、鲜卑、羯、氐、羌等民族在中原地区建立政权。他们针对“自古以来诚无戎人而为帝王者”(《晋书》卷104《载记第四》)，“自古以来未有戎狄作天子者”(《晋书》卷116《载记第十六》)等意识，要打破宿命，开辟非华夏族中原建国的历史新篇章。为此采取了三方面的措施：

一是认同黄帝始祖，强化民族基因中炎黄血脉的正统性。前燕奠基人慕容廆，昌黎棘城鲜卑人，“其先有熊氏之苗裔”(《晋书》卷108《载记第八》)。有熊氏即黄帝。前燕演变出的后燕、南燕、北燕等鲜卑慕容氏政权，皆属黄帝后裔。前秦氐族苻氏，“略阳临渭氐人也。其先盖有扈之苗裔”(《晋书》卷112《载记第十二》)。有扈，即有扈氏，与大禹同族。略阳氐族，也是黄帝的后代。后秦羌族姚氏，“其先有虞氏之苗裔”(《晋书》卷116《载记第十六》)。有虞氏即舜。北魏鲜卑拓跋氏，自称祖先“出自黄帝轩辕氏”，追根溯源到黄帝。

因为"黄帝以土德王，北俗谓土为托，谓后为跋，故以为氏"(《北史》卷一《魏本纪》)，完全以黄帝后代自居。

建立后凉的吕光，也是略阳氐族。他"追尊吕望为始祖"(《晋书》卷122《载记第二十二》)，认为西周太公吕望是自己的始祖，自认"炎帝之裔"。北周宇文氏，自称"其先出自炎帝神农氏"(《周书》卷一《帝纪第一·文帝上》)。他们都自称属炎黄血脉，居华夏正统。

可见，认同黄帝、炎帝等是自己的民族先祖，在当时少数民族政权中比较普遍。以为血缘正宗，便政权合法，反映了西周以来嫡长子继承制的宗法政治意识。

二是认同中原是华夏中心，千方百计兵进中原，在此建国。如前赵占领关中平原，后赵扩及中原、河北、山西等地。时人以为后赵占据长安、洛阳二都及中原、北方，就可以"为中国帝王"(《晋书》卷105《载记第五》)，成为正统；同时并存的南方东晋自然被视为分裂政权了。南北朝时，南方斥北方为"索虏"，北方贬南方为"岛夷"(《北史》卷一百《序传》)，南北政权都自居正统。这种政治正统意识，正是朴素的多民族统一国家意识和中华民族共同体意识的曲折表现。

三是在治国理政中学习应用黄帝以来的中原汉族文化，如汉语言文字、儒学等。建立北魏的拓跋珪意识到"《春秋》之义，大一统之美"，做帝王应"继圣载德，天人合会"，认识到华夏治国传统是"上古之治，尚德下名，有任而无爵，易治而事序"，秉持的治国原则是"道义，治之本；名爵，治之末"，而又"能通其变，不失其正"(《魏书》卷二《帝纪第二·太祖纪》)。北魏世祖拓跋焘率军攻灭大夏、北凉、北燕，统一北方，制定政策，推动鲜卑族的汉化。如进行文字改革和规范工作，奠定了魏碑基础。他下诏说："在昔帝轩，创制造物，乃命仓颉因鸟兽之迹以立文字。自兹以降，随时改作，故篆隶草楷，并行于世。然经历久远，传习多失其真，故令文体错谬，会义不惬，非所以示轨则于来世也。孔子曰，名不正则事不成，此之谓矣。今制定文字，世所用者，颁下远近，永为楷式。"(《魏书》卷四上《帝纪第四·世祖纪上》)北魏孝文帝拓跋宏则整理孔庙祭礼，要求"尊明神，敬圣道"。下诏向全民求谏，要求"百辟卿士，工商吏民，各上便宜。利民益治，损化伤政，直言极谏，勿有所隐……使言之者无罪，闻之者足以为戒。"北魏治国者有与官吏"共治天下"的意识，祭祀舜、禹、周公、孔子等圣人，重用汉族士子，建立基层邻、里、党三长制。要求官员们奖励生产，“劝课农桑，兴富民之本”，轻徭薄赋，“简以徭役，先之劝奖，相其水陆，务尽地利，使农夫外布，桑妇内勤”。(《魏书》卷七上《帝纪第七·高祖纪上》)。实行均田制，促进农业生产发展；全面推动汉化，迁都洛阳，以汉服代替鲜卑服，以汉语代替鲜卑语，下诏“不得以北俗之语言于朝廷”；下诏改鲜卑拓跋氏姓元。治国理想是“胡越之人亦可亲如兄弟”(《魏书》卷七下《帝纪第七·高祖纪下》)，此言正是后来唐太宗华夷一家说的张本。

魏晋南北朝时各民族政权，血缘上认同炎黄始祖，文化上努力汉化，以中华正统自居，有力推进了中华各族的融合，为大唐盛世来临准备了历史条件。黄帝始祖意识在其中发挥了十分突出的作用。唐代宗大历五年(770)，鄜坊节度使臧希让奏称：“坊州有轩辕黄帝陵阙，请置庙，四时享祭，列于祀典”，得到朝廷批准。黄帝陵在唐代宗时正式出现于史籍记载，可以视为中华各族融合成果的符号化表现，是中华民族共同体意识增强的表征。

二、华夏旗帜

黄帝是中华民族的始祖，也是中华文明的人文初祖，经过几千年传承弘扬，更成为凝聚中华民族的精神纽带、团结华夏儿女的精神旗帜。黄帝陵是高擎华夏旗帜的民族圣地。

据文献记载，黄帝时代，中华文明取得了奠基性成就。物质文明上，驯养和使用牛马，发明车、船，学会打井、养蚕缫丝，战争中使用铜制兵器。制度文明上，制作冠冕、衣裳，政治上，举风后、力牧等六人为相，设官治民，并设左、右大监“监于万国”；《国语·鲁语上》说“黄帝能成命百物，以明民共财”，给事物、社会各等级命名，让民众分别共享财产。精神文明上，发明文字，制定历法和甲子，美术、音乐、舞蹈都有发展。从考古发掘看，今陕西、甘肃、山西、河南、河北、山东、安徽等地，都发现了大量仰韶文化中期(前6500年—4000年)遗址。当时出现了农业、制陶、纺织、冶铜等生产方式，诞生了文字、历法、音乐、舞蹈、宗教等文化，社会组织从氏族、胞族、部落，发展到了部落联盟，出现了中心聚落——早期城邑。如西安半坡遗址，在7000年前到6000年前之间，西安高陵杨官寨村也发现了6000年前到5500年前期间的文化遗址，两者地理相近，前后相续。可见，黄帝时期是中华文明大创造时期，发明了农业、制陶、冶炼、日历、舟车、屋宇、水井、弓箭、文字、医药、音乐、舞蹈等，还创造礼制，设官治民，建立了国家雏形。从此，中华民族摆脱蒙昧、野蛮，进入文明社会的门槛。黄帝当之无愧是中华文明的人文初祖。

黄帝文化不断发展，演变成为中华民族的象征性符号，成为凝聚、团结中华各族的重要精神纽带。这主要表现在历代黄帝祭祀上。司马迁《史记・五帝本纪》记载，“黄帝死，葬桥山”，指的就是今陕西黄陵县的桥山。司马迁《史记・孝武本纪》和《封禅书》均载，元封元年（前110），汉武帝“北巡朔方，勒兵十余万，还祭黄帝冢桥山”，拉开了帝王亲临黄陵桥山祭祀黄帝的历史序幕。中华儿女在桥山黄陵祭祀黄帝，从此成为中华民族的祭祖文化传统。

其实，祭祀黄帝的历史源远流长。5000年前，黄帝去世，第一次朝廷公祭黄帝。由黄帝的大臣左彻“削木为黄帝之像，帅诸侯朝奉之”（《竹书纪年》）。4000年前，舜时，祭祀黄帝成为制度。《国语・鲁语上》：“有虞氏禘黄帝而祖颛顼”“夏后氏禘黄帝而祖颛顼”，有虞氏指舜，夏后氏指禹，祭祀黄帝是他们的制度。近3000年前，周穆王是首位主持祭祀黄帝的天子。《穆天子传》卷二载，周穆王“升于昆仑之丘，以观黄帝之宫，而丰隆之葬，以诏后世”。距今2400多年，即周威烈王四年（前422），秦灵公“作吴阳上畤，祭黄帝”（《史记》卷二八《封禅书》），首次建庙专祭黄帝。2000多年前，汉武帝首次以天子身份，在今陕西黄陵主持黄帝公祭。这为后来在黄陵进行黄帝祭祀，即黄陵公祭，开了先例。距今1200多年，即唐代宗大历七年（772），黄帝陵、庙出现于文献记载。从此，朝廷设官管理黄帝陵、庙，遣官按时祭祀黄帝，成为制度。

汉武帝公祭黄帝，适应了汉代多民族统一大国建设的时代需要，标志着黄帝祭祀的成熟。汉代是中华民族共同体形成的重要阶段，华夏族和其他许多民族交融，形成汉族。祭祖活动也相应得以发展。汉族一家一姓祭祖，发展成为中华各族共祭黄帝，适应了汉代家国一体的社会结构、“以孝治天下”的国策需要。汉朝人从祭祖礼仪中提炼出忠孝道德，凝结为忠孝信仰，发展出经学思维，构建起三纲五常制度，黄帝祭祀都发挥了作用。

近代中国遭受列强侵略，黄帝意识成为团结华夏儿女振兴中华的强大精神力量。辛亥革命高举黄帝旗帜。同盟会机关报《民报》第一期，开篇四幅图画，第一幅即黄帝，称为“世界第一之民族主义大伟人黄帝（中华民族开国之始祖）”。孙中山1912年1月1日就任中华民国临时大总统，3月派遣15人代表团赴黄陵祭奠黄帝，亲撰《黄帝赞》祭文：“中华开国五千年，神州轩辕自古传。创造指南车，平定蚩尤乱。世界文明，唯有我先。”抗战期间，国共两党共祭黄帝陵，毛泽东代表中国共产党作《祭黄帝陵文》，明确定位黄帝“赫赫始祖，吾华肇造”。

黄帝祭祀历史悠久，内容丰富。今天我们祭祀黄帝陵，体现了后人对黄帝陵寝的尊重、对黄陵祭祀传统的尊重，更是华夏儿女向民族始祖黄帝的致敬！我们祭祀黄帝，感恩、缅怀奠基中华民族、中华文明的杰出先祖，让无数炎黄子孙贯通五千年血脉，如兄弟，如手足，同气连枝，荣辱与共！炎黄子孙以黄帝文化基因为源泉、为纽带，凝聚共识，达成默契，就可以形成牢不可破、坚不可摧的中华文化共同体，促进多民族国家的统一，使占世界人口1/5以上的炎黄子孙，团结起来，同心同德，用勤劳智慧的双手，推动中华文明持续繁荣，实现中华民族伟大复兴。

三、精神标识

黄帝陵是中华文明的精神标识，还因为伴随中华各族的交往交流交融，黄帝文化成为中华文明的内核，黄帝意识成为中华民族共同体意识的重要组成部分。这也经历了一个历史过程。西汉初年，黄帝被尊为民族始祖，魏晋南北朝时，黄帝成为匈奴、鲜卑等学习汉文化的核心内容；北宋时，黄帝升格进入儒家道统，完全成为中华民族的精神符号。

在我国古代，民族意识和文明观相关联。儒学创始人孔子的民族观[①]影响尤为深远。其要点有：第一，断定和肯定华夏、“夷狄”有相同的人性，遵循相同的道德规范、礼乐制度，遵循忠信、笃敬等道德规范和礼乐制度；第二，认为诸夏、“夷狄”都创造了文明成果，各自的文明程度和地位并非恒久不变。若诸夏“礼失”战乱，“夷狄”或更为文明。第三，孔子断定，有人性修养的人，可以改变社会落后面貌，发展人类文明。第四，孔子肯定管仲保卫诸夏文明的历史功劳。孔子民族观中，始终贯穿文明观念，他将民众利益和文明程度作为

① 张茂泽：《论中华民族共同体意识及其历史基础》，《长安大学学报》2018年第4期。

道德评价的重要标准。在孔子看来，一个人道德与否，不能局限于个人之间的信义。让民众享受实实在在的利益，保卫文明，避免野蛮化，才是衡量道德与否的重要指标。孔子为后人提供了道德评价的文明史标尺，影响深远。

以文野之分，定华夷之辨，是孔子民族观的要旨。不是看血缘种族的区别，而是看文明和野蛮的分野。黄帝是中华始祖的观念，超越了各族生物的、地域的狭隘界限，成为中华各族交往交流交融的心理依据。依照黄帝始祖观念，匈奴、鲜卑等民族入主中原，或者华夏人散居“夷狄”地区，都没有民族心理障碍。正是在黄帝始祖观念下，华夏和“夷狄”逐步融合，才产生了汉族，汉族又和其他民族融合，逐步形成了中华民族。其中，民族融合是表象，文明化发展才是实质。在黄帝始祖观念影响下，文明化成为中华各族交往交流交融的历史主旋律。

在古人看来，文明的核心内容就是道德，而黄帝则是中华民族史上第一位“修德”者。司马迁《史记》以黄帝为篇首，开始凸显黄帝“修德”的意义。他说：“自黄帝至舜、禹，皆同姓而异其国号，以章明德。”在他看来，“黄帝策天命而治天下，德泽深后世，故其子孙皆复立为天子，是天之报有德也”（《史记》卷13《三代世表》）。黄帝有哪些“明德”？黄帝站在中华大地，创造人类文明，带领华夏先民走出野蛮时代，跨入文明社会门槛，造福当时民众，福荫子孙后代。据司马迁《黄帝本纪》描述，黄帝的道德和事业统一，主要有几个方面：第一，带领民众发展生产（发展农业，发明劳动工具，掌握、积累天文历法等农学知识），改进民生（生活用具），造福民众；第二，开展军事行动，除暴安良，救民水火，保卫和平，维护公平；第三，足迹遍中原，建立统一国家，创建国家制度，设官管理，维护社会稳定；第四，创造文字、音乐、舞蹈等，发展文化，奠定中华文明基础；第五，一生“未尝宁居”，勤政爱民，成为后来治国者的榜样；第六，黄帝的子孙繁衍为中华民族，黄帝创造的文明发展为中华文明，黄帝本人也成为中华民族和中华文明的精神标识，福佑中华民族成为全球人口最多的民族共同体，福佑中华文明成为没有中断自然发展进程的人类文明。

在中华各族交往交流交融的文明史中，黄帝和德治是两个核心内容。

如前秦苻坚熟读《史记》，尊崇黄帝，赞叹“轩辕，大圣也，其仁若天，其智若神，犹随不顺者从而征之，居无常所，以兵为卫，故能日月所照，风雨所至，莫不率从”(《晋书》卷114《载记第十四》)。他掌权后，大力推崇儒家文化，开庠序，弘儒教，“广修学官，召郡国学生通一经以上充之，公卿已下子孙并遣受业。其有学为通儒、才堪干事、清修廉直、孝悌力田者，皆旌表之”(《晋书》卷113《载记第十三》)。他还亲临太学，考学生经义优劣。

又如前燕奠基人慕容廆，西晋惠帝元康间，认为大棘城是“帝颛顼之墟”，乃移居于此，“教以农桑，法制同于上国”。地方战乱，慕容廆起兵“勤王”，“刑政修明，虚怀引纳，流亡士庶多襁负归之”，乃建辽东、冀阳、成周、营丘、唐国诸郡，举用贤才，封辽东郡公。慕容廆尝言：“狱者，人命之所悬也，不可以不慎。贤人君子，国家之基也，不可以不敬。稼穑者，国之本也，不可以不急。酒色便佞，乱德之甚也，不可以不戒。”(《晋书》卷108《载记第八》)并著《家令》数千言以申其旨，坚信慕容氏“积福累仁，子孙当有中原”(《晋书》卷110《载记第十》)。当时一些中原士族介怀华、夷族别，不愿为慕容鲜卑政权服务，慕容廆苦口婆心加以劝说，谓“大禹出于西羌，文王生于东夷，但问志略何如耳，岂以殊俗不可降心乎”(《晋书》卷108《载记第八》)。这完全不以出身民族，而以志向、理想论人，和孔子文明的民族观相通。

宋代学者进而将黄帝描述为制定礼仪、实行德治的领袖。司马光《稽古录》言：“黄帝以民生有欲，衣食虽备，苟无礼义，则强凌弱，众暴寡，智欺愚，勇苦怯，于是始制轩冕，垂衣裳，贵有常尊，贱有等威，使上下有序，各安其分而天下大治。”南宋罗泌《路史》明言黄帝“先之德正，而后之以威刑”。在宋人眼里，黄帝完全成为儒家的德治或仁政天子、德主刑辅的治国君主了。

宋代是中华民族精神家园建设的重要历史环节。北宋时，黄帝不仅被视为儒家德治典型，而且升格进入儒家道统，这是黄帝完全成为中华民族精神符号的历史标志。

“宋初三先生”之一的孙复提出，孔子发现的“夫子之道”早有渊源，它“基于伏羲，渐于神农，著于黄帝、尧、舜，章于禹、汤、文、武、周公”①。黄帝开始被纳入儒家道统序列。《论语·宪问》载：孔子说“作者七人”，究竟有哪七人，后人难定。著名理学家、关学领袖张载断定：“‘作者七人’：伏羲、

① 〔宋〕孙复：《上孔给事书》，曾枣庄主编《全宋文》第19册，上海辞书、安徽教育出版社，2006年，第292页。

神农、黄帝、尧、舜、禹、汤。”[①]张载认为，所谓“作”，指“上世未有作而作之者也”，“黄帝始正名百物”[②]，将黄帝纳入他所构建的古代圣王传授道统。张载《西铭》还提出“乾称父，坤称母”说，从祭祀家族祖先、祭祀中华民族始祖中抽象凝练出尊崇整个世界的乾坤大父母，期盼人们抱有“民吾同胞，物吾与也”的天下一家情怀。这意味着在正统理学家头脑中，黄帝被纳入世界结构和中华文明史道统中，超越了民族始祖的血缘意义，一跃而为中华民族的精神内核和中华文明的精神标识。

黄帝陵作为中华民族圣地，令人敬仰、感恩，我们在这里流连忘返，瞻仰、反省，可以振奋兴起，感受中华儿女血脉相连的亲情，兴起海内外中华儿女亲如一家的感受。国家“十三五”规划，拟以黄帝陵为中心，建设黄帝陵国家文化公园。2017 年 10 月 14 日，成立了中共陕西省委黄帝陵文化园区工作委员会、陕西省黄帝陵文化园区管理委员会。黄帝陵国家文化公园建设完成后，会给我们提供更好的平台祭祖、感恩、尽孝，让我们远方归来的游子感受始祖恩德，体验故园亲情，激发四海之内皆兄弟的中华仁爱情怀。

---

① 〔宋〕张载：《正蒙·作者篇》，《张载集》，北京：中华书局，1978 年，第 37 页。

② 〔宋〕《张子语录·语录中》，《张载集》，章锡琛点校，中华书局，1978 年版，第 319 页。

黄帝：凝聚核心与精神标识

——关于习近平黄帝论述的思考

高　强

（宝鸡文理学院图书馆馆长、教授）

黄帝是中华民族的人文初祖，是中华文明的象征符号。1920 年，李大钊用唯物史观解释了黄帝的名称。1937 年，毛泽东以中共中央名义撰写了祭黄帝文。1986 年，邓小平为《炎黄子孙》题写刊名。虽然习近平总书记论述黄帝的文字不多，但却言简意赅，颇有深意。学习习近平总书记关于黄帝的重要论述，领会其深刻内涵，不仅有助于我们认识黄帝的历史地位和当代价值，而且有助于我们铸牢中华民族共同体意识。

一、炎黄是中华民族的凝聚核心

2019 年 9 月 27 日，习近平总书记在全国民族团结进步表彰大会上强调，我们辽阔的疆域是各民族共同开拓的，我们悠久的历史是各民族共同书写的，我们灿烂的文化是各民族共同创造的，我们伟大的精神是各民族共同培育的。“早在先秦时期，我国就逐渐形成了以炎黄华夏为凝聚核心、‘五方之民’共天下的交融格局。”[①]这一论述概括了中华民族多元一体的特性，阐明了黄帝的凝聚核心地位，契合中华民族共同体的发展轨迹。

古史学家徐旭生先生认为，远古时期中国有华夏、东夷、苗蛮三大集团[②]。生长在今天陕西黄土高原的黄帝和炎帝联姻结盟，抟成华夏集团，然后向东迁徙，与居住在黄河下游以太昊、少昊、蚩尤为首领的东夷集团冲突并融

① 习近平：《在全国民族团结进步表彰大会上的讲话》，北京：人民出版社，2019 年，第 4—5 页。

② 徐旭生：《中国古史的传说时代》(增订本)，北京：文物出版社，1985 年，第 3 页。

合，最后又与生活在两湖地区的苗蛮集团交战并交融，终于凝聚为华夏族。涿鹿之战后，黄帝“合符釜山”，“监于万国，万国和”，统一了众多分散的小氏族，遂成华夏族领袖，中华民族从一开始就烙上了黄帝的印记。

夏、商、周、秦皆为古老部族，他们先后建立了夏商周秦王朝。虽说夏人、商人、周人、秦人的族源并不完全一样，但却都是在以黄帝为首的大部落联盟的基础上发展起来的①，都与黄帝有着千丝万缕的联系，都是构成华夏族的重要力量。春秋战国时期，已经形成了以炎黄华夏为凝聚核心、“五方之民”共天下的交融格局。

回顾五千多年的中国文明史，黄帝与中华民族之间相生相伴、共生共荣的关系清晰可辨。春秋战国时期、西汉初期、辛亥革命时期、抗日战争时期、改革开放时期，先后出现过五次尊崇黄帝的高潮。第一次和第二次高潮处于中华民族的萌芽期和形成期，第三次和第四次高潮正值中华民族的危机期和抗争期，第五次高潮适逢中华民族的复兴期，二者亦步亦趋，若合符节。习近平总书记指出：“一部中国史，就是一部各民族交融汇聚成多元一体中华民族的历史，就是各民族共同缔造、发展、巩固统一的伟大祖国的历史。各民族之所以团结融合，多元之所以聚为一体，源自各民族文化上的兼收并蓄、经济上的相互依存、情感上的相互亲近，源自中华民族追求团结统一的内生动力。正因为如此，中华文明才具有无与伦比的包容性和吸纳力，才可久可大、根深叶茂。”②中华民族是由包括匈奴、鲜卑、突厥、契丹、女真等已经消失的民族在内的诸多民族共同缔造的，中华文明是由包括良渚、红山、石家河、陶寺、石峁、二里头、三星堆等在内的诸多早期文明共同开创的。中华民族凝聚力是中华文化的凝聚力，是认同源自黄帝的中华文化的一种合力，是中华民族生生不息的源泉和动力。黄帝是远古时期诸多部落首领的集合体，是中华各族共同创造和长期形塑的结晶。黄帝集道统之祖（人文初祖）、血统之祖（华夏始祖）、治统之祖（帝王鼻祖）于一身，成为中华民族共同体的象征。中华民族多元一

---

① 陈连开：《中国·华夷·蕃汉·中华·中华民族——一个内在联系发展被认识的过程》，费孝通主编：《中华民族多元一体格局》，北京：中央民族学院出版社，1989年，第75页。

② 习近平：《在全国民族团结进步表彰大会上的讲话》，北京：人民出版社，2019年，第7页。

体，黄帝文化多元包容。我们要在保护各民族文化多样性的同时，增强中华民族文化的共同性；在保持各民族认同的同时，增强中华民族认同、中华文化认同、中国国家认同。

二、爱祖国是炎黄子孙的传统美德

1983 年 8 月 10 日，时任中共正定县委书记习近平在县青年“三热爱”教育大会的讲话中引用了王勃的“穷且益坚，不坠青云之志”和陆游的“位卑未敢忘忧国”两句名言。他说：“每一个热血青年都应当具有这种热爱祖国、深刻把祖国的命运挂记于心的胸怀和志气。因此，应当大力提倡发扬爱国主义精神。爱祖国、爱家乡的高风亮节，是炎黄子孙的传统美德，是中华民族向前发展的巨大推动力量，也是建设四化、振兴正定的原动力。”①1985 年 1 月 1 日，习近平为《正定县大事记》作序：“多少年来，我们炎黄子孙就在这里劳动斗争，生息繁衍，孕育了万千风流人物，创造了灿烂的民族文化，为我们伟大祖国的躯体，增添了生命的细胞。”②习近平青年时期就极其重视中国优秀传统文化的积极作用，强调把握中华文化的核心特征，倡导发扬爱国主义精神。

以习近平同志为核心的党中央十分重视社会主义核心价值观的凝练和培育。中共十九大报告指出：“社会主义核心价值观是当代中国精神的集中体现，凝结着全体人民共同的价值追求。……深入挖掘中华优秀传统文化蕴含的思想观念、人文精神、道德规范，结合时代要求继承创新，让中华文化展现出永久魅力和时代风采。”③社会主义核心价值观较好地处理了古今关系和中西关系，继承了以黄帝文化为根源的中华优秀传统文化，汲取了以马克思主义为代表的人类文明精华，体现了以爱国主义为核心的民族精神和以改革创新为核心的时代精神，是中国人民的最大公约数。

笔者曾就中国人的炎黄认知进行过问卷调查，有 91.5% 的被调查者同意炎黄是中华民族始祖的说法，有 94.8% 的被调查者认为自己是炎黄子孙，有

---

① 习近平：《创振兴正定的大业 做奋发有为的新人》，《知之深 爱之切》，石家庄：河北人民出版社，2015 年，第 70 页。

② 习近平：《以史为镜 可以知兴替》，《知之深 爱之切》，第 183 页。

③ 习近平：《决胜全面建成小康社会 夺取新时代中国特色社会主义伟大胜利》，北京：人民出版社，2017 年，第 42 页。

91.7%的被调查者认为应该祭祀炎黄①。这说明尊崇黄帝有着广泛的民意基础，祭祀黄帝顺应了广大民众“慎终追远”的需要，是增强中华民族凝聚力的重要方式。调查显示，不同社会亚文化特征的被调查者对黄帝认知的差异并不显著。这说明在中华民族多元一体格局形成的过程中已经逐渐生成了一些共同的文化记忆，黄帝文化就是中华民族的集体记忆和文化基因。

黄帝文化既是传统的，也是现代的，其开拓创新的进取精神、为民造福的民生取向、凝聚统一的爱国主义，合乎民族精神和时代精神。黄帝文化曾经为中华民族共同体的形成发挥过重要作用，在培育社会主义核心价值观、铸牢中华民族共同体意识、实现中华民族伟大复兴的征程中，黄帝文化必定不会缺席。诚然，在继承和弘扬黄帝文化时，应当有所扬弃。应当摒弃神格的黄帝和帝王的黄帝，颂扬“人文初祖”的黄帝和“华夏始祖”的黄帝。黄帝文化的仪式化，如黄帝祭典等；黄帝文化的具象化，如黄帝雕塑等；黄帝文化的通俗化，如宣传黄帝的普及读物等；黄帝文化的艺术化，如黄帝题材的小说、诗歌、动漫、戏曲、微视频、影视剧等；黄帝文化的学科化，如在大中小学开设相关课程、进行学术研究等，都是弘扬黄帝文化和爱国主义的有效形式。

三、黄帝陵是中华文明的精神标识

2015 年 2 月，习近平总书记在陕西考察时指出：“黄帝陵是中华文明的精神标识。”一句话言简意赅，准确地概括出黄帝陵祭祀的意义和实质②。这一论断延续了历届中共领导人对黄帝陵的基本看法，对黄帝陵作出新的定位，是对中华文明精神标识的顶层设计。习近平总书记之所以强调“黄帝陵是中华文明的精神标识”，不仅因为黄帝是中华民族的人文初祖，是中国统一的象征，而且是中华民族精神的代表。习近平总书记指出：“轩辕黄帝陵文化积淀十分深厚，对历史文化要注重发掘和利用，溯到源，找到根，寻到魂。找到历史和现实的结合点，深入挖掘历史文化中的价值观念、道德规范、治国智慧，做到以

① 参见高强：《炎黄文化与中华民族凝聚力》，北京：人民出版社，2019 年，第 405 页。

② 赵世超：《以文化人，以史资政——学习习近平总书记关于黄帝陵指示的体会》，陕西省公祭黄帝陵工作委员会办公室编：《“文以载道 · 文以化人”清明黄帝文化学术交流会论文选集》，西安：陕西人民出版社，2015 年，第 9 页。

文化人，以史资政。”[①]这句话是尊重历史、着眼现实、为实现中华民族伟大复兴而作出的宏大设计和伟大构想。黄帝陵是中华文明的精神标识，黄帝文化是中华民族的祖根文化，黄帝精神是中华民族精神的源头活水。祭祀轩辕黄帝，传承黄帝文化，弘扬黄帝精神，正是为中华民族溯源、寻根、铸魂。

1903 年 10 月，正值中华民族严重危机之时，有人在《民族精神论》一文中疾呼：“民族之精神滥觞于何点乎？曰其历史哉，其历史哉。夫历史之关系，匪仅限于民族而已也。天地之间，无动无植苟属含生负气者，无不有历史。发生焉成长焉，皆必有其始基在。始基者何？则此民族发达之实迹而已。……故远溯我黄帝轩辕之旧辙，犹确乎灼灼其可证。”[②]这篇文章正确地将中华民族精神的源头指向黄帝时代和黄帝精神。黄帝精神可以高度概括为“自强不息、厚德载物”，“自强不息”具体表现为黄帝筚路蓝缕，艰苦奋斗，开拓进取，勇于创新；“厚德载物”具体表现为炎黄结盟统一，协和万邦，肇创文明，为民造福。“自强不息、厚德载物”是中国先民对天体运行等自然规律长期观察和总结的结果，是中国历史文化演进的产物。我们的先祖在开创文明的过程中，逐渐形成了艰苦奋斗、自强不息的品格，盘古开天、女娲造人、女娲补天、精卫填海、愚公移山、夸父逐日、后羿射日、大禹治水等神话故事和历史传说，都是这种品格的生动反映。黄帝发明衣裳、舟车、宫宇等，统一各部落，创立早期制度，奠定了早期中国的基础。因此，黄帝成为初创中华文明的英雄，成为自强不息、厚德载物的典范，成为中华文明的精神标识。

习近平总书记在全国民族团结进步表彰大会上指出：“中华民族精神是各族人民共同培育、继承、发展起来的，已深深融进了各族人民的血液和灵魂，成为推动中国发展进步的强大精神动力。”“坚持促进各民族交往交流交融，不断铸牢中华民族共同体意识；坚持文化认同是最深层的认同，构筑中华民族共有精神家园。”[③]“自强不息”与“厚德载物”相辅相成，相得益彰，共同构成了黄帝精神乃至中华民族精神的核心内涵。2020 年 9 月 28 日，习近平总书记在中共中央政治局第二十三次集体学习会上指出：“在历史长河中，中华民族形成

① 赵世超：《以文化人，以史资政——学习习近平总书记关于黄帝陵指示的体会》，《“文以载道 · 文以化人”清明黄帝文化学术交流会论文选集》，第 10—11 页。

② 《江苏》第 7 期，1903 年 10 月 20 日。

③ 习近平：《在全国民族团结进步表彰大会上的讲话》，第 6—7 页。

了伟大民族精神和优秀传统文化，这是中华民族生生不息、长盛不衰的文化基因，也是实现中华民族伟大复兴的精神力量。”①人无精神不立，民族无精神不振，国家无精神不强。源于黄帝时代的中华民族精神，在当代中国焕发出新的活力。中国共产党人是中华民族精神的传承人和践行者，建党百年来，先后形成了红船精神、井冈山精神、长征精神、延安精神、西柏坡精神、抗美援朝精神、“两弹一星”精神、抗疫精神、脱贫攻坚精神……这些精神一脉相承，交相辉映，激励着中国共产党人率领中国人民从胜利走向胜利。

当今世界面临百年未有之大变局，当今中国面临中华民族伟大复兴的战略机遇。内有发展不平衡不充分的矛盾，外有单边主义、霸权主义的横行。然而，无论世界怎么变，和平发展的大势不会变；无论问题多么多，中华民族复兴的信念不会变。我们要认准方向，锁定目标，保持定力，培基固本，办好自己的事情。中华文化是中华民族的根本，复兴中华文化是复兴中华民族的前提。发端于黄帝时代的中华文化是求仁、重义、贵和、执中、尚礼、包容的文化，是世界多元文化中的重要一元，在促进文明互鉴、美美与共和构建人类命运共同体的过程中必将发挥积极作用。

黄帝是中华民族的凝聚核心，是中华文明的精神标识，爱国主义是黄帝文化的核心内涵。习近平总书记的黄帝论述与其对中国历史文化的深刻认识密不可分，也与中华民族伟大复兴的现实需要息息相关。我们应当认真学习和深刻领会习近平总书记的黄帝论述，大力弘扬黄帝精神，积极促进中华文化自觉自信，实现中华民族的伟大复兴。

① 《人民日报》，2020年9月29日。

试拟“五帝年表”

胡义成

（陕西省社会科学院研究员）

摘　要：自从辛亥革命党人对黄帝纪年的研究，因缺乏考古证据支撑而不了了后，又叠加上了“疑古”思潮冲击，故黄帝和五帝年代学研究，一直处于困境。现在情况已有大变化，经中国考古学界百年努力，目前中华史前考古学文化谱系已经基本建立，其中仰韶文化所在的中原一带，相关历史研究也在一步步深入，且五帝时期有决定性价值的大遗址也多已面世，相当多的考古学家，在庙底沟文化彩陶花纹及其体现的文化特质，从中原传遍四方，实现了中华历史上的第一次文化融合方面，已经达成了广泛共识，故试拟“五帝年表”的条件初步具备。作为史前庙底沟文化核心聚落，西安杨官寨遗址(“杨址”)于2004年出土，并于2011年被笔者识别为黄帝都邑，且获得石兴邦等先生认同。此后，杨址考古主持者公布了其C^{14}测年数据，表明杨址环壕存世时间在公元前3490—2930年之间，墓地则在公元前3637—2918年之间。笔者相关五帝时期的初步年代学研究，以此为参照，并结合该时段相关气候变化情况而展开。目前获得的相关纪年数据包括：一是依《汉书》确认杨址首位黄帝辞世距今(指2019年，下同)为5727年；二是采用现代天文学相关软件，破译《史记》关于黄帝“迎日推策”开始于“己酉朔旦冬至”之日的神话，探知这一天是距今5593年的1月17日，并于380年后的距今5213年“朔旦冬至”之日最终完成；三是据纬书《〈春秋〉命历序》关于“黄帝1520年”之记，以及后世继承这一记载者，均谓这个1520年，系从黄帝开始“迎日推策”那一年开始，直到夏朝始年为止，故可把“夏商周‘断代’工程”估算的夏朝开国之年即公元前2070年，精细化为公元前2054年，即距今4073年。由这些数据，再结合《〈春秋〉命历序》关于黄帝之后的颛顼在位350年、帝喾400年、尧98年、舜53年的记载，可“从后向前”地依次推知：舜帝们执政时段是前2054—2013年；尧帝们为前2204—2104年；帝喾们为前2205—2605年；颛顼们是前2605—2955年；杨址黄帝们则至少是前2955—3708年（执政时间超过753年）；五帝时期总积年至少为1654年。这些推算出来的纪年—积年数据，又恰好都能与当时中原气候变化情况吻合，而且也都能与五帝都邑遗址或疑似都邑遗址的C^{14}测年数据吻合，故较可信，遂依之试拟“五帝年表”。

关键词： 五帝；黄帝；年表；纪年

本文试拟“五帝年表”，只是提供最初步而仅供讨论的草案，譬如“毛坯房”，“装修”后细节可能面目全非，故它仅先求“毛坯房”的“框架”不倒。

一、试拟“五帝年表”的相关背景

1996年启动的“夏商周‘断代’工程”和2002年启动的“中华文明‘探源’工程”，最初设想的具体目标，是前者拿出“三代年表”①，后者推出“五帝年表”，合成中华文明“年表”②。现在三代年表出来了，“探源工程”考古学结论却对黄帝未置一词，何能拿出五帝年表！这是本文试拟五帝年表的主背景。

（一）自从辛亥革命党人对黄帝纪年的研究，因缺乏考古证据支撑而不了了后，又叠加上了“疑古”思潮冲击，故黄帝和五帝年代学研究，一直处于困境。考古学家董作宾曾叹：“民国以来出版的教科书”，对“五帝”年代“多含糊其词”，“使人惶惑，得不到真切的印象，而凡是写出年代的，又没有一个不是错误的数字”③。中国考古学会前理事长苏秉琦也憾曰：“中国是具有五千年文明的古国”，“但从严格的史实来说，肯定也罢，怀疑也罢，过去都拿不出令人信服的论证。这不仅是广大史学工作者关心的问题，而且是牵动着亿万人

① 参见齐岸青：《河洛古国》，大象出版社2021年版，第60页。

② 江林昌：《中国上古文明考论》，上海教育出版社2005年版，第284页。

③ 转引自（台湾）王仲孚：《中国上古史专题研究》，济南：山东人民出版社2017年版，谢序第4页。

心的大问题”[①]。目前，在中华历史研究中，对社会影响最大的问题之一，就是国人急盼黄帝纪年研究结论尽早面世。这至少是因为，对中华文化的自信，应建立在对中华历史的精准理解之上，但迄今说不明白作为中华民族起源标志的五帝历史及其具体年代，就不可能形成对中华民族历史的深刻清晰的理解。鉴于此，时任国家科委主任的宋健，才会对当时参与中华文明起源研究的专家说，“辛亥革命时期倡议的黄帝纪元是否能肯定？轩辕黄帝的年代是否能确定？炎黄子孙们寄希望于历史学家和考古学家能做出科学结论”。[②] 此后，作为对“宋健之问”的考古学回应，在“中华文明‘探源’工程”实施前后，苏秉琦和石兴邦均曾把五帝历史开端估定在距今5500年左右，只是苏把黄帝历史对应于红山文化[③]，只有石未改其20世纪50年代末与安志敏、张光直同提的“中华文明源自中原”思路[④]，并一直坚持认为仰韶文化时期的关中，是“世界氏族社会最发达的地方”，是黄帝族团核心所在地[⑤]。本文之撰，是对两岸上述学界前辈挂牵的一种致敬式回应。

（二）与辛亥相比，现在研究黄帝纪年条件巨变。宏观地看，经中国考古学界百年努力，目前中华史前考古学文化谱系已经基本建立，其中仰韶文化所在的中原一带，相关历史研究也在一步步深入。现在，随着中国考古体系日益完善和考古工作不断深化，随着国内建设项目持久性遍地开花导致史前遗址大量出土，五帝时期有决定性的大遗址，也多已面世，相当多的考古学家，在庙底沟彩陶花纹及其体现的文化，从中原传遍四方，实现了中华历史上的第一次文化融合方面，已达成广泛共识。今年将在陕西省历史博物馆开展的“彩陶·中华——中国五千年前的融合与统一”大型展览，由作为黄帝都邑的西安杨官寨遗址（以下简称“杨址”）最早考古主持者王炜林精心策划，即对这种共识的一次精彩呈现[⑥]。这种依庙底沟彩陶花图腾四处传播而诞生“文化中国”的共

① 苏秉琦《满天星斗》，北京：中信出版集团2016年版，第230页。

② 宋健：《超越疑古 走出迷茫》，《文史哲》1998年第6期，第2—15页。

③ 苏秉琦：《中国文明起源新探》，沈阳：辽宁人民出版社2009年版，第136页。

④ 张光直：《中国考古学论文集》，北京：三联书店2013年版，《前言》第2—3页。

⑤ 石兴邦：《石兴邦考古论文集》，西安：陕西师范大学出版社2015年版，第413页。

⑥ 胡义成：《歌赞“中华”——说陕西省历史博物馆“彩陶·中华——中国五千年前的融合与统一”展览》，《宝鸡社会科学》2021年第3期。

识，已经可以为作为“华(花)族”的黄帝族历史[①]重建，提供有效的考古支撑。微观地看，作为五帝历史研究的首要突破口，黄帝都邑杨址于2004年出土，以及其C^{14}测年数据的公布，彻底结束了黄帝纪年研究缺乏确凿考古证据支持的过往。这不仅因为杨址可提供C^{14}测年数据，而且因为，围绕杨址所在荆山，《史记》还留下了一批被转述的“史性黄帝神话”，尤其是其中黄帝荆山“迎日推策”神话，因要记忆黄帝创建阴阳合历，遂留下了黄帝“迎日推策”开始之日的纪日干支“己酉”、太阳天象“冬至”和月亮天象“朔旦”的记载，给今人用现代天文学技术破译这一天的具体时间，提供了依据。此神话所留干支天象“己酉朔旦冬至”，应是当时全球最精准的纪时记录。其具体到年月日的精准度[②]，实际超越了古埃及和美索不达米亚相关纪时资料。因为用现代天文学技术对历史事件干支天象之时间的破译难于推翻，故对黄帝“迎日推策”开始之日具体时间的破译，就成为黄帝历史研究的主要时间基准点。这种机遇，辛亥革命党人望尘莫及。我们当乘势而上，变机遇为成果，尽快完成前贤为复兴中华民族而细求黄帝纪年的未竟之业。

(三)《史记·三代世表》说，司马迁所读史籍显示，“黄帝以来皆有年数”，但其《史记》却把它们一概删除了。现在看，鉴于中原先民在黄帝前一两千年，已经具备测量并确认“二分二至”(春分，秋分，夏至，冬至)的能力[③]，且已会使用干支纪法，故说“黄帝以来皆有年数”，至少从史前中华纪时技术上看，是可以相信的。至于太史公删除黄帝以来纪年数据，并非如其所言，仅因各家记载不同，难以鉴别，而实际是因为，当时汉武帝在制订“太初历”时，严求太初元年首日干支天象，与黄帝“迎日推策”开始之日干支天象相同，于是，受命参与制订太初历的司马迁，就不得不作假。一是无视后任黄帝“迎日推策”，已在首位黄帝辞世百余年后(见后述)，只得把后任黄帝“迎日推策”开始之时，饰成“黄帝元年”。二是司马迁为掩此假，又不得不把“黄帝以来皆有年

① 章太炎：《“中华民国”解》，收于张枬等主编《辛亥革命前十年间时论选集》，北京：三联书店1963年版，第734—735页。

② 胡义成：《黄帝“考定星历”的具体时间和过程》，《武陵学刊》2019年第4期，第64—68页。

③ 冯时：《文明以止：上古的天文、思想与制度》，北京：中国社会科学出版社2018年版，第44—45页。

数”的数据一概删除，以免留下太初历造假“黄帝元年”的直接证据。只不过，被《史记》删除了的邹衍“五德终始”学说保存的黄帝以来纪年数据，又被邹衍学派后裔用“纬书”的形式，以儒家经典补充的面貌，在《〈春秋〉命历序》（以下简称“《命历序》”）等书中流传了下来。这就给本文结合杨址等五帝相关遗址C^{14}测年数据，利用《命历序》传下来的五帝纪年数据初拟“五帝年表”，提供了绝佳学术契机。至于司马迁所见邹衍所传五帝纪年，诉诸文字时上距黄帝已达两三千年，其中包括很长的无文字时期，之所以可信，则因为中华远古氏族固有“社会化历史记忆机制”，它使珍贵的五帝纪年数据，能穿越漫长的无文字时段，最终被形诸文字①。

二、中华史前北方气候变化的时间节点

中华文明诞生的物质基础之一，是“‘全新世’黄土”②。美籍华裔历史学家何柄棣说，“造成古代华北农业生产及聚落模式与古代西方不同的最根本因素，是黄土的特殊物理和化学性能”③，故把作为中华文明源头的五帝行迹，与黄土高原相关联，是准确的思路。由于黄土地区对气候变化特别敏感，故五帝时期的主要历史大事框架和年代节点研究，就不能不参照史前北方气候变化的时间节点而认定。

韩建业曾说在中华北部，“公元前4500—前3500年为全新世气候最适宜期；公元前3500年左右趋向干冷，至公元前3000年左右降至谷底；此后回升，至公元前2500年左右稍趋暖湿；公元前2300年左右又向干冷方向发展，至公元前2000年左右降至谷底；此后稍回升，至公元前1800年左右变得稍暖湿”④。而黄帝文明正是在“全新世气候最适宜期”结束时出现的，暗示它是气候恶化时北方南下的结果。其时包括渭河流域在内的黄土高原局部气候变化大

---

① 胡义成：《西安杨官寨遗址是确定黄陵祭祀为国家公祭的考古学主证——论黄陵墓主即西安黄帝都邑杨官寨遗址族群盛期的首领》，陕西省黄陵祭祀工作办公室编《黄帝陵是中华民族的精神标识》，西安：陕西人民出版社2016年版。

② 韩建业：《先秦考古研究：聚落形态、人地关系与早期中国》，北京：文物出版社2013年版，第153—162页。

③ 何柄棣：《黄土与中国农业的起源》，北京：中华书局2017年版，第2页。

④ 韩建业：《先秦考古研究：聚落形态、人地关系与早期中国》，北京：文物出版社2013年版，第81—82页。

体时间节点如下：

（一）按胡松梅考察，距今5800年左右，“渭河流域开始出现以干旱为特征的气候恶化”，“这时先民通过多种努力，试图尽可能多地获取食物以弥补由于气候干旱使得渔猎数量减少的部分，保证人类的生存和发展。努力的结果，是环境的初步恶化，不仅没有使仰韶文化马上衰落，相反，他们通过扩大生存空间、发展农业和饲养业，使庙底沟文化得到进一步发展，出现了仰韶文化最鼎盛的庙底沟类型”，它“奠定了中国新石器时代文化分布的基本格局”①。这其实是对黄帝文化盛期之关中经济环境的微观式说明。何柄棣也提，在黄土物理化学性能制约下，黄土高原上能逐渐培育出耐旱农作物小米群，本身即先民对恶化的气候条件的抗争②；由于渭河中下游黄土特殊的物理化学性能，这种抗争使“华夏人本主义文化”及其家庭基础，最初也只能诞生在渭水下游一带③。这种见解，指向黄帝文化核心区与关中—陕北粟黍定居农业相对应。

距今5500—5000年被胡松梅说成“半坡四期文化”。这时“干旱继续发展，尽管人类想方设法增加食物的总量以满足生存需要，然而这时的环境恶化造成的危害远远超出了人类自身抵御自然的能力，造成食物的短缺，迫使人们把精力优先投入到获得基本生活物质的劳动中去，或不得不迁徙它处，寻找新的生存环境和食物源，结果导致了关中地区这一时期的人口数量减少和彩陶文化的衰落”。④ 这其实是对距今5500年—5300年之后，即黄帝历史后期关中经济有所衰落的提示。当时，关中黄帝文化核心区虽更处逆境，但黄帝族仍在努力发展，除颁行阴阳合历之外⑤，他们既向东北方向防御割据势力和蚩尤，包括建

① 胡松梅：《略论渭水流域8－5kaB. P. 环境演变与文化发展的关系》，《考古与文物》2015年第6期，第25—32页。

② 何柄棣：《黄土与中国农业的起源》，北京：中华书局2017年版，第171—175页。

③ 何柄棣：《何柄棣思想制度史论》，北京：中华书局2017年版，第6页。

④ 胡松梅：《略论渭水流域8－5kaB. P. 环境演变与文化发展的关系》，《考古与文物》2015年第6期，第25—32页。

⑤ 胡义成：《黄帝“考定星历”的具体时间和过程》，《武陵学刊》2019年第4期，第64—68页。

设副都邑于今河南灵宝西坡遗址①，同时又向西北部推进，包括与都邑曾在今凤翔水沟遗址而源自今甘肃天水的炎帝族结盟②；另一方面，则是随着关中气候恶化，在关中之外的今河南省河洛一带，出现“群雄逐鹿”现象，即在黄帝文化区东部边缘，出现了打着黄帝旗号割据一方且被称为“有熊国”的诸位“轩辕”③。

（二）距今5000年左右，是全新世以来气温最低时段。此时北方族群由于气候变冷开始南侵④。地处辽西且对应着蚩尤族的红山文化，作为中华文明诞生时期“神权古国”模式的代表，遂向地处中原且提倡“民生为尚”的黄帝族群及诸轩辕进逼，引发了中华文明诞生时期“两种模式”武装对决的涿鹿大战。其具体时间节点约在公元前2900年左右⑤。

（三）从距今5000年左右气温最低，到距今4500年左右，华北气温稍趋暖湿，但到距今4300年左右，又开始向干冷转化，至距今4000年左右再降至谷底⑥。在此背景上，一是涿鹿大战后，战场之南的豫地成为颛顼、帝喾们活动的中心舞台，延续时间很长，直到距今4300年左右。二是在距今4300年左右气候恶化时，洪水也开始泛滥，中华东南部许多地方被淹，黄土高原遂进入多事之秋。李伯谦指出的中华文明诞生期“两种模式”（红山文化等遵循的“神权古国”模式，与中原庙底沟文化即黄帝族群代表的“神权古国”模式）之间的反复博弈⑦，在这一时段上下治水过程中也更集中地呈现出来。一是帝尧赶走陶

---

① 胡义成：《西安杨官寨遗址中心广场蓄水池即祈雨池解读——兼议河南灵宝西坡遗址为黄帝族“副都邑”》，《浙江树人大学学报》2019年第5期，第77—83页。

② 胡义成：《凤翔水沟遗址应即最早“炎帝都邑”——兼论炎黄并无战事（上、下）》，《宝鸡社会科学》2020年第1期第33—38页，第2期第41—46页。

③ 胡义成：《河南“河洛古国”考古新发现和“有熊国”新探》，《中原文化研究》2020年第5期，第27—33页。

④ ［日本］宫本一夫：《从神话到历史》，桂林：广西师大出版社2014年版，第219—221页。

⑤ 胡义成：《华毓对决——涿鹿大战研究》，收于西北师范大学《先秦文学与文化》（第八辑），上海古籍出版社2020年版，第104—162页。

⑥ 韩建业：《先秦考古研究：聚落形态、人地关系与早期中国》，文物出版社2013年版，第81—82页。

⑦ 胡义成：《李伯谦先生“‘探源’学术”简单追踪——“中华文明探源‘工程’”考古学决策人学术述评之一》，《西安财经学院学报》2019年第3期，第106—112页。

寺夏人，接着是作为良渚文化成体制北移者的帝舜也进驻陶寺，在治水期间，兼以其“神权古国”模式，抗衡中原“王权古国”模式。二是在这种降温和洪水背景下，今内蒙古中南部北狄族南逼并占领陕北石峁后，尧舜遂驱使共工攻陷石峁；而作为与北狄文化同宗者，延安芦山峁主人即先周集团（或是北狄族群）遂派军队攻陷陶寺。于是，在黄河晋陕峡谷两岸以陶寺、石峁和延安芦山峁三个聚落群为据点，演出了以芦山峁先周文化和石峁北狄族为“王权古国”一方，以陶寺尧舜和石峁共工为“神权古国”一方的“四国演义”，最后是与前者同宗且服膺“王权古国”模式的夏禹建立夏王朝①。今石峁遗址中横躺在石墙中的共工图腾柱，应是夏禹武力夺取石峁后所为，形象地标志着“神权古国”模式在中华大地的最后衰亡，和“王权古国”模式在中华大地最终确立。

三、近年黄帝纪年研究新进展

世纪之交，陕西考古界除石兴邦力主“中华文明‘探源’工程”应特别注意关中作为炎黄发祥地的考古和研究②外，张天恩也从大量考古证据中较充分地认识到庙底沟文化时期，关中已迈进文明“初阶”③。恰好，作为庙底沟文化中心聚落，杨址也于2004年出土并被笔者于2011年识别为黄帝都邑，石兴邦等遂加支持鼓励④，促笔者深化研究。此后，感谢杨址现任考古主持者杨利平又于2018年公布了其C^{14}测年数据，表明其环壕存世时间在公元前3490—2930年之间，墓地则在公元前3637—2918年之间⑤。黄帝都邑的这些年代数据，与

① 胡义成等：《作为“不周山”的石峁即夏朝开国首都——试说龙山时期黄河晋陕峡谷两岸的“四国演义”和夏朝开国》，待刊。

② 石兴邦：《石兴邦考古论文集》，西安：陕西师范大学出版总社2015年版，第388—398页。

③ 张天恩：《渭河流域仰韶文化聚落状况观察》，收于中国社科院考古所编《中国聚落考古的理论与实践（一）》，北京：科学出版社2010年版，第102—112页。

④ 石兴邦：《序言》，收于石兴邦名誉主编 胡义成等主编《黄帝铸鼎郊雍考辨与赋象——西安古都史新探》，西安：西安出版社2011年版，第1—2页。后来，在2017年7月于富平举办的“西安‘黄帝都邑’学术研讨会”上，九十多岁高龄的石先生亲临会场，我又当面代他宣读了修改后的这篇《序言》。

⑤ 杨利平：《试论杨官寨遗址墓地的年代》，《考古与文物》2018年第4期，第53—61页。

上述北方和关中气候变化的年代数据彼此呼应，说明黄帝族南迁后，面对气候恶化，以关中为核心，铸就了抗衡自然条件恶化而自力更生、艰苦奋斗的历史辉煌。笔者关于黄帝的纪年研究，以上述纪年数据为框架而逐渐展开，目前获得的相关纪年数据包括：

（一）鉴于《汉书》转述的战国稷下学者邹衍记载的首位黄帝辞世时间，与杨址墓地存世时间数据吻合，确认杨址首位黄帝辞世距今5727年（“今”指2019年，下同不赘），并被归葬其故乡①。这也表明，首位黄帝正好生活在北方及关中气候开始恶化且北方氏族被迫南下之际，暗示其作为中华“人文初祖”的地位，一方面是由于他领导黄帝族继续南下，选择杨址“定都—建都”并开始以定居农业对抗气候恶化②，另一方面则由于他在杨址开始实行原始巫教改革，奠定了中华文明“王权古国”模式即以民生为本的治理格局③。

（二）《史记·孝武本纪》转述了邹衍学派关于黄帝在荆山，于“己酉朔旦冬至”之日开始“迎日推策”的记载，并说明“迎日推策”于380年后完成。采用现代天文学技术软件，可侦知“己酉朔旦冬至”之日约800年左右才出现一次，其中公元前3574年1月17日这一天，以及其后380年后即公元前3194年的“朔旦冬至”之日，都正好完全落在杨址存世时段内。它一方面证明，邹衍学派所记“己酉朔旦冬至”之日完全可信，因为如果造假，就极可能导致这一天或其后380年的那一天，落在杨址存世时段之外；更何况，公元前3574年1月17日这一天，上距首位黄帝辞世134年，暗示着黄帝族定都杨址后，经134年休养生息，才具备了“迎日推策”的条件，这合乎历史逻辑和先民生活逻辑。如果造假，出于不同文献来源形成的134年差距如此合乎情理，就不可想象。另

① 胡义成：《黄帝逝世距今5727年：关于国家应实施“黄帝纪元”的建议》，《新西部》2019年第1期。其中，首位黄帝逝世之年，早于公布的杨址墓地C^{14}测年数据71年。除了C^{14}测年允许百年差距可解释此差距外，今天看，杨址公布的墓地C^{14}测年数据，是根据现已随机开启的少部分墓葬而形成，并非有意选取最早最晚墓葬而得出，故其与首位黄帝逝世之年的差距，也可忽略；说不定将来公布杨址全部墓葬C^{14}测年数据时，这一差距并不存在。

② 胡义成等：《周文化和黄帝文化管窥》，西安：陕西人民出版社2015年版，第350—370页。

③ 胡义成：《“黄帝都邑”西安杨官寨遗址“少玉”对应的黄帝宗教改革——论史前庙底沟文化发展扩张的主要秘密》，《浙江树人大学学报》2018年第3期，第85—94页。

一方面这也提示我们，杨址后任黄帝确曾于公元前 3574 年 1 月 17 日这一天开始“迎日推策”，中华最早阴阳合历于距今 5213 年“朔旦冬至”之日颁行①，加上首位黄帝辞世时间，这就给黄帝纪年研究，找到了三个可靠的时间节点，以及一个空间节点即荆山（这个荆山与杨址实为一地②）。无论如何，邹衍处于战国时期，他不可能用电脑模拟假造出衔接得如此“天衣无缝”的纪年数据。这四因素“时—空证据链”，不仅把黄帝都邑唯一地锁定在杨址，而且成为初拟“五帝年表”的主要时空基准点③。平心而论，这应是黄帝历史及其纪年研究上的一个突破。

四、关于纬书记载“黄帝 1520 年”的辨析

汉代纬书《〈春秋〉命历序》（以下简称“《命历序》”）有“黄帝 1520 年”之记，还留下了颛顼后四帝的积年数据，其来源均是邹衍学派④。后世认同《命历序》“黄帝 1520 年”记载者，谓此数据系从黄帝开始“迎日推策”之时算起，直推到夏朝开国之年的结果。而把黄帝开始“迎日推策”之时，实际认定为“黄帝元年”，则是汉武帝在制订“太初历”时，为了形成“太初元年”与“黄帝元年”的呼应而伪造形成的。故一方面鉴于被伪造出的“黄帝元年”是公元前 3574 年，另一方面鉴于“夏商周‘断代’工程”估算夏朝开国于“公元前 2070 年⑤ ±20 年⑥”，这两个纪年的时间差距正好是 1520 年，故可以设想，《命历序》“黄帝 1520 年”之记，应是在中华史前“黄帝以来皆有年数”的背景上，从伪造出的

① 胡义成：《黄帝“考定星历”的具体时间和过程》，《武陵学刊》2019 年第 4 期，第 64—68 页。

② 胡义成：《黄帝铸鼎之“荆山”考——关于“黄帝都邑”西安杨官寨遗址的神话研究之一》，《地方文化研究》2018 年第 5 期，第 7—13 页。

③ 胡义成：《凤翔水沟遗址应即最早“炎帝都邑”——兼论炎黄并无战事（上，下）》，《宝鸡社会科学》2020 年第 1 期第 33—38 页，第 2 期第 41—46 页。

④ 顾颉刚：《中国上古史研究讲义》，北京：中华书局 1988 年版，第 288—289 页。

⑤ 李学勤：《夏商周文明研究》，北京：商务印书馆 2015 年版，第 323 页。

⑥ 参见文史哲编辑部编：《“疑古”与“走出疑古”》，北京：商务印书馆 2010 年版，第 81 页。由于“‘断代’工程”明确认可“ ±20 年”误差，故可以说“‘断代’工程”也认可夏朝开国于公元前 2054 年。

“黄帝元年”算起，直推到夏朝开国之年的结果，实指“五帝 1520 年”①。

检验这一推想是否成立，应根据《命历序》留下的“五帝 1520 年”记载和颛顼后四帝的纪年—积年数据（颛顼执政共 350 年，以及帝喾 400 年、尧 98 年、舜 53 年②），能否与现在已知或大体已知的五帝相关遗址 C^{14} 测年数据吻合；合则成立，不合则不成立。这样，我们基于《命历序》对颛顼后四帝的纪年—积年数据，从夏朝立国应在公元前 2054 年而“由后向前”地推算得知：

（一）都邑在晋南陶寺的尧舜执政时期（此“执政”字样，如石兴邦论述黄帝时所言，表示该部族首领“只是名义上的最高首领，他对各征服部族只是德义上的统领”③，与今日“执政”概念不同）。从舜帝们执政 53 年，推算其时段应是公元前 2107—2054 年。《史记·五帝本纪》说，舜帝“代尧践帝位三十九年”即崩。而古本《竹书纪年》则载，尧舜之间围绕帝位曾有斗争，包括尧被舜囚，其子丹朱被流放等④，故可设想，《命历序》与《五帝本纪》对舜执政积年数据记载差距 14 年，可能因于太史公为掩尧舜争斗而隐去权力交接中的动乱积年，且加写了舜“守孝”三年，此不赘。由舜而前推，尧帝们执政时段应是公元前 2205—2107 年。尧舜在陶寺执政共 151 年。

值得注意的是，推算出的上述尧舜纪年—积年数据，确能与陶寺遗址 C^{14} 测年数据相吻合，而陶寺已被认为是尧舜都邑⑤。陶寺考古主持者何驽根据 C^{14} 测年数据提出，该遗址在文化上应分三期，“早期为距今 4300—4100 年，中期为距今 4100—4000 年，晚期为距今 4000—3900 年”⑥，其中中期一方面对应着

---

① 胡义成：《论〈春秋命历序〉记“黄帝 1520 年”——兼议夏朝开国之年应准确化为公元前 2054 年》，待刊。

② 顾颉刚：《中国上古史研究讲义》，北京：中华书局 1988 年版，第 288—289 页。

③ 石兴邦：《石兴邦考古论文集》，西安：陕西师范大学出版总社 2015 年版，第 416 页。

④ 范祥雍订补：《古本〈竹书纪年〉辑校订补》，上海：上海古籍出版社 2018 年版，第 2—3 页。

⑤ 王巍等：《陶寺遗址与中华文明起源——专家学者齐聚临汾畅谈尧文化》，《光明日报》2015 年 5 月 29 日，第 6—7 版。

⑥ 何努：《陶寺文化谱系研究综论》，收入科技部社会发展科技司等编《中华文明探源工程文集社会与精神文化卷（1）上》，科学出版社 2009 年版，第 319 页。

尧舜驱夏而统治陶寺的史实①，另一方面它又大体与由《命历序》推算出的尧舜执政时段相吻合（C^{14}测年允许百年误差存在；另一方面，何驽数据看来系国算），其遗存依我看，也表现出源自“神权古国”模式之尧舜的文化特征②。这种推算出的尧舜纪年—积年数据，与陶寺测年数据相吻合，对本文确证《命历序》记载不虚，具有重要意义。

（二）都邑估在河南的颛顼、帝喾时期。由尧舜前推，根据颛顼执政共350年、帝喾400年的记载，推算帝喾们执政时段是公元前2605年—2205年，颛顼们则是公元前2955年—2605年；颛顼、帝喾们执政共750年。鉴于《命历序》中的这些数据，都具整数化特征，故可推想其为框算结果，可能并不精准，但其框架应无大错（见后述）而基本可信。《国语·楚语下》载，“及少昊之衰也，九黎乱德，民神杂糅，不可方物”，于是“颛顼受之”；《帝王世纪》则谓，“颛顼生十年而佐少昊，二十而登位，平九黎之乱”③。看来，颛顼是涿鹿大战后，因着同为大汶口文化后裔，接替逐鹿河洛的“轩辕”之一少昊④而执政的。此时曾领导涿鹿大战的黄帝族，作为西来文化势力，在中原已经弱于东来文化势力了，故只能让东来文化势力执政。据许顺湛研究，“颛顼的建都地和葬地都在豫北濮阳”，“颛顼当与后岗类型龙山文化相对应”，其C^{14}测年目前已知有两个数据，一是公元前2785年，一是公元前2625年，都落在本文据《命历序》推算出的前述颛顼纪年数据之内；而“帝喾活动地域当在豫西和豫北”，“当与汤阴白营龙山文化、洛阳王湾龙山文化”等“相对应”，其中安阳八里庄遗址C^{14}测年数据有一个数据是公元前2585年；洛阳王湾类型遗址C^{14}测年数据有一个数据是公元前2390年；汤阴白营龙山文化遗址有一个数据是公元前2590年⑤，此三数据也都落在前述帝喾纪年数据之内，故估计《命历序》对颛顼和帝喾纪年—积年的记载，整体上也无大误。当然，由于颛顼和帝喾都邑未被最终确认，故相关研究尚待进一步展开。许顺湛30年前就估算，“颛顼、帝

①② 参见韩建业：《走近五帝时代》，北京：文物出版社2019年版，第39—41页。

③ 转引自蔡先金：《述古杂俎》，上海：上海古籍出版社2013年版，第6页注1。

④ 胡义成：《河南“河洛古国”考古新发现和“有熊国”新探》，《中原文化研究》2020年第5期，第27—33页。

⑤ 许顺湛：《许顺湛考古论集》，郑州：中州古籍出版社2001年版，第200—201页，第144页。

喾、尧、舜其绝对年代，当在距今5000年左右至距今4200年之间"①，现在看他说得颇准确。我真佩服这位非科班出身的豫地考古学家在五帝纪年研究中具备如此精准的直觉能力！

（三）都邑在西安的黄帝执政时期。由颛顼纪年—积年前推，可知黄帝们至少是从公元前3708—2955年期间在杨址执政（用"至少"一词，是因为首位黄帝开始执政时间不清，故只好略去其执政时间约二三十年），总时间超过753年。作为黄帝执政截止时间的公元前2955年，是按照《命历序》所载四帝积年数据，从夏朝开始之年"由后向前"地推算出来的，但这个推算出的数据，恰好与杨址环壕 C^{14} 测年数据下限惊人吻合；同时正好在这一框架中，形成了夏朝开国之年与黄帝开始"迎日推策"之时时差为1520年，使人进一步看到，《命历序》对四帝积年数据及"五帝1520年"的记载确实可信。否则，杨址和陶寺遗址 C^{14} 测年数据，与《命历序》所记数据，不会咬合得如此天衣无缝。如果说，本文前述"黄帝纪年研究已找到了三个可靠的时间节点，以及一个空间节点"，实际构成了一组"证据结构链"，那么，我们在对《命历序》相关年数记载与五帝遗址 C^{14} 数据的比照中，又找到了一组"证据结构链"。这两组"证据结构链"彼此互补，又构成了关于五帝历史时空的更深层"证据结构链"。对五帝纪年—积年研究而言，这个更深层的"证据结构链"因素众多，是推不翻的。这也是本文确认《命历序》记载成立的主要根据。此外，"'断代'工程"由后向前推算，并参考相关遗址 C^{14} 测年数据，给出的夏朝开国之年数据精准度很高，应予充分肯定。当然，其时被视为夏都的王城岗遗址，其出土陶器刻"共"字②，不排除其为被夏禹赶出石峁之共工残部逃居地（见后述），故对其测年而结论精准，属学术佳话。

上述数据也表明，从首位黄帝辞世，到夏朝开国，"五帝时期"总积年（至少）为1654年。

当然，古籍中还有其他数据，如"《竹书纪年》说黄帝在位100年，颛顼在位78年，帝喾在位63年，尧在位100年，舜在位50年"③；《帝王世纪》说，

---

① 许顺湛：《许顺湛考古论集》，郑州：中州古籍出版社2001年版，第200—201页，第144页。

② 江林昌：《中国上古文明考论》，上海教育出版社2005年版，第275、95页。

③ 许顺湛：《许顺湛考古论集》，郑州：中州古籍出版社2001年版，第198页。

黄帝“在位百年而崩，年百一十岁”；颛顼“在位七十八年而崩”等①。此外，《路史》《通鉴外纪》等也各列数据②。这些数据之所以不可信，首先因为按照它们推算形成的五帝纪年—积年数据，与杨址和陶寺等五帝都邑遗址 C^{14} 测年数据很难吻合。其次，它们所述五帝积年的总合，与 1520 年也相差甚远。何况它们往往把五帝一人化，且其寿命又往往远高于当时先民寿命状况，更令人难信。至于近世“《中华通史》把黄帝始建甲子年定在距今 4698 年”③；董立章所著《三皇五帝断代史》，认为黄帝时期始于公元前 3706 年，而帝舜终于公元前 2146 年④，则往往主据辛亥革命党人思路或数据立论，连倡言“走出疑古”且为“中华文明‘探源’工程”参与考古学决策的李学勤，也出人预料地具有如此倾向⑤，其纪年—积年结论显然也均不可信。

于是，笔者根据前述具有一定可信性的数据，试拟“五帝年表”如下。

---

① 转引自陕西省地方志编纂委员会编：《黄帝陵志》，西安：陕西人民出版社 2005 年版，第 374—375 页。

②③ 许顺湛：《五帝时代研究》，郑州：中州古籍出版社 2005 年版，第 21—23 页，第 23 页。

④ 董立章：《三皇五帝断代史》，广州：暨南大学出版社，1999 年版。

⑤ 李学勤《李学勤讲演集》，长春：长春出版社 2012 年版，第 4、33 页。李先生既倡言“走出疑古”，又对黄帝真史如此心中无底，对依靠考古发现大体厘清黄帝真史缺乏自信，竟对完全缺乏考古证据的辛亥革命党人结论盲目认同，“疑”味颇浓，形象地表征着两个“工程”考古—历史研究的实际学术倾向。

五帝年表(试拟)

<table>
<tr><th>序</th><th colspan="3">时间</th><th>积年</th><th>都邑</th><th>气候环境状况及其影响下的史事</th></tr>
<tr><td rowspan="8">黄帝</td><td>历史事件</td><td>公元前年数</td><td>距今(2019年)年数</td><td rowspan="8">执政超过753年(含距今约5300年后,诸“轩辕”在豫中河洛一带势大而割据,其都邑之一即今郑州双槐树遗址,其主人即“金天氏”,执政积年约300年)</td><td rowspan="8">西安杨官寨遗址(其中距今5300年左右开始,今豫中河洛流域出现地方割据的“有熊国”及其诸轩辕都邑,如郑州市双槐树遗址等)</td><td rowspan="8">中华北部从距今5800年左右,开始了以干旱为特征的气候恶化。黄帝族正是在此时从北方南下而出现于渭河流域,特别是出现在作为渭河支流的泾河、北洛河流域和西安周边。在环境持续恶化的渭河流域,黄帝族迎难而上,不仅在荆山脚下、泾河岸边建成环壕都邑即杨址,而且随即实施原始巫教改革,确立“王权古国”治理模式,高度重视民生,创制阴阳合历,推广黄土窑居,尽量增加生产,包括进一步发展粟黍(小米群)定居农业和猪饲养业,并完善发展继承自关中华胥族的彩陶文化,以其彩陶上的花图腾所体现的“高度重视民生”之价值观,影响四方,形成彩陶花纹强势化及四处传播,从而建成了仰韶文化时期最繁荣发达的黄帝盛世,奠定了中华主体版图轮廓。但到距今5500—5300年,渭河流域环境进一步恶化,迫使以关中为核心的黄帝族,一方面更加艰苦奋斗,努力增加生产,包括还引进水稻种植,促使养猪业更上层楼,勉力维持着此前的生计水平;另一方面则面对北方红山文化主人蚩尤族在气候恶化下南逼,以及今河洛一带诸轩辕割据,也开始向东部环境较好处移民,并于距今5300年左右开始,在今河南省洛阳盆地逐渐建成“副都邑”聚落群,借以吸引和团结豫西豫中原住民,应对蚩尤族南侵。这也导致关中从庙底沟文化转型为西王村文化,人口始减少,彩陶文化渐衰微,同时来自甘肃天水的炎帝族(伏羲族后裔)也进入关中西府,与黄帝族形成联盟。距今5000年左右,中原气温降至谷底,同样面临气候危机的蚩尤族南逼势头更猛。距今4900年前后爆发涿鹿大战,黄帝族联合山东大汶口文化区先民和炎帝族、西王母、“金天氏”等共抗击蚩尤。战争中,杨址和“副都邑”均在被废弃。在协商中,源自大汶口文化的颛顼族,在豫地强势崛起并接替黄帝执政。</td></tr>
<tr><td>首位黄帝执政</td><td>?—3708年</td><td>?—5727年</td></tr>
<tr><td>后任黄帝开始“迎日推策”之日</td><td>纪日干支天象为“己酉朔旦冬至”,侦知为3574年1月17日</td><td>5593年1月17日</td></tr>
<tr><td>后任黄帝完成“迎日推策”之日</td><td>其日天象为“朔旦冬至”,侦知为3194年“朔旦冬至”之日</td><td>5213年“朔旦冬至”之日</td></tr>
<tr><td>开始“副都邑”建设</td><td>约3300年前后</td><td>5300年前后</td></tr>
<tr><td>涿鹿大战</td><td>?—2955年</td><td>?—4974年</td></tr>
<tr><td></td><td></td><td></td></tr>
<tr><td>正副都邑被废弃</td><td>约2900年前后</td><td>约4900年前后</td></tr>
</table>

序	时间			积年	都邑	气候环境状况及其影响下的史事
颛顼	执政	2955 年—2605 年	4974 年—4624 年	（约）350 年	豫地（?）	距今 4900 年后，中原气温开始回升。在涿鹿大战后崛起的颛顼，开始在河南建都，基本按照黄帝“王权古国”治理模式执政，高度重视民生，继续推进原始巫教改革和历法进步，使中原获长期恢复发展。距今 4500 年左右，河南达到气候温湿程度，接续执政的帝喾，也建都豫地，仍基本按“王权古国”模式执政，进一步推动着中原长期平稳发展。颛顼帝喾按“王权古国”模式执政 700 多年，给中华三代文明形成奠定了主要基础。
帝喾	执政	2605 年—2205 年	4624 年—4224 年	（约）400 年	豫地（?）	
帝尧	执政	2205 年—2107 年	4224 年—4126 年	98 年	晋南陶寺	距今 4300 年左右，一方面是中原气温又降至谷底，另一方面是中华大地出现了百年以上大洪灾，生出巨变。作为中原东南方向之“神权古国”治理模式信奉者，迁入晋南陶寺执政的尧和舜，一方面要团结族群，发展生产，精化历法，迎对自然灾害，并要花大力气处理尧舜两族关系（尧舜两族斗争曾很激烈）；另一方面还要抗衡中原黄帝“王权古国”治理模式信奉者，包括派出共工侵占北狄石峁“王权古国”，遂形成了夏王朝诞生前夕黄河晋陕峡谷两岸波澜壮阔的“四国演义”。在与洪水和“神权古国”模式的反复博弈中，源自石峁文化的夏禹，以陕北石峁为首都，建立作为中华首个正式国家的夏朝。
帝舜	执政	2107 年—2054 年	4126 年—4073 年	53 年	晋南陶寺	
夏王朝	开始执政	2054 年	4073 年		陕北石峁，后迁豫二里头等处	中国国家正式建立（当时的夏人、周人均系石峁文化的不同支脉，而黄帝族也源自该文化区域。古戎狄族为主体的石峁文化，以其民族血性勇猛而成华夏文化一体化中的“要角”）

序	时间	积年	都邑	气候环境状况及其影响下的史事
备注和说明	备注:本表只能提供最初步的五帝历史大事参考框架和五帝纪年的数据框架。作为“毛坯房”,它被推出的目的在于求教同好,以利纠错及完善而供“装修”使用。 说明:1. 此前笔者相关五帝积年—纪年的说法,如与本表不符,应一律以本表为笔者最新数据。2. 本表仅是从最初步的五帝考古—历史研究出发试拟之草表。其中各种积年—纪年数据,不仅有待相关研究深入时的补充、纠正和完善(包括考古文化变迁与王权更迭并非一事,如何无缝衔接两者,还有极大量考古和研究工作尚待深入;天文学技术使用中的古地点精准化、相关天文现象记录的彼此校核等,也尚待深化),而且均有待史前年代学专家从古六历“各自有元”、干支纪日向干支纪年的转化、闰法进步、“岁首异建”“年内改元”“建元跨年”等层面,特别审改。由此可推知“装修”后的“毛坯房”,细部尺寸大皆异前,故本表仅追求“毛坯房”框架挺立。鉴于近世西人贵者咸不欲华人明其远源古史,故可玩曰:此追求有似喜峰口刀队之学术版。			

表外余墨

本文试拟五帝年表，实际是以“‘工程’体制外”的个人微薄力量，试探可否对“探源工程”未完成德任务做点弥补。

（一）拙拟五帝年表的学术意蕴

限于篇幅，以下综述，大体皆“点到而已”。

1. 它证明，从黄帝开始的中华五帝历史为真，五帝排序亦真。否认其真，是疑古思潮的核心学术思路①（以下称“疑古思潮‘否黄’思路”，或简称“否黄”），现已不攻自破，应被“下架”②。现在看，由于中华远古天文历法发达，故司马迁所讲“黄帝以来皆有年数”为真；儒家对黄帝和五帝史的记载，确实包含着把轩辕混同于黄帝的错误，但在此混同中，也保留下了黄帝历史后期诸轩辕逐鹿河洛之历史“素地”，以扭曲的方式补充着道家邹衍学派所留“史性五帝神话”仅述黄帝开始的五帝历史“素地”而未记轩辕之缺。

2. 它还证明中华文明确是全球诞生最早的文明体。由于国外曾有天文学结论，说古埃及历史纪时始自公元前4241年7月10日③，故古埃及曾被视为

---

① 张国安:《终结“疑古”》，人民出版社2017年版，第496页。

② 顾颉刚是位很认真的学者，在中华历史研究上贡献多多。他代表的近世疑古思潮，有功有过。“下架”其“否黄”思路，不等于对疑古思潮一概否定。

③ 徐旭生:《中国古史的传说时代》，文物出版社1985年版，第13页。

全球文明诞生最早者。但是，它迄今找不到确凿的考古遗址证据支持[①]；古埃及具有确凿纪年的历史仅开始于公元前2890年[②]。而拙拟五帝年表可证明，在有确凿精准纪年的意义上，中华文明应是全球古文明中诞生最早者。如再细考黄帝之前的神农氏，中华文明历史纪时其实至迟始自距今6249年[③]，与前述传说中的古埃及历史始年极近。

3. 五帝年表研制应对苏、石两位学术前辈致敬。苏秉琦是真正的现代中华考古哲人，包括他一直注目关中，对仰韶文化区"分子水平"的剖析（含关中为其核心之断）迄今挺立难撼，论证"华山玫瑰"是华族标识才气冲天，给出的《中国考古学区系年表》遗泽学坛[④]，是笔者试拟五帝年表的重要灵感源头。石兴邦一生痴守"关中黄帝论"，明确支持笔者相关研究，晚年虽因不随声附和"否黄"思路和无条件的"多元论"而实际长期遭遇冷落，但仍坚持己见且默默笔耕不辍，这也成就了他晚年在冷境中的睿智、顽强、豁达和长寿。

4. 它还指向中华文明探源研究"范式"必须转换。简俗而言，今后"范式"必须彻底走出"否黄"思路，包括应加大"否黄"的成本，对权威文献和神话记载的五帝历史，一般而言，应从"有罪推定"变成"无罪推定"，如"否黄"则应拿出确凿证据，否则免否。在这个意义上，笔者一方面欢迎对五帝年表及其呈现着的历史认知从总体上加以"证伪"，另一方面则厉求"证伪"者拿出确凿证据；如果从总体上拿不出确凿证据，就只能承认五帝年表。长期"抵赖"会贻笑天下，嫌我说的黄帝历史太"靠前"而声称"票决"也不行，因为笔者至今是"'工程'体制外"学人，按学术通则，只认证据不认"票"。至于对五帝年表及其呈现着的历史认知进行局部纠错或修正，属于

---

① 参见中国社会科学院考古研究所编：《埃及考古专题十三讲》，中国社会科学出版社2017年版，第62—63页和第91—92页，第304页。

② 参见中国社会科学院考古研究所编：《埃及考古专题十三讲》，中国社会科学出版社2017年版，第62—63页和第91—92页，第304页。

③ 考虑到半坡文化实际对应着神农历史（把神农与炎帝"合户"，是后来对历史真相的曲扭，参见徐旭生：《中国古史的传说时代》第224—225页），且《〈春秋〉命历序》载神农执政积年520年，故在有确凿精准纪年的意义上，中华文明至迟始于公元前4228年（此数据也与半坡文化C^{14}测年数据吻合），距今6249年。详见另文。

④ 苏秉琦：《中国文明起源新探》，辽宁人民出版社，2009年版。

“毛坯房”装修中的必然，我十分欢迎。

（二）关于“探源工程”考古学家最近的反思。我曾批评“探源工程”考古学结论对黄帝“不置一词”，说作为其考古学决策人之一的李伯谦一方面在构建中华文明起源中的“两个模式”理论上贡献不小，另一方面又深受“否黄”思路影响，且有“黄帝专属河南情结”①，离开了科学拟制五帝年表的要求。最近读到李先生的反思，说“探源工程”及“断代工程”的“最大的失误”，是“都没有认真地结合文献去解决问题”，“走了弯路”；鉴于其“夏商周年表”繁本迄今难获通过，他甚至“有些黯然。也许‘夏商周断代工程’规定的精准年表本来就是一个难以完成的目标”②。读至此，我心中颇难受。何以“没有认真地结合文献去解决问题”？因为怀疑文献记载不真，而 C^{14} 测年又难以给出具体纪年数据，于是，“夏商周年表”因夏商两朝均缺乏具体纪年数据还被批评为“半个表”③。看来，在探源研究启动时，宋健关于学界“否黄”思路势大④的批评，以及时任中国考古学会理事长的张忠培关于考古学不宜承担远古纪年研究⑤的判定，都不幸被多少言中了。其实，教训还不止李先生的反思。两个“工程”实施期间，一方面是“走出疑古”口号震天响，另一方面则由于主导两个“工程”实施的考古—历史学家自己并未“走出疑古”，于是，实即或倾向于“否黄”的思路便被权力化体制化⑥，一方面对石兴邦支持的“关中黄帝”申请项目持续封杀，另一方面则是，杨址出土后“工程”考古学参与决策人之一曾至杨址考察，“工程”考古学无动于衷，特别是于2012年确知杨址可能即黄帝都邑后，“工程”考古又面临河南实在找不出黄帝都邑的极尴尬局面，但却对石兴邦支持的“关中黄帝”思路根本不进行起码的参考⑦，直至结项只能对黄帝“不置一词”。今“夏商周年表”繁本

---

① 胡义成：《李伯谦先生“‘探源’学术”简单追踪——“中华文明探源‘工程’”考古学决策人学术述评之一》，《西安财经学院学报》2019年第3期。

② 齐岸青：《河洛古国》，大象出版社2021年版，第95—96页。

③ 张富祥：《“走出疑古”的困惑》，《文史哲》2006年第3期。

④ 宋健：《超越疑古　走出疑古》，《文史哲》1998年第6期。

⑤ 张忠培：《中国考古学——走近历史真实之道》，科学出版社2004年版，第113—118页。

⑥ 参见李学勤：《李学勤讲中国文明》，东方出版社2008年版，第109页。

⑦ 齐岸青：《河洛古国》，大象出版社2021年版，第51—53页，第71页。

又因李“黯然”而似“难以完成”。看来，红尘滚过，铅华洗尽，“否黄”思路对探源研究的严重伤害已暴露无遗，再不扬弃它我们就“愧对先人”了。

现在看，反思还应包括，“断代工程”实施中李伯谦在有“黄帝专属河南情结”时，还有“夏都必在豫情结”而认河南王城岗遗址为早期夏都[①]又错，因为陕北石峁遗址应是夏朝开国首都[②]。

① 李伯谦：《感悟考古》，上海古籍出版社 2015 年版，第 114—115 页。

② 胡义成等：《识别并保护“不周山”——对陕北神木石峁遗址的若干思考》，胡义成等著《周文化和黄帝文化管窥》，陕西人民出版社 2015 年版；胡义成等：《作为“不周山”的石峁即夏朝开国首都——试说龙山时期黄河晋陕峡谷两岸的“四国演义”和夏朝在石峁开国 》，待刊。

记忆圣君

——汉唐乐府诗中的尧舜形象①

廖美玉

（台湾逢甲大学中国文学系教授）

摘　要：由尧、舜所演绎的得天下之道，从美好传说到成为经典再到圣人论述，历经东周、秦、汉、魏，直到晋、唐的传衍，唐尧、虞舜已成为政统与道统的共同源头，而此长时段约略与乐府诗的传播、发展与变化相当。本文乃以郭茂倩《乐府诗集》为讨论文本，探寻有关尧、舜乐府诗的收录来源及其本事，考察从经传所言到乐章歌辞，如何记忆尧、舜的“圣君”形象，由此而映现的政治想象、君臣关系、典范移转与补正之作，冀能结合事辞与诗义，对乐府诗的“事义”研究有所补缀。

关键词：尧舜；汉唐乐府；圣君；政统；道统

一、前　言

尧号陶唐氏，又称放勋、唐尧、唐帝、帝唐、后帝、君帝、赤帝等；舜号有虞氏，又称重华、虞舜、帝舜、虞帝、帝俊等。尧、舜故事，由神话衍化而来，发展成对邈远圣君的记忆，映现出人类对美好传说年代的真诚。《尚书》首列《尧典》《舜典》，汉孔安国（？前156—？前74）《尚书序》即以孔子（前551—前479）“讨论坟典，断自唐虞”，以之“垂世立教”“恢弘至道，示

① 本文曾发表于《乐府学》第21期，2020年6月，第34—79页。

人主以轨范”[1]，使尧、舜故事成为人主与立教的共同典范。孟子（？前372—前289）把溯自尧、舜的圣君谱系，接续到以孔子为首的圣人之道[2]。唐韩愈（768—824）《原道》乃合“事行”与“说长”而言，完成尧、舜、禹、汤、文、武、周公、孔子、孟子的圣贤谱系[3]。宋朱熹（1130—1200）由此提出的“道统”，《朱子语类》明指：

此道更前后圣贤，其说始备。自尧舜以下，若不生个孔子，后人去何处讨分晓？孔子后若无个孟子，也未有分晓。[4]

从美好传说到成为经典再到圣人论述，尧、舜已成政统与道统的共同源头。至近代钱玄同（1887—1939）《答顾颉刚先生书》则指尧、舜二人一定是“无是公”“乌有先生”[5]，即令如此，尧、舜仍是形塑古典人文所不可或缺的一环，韩叔信整理顾颉刚（1893—1980）旧稿而成《〈虞初小说〉回目考释》（1925）即指出：

舜的故事，是我国古代最大的一件故事，从东周、秦、汉直到晋、唐，不知有多少万人在讲说和传播，也不知经过多少次的发展和变化，才成为一个广大的体系；其中时地的参差，毁誉的杂异，人情的变化，区域的广远，都令人目眩心乱，捉摸不定。[6]

由尧、舜所演绎的得天下之道，虽有禅让说、放逐说、征战说等杂异，“事实真相”估置不论，其为致太平的“圣君”则无异辞。顾颉刚以此一“广大的体系”历经东周、秦、汉到晋、唐的传播、发展与变化，而此长时段约与乐府诗的传播、发展与变化相当。

梁刘勰（？465—？520）《文心雕龙·乐府》论乐府，溯自钧天九奏、葛天八阕、咸池、六英，都已“无得而论”，汉初虽摹韶、夏，但已是“中和之

---

① 〔汉〕孔安国传、〔唐〕孔颖达疏：《尚书正义》卷一，《十三经注疏》本，台北：艺文印书馆，1982年，第8—9页。

② 〔汉〕赵岐注、〔宋〕孙奭疏：《孟子注疏·尽心下》卷十四下，《十三经注疏》本，台北：艺文印书馆，1982年，第264页。

③ 〔唐〕韩愈撰、马其昶校注：《韩昌黎文集校注》卷一，河洛图书出版社，1975年，第7—11页。

④ 〔宋〕黎靖德编：《朱子语类》，北京：中华书局，1986年，第2350页。

⑤ 顾颉刚等编：《古史辨》，台北：蓝灯文化事业公司，1993年，第1册，第67页。

⑥ 顾颉刚：《顾颉刚古史论文集》，北京：中华书局，1993年，第5页。

响，阒其不还”，因而提出“乐心在诗”，直指“季札观辞，不直听声而已”，强调观辞与听声的并重。其《附会》结合表现形式与内容，直指文章体制“必以情志为神明，事义为骨髓，辞采为肌肤，宫商为声气”，情志、事义、辞采与宫商兼备，是构思与评论作品的共通准则；其事义又着重在“征义举乎人事”①，藉古圣事迹来阐明义理。杜甫（712—770）于天宝十一载（752）作《敬赠郑谏议十韵》有云：“谏官非不达，诗义早知名”②，首度提出的“诗义”一词，与“谏官”并置而着眼于“政事”，乃回归孔颖达（574—648）疏《毛诗序》所云“作诗者，一人而已。其取义者，一国之事”。③ 从“作诗之义”来理解，直指作诗者的“取义”，在于王政得失。不论乐心或诗义，都不能自外于人事与时事。

郑樵（1104—1162）《通志·总序·乐略》强调：“仲尼编《诗》为正乐也，以风、雅、颂之歌为燕享祭祀之乐。”更以“继风雅之作者，乐府也”，其所取者在声而不重文义，于《琴操五十七曲·十二操》直言“琴之始也，有声无辞”，而声之义难求，“寻声徇迹，不识其所由”，或取古人古事而滋漫之，乃如“《琴操》所言者，何尝有是事?”兼以百家九流之学“多诬言饰事”“以己意纳之于其事之域”，尤以民间说话的推波助澜：

> 又如稗官之流，其理只在唇舌间，而其事亦有记载。虞舜之父，杞梁之妻，于经传所言者不过数十言耳，彼则演成万千言。④

从经传所言到民间叙事演绎，自是杂异参差，令人目眩。因此，郑樵认为“若以事辞为尚，则自有六经圣人所之言”，一再强调儒者“能通今古、审是非，胸中了然，异端邪说，无得而惑也”“惟儒家开大道，纪实事，为天下后世所取正也”，今存乐府诗，声义难求，而事辞犹有经传可资取正。

宋郭茂倩（1041—1099）编《乐府诗集》⑤，收录自陶唐以迄唐五代的宫

---

① 〔梁〕刘勰撰、周振甫注：《文心雕龙注释》，台北：里仁书局，1984 年，《乐府》卷七，第 111—112 页；《附会》卷四十三，第 789 页；《事类》卷三十八，第 705 页。

② 〔唐〕杜甫撰、〔清〕仇兆鳌注：《杜诗详注》卷二，台北：里仁书局，1980 年，第 110—112 页。

③ 〔汉〕毛亨传、(汉) 郑玄笺、〔唐〕孔颖达疏：《毛诗正义》卷一，《十三经注疏》本，台北：艺文印书馆，1982 年，第 17—18 页。

④ 〔宋〕郑樵：《通志》，台北：台湾商务印书馆，1987 年，卷 49，第 631 页。

⑤ 〔宋〕郭茂倩：《乐府诗集》，台北：里仁书局，1984 年。

廷乐章，如吴相洲《乐府学概论》所云：

宋代以前凡称乐府者，一定与朝廷音乐机构有关：或是朝廷机构曾经表演的歌辞，或是朝廷机构正在表演的歌辞，或是希望成为朝廷机构表演的歌辞。①

不论是已然或预期，乐府诗都与朝廷礼乐乃至治国大事息息相关。王志清从先秦两汉有关尧舜的歌舞叙事，厘析郊庙祭祀之乐的格局，其《历史的影子与观念意图下的再造：尧舜音乐叙事的建构》指出：

尧舜音乐叙事与汉代以来的乐府音乐格局、乐府创制方式存在一定的渊源关系，应该成为我国早期音乐与“前乐府”时代研究的必要内容。②

由前乐府时代的尧舜音乐叙事，发展出“诗言志”与“陈诗观风”两个影响深远的命题，在音乐史与文学史上都有一定意义。本文则以《乐府诗集》为讨论文本，探寻有关尧、舜乐府诗的收录来源及其本事，考察从经传所言到乐章歌辞，如何记忆尧、舜的“圣君”形象，冀能结合事辞与诗义，对乐府诗的“事义”研究有所补缀。

二、以尧、舜为名的乐府诗

郭茂倩《乐府诗集》中，以尧、舜为作者或归于尧、舜时代的乐府诗，出现在《琴曲歌辞》与《杂歌谣辞》，依《琴曲歌辞》下的题解，琴有修身、理性、禁邪、防淫、合君臣之恩等修身治国的意涵③，收录作品中挂名尧、舜者有三题四首，尧作为“畅”，舜作为“操”。畅有通达、舒畅、繁盛意，乐府诗的“畅”字多用于形容乐舞、人神、风雨、清明与皇情等。汉桓谭（？前23—？56）《新论·琴道》云：

八音之中，惟丝最密，而琴为之首。琴之言禁也，君子守以自禁也。大声不震哗而流漫，细声不湮灭而不闻。八音广博，琴德最优。古者圣贤，玩琴以养心。夫遭遇异时，穷则独善其身而不失其操，故

① 吴相洲：《乐府学概论》，北京：人民文学出版社，2015年，第5页。

② 王志清：《历史的影子与观念意图下的再造：尧舜音乐叙事的建构》，《乐府学》第十六辑，2017年第2期。

③〔宋〕郭茂倩：《乐府诗集》卷五十七，第821页。

> 谓之“操”。“操”以鸿雁之音。达则兼善天下，无不通畅，故谓之“畅”。尧畅经逸不存。舜操者，昔虞舜圣德玄远，遂升天子，喟然念亲，巍巍上帝之位不足保，援琴作“操”，其声清以微。①

琴音的致密而无所失，故圣贤以琴养心之道，在于达能通畅人神物我，穷能不失其操。尧之达乃有如天日的光明天下，属大声而流漫者，故称“尧畅”；所谓“逸不存”，略如经传所言“唯天为大，唯尧则之”而“无能名焉”②，近于大自然神格特征。舜有不得父母之爱的遭遇，念亲之情乃如《孟子·万章》所言忧与慕③，其声细微而可闻，故称“舜操”。《乐府诗集》引谢希逸《琴论》，除穷达说外，另有“和乐而作，命之曰畅”“弄者，情性和畅，宽泰之名也”等说明。再依《杂歌谣辞》下的题解，直指“言者，心之声也；歌者，声之文也”，以永歌长言表达自发性的情感，以“上如抗，下如坠，曲如折，止如槁木，倨中矩，句中钩，累累乎端如贯珠”为歌之善者④，随其所遇而宣泄情感。梁沈约（441—513）《宋书·乐志》以歌为乐之始，舞助歌以宣其喜心，乐节歌以防其流淫，云：

> 民之生，莫有知其始也。含灵抱智，以生天地之间。夫喜怒哀乐之情，好得恶失之性，不学而能，不知所以然而然者也。怒则争斗，喜则咏歌，夫歌者，固乐之始也。

黄帝、帝尧之世，王化下洽，民乐无事，故因击壤之欢，庆云之瑞，民因以作歌。⑤

情感是天生的，因好恶得失的不同欲望与遭遇，自然有不同情感的生发，相对于“怒”所衍生的争斗性，特别把“歌”的喜乐之情，溯源自黄帝、帝尧之世的王化下洽，因“民乐无事”而歌，《击壤》为尧时歌谣，庆云即《卿云》，为舜时歌谣。

---

① 〔汉〕桓谭撰、朱谦之校辑：《新辑本桓谭新论》，北京，中华书局，2009年，第63—64页。

② 〔魏〕何晏注、〔宋〕邢昺疏：《论语注疏》卷八，十三经注疏本，台北：艺文印书馆，1982年，第72页。

③ 〔汉〕赵岐注、〔宋〕孙奭疏：《孟子注疏》卷九，第160页。

④ 〔宋〕郭茂倩：《乐府诗集》卷八十三，第1164页。

⑤ 〔梁〕沈约：《宋书》卷十九，台北：鼎文书局，1984年，第548页。

(一)从韶乐的“事义”谈起

从“事义”解读以尧、舜为名的乐府诗，先得回归经传所言。孔子每以诗、礼、乐合言，以《论语·泰伯》的“兴于诗，立于礼，成于乐”最具代表性[①]：“诗”的语言富于启发性，可以兴、观、群、怨、事父、事君，学诗可以言、可以专对、可以“告诸往而知来者”；“礼”是立身行事的准则，体现为仁、为和，要能克己、节约，非礼勿视、勿听、勿言、勿动，无礼则流于劳、葸、乱、绞；最后归结到“乐”，礼、乐都有要超越的钟鼓、玉帛等形制仪式，而以“仁”为共同核心素养。由此聚焦在“乐”的具体讨论，即是舜的韶乐，见于《论语》者有二，云：

> 子谓：《韶》，尽美矣，又尽善也。谓《武》，尽美矣，未尽善也。[②]
>
> 子在齐闻《韶》，三月不知肉味。曰：不图为乐之至于斯也。[③]

前者以舜乐与周武王乐作对照，凸显出舜乐兼具艺术性的美与道德性的善，孔颖达疏以“韶乐其声及舞，极尽其美；揖让受禅，其圣德又尽善也”。以此推论韶、武同具声、舞之美，相对于尧、舜禅让而获得百姓拥戴，武王伐纣乃如伯夷、叔齐所谏：“父死不葬，爰及干戈，可谓孝乎？以臣弑君，可谓仁乎?”[④]，仁与孝是儒家推尊尧、舜的二大指标，也是孔子评韶乐尽善的“事义”。后者描述孔子闻韶乐体验，不仅超越“钟鼓云乎哉”的技术表现，也超越“食色性也”的生理本能，更涉及舜乐的保存与流传。汉班固（32—92）《汉书·礼乐志》云：

> 夫乐本情性，浃肌肤而臧骨髓，虽经乎千载，其遗风余烈尚犹不绝。至春秋时，陈公子完奔齐。陈，舜之后，《韶》乐存焉。故孔子适齐闻《韶》，三月不知肉味，曰：不图为乐之至于斯！美之甚也。[⑤]

强调乐的性情本质，具有超越时间的恒久性，舜的后人保存了《韶》乐，再传到齐，依然感动着孔子。孔子“闻韶”强调的是听觉感受，《礼记·乐

① 〔宋〕邢昺疏：《论语注疏》卷八，第71页。
② 〔宋〕邢昺疏：《论语注疏》卷三，第32页。
③ 〔宋〕邢昺疏：《论语注疏》卷七，第61页。
④ 〔汉〕司马迁：《史记》卷六十一，台北：鼎文书局，1985年，第2123页。
⑤ 〔汉〕班固：《汉书》卷二十二，台北：鼎文书局，1983年，第1039页。

记》则增加了歌与舞：

昔者，舜作五弦之琴以歌《南风》，夔始制乐以赏诸侯。故天子之为乐也，以赏诸侯之有德者也。德盛而教尊，五谷时熟，然后赏之以乐。故其治民劳者，其舞行缀远；其治民逸者，其舞行缀短。故观其舞，知其德；闻其谥，知其行也。①

以“乐”作为君、臣之间的德教指标，重点在治民政策的宽、严，把农民的劳、逸反映在舞行上，民劳则舞人少而舞缀远，民逸则舞人多而舞缀短，以此见德之盛、薄。由此来看舜的“以歌南风”，司马迁（？前145—？前86）《史记·乐书》指出：

故舜弹五弦之琴，歌《南风》之诗，而天下治……夫《南风》之诗者，生长之音也，舜乐好之，乐与天地同意，得万国之欢心，故天下治也。②

从“五谷时熟”称“《南风》之诗”为生长之音，结合乐诗展现顺天应人的治道。而郑玄（127—200）注《乐记》乃云：“南风，长养之风也，以言父母之长养也。其辞未闻也。”③ 以南风形容父母的长养，源自《诗·国风·邶风·凯风》的“凯风自南”，仍以“其辞未闻”表明有乐、舞而无辞。王肃（195—256）《圣证论》则引《尸子》《孔子家语》指出：

昔者舜弹五弦之琴，其辞曰：“南风之薰兮，可以解吾民之愠兮！南风之时兮，可以阜吾民之财兮。”④

郑、王两家解经的不同及其所引发之争论，乃至《尸子》《孔子家语》的文献意义，论者已多，此不赘言。单就“南风”的诠解而言，郑玄的父母长养之说，固然合于儒家所楬橥的舜孝，而王肃所引《南风》之辞，显然更能与“五谷时熟”的生长之音相呼应。

此外，《乐记》在前揭文之后云：“《大章》，章之也。《咸池》，备矣。

① 〔汉〕郑玄注、〔唐〕孔颖达疏：《礼记正义》卷十九，《十三经注疏》本，台北：艺文印书馆，1982年，第677页。

② 〔汉〕司马迁：《史记》卷二十四，第1235页。

③ 〔唐〕孔颖达疏：《礼记正义》卷十九，第677页。

④ 〔汉〕王肃：《圣证论》，收录于马国翰、王仁俊编，《玉函山房辑佚书及补遗》第3册，京都：中文出版社，1990年，第2082页。

《韶》，继也。《夏》，大也。殷周之乐，尽矣。”[①] 依郑玄注，《大章》为尧乐名，言尧德章明；《咸池》为黄帝乐名，尧增修以言德之无不施；《韶》为舜乐名，言舜能继绍尧之德；《夏》为禹乐名，言禹能大尧舜之德；而殷周之乐乃在尽人事[②]。郑玄以《咸池》为黄帝乐名，惟再依《周礼·春官宗伯》所云：“以乐舞教国子，舞《云门》《大卷》《大咸》《大磬》《大夏》《大濩》《大武》。”四乐之外别有六乐，郑玄注云：

> 此周所存六代之乐。黄帝曰《云门》《大卷》，黄帝能成名万物，以明民共财，言其德如云之所出，民得以有族类。《大咸》，《咸池》，尧乐也，尧能殚均刑法以仪民，言其德无所不施。《大磬（韶）》，舜乐也，言其德能绍尧之道也。[③]

以《云门》为黄帝乐，而直接把《咸池》归为尧乐。司马迁《史记·吴太伯世家》记吴季札使鲁观周乐，有云：

> 见舞《招箾》，曰：“德至矣哉，大矣，如天之无不焘也，如地之无不载也，虽甚盛德，无以加矣。观止矣，若有他乐，吾不敢观。”[④]

《招箾》为舜乐，季札观乐止于舜乐，注引汉服虔称：“帝王之道极于《韶》也，尽美尽善也”，至于不敢观的“他乐”，服虔注云：

> 周用六代之乐，尧曰《咸池》，黄帝曰《云门》。鲁受四代，下周二等，故不舞其二。季札知之，故曰：有他乐吾不敢请。[⑤]

同样把《乐记》所称尧增修黄帝乐的《咸池》，直接归于尧乐，另以《云门》为黄帝乐。是以郭茂倩《乐府诗集》所载录，晋傅玄（217—278）《云门篇》乃称“黄《云门》，唐《咸池》，虞《韶舞》”，元结（719—772）《补乐歌十首》以《云门》为“轩辕氏之乐歌”，以《咸池》为“陶唐氏之乐歌”，元稹（779—831）新乐府《法曲》也以“尧用《咸池》凤巢阁”，而收录以

---

① 〔唐〕孔颖达疏：《礼记正义》卷十九，第677页。

② 〔唐〕孔颖达疏：《礼记正义》卷十九，第677页。

③ 〔汉〕郑玄注、〔唐〕贾公彦疏：《周礼注疏》卷二十二，《十三经注疏》本，台北：艺文印书馆，1982年，第337—338页。

④ 〔汉〕司马迁：《史记》卷三十一，第1453页。

⑤ 〔汉〕司马迁：《史记》卷三十一，第1453页。

尧、舜为名的诸作，又未见以《大章》为题者，亦季札观乐“不敢请”之意。

（二）尧的无能名与无为——维系人与天的脐带关系

郭茂倩《乐府诗集·琴曲歌辞》于唐尧《神人畅》题解引南朝陈释智匠《古今乐录》云：“尧郊天地，祭神座上有响，诲尧曰：‘水方至为害，命子救之。’尧乃作歌。”以尧的虔诚郊祭，引神人指示治水救灾，所作为和乐之“歌”。又引谢希逸《琴论》，以尧作《神人畅》，“尧弹琴，感神人现，故制此弄也。”[①] 把《神人畅》归为“弄”，有情性和畅宽泰义，可见“畅”的属性具开放性。《乐府诗集》以“畅”为题者，只《神人畅》一首，歌云：

> 清庙穆兮承予宗，百僚肃兮于寝堂，醊祷进福求年丰。有响在坐，敕予为害在玄中。钦哉皓天德不隆，承命任禹写中宫。[②]

经传中“无能名焉”的尧，桓谭乃记载《尧畅》已逸。智匠所录为郊祀时与神交畅而预知水患，此歌辞内容则为宗庙祭祀，自是后出。写尧率百僚醊祷以祈求丰年，神人告以寰宇将有灾难，尧秉承天命，自省不足后，任用禹以承担除害的重任，略去鲧治水不成，更把舜受禅后举用禹治水之功归于尧。歌辞以“玄中”“皓天”与“中宫”作连缀，依《史记·天官书》记载：“中宫天极星，其一明者，太一常居也。”[③]“中宫”原指太一所居的天极星，借以指尧帝所居，建构出“皓天”与“中宫”共治“玄中”的模式：“玄中”在天地之中，既是生养万物之所在，又有风雨不节所带来的旱涝灾异；尧居“中宫”，藉由虔诚祭祀使神人交畅，承天之命以确保寰宇无灾、年丰民安。这是从“民神杂糅”“民神同位”“神狎民则”的人神杂扰时代[④]，走向依循自然法则、发展农业生产的人神共治时代。考之经传，《尚书·尧典》有云：“乃命羲和，钦若昊天，历象日月星辰，敬授人时”[⑤]，即歌辞“钦哉昊天”“求丰年”的事义。此外，《尚书·吕刑》又云：“乃命重黎，绝地天通，罔有降格。”汉孔安国传即指出：

---

① 〔宋〕郭茂倩：《乐府诗集》卷五十七，第824页。

② 〔宋〕郭茂倩：《乐府诗集》卷五十七，第824页。

③ 〔汉〕司马迁：《史记》卷二十七，第1289页。

④ 〔三国吴〕韦昭注：《国语》卷十八，《四部丛刊初编》本，台北：台湾商务印书馆，1965年，第130页。

⑤ 〔唐〕孔颖达疏：《尚书正义》卷一，第21页。

重即羲，黎即和。尧命羲、和世掌天地四时之官，使人神不扰，各得其序，是谓绝地天通。言天神无有降地，地祇不至于天，明不相干。[①]

尧命羲、和掌天地四时，敬授人时，建立了天神、地祇分治不相扰的“绝地天通”，而歌辞赋予帝尧的使命，乃如绝地天通后的巫觋角色，维系着人与天的脐带关系，演绎出经传所指称如天如日的“无能名焉”，带有神秘性色彩，比较接近“祭司”的形象，人所能作为空间并不大。参照司马迁《史记·五帝本纪》记载“四岳举鲧治鸿水，尧以为不可，岳彊请试之，试之而无功”[②]，鲧治水九年不成，乃有《夏本纪》记载尧更求人而得舜，舜殛鲧，举鲧子禹，平水土，万民以宁，更以禹为“可成美尧之功”[③]，此即歌辞末句预示人的作为空间，有待禅位于舜之后的举禹治水。

郭茂倩《乐府诗集·杂歌谣辞》收录的《击壤歌》，歌辞内容最早见于《庄子·让王》篇，云：

舜以天下让善卷，善卷曰：“余立于宇宙之中，冬日衣皮毛，夏日衣葛絺；春耕种，形足以劳动；秋收敛，身足以休食。日出而作，日入而息，逍遥于天地之间，而心意自得。吾何以天下为哉！悲夫，子之不知余也。”遂不受。于是去而入深山，莫知其处。[④]

把年代归于舜，尚未出现“击壤”的故事，“作者”为善卷，着重在人可以依循自然法则，以适当的劳力获得自足自得的逍遥生活，直接否定“天下”的政治体制。汉王充（27—100）《论衡·艺增》有类似的记载，云：

《论语》曰：“大哉，尧之为君也，荡荡乎民无能名焉。”《传》曰：“有年五十击壤于路者，观者曰：‘大哉，尧德乎！’击壤者曰：‘吾日出而作，日入而息，凿井而饮，耕田而食，尧何等力！’此言荡荡无能名之效也。”言荡荡，可也；乃欲言民无能名，增之也。四海之大，万民之众，无能名之德者，殆不实也。夫击壤者曰：“尧何

① 〔唐〕孔颖达疏：《尚书正义》卷二十九，第297—298页。

② 〔汉〕司马迁：《史记·五帝本纪》卷一，第28页。

③ 〔汉〕司马迁：《史记》卷二，第50页。

④ 〔晋〕郭象注、〔唐〕成玄英疏：《南华真经注疏》卷九，北京：中华书局，1998年，第549页。

等力”，欲言民无能名也；观者曰：“大哉！尧之德乎！”此何等民者，犹能知之；实有知之者，云无，竟增之。[①]

王充把朝代往前推到尧的年代，把道家的逍遥自适转换成儒家的德治，一方面以观者对尧为君的赞颂，证实尧德的崇高性；另一方面以击壤老人言说的“尧何等力”，诠释尧德的“民无能名”。解题引晋皇甫谧（215—282）《帝王世纪》曰：“帝尧之世，天下大和，百姓无事。有八九十老人击壤而歌。”增加了击壤老人的岁数，以见寰宇无灾、年丰食足，而击壤者的言说，也变成“喜则咏歌”的歌辞，云：

日出而作，日入而息。凿井而饮，耕田而食。帝何力于我哉？[②]

依日之出入而作息，大抵仍是“敬授人时”意，人民以劳力凿井，依时耕田，自然生活无虞，消解了“帝力”的人为作用，把年丰民安的功效完全归诸自然。

至于《乐府诗集》收录的另一首《尧时康衢童谣》，属于《谣辞》，出自《列子》，题解节引如下：

尧治天下五十年，不知天下之治与不治，亿兆之愿戴己与不愿戴己，顾问左右、外朝及在野，皆不知也。尧乃微服游于康衢，闻童儿谣。尧喜，问曰：“谁教尔为此言？”童儿曰：“闻之大夫。”大夫曰：“古诗也。”尧还宫，召舜，因禅以天下，舜不辞而受之。

评断尧治理天下的成效，不由左右近臣、外朝官员、在野贤人等臣民论定，而是借由童儿所传播的古诗来映现，谣辞云：

立我烝民，莫匪尔极。不识不知，顺帝之则。[③]

前二句出自《诗经·周颂·思文》，写百姓的丰衣足食，都是因为有一个极好的圣君。而百姓对这一位圣君却是“不识不知”，单纯顺着大自然的法则，就能拥有丰足安定的生活，完全消解了人为的政治作用力，《列子》即以此说明尧舜禅让的政权转移。《尚书·虞书》虽分《尧典》《舜典》，而《舜

① 〔汉〕王充撰、黄晖校释：《论衡校释》卷八，北京：中华书局，1990 年，第 381 页。

② 〔宋〕郭茂倩：《乐府诗集》卷八十三，第 1165 页。

③ 〔宋〕郭茂倩：《乐府诗集》卷八十八，第 1231 页。

典》之作，开章即指舜出身"侧微"，故而尧对舜"历试诸难""询事考言"[①]，因此，尧的事迹多借舜方得以彰显，而舜的圣君形象也就更为多姿。

（三）舜的试练与重建——修复人子与父母的脐带关系

相较于尧的神人共治而近于"无为"，舜则是在割断人、天的脐带关系之后，以耕稼陶渔等劳力自谋其食，经历了父母与帝尧所给予的诸多艰苦试练，展现出人的劳苦毅力与自省能力。《乐府诗集》收录的虞舜《思亲操》，即是叙述人与父母的脐带关系，依司马迁《史记·五帝本纪》记载："舜父瞽叟常欲杀舜，舜避逃""舜父瞽叟顽，母嚚，弟象傲，皆欲杀舜"，乃至有纵火焚廪、下土实井等杀舜行动[②]，都可视为再三割断亲子脐带关系的试练。唐欧阳询（557—641）《艺文类聚》引蔡邕《琴操》曰：

> 舜耕于历山，思慕父母。见鸠与母俱飞鸣相哺食，益以感思，乃作歌。[③]

鸠鸟性群居，常相偕觅食，相互整理羽毛。舜对父母的思慕，在鸟类的亲情展演中有更多的感思。乐府《思亲操》题解引《古今乐录》以舜游历山见乌飞而作，引谢希逸《琴论》以舜作《思亲操》乃"孝之至"，舜一再被父、弟割断的亲情关系，有感于大自然的雏鸟与母鸟同飞相哺，引发的孝思之歌，云：

> 陟彼历山兮崔嵬，有鸟翔兮高飞，瞻彼鸠兮徘徊。河水洋洋兮青泠，深谷鸟鸣兮莺莺，设罥张罝兮思我父母力耕。日与月兮往如驰，父母远兮吾当安归。[④]

以崔嵬历山与洋洋河水起兴，山具有能涵育万物的包容性，雏鸟羽翼已丰、离巢高翔，同时又一再顾视母鸠、徘徊不去；水具有流动不息的延伸性，莺莺鸟鸣，出自深谷，迁移是为了更繁盛的族群，却又要面对人类张网捕捉的危险。这样的成长过程是父母所曾经历过的，唯有日复一日更努力的耕耘，带着对父母的思忆与感念，开拓自己的生存空间，并延续被断开的亲情。此即

① 〔唐〕孔颖达疏：《尚书正义·虞书·舜典》卷二，第34页。

② 〔汉〕司马迁：《史记·五帝本纪》卷一，第32—34页。

③ 〔唐〕欧阳询撰、汪绍楹校：《艺文类聚》卷九十二，北京：中华书局，1999年，第1599页。

④ 〔宋〕郭茂倩：《乐府诗集》卷五十七，第824页。

《尚书·大禹谟》所云：

帝初于历山，往于田，日号泣于旻天，于父母，负罪引慝。祇载见瞽瞍，夔夔斋栗，瞽亦允若。[1]

舜在别居力耕的过程中，借由不断的反躬自省，敬谨戒慎，终得以至诚修复亲子关系。《孟子·万章上》即就此极力阐发舜的“怨慕”之思，云：

为不顺于父母，如穷人无所归。天下之士悦之，人之所欲也，而不足以解忧；好色，人之所欲，妻帝之二女，而不足以解忧；富，人之所欲，富有天下，而不足以解忧；贵，人之所欲，贵为天子，而不足以解忧。人悦之、好色、富贵，无足以解忧者；惟顺于父母，可以解忧。人少，则慕父母；知好色，则慕少艾；有妻子，则慕妻子；仕则慕君，不得于君则热中。大孝终身慕父母。五十而慕者，予于大舜见之矣。[2]

不为父母所爱，就算得到了天下人的肯定，贵为天子，富有天下，拥有美妻，仍如困穷无所归之人，其忧难解。唯有重新连结与父母的脐带关系，生命才得以安顿。孟子更进而申论：人的一生中，小时候依赖父母的孺慕之情，长大后对窈窕淑女的寤寐求之，到学而优的热衷仕进、求知遇，是人之常情。唯独舜年五十、有天下而犹慕父母，是为“大孝”。《离娄上》同样以舜为例说明：“不得乎亲，不可以为人；不顺乎亲，不可以为子。舜尽事亲之道而瞽瞍厎豫，瞽瞍厎豫而天下化，瞽瞍厎豫而天下之为父子者定，此之谓大孝。”[3]人子之道在于得亲、顺亲，舜的恭谨戒慎，终能使瞽瞍从“杀舜”转而欢喜，由此把“孝道”提升为治理天下的根本。《公孙丑上》更把舜的善尽事亲之道，扩大为“善与人同”，云：

大舜有大焉，善与人同。舍己从人，乐取于人以为善。自耕、稼、陶、渔以至于帝，无非取于人者，取诸人以为善，是与人为善者也。故君子莫大乎与人为善。[4]

能恭谨戒慎以事亲、顺亲，自然也能舍己从人，更从反求诸己中对人伦日

---

① 〔唐〕孔颖达疏：《尚书正义》卷三，第58—59页。

② 〔宋〕孙奭疏：《孟子注疏》卷九，第160页。

③ 〔宋〕孙奭疏：《孟子注疏》卷七，第137页。

④ 〔宋〕孙奭疏：《孟子注疏》卷三，第67页。

用怀抱同理心，由是而知人皆有善性，因而“与人为善”“善与人同”就成了君子修身进德的核心指标。

至于虞舜《南风歌》的本事，已见前文，《乐府诗集》所录有二首，其中一首即王肃所引《南风》之辞，云：

南风之薰兮，可以解吾民之愠兮。南风之时兮，可以阜吾民之财兮。①

把父母长养之情，扩大为“善与人同”的生长之音：严寒季节之后，有温和的南风及时吹起，人民得以依时展开农事，确保年丰食足，意同《礼记·乐记》的“五谷时熟”，是《尧典》的“敬授人时”的实践，也与司马迁《史记·乐书》的“乐与天地同意，得万国之欢心”相呼应，由此定义的“天下治”，既能关注四时循环、气候变化，又能与百姓同其忧、喜。另一首《南风歌》，歌辞云：

反彼三山兮商岳嵯峨，天降五老兮迎我来歌。有黄龙兮自出于河，负书图兮委蛇罗沙。案图观谶兮闵天嗟嗟，击石拊韶兮沦幽洞微，鸟兽跄跄兮凤皇来仪，凯风自南兮喟其增叹。②

《乐府诗集》未注明出处，明冯惟讷（1513—1572）《古诗纪》收录此诗作《南风操》，称“《琴操》以为舜作”，末句“叹”字作“悲”为是③，惟今本《琴操》未见。依其内容，出自《春秋元命苞》《论语比考谶》《春秋演孔图》等纬谶杂说，具体内容见沈约《宋书·符瑞志》，略以尧将禅舜，升首山，遵河渚，有五星之精化身五老，荣光出河，龙马出图，玄龟负书，言当禅舜④，于是击石拊韶，凤凰来仪，凯风自南，舜以天意完成了即位仪式。依其事义，当是汉后依托之作。

至于《乐府诗集》收录的三首《卿云歌》，属于《杂歌谣辞》，出自旧题〔汉〕伏生《尚书大传·唐传·虞夏传》，咏舜功成而禅禹事，云：

维十有五祀，舜为宾客，禹为主人。……于时俊乂百工，相和而歌《卿云》。帝乃倡之曰：“卿云烂兮，纠缦缦兮。日月光华，旦复旦兮！”八伯咸进

①② 〔宋〕郭茂倩：《乐府诗集》卷五十七，第824—825页。

③ 〔明〕冯惟讷：《古诗纪》卷四，《四库全书》本，台北：台湾商务印书馆，1983年，第2页。

④ 〔梁〕沈约：《宋书》卷二十七，第761—762页。

稽首曰："明明上天，烂然星陈。日月光华，弘于一人。"帝乃载歌旋持衡曰："日月有常，星辰有行。四时从经，万姓允诚。于予论乐，配天之灵。迁于贤圣，莫不咸听。鼚乎鼓之，轩乎舞之。菁华已竭，褰裳去之。"于时八风循通，卿云丛丛；蟠龙贲信于其藏，蛟鱼踊跃于其渊，龟鳖咸出于其穴，迁虞而事夏也。①

舜在位十五年，如尧禅舜故事，退居宾客，君臣相和而歌，首章为舜歌，次章为臣歌，三章为舜歌，以"八风循通，卿云丛丛"展现舜的功成，意味着舜继尧而完成了顺天授时的时代，接着以蟠龙、蛟鱼、龟鳖等水族类各安其居，宣告大禹治水有成所开启的新时代的来临。司马迁《史记·天官书》即以"王朔所候，决于日旁。日旁云气，人主象""云气各象其山川人民所聚积"，以云气作为观察政治表现的依据，云：

> 若烟非烟，若云非云，郁郁纷纷，萧索轮囷，是谓卿云。卿云〔见〕，喜气也。②

由关注南风的薰、时，更全面掌握云层的流动与变化，是观察晴雨、四时的重要指标，"萧索"带来充足的日照，"轮囷"带来充沛的雨水滋润，都是农作物成长的必要条件，此即"八风循通，卿云丛丛"，意味着人类已能掌握天时，完成了"敬授民时"的阶段性任务。《乐府诗集》所录三章，前二章与《尚书大传》同，三章文字略有差异，云：

> 卿云烂兮，糺缦缦兮。日月光华，旦复旦兮。
> 明明上天，烂然星陈。日月光华，弘于一人。
> 日月有常，星辰有行。四时顺经，万姓允诚。
> 于予论乐，配天之灵。迁于贤善，莫不咸听。
> 鼚乎鼓之，轩乎舞之，精华已竭，褰裳去之。③

首章舜歌，卿云变化与日月光华所展演的天象，经长期观察已能充分掌握，跳脱人类对大自然无知的敬畏与恐惧，成为可观赏的每日风景。次章臣歌，把日夜循环、日月光华归于舜一人。三章舜歌，人类的发展，经过由尧到

---

① 〔汉〕伏生撰、郑玄注、〔清〕孙之騄辑、陈寿祺辑校：《尚书大传》卷一，《四部丛刊》初编本，台北：台湾商务印书馆，1977年，第8—9页。

② 〔汉〕司马迁：《史记》卷二十七，第1338—1339页。

③ 〔宋〕郭茂倩：《乐府诗集》卷八十三，第1166页。

舜的长时段观察，已经能掌握天象时序的常态性，透过日、月、星辰的运行，春、夏、秋、冬的循环，人民勤于耕种，确保了时和民安。舜以乐舞祭天，推荐禹的贤善，自己也因"精华已竭"宣告离职，由此建立"圣君"的交接与传承。尧、舜的禅让，就在"能""为"而不有的公天下精神，阐明天下非"一人"的天下，也就是《孟子·告子下》以"人皆可以为尧舜"①，能够奉行人之所以为人的最基本道理，自然就没有私心、没有纷争。梁锺嵘《诗品·总序》论五言诗之滥觞，首揭"昔《南风》之词，《卿云》之颂，厥义夐矣。②"虽因《南风》《卿云》非五言而置不论，仍许其义的深刻高远，肯定这二组作品的文学性与影响力。

三、失落与复刻：唐前乐府诗的尧舜记忆

尧、舜禅让所映现的圣君治世，至舜、禹禅让凡三传而成绝响，《论语·泰伯》记载孔子的赞叹，两用"巍巍乎"，一则称"唯天为大，唯尧则之"，再则称"舜、禹之有天下也，而不与焉"③，合而言之，以禅让传天下的要义，乃如天的"四时行焉，百物生焉"④，行健而无言不与。司马迁《史记·伯夷列传》即由此感叹传天下之难，云：

> 《诗》《书》虽缺，然虞、夏之文可知也。尧将逊位，让于虞舜，舜、禹之闲，岳牧咸荐，乃试之于位，典职数十年，功用既兴，然后授政。示天下重器，王者大统，传天下若斯之难也。⑤

尧、舜、禹的禅让，都经历了几十年的试练，功成名归，获得了百揆四岳与州牧侯伯的共同肯定，可见经久的实务历练与广大的民意基础，是传天下的两大要件。惟后代假禅让之礼以行废立之事，见于汉、魏、晋、南北朝者，可谓史不绝书，如汉魏之事，晋陈寿（233—297）《三国志·魏书·文帝纪》记载汉献帝刘协（181—234）禅位魏王曹丕（187—226）的册文，即以"昔者

① 〔宋〕孙奭疏：《孟子注疏》卷十二，第210页。

② 〔梁〕锺嵘撰、王叔岷笺证：《锺嵘诗品笺证稿》，台北：中央研究院中国文哲所，1992年，第50页。

③ 〔宋〕邢昺疏：《论语注疏》卷八，第72页。

④ 〔宋〕邢昺疏：《论语注疏》卷十九，第157页。

⑤ 〔汉〕司马迁：《史记》卷六十一，第2121页。

帝尧禅位于虞舜，舜亦以命禹，天命不于常，惟归有德”“尔度克协于虞舜，用率我唐典，敬逊尔位”，尧、舜、禹禅让成了具妆点性的词汇，是以南朝宋裴松之（372—451）注详引《献帝传》，亟称祥瑞图谶之众，魏王与群臣更一再引尧、舜、禹事迹而各有不同解读①。甚至有如晋赵王司马伦（240—301）的矫作禅让诏、伪让不受，待宗室诸王、群公卿士假称符瑞天文以劝进乃许者②。文人创作，乃如晋、宋之交陶渊明（？365—427）《时运并序》的“黄唐莫逮，慨独在余”③，与南朝梁沈约《四时白纻歌》的“佩服瑶草驻容色，舜日尧年欢无极”④，恰可见诗人对尧舜时代的两种书写：感慨失落与期待复刻。

（一）易代之际的“安归”之叹

因唐虞世远而感叹美好年代的失落，见于郭茂倩《乐府诗集·杂歌谣辞》，有托名鲁孔子的《获麟歌》，典出《春秋》经鲁哀公十有四年的“春，西狩获麟”，《公羊传》以麟为仁兽，有王者则至，孔子以非其时而至，有“吾道穷矣”之叹⑤。歌辞最早见于旧题孔鲋的《孔丛子》，歌云：

唐虞世兮麟凤游，今非其时来何求，麟兮麟兮我心忧。⑥

由仁兽、神鸟共构而成的尧、舜太平盛世，已成绝响，对于非其时而见的仁兽，身处春秋、战国之交的孔子，或秦、汉之际的孔鲋，都有着感同身受的殷忧与失落感。此外，《琴曲歌辞》收录二首与尧舜有关的歌辞，其一是伯夷《采薇操》，出自司马迁《史记·伯夷列传》，写商、周易代之际，伯夷、叔齐隐于首阳山，义不食周粟，采薇而食，饿且死，作歌曰：“登彼西山兮，采其薇矣。以暴易暴兮，不知其非矣。神农、虞、夏忽焉没兮，我安适归矣？”⑦

① 〔晋〕陈寿撰、南朝〔宋〕裴松之注：《三国志·魏书》卷二，台北：鼎文书局，1985 年，第 62—76 页。

② 〔唐〕房玄龄等撰：《晋书》卷五十九，台北：鼎文书局，1983 年，第 1601 页。

③ 〔晋〕陶渊明撰、逯钦立校注：《陶渊明集》卷一，台北：里仁书局，1980 年，第 14 页。

④ 〔宋〕郭茂倩：《乐府诗集》卷五十六，第 806—807 页。

⑤ 〔汉〕何休注、〔唐〕徐彦疏：《春秋公羊传》卷二十八，《十三经注疏》本，台北：艺文印书馆，1982 年，第 355—357 页。

⑥ 〔宋〕郭茂倩：《乐府诗集》卷八十三，第 1168 页。

⑦ 〔汉〕司马迁：《史记》卷六十一，第 2122—2123 页。

郭茂倩《乐府诗集》采以为《采薇操》，歌辞由楚辞体改易为四言体，云：

登彼高山，言采其薇。以乱易暴，不知其非。神农虞夏，忽焉没兮，我适安归。①

面对以乱易暴的君臣武力攻夺，感叹羲、农、虞、夏的敦朴禅让之道不再，个人也失去了生存空间。其二是四皓《采芝操》，歌云：

皓天嗟嗟，深谷逶迤。树木莫莫，高山崔嵬。岩居穴处，以为幄茵。晔晔紫芝，可以疗饥。唐虞往矣，吾当安归。②

四皓为秦、汉之际的逸民，对政权的不认同，选择以高山深谷、岩居采芝的古朴生存模式，表达对已然失落的唐虞年代的追忆。三首乐府的“歌者”或采录者，同样处于易代之际，都有对政权争夺的深忧与“安归”的叹息，也就更显得尧、舜、禹禅让的难能而可贵。这也意味着：天行健而无言不与的淳朴年代已成过去；人事日繁的纷扰争斗将永无休止，如何安顿自我生命？已成不可回避的严肃命题。

（二）君、臣之间的尧舜演义

尧、舜、禹的禅让，彼此都经历君、臣的身份转换与试练，司马迁《史记·五帝本纪》记载尧命羲和、和仲、和叔，“信饬百官，众功皆兴”，尧未能举的八恺、八元，舜举之“以揆百事，莫不时序”“使布五教于四方，父义，母慈，兄友，弟恭，子孝，内平外成”，至于“禹、皋陶、契、后稷、伯夷、夔、龙、倕、益、彭祖自尧时而皆举用，未有分职”，凡二十有二人，舜乃谋于岳牧，各予职司，咸成厥功，而“四海之内咸戴帝舜之功”“天下明德皆自虞帝始”③，尧的未能举与举而未分职，至舜乃能大展长才，说明人才的养成与任用，有赖长时间的历练、观察，尤以君王的知人善任，成为君臣相成、内平外成、天下明德的最高典范。后代有志之士自伤怀才不遇，乃有生不逢时之叹，首见《乐府诗集·杂歌谣辞》收录齐宁戚《商歌二首》，题解引《淮南子》，描写宁越（戚）欲干齐桓公，因穷无以自达，为商旅，饭牛车下，击牛角而疾《商歌》，云：

① 〔宋〕郭茂倩：《乐府诗集》卷五十七，第833页。

② 〔宋〕郭茂倩：《乐府诗集》卷五十八，第850—851页。

③ 〔汉〕司马迁：《史记》卷一，第16—17页；第35—43页。

南山矸，白石烂。生不遭尧与舜禅，短布单衣适至骭。从昏饭牛薄夜半，长夜漫漫何时旦。

沧浪之水白石粲，中有鲤鱼长尺半。弊布单衣裁至骭，清朝饭牛至夜半。黄犊上阪且休息，吾将舍汝相齐国。①

相较于尧、舜为天下举才的积极性，志士僻处山野，为求自达而依附商旅，有志劳心而从事劳力工作，在漫长等待中有消磨壮志的焦虑，以《商歌》唱出“生不遭尧与舜禅”，期待一个知人善任的圣君出现。

汉魏之际的政局动荡，君臣陷入紧张关系，尧、舜成为一再浮现的指标。《相和歌辞》收录魏武帝曹操（155—220）《度关山》，录自沈约《宋书·乐志三》，题解引《乐府解题》云：“魏乐奏武帝辞，言人君当自勤苦，省方黜陟，省刑薄赋也。”即是从君民的角度出发，云：

天地间，人为贵。立君牧民，为之轨则。车辙马迹，经纬四极。黜陟幽明，黎庶繁息。于铄贤圣，总统邦域。封建五爵，井田刑狱，有燔丹书，无普赦赎。皋陶甫侯，何有失职。嗟哉后世，改制易律。劳民为君，役赋其力。舜漆食器，畔者十国，不及唐尧，采椽不斫。世叹伯夷，欲以厉俗。侈恶之大，俭为共德。许由推让，岂有讼曲。兼爱尚同，疏者为戚。②

以古今对比的方式，楬櫫“人为贵”的大前提，追忆原始“立君牧民”的意涵，明确指出圣君总统邦域，建构经纬天下的宏图与秩序，其目的在于使所有百姓都能获得生存所需、繁衍滋长。由此批判后世君王的“劳民为君，役赋其力”，造成制度的崩毁，取《左传·庄公二十四年》传经的“刻桓宫桷”，鲁大夫御孙谏言：“俭，德之共也；侈，恶之大也。”③其关键乃在人君的“俭德”，因而对尧、舜有“舜漆食器，畔者十国，不及唐尧，采椽不斫”的不同记忆，出自《韩非子·十过》秦穆公问由余“古之明主得国失国”之故，由余答以“以俭得之，以奢失之”，并举尧、舜故事为例，云：

臣闻昔者尧有天下，饭于土簋，饮于土铏，其地南至交趾，北至

① 〔宋〕郭茂倩：《乐府诗集》卷八十三，第1167—1168页。

② 〔宋〕郭茂倩：《乐府诗集》卷二十七，第391页。

③ 〔晋〕杜预注、〔唐〕孔颖达疏：《春秋左氏传》卷十，《十三经注疏》本，台北：艺文印书馆，1982年，第172页。

幽都，东西至日月之所出入者，莫不宾服。尧禅天下，虞舜受之，作为食器，斩山木而财之，削锯修之迹，流漆墨其上，输之于宫以为食器，诸侯以为益侈，国之不服者十三。①

不同于儒家经传中尧、舜的形象，呈现由自然无为转向人事日繁的两种圣君典范，韩非子乃以俭、奢为判别基准，区分出尧以素朴尚俭而天下宾服，舜为食器加工为“益侈”而导致十三国不服。此外，司马迁《史记·太史公自序》也指出：

墨者亦尚尧舜道，言其德行曰：“堂高三尺，土阶三等，茅茨不翦，采椽不刮。食土簋，啜土刑，粝粱之食，藜霍之羹。夏日葛衣，冬日鹿裘。”……要曰彊本节用，则人给家足之道也。此墨子之所长，虽百长弗能废也。②

墨、法两家的尧、舜之道，都强调行俭节用，由此区别尧甚俭而舜益奢的分歧与高下。在后世“劳民为君，役赋其力”的错误政策，导致赋重民困乃至汉末战乱的年代，曹操更在有关舜诸多知人善举的记载中，独取司马迁《史记·伯夷列传》，既凸显伯夷的让国之风与“不食周粟”，又采纳“尧让天下于许由，许由不受”的传说③，结尾更以墨家的“兼爱尚同，疏者为戚”，以墨子的节用、兼爱、尚同，期许对天下人都能一视同仁，自有其深衷，亦可见尧、舜记忆乃随时代而变迁。

至于曹丕、曹植兄弟的紧张关系，关涉到亲情与君臣，对虞舜故事自有不同视角。曹氏兄弟同有《秋胡行》之作，但都与鲁人秋胡妻本事、后人哀而赋《秋胡行》无关。曹植作“但歌魏德”，《乐府诗集》未收，于《相和歌辞》收录魏文帝曹丕《秋胡行三首》，其一云：

尧任舜禹，当复何为。百兽率舞，凤皇来仪。得人则安，失人则危。唯贤知贤，人不易知。歌以咏言，诚不易移。鸣条之役，万举必全。明德通灵，降福自天。④

---

① 〔先秦〕韩非撰、陈奇猷校注：《韩非子集释》卷三，台北：河洛图书出版社，1974 年，第 186—187 页。

② 〔汉〕司马迁：《史记》卷一百三十，第 3290—3291 页。

③ 〔汉〕司马迁：《史记》卷六十一，第 2121—2123 页。

④ 〔宋〕郭茂倩：《乐府诗集》卷三十六，第 528 页。

依前引晋陈寿《三国志·魏书·文帝纪》记载汉献帝建安二十五年(220)禅位诏引尧、舜、禹禅位的“天命不于常，惟归有德”[①]，此歌辞当是曹丕受禅称帝后的咏歌，并以“得人”“知贤”表达对尧、舜、禹禅让“当复何为”的认知。比较特殊的是，在“歌以咏言，诚不易移”的习见结束语之后，曹丕又另起一意，举商汤讨伐夏桀的鸣条之战，强调成功在于万全的准备，依《易·革卦·彖辞》所云：“天地革而四时成，汤武革命，顺乎天而应乎人。革之时大矣哉。”[②] 使“革命”也具有顺天应人的时义，成为“禅让”以外的另一种朝代更迭模式，与《三国志·魏书·文帝纪》注引《魏氏春秋》所称“帝升坛礼毕，顾谓群臣曰：‘尧、舜之事，吾知之矣’”[③] 恰可相呼应。也可见曹丕对尧、舜禅让的君权传承，因个人取得政权的证验而有创新性诠释。

相形之下，曹植依个人遭遇与处境而拣择的尧舜故事，明显不同于曹丕。《乐府诗集·舞曲歌辞》收录魏陈思王曹植《鼙舞歌》，有序云：“汉灵帝西园鼓吹，有李坚者，能《鞞舞》。遭乱，西随段颎。先帝闻其旧有技，召之。坚既中废，兼古曲多谬误，故改作新歌五篇。”[④] 其一《圣皇篇》写诸王就国的任重道远，有“迫有官典宪，不得顾恩私”“主上增顾念，皇母怀苦辛”的无奈，结尾乃云：“祖道魏东门，泪下沾冠缨。扳盖因内顾，俯仰慕同生。行行将日暮，何时还阙庭。车轮为徘徊，四马踌躇鸣。路人尚酸鼻，何况骨肉情”。[⑤]着眼于同根生的骨肉亲情，由兄弟转变为君臣的疏离与紧张关系。其二《灵芝篇》更直接举虞舜为例，云：

灵芝生玉地，朱草被洛滨。荣华相晃耀，光采晔若神。古时有虞舜，父母顽且嚚。尽孝于田垄，烝烝不违仁。[⑥]

以芝草的荣华相辉映发端，首揭舜着力修复与父母的脐带关系，许为孔子所称“不违仁”的最佳例证。再依序举伯瑜、丁兰、董永等孝亲故事，自伤生晚父早逝，惟咏《诗经·邶风·凯风》以自伤。“乱”辞重申的“孝悌处中

① 〔晋〕陈寿：《三国志》卷二，第62页。
② 〔唐〕孔颖达疏：《周易正义》卷五，第111页。
③ 〔晋〕陈寿：《三国志》卷二，第76页。
④⑤⑥ 〔宋〕郭茂倩：《乐府诗集》卷五十三，第771—772页，第772—773页，第773—774页。

田"，强调圣君德教建立在家庭的和睦安养。曹植又有《豫章行二首》：

穷达难豫图，祸福信亦然。虞舜不逢尧，耕耘处中田。太公未遭文，渔钓终渭川。不见鲁孔丘，穷困际蔡间。周公下白屋，天下称其贤。

鸳鸯自用亲，不若比翼连。他人虽同盟，骨肉天性然。周公穆康叔，管蔡则流言。子臧让千乘，季札慕其贤。①

第一首从君臣遇合谈穷达，由"虞舜不逢尧，耕耘处中田"谈起，以姜太公、孔子作为遇与不遇的例证，结尾赞美周公的礼贤下士。第二首强调"骨肉天性然"，依《尚书・周书・康诰》，周公辅佐周成王平定管叔、蔡叔的阋墙之乱，封康叔而作的诰辞，除了"克明德慎罚"的施政理念，其中有一段特别就"孝友"而言，云：

元恶大憝，矧惟不孝不友。子弗祗服厥父事，大伤厥考心；于父不能字厥子，乃疾厥子。于弟弗念天显，乃弗克恭厥兄；兄亦不念鞠子哀，大不友于弟。②

以父慈子孝兄友弟恭为人伦之常，把不孝不友视为人的最大罪恶，指摘人子不能敬事父母、父母疾恶其子、弟不能恭事其兄、兄不能顾护幼弟，凡此不孝不慈不恭不友者，皆"无赦"。曹植在《豫章行》中借虞舜所阐释的君臣遇合或骨肉天性，都有兄弟争立的纠结与憾恨，结尾举曹子臧与吴季札让国事，季札以子臧为"能守节"③，有自明心迹意。

就有志之士而言，尧、舜禅让的君、臣身份转换，知人善任是新政权得以成功的关键，君臣遇合乃成为不遇士子的共同期待。三曹的尧舜书写大相径庭，曹操从君民的角度出发，取墨、韩尚俭兼爱之说而扬尧抑舜。曹丕假禅让之名夺取汉政权，因而使尧舜禅让与汤武革命并置，同样是顺天应人而成为政权转移的两种典范。曹植则着力阐发舜的孝友之情，尤以兼具君臣与兄弟关系的政治家族，君臣遇合与骨肉天性的人伦纠结尤难为怀。诚如曹丕《论文》

① 〔宋〕郭茂倩：《乐府诗集》卷三十四《相和歌辞九. 清调曲二》，第502页。

② 〔唐〕孔颖达疏：《尚书正义》卷十四，第204页。

③ 〔汉〕司马迁：《史记》卷三十一，第1450页。

所谓："虽在父兄，不能以移子弟"[①]，作者独特遭遇所形塑的鲜明创作个性，于探索歌诗事义时自有清楚浮现。

（三）德配尧舜：改辞不改乐舞的大政统史观

由帝王主导而具有礼仪性质的乐府诗，尤其是郊庙朝飨歌辞，郭茂倩《舞曲歌辞·雅舞》的题解指出奏乐的顺序与得天下的方式相应："以揖让得天下，则先奏文舞；以征伐得天下，则先奏武舞"，文舞指黄帝《云门》、尧《大咸》、舜《大韶》、禹《大夏》，武舞指殷《大濩》、周《大武》，合计六代，文四武二，周代犹存，惟"至秦唯余《韶》《武》"，乃至"然自《云门》而下，皆有其名而亡其容，独《大武》之制，存而可考"[②]，独存的周朝武舞，成为盛世代表，而尧、舜乃如吉光片羽，成为后世君王圣德受命的想象。如《乐府诗集》所录东汉东平王刘苍（？—83）《后汉武德舞歌诗》的"章明图谶，放唐之文"[③]，典出《尚书璇玑钤》的"述尧理世，平制礼乐，放唐之文"，与《帝命验》的"顺尧考德，题期立象"[④]，依图谶之言，亦如题解引《古今乐录》所称："自周以来，唯改其辞，示不相袭，未有变其舞者也。"无论禅让或革命，都使朝代更迭取得了正当性，一方面以不变的乐舞来维系大政统的延续性，另一方面创作歌辞以颂美新朝代的开创性，歌诗与乐舞的结合，展演出政统相袭而朝代更迭的独特史观，这在世界历史上可谓独一无二。

魏晋南北朝是朝代更迭最频繁的时段，尧舜自然成了开国君王想象"圣德受命"的符码。唐房玄龄（579—648）《晋书·乐志·四时祠祀》记载：

> 及魏受命，改其十二曲，使缪袭为词，述以功德代汉。……改《有所思》为《应帝期》，言文帝以圣德受命，应运期也。[⑤]

魏缪袭（186—245）以改名作辞表述曹丕圣德受命以代汉，《乐府诗集·鼓吹曲辞三·魏鼓吹曲》收录缪袭《应帝期》，即以"仁圣相因循""尧授舜万国，万国皆附亲"[⑥]，把曹魏纳入大政统的体系。及晋代魏立，再度上演改

---

① 〔魏〕曹丕撰、傅亚庶注：《三曹诗文全集译注·曹丕集》，长春：吉林文史出版社，1997年，第524—525页。

②③ 〔宋〕郭茂倩：《乐府诗集》卷五十二，第753—754页。

④ 〔南朝宋〕范晔：《后汉书》卷三十五，台北：鼎文书局，1981年，第1202页。

⑤ 〔唐〕房玄龄等：《晋书》卷二十三，第701页。

⑥ 〔宋〕郭茂倩：《乐府诗集》卷十八，第268页。

名作辞的戏码，房玄龄《晋书·乐志·四时祠祀》记载：

> 及武帝受禅，乃令傅玄制为二十二篇，亦述以功德代魏。改《朱鹭》为《灵之祥》，言宣帝之佐魏，犹虞舜之事尧，既有石瑞之征，又能用武以诛孟达之逆命也。……改《务成》为《唐尧》，言圣皇陟帝位，德化光四表也。《玄云》依旧名，言圣皇用人，各尽其材也。改《黄爵行》为《伯益》，言赤乌衔书，有周以兴，今圣皇受命，神雀来也。《钓竿》依旧名，言圣皇德配尧舜，又有吕望之佐，济大功，致太平也。①

晋傅玄（217—278）改制的幅度更大，有既改名又改辞，有不改名而改辞，旨在阐明晋代魏立乃如虞舜事尧，瑞应、革命、用人兼备，“德配尧舜”而成大功。《鼓吹曲辞四·晋鼓吹曲》收录傅玄诸作，《灵之祥》先以“继大舜，佐陶唐”说明司马懿（179—251）佐魏所奠立的功绩；再以《唐尧》颂扬晋武帝司马炎（236—290）的陟帝位，有云“唐尧谘务成，谦谦德所兴。积渐终光大，履霜致坚冰。神明道自然，河海犹可凝。舜、禹统百揆，元凯以次升。禅让应天历，睿圣世相承”。也把司马炎纳入与尧、舜、禹相承的大政统体系。至于不改名的《玄云》，乃以“昔在唐虞朝，时见青云际”，以玄云的一再出现，兆示唐虞、成汤、周文的一脉相续。又以《伯益》的“伯益佐舜禹，职掌山与川。德侔十六相，思心入无间”，说明圣皇受命乃获得贤臣拥戴与辅佐。不改名的《钓竿》更有“德配尧舜”的想象，略云：“蚩尤乱生民，黄帝用兵征万方。逮夏禹而德衰，三代不及虞与唐。我皇圣德配尧舜，受禅即祚享天祥。”② 自明帝位的取得，既非如黄帝的凭仗武力征伐，也超越夏、商、周三代的传子不传贤，以禅让而致太平，从而陶醉在“圣德配尧舜”的自得氛围中。晋室南渡后，《郊庙歌辞八·晋江左宗庙歌十三首》收录曹毗（生卒年不详）《歌高祖宣皇帝》，仍以“肇基天命，道均唐虞”③，颂扬司马懿佐魏功绩，直把魏、晋易代比附为尧、舜禅让。

晋、宋易代，六传至前废帝刘子业（449—466），引发骨肉相残，明帝刘

① 〔唐〕房玄龄等：《晋书》卷二十三，第702—703页。

② 〔宋〕郭茂倩：《乐府诗集》卷十九，分见：第275—276页、第282页、第282—283页、第283页、第284页。

③ 〔宋〕郭茂倩：《乐府诗集》卷八，第114页。

彧（439—472）夺位后改元泰始，《舞曲歌辞五·杂舞四》收录《宋泰始歌舞曲辞》十二曲，其一为明帝《皇业颂》，云：

皇业沿德建，帝运资勋融。胤唐重盛轨，胄楚载休风。尧帝兆深祥，元王衍遐庆。积善传上业，祚福启英圣。衰数随金禄，登历昌水命。维宋垂光烈，世美流舞咏。①

把刘宋纳入唐尧这个大政统，建立了由唐尧到汉楚元王刘交（？—前178），再到宋开国君王刘裕（363—422），形构出极独特的帝王谱系，借由“舞咏”把刘宋两度夺位美化为顺天的“世美”。接下来的宋、齐易代，《舞曲歌辞三·杂舞二》收录《齐鞞舞曲·圣主曲辞》，也还是“圣主受天命，应期则虞唐”“揖让归圣明”②，尧舜禅让成了政权转移的代名词。至于齐、梁易代，《清商曲辞八》收录《梁雅歌·积善篇》，有云“抱狱归舜”③，取《史记·五帝本纪》的尧崩之后“狱讼者不之丹朱而之舜”④，旨在补强夺位的“应人”，以见取得政权的正当性。而沈约《梁鞞舞歌》的“舜琴中已绝，尧衣今复垂”⑤，《舞曲歌辞一》收录沈约《梁大壮大观舞歌二首·大观舞歌》的“咸英韶夏，于兹比盛”⑥，使梁继魏、晋、宋、齐之后，成为尧舜这个大政统的一分子。

《舞曲歌辞五·杂舞四》收录梁武帝萧衍（464—549）敕沈约造《四时白纻歌》五章，每章后两句“佩服瑶草驻容色，舜日尧年欢无极”⑦，都是武帝所加，借着反复歌咏尧年舜日以成盛世。《杂曲歌辞十四》收录沈约《乐未央》，更以“亿舜日，万尧年”⑧，使尧舜时代的美好时光无限延长。

相形之下，北朝的北魏、东魏、西魏由鲜卑族建立，自乏尧舜记忆。至北齐文宣帝高洋（526—559）为胡化汉人，《燕射歌辞二》收录《北齐元会大飨歌·皇夏》有云“尧昔命舜，舜亦命禹”⑨，把北朝政权也纳入尧舜大政统。

①⑦ 〔宋〕郭茂倩：《乐府诗集》卷五十六，第810页、第806页。
②⑤ 〔宋〕郭茂倩：《乐府诗集》卷五十四，第782页、第783页。
③ 〔宋〕郭茂倩：《乐府诗集》卷五十一，第750页。
④ 〔汉〕司马迁：《史记》卷一，第30页。
⑥ 〔宋〕郭茂倩：《乐府诗集》卷五十二，第762页。
⑧ 〔宋〕郭茂倩：《乐府诗集》卷七十四，第1052—1053页。
⑨ 〔宋〕郭茂倩：《乐府诗集》卷十四，第207页。

北周《燕射歌辞三》收录由南入北的庾信（513—581）《周五声调曲·宫调曲五首》，有云："我皇承下武，革命在君临。膺图当舜玉，嗣德受尧琴"[①]，尝试结合武力争夺的革命与尧舜的顺天应人，惟尧舜记忆毕竟较为简略。

此外，借《击壤》《咸池》《韶》《南风》以表达对圣君盛世的崇敬与向往，见诸史传者，如《三国志·魏书》记载曹丕以"目未睹击壤之戏"为施政的遗憾[②]，《晋书·皇甫谧列传》记载皇甫谧（215—282）以"犹识唐人击壤之乐"[③] 表达拒绝征召的心声。见诸乐舞者，如《燕射歌辞二》收录王韶之（380—435）《宋四厢乐歌·食举歌》有"迈《武》《濩》，均《咸池》。歌《南风》，德永称"[④]，《相和歌辞一》收录沈约《角引》有"萌生触发岁在春，《咸池》始奏德尚仁"，收录萧子云（487—549）《角引》有"《韶》继《夏》尽备《咸池》"[⑤] 等，在歌乐中捡拾尧舜的吉光片羽，仿佛复制了已然失落的美好时光。

（四）何羡唐虞：超越尧舜的政治想象

魏、晋、宋、齐、梁、陈的朝代频繁更迭，虽然以"德配尧舜"的乐歌展示受命易代的正当性，却也无法忽略《韩非子·忠孝》所提出的反思，诸如对"今舜以贤取君之国，而汤、武以义放弑其君，此皆以贤而危主者也，而天下贤之"的另一种声音，云：

> 尧为人君而君其臣，舜为人臣有臣其君，汤、武为人臣而弑其主、刑其尸，而天下誉之，此天下所以至今不治者也。夫所谓明君者，能畜其臣者也；所谓贤臣者，能明法辟、治官职以戴其君者也。今尧自以为明而不能以畜舜，舜自以为贤而不能以戴尧，汤、武自以为义而弑其君长，此明君且常与，而贤臣且常取也。[⑥]

君臣之道，各有职司，既称贤臣而不能明法辟、治官职以归美于君，反而假贤、义之名而危主取大位，一旦沿袭成风而为"常取"，天下自然难有太平

---

① 〔宋〕郭茂倩：《乐府诗集》卷十五，第 211 页。
② 〔晋〕陈寿：《三国志》卷二，第 69 页。
③ 〔唐〕房玄龄：《晋书》卷五十一，第 1415 页。
④ 〔宋〕郭茂倩：《乐府诗集》卷十四，第 196 页。
⑤ 〔宋〕郭茂倩：《乐府诗集》卷二十六，第 381 页。
⑥ 陈奇猷校注：《韩非子集释》卷二十，第 1107 页。

岁月。因此，以前朝的不完美，使取而代之的夺权具有合理性，由此萌生超越唐虞的政治想象，形成另一道异样的政治图像。

傅玄在《晋鼓吹曲》中既有“德配尧舜”的想象，在《舞曲歌辞二·杂舞一》题解指用于宴飨、朝会的杂舞“虽非正乐，亦皆前代旧声”①，收录的傅玄《晋宣文舞歌·羽籥舞歌》，历数羲皇开元、神农教耕、黄帝征伐，而“轩辕既勤止，尧舜匪荒宁。夏禹治水，汤、武又用兵。孰能保安逸，坐致太平”。②以周前开国圣君各有其阶段性任务，为晋室代魏而起提供了大政统的背景。更在《羽铎舞歌》中标举“人伦得其序，众生乐圣君”，有云：

> 皇王殊运代，治乱亦缤纷。伊大晋，德兼往古，越牺、农，邈舜、禹，参天地，陵三五。礼唐、周，乐《韶》《武》，岂惟《箫韶》，六代具举。③

以治乱缤纷概括世运变换，从礼乐上全面承接黄帝、尧、舜、禹、汤、周六代古乐，从个体到全体，反复颂赞晋室超越三皇五帝，使晋具有“德兼往古”的地位，完全抹去被替代者“魏”的存在。傅玄又作《晋鼙舞歌五首》，以新曲代魏曲，如《古今乐录》所云：《洪业篇》当魏曲《明明魏皇帝》，《天命篇》当魏曲《大和有圣帝》，《景皇篇》当魏曲《魏历长》，《大晋篇》当魏曲《天生烝民》，《明君篇》当魏曲《为君既不易》④，以改名、改辞宣示晋的代立。《乐府诗集》收录傅玄《晋鼙舞歌五首》，对尧舜既推尊又可超越的双重姿态，如《洪业篇》颂扬晋宣帝司马懿奠基、武帝司马炎年号泰始（265—274）的建国大业，乃以尧舜禅让形容，阐明“唐尧禅帝位，虞舜惟恭己。恭己正南面，道化与时移”的政权和平转移，一则以黄帝子驩兜、少皞子共工、颛顼子鲧“三凶类”的不足传，再则以唐虞的稷契、商代的伊尹、周代的吕尚为佐命王臣作对照，凸显“五帝继三皇，三王世所归”政权转移，具有“天地不能违”的正当性⑤。

如果说曹丕受禅代汉而立，犹以“舜禹之事”展现自知之明，傅玄显然更着力于从“尧舜之道”确立晋代魏立的合理性。其《天命篇》明指司马懿

①②③④⑤ 〔宋〕郭茂倩：《乐府诗集》卷五十三，第766—767页、第770—771页、第771页、第776页、第776—777页。

辅佐魏皇乃“道隆舜臣尧，积德逾太王”①，以舜事尧自居而道胜之。又于《大晋篇》开章高唱“赫赫大晋，于穆文皇。荡荡巍巍，道迈陶唐。世称三皇五帝，及今重其光”，使晋代魏具有禅让本质上的意义。更进一步以“唐虞至治，四凶滔天。致讨俭、钦，罔不肃虔”②，取《尚书·虞书·舜典》的“流共工于幽洲，放驩兜于崇山，窜三苗于三危，殛鲧于羽山，四罪而天下咸服”。③ 一方面以唐尧的不完美作为舜立的必然性，另一方面也用来比附司马家讨平毋丘俭、文钦的反晋势力，完成晋代魏而立的合理性论述。

由此以下，“超越尧舜”成为代立者交相沿袭的想象，如《舞曲歌辞五·杂舞四》收录无名氏《宋凤皇衔书伎辞》的“嘉乐之美通玄虚，惟新济济迈唐虞”，收录南朝齐王融（466—497）《齐明王歌辞七首·圣君曲》的“大哉君为后，何羡唐虞时”④，都可见对刻意削减对唐虞的向往之情。乃至以停奏古圣君的乐章，作为宣示自我优越性的符码，如《舞曲歌辞三·杂舞二》收录周舍《梁铎舞曲》，以“《云门》且莫奏，《咸池》且莫歌”表达“功成圣有作，黄唐何足多”⑤，以莫奏莫歌黄帝、唐虞乐章，宣示新圣君的出现。其余如《鼓吹曲辞五》收录齐谢朓（464—499）《钧天曲》的“讵惭《南风》弹”⑥，《杂曲歌辞十五》收录谢朓《永明乐十首》的“永明一为乐，《咸池》无复灵”⑦，《舞曲歌辞五·杂舞四》收录王融《齐明王歌辞七首·明王曲》的“幸息《云门》吹，复歇《咸池》歌”⑧等，都可见超越唐虞几成风尚。

晋代魏而立，傅玄奉命作乐，在德配尧舜与超越虞唐的乐歌中，建构以六代开国圣君为核心的大政统论述，抹去了被替代者魏的存在。无独有偶，晋宋之交的陶渊明，建构以回归上古纯朴自然生活为指标的桃花源，在《桃花源记并诗》中既言“避秦”，又言“不知有汉，无论魏晋”，抹去秦、汉、魏、晋的政统记忆，以“秋熟靡王税”跳脱政治拘限，以“不足为外人道”形容化

①② 〔宋〕郭茂倩：《乐府诗集》卷五十三，第 777 页、第 778—779 页。。

③ 〔唐〕孔颖达疏：《尚书正义》卷三，第 42 页。

④⑧ 〔宋〕郭茂倩：《乐府诗集》卷五十六，第 820、第 813 页。

⑤ 〔宋〕郭茂倩：《乐府诗集》卷五十四，第 786 页。

⑥ 〔宋〕郭茂倩：《乐府诗集》卷二十，第 294 页。

⑦ 〔宋〕郭茂倩：《乐府诗集》卷七十五，第 1062—1063 页。

外自有美好空间[1]，表述一个令人缅怀却已然失落的年代。由此来看魏晋南北朝的频繁更迭，史书常见“弑逆”与“禅位”二个词汇，而晋、宋、齐、梁乐府反复唱颂着“道迈陶唐”“何羡唐虞”“讵惭《南风》弹”“《咸池》无复灵”，毕竟不切实际而显得虚幻缥缈。

四、君臣交响：唐代乐府的尧舜记忆与补经之作

隋（581—618）结束南北朝的分裂，唐魏徵（580—643）《隋书·高祖本纪》也还是记载周德将衰而“禅位于隋，一依唐、虞、汉、魏故事”[2]，隋文帝杨坚（541—604）三让而后受禅。唐（618—907）代隋立，同样见于《隋书》，魏徵评隋恭帝杨侑（605—619）云：

> 史臣曰：恭帝年在幼冲，遭家多难，一人失德，四海土崩。群盗蜂起，豺狼塞路，南巢遂往，流彘不归。既钟百六之期，躬践数终之运，讴歌有属，笙钟变响，虽欲不遵尧舜之迹，其庸可得乎！[3]

三十余年间，隋、唐的先后代立，依然是依循尧舜故事、尧舜之迹的模式进行。随着唐政权的稳定，“尧舜之迹”如何落实为“尧舜之道”，成为维系政权的关键。唐太宗李世民（598—649）推尊儒学，贞观四年（630）开始大规模经籍整理工作，优遇儒学者，完成《五经正义》并作为国学教材，科举考试虽有明经与进士之分，而帖经属必考科目，习经成了士人的核心素养。吴兢（670—749）《贞观政要》载录太宗执政初期，即以尧舜为典范，云：

> 朕今所好者，惟在尧舜之道、周孔之教，以为如鸟有翼，如鱼依水，失之必死，不可暂无耳。[4]

视尧舜之道、周孔之教为治国必备要件。唐萧颖士（717—768）《为陈正卿进续尚书表》以《尚书》惟唐尧、虞舜称“典”，“夏商已后，德弗及舜”，故“不为帝典”，直言“又何东晋、后魏、梁、陈、周、齐之足道哉”，引《贞观实录》云：

> 昔太宗因听政之暇，观览《尚书》，谓侍臣曰：“朕每庶几唐、

① 逯钦立校注：《陶渊明集》，第 165—168 页。
② 〔唐〕魏徵：《隋书》卷一，台北：鼎文书局，1983 年，第 12 页。
③ 〔唐〕魏徵：《隋书》卷五，第 102 页。
④ 〔唐〕吴兢：《贞观政要》卷六，台北：宏业书局，1990 年，第 301 页。

虞，亦欲公等齐肩稷、契。”①

太宗以尧、舜自许，期许群臣为稷契。杜甫（712—770）《自京赴奉先县咏怀五百字》的“窃比稷与契”②，可见其影响。太宗贞观二十二年（648）撰《帝范》，详述治国之道，已有自建君主典范之意，吴兢《上贞观政要表》直以太宗为旷古绝伦，云：

> 窃惟太宗文武皇帝之政化，自旷古而来，未有如此之盛者也。虽唐尧、虞舜、夏禹、殷汤，周之文、武，汉之文、景，皆所不逮也。③

又见超越尧舜的论述。萧颖士上《今文续尚书》一部，即以汉二典、唐二典“续夫前书尧舜之典”④，乃属续经之作。韩愈（768—824）《答崔立之书》也以著述自许：

> 犹将耕于宽闲之野，钓于寂寞之滨，求国家之遗事，考贤人哲士之终始，作唐之一经，垂之于无穷，诛奸谀于既死，发潜德之幽光。⑤

唐太宗由倡导尧舜之道而自撰《帝范》，影响所及，唐人续经、作经、补经之作，如白居易《补逸书》乃补《尚书·汤征篇》之作⑥，陈寅恪《元白诗笺证稿》更以白居易《新乐府》五十首“无异古经”，直指为“一部唐代《诗经》”⑦。此外，唐孔颖达等奉敕注疏《诗经正义》，强调诗乐同功，宋郭茂倩《乐府诗集》收录“唐世新歌”的《新乐府辞》，着重在具时事性且可被声乐的新题创作⑧，释经与新歌，有述有作，唐代所见补经、正乐府之作，自然又是另一道耐人寻味的风景。

---

① 〔清〕董诰等编：《全唐文》卷三百二十二，上海：上海古籍出版社，1990 年，第 1444—1445 页。

② 〔唐〕杜甫撰、〔清〕仇兆鳌注：《杜诗详注》卷四，第 264 页。

③ 〔清〕董浩等编：《全唐文》卷二百九十八，第 1336—1337 页。

④ 〔清〕董诰等编：《全唐文》卷三百二十二，第 1444—1445 页。

⑤ 〔唐〕韩愈撰、马其昶校注：《韩昌黎文集校注》卷三，第 96—98 页。

⑥ 〔唐〕白居易撰、朱金城笺校：《白居易集》卷四十六，上海：上海古籍出版社，1988 年，第 2820—2821 页。

⑦ 陈寅恪：《元白诗笺证稿》，台北：文理出版社，1977 年，第 803 页。

⑧ 廖美玉：《躬耕共感：以农民为主角的唐代新乐府辞》，《乐府学》第十八辑，2018 年第 2 期。

（一）尧云舜日：时康政通的圣君典范

吴兢《贞观政要·论君道第一》首揭太宗自觉到：“为君之道，必须先存百姓”。魏徵的回应先指出：古圣哲之王以“修身”为理国之要，再以唐虞之理在“兼听”，强调明君能兼听纳下，则“下情必得上通”[①]，以尧舜为典范的圣君论述，乃有长足发展。《相和歌辞十三·瑟调曲三》收录由陈入隋再入唐的袁朗《饮马长城窟行》，已有“汤征随北怨，舜咏起南风”的分辨[②]；中唐柳宗元（773—819）《舜禹之事》更明确指出“凡易姓授位，公与私，仁与强，其道不同；而前者忘，后者系，其事同”。[③] 从公私、仁强、忘系辨析舜禹之事与道的根本差异，可见一斑。

唐代政权相对稳定，沈约《四时白纻歌》以“舜日尧年欢无极”作为五章的共同结语，入唐成为郊庙歌辞的套式。《郊庙歌辞五》收录中宗李显（656—710）景龙三年（709）亲祀昊天上帝，《唐祀昊天乐章》武舞《凯安》有云“舜日启祥晖，尧云卷征旆”[④]，以舜日尧云表达既崇高又亲切的圣君意象。因应不同情境而衍生许多“尧○”“舜○”的套式语词，如《郊庙歌辞七》收录玄宗开元元年（713）《唐享龙池乐章》，姚崇（651—721）作《第一章》，有云“此时舜海潜龙跃，此地尧河带马巡”；卢怀慎（？—716）作《第四章》，有云“雁沼回流成舜海，龟书荐祉应尧年”；姜皎（670—722）作《第五章》，有云“尧坛宝匣余烟雾，舜海渔舟尚往还”。大抵因祭龙池而有尧河舜海、尧年舜海、尧坛舜海等大同小异的词语组合，更以“日日芙蓉生夏水，年年杨柳变春湾”的春景[⑤]，点缀出时和政通的景象。《郊庙歌辞十》收录《唐享太庙乐章》，献太宗用的《崇德舞》，犹以“绩踰黜夏，勋高翦商”，阐明太宗的武功意义在汤武革命之上。献高宗李治（628—683）用的《钧天舞》，直言“舜风攸偃，尧曦先就”，以“舜风”“尧曦”宣扬功成日用的政通时康。至于献睿宗李旦（662—716）用的《景云舞》，以“舜惭大孝，尧推

① 〔唐〕吴兢：《贞观政要》卷一，第3—5页。

② 〔宋〕郭茂倩：《乐府诗集》卷三十八，第560页。

③ 〔唐〕柳宗元：《柳河东集》卷二十，台北：河洛图书出版社，1974年，第356—357页。

④ 〔宋〕郭茂倩：《乐府诗集》卷五，第64—65页。

⑤ 〔宋〕郭茂倩：《乐府诗集》卷七，第102—103页。

让王”[1]，呈现睿宗历经武周政权、光复李唐政权的二次登基，最终禅位予玄宗李隆基（685—762），波折的人生经历，集舜孝与尧让故事于一身，恰如歌辞所言。

安史乱后，德宗李适（742—805）贞元五年（789）改二月一日为中和节，凸显四时长养的经济意涵，依宋王溥（922—982）《唐会要》记载：“贞元十四年，德宗以中和节自制中和舞，舞中成八卦，又叙其舞曰：朕以中春之首纪为令节，象中和之容，作中和之舞。”[2]《舞曲歌辞五·杂舞四》收录德宗《德中和乐舞辞》，首揭“芳岁肇佳节，物华当仲春”，着重在“乐成思治人”，以乐舞表达与民同和的情意，有云“顾非《咸池》奏，庶协南风薰”[3]，《咸池》乐有歧义，或以为黄帝乐，或以为尧乐，《庄子》为唐代科举学科，此处取《庄子·天运》假黄帝《咸池》论乐，以乐的三奏三听阐释闻道，如唐成玄英（生卒年不详，贞观五年（631）奉召至京）疏《南华真经注疏》所诠释的“体悟玄理”，超越人的有为而归于“物我俱丧”的天道无为[4]。德宗立中和节的本意，自非《咸池》意，乃如舜歌《南风》的解民愠、阜民财，具有四时长养的经济意涵，其《中和节日宴百僚赐诗》有云：“岁华今载阳，东作方肆勤。惭非熏风唱，曷用慰吾人。”[5] 以仲春的万物滋长，农民的适时勤劳耕作，努力以舜歌《南风》的圣君襟怀，表达与百姓同在的皇情。

（二）尧酒舜歌：新语词的生成与典范移转

同属安史乱后婴儿潮的白居易（772—846）、杨巨源（生卒年不详，贞元五年（789）进士）、元稹，以近代曲与新乐府进行创作，有因有造，如《新乐府辞六·乐府杂题六》收录元稹《人道短》，首揭“古道天道长，人道短。我道天道短，人道长”，大抵是中唐有关天、人关系的论辩；强调“天既职性命，道德人自强”，天道自然，人道自强，由此提出“尧舜有圣德”“尧舜留

① 〔宋〕郭茂倩：《乐府诗集》卷十一，第143—144页。

② 〔宋〕王溥：《唐会要》卷三十三，北京：中华书局，1990年，第618页。

③ 〔宋〕郭茂倩：《乐府诗集》卷五十六，第815—816页。

④ 〔晋〕郭象注、〔唐〕成玄英疏：《南华真经注疏》外篇卷五，第290—294页。

⑤ 〔清〕清圣祖御编、彭定求等编：《全唐诗》卷四，台北：盘庚出版社，1979年，第44页。

得神圣事，百代天子有典章”[①]，尧、舜以圣德成为圣君典范。《新乐府辞七》收录元稹《新题乐府上·法曲》，乃“病时之尤急”而作，以“舜持干羽苗革心，尧用《咸池》凤巢阁”为乐舞典范[②]，取《尚书·大禹谟》帝舜“舞干羽于两阶”而三苗归附，与尧乐《咸池》的广大而无所不施，深病当时胡骑、胡音与胡乐竞纷泊的异象。

对于近代因乐工素质而导致乐的因革，《新乐府辞八》收录白居易“刺乐工之非其人”而作《华原磬》，借华原磬的“古人不听今人听”，泗滨石的“今人不击古人击”，感慨“梨园弟子调律吕，知有新声不知古”，导致“果然胡寇从燕起”[③]，从“乐与时政通”阐释安史之乱的暴发。《新乐府辞七》又收录元稹《新题乐府上·华原磬》，题下引白居易传曰：“天宝中，始废泗滨磬，用华原石代之。磬人曰：‘泗滨磬下，调之不能和，得华原石考之乃和。’由是不改。”即就天宝乐工废泗滨磬而发。元稹作辞比较泗滨磬与华原石的差异：“泗滨浮石裁为磬，古乐疏音少人听”与“华原软石易追琢，高下随人无雅郑”，而“弃旧美新”固然是由于乐胥“不辨邪声嫌雅正”，君王尤负有最终责任：

> 玄宗爱乐爱新乐，梨园弟子承恩横。《霓裳》才彻胡骑来，《云门》未得蒙亲定。我藏古磬藏在心，有时激作《南风》咏。伯夔曾抚野兽驯，仲尼暂叩春雷盛。何时得向笋虡悬，为君一吼君心醒。愿君每听念封疆，不遣豺狼剿人命。[④]

安史乱后，《霓裳羽衣曲》成为渔阳鼙鼓的前奏曲，因而益加缅怀已然失落的《云门》古乐，乃至创作上激发出呼应舜歌《南风》的长养之意，而古磬疏音也成为吼醒君心的载体，都可见乱后对“圣君”的殷切渴望。《近代曲辞四》收录白居易《太平乐二首》，云：

> 岁丰仍节俭，时泰更销兵。圣念长如此，何忧不太平。
>
> 湛露浮尧酒，薰风起舜歌。愿同尧舜意，所乐在人和。[⑤]

对“太平”所描绘的蓝图，乃以“岁丰时泰”与“节俭销兵”为双轴线

---

① 〔宋〕郭茂倩:《乐府诗集》卷九十五，第1330—1331页。

②④ 〔宋〕郭茂倩:《乐府诗集》卷九十六，第1349、1352页、第1350页。

③ 〔宋〕郭茂倩:《乐府诗集》卷九十七，第1364页。

⑤ 〔宋〕郭茂倩:《乐府诗集》卷八十二，第1152页。

绘制而成，由此开展出的“尧舜意”乃在“人和”，与唐前乐府吟咏所侧重的“禅让”自是大异其趣，也不同于唐代郊庙歌辞所宣扬的政通时康，把主轴设定在人民和乐。由此衍生的“尧○”“舜○”新语词，就出现了“尧酒”与“舜歌”，《新乐府辞二·乐府杂题二》收录杨巨源《圣寿无疆词十首》，也以“人醉逢尧酒，莺歌答舜弦”形容太平岁月[①]。“舜歌”“舜弦”指的是舜的琴曲歌辞《南风》，犹是习见，值得注意的是新词“尧酒”，典出《孔丛子》。《隋书·经籍一·论语》著录有“《孔丛》七卷”，注曰：“陈胜博士孔鲋撰”，称“其《孔丛》《家语》，并孔氏所传仲尼之旨”[②]，其书虽伪，仍为唐前著作。今传《孔丛子·儒服》云：

平原君与子高饮，强子高酒，曰：“昔有遗谚，尧、舜千锺，孔子百觚，子路嗑嗑，尚饮十榼。古之圣贤无不能饮也，吾子何辞焉?”子高曰：“以穿所闻，贤圣以道德兼人，未闻以饮食也。”平原君曰：“即如先生所言，则此言何生?”子高曰：“生于嗜酒者，盖其劝厉奖戏之辞，非实然也。”平原君欣然曰：“吾不戏子，无所闻此雅言也。”[③]

战国赵平原君与孔子后人孔穿饮酒，引古谚有“尧、舜千锺”，在经传从道德角度形塑的圣君形象之外，具有民间属性的古谚另外赋予“善饮”的形象，虽属嗜酒者的“劝厉奖戏”之辞，却对至高无上的君权具有一定程度的解构性，更贴近民间欢聚畅饮的无拘无束。又如班固《汉书·食货志》记载王莽（前45—23）时鲁匡有言：

酒者，天之美禄，帝王所以颐养天下，享祀祈福，扶衰养疾。百礼之会，非酒不行。[④]

以酒为天下太平的“颐养”之资，可享祀扶衰。无独有偶，唐尧之世《击壤歌》所映现的百姓戏乐，中唐以“尧酒”映现圣君的宴乐，都属“人和”的政治表现，大抵可见时代变迁对乐歌书写的影响。元脱脱（1314—

① 〔宋〕郭茂倩：《乐府诗集》卷九十一，第1279页。

② 〔唐〕魏徵：《隋书》卷三十二，第937、939页。

③ 〔汉〕孔鲋、〔宋〕宋咸注：《孔丛子》卷四，《四部丛刊初编》本，台北：台湾商务印书馆，1975年，第7—8页。

④ 〔汉〕班固：《汉书》卷二十四下，第1182页。

1356）《宋史·乐志》载录《建隆干德朝会乐章二十八首》，有云："舜韶更奏，尧酒浮觞。皇情载怿，洪算无疆。基隆郏鄏，德茂陶唐。山巍日焕，地久天长。"① 中唐杨巨源、白居易源自戏辞而创造的"尧酒"新语词，已成为宋皇室朝会乐章的用语，宣扬"皇情载怿""德茂陶唐"，表达出与民同其悦豫之情。

（三）补正之作：取经传时义以宣于咏歌

唐乐府的补经之作，最早见于天宝六载（747）玄宗下诏立庙祭祀三皇五帝，元结（719—772）作《补乐歌十首》，《全唐诗》所录《补乐歌十首并序》较为详细，云：

> 自伏羲氏至于殷室，凡十代。乐歌有其名，无其辞，考之传记而义或存焉。呜呼，乐声自太古始，百世之后，尽亡古音。呜呼，乐歌自太古始，百世之后，遂亡古辞。今国家追复纯古，列祠往帝，岁时荐享，则必作乐，而无《云门》《咸池》《韶》《夏》之声，故探其名义以补之，诚不足全化金石，反正宫羽，而或存之，犹乙乙冥冥，有纯古之声，岂几乎司乐君子，道和焉尔。凡十篇十有九章，各引其义以序之，命曰补乐歌。②

元结感慨十代乐歌唯存其名，古音、古辞都已亡逸，响应朝廷祭祀三皇五帝以"追复纯古"的措施，考之传记以探其名义，仿《诗经》而作十组乐歌。其中二组出自魏夏侯玄《辨乐论》所称："昔伏羲氏因时兴利，教民田渔，天下归之，时则有《网罟》之歌；神农继之，教民食谷，时则有《丰年》之咏。"③《网罟》取教民田渔事义，《丰年》取教民食谷事义。其余八组分别出自经籍、传记或纬书，可见元结补乐歌的径路，系考传记而取其"事义"。《新乐府辞七》收录的唐尧乐歌《咸池》二章，其《序》云："陶唐氏之乐歌也，其义盖称尧德至大，无不备全。"盖取唐尧故事而义在颂德，辞云：

---

① 〔元〕脱脱、阿鲁图等撰：《宋史》卷一百三十八，台北：鼎文书局，1983，第3246页。

② 〔清〕彭定求：《全唐诗》卷二百四十，第2693页。〔宋〕郭茂倩：《乐府诗集》卷九十六，第1341—1342页。

③ 〔清〕严可均辑：《全上古三代秦汉三国六朝文·全三国文》卷二十一，北京：中华书局，1991年，第1168页。

元化油油兮，孰知其然，至德汩汩兮，顺之以先。

元化浘浘兮，孰知其然，至道泱泱兮，由之以全。[①]

以造化流行比喻尧德至大，"油油""浘浘""汩汩""泱泱"都指水流盛大浩瀚，非人力所得干预，取《豫卦·彖》所云："天地以顺动，故日月不过，而四时不忒；圣人以顺动，则刑罚清而民服，豫之时义大矣哉。"[②] 圣君法自然而能顺，四时流行而不忒，刑罚清省而民服，天下大治，君民同有豫乐之情，有如击壤、尧酒故事者。又收录虞舜乐歌《大韶》二章，其《序》云："有虞氏之乐歌也，其义盖称舜能绍先圣之德。"盖取舜能绍继尧德，辞云：

森森群象兮，日见生成。欲闻朕初兮，玄封冥冥。

洋洋至化兮，日见深柔。欲闻《大濩》兮，《大渊》油油。[③]

从最初天地未分的混沌状态，到大自然的多样性生态，相生相成而形构出繁盛的景象。尧法自然而使天下大治，皇泽丰沛如大化淳流般"洋洋""油油"，人类学会与自然同在，其繁衍緜延需要更多的深心呵护。十代乐以商汤《大濩》的"濩然得所"作结，回溯少昊《九渊》的"渊然深远"[④]，以见由十代乐的濩然、渊然，一脉相承，共同成就了天下苍生。

《新乐府辞七》收录皮日休（？838—？883）有《补九夏歌九首》[⑤]，取《周礼·春官·宗伯下》以钟鼓奏《九夏》意[⑥]。皮日休《补〈周礼〉九夏系文》云：

《周礼》："钟师掌金奏。凡乐事以钟鼓奏《九夏》。"案郑康成注云："夏者，大也。乐之大者，歌有九也。《九夏》者，皆诗篇名也，颂之类也。此歌之大者，载在乐章，乐崩亦从而亡，是以颂不能具也。"呜呼，吾观之《鲁颂》，其古也亦久矣。《九夏》亡者，吾能颂乎？夫大乐既去，至音不嗣，颂于古不足以补亡，颂于今不足以入用，庸可颂乎？颂之亡者，俾千古之下，郑卫之内，窈窈冥冥，不独

---

①③④⑤ 〔宋〕郭茂倩：《乐府诗集》卷九十六，第1344页、第1345、1343页、第1345—1348页。

② 〔唐〕孔颖达疏：《周易正义》卷二，第48页。

⑥ 〔汉〕郑玄注、贾公彦疏：《周礼注疏》卷二十四，第365页。

有《大卷》之音者乎！①

引《周礼》与郑玄注以见《九夏》为颂诗，秦时乐崩而亡。因观《鲁颂》，依补古之亡而入今之用的原则，创作《补九夏歌九首》，有绍黄帝《大卷》等古乐之意。爱甲弘志《皮日休の“补周礼九夏系文”について》即一一考索《补九夏歌》的文献出处②，可参阅。

是以《新乐府辞十》收录皮日休《正乐府十首》，已由补古之亡转而着重在入今之用，从“时义”的角度阐发经传义理。皮日休《正乐府序》云：

> 乐府者，盖古圣王采天下之诗，欲以知国之利病，民之休戚者也。得之者，命司乐氏入之于埙篪，和之以管龠。诗之美也，闻之足以观乎功。诗之刺也，闻之足以戒乎政。故《周礼》，太师之职掌教六诗，小师之职，掌讽诵诗。由是观之，乐府之道大矣。今之所谓乐府者，惟以魏、晋之侈丽，梁、陈之浮艳，谓之乐府诗，真不然矣。故尝有可悲可惧者，时宣于咏歌，总十篇，故命曰《正乐府诗》。③

从“采诗”视角楬橥“乐府之道大矣”，朝廷由乐府诗的美、刺以观功、利而知病、戒，更与百姓休戚有紧密联结，由此批判魏、晋、梁、陈乐府诗的浮艳、侈丽，明确提出以“可悲可惧”的时事创作乐歌，真切反映民瘼，才能真正发挥乐府之道。以《贪官怨》为例，云：

> 国家省阏吏，赏之皆与位。素来不知书，岂能精吏理。大者或宰邑，小者皆尉史。愚者若混沌，毒者如雄虺。伤哉尧、舜民，肉袒受鞭箠。吾闻古圣王，天下无遗士。朝廷及下邑，治者皆仁义。国家选贤良，定制兼拘忌。所以用此徒，令之充禄仕。何不广取人，何不广历试。下位既贤哉，上位何如矣。胥徒赏以财，俊造悉为吏。天下若不平，吾当甘弃市。④

全诗关键为“伤哉尧、舜民，肉袒受鞭箠”，从尧舜时代以迄当时，百姓

---

① 〔唐〕皮日休撰、萧涤非、郑庆笃整理：《皮子文薮》卷三，上海：上海古籍出版社，1981 年，第 28 页。

② 爱甲弘志：《皮日休の〈补周礼九夏系文〉について》，收录于小南一郎编：《中国古代礼制研究》，京都：京都大学人文科学研究所，1995 年，第 487—513 页。

③ 〔唐〕皮日休：《皮子文薮》卷十，第 107 页。

④ 〔宋〕郭茂倩：《乐府诗集》卷一百，第 1403 页。

的角色始终如一，而处境的截然不同，就在国家用人：古圣王用人的共同原则，不论是朝廷或地方，都在“仁义”二字，选才的对象系向全天下开放，用人的二个条件：一是贤良，二是能够接受体制规范。相对的，当前用人的方式，从朝廷要员到地方官吏，愚者毫无作为，毒者贪赃枉法，以致“伤哉尧舜民，肉袒受鞭箠”，令人深恸，成为百姓版的“唐虞往矣，吾当安归”。皮日休以古今对照的方式，呼吁扩大用人的管道，确保所有官吏都是贤良的，君王自然都是尧舜圣君，百姓皆如尧舜民，可得长养，可击壤而歌。最后更以生命担保：苟如此，天下必定太平。虽非咏歌尧舜圣君，而尧舜实为议论凭据。其余《卒妻悲》《橡媪叹》《农父谣》《路臣恨》《贱贡士》《颂夷臣》《惜义鸟》《诮虚器》《哀陇民》九首，大抵以“可悲可惧”的时事，探“国之利病，民之休戚”，惟如最后一首《哀陇民》结语所云：“吾闻古圣王，珍禽皆舍旃。今此陇民属，每岁啼涟涟”①，为陇民而哀的时事背后，更广阔的背景是一个已然失落的美好年代。

(四) 外二章：唐人《湘妃怨》与小说中的《南风》歌

唐代出现有关尧舜禅让的疑云，源自西晋武帝太康元年（280）发现战国魏王遗冢的竹书，晋杜预（222—285）《春秋经传集解·后序》指出这一批竹书“皆简编科斗文字，发冢者不以为意，往往散乱”，且“始者藏在秘府，余晚得见之，所记大凡七十五卷，多杂碎怪妄，不可训知。《周易》及《纪年》最为分了”②。依杜预所见，《纪年》尚属分了。值得注意的是，竹书中出现了“舜囚尧”的另一种尧舜记忆，屡为唐人所引。唐道宣（596—667）《广弘明集》于《辩惑篇第二》之七针对古史所形塑的“父子君臣立忠立孝，守道履德”，广引经史异说：

> 《汲冢竹书》云：“舜囚尧于平阳，取之帝位。”今见有囚尧城。舜又与有苗战于丹水之浦。③

不同于儒家的禅让说，把尧、舜取帝位归于力取。唐刘知幾（661—721）《史通·疑古》更两引《汲冢琐语》与《汲冢书》，辨析尧舜禅让的可能实

---

① 〔宋〕郭茂倩：《乐府诗集》卷一百，第1405页。

② 〔唐〕孔颖达疏：《春秋左传正义》卷六十，第1063页。

③ 〔唐〕道宣：《广弘明集》卷十一，大正新修大藏经52册，第164页。

情，云：

> 案《汲冢瑣语》云："舜放尧于平阳。"而书云其地有城，以"囚尧"为号。识者凭斯异说，颇以禅授为疑。……斯则尧之授舜，其事难明，谓之让国，徒虚语耳。……《汲冢书》云："舜放尧于平阳，益为启所诛。"……凡此数事，语异正经。其书近出，世人多不之信也。案舜之放尧，无事别说，足验其情，已于篇前言之详矣。……若舜、禹相代，事业皆成，唯益覆车，伏辜夏后，亦犹桓效曹、马，而独致元兴之祸者乎?①

直指尧舜禅让乃"其事难明"的虚语，而舜、禹继位后的事业有成，衡诸汉、魏、晋的相代，乃至东晋晋安帝元兴年间桓玄（369—404）篡位建立桓楚，旋为刘裕（363—422）所灭而建立刘宋，以后事推论难明的尧舜故事，证成竹书所言。此外，唐张守节（生卒年不详）《史记正义》（成于开元二十四年，736）于《五帝本纪》注也两引《竹书》，一则云："昔尧德衰，为舜所囚也。"再则云："舜囚尧，复偃塞丹朱，使不与父相见也。"② 明指尧因德衰而为舜所囚，更禁止丹朱与尧的父子相见，成了经传论述以外的另一种故事。此外，尧以二女妻舜，舜禅禹后南巡而死于苍梧，二妃南寻而死于江湘之间，《楚辞》有《湘君》《湘夫人》，极言思而不见之情，演绎出更为凄美的夫妻之情。

由此来看李白的杂曲歌辞《远别离》，在唐代乐府记忆尧舜的脉络中显得独树一帜，取《竹书》之说而关注君、臣的身份转换与紧张关系，明指"君失臣兮龙为鱼，权归臣兮鼠变虎"，得君位者为龙为虎，失君位者为鱼为鼠，以此凸显"君权"的绝对性。由此慨叹"或云尧幽囚，舜野死，九疑联绵皆相似，重瞳孤坟竟何是"，关注尧、舜的结局，不论是"幽囚"的极度封闭性，或"九疑"的无限荒野属性，都背离了"圣君"的范畴。因此，不同于曹植着重在君臣遇合与骨肉天性的人伦纠结，李白乃把视角摆在夫妻之间的远别离之苦，以"远别离，古有皇英之二女，乃在洞庭之南，潇湘之浦。海水直

---

① 〔唐〕刘知幾撰、〔清〕浦起龙释：《史通通释》，上海：上海古籍出版社，1978年，第384—386页。

② 〔汉〕司马迁：《史记》卷一，第30页。

下万里深，谁人不言此离苦”开端，以二女“恸哭兮远望，见苍梧之深山。苍梧山崩湘水绝，竹上之泪乃可灭”作结[①]，延续《湘君》《湘夫人》的无尽情思，结合汉乐府《上邪》的两性誓词[②]，更与《尚书·虞书·舜典》的“窜三苗”形成对话关系，在天下政权中浮现的女性身影，显得孤孑而坚韧无比。

《乐府诗集·琴曲歌辞》在虞舜《南风歌》之后收录有《湘妃》《湘妃怨》《湘妃列女操》，首录唐刘禹锡（772—842）《湘妃》，云：

帝子不可见，秋风来暮思。婵娟湘江月，千载空蛾眉。[③]

大抵《楚辞》遗意，移舜对父母的怨慕，用以形容二妃对舜的怨慕之情，舜的号泣旻天而终能修复亲情关系，与二妃极目秋风而终究空对江月，二妃所映现的幽隐空间与心灵世界，显然又是另一幅动人心弦的风景。

唐李玫（生卒年不详），曾于文宗李昂（809—840）大和元年（827）寄居洛南龙门天竺寺，大和九年（835）甘露之变宦官专政，屡试不第，唐康骈（约886年前后在世）《剧谈录·元相国谒李贺》指宣宗李忱大中（847—860）之后，“每岁试春官者千余人”，如李玫等人“以文章着美”，而“皆苦心文华，厄于一第”[④]，是以李玫作《纂异记》，对科举考试多有批判。其中《进士张生》写进士张生下第游蒲关，入舜城，夜梦舜帝召见，因念《孟子·万章》的“舜往于田，号泣于旻天”，帝止生念孟子的“怨慕”之词，慨叹“经史差谬，辞意相反”，直言孟子“怨慕”说非其所行，自道“朕泣者，怨己之命，不合于父母，而诉于旻天也”。更抚琴以歌《南风》，又“鼓琴为《南风弄》，音韵清畅，爽朗心骨”，其《南风》歌云：

南风薰薰兮草芊芊，妙有之音兮归清弦。荡荡之教兮由自然，熙熙之化兮吾道全。薰薰兮思何传。[⑤]

一样的和煦南风，不同于传记所载舜歌《南风》着重在解民愠、阜民财

---

① 〔宋〕郭茂倩：《乐府诗集》卷七十二，第1024—1025页。

② 〔宋〕郭茂倩：《乐府诗集》卷一十六，第231页。

③ 〔宋〕郭茂倩：《乐府诗集》卷五十七，第825—826页。

④ 〔唐〕康骈撰、萧逸点校：《剧谈录》，《唐五代笔记大说大观》本，上海：上海古籍出版社，2000年，卷下，第1497页。

⑤ 〔唐〕李玫撰、王梦鸥校释：《唐人小说研究：纂异记及传奇校释》，台北：艺文印书馆，1971年，第22—24页。

的经济意涵，李玫借梦示显的《南风》，映现的是春来草自生的繁茂生态，以“妙有”“自然”“道全”等词语，形构出近于释、道的圆融自在。由此来看皮日休于懿宗李漼（833—873）咸通四年（863）上疏《请〈孟子〉为学科书》，主张以《孟子》取代《庄子》《列子》作为学科，清楚分辨《庄》《列》为“荒唐之文”，读之可以为“方外之士”“鸿荒之民”，《孟子》则是“汲汲以救时补教为志”①，皮日休《正乐府》即是《孟子》救时补教之志的实践。相对于补、正乐府所强调的儒家视角，李玫《进士张生》以梦示显的《南风》，显然近于《庄》《列》的鸿荒想象，虽非乐府，却可见多元文化价值观的对话。

五、结　语

尧、舜故事，从经传所言到民间叙事演绎，有禅让说、放逐说、征战说等，自是杂异参差，令人目眩。宋郭茂倩编《乐府诗集》收录自陶唐以迄唐五代的宫廷乐章，具有朝廷音乐机构的官方视角属性。今存乐府诗，声义难求，而事辞犹有经传可资取正，又在改朝不改乐、舞，而名、辞可改的原则下，形塑出绵延不绝的“大政统”格局，既有传统礼乐的延续性，又有新朝的开创性，恰是探索尧舜“圣君”形象的极佳文本。

本文主要分三部分，首先探讨“以尧、舜为名”的乐府诗，下分“《韶》乐的‘事义’”“尧的无能名与无为——维系人与天的脐带关系”“舜的试炼与重建——修复人子与父母的脐带关系”三小节；其次从“失落与复刻”探讨唐前乐府诗的尧舜记忆，下分“易代之际的‘安归’之叹”“君、臣之间的尧舜演义”“德配尧舜：改辞不改乐舞的大政统史观”“何羡唐虞：超越尧舜的政治想象”四小节；最后从“君臣交响”探讨唐代的尧舜记忆与补经之作，下分“尧云舜日：时康政通的圣君典范”“尧酒舜歌：新语词的生成与典范移转”“补正之作：取经传时义以宣于咏歌”“外二章：唐人《湘妃怨》与小说中的《南风》歌”四小节。全文着眼于尧、舜所演绎的得天下之道，从美好传说到成为经典再到圣人论述，已成为政统与道统的共同源头，因而以长时段考察从经传所言到乐章歌辞，如何记忆尧、舜的“圣君”形象，由此而映现

① 〔唐〕皮日休：《皮子文薮》卷九，第89页。

的政治想象、君臣关系、典范移转与补正之作，结合事辞与诗义，冀能对乐府诗的"事义"研究有所补缀。意犹有未尽者，唐后的尧、舜记忆，在宋儒建构"道统"的论述上固然有许多关注，如黄俊杰《儒家历史叙述的特质：宋儒集体记忆中的圣王典范》即指出宋儒的历史叙述："是以具有典范性质的历史人物（所谓"Paradigmatic individuals"）如尧、舜为中心而展开论述"，再从历史叙述提出哲学命题，由此开展出"天理""公理""道""气"乃至"人心""道心"等共同论述①。但也因而使尧、舜成为道统论述的载体，无形中消解了尧、舜存在的独特意涵。乃如北宋程颢（1032—1086）《谢显道记忆平日语》所云：

> 太山为高矣，然太山顶上已不属太山。虽尧舜事业，亦只是如太虚中一点浮云过目。②

尧舜故事成了历史时空中的偶然。朱熹《答陈同甫》拈出《尚书·虞书·大禹谟》的"人心惟危，道心惟微，惟精惟一，允执厥中"③，作为"尧、舜、禹相传之密旨"，从天理与人欲分辨"尧、舜三代自尧、舜三代，汉祖、唐宗自汉祖、唐宗，终不能合而为一"，进而指出：

> 千五百年之间，正坐如此，所以只是架漏牵补，过了时日。其间虽或不无小康，而尧、舜、三王、周公、孔子所传之道，未尝一日得行于天地之间也。若论道之常存，却又初非人所能预。只是此个自是亘古亘今常在不灭之物，虽千五百年被人作坏，终殄灭他不得耳。④

一则感慨尧舜之道未尝一日行于天地之间，再则坚信尧舜之道自是亘古亘今常在不灭之物。由此来看日本吉川幸次郎（1904—1980）的《中国诗史》，专立《〈诗经〉与〈楚辞〉》一章，归纳日本儒学者的看法，推论中国历史的开端始于圣王尧、舜，那是"一个完善的理想社会得以存在的时代""一个由

① 黄俊杰：《儒家历史叙述的特质：宋儒集体记忆中的圣王典范》，收入东吴大学历史学系主编《史学与文献》，台北：台湾学生书局，1998年，第1—26页。

② 〔宋〕程颢、程颐：《二程集》卷三，台北：汉京文化事业有限公司，1983年，第61页。

③ 〔汉〕孔安国传、〔唐〕孔颖达疏：《尚书正义》卷四，第55页。

④ 〔宋〕朱熹：《朱文公文集》卷三十六，《四部丛刊》本，台北：台湾商务印书馆，1980年，第516页。

于圣人领导而所有的人都充满了善意的社会得以实现的时代”，成为人类历史开端的光荣时代，并引述日本明治时代中江兆民（1847—1901）的话说：

> 采用卢梭、孟德斯鸠的政治学说是手段，复归到“尧舜三代之治”才是目的。①

在近现代的自由、人权和民主思潮洗礼下，怀抱着复归尧舜之治的向往，即是对人类充满善意的光荣时代的向往。梳理从经传所言到汉唐乐府诗中的尧舜记忆与圣君形象，尝试在令人目眩的杂异参差中，探寻亘古长存不可磨灭的天理与善意。

---

① ［日］吉川幸次郎著、章培恒等译：《中国诗史》，上海：复旦大学出版社，2001年，第15—16页。

炎黄精神与中国大学精神

姚　远

（西北大学西北联大与大学文化研究院教授）

人无精神不立，国无精神不强。一个民族若无精神，就会失去脊梁。我们人类的一切尊严都源于思想和精神，所有的名欲、物欲和情欲，只是人类向动物的退化，而唯有精神财富才会使人类不断走向更高文明。我们之所以祭祀炎黄，就是对以炎黄精神为代表的中华民族精神的认同，就是对以爱国主义为核心，以人文精神和创造精神为精髓的中华民族精神的认同。大学最为崇高的职能是"保存人类精神文化遗产"。"一国一族有它自己光荣的文化遗产，全人类有全人类的公共产业。一般高级的文化遗产，都少实利的效用，所以必须靠最高的学术机构去保存它、光大它。"① 因此，大学自然地对保存和传承炎黄精神负有不可推卸的责任。

一、炎黄精神与民族精神

四五千年前，征战连连，西北炎帝部族与东南九黎部族的攻伐，黄炎联兵与九黎首领蚩尤的涿鹿之战，炎黄间的三次征战，最终黄帝在釜山大会被万国首领尊为天子，又东巡到海，南达长江，西至崆峒，北征山戎，奠定了中国的基本疆域，被公认为民族始祖，也成为整个中华民族精神的象征。

在炎黄二帝农牧融合，民族融合，一统华夏，缔造中华文明的过程中，逐渐形成了一种炎黄精神。其主要表现在三大方面：一是黄帝在南征北战、抵海达江、西至崆峒中不畏强暴，率领虎豹熊罴般的勇士，与蚩尤、夸父奋力搏杀所体现出的团结统一精神，凝聚了百姓爱戴部族的向心力，在经历生死考验、坎坷流离和无数艰难险阻之中，在风雨同舟，自强不息中逐渐将对部族的爱，

---

① 吴宓：《大学的起源与理想》，《国立西北大学校刊》1948 年第36 期，第7—9 页。

衍生到爱民族、爱国家的精神，并由此构成炎黄精神的核心价值观。二是黄帝体察民情，关心民间疾苦，改善先民生活条件，为先民所信赖，他为人宽厚仁慈，为政德刑相辅，涵育德行，以文化人，以文育人，讲仁爱、守诚信，并注重礼制、文字、音律、图画等文化体系的创制，逐渐形成了炎黄文化施仁政、尚民本的人文精神，并由此构成炎黄精神的道德精髓。三是黄帝知“极而反，盛而衰，天地之道”和“毋逆天道，则不失所守”① 的天道自然规律，率领先民制衣冠、造舟车、养蚕植桑、创文字、建医学、定算数、发明指南车，神农则尝百草发明医药，作陶发明手工业，教人日中为市发明商业，以及在后来发明火药、造纸术、指南针、印刷术，在水利工程、数学、建筑学、天文学、农学、纺织术、造船航海术、制瓷术、冶炼术等过程中逐渐形成敢为人先的创造精神和科学精神，并由此构成炎黄精神的自然观和科学观基础。

无数先贤践行炎黄精神，发展和弘扬炎黄精神，使其更具民族特质。炎黄精神经“尧舜禹汤文武周公孔孟之道，形成了中国文化的骨干”。② 历经数千年的淬炼，这种精神在西北发祥地有了新的传人，诸如殷周之际周文王姬昌“积善施仁，政化天下”的精神，周武王姬发“顺天应人”的精神，周公姬旦的“敬德保民，以礼治国”精神；秦兴汉亡之际秦人的“笃于仁义，忘生轻死，尚武爱国精神”，苏武的志节精神，司马迁的史记精神，张骞的凿空精神，马援“穷当益坚，老当益壮，好男儿当死于边野，以马革裹尸还”的精神，班超“投笔从戎，身先士卒”的精神，傅介子“大丈夫当立功绝域”的精神，马钧重制黄帝指南车、改进织绫机，发明水转百戏，成为一代机械发明家的甘受冷遇精神，宇文恺成就城市里坊制最高典范的创造精神，唐代李靖大漠拓疆的精神，孙思邈“若有疾厄”“普同一等”“一心赴救”的医家人道精神，张载“为往圣继绝学”的精神，王徵热衷“雕虫小技”成为引进西方力学第一人的崇尚科学精神，李二曲“坚贞自守，抱道以终”的精神③等等。

总之，炎黄精神是中华民族共同的记忆，凝聚了中华民族的共同理想，是

---

① 《黄帝内经·经法》《黄帝内经·十六经》。

② 孙宝琛：《西北与中华文化》，西北大学台湾校友会·国立西北大学建校卅周年纪念刊，1969 年，第 27—28 页。

③ 李鸿超：《西北精神——为庆祝母校卅周年而作》西北大学台湾校友会·国立西北大学建校卅周年纪念刊，1969 年，第 24—26 页。

构建中华民族精神家园、增强文化自信自觉、铸牢中华民族共同体意识及实现中华民族伟大复兴的强劲动力。因此，我们要大力推行民族精神教育，大学对此尤其负有重大责任。

二、炎黄精神与中国大学精神

炎黄精神是民族精神的根本，民族精神是中华文化之魂，也是中国大学文化的精髓。经过百余年的发展，中国高等教育经历了天翻地覆的变化，然而大学精神却在逐步失落，故重塑大学精神、弘扬大学精神以及呼唤大学精神回归，就成为在高同质化的发展中保持自我特色的本能需求。而以炎黄精神为代表的民族精神正是重塑中国大学精神的要素。实际上，民族精神与中国大学精神在内涵上有实质性交集。民族精神是大学精神源源不断的源泉，也是大学精神汲取民族高尚理想信念、优秀品格的基础。从另一视角看，大学精神难以脱离民族精神，而民族精神也有赖于大学的保存和弘扬。因此，有学者认为：“世间不存在完全去除民族化的大学，也就不存在与民族精神毫无关联的大学精神”，而且，“大学精神往往在其中扮演先锋角色，发出强大动力。”①当然，中国大学精神要比中华民族精神的形成晚得多，但经历与本土文化的融会，便逐渐显现了与西方大学精神的不同。西方在宗教束缚下获得解放后提出的“大学独立，民主自由”的大学精神与鸦片战争以来处于半封建、半殖民地压迫下的中国大学精神有了根本的区别，那就是：大学发展说明只有民族独立自由才有大学的学术自由，学术自由离不开国家战略的自觉实践，离不开民族文化的高度自觉。

抗战全面爆发以来，这种关联尤其明显。正如张岂之先生评价抗战时期西南联大和西北联大两个最大的大学联合体时所说：“西北联大精神就是团结御侮，自强不息的民族精神，艰苦奋斗，兴学强国的创业精神，公诚勤朴，矢志报国的奉献精神，其核心是爱国，为中华民族的伟大复兴而努力奋斗。这就是它的精神，最根本的精神。无论是西南联大的南渡北返，还是西北联大的扎根西北，都是中国抗日战争时期大学精神的最高表现。对此，通过漫长历史风雨

① 储朝晖：《中国大学精神的历史与省思》太原：山西教育出版社，2010 年第 48 页。

的洗练，才能看得清楚，也就是说，我们越接近中华民族的伟大复兴，对西北联大教育实践的成果就会越加珍惜。"[1] 这是民族精神与大学精神融会的一个典型案例，就其核心"爱国精神"来说，二者已经完全合一。

西北联大与其后继院校在论述炎黄精神与大学文化的关系时，大多溯至炎黄或周秦汉唐时代。国立西北大学中国文学系主任高明教授和吴世昌先生，均将西北联大的抗战西迁精神与"公刘迁豳"[2] 与"亶父之走岐下"的民族播迁精神[3]相联系。

抗战时期黎锦熙、许寿裳两先生拟就的西北联大校歌也有：

华夏声威，神州文物，原从西北，化被南东。

努力发扬我四千年国族之雄风！

这里的"华夏""四千年国族"显然均溯至炎黄。黎锦熙进一步指出：

西北之华山汉水，即华夏之名所由来，古代文化实肇此土；学府在此，提挈群伦，当以继往开来为务。文化者，合精神与物质，综古代与现代而言，非可偏举。西北民族杂居，异于东南，而其开化亦久，异于西南，融为国族正学府之任务矣。四千年使华夏之雄风，宁以遇暴敌而遂摧挫？唯在西北，必借教育学术之力，努力铸成国族以发扬之。[4]

这说明大学精神的特有气质、抱负、核心价值，与大学所处的时代、所处地域等因素息息相关。因此，北平大学校长、西北联大常委徐诵明强调："任何学校所在地，均当与文化中心及经济中心发生迅速联络"[5]，亦即应主动融入地方，成为地域文化的一个有机组成部分，为弘扬和传承民族精神和大学精神作出贡献。

---

① 张岂之：《序一》，姚远《衔命东来：话说西北联大》，西安：西北大学出版社，2018 年，第 1—4 页。

② 高明：《国立西北大学侨寓城固记》，国立西北大校长刘季洪于中华民国三十五年四月三十日立石。

③ 吴世昌：《增修汉博望侯张公墓道碑记》，城固：国立西北联合大学，1939 年。

④ 黎锦熙：《国立西北大学校史》，城固：国立西北大学，1944 年。

⑤ 徐诵明：《西北联合大学尤负西北文化重责，总以不离开西北为佳》，姚远《西北联大史料汇编》，西安：西北大学出版社，2012 年。

三、大学负有传承和弘扬民族精神的光荣使命

大学传承和弘扬民族精神的使命："就是在民族之共同文化中，从事民族精神之培养与发扬，换言之，就是民族文化之陶冶，民族意识之唤起，民族习性之改造，民族特性之阐扬，民族道德之实践，民族智能之发展。"① 抗战时期，国立西北大学开设边政学系，培养目标就是："步武马伏波（马援），效法班定远（班超）"，培养懂得蒙、维、藏各族文字，会骑马、会游泳、善于野外考察，献身边疆的复合型人才。

大学推行民族精神教育，必须与其社会使命和学术担当相联系。抗战时期的国立西北大学校长赖琏把西北大学远承周秦汉唐文明，近负建设西北新文化的责任首次上升到了"使命"的高度。他指出："国立西北大学创设陕西，吾人远观周秦汉唐之盛世，纵览陕甘宁青新区域之广大，不唯缅怀先民之功绩，起无限之敬仰。……故恢复历史的光荣，创建新兴的文化，实为西北大学所应负之使命"，"我们应该以恢复旧的光荣，建设新的文化为己任，为最高理想。"② 抗战时期西大的另一位校长刘季洪也指出："我们的特殊使命"，"就是提高西北文化的水准，领导西北学术的研究"。"对西北文化之建设，西北问题之研究，实负有不可推卸之责任。"③ 黄文弼教授即依托丝绸之路毕生致力于探索中华民族起源，长年累月在野外考察，以致回到城固不适应定居生活，以其言行赋予民族精神和大学精神新的含义，并以其著述揭示了嫘祖养蚕制丝和张骞凿空丝路的世界意义。他四次深入新疆，首次穿越世界第二大流沙塔克拉玛干沙漠千里无人区，穿越"死亡之海"罗布泊，行程38000千米，完成我国现代意义上第一份考古发掘报告，提出三重证据法，开启丝路考古，创立中国西北考古，一举扭转了西北考古由外国人越俎代庖的局面，揭开了丝绸之路许多不为人知的秘密，解决了中外丝路研究中许多悬而未决的重大疑问，从而

---

① 杨宗培：《发扬民族精神教育》西北大学台湾校友会·国立西北大学建校卅周年纪念刊，1969年，第13页。

② 赖琏：《一个最愉快的回忆》，西北大学台湾校友会·国立西北大学建校卅周年纪念刊，1969年，第13—16页。

③ 刘季洪：《国立西北大学回忆记略》，西北大学台湾校友会·国立西北大学建校卅周年纪念刊，1969年，第10—12页。

走出了一条沿着丝路，持续探索中华文明起源和弘扬民族精神的独特办学之路。同时，也使炎黄精神历久弥新，赋予平等相处、包容互鉴、融汇世界、对外开放的“丝路精神”等新的元素。

中华民族文化中以道德修养为旨归的人本主义，是人文精神最根本的标志。虽然，炎黄时代有一系列科学发明与创造，甚至从春秋战国到明代末年，我国科学技术保持了一个西方所望尘莫及的水平，但在总体上视科技为雕虫小技，“君子不器”，封建制度的政治体制和科举制度也排斥科学技术。因此，大学应大力推行民族精神教育，在大力弘扬尊重科学、实事求是的科学精神的同时，更要积极倡导和培育追求善美、以人为本的人文精神，为科学创新提供适宜的精神氛围和社会环境，使二者有机统一、和谐发展。

炎黄文化作为中华优秀传统文化的根脉和源头，是民族自信的充分理由，是中华民族宝贵的精神文化遗产。弘扬和传承炎黄精神必将增强大学文化的民族自信、文化自信，凝聚共识，助力于兴学强国和民族复兴。世界上著名大学都是依靠文化的不断积淀和独特的大学精神逐步赢得世界声誉的。近代中国大学与西方大学精神不同的就是浓郁的民族精神气质。我们要进一步弘扬民族精神，淬炼大学精神，构建大学精神与民族精神的共同体，以历史自信提升文化自信，不断增强民族凝聚力，为人类命运共同体提供更为持久的动力，为兴学强国、民族复兴作出自己应有的贡献。

当代黄帝陵祭祖文化中的艺术性问题思考

王　鹍

（西安电子科技大学人文学院副教授）

自古以来，祭拜黄帝陵、祭祀轩辕黄帝的传统一脉相承、香火不断。习近平总书记2015年初来陕西视察时说：“陕西是民族之根，延安是民族之魂，黄帝陵是中华文明的精神标识。传承保护民族优秀传统、弘扬延安精神对实现中华民族伟大复兴的中国梦具有重要意义。”总书记还提出：“轩辕黄帝陵文化积淀十分深厚，对历史文化要注重发掘和利用，溯到源，找到根，寻到魂。找到历史和现实的结合点，深入挖掘历史文化中的价值观念、道德规范、治国智慧，做到以文化人，以史资政。”总书记的话，指出了黄帝陵的重要性和时代性，极为有力地增强了我们对“同根、同祖、同源”的认同感和归属感。黄帝陵是中华民族的珍贵遗产，也是全人类的文化财富，它不仅是凝聚中华文明的符号标识，也更是彰显我们民族团结与时代奋进的象征。今天，黄帝是中华文明迈向新征程的象征，是华夏文化进步及民族进一步凝聚的标志。黄帝陵祭祖仪式也成为新时期中华儿女团结奋进的重要载体，是世界各地华人难以割舍、密不可分的血脉纽带与精神依托。

一、黄帝陵祭祖的特质：无神而祭

关于祭祖仪式，从世界范围看，人类学为我们观察和理解仪式/典礼、象征等文化现象提供了很好的工具。人类社会有各种仪式，这些仪式通常与宗教信仰相联系。格尔兹（Clifford Geertz）把仪式称作是一种“文化表演”（cultural performances），宗教仪式即意味着宗教表演，这种仪式的表演，就解释了仪式所欲表现的宗教和信仰塑造的实质。（Geertz，1973：113）。特纳则认为，仪式/象征是一种动态的社会创造，文化是作为一种经历而存在的共同记忆与积淀。因此，人类学关注人们的实践、行动、表演。（Turner，Victor 1967）。

马林诺夫斯基认为，人类学家应关注生活中的主观动力，记录具体活动中的行动者，观察现实中的人们是如何表演习俗的（马林诺夫斯基，2002）。以实践为取向的人类学家对仪式的研究，主要关注不同参与者在不同场景下的不同阐释和利用及开发。

当前，我国正朝着建设中国特色社会主义现代化强国、为实现民族伟大复兴而奋进不已的伟大道路上前行。以黄帝陵文化为基础，形成、汇聚全国各民族共同的民族认同，产生“多元一统”的民族团结局面，对于强化多民族的凝聚力、向心力，意义重大，不可或缺。梁启超在《中国历史上民族之研究》中这样说：“血缘、语言、信仰皆为民族成立之有力条件。然断不能以此三者之分野，迳指为民族之分野。民族成立之唯一的要素，在‘民族意识’之发现与确立。”①《黄帝陵》一书中，清晰阐明了史前、三代至当代的黄帝陵祭祖的诸多特点。当代的黄帝祭祀，并不是单纯的宗教仪式，而是无神而祭的祭祀仪式，是弘扬5000余年中华文明所总结出的中华民族精神。《陕西省志·第75卷·黄帝陵志》中，准确概括了黄帝文化的核心理念：（1）中华民族同根共祖观念；（2）人类文明开创精神。这两种理念，不仅反映了黄帝文化本身的民俗信仰一面，也明确了黄帝祭祖的态度及目的，对于指导黄陵祭祖的艺术表达，进而找到更为精准、巧妙的表现手法，以便突显“黄帝”特殊的人文内涵，都有重要的指导意义。

二、黄帝陵祭祖中的乐舞告祭

我们知道，中国传统艺术的基本精神，是在农耕文明的社会环境中，以季节为核心，吸纳天地、五谷、祖先崇拜、佛教、道教的诸多信仰而形成。在黄帝陵祭祀大典的艺术创作中，以星宿、农耕文化为题材，春祈秋报为核心，深刻体现人与人以及人与自然之间的关系，是艺术表现所要达到的目的。

根据已有的资料，对于当代黄陵祭祖中的乐舞告祭内容，梳理如下（2004、2008、2011、2013）。

2004年，黄帝陵祭祀乐舞《轩辕黄帝颂》，是祭典中第11项乐舞告祭的

① 梁启超：《中国历史上民族之研究》，《梁任公近著（第一辑下卷）》，上海：商务印书馆，1924年。

内容，也是祭祀礼仪规范中的重要组成部分，其内容共分四章。第一章《祥云吉雨》，歌颂黄帝功德，舞蹈以黄帝时代的《云门》为创作依据。《云门》也叫《云门大卷》，是黄帝时代的乐舞，目的是为了祭祀天空中的云彩。传说黄帝即位时，天空瑞云呈祥，便以云彩作为图腾崇拜的对象。《云门》也就成了黄帝部落的一种图腾舞蹈，为歌颂黄帝而创作，祈愿福佑大地五谷丰登、风调雨顺。《云门》乐舞也叫《咸池》，这兴许是跟古人的星宿观念相关。古人说的咸池也是西宫星，它主管人间的五谷，而咸池明亮或晦暗，直接影响人间庄稼收成的好坏。北门成把《咸池》之乐听了多遍后感叹道：“吾始闻之俱，复闻之怠，卒闻之而惑，荡荡默默乃不自得。”黄帝道：“汝殆其然哉！奏之以人，徵之以天，行之以礼义，建之以太清。夫至乐者，先应之以人事，顺之以天理，行之以五德，应之以自然。然后调理四时，太和万物……圣也者，达于情而遂于命也。天机不张而五官皆备。此之谓天乐，无言而心说。故有众氏为之颂曰：‘听之不闻其声，视之不见其形，充满天地，苞裹六极。’汝欲听之而无接焉，而故惑也。乐也者，始于惧，惧故祟。吾又次之以怠，怠故遁；卒之于惑，惑故愚；愚故道，道可载而与之俱也。”① 黄帝先肯定了北门成的观感，并向其解释深刻的内涵：乐舞一开始以雷霆惊之，为的是表现天地万物周而复始、无始无终、循环往复的规律，表现宇宙的浩瀚与生命的短暂，所以看后听后感觉惧怕，心神不宁。接着，乐舞要表现世间万物的运动规律，阴阳相济，刚柔调和，所以又让人安心至懈怠。最后，乐舞要表现无声无形的高尚境界，所以让人感觉迷惑。总之，北门成在观看《云门》后的感受变化，是开始感到害怕，对于灾害有所警觉，继而迷惑，最后在迷惑中认清自己的本性。

2004 年黄陵祭礼的歌咏表演，是由 30 名乐者和 90 名歌者在祭祀大殿的台两侧表演。歌者虔诚地咏叹《无字歌》，24 名男子举着云旗三叩九拜，24 名女子身着白衣长裙蹁跹而舞，营造出祥和的气氛。乐舞的第二章是《百兽率舞》。《尚书·益稷》中有“击石拊石，百兽率舞”，描述了华夏祖先们的舞蹈。这是原始部落的人们因为各自崇拜着自己的图腾物，或虎、或熊、或不知名的野兽，故披着“百兽”的皮击打石头，群起而舞，以表达崇拜。表演时，20 多名女子凤凰装扮，20 多名男子熊、豹、虎和其他动物装扮，20 名头戴图

① 〔清〕王先谦：《庄子集解》，北京：中华书局，1987 年。

腾面具的部落首领，手拿羽毛编织的凤旗等饰物，挥舞着鸟羽毛、兽尾、图腾柱而舞，祭典远古祖先，歌颂黄帝的恩德与仁爱，表现出部落间的和谐生活。乐舞的第三章是《中华鼓魂》。此章音乐以中国民间吹奏、打击乐为基础，以行鼓、盘鼓、鼛鼓等重新组构，进行合奏表演。表演中，60 名男舞蹈演员组成鼓阵，在鼓声中变化着各种队形。最后，所有的鼓聚集在一起，合管弦、笙箫的演奏将乐舞推向辉煌的高潮，而合唱起《轩辕黄帝颂》之歌，象征着部落联盟的统一，轩辕被拥戴为黄帝。鼓在整章中不仅是士气，也是民族精神的体现，整体布局以民族凝合的精神象征为体现，表现出生生不息的坚强信念，展示出昂扬向上、发愤图强的坚强信念。《轩辕黄帝颂》词曰："桥山巍巍，沮水长长，五千年文明开启曙光。纬地经天拓洪荒，华夏一统日月朗。啊！龙吟凤歌，国运永昌，黄帝功德，万世颂扬。"乐舞的第四章是《驭龙飞天》。此章音乐以《轩辕黄帝颂》的合唱曲调为主调，乐曲浩然、飘逸，而且恢宏。《祥云吉雨》《百兽率舞》《中华鼓魂》的演员聚集在祭祀大殿前，1000 只鸽子飞向长空。伴随着隆隆鼓声，一条巨龙腾空而起，展示黄帝乘龙升天的美好传说，也象征着中华民族的崛起和昌盛，鼓舞中华儿女为美好的未来不懈努力。

2008 年黄陵祭祀中，乐舞告祭的顺序如下：第一章《云纪》，寓意云图腾、云崇拜；第二章《夔鼓》，相传黄帝的夔鼓鼓声如雷，以威天下（演员们头戴有兽角，表现部落间征战的场面）；第三章《瑞德》，表现轩辕黄帝以土为德，开启中华农耕文明的辉煌功德（包含养蚕、制陶器的表演），呈现华夏农耕文明图卷；第四章《龙驭》，龙是中华民族的精神图腾，是中华民族文化的象征，表现统一和团结，预示着中华民族的兴旺、腾飞。①

2011 年黄陵祭祀大典中的乐舞告祭是《黄帝颂》，首次将孙中山、毛泽东的"祭文"纳入其中，依照汉唐的礼仪形制设计告祭。第一章《赫赫始祖》，颂扬黄帝功德，以汉唐"国祭"乐舞形式呈现；第二章《祥云大德》，表现黄帝开创农业文明伟业，依据汉唐祭祀黄帝"八佾"舞《云翘》的形制，结合"云翘""百谷""耒耜"进行演绎；第三章《龙腾盛世》，表现传承黄帝精神，同心实现中华民族复兴。"文舞方队"演绎《萧翟舞》品格大雅，"武舞

① 戊子（2008）年清明公祭轩辕黄帝典礼直播实录。

方队"演绎《干戚舞》品格雄豪。①

2013年黄陵祭祀乐舞的告祭组成为：《序礼·心祭》《乐祭·尚礼》《舞祭·明德》《龙祭·复兴》四部分，通过乐舞告祭，体现当代政治清明，人民丰衣足食。②

在中国历代的黄帝陵祭祀仪式中，乐舞告祭都是祭祀神灵、祖先的重要环节。时至今日，祭祀轩辕黄帝中的乐舞告祭，在文舞、武舞和古乐的基础上，为表达对先祖的尊敬和崇拜，更是以新时代艺术表现的形式来呈现礼俗传统，匹配不同形式的祭祀仪式，从而与特定的地域文化和人群建立起结构性的关联，凸显黄陵祭祖的文化精髓。乐舞告祭的部分，多运用比拟和写意的艺术手法，对一定社会生活内容进行概括、提炼，进而产生出动态创新的艺术形象。其目的，都是为了表达中华民族的民族性、文化性、历史性，调动和引发观众的联想，从而使其得到审美感知。当代的艺术性表达更具强烈的视觉性、表演性及审美空间感，产生出独特的艺术魅力，使黄陵祭祖成为引人注目的景观。

黄帝陵祭祀中的造型、祭器也值得关注，祭祀礼仪中包含了造型及祭器的设计与运用。清明节公祭轩辕，取意轩辕黄帝"九五之尊"地位。以2004年为例，祭祀典礼于上午9时50分开始。遵循古代以青铜器作为皇帝祭器的传统，为此，相关部门专门制作了65件组战国编钟、"九鼎八簋"等青铜器，还有太常旗等天子等级的仪仗旗帜，重新根据汉代武梁祠石刻而雕刻的黄帝像，编排了名为《轩辕黄帝颂》的盛大祭祀大典。祭祀仪式隆重，场面恢宏，一切仪程均按照古代帝王的祭祀标准进行。

三、黄帝陵祭祀的新时代展望

经过长期的继承和发展，黄帝祭祀逐渐形成了程式化的祭祀方式，作为一种群体行为的黄帝祭祀典礼，也因而成为中华民族的民族心理和民族文化成熟的标志。因此，如何具体细致地从祭祀的艺术造型（祭器、仪仗、仪式流程、服饰、雕塑等）、礼仪等方面出发，进一步体现文化、经济、农业、政治、军事诸方面的新时代特性，并使其具有程序性特征，亦是当代黄陵祭祖艺术问题

① 辛卯（2011）年公祭黄帝活动宣传资料选编。

② 癸巳（2013）年清明公祭轩辕黄帝典礼直播实录。

的研究内容。

祭祀黄帝是古老的仪式，最早始于战国。黄帝祭祀仪式作为祭祀活动的外化形式，是由祭祀活动的目的、性格和规模决定的，在不同的时期有着不一样的表现形式。在当代，黄帝祭祀的阐释和定义，即在于通过表演、造型、行为、装饰等手段，展现促进祖国统一，实现中华民族的文化自觉与民族复兴。当代的祭祀礼仪注重宣传效益，讲求务实精神，大致可分为：（1）草拟祭文，置备宣传册，联系海内外参祭团体，落实参祭人员；（2）置备祭品，规划设计祭祀场所；（3）组织仪仗，联络传媒；（4）安排文艺演出活动，落实演出团体，审定节目及文化活动项目；（5）选址栽植纪念树，根据需要赋予新的文化内涵（何炳武、刘宝才：陕西省地方志编纂委员会，2005 年）。以实践为取向的仪式研究，主要关注不同参与者在不同场景下对仪式的不同阐释和运用。本着实践取向的理论研究，就需要观察黄陵祭祀仪式，分析祭黄仪式中的行动和实践，辨析其不同于以往的历史意义，着重揭示行动者在仪式实践中表现出的最大能动性，是仪式所欲达到的最理想效果。

随着时代的发展，新媒体越来越多地作为艺术表现手段，应用到具体实践中。新媒体艺术也可以称之为“数码艺术”，它主要指以电子媒介和光学媒介为基本语言，建立在数字技术核心基础上的新艺术学科门类。在新媒体环境下，黄陵祭祀活动如果能充分利用文字、图像、摄影摄像、舞台、灯光等多媒体技术，提高施礼者、参礼者、观礼者对传统文化的认识，加深其体验及感受，在观者心理上产生充分的文化认同，将是新媒体能够带来的新契机。新媒体艺术作为一种全新的艺术形式，不仅给当代黄陵乐舞祭祀的发展提供了一个新的发展路线，而且也将提高当代黄帝陵祭祀中乐舞祭祀的影响力和价值。

随着时代的变化，黄帝陵祭祀的乐舞祭祀已经到了瓶颈，恪守传统固然重要，但守住传统的同时与时俱进，更是需要艺术人去挖掘、去探索。如果想要黄帝陵祭祀乐舞的祭祀艺术效果再次焕发生机，新技术的协助就很有必要。或者也可以说，传统艺术和当代艺术都需要借助于一种崭新形式的艺术，才能获得突破，从而实现质的飞跃。如今，新媒体随处可见，这就彰显出新媒体对于人们生活的重要性和普遍性，在这个时候，艺术人如果能够清楚认识到新媒体的价值，并将之与传统文化、观念、环境进行融合，逐步向新媒体艺术过渡，这样才有新的活力和新鲜血液的注入。所以我们认为，新媒体艺术能够给当代黄帝陵祭祀中的乐舞祭祀带来新的发展，让其有更好的呈现。从历年黄陵祭祀大典来看，黄陵乐舞祭祀中也有新媒体技术的运用，比如舞台、灯光、声效等等，这些新媒体技术在表现上使得黄陵乐舞祭祀已经取得了一定的效果。但是，技术的运用与传统艺术之间仍存在鸿沟，还需进一步探索与实践。希望以上关于黄帝陵祭祀文化中艺术问题的概括整理，能让相关的艺术工作者多维审视并尝试在相关理论的指导下，将诸多文化艺术因素和时代要素融入黄帝陵祭祖体系中，从而发现新的艺术表现契机，为黄帝祭祖文化能够更具体地呈现、表达、传承、发展，提供更多更可行的方案依据及思路。

黄帝在谶纬文献中的塑造及其模式化

刘　晓

（西北大学文学院讲师）

摘　要： 谶纬文献中存在大量有关黄帝的记载，其内容大致可分为黄帝出生、黄帝形貌、黄帝事迹三大类。通过分析谶纬中有关黄帝出生的记载，可以观察帝王“天地感生”模式的生成轨迹。通过对黄帝形貌的辨析，可以得出帝王“承天立象”模式的推演过程。通过对黄帝事迹的对比，可以理顺上古帝王“以今例古”改说模式的衍生脉络。

关键词： 谶纬；黄帝；天地感生；承天立象；以今例古

先秦传说系统中，“百家”皆言黄帝，司马迁看到这些材料，认为“其言不雅驯”，他按照史学的观念，对黄帝和他的事迹进行了删削，从而形成了史学系统中的黄帝描述。“不雅驯”的“百家言黄帝”情形到底如何，后世文献中虽然有记载，但是从内容和数量而言还不足以称为“百家”。这些“不雅驯”的内容，以神话传说、民间信仰的方式保存下来。而且，值得注意的是在谶纬文献中存在大量的记述黄帝事迹的内容，多达 129 条①，其数量远超传世的子书系统和史书系统中有关黄帝的记载。这些材料又被经学家视为“不雅驯”的内容，并未被吸纳进经学阐释之中。我们通过对谶纬文献中有关黄帝记载的分析，能够还原两汉时期黄帝神话传说的完整记述，从而更全面的理解黄帝形象的形成。

① 此 129 条仅就《两汉全书》第 33、34 两册辑录的谶纬文献而言。

一、黄帝出生与“天地感生”模式化的生成

从现存文献来看，黄帝的出生大致有两个系统，第一个是以《史记》为代表的史学系统，对其出生进行的描述更接近于历史真实的叙述。① 第二个是神话传说系统，对他的出生进行神异性的描述。在这神异性的描述中，强调黄帝的由来是天地孕化的结果，由此而形成了“天地感生”的模式。

谶纬文本中对黄帝出生最经典、最系统的概括见于《河图始开图》中“天地感生”说，其中载：

> 黄帝名轩，北斗黄帝之精。母地祇之女附宝，之郊野，大电绕斗枢星，耀感附宝，生轩，胸文曰：黄帝子。②

这里记载黄帝是“地祇之女”在郊野之中，通过“大电”受感于“北斗枢星”而生。③ 在这个“天地感生”系统中，包含三个要点，即“北斗”“地祇之女”“大电”。这里所说的“北斗”是星象，“地祇”是大地之神，而天地的交感是通过“大电”这种媒介进行的，三者齐备然后自天空而下以至于地，便使得天与地之间能够交通，黄帝的出生便成了天地交感而生的传说了。

在谶纬文本系统中，对“天地感生”中的这三个要素分别进行了阐释。首先“北斗”，这是“天地感生”中的“天感”内容。因为时人对于天的理解方式，重视对“天象”的观察，“天象”往往又以星宿为分，故对于黄帝如何受天感生这一方面的记述，往往偏重于黄帝与星宿的对应感生。在这样的观念中，黄帝的出生就被描绘成“降精”而生。

如《春秋纬》载：

> 北极星，其一明大者，太一之光，含元气，以斗布常，开命运节

---

① 国史系统中的黄帝出生，主要侧重于其父系血脉的传承，因此在先秦文献中只有《国语·晋语四》载其母为“有蟜氏女”，对于其出生则没有更多的描述。

② 《河图始开图》，《两汉全书》，第 34 册，济南：山东大学出版社，2009 年，第 19721 页。

③ 这种在郊野之中，受天帝所感而生的记载，与商周族群神话中简狄吞卵而生商、周契履迹而生周的先祖降生事迹是一样的。

序，神明流精，生一以立黄帝。[1]

这里说黄帝乃是北极星“流精”所生，北极星即北辰、北斗，又名紫微星、紫宫。《史记·天官书》载：

故紫宫、房心、权衡、咸池、虚危列宿部星，此天之五官坐位也，为经，不移徙，大小有差，阔狭有常。水、火、金、木、填星，此五星者，天之五佐，为纬，见伏有时，所过行嬴缩有度。[2]

“紫宫”者，又称“中宫”，《天官书》载“中宫天极星，其一明者，太一常居也；旁三星三公，或曰子属。后句四星，末大星正妃，余三星后宫之属也。环之匡卫十二星，藩臣。皆曰紫宫”，是北斗七星皆曰“紫宫”。而“填星”者，《天官书索隐》引马融注《尚书》之言“北斗七星各有所主……第四曰煞土，谓填星也”，即北斗之一曰“填星”，五行属土。如《天官书》之意，天象之中五星、列宿分别对应，与黄帝相对者，宿为紫宫，星是填星。

这样的分属是与他属于天之中央的理论有关，战国时期的文献中五帝与五方相配，已经有了黄帝是天地之中的概念。[3] 而北极星、紫薇、北斗是北天极的中央，基本正对着地轴，所以在北半球生活的古人看来，这就是天之中央星宿，故而谶纬中选取北极星作为黄帝的对应星宿。

不止黄帝是受“天感”而生，其他圣人也是通过“天感”而生的。如《尚书·帝命验》载：

帝者承天立五府，以尊天重象。五府，五帝之庙。苍曰灵府，赤曰文祖，黄曰神斗，白曰显记，黑曰玄矩。唐虞谓之五府，夏谓世室，殷谓重屋，周谓明堂，皆祀五帝之所也。天有五帝，集居太微，降精以生圣人。故帝者，承天立五府，是为天府。赤帝，赤熛怒之府，名文祖。火精光明，文章之祖，顾谓之文。周曰明堂。黄帝，含枢纽之府，而名神斗。斗，主也。土精澄静，四行之主，顾谓神主。

---

① 《河图始开图》，《两汉全书》，第 34 册，济南：山东大学出版社，2009 年，第 19150 页。

② 〔汉〕司马迁 撰，〔南朝宋〕裴骃 集解，〔唐〕司马贞 索隐，〔唐〕张守节 正义：《史记》，北京：中华书局，1982 年，第 1350 页。

③ 《礼记·月令》载“中央土……其帝黄帝”，是黄帝位属中央。

周曰太室。①

人间帝王根据天之五帝而建立五帝在人间的祭祀之庙，合称“五府”。黄帝在人间的祭祀府庙为“含枢纽之府”，《河图》载“中央黄帝，神名含枢纽”，“含枢纽”即中央黄帝的神名。作为“中央黄帝”的“含枢纽之府”，又称为“神斗”，按《帝命验》所说，斗是主之意，五行之中土为四行之主，②黄帝为土精，所以称其府为“神斗”。结合《春秋纬》所说北极星“以斗布常”，即是说北极星通过“斗”来安排运行之规律，与“神斗”所说的“主”意思相通。所以，按其所说“中央黄帝”在天中之府是北极星，在人间之府则是“神斗”，周世祭祀时称之为“太室”③，皆符合“中”之概念。

从天中“北斗”到地中“神斗”，便形成了“天帝降精”说。其说“天有五帝，集居太微，降精以生圣人”，即说圣人皆是天之五帝所降精而生的，黄帝自然是“中央黄帝”降精所生。《春秋演孔图》中也有类似的记载：

> 天子皆五帝之精宝，各有题叙，以次运相据，起必有神灵符纪，使开阶立隧。④

此处较之于《尚书·帝命验》“圣人”为五帝降精更明确，直接说出“天子”乃是“五帝之精宝”，这样一来就把黄帝等人间帝王的出生直接归之于天帝的降精了。

在“天地感生”系统中，黄帝还要受“地”之所感。与对天的认知靠观察“天象”相似，对于地的认知，往往也是通过对“地象”的观察。对“地象”的认知观察，又多以五行为说。⑤ 受五行理论的影响，帝与五行、五方、

① 《河图始开图》，《两汉全书》，第 34 册，济南：山东大学出版社，2009 年，第 18993 页。

② 即如《诗含神雾》的记载：“黄帝座一星在太微宫中，含枢纽之神，其精有四象。其东苍帝座，神名曰灵威仰，其精为青龙之类……”这里更加明确的说明了“中央黄帝”高于其他四帝。

③ 《尚书·洛诰》载有“王入太室”，孔传解释为“清庙”，孔颖达进一步说明“太室，室之大者，故为清庙。庙有五室，中央曰太室”。

④ 《河图始开图》，《两汉全书》，第 34 册，济南：山东大学出版社，2009 年，第 19189 页。

⑤ 顾颉刚：《古史辨自序》，北京：商务印书馆，2012 年，第 455 页。

五色等内容紧密相连[①]，黄帝降生的记载也被赋予了新的内容。在五行理论中，黄帝被推演成土德之帝、中央之帝、黄色之帝。如此一来，他的降生也就与土德、中央、黄色等内容发生关联，与之而生的就是黄帝出生事迹的改变。

谶纬文献中有关黄帝的占验、符瑞等内容，便是根据“百家言黄帝”中的神话传说内容所做的演绎和附会，主要是说明黄帝为土德之帝。就占验内容而言，是以黄帝与代表黄色、中央的占验内容发生关联作为叙述逻辑展开的。如《春秋考异陲》中载：

> 黄帝将起，有黄雀赤头，立日旁。帝占曰：黄者土精，赤者火荧，雀者赏明，余当立大功乎？黄雀者，明也。[②]

又《春秋佐助期》载：

> 黄帝将兴，有黄爵赤头，立于日旁。帝曰：黄者土精，赤者火荧，爵者赏也。黄爵者赏也，余今当立大功乎？兴于桑乎？[③]

“黄爵”即黄雀，这一内容在《全上古三代秦汉三国六朝文》中载为“黄雀占”。无论是“黄雀”还是“黄爵”，都是通过对“黄”这一颜色的强调，来说明“黄者土精”这一概念。“黄者土精”，即将五色与五行相配，黄色是土德之象，黄帝乃土德之帝，故当“黄雀占”而兴，也就是借黄帝之口自言“黄”色为“土精”当兴的异兆。

又，《春秋佐助期》载黄帝自言“兴于桑乎”，察殷商有桑林，为祷雨之所[④]。桑在古代神话中，亦往往被视作神木，是十日所居之木。[⑤] 而黄帝之言“兴于桑乎”，一方面是为了说明前文的“黄爵赤头，立于日旁”，这是对桑木神话的演化运用。另一方面，则主要是为了说明黄帝与中央的关系。因为在两汉时人眼中，万物都可与五行相配，以五行来划分。就“桑”而言，其五行

---

① 曾德雄：《谶纬中的帝王世系及受命》，《文史哲》2006 年第 1 期，第 37—45 页。

② 《河图始开图》，《两汉全书》，第 34 册，济南：山东大学出版社，2009 年，第 19377 页。

③ 《河图始开图》，《两汉全书》，第 34 册，济南：山东大学出版社，2009 年，第 19398 页。

④ 《淮南子·主术训》“汤之时七年旱，以身祷于桑林之祭”，可见桑林是祭祀之地。

⑤ 《山海经·海外东经》载“下有汤谷。汤谷上有扶桑，十日所浴，在黑齿北。居水中，有大木，九日居下枝，一日居上枝”，此处的扶桑当即神话中十日所居的神木，故袁珂注“盖神木也”。

属性是土，其方位则属于中央。贾谊曾言“桑者，中央之本也”①，正是说明了“桑”在当时的独特寓意。黄帝五方配中，“中央之本”为桑，所以才有黄帝自言“兴于桑”的预言。

以符瑞内容来看，与黄帝相关的主要是“螾”。《河图稽耀钩》载“黄帝之生，先致白狐，有螾长十二丈”，《河图》载“黄帝起，有大蝼见”②，《河图秘徵》载“黄帝起，大蚓见”③。“螾”即“蚓”，蝼与蚓也常连用，《吕氏春秋·应同》载：“黄帝之时，天先见大蚓大蝼，黄帝曰‘土气胜’，土气胜，故其色尚黄，其事则土”④。蚓、蝼都是所谓能够“上食埃土，下饮黄泉”的动物⑤，正因为这类动物“食埃土”“饮黄泉”的这种特性，所以成为土德的瑞应，所以“黄帝土德，故先是大蚓之应”⑥。

在“天地感生”系统中，第三个要素便是“大电”，也就是天与地交感的媒介。这种媒介是“天地感生”系统中“天”与“地”交感的外化，属于感生系统中最为直观的内容，因此倍受世人关注。⑦ 就黄帝感生事迹而言，这种交感的媒介是“大电”。对于“大电”的论述，还见于《河图始开图》所载：

> 黄帝名轩辕，北斗神也。以雷精起，胸文曰黄帝子。⑧

“雷精”的说法，也见于《河图帝通纪》：“黄帝以雷精起”⑨。“雷精”是天与地之间交感的媒介，也即天与地交感外化表现——“大电”的神主。⑩ 中国古代“雷”与“电”往往是连在一起的，雷电是天神的外化。⑪ 黄帝是“北斗神也”，又以“雷精起”，正交代出了黄帝是“天神”外化成“雷电”而生。《河图始开图》《河图帝通纪》说黄帝是“雷精起”，其实仍是“天地感生”的变说，是对“天地感生”外化内容的探讨。

---

① 〔汉〕贾谊：《新书》，北京：中华书局，2012 年，第 34 页。

②③⑥⑧⑨《河图始开图》，《两汉全书》，第 34 册，济南：山东大学出版社，2009 年，第 19612 页、第 19642 页、第 19473 页、第 19721 页、第 19643 页。

④ 许维遹：《吕氏春秋集释》，北京：中华书局，2013 年，第 245 页。

⑤ 〔清〕王先谦：《荀子集解》，北京：中华书局，1988 年，第 9 页。

⑦ 这种媒介并不是完全固定的，在黄帝降生事迹中是“大电”，在其他帝王降生事迹中则有吞卵、履迹、感龙、星贯等外化方式。

⑩ 雷与电往往是并生的，雷电继以风雨，故往往连说。前文所说的“大电”疑即“大雷电”的省称，《尚书·金縢》：“秋，大熟，未穫，天大雷电以风”。

⑪ 朱仁飞：《雷神崇拜和〈庄子〉寓言》，《北方论丛》1997 年第 5 期，第 72 页。

值得注意的是，黄帝以“雷精”起的感生事迹说明，在“天地感生”系统中“感生外化”往往选取已经存在的神话传说事迹作为外化内容的本源加以推演，形成较为直观的说法。此处的“感生外化”内容便是对于黄帝神话传说的继承，黄帝为“雷雨之神”，《春秋合诚图》载“轩辕，主雷雨之神”①，雷雨之神是轩辕星，也就是说黄帝是主雷雨之神。而且，黄帝为“雷神”之说，亦有其所本。如《山海经·海内东经》“雷泽中有雷神，龙身而人头，鼓其腹”，又《大荒东经》载：

> 东海中有流波山，入海七千里。其上有兽，状如牛，苍身而无角，一足，出入水则必风雨。其光如日月，其声如雷，其名曰夔。黄帝得之，以其皮为鼓，橛以雷兽之骨，声闻五百里，以威天下。

袁珂认为《大荒东经》的雷兽也是雷神，与《海内东经》所载的雷泽“雷神”是一回事。其实，《海内东经》所描绘的“龙身而人头”的“雷神”，其形貌特征的模型与“轩辕之国”的“人面蛇身”相貌模型很类似，故而袁珂认为“如雷神、烛龙、鼓等是矣，亦人面蛇身之同型也”，并且推测黄帝也当是此类形貌模型。所以，雷泽中的“雷神”应该是黄帝之属。而《大荒东经》中的“夔”则是“状如牛”，显然不是雷泽中的“龙身而人头”。那么“夔”是什么呢，还应该回到《大荒东经》本身来看，其中描写的是黄帝战胜“夔”之后，以之作为鼓，才能声闻五百里。这其实是神化先祖的一种，将打败之物化为己用，“夔”便成了黄帝神话中的一个角色。② 从这里来看，打败声如雷的“夔”才是黄帝成为“雷神”的关键。通过推演黄帝为雷神的神话传说，使这部分内容成为“雷精”，更外化为“大电”，这样便形成了“天地感生”系统中最为直观的内容。

黄帝这种“天地感生”模式形成之后，受其影响，诸多先祖、帝王降生事迹便根据此模式进行了改造。《河图》中载：“大星如虹，下流华渚，女节

---

① 《河图始开图》，《两汉全书》，第 34 册，济南：山东大学出版社，2009 年，第 19350 页。

② 刘晓：《神话先祖与黄帝神话传说的形成》，《理论月刊》2018 年第 6 期，第 72 页。

气感，生白帝朱宣"[①]，"大星"代表着"天感"，"女节"本为黄帝次妃，代表着大地，而"如虹""下流"则是天地感生的"外化"内容。这样原本父系母系很清楚的"帝朱宣"，便被"天地感生"感生系统加以改造，变成其母女节是通过"气感"的方式来受"大星"之降而生帝朱宣的。

其后，甚至是汉高祖刘邦的出生，也被改造为天地的感生。不过，上古帝王一般有神话传说流传，其"感生外化"内容也往往与之相关。而汉高祖刘邦因为是当世帝王，对于他的出生事迹，便无神话传说内容作为依傍，因而各家在演说此事之时便各取所需，从而形成了刘邦各种的感生事迹。如《诗含神雾》载"后赤龙感女媪，刘季兴"，其外化事迹是模仿了龙感而生。《诗含神雾》又载"含始吞赤珠，刻曰玉英，生汉皇"，其外化事迹是模仿吞珠而生。

总之，"天地感生"说从黄帝开始，其"感生模式"得以定型，以后遂成为帝王降生的固定叙述模式了。

二、黄帝形貌与"承天立象"模式的推演

在国史系统中，并没有对黄帝形貌的描述。但是，这并不代表当时就没有关于黄帝形貌的神话传说内容存在。《山海经》中所载的黄帝族群有"人面蛇身"的特点[②]，而《吕氏春秋·本味》也载有"黄帝立四面"的传说，可见当时的确有黄帝形貌的神话传说。只是这些传说属于"百家言黄帝"中"不雅驯"的内容，所以不被司马迁所采纳。

但是这些内容却在国史以外的系统之中存续下来，如出土文献《黄帝四经》载：

> 昔者黄宗，质始好信，作自为象，方四面，傅一心，四达自中，前参后参，左参右参，践立（位）履参，是以能为天下宗。吾受命于天，定位于地，成名于人。唯余一人德乃配天，乃立王、三公，立国置君、三卿。数日、历月、计岁，以当日月之行。吾允地广裕，类

---

① 《河图始开图》，《两汉全书》，第34册，济南：山东大学出版社，2009年，第19614页。

② 刘晓：《神话先祖与黄帝神话传说的形成》，《理论月刊》，2018年第6期，第74页。

天大明。①

段中“黄宗”即黄帝，其“方四面”的说法，可以与《吕氏春秋·本味》所载的“立四面”相佐证，说明战国至汉初时期的社会之中，确实有关于黄帝“四面”形貌的传说。陈鼓应认为“作自为象”是关于黄帝创世神话的记载，认为黄帝依照自己的形象创制万物。②

在《黄帝四经》中的黄帝的形象：“方四面”，按照字面意思即黄帝前后左右都有面目；“傅一心”，陈鼓应释为“四面之通观可助一心之明察”；“四达自中”，则是说通过“一心之明察”可以指导四面的通观。这样的形象，除了“方四面”是对其具体形貌的描绘，“一心”“四达”等皆是玄妙之言。

这种从两个维度对黄帝形象的描绘，也要分为两部分内容来看。一方面它是延续了黄帝形貌的某些神话内容，另一方面则是根据“黄老”理论对其形貌的一种塑造。文中描绘黄帝“作自为象，方四面，傅一心，四达自中”，主要是为了说明他能为何够成为“天下宗”。黄帝之所以能够“为天下宗”，有创制世间万物的能力，根本在于其形貌符合帝道学说中创世帝王“承天受命”的要求。所谓“承天受命”，就要求帝王要类“天地之形”而得“天地之正”③。

通过类“天地之形”的塑造方式，从外貌上赋予帝王神性特征，这就是“承天立象”。以天生的外貌特征来解释黄帝“作自为象”的创世神话，可以更好地理解其神性的所得，由于其直观性也更容易为世人所认可、接受。《庄子·德充符》中载庄子之言“道与之貌，天与之形”，又说“天选之人”，就是对外貌是得自上天且是天道体现的论述先导。④ 从道家对于形貌天与的论述来说，具备神性的外貌，自然而然也就说明了其命也具有神性，正为如此，也就成为“天选”之人。黄帝四面以及“作自为象”的形貌描述，就是为了体现“黄老”学说主张的帝王应该“体天地之正”、顺应天道的内容。

这种通过“承天立象”理论来塑造黄帝形貌的路子⑤，不止存在于“黄老”学说中，“百家言黄帝”中也有类似的内容存在，主要是关于黄帝“龙

①②③ 陈鼓应：《黄帝四经今注今译》，北京：商务印书馆，2007 年，第 196 页。

④ 〔清〕郭庆藩撰：《庄子集解》，北京：中华书局，2010 年，第 54 页。

⑤ 曹胜高：《帝道的学理建构与学说形成》，《哲学动态》2015 年第 9 期，第 65 页。

颜"的记载。这些内容的流布很广，见于两汉子书系统的《潜夫论》载"其相龙颜"①，《论衡·骨相》也载"传言黄帝龙颜"②。

见于两汉谶纬文献的则更多，其中有大量因帝道学说"承天立象"理论塑造而赋予黄帝形貌的记载。这些记载主要是关于黄帝如何"承天"立象的，如《春秋元命苞》载：

> 黄帝龙颜，得天庭阳。上法中宿，取象文昌。戴天履阴，乘数制刚。③

《白虎通义》亦载"黄帝龙颜，得天匡阳，上法中宿，取象文昌"。④ 黄帝面部容貌为"龙颜"，按照字面解释是指人的额头中央隆起，古时相术家认为这是帝王的贵相。"龙颜"的形象，与《山海经》中"人面蛇身"的神话记叙有很大关系，其中有很多上古英雄、族群首领、天神等都是作此面貌。⑤ 并且，"人面蛇身"是任姓族群的原始记忆留存，在《山海经》中变成了神话传说，任姓族群的先祖即黄帝⑥，故而袁珂说"黄帝或亦当作此形貌"⑦。

《春秋元命苞》所载"黄帝龙颜"，一方面是延续神话的记载，另一方面则是与"承天"立象相关。因为"承天受命"理论，当时产生了很多关于帝王异相的说法，如"尧眉八彩""舜重瞳子""文王四乳"等。⑧ 黄帝的"龙颜"，正是为了说明他能够有"承天"之相。

《春秋元命苞》载黄帝"得天庭阳"的形貌特征，与《史记正义·五帝本纪》言黄帝"日角龙颜"有关。"日角"，郑玄《尚书中侯注》释为"庭中骨

---

① 〔汉〕王符撰，〔清〕汪继培笺：《潜夫论笺校正》，北京：中华书局，1985 年，第 391 页。

② 〔汉〕王充著：《论衡校释》，北京：中华书局，1990 年，第 108 页。

③ 《河图始开图》，《两汉全书》，第 34 册，济南：山东大学出版社，2009 年，第 19221 页。

④ 〔汉〕班固 撰集：〔清〕陈立 疏证：《白虎通疏证》，北京：中华书局，1994 年，第 337 页。

⑤⑥ 刘晓：《神话先祖与黄帝神话传说的形成》，《理论月刊》2018 年第 6 期，第 76 页、第 78 页。

⑦ 刘晓：《先秦姓氏观念的演进与黄帝姓氏考辨》，《理论月刊》2018 年第 1 期，第 86 页。

⑧ 曾德雄：《谶纬中的帝王世系及受命》，《文史哲》2006 年第 1 期，第 36 页。

起状如日”，也就是说人的面部额骨中央隐隐隆起的部分形状如日，“庭阳”的特征正好与“日角”相近。其实，“日角”和“庭阳”都是为了进一步解说“龙颜”，是为了说明黄帝“龙颜”的面相是与天象相关的，也就是为了证明黄帝“承天”立象的受命帝王特征。

而黄帝“上法中宿，取象文昌”，也是为了证明其能得“承天”立象。“中宿”即北辰，“文昌”是北斗。《史记·天官书》载：“斗魁戴匡六星，曰文昌星，一曰上将，二曰次将，三曰贵相，四曰司命，五曰司中，六曰司禄”①，又《星经》载：“文昌六星如半月形，在北斗魁前，其六星各有名”，可见文昌确属于北斗。如前所说，北斗是北天极，是北半球的天空之正位，那么黄帝“上法中宿，取象文昌”，其实是为了说明黄帝“承天”立象。正因为他“承天”立象，所以能够“得天之正”“顺天之正”，才有了“戴天履阴，乘数制刚”的能力。

“承天立象”不光是对“天象”的承顺，类“天地之形”包括对“地象”的吸收。如谶纬文献中记载的黄帝形貌，有一部分内容是根据五行学说来塑造的，这便是对“地象”的吸收。如《河图·附·录图》：

> 中央黄帝，体为轩辕，其人面方十颡，兑显缓唇，背丰厚，顺水授金。……帝喾方颐，皇帝兑颐。②

此说黄帝“面方十颡”，又《河图》载“黄帝广颡龙额”③，“十颡”恐即“广颡”之讹。《说文》释“颡”为“额”，《河图握矩记》载“黄帝方面”④，故“面方广颡”即面部方正、额头广大之意。“兑显”即当“皇帝兑颐”之“兑颐”，《河图握矩记》载“黄帝兑颐”⑤，《河图》又作“黄帝允颐”，“兑”与“允”皆有平缓之意，“颐”即颌，“兑显缓唇”当是后世所谓天庭饱满、地阁方圆之相。

与《黄帝四经》《春秋元命苞》当中的形象描述不同，前此是为了说明黄帝类“天”之形，此处描绘黄帝“广颡”“方面”的叙述逻辑则是遵循对土德之帝面貌塑造要求，说明他是如何类“地”之形的。《河图·附·录图》载：

---

① 〔汉〕司马迁 撰，〔南朝宋〕裴骃 集解，〔唐〕司马贞 索隐，〔唐〕张守节 正义：《史记》，北京：中华书局，1982年，第1293页。

②③④⑤ 《河图始开图》，《两汉全书》，第34册，济南：山东大学出版社，2009年，第19619页、第19724页、第19724页、第19725页。

承土而王，表其首。首大，表土也。其人广肩大足，好大笑、戏舞，广大象土，和，故逸乐也。善则甘露降，醴泉竝应其善。失则蝗虫生，天雨而常风，雾乱，皆土气伤，故表异也。①

这里对黄帝何以会面部方正、额头广大、天庭饱满、地阁方圆、背部丰厚以五行理论作解释，认为"土德"之王，因为要象征"土"的缘故，也就是为了代表地的广大，所以一定是"首大"；又因为"广大象土"，所以不止面部的"广颡"，背部也是"丰厚"，即"广肩"。

《春秋录图·补遗》中载：

东方苍帝，体为苍龙，其人长头，面大角骨起眉，背丰博，顺金授火。南方赤帝，体为朱鸟，其人尖头员面，方颐，张目，小上广下，鬒髯偃胸，顺水授土。中央黄帝，体为轩辕，其人面方广颡，兑显缓唇，背丰厚，顺火授金。西方白帝，体为白虎，其人方颡直面，兑口大鼻，小角，顺火授水。北方黑帝，体为玄武，其人夹面兑头，深目厚耳，垂腹反羽，顺土授木。此并象五行之元，依其行次以相传授也。②

这里说的"五行之元"，就是在五行理论之中，五帝的形貌皆是按照其所代表的五行特征来安排的，黄帝是土德之帝，自然要按照土德形貌来塑造。又如《春秋感精符》载"苍帝望之广，视之博。赤帝望之大，煌煌燃，视之尖上。黄帝望之小，视之大，广厚正方"③，这里说得更加明显：赤帝的形貌就是按照火德来塑造的，火的特点是火势大、火苗向上尖吐，故赤帝"煌煌燃""视之尖上"；苍帝的形貌是按照木德来塑造的，林木广大深远，所以苍帝"望之广，视之博"；黄帝代表土德，古人眼中的大地受"天圆地方"的观念影响，方正而且广大，且地能载天，故"地势坤，君子以厚德载物"，厚也是他的特点，所以黄帝"视之大，广厚正方"。

黄帝这种"承天立象"的形貌模式，被广泛应用于对帝王形貌的塑造中。《春秋元命苞》载：

伏羲大目，山准龙颜。……黄帝龙颜，得天庭阳。上法中宿，取

①②③ 《河图始开图》，《两汉全书》，第34册，济南：山东大学出版社，2009年，第19619页、第19645页、第19333页。

象文昌。戴天履阴，乘数制刚。尧眉八彩，是谓通明。历象日月，璿玑玉衡。舜重瞳子，是为慈原。上应摄提，下应三元。禹耳三漏，是谓大通。汤臂四肘，是谓神刚。象月推移，以绥四方。文王四乳，是谓含良。盖法酒旗，布恩舒惠。武王骈齿，是为刚强，取象参房，诛害以从天心。[①]

伏羲“龙颜”的相貌特征，虽然没有具体说明他如何得此面貌，但如黄帝一样当也是“承天立象”的结果。“尧眉八彩”，是“历象日月，璿玑玉衡”的结果，是类于天象中日月和北斗七星。“舜重瞳子”，是“上应摄提，下应三元”，是类于天象中的岁星和地象中的天地水。“汤臂四肘”，是“象月推移”，是对应天象中月之移动。“武王骈齿”，是“取象参房”，是对天象中参房二宿的取象。这里所说的从伏羲至于武王八位帝王，有的是类天之形，有的是类地之象，有的兼类天地，都是参照着“承天立象”的模式来赋予他们神异容貌的。

而且，“承天立象”的理论，也为历史系统所接受，其中对于帝王相貌的描述便吸收了“龙颜”的说法。正史系统中第一位被记作“龙颜”的帝王就是汉高祖刘邦，《史记·高祖本纪》载“高祖为人，隆准而龙颜”[②]。其后，各朝各代的皇帝，尤其是开国之君，往往便有这样“承天”所立的“龙颜”之象。

三、黄帝事迹与“以今例古”叙述模式

“以今例古”指的是为了适应当下的需要，以当下的叙述话语对古代事迹进行改说。谶纬为经作注，其所选择的事迹及其改造目的，都是用于解经以服务于时政[③]。这样一来，因为经书内容的不同，其叙述重点也各有侧重，而另一方面，因为都是以当下之事来改说，故其对上古事迹的叙述内容中又或多或少会透露出“今”事来。

---

① 《河图始开图》，《两汉全书》，第 34 册，济南：山东大学出版社，2009 年，第 19733 页。

② 〔汉〕司马迁 撰，〔南朝宋〕裴骃 集解，〔唐〕司马贞 索隐，〔唐〕张守节 正义：《史记》，北京：中华书局，1982 年，第 687 页。

③ 曾德雄：《谶纬中的帝王世系及受命》，《文史哲》，2006 年第 1 期，第 39 页。

以黄帝事迹而言，《左传》中的黄帝事迹只有"战于阪泉"和"以云制官"两条，战国时期随着"百家言黄帝"而逐渐增多，其时的黄帝是人文始祖，围绕黄帝以礼乐文明为参考产生了众多的创制事迹。[①] 这些事迹到了《史记·五帝本纪》，经过司马迁的删削形成了战炎帝于阪泉、战蚩尤于涿鹿的征战事迹[②]，和以云制官、举贤制历的文治事迹，以及其妻与其子的帝系传承记叙三大类内容。

黄帝伐蚩尤的事迹，从春秋到战国已经为诸子百家改造过了，所以在黄老学说中黄帝伐蚩尤变成了彰示权威的事迹[③]，儒家典籍中变成了圣王征战事迹[④]，兵家则改造为五行相克的战法示例[⑤]。谶纬文献中所保留的黄帝伐蚩尤事迹，有很大程度上是保留了战国以降的"百家言"，虽然其事迹在表述内容方面不尽相同，但基本遵循着"以今例古"的改说模式。

在谶纬文献中更是如此，如《尚书刑德放·补遗》载：

> 涿鹿者，竿人头也。黄帝杀之涿鹿之野，身首异处，故别葬，岂竿其首于涿鹿地乎?[⑥]

按照《经义考》所说"按书名刑德放者，其辞有云涿鹿者'竿人头也'，黥者，马黥竿人面也，膑者，脱去人之膑也，宫者……"，认为"竿人头"是一种刑法之名，这与文中所说的"黄帝杀之涿鹿之野，身首异处"的说法一

① 黄帝创制事迹存于《山海经》《世本》《逸周书》《管子》《吕氏春秋》等文献中，事迹众多。《山海经》中的黄帝创制侧重于原始记忆的留存，如黄帝轩辕氏造车舟。《世本》等文献中侧重礼乐文明的创制，如黄帝造律吕、乐器。谶纬中黄帝创制侧重易、天文、地利等，是对于推测运数、朝代兴亡等有关的演化。

② 黄帝征战事迹经过了神话追述、人为改造、理论改造等多次加工，至《史记·五帝本纪》才进行了整合。

③ 《黄帝四经·正乱》篇就以黄帝与蚩尤的战争为例，详细写出黄帝战胜蚩尤之后，如何残忍的杀掉蚩尤，并且利用蚩尤为天下立禁，这正是为了宣扬黄帝权威。

④ 《大戴礼记·五帝德》载黄帝神异，以德行而战胜炎帝、蚩尤，是为了说明圣人以德治天下。

⑤ 林生：《神农氏、炎帝与传统文化》，《烟台大学学报（哲社版）》1991 年第 1 期，第 33 页。

⑥ 《河图始开图》，《两汉全书》，第 34 册，济南：山东大学出版社，2009 年，第 18992 页。

致。可见，《补遗》所说黄帝伐蚩尤杀而别葬的事迹，其实是为了说明刑法的。[①]

再如，《春秋·补遗》载：

帝伐蚩尤，乃睡梦西王母遣道人披玄狐之裘，以符授之。[②]

以《春秋》所载孔子"西狩获麟"谶为机，《春秋纬》中保存了大量的符谶之说，《补遗》所载的黄帝伐蚩尤是通过获得西王母所遣道人授予的"符"来完成的，正是为了解说符谶之事。以符谶改造黄帝伐蚩尤事迹的，当然不止于"春秋纬"，在《河图·补遗》中也载"玄女出兵符授黄帝，以杀蚩尤"[③]。

以符谶改造黄帝伐蚩尤事迹最为完整的是《龙鱼河图》，其中载：

帝伐蚩尤，乃睡梦西王母遣道人，披玄狐之裘，以符授之曰："太乙在前，天乙备后，河出符信，战则克矣。"黄帝寤思其符，不能悉□（笔者注：此字字库查无），以告风后、力牧，风后、力牧曰"此兵应也，战必自胜"。力牧与黄帝俱到盛水之侧，立坛，祭以太牢。有玄龟衔符出水中，置坛中而去。黄帝再拜稽首，受符视之，乃梦所得符也。广三寸，袤一尺。于是黄帝佩之以征，即日擒蚩尤。[④]

此处将符谶之事完整的贯穿于黄帝伐蚩尤的征战事迹中，包括梦天授符、立坛斋戒、玄龟衔符、佩符征伐等多个故事点，串起来就成了一则完整的黄帝伐蚩尤事迹。如《河图》与《龙鱼河图》这类文献，都是为了解释符谶而对黄帝事迹进行改造，虽然其间故事内容和角色会有差异，但是究其目的则都是为了解说符谶而生。

与黄帝伐蚩尤的征战事迹相类似，谶纬文献中有关黄帝文治事迹也是因各家解经的需要而不同。关于开辟天地、文明肇始的认识，易家认为是由《易》与文字的创制而生，因此而对古帝王尤其是黄帝，便附加了大量的创制易与文字的事迹。如《易纬乾凿度》载：

黄帝曰：观上古圣，驱駉元化，劈楷万业，徒得为懋，训究体译。元肇颐浚澳作沐，悬心，轮薄不息，以启三光，上飞籥风雨，下

---

① 两汉时期以《尚书》典刑，《刑德放》一类的谶纬文献正是为了解说《尚书》与刑法而产生的。

②③④ 《河图始开图》，《两汉全书》，第34册，济南：山东大学出版社，2009年，第18992页、第19640页、第19715—19716页。

突济河沱。得元气，澄阴阳，正易大行，万会生。上古变文为字，变气为易，画卦为象，象成设位。①

并且还说“黄帝曰：太古百皇，闢基文籀”②，借黄帝之口来说明古代文明的肇始是籀文的创制、演化过程，而这一过程是经过太古百皇的共同努力。这一过程的直接后果就是“易”的创制，使得“天地之道不湪”。黄帝在这一叙述逻辑中，变成了重要的一环，如《易纬·乾坤凿度》载：“公孙轩辕氏演古籀文”，③认为黄帝是古籀文的演化者，是文字的改良者。

因此，《易纬·乾坤凿度》载：

> 黄帝曰：圣人索颠，作天索易。以地俯仰，而象远近，而物，浩而功，然而立。太古断元，圣人法地，极先生而设位，物成而丽诸形，错煸以文，改茹以鱼，虞兽以韦，上齿以蕎。法物以授。析菥以策，运蓍以数，王天下者也。太易变，教民不倦。太初而后有太始，太始而后有太素。……而后传授天老氏，而后传授于混沌氏，而后授天英氏，而后传无怀氏。而后传授中孙炎帝神农氏，中圣古法淳物，元造不足，益之器用，农谷衣蕀。高以饰乘，卑以饰足。而后烈山氏，而后授三孙帝氏，次授老孙氏。公孙轩辕氏，益之法神器车符，文左武右，三器备御。自上古及下帝孙，大熟化演，设民弗倦，益物弗限。④

如其所说，借黄帝之口，把人类从肇始到王道立这一阶段的历史理顺。其中，人类得以延续和王道得以传承的根本在于“元”，对于“元”的传承，则体现在“易”上，从圣人的“索易”到太古的“太易”以至于后世，都是依靠“易”来传承的。黄帝是这一肇始阶段的重要里程碑，其原因一则在于黄帝“演古籀文”，是文字的定标之人。另外，黄帝还是“易”的传承人和改造之人，他能够在“元造不足”之时，“益之器用”，也就是文中所说的“益之法神器车符，文左武右，三器备御”。因为黄帝能够改革文字、变“易”设器，因而使得人类文明能够延续，也使得王道能够传续，这样一来黄帝自然就是“易”家所看重的古帝王了。而黄帝的文治事迹在《易纬》系列中，也就

①②③④　《河图始开图》，《两汉全书》，第34册，济南：山东大学出版社，2009年，第18815页、第18811页、第18811页、第18812—18813页。

是围绕着黄帝能够演籀文和变革“易”产生的。

并且因为谶纬主要是为了政治服务，“王道”延续成为其论说的焦点。所以除了《易纬》系列的文献是为了说明黄帝能够续王道，其他文献也有类似的记载。不过，因为《易纬》的塑造，使得黄帝成为文字演化的里程碑式人物，他才具有了传授当世帝王书符的权威。而且黄帝又有创制“法神器车符”的事迹，是符瑞系统的创始者。所以，在其他文献中黄帝就变成了帝王系统的代言人，他的“法神器车符”，成为“百家”争言的内容。

“法神器车符”内容中最为重要的，就是河图洛书的传说，黄帝是这一传说中的受图之人。如《河图挺佐辅》中载：

> 黄帝修德立义，天下大治。乃召天老而问焉：“余梦见两龙，挺白图，以授余于河之都。”天老曰：“河出龙图，雒出龟书，纪帝录，列圣人之姓号。兴谋治太平，然后凤皇处之。今凤凰以下三百六十日矣。天其受帝图乎？”黄帝乃祓斋七日，至于翠妫之川。大鲈鱼折溜而至，乃与天老迎之。五色毕具，鱼泛白图，兰叶朱文，以授黄帝，名曰录图。①

这一记载中的黄帝，正是受录图者。这里所说的录图，天老言之为“纪帝录，列圣人之姓号”者，就是说龙图、龟书所载的内容都是关于帝王当受命者的名号和帝王受命顺序的。关于黄帝受图的另一则记载见于《春秋元命苞》，其中载“黄帝受图，有五始：元者气之始，春者四时之始，王者受命之始，正月者政教之始，公即位者一国之始”②，认为黄帝所受之“图”，其内容中包括人间帝王受命改制的内容，其所谓的“元者”“春者”“王者”“正月者”“公即位者”，分别对应人间历法礼制的改元、定朔等内容。

综合两种说法，图中所载的内容是有关帝王受命和改制的，是服务当下，通过谶纬文献说明“王道”延续的顺序，作为受命舆论的佐证。这里的龙图、龟书，正是两汉谶言系统中最为重要的谶语来源，而黄帝也就成为这一谶言来源的“发言人”。其后，在谶纬文献中，将其他人物掺入使黄帝受图事迹变得细致化，使得这一事件得以丰富。把原本与黄帝有关的人物加入受图的谶言系

①②《河图始开图》，《两汉全书》，第34册，济南：山东大学出版社，2009年，第19743—19744页、第19199页。

统中，就出现了如《春秋合诚图》中"黄帝坐玄扈洛水上，与大司马荣光等临观，凤皇衔图置帝前，黄帝再拜受图"的记载①。这些记载都是通过借黄帝在当时人们心目中之权威，来加深谶言的可信性和权威性。

其后，尽管在不同的文献中，受命帝王多有受图的事迹，但归根到底，都是黄帝受图之后，历代王者重履祖迹而受命的说法，都是以黄帝为榜样的。如《易纬是类谋》载大舜受图之事：

建世度者戏，重瞳之新定录图，有白颛顼，帝纪世谶，别五符，元元之威冥因哉。②

郑康成注说"重瞳定录图，黄帝始受河图而定录"，这里的"重瞳"就是指的大舜。郑玄指出了后世如大舜他在受命之时，也获得了定录图的机会，但是他并不是最早的录图获得者，最早的受录图乃是黄帝。

与"王道"传续相关的是帝王世系系统，因为黄帝是王道的传续者，因此以黄帝为中心所构建的上古帝王世系也成为纬书所乐道的内容。如《易纬稽览图》载：

甲寅伏羲氏，至无怀氏，五万七千八百八十二年，神农五百四十年，黄帝一千五百二十年。少昊四百年，颛顼五百年，帝喾三百五十年，尧一百年，舜五十年，禹四百三十一年，殷四百九十六年，周八百六十七年，秦五十年。③

这里建立的从伏羲、无怀氏为上古第一阶段，再到神农氏、黄帝、少昊、颛顼、帝喾为第二阶段，尧至秦则为第三阶段。从年数分布来看，上古为年岁最长的时间段，神农至帝喾次之，尧以后更次之。而且，这里将黄帝不再视作一个人，而是视作一个朝代，其时间跨度达一千五百二十年，这是除了伏羲、无怀氏等上古第一阶段之外，历时最久的一个阶段。又《春秋命历序·补遗》载："黄帝传十世，一千五百二十年"④，对黄帝世系的传布也作了交代。又《春秋命历序》载：

黄帝，一曰帝轩辕，传十世，二千五百二十岁。次曰帝宣，曰少昊，一曰金天氏，则穷桑氏，传八氏，五百岁。次曰颛顼，则高阳

①②③④　《河图始开图》，《两汉全书》，第 34 册，济南：山东大学出版社，2009 年，第 19353 页、第 18923 页、第 18851—18852 页、第 19448 页。

氏，传二十世，三百五十岁。次曰帝喾，即高辛氏，传十世，四百岁。①

从时间上看，黄帝每世的平均时长在一百五十二年到二百五十二年，比传八世的少昊、二十世的“颛顼”、十世的帝喾，其每世的在位时间要长很多，更是远远超过后世王朝“30 年为一世”的世系传承概念。因此，从时间上看谶纬所构建的黄帝传世系统在古代帝王系统中得以突出。

这种黄帝作为朝代之名的传世系统，相较于《史记・五帝本纪》中的帝系系统，有大不同之处。同时，因为是“以今例古”，所以在一定程度上又显的更加合理。首先更符合上古帝王的称谓，古代的族群首领或者是部落首领的名号往往是相继以传的，如少典氏、神农氏等，每一代的领袖都称之为少典、神农。至黄帝反而成为一人之专称，会显得有些突兀不符合上古部落领袖的称谓方式。其次，自黄帝以后，颛顼、帝喾、尧、舜、禹等，皆为其子孙，但是大禹后代建立了夏后氏，大舜建立的为有虞氏，黄帝与颛顼、帝喾、尧则只是单单的一个人，也不符合后人眼中的朝代更迭的传承规律。因此，从一定程度上说，谶纬文献中所记的黄帝及其子孙的传世体系，要更符合后世人眼中王朝发展规律和帝王传承规律。

① 《河图始开图》，《两汉全书》，第 34 册，济南：山东大学出版社，2009 年，第 19444 页。

黄帝祭祀史料编年

郭　琳

（西北大学中国文化研究中心讲师）

祭法：

有虞氏禘黄帝而郊喾，祖颛顼而宗尧。夏后氏亦禘黄帝而郊鲧，祖颛顼而宗禹。殷人禘喾而郊冥，祖契而宗汤。周人禘喾而郊稷，祖文王而宗武王。禘、郊、祖、宗，谓祭祀以配食也。（《礼记·祭法》）

秦

自秦宣公作密畤后二百五十年，而秦灵公于吴阳作上畤，祭黄帝；作下畤，祭炎帝。（《汉书·郊祀志》）

秦二世元年（前209）

于是刘季数让，众莫敢为，乃立季为沛公，祠黄帝，祭蚩尤于沛庭。（《史记·高祖本纪》）

西汉

汉武帝元鼎六年（前111）

上遂郊雍，至陇西，西登空桐，幸甘泉。令祠官宽舒等具泰一祠坛，坛放薄忌泰一坛，坛三垓。五帝坛环居其下，各如其方，黄帝西南，除八通鬼道。（《史记·孝武本纪》）

汉武帝元封元年（前110）

其来年冬，上议曰："古者先振兵泽旅，然后封禅。"乃遂北巡朔方，勒兵十余万，还祭黄帝冢桥山，泽兵须如。（《史记·孝武本纪》）

及是岁修封，则祠泰一、五帝于明堂上坐……始拜明堂如郊礼。毕，尞堂下。而上又上泰山，自有秘祠其颠。而泰山下祠五帝，各如其方，黄帝并赤帝

所，有司侍祠焉。(《汉书·郊祀志》)

汉宣帝

又立五龙山仙人祠及黄帝、天神帝、原水凡四祠于肤施。(《汉书·郊祀志》)

新

王莽始建国元年（9）

莽又曰："予前在摄时，建郊宫，定祧庙，立社稷，神祇报况，或光自上复于下，流为乌，或典气熏烝，昭耀章明，以著黄、虞之烈焉。自黄帝至于济南伯王，高祖世氏姓有五矣。黄帝二十五子，分赐厥姓十有二氏。虞帝之先，受姓曰姚，其在陶唐曰妫，在周曰陈，在齐曰田，在济南曰王。予伏念皇初祖考黄帝，皇始祖考虞帝，以宗祀于明堂，宜序于祖宗之亲庙。其立祖庙五，亲庙四，后夫人皆配食。郊祀黄帝以配天，黄后以配地。"(《汉书·王莽传》)

遣骑都尉嚣等分治黄帝园位于上都桥畤，虞帝于零陵九疑，……使者四时致祠。(《汉书·王莽传》)

东汉

汉明帝永平二年（59）

明帝即位，永平二年正月辛未，初祀五帝于明堂，光武帝配。五帝坐位堂上，各处其方。黄帝在未，皆如南郊之位。(《后汉书·祭祀志》)

先立秋十八日，迎黄灵于中北，祭黄帝后土。车旗服饰皆黄。歌《朱明》，八佾舞《云翘》《育命》之舞。(《后汉书·祭祀志》)

北魏

北魏明元帝神瑞二年（415）

壬申，幸涿鹿，登桥山，观温泉，使使者以太牢祠黄帝庙。(《魏书·太宗纪》)

北魏明元帝泰常三年（418）

泰常三年，为五精帝兆于四郊，远近依五行数。各为方坛四陛，埒壝三重，通四门。以太皞等及诸佐随配。侑祭黄帝，常以立秋前十八日。余四帝，

各以四立之日。(《魏书·礼志》)

北魏明元帝泰常七年(422)

辛酉，幸桥山，遣使者祠黄帝、唐尧庙。(《魏书·太宗纪》)

北魏太武帝神元年(428)

八月，东幸广宁，临观温泉。以太牢祭黄帝、尧、舜庙。(《魏书·世祖纪》)

北魏文成帝和平元年(460)

和平元年正月，帝东巡。历桥山，祀黄帝；幸辽西，望祀医无闾山。(《魏书·礼志》)

北齐

后齐为蚕坊于京城北之西，去皇宫十八里之外，方千步。……每岁季春，谷雨后吉日，使公卿以一太牢祀先蚕黄帝轩辕氏于坛上，无配，如祀先农。(《隋书·礼仪志》)

北周

后周仲春教振旅，大司马建大麾于莱田之所。……既阵，皆坐，乃设驱逆骑，有司表狢于阵前。以太牢祭黄帝轩辕氏，于狩地为，建二旗，列五兵于坐侧，行三献礼。(《隋书·礼仪志》)

隋

隋文帝开皇二十年(600)

开皇二十年，太尉晋王广北伐突厥，四月己未，次于河上，祃祭轩辕黄帝，以太牢制币，陈甲兵，行三献之礼。(《隋书·礼仪志》)

隋炀帝大业七年(611)

是岁也，行幸望海镇，于秃黎山为坛，祀黄帝，行祃祭。诏太常少卿韦霁、博士褚亮奏定其礼。皇帝及诸预祭臣近侍官诸军将，皆斋一宿。有司供帐设位，为埋坎神坐西北，内壝之外。建二旗于南门外。以熊席设帝轩辕神坐于壝内，置甲胄弓矢于坐侧，建槊于坐后。皇帝出次入门，群官定位，皆再拜奠。礼毕，还宫。(《隋书·礼仪志》)

隋炀帝大业十年（614）

三月壬子，行幸涿郡。癸亥，次临渝宫，亲御戎服，祃祭黄帝，斩叛军者以衅鼓。（《隋书·炀帝纪》）

唐

武德、贞观之制，神祇大享之外，……季夏土王日，祀黄帝于南郊，帝轩辕配，后土、镇星从祀。（《旧唐书·礼仪四》）

唐玄宗天宝六年（747）

六载正月辛巳朔，……于京城置三皇、五帝庙，以时享祭。（《旧唐书·玄宗纪》）

唐德宗贞元十五年（799）

十五年四月，术士匡彭祖上言：“大唐土德，千年合符，请每于四季月郊祀天地。”诏礼官儒者议。归崇敬曰：“准礼，立春日迎春于东郊，祭青帝。立夏日迎夏于南郊，祭赤帝。立秋后十八日，迎黄灵于中地，祭黄帝。秋、冬各于其方。黄帝于五行为土，王在四季，土生于火，用事于木，而祭于秋，三季则否。汉、魏、周、隋，共行此礼。国家土德乘时，亦以每岁六月土王之日，祀黄帝于南郊，以后土配，合于典礼。彭祖凭候纬之说，据阴阳之书，事涉不经，恐难行用。”乃寝。（《旧唐书·礼仪一》）

宋

宋则授旌节于朝堂，次告庙社，又祃祭黄帝。（《明史·礼志十一·军礼》）

宋真宗大中祥符五年（1012）

先是，上梦景德中所睹神人，传玉皇及天尊之命云：“先令汝祖某授汝天书。”翌日夜，复梦天尊言：“吾坐西当斜设六位。”即于延恩殿设道场。是日五鼓，天尊降曰：“吾人皇中九人之一人也，是赵之始祖，再降，乃轩辕黄帝，后唐时七月一日复降，主赵氏之族。”谓上曰：“善抚育苍生，无忘前志。”寻上圣祖尊号曰圣祖上灵高道九天司命保生天尊，乃诏避圣祖名，上曰玄，下曰朗，应天庆观并增圣祖殿，以七月一日为先天节，十月二十四日为降圣节，寻又上圣祖母号曰元天大圣后。（《宋九朝编年备要》）

宋徽宗崇宁四年（1105）

又诏以铸鼎之地作宝成宫，总屋七十一区，中置殿曰神灵，以祠黄帝；东庑殿曰成功，祀夏后氏；西庑殿曰持盈，祠周成王及周公、召公；后置堂曰昭应，祀唐李良及隐士嘉成侯魏汉津。（《宋史·吉礼七》）

金

金宣宗贞祐四年（1216）

时尚书省奏："辽东宣抚副使完颜海奴言，参议官王浍尝言，本朝绍高辛，黄帝之后也。昔汉祖陶唐，唐祖老子，皆为立庙。我朝迄今百年，不为黄帝立庙，无乃愧于汉、唐乎。"……诏问有司，行信奏曰："按《始祖实录》止称自高丽而来，未闻出于高辛。今所据欲立黄帝庙，黄帝高辛之祖，借曰绍之，当为木德，今乃言火德，亦何谓也？况国初太祖有训，因完颜部多尚白，又取金之不变，乃以大金为国号，未尝议及德运。近章宗朝始集百僚议之，而以继亡宋火行之绝，定为土德，以告宗庙而诏天下焉。顾浍所言特狂妄者耳。"上是之。（《金史·张行信传》）

明

明太祖洪武四年（1371）

四年二月，议祭古先圣帝贤王，……在陕西者十五，中都县祭黄帝。（《明朝小史·洪武纪》）

明太祖洪武二十九年（1396）

维洪武二十九年，岁次丙子，六月丁亥朔，越七日癸巳，秦王敬遣左长史茅廷□，敢昭告于黄帝轩辕氏之陵。（黄帝陵轩辕庙碑廊存石碑）

明成祖永乐十二年（1414）

维永乐十二年，岁次甲午，八月辛丑朔，十八日戊午，皇帝谨遣延安通判臣刘骥致祭于黄帝轩辕氏。（黄帝陵轩辕庙碑廊存石碑）

明宣宗宣德元年（1426）

维宣德元年，岁次丙午，二月乙丑朔，十一日□□，皇帝谨遣应城伯孙傑致祭于黄帝轩辕氏。（黄帝陵轩辕庙碑廊存石碑）

明代宗景泰元年（1450）

维景泰元年，岁次庚午，闰正月丙午朔，十五日庚申，皇帝谨遣工科给事中霍荣致祭于黄帝轩辕氏。（黄帝陵轩辕庙碑廊存石碑）

明英宗天顺六年（1462）

维天顺六年，岁次壬午，八□□□□，□一日癸酉，皇帝遣延安府知府臣王瑾致祭于黄帝轩辕氏。（黄帝陵轩辕庙碑廊存石碑）

明武宗正德元年（1506）

维正德元年，岁次丙寅，四月庚戌朔，十九日戊申，皇帝谨遣鸿胪寺寺丞张昱致祭于黄帝轩辕氏。（黄帝陵轩辕庙碑廊存石碑）

明武宗正德十一年（1516）

维正德十一年，岁次丙子，八月庚戌朔，越十八日丁卯，皇帝遣延安府同知臣刘贡致祭于黄帝轩辕氏。（黄帝陵轩辕庙碑廊存石碑）

明世宗嘉靖十年（1531）

维嘉靖十年，岁次辛卯，八月壬午朔，越二十日乙巳，皇帝谨遣延安府通判梁致让致祭于黄帝轩辕氏。（黄帝陵轩辕庙碑廊存石碑）

明世宗嘉靖三十一年（1552）

维嘉靖三十一年，岁次壬子，八月辛亥朔，二十七日丁丑，皇帝遣延安府知府周建邦致祭于黄帝轩辕氏。（黄帝陵轩辕庙碑廊存石碑）

明世宗嘉靖三十五年（1556）

维嘉靖三十有五年，岁次丙辰，四月己丑朔，六日甲午，户部左侍郎邹守愚率陕西布政司右参政朱用、谢淮，左参议粟永禄，按察司副使徐贡元，都司指挥申绍祖，以牲醴香帛，致祭于黄帝轩辕氏之神。（黄帝陵轩辕庙碑廊存石碑）

明穆宗隆庆四年（1570）

维隆庆四年，岁次庚午，八月丙申朔，二十一日丙辰，皇帝遣陕西延安府知府郭文和致祭于黄帝轩辕氏。（黄帝陵轩辕庙碑廊存石碑）

明神宗万历元年（1573）

万历元年，岁次癸酉，四月丁巳朔，越十六日乙丑，皇帝遣尚宝司少卿石星致祭于黄帝轩辕氏。（黄帝陵轩辕庙碑廊存石碑）

明神宗万历二十八年（1600）

维万历二十八年，岁次庚子，八月辛未朔，二十五日乙未，皇帝遣延安府

知府徐安致祭于黄帝轩辕氏。（黄帝陵轩辕庙碑廊存石碑）

明熹宗天启元年（1621）

维天启元年，岁次辛酉，十一月戊戌朔，越初四日辛丑，皇帝谨遣锦衣卫加正一品俸都指挥使侯昌国致祭于黄帝轩辕氏。（黄帝陵轩辕庙碑廊存石碑）

清

清圣祖康熙二十一年（1682）

维康熙二十一年，岁次壬戌，三月己酉朔，越十六日甲子，皇帝谨遣工部右侍郎加一级苏拜致祭于黄帝轩辕氏。（黄帝陵轩辕庙碑廊存石碑）

清圣祖康熙二十七年（1688）

维康熙二十七年，岁次戊辰，十二月庚子朔，越十有七日丙辰，皇帝遣鸿胪寺卿刘楷致祭于黄帝轩辕氏之陵。（黄帝陵轩辕庙碑廊存石碑）

清圣祖康熙三十五年（1696）

维康熙三十五年，岁次丙子，三月丁巳朔，越十五日辛未，皇帝遣都察院协理院事左佥都御使常翼圣，致祭于黄帝轩辕氏。（黄帝陵轩辕庙碑廊存石碑）

清圣祖康熙四十二年（1703）

维康熙四十二年，岁次癸未，五月乙巳朔，越十三日丁巳，皇帝遣大理寺少卿莫音代致祭于黄帝轩辕氏之陵。（《黄陵县志》卷二一，1944 年铅印本）

清圣祖康熙四十八年（1709）

维康熙四十八年，岁次己丑，八月己亥朔，越二十六日甲子，皇帝遣户部右侍郎加二级张世爵敬祭于黄帝轩辕氏。（《黄陵县志》卷二一，1944 年铅印本）

清圣祖康熙五十二年（1713）

维康熙五十二年，岁次癸巳，七月丙午朔，越祭日己酉，皇帝遣内阁学士兼礼部侍郎蔡升元致祭于黄帝轩辕之陵。（黄帝陵轩辕庙碑廊存石碑）

清圣祖康熙五十八年（1719）

维康熙五十八年，岁次己亥，三月戊辰朔，越十有七日庚寅，皇帝遣左春坊左赞善翰林院检讨臣吴孝登致祭于黄帝轩辕氏之陵。（黄帝陵轩辕庙碑廊存石碑）

清世宗雍正元年（1723）

维雍正元年，岁次癸卯，二月辛亥朔，越十五日丙寅，皇帝遣通政使司右通政钱以垲致祭于黄帝轩辕氏。（黄帝陵轩辕庙碑廊存石碑）

清世宗雍正二年（1724）

维雍正二年，岁次甲辰，正月丙子朔，越二十二日丁酉，皇帝遣都察院左副都御史江球祭于黄帝轩辕氏。（黄帝陵轩辕庙碑廊存石碑）

清世宗雍正十三年（1735）

维大清雍正十三年，岁次乙卯，丙寅朔，越祭日丁亥吉时，皇帝（遗）〔遣〕太常寺少卿鲁国华致祭于黄帝轩辕氏陵。（黄帝陵轩辕庙碑廊存石碑）

清高宗乾隆二年（1737）

维乾隆二年，岁次丁巳，戊申月，丁亥朔，越辛亥日，皇帝遣翰林院侍读学士世臣致祭于轩辕帝王。（黄帝陵轩辕庙碑廊存石碑）

清高宗乾隆十四年（1749）

维乾隆十四年，岁次己巳，六月丁丑朔，越二十有三日己亥，皇帝遣太常寺少卿钟衡致祭于黄帝轩辕氏。（黄帝陵轩辕庙碑廊存石碑）

清高宗乾隆十七年（1752）

维乾隆十七年，岁次壬申，二月初一日癸巳朔，越日，皇帝遣太常寺少卿涂逢震致祭于黄帝轩辕氏之陵。（黄帝陵轩辕庙碑廊存石碑）

清高宗乾隆二十年（1755）

维乾隆二十年，岁次乙亥，八月壬寅朔，二十有七日己巳，皇帝遣太常寺卿熊学鹏致祭黄帝轩辕氏。（黄帝陵轩辕庙碑廊存石碑）

清高宗乾隆二十五年（1760）

维乾隆二十五年，岁次庚辰，正月丁未朔，越初八日甲寅，皇帝遣都察院左副都御史赫庆致祭于黄帝轩辕氏。（黄帝陵轩辕庙碑廊存石碑）

清高宗乾隆三十七年（1772）

维乾隆三十七年，岁次壬辰，正月丁酉朔，越七日戊午，皇帝遣宗人府府丞李友棠致祭于黄帝轩辕氏陵。（黄帝陵轩辕庙碑廊存石碑）

清高宗乾隆四十一年（1776）

维乾隆四十一年，岁次丙申，七月庚午朔，越十四日癸未，皇帝遣内阁学士塘古泰致祭于黄帝轩辕氏陵。（黄帝陵轩辕庙碑廊存石碑）

清高宗乾隆四十五年（1780）

维乾隆四十五年，岁次庚子，三月庚辰朔，越十四日癸巳，皇帝遣内阁学士钱载致祭于黄帝轩辕氏之陵。（黄帝陵轩辕庙碑廊存石碑）

清仁宗嘉庆元年（1796）

嘉庆元年，授受大典礼成，祭告帝王陵寝奏准，应遣官员谨查明应祭处所，各于本省副都统总兵内拟派，就近致祭……西安副都统祭黄帝轩辕氏。（《清续文献通考》卷一六六，《群庙考一》）

清仁宗嘉庆五年（1800）

兹以嘉庆四年十一月二十六日，恭奉高宗法天隆运至诚先觉体元立极敷文奋武孝慈神圣纯皇帝主，配享圜丘礼成。特遣专官，虔申昭告。（《湖南通志》卷七三，清光绪十一年刻本）

清仁宗嘉庆二十四年（1819）

维嘉庆二十四年，岁次己卯，三月朔，越祭日丁未，皇帝遣都察院左副都御史和桂致祭于黄帝轩辕氏之陵。（黄帝陵轩辕庙碑廊存石碑）

清宣宗道光元年（1821）

维道光元年，岁次辛巳，七月己酉朔，越十有五日癸亥，皇帝遣陕西西安副督统哈兴阿致祭于黄帝轩辕氏之神。（黄帝陵轩辕庙碑廊存石碑）

清宣宗道光十六年（1836）

维道光十六年，岁次丙申，二月甲寅朔，越九日壬戌，皇帝遣陕西延榆绥镇总兵官郭维昌祭告于黄帝轩辕氏陵前。（黄帝陵轩辕庙碑廊存石碑）

清宣宗道光二十六年（1846）

维道光二十六年，岁次丙午，正月丁巳朔，越二十四日庚辰，皇帝遣西安右翼副都统甘露致祭于黄帝轩辕氏之陵前。（《黄陵县志》卷二三，1944 年铅印本）

清宣宗道光三十年（1850）

维道光三十年，岁次庚戌，四月癸亥朔，越二十日壬午，皇帝遣陕西西安左翼副都统常春致祭于黄帝轩辕氏神位前。（《黄陵县志》卷二三，1944 年铅印本）

1908 年

维黄帝纪元四千六百零五年九月重阳日，玄曾孙某某等谨以香花清酒牲肴

之仪，敬献于我皇祖轩辕黄帝之墓前。(《黄帝祭文集》，西北大学出版社2014年版 下同，不再注出)

中华民国

民国二十四年（1935）

维中华民国二十四年四月七日，中国国民党中央执行委员会监察委员会谨推委员张继、邵元冲代表致祭于中华民族始祖黄帝轩辕氏之灵。

民国二十四年（1935）

维中华民国二十四年四月七日，国民政府敬派委员邓家彦代表致祭于桥陵。

民国二十四年（1935）

中华民国二十四年四月七日，中国国民党中央执行委员会暨国民政府，倡导民族扫祭之礼，特派专使，修祃桥陵。陕西省党务指导委员会、陕西省政府、西安绥靖公署，公推邵力子、郭英夫、冯钦哉、雷宝华、李志刚、宋志先等，恭随瞻拜。谨代表全省人民，掬诚祭告于我民族始祖轩辕黄帝之灵。

民国二十五年（1936）

中华民国二十有五年四月四日，国民政府特派陕西省政府主席邵力子敬祀于桥陵。

民国二十六年（1937）

维中华民国二十六年四月五日，苏维埃政府主席毛泽东、人民抗日红军总司令朱德恭派代表林祖涵，以鲜花时果之仪致祭于我中华民族始祖轩辕黄帝之陵。

民国二十六年（1937）

维中华民国二十六年四月四日民族扫墓之期，中国国民党中央执行委员会追怀先民功烈，欲使来者知所绍述，以焕发我民族之精神，特派委员张继、顾祝同驰抵陵寝，代表致祭于我开国始祖轩辕黄帝之陵前。

民国二十六年（1937）

中华民国二十六年，国民政府主席林森，特派陕西省政府主席孙蔚如，谨以香醴庶馐代表敬祭于桥陵。

民国二十六年（1937）

维中华民国二十六年四月四日，国民革命军第五路军总司令李宗仁、副司令白崇禧，广西省政府主席黄旭初，谨以清酌庶馐之仪，致祭于桥陵。

民国二十七年（1938）

维中华民国二十七年四月五日，中国国民党中央执监委员会特派委员蒋鼎文代表谨具牲醴鲜花之仪，致祭于我民族始祖黄帝之灵。

民国二十七年（1938）

维中华民国二十七年四月五日，国民政府特派陕西省政府主席孙蔚如代表致祀于桥陵。

民国二十七年（1938）

维中华民国二十有七年四月五日，陕西省主席孙蔚如等，统率僚属，谨以柔毛刚鬣之荐，致祭于桥陵黄帝之灵前。

民国二十八年（1939）

维中华民国二十有八年，倭妖扰华，于今九载。中国国民党日诏国人，示以义方。民众茹荼如饴，将士不懈益励，誓必戳灭寇虏，还我河山。谨于民族上冢之日，遣委员张继以香花清酒，敬祭于轩辕黄帝之灵。

民国二十八年（1939）

维中华民国二十八年四月六日民族扫墓节，国民政府特派陕西省政府主席蒋鼎文代表敬祀于轩辕黄帝之陵。

民国二十八年（1939）

维中华民国二十八年四月六日，陕甘宁边区政府主席林祖涵、陕甘宁边区参议会议长高岗，谨率民众代表莫文骅、白振邦、艾思奇、毛齐华、何思敬、张琴秋等，致祭于我祖轩辕黄帝之灵。

民国二十九年（1940）

维中华民国二十有九年，倭妖扰华，于今十载。中国国民党日诏国人，示以义方。民众茹荼始饴，将士不懈益励，誓必戳灭寇虏，还我河山。谨于民族上冢之日，遣委员程潜以香花清酒，敬祭于轩辕黄帝之灵。

民国二十九年（1940）

中华民国二十九年四月五日，国民政府特派陕西省政府主席蒋鼎文代表敬祀于轩辕黄帝桥陵。

民国三十年（1941）

中华民国三十年，倭妖扰华，于今十一载。中国国民党日诏国人，示以义方。民众茹荼如饴，将士不懈益励，誓必戬灭寇虏，还我河山。谨于民族上冢之日，遣委员蒋鼎文并派彭昭贤代表谨以香花清酒，敬祭于轩辕黄帝之灵。

民国三十年（1941）

中华民国三十年四月五日，国民政府特派陕西省政府主席蒋鼎文代表，委员兼秘书长彭昭贤代表，敬祀于桥陵。

民国三十一年（1942）

维中华民国三十有一年四月初吉，民族上冢之日，中国国民党中央执监委员会遣委员王陆一，谨以香花清醴致祭于轩辕黄帝之灵。

民国三十一年（1942）

中华民国三十一年四月五日，国民政府特派陕西省政府主席熊斌，代表敬祀于桥陵。

民国三十一年（1942）

粤维中华民国三十一年四月清明节，陕西省政府主席熊斌，谨率僚属以清酌庶馐之荐，致祭于黄帝桥陵之灵前。

民国三十二年（1943）

维中华民国三十有二年四月初吉，民族上冢之日，中国国民党中央执监委员会委员王陆一，谨以香花清醴致祭于轩辕黄帝之灵。

民国三十二年（1943）

中华民国三十二年四月五日，国民政府特派陕西省政府主席熊斌，代表敬祀于桥陵。

民国三十三年（1944）

维中华民国三十三年四月五日，中国国民党中央执行委员会特派委员兼陕西省党部主任委员谷正鼎，谨致于玄祖轩辕黄帝之灵。

民国三十三年（1944）

维中华民国三十三年四月五日，国民政府特派陕西省政府主席祝绍周，代表敬祀于桥陵。

民国三十七年（1948）

中华民国三十七年清明节日，陕甘宁边区政府副主席刘景范，西北人民解放军副司令员赵寿山、政治部主任甘泗淇等，谨代表边区各界同胞及西北人民解放军全体将士，以香花酒醴之仪，致祭于我轩辕黄帝之陵前。

中华人民共和国

1955 年

一九五五年四月五日清明节，陕西省人民委员会副省长成柏仁等用鲜花醴果之仪，向中华民族始祖轩辕黄帝陵敬以虔诚的致祭。

1956 年

一九五六年四月五日清明节，陕西省人民委员会副省长韩兆鹗等用鲜花醴果之仪，向中华民族始祖轩辕黄帝陵，敬以虔诚的致祭。

1957 年

一九五七年四月五日清明节，陕西省人民委员会副省长杨玉亭等，用鲜花醴果之仪，向中华民族始祖轩辕黄帝陵，敬以虔诚的致祭。

1958 年

一九五八年四月五日清明节，陕西省人民委员会副省长杨玉亭等，用鲜花醴果之仪，向中华民族始祖轩辕黄帝陵，敬以虔诚的祭告。

1959 年

一九五九年四月五日清明节，陕西省人民委员会副省长孙蔚如等，谨以鲜花醴果之仪，致祭于我民族始祖轩辕黄帝之陵前。

1960 年

一九六〇年四月五日清明节，陕西省人民委员会副省长孙蔚如等用鲜花素果之仪，向中华民族始祖轩辕黄帝陵，敬以虔诚的致祭。

1961 年

一九六一年四月五日清明节，陕西省人民委员会副省长任谦等，用香花素果之仪，向中华民族始祖轩辕黄帝陵敬以虔诚的致祭。

1980 年

公元一九八〇年四月四日，庚申清明，陕西省人民代表大会常务委员会、陕西省人民政府、政协陕西省委员会、延安行政公署、黄陵县革命委员会，以及省地县各界代表，隆重集会于黄帝之陵，虔诚肃穆，以祭以扫，并备鲜花雅乐，致祭于我中华民族始祖轩辕黄帝。

1981 年

公元一九八一年四月五日，节届清明，日暖风熏，陕西省人民代表大会常务委员会、陕西省人民政府、陕西省政协、延安地区行政公署、黄陵县人民代表大会常务委员会、黄陵县人民政府暨各界代表，敬备鲜花雅乐，祭扫始祖轩辕黄帝之陵，雍雍穆穆，钟鼓和鸣，追远思亲，竭其虔诚。

1982 年

公元一九八二年四月五日，节届清明，日暖风熏。陕西省人民代表大会常务委员会、陕西省人民政府、中国人民政治协商会议陕西省委员会、延安地区行政公署、黄陵县人民代表大会常务委员会、黄陵县人民政府暨各界代表，敬备鲜花雅乐，祭扫始祖轩辕黄帝之陵。

1983 年

公元一九八三年四月五日清明节，陕西省人民代表大会常务委员会、陕西省人民政府、陕西省政协、延安地区行署、黄陵县人民代表大会常务委员会、黄陵县人民政府暨各界代表，敬备鲜花雅乐，恭祭始祖轩辕黄帝之陵。

1984 年

公元一九八四年四月四日，节届清明，春雨潇潇。陕西省人民代表大会常务委员会、陕西省人民政府、陕西省政协、延安行政公署、黄陵县人民代表大会常务委员会、黄陵县人民政府、黄陵县政协暨各界代表，敬备鲜花雅乐，祭扫始祖轩辕黄帝之陵。

1985 年

惟公元一九八五年四月五日，时值民族扫墓节之期，陕西省人民代表大会常务委员会、陕西省人民政府、陕西省政协、延安行政公署、黄陵县人民代表大会常务委员会、黄陵县人民政府、黄陵县政协暨各界代表、海外华侨，谨以鲜花束帛之仪，致祭于我中华民族始祖轩辕黄帝之陵。

1986 年

惟公元一九八六年四月五日，和风骀荡，万物复萌。陕西省人民代表大会常务委员会、陕西省人民政府、中国人民政治协商会议陕西省委员会、延安行政公署、黄陵县人民代表大会常务委员会、黄陵县人民政府、中国人民政治协商会议陕西省黄陵县委员会暨各界代表、台港澳同胞和海外华侨，谨以鲜花雅乐之仪，敬祭于轩辕黄帝之陵。

1987年

惟公元一九八七年四月五日，风和日丽，春满神州。陕西省人民代表大会常务委员会、陕西省人民政府、中国人民政治协商会议陕西省委员会、延安行政公署、黄陵县人民代表大会常务委员会、黄陵县人民政府、中国人民政治协商会议陕西省黄陵县委员会暨各界代表、台港澳同胞、海外华侨，谨以鲜花清醴，敬祭于轩辕黄帝之陵。

1988年

惟公元一九八八年四月四日，民族扫墓之节，陕西省人民代表大会常务委员会、陕西省人民政府、中国人民政治协商会议陕西省委员会、延安行政公署、黄陵县人民代表大会常务委员会、黄陵县人民政府、中国人民政治协商会议陕西省黄陵县委员会暨各界代表、台港澳同胞、海外侨胞，谨以鲜花束帛之仪，致祭于我中华民族始祖轩辕黄帝之陵。

1989年

时惟公元一九八九年四月五日，序属阳气清明之节，陕西省人民代表大会常务委员会、陕西省人民政府、陕西省政协、延安行政公署、黄陵县人大常委会、黄陵县人民政府、黄陵县政协暨各界代表、台港澳同胞、海外华侨，群贤毕至，少长咸集于沮水绕流、古柏参霄之桥山巅峰，谨以鲜花束帛之仪，祀祭我中华民族之始祖轩辕黄帝之陵。

1990年

惟公元一九九〇年四月五日，春满人寰，桥山翠凝。陕西省人民代表大会常务委员会、陕西省人民政府、中国人民政治协商会议陕西省委员会、延安行政公署、黄陵县人民代表大会常务委员会、黄陵县人民政府、中国人民政治协商会议陕西省黄陵县委员会暨各界代表、台港澳同胞、海外侨胞，谨以清醴芳花，敬祀于轩辕黄帝之陵。

1991年

惟协洽之岁，月在如月，日在乙巳，陕西省人民代表大会常委会、陕西省人民政府、中国人民政治协商会议陕西省委员会、延安行政公署、黄陵县人民代表大会常务委员会、黄陵县人民政府、中国人民政治协商会议黄陵县委员会暨各界代表、台港澳同胞、海外侨胞，谨以萍藻之醴、豆登之奠，恭祭于我人文始祖轩辕黄帝之陵，比合而推，实公历一千九百九十一年之四月五日也。值此清明之节，拜扫之辰，缅怀我元宗，申诚我龙祖，共修唯谨之愿，咸献至诚之心，来近来远，无不敬肃。

1992 年

惟公元一九九二年四月四日，草熏风暖，时届清明。陕西省人民代表大会常务委员会、陕西省人民政府、中国人民政治协商会议陕西省委员会、延安地区行政公署、黄陵县人民代表大会常务委员会、黄陵县人民政府、中国人民政治协商会议陕西省黄陵县委员会暨各界代表、台港澳同胞、海外侨胞，谨以香花清醴、雅乐之仪，敬祭于轩辕黄帝之陵。

1993 年

惟公元一九九三年四月五日，节届清明，序属暮春。好雨时降，万物发生。桥山凝碧，惠风徐至。咏祖德之骏烈，诵先人之清芬。陕西各界代表，国家有关部门、部分省及市（区）的代表，台湾、香港、澳门同胞，海外侨胞、华裔，谨以清醴鲜花之奠，敬祭我中华民族始祖轩辕黄帝之陵。

1994 年

惟甲戌年二月二十五日，序属三春，节届清明，九州日丽，万物争荣。中国人民政治协商会议全国委员会主席李瑞环，中央有关部门代表，陕西各界代表，部分省、市、自治区代表，台、港、澳同胞代表，海外侨胞代表，聚首桥山，以至诚肃敬之心，鲜花苹藻之供，缅怀始祖，致祭于轩辕黄帝之陵。

1995 年

惟公元一九九五年，岁在乙亥，时届清明，惠风甘雨，万物滋荣。全国人大常委会吴阶平副委员长，全国政协洪学智副主席，中央有关部门代表，部分省、市、区代表，台、港、澳同胞，海外侨胞代表，陕西省各界代表，谨以时馐鲜花，清醴雅乐，敬祭于我中华元祖轩辕黄帝之陵。

1996 年

惟公元一九九六年四月四日，岁在丙子，节序清明。桥山凝翠，万物发生。中华人民共和国国务委员李铁映，中国人民政治协商会议全国委员会副主席万国权，中央有关部门代表，陕西省各界代表，部分省、市、自治区代表，台、港、澳同胞代表，海外侨胞代表，心怀至诚，聚首桥山，谨以鲜花雅乐素果敬祭于始祖轩辕黄帝之陵。

1997 年

伏惟一九九七年丁丑清明时节，中华人民共和国国务委员宋健，中国人民政治协商会议全国委员会副主席王兆国，中央有关部门代表，部分省、市、自治区代表，台港澳同胞、海外侨胞、华裔代表，与陕西各界代表，发诚敬之心、依恋之情，敬备鲜花雅乐，恭祭我中华民族始祖轩辕黄帝之陵。

1998 年

戊寅年清明公祭轩辕黄帝陵。

1999 年

惟公元一九九九年四月五日，岁在己卯，节届清明，神州日暖，桥山春浓。谨以芳花清醴，雅乐正声，恭祀于我人文始祖轩辕黄帝。

2000 年

惟公元二〇〇〇年四月四日，序属三春，节届清明。东风浩荡，万物滋荣。……谨以束帛雅乐、鲜花芳醴之仪，恭祀我人文始祖轩辕黄帝。

2001 年

惟公元二〇〇一年四月五日，岁在辛巳，时值清明，尔华夏众子孙，谨以鲜花雅乐之仪，恭祭于我始祖轩辕黄帝之陵。

2002 年

惟公元二〇〇二年四月五日，节届清明，载春载阳；桥山凝翠，神州腾骧。谨以鲜花雅乐、素果醪浆之仪，恭祀于我人文始祖轩辕黄帝之陵。

2003 年

惟公元二〇〇三年四月五日，节届清明，序属三春。神州日丽，万象更新。沮水扬波，桥山凝芬。谨以鲜花素果之仪，恭祭于我始祖轩辕黄帝之陵。

2004 年

惟公元二〇〇四年四月四日，岁在甲申，节届清明。丽日中天，惠风融融。中华儿女，炎黄子孙，会聚桥山之麓，沮水之滨，谨以鲜花雅乐，聊表至诚之心。恭祭我人文初祖轩辕黄帝。

2005 年

惟公元二〇〇五年四月五日，序属三春，节届清明。八方辐辏，四海同风。华夏儿女，谨以俎馐醪浆之荐，时花雅乐之隆，致祭于我人文始祖轩辕黄帝之陵。属辞以闻，情动于衷。

2006年

公元二〇〇六年四月五日，岁在丙戌，节届清明。值此万物复荣之时，炎黄子孙会聚桥山之麓，高奏钟鼓雅乐，敬奉鲜花素果，公祭我人文初祖轩辕黄帝之陵。

2007年

惟公元二〇〇七年四月五日，岁逢丁亥，大地回春；节届清明，万象更新。中华儿女，炎黄子孙，高奏钟鼓雅乐，敬献醴酒清醇，抒爱国之情，壮民族之魂。谨致祭于我人文初祖轩辕黄帝之陵。

2008年

惟公元二〇〇八年四月四日，岁次戊子，序属阳春，乾朗坤明，万象更新。海内外炎黄胄裔，谨备鲜花清醴，恭祭于我人文始祖轩辕黄帝。

2009年

惟公元二〇〇九年四月四日，岁次己丑，节届清明，熏风和煦，万物滋荣。海内外华夏儿女，云集桥山，敬献悃诚，谨以黄钟大吕之乐，清醴鲜花之荐，恭祭我人文初祖轩辕黄帝之陵。

2010年

惟公元二〇一〇年四月五日，岁次庚寅，节届清明，惠风和畅，万象更新。炎黄子孙，聚首于桥山之阳，谨以鲜花时果，恭祭我人文始祖轩辕黄帝。

2011年

惟公元二〇一一年四月五日，岁次辛卯，节届清明。中华儿女，云集桥山，谨以敦诚敦敬之礼，恭祭我人文初祖轩辕黄帝之陵。

2012年

惟公元二〇一二年四月四日，壬辰龙年，清明佳节。中华儿女，谨以敦诚敦敬之礼，恭祭我人文初祖轩辕黄帝。

2013年

惟公元二〇一三年四月四日，岁次癸巳，节届清明。金蛇起舞，玉宇澄清。华夏苗裔，共献至诚。恭祭始祖轩辕黄帝之陵。

2014年

惟公元二〇一四年四月五日，骐骥竞奋，紫气瀛寰，华夏儿女，汇聚桥山沮水，心寄雅乐时花，恭祭我始祖轩辕黄帝之陵。

2015年

惟公元二〇一五年四月五日，岁在乙未，节届清明，三阳开泰，碧宇澄清，炎黄华胄以至诚至敬之心、鲜花雅乐之仪，祭告我始祖轩辕黄帝之陵。

（由黄陵县祭陵办提供 下同，不再注出）

2016年

惟公元二〇一六年四月四日，岁次丙申，节届清明，炎黄子孙，聚首桥山之阳，谨以鲜花雅乐之奠，恭祭于我人文初祖轩辕黄帝之陵。

2017年

吾祖赫赫，伟业煌煌。广施仁德，福民农桑；肇启文明，光被遐荒。丁酉清明，礼乐馨香，四海华夏昆裔，聚首桥山之阳，共祭轩辕初祖，祈愿九州隆昌！

2018年

岁在戊戌，节届清明，桥山之阳，春和景明。华夏儿女以笃恭笃敬之心、八佾雅乐之仪，祭告轩辕黄帝。

2019年

岁次己亥，节届清明；桥山巍丽，松柏翠凝。轩辕胄裔，肃戴虔敬，谨备尊礼，恭祭圣灵。

2020年

岁次庚子，节届清明；桥山巍丽，松柏翠凝。轩辕胄裔，敦诚敦敬，谨备尊礼，恭祭圣灵。

文化传承与创新

论儒家文化的人格升华之道

——以张载哲学为例

赵馥洁

（西北政法大学资深教授）

立人、成人——培育人格是中华传统文化的精髓，其在儒家文化和思想中尤为突出和鲜明。儒家把培育人格作为自己哲学思想和教育思想的宗旨，特别是关于通过修养、反省、超越的途径以实现人格升华的理论十分丰富。这里我想以张载哲学为例，具体予以阐述。张载哲学既有一种严谨求实的学术趋向又有一种崇高博大的精神气象。严谨求实的趋向主要体现在他十分关注现实，力求经世致用；崇高博大气象则主要体现在他主张通过自觉修养，变化气质，实现主体超越，从而使人格升华到圣人境界。《宋史·张载传》记述云：张载“与诸生讲学，每告以知礼成性变化气质之道，学必如圣人而后已。以为知人而不知天，求为贤人而不求为圣人，此秦汉以来学者大蔽也。”① 因此，“必如圣人”“求为圣人”是张载的哲学思想的精髓，蕴含着丰富而深刻的主体超越思想，充分体现了儒家文化的人格升华智慧。主要包括以下四个方面的内容。

（一）变化气质，从气质之性复归天地之性，实现人性超越。张载认为人性具有二重性，气质之性是人的特殊性、表象性、偶然性，其内涵是善恶混；天地之性是人的普遍性、原本性、必然性，其内涵是至善。人要成为真正的主体，就不能局限于、安居于气质之性，而应通过修养，变化气质，复归到人的至善本性——天地之性。他说：“形而后有气质之性，善反之则天地之性存焉。故气质之性君子有弗性者焉。”（《正蒙·诚明》）他认为复归天地之性，是人成为主体——成为大人的基本条件。“惟大人为能尽其道（体现天地之性），是故立必俱立，知必周知，爱必兼爱，成不独成。”（《正蒙·诚明》）

① 《张载集》，中华书局，1978 年版，第 386 页。

（二）突破见闻，由见闻之知上升德性之知，实现认识超越。张载把人的认识分为见闻之知和德性之知两个层次。见闻之知是人通过感官与外物接触而获得的认识，德性之知是通过发挥人的道德本性与外物交合而获得的知识，“见闻之知，乃物交而知”（《正蒙·大心》）。他认为见闻之知很有意义，一是开启认识，“知其为启之之要也”（《正蒙·大心》）。二是沟通内外，“耳目内外之合”（《正蒙·大心》），“要他便合得内外之道”（《张子语录上》）。然而，见闻之知有着严重的局限性，因为它很浮浅，不能认识万物和人的本性，而且还会对认识人的本性形成制约。“耳目……为性累”（《正蒙·大心》）。因此，张载主张必须升华到德性之知的认识层次，德性之知是“合内外于耳目之外”的认识，是对天地、万物以及人的本性（天地之性）的认识。这种认识“不萌于见闻”（《正蒙·大心》），是通过充分发挥心的能动性而达到的对人性、天性的根本认识。其实就是人的天地之性的自我认识。张载认为达到了德性之知的层次，人就超越了自身，“知合内外于耳目之外，则其知也过人远矣”（《正蒙·大心》）。

（三）克服人欲，从人欲取向上达天理取向，实现价值超越。张载认为人的价值追求有天理和人欲两个方向，追求天理是光明的，向上升华的；贪求人欲是黑暗的，向下沉沦的。他说：“烛天理如向明，万象无所隐；穷人欲如专顾影间，区区于一物之中尔。”（《正蒙·大心》）因此他主张一个真正的人，应该舍弃人欲，上达天理，确立正大光明的价值取向。他说：“上达反天理，下达徇人欲者与！”

（四）解放心灵，由“小心”境界升华“大心”境界，实现精神境界超越。张载把人的精神境界区别为“小心”境界和“大心”境界。“小心”境界就是局限于见闻，束缚于成心（私意），受累于嗜欲，因而不能普遍地体认和体贴万物，把有的物排除于自己体认、关爱的范围之外的这样一种精神境界。张载说“若只以闻见为心，但恐小却心”（《张子语录下》）。“世人之心，止于闻见之狭”（《正蒙·大心》）。而且还总是受到“成心”（私意）的制约，“成心者，私意也”（《正蒙·大心》）。

在《正蒙·大心篇》中，他描绘了大心境界的基本特征。“大其心则能体天下之物，物有未体，则心为有外。世人之心，止于闻见之狭。圣人尽性，不以见闻梏其心，其视天下无一物非我，孟子谓尽心则知性知天以此。天大无外，故有外之心不足以合天心。”可见，大心境界就是以弘大心境体认、体悟万物，体贴、关爱万物，使自我与万物合一、人心与天心合一的境界。因为大心超越了“闻见之狭”“嗜欲之累”，心灵不被“私意”所隔断，没有内外之别。所以能与天心相合，张载云：“天大无外，故有外之心不足以合天心。”

“不以见闻梏其心”“不以嗜欲累其心”的大心境界，其道德特征是什么呢？张载在《诚明篇》进行了论述。他说具有大心精神境界之人，因为体悟到“性者万物之一源，非有我之得私也”，从而达到了“立必俱立，知必周知，爱必兼爱，成不独成”（《正蒙・诚明》）的道德境界，这也就是《西铭》所谓的“民胞物与”道德境界。

张载指出要使精神从小心境界升华到大心境界，就必须破除“成心”。破除“成心”包括两点。其一，“不以见闻梏其心”——心灵不受见闻知识的束缚；其二“不以嗜欲累其心”——心灵不被私欲成见所拖累。成心破除后，心灵得到了解放，心境自然弘大就会做到以自身体悟大道（“身而体道”），与道合一，进而以大道支配自身（“以道物身”），以大道体认万物（“以道体物”）的大心境界。张载说：“成心忘然后可与进于道。”“体物体身，道之本也，身而体道，其为人也大矣。道能物身故大，不能物身而累于身，则藐乎其卑矣。”（《正蒙・大心》）

在张载看来，实现了人性、认识、价值取向和精神境界四方面超越的人才是真正的人。他把这种通过变化气质、体认德性、上达天理、弘大心境等四方面实现主体超越而达到人格升华的人称为“圣人”，他说“无我而后大，大成性而后圣”（《正蒙・神化》），“圣人之神惟天，故能周万物而知”（《正蒙・神化》），“圣人尽性，不以见闻梏其心，其视天下无一物非我”（《正蒙・大心》）。他认为儒家教育的宗旨就是引导人们通过学习和修养成为圣人，而不是仅仅成为贤人。《宋史・张载传》记述云：张载“与诸生讲学，每告以知礼成性变化气质之道，学必如圣人而后已。以为知人而不知天，求为贤人而不求为圣人，此秦汉以来学者大蔽也”。[1] 因此，可以说张载哲学的宗旨就是阐发以主体超越为内涵的人格升华之道。他所谓的“为天地立心”就是为天地立人，而所立的人就是“视天下无一物非我”、具有“立必俱立，知必周知，爱

① 《张载集》，中华书局，1978 年版，第 386 页。

必兼爱，成不独成”道德精神、达到“民胞物与”崇高境界的人。

张载哲学以主体超越思想为内涵的人格升华之道也有其固有的缺陷，例如“天地之性”的抽象性、“德性之知”的神秘性、道德礼教的宗法性等，但扬弃这些因素，至今对我们仍有深刻的启示，这就是有助于增强我们的主体超越意识，有助于提高我们人格优化、人格提升的自觉性。习近平总书记在2019年春季中央党校（国家行政学院）中青年干部培训班开班式上的讲话中说，人格是一个人精神修养的集中体现。在2009年中央党校春季学期的开学典礼上的讲话中明确提出：要“吸收前人在修身处事、治国理政等方面的智慧和经验，养浩然之气，塑高尚人格，不断提高人文素养和精神境界”。今天我们发掘中华传统文化中的人格升华之道，对于我们塑造高尚人格，提高精神境界具有重要而深远的意义。

《春秋》“大一统”观与秦汉文人思想及创作

刘跃进

（中国社会科学院文学研究所所长、学部委员）

摘　要：《春秋》“大一统”观在秦汉时期的再度彰显，深刻地反映出当时社会的人心向背和历史发展大势。文章从四个方面就此一问题展开论述：一是追溯《春秋》“大一统”观的思想渊源，二是考察《春秋》“大一统”观的历史内涵，三是分析《春秋》“大一统”观的政治诉求，四是纵论《春秋》“大一统”观的文化呈现。文章的结论是，在《春秋》“大一统”观的统领下，秦汉思想家和文学家顺应时代要求，积极有为，凝魂聚魄，强化了我们共有的核心价值观，为中华文化的发展积累了丰富的经验。

关键词：《春秋》；秦汉；大一统；董仲舒；司马迁；司马相如

汉武帝刘彻元光元年（前134）十一月，汉武帝接受董仲舒建议，郡国举孝廉各一人。[①] 五月，诏贤良对策，董仲舒应诏对策，提出了建立太学的构想，将儒家学说定为统治天下的思想。《举贤良对策》说：

> 《春秋》大一统者，天地之常经，古今之通谊也。今师异道，人异论，百家殊方，指意不同，是以上亡以持一统，法制数变，下不知所守。臣愚以为诸不在六艺之科，孔子之术者，皆绝其道，勿使并进。邪辟之说灭息，然后统纪可一而法度可明，民知所从矣。

《汉书》颜师古注：“一统者，万物之统皆归于一也。”统于一的观念，并

① 《后汉书·和帝纪》注“武帝元光元年，董仲舒初开其议，诏郡国举孝廉各一人”。各郡国察举人数见《通典》卷十三。《资治通鉴》卷十七谓“从董仲舒之言也”。《北堂书钞》引《汉官仪》：“孝廉，古之贡士，耆儒甲科之谓也”。“孝廉年未五十，先试笺奏，初上试之以事，非试之意诵也。”

不是一个新鲜的话题。孔子、孟子、荀子、甚至墨子、韩非子、李斯、贾谊等都从不同侧面有所论及。《春秋·隐公元年》"元年春，王正月"下，《公羊传》解释说："元年者何？君之始年也。春者何？岁之始也。王者孰谓？谓文王也。曷为先言王而后言正月？王正月也。何言乎王正月？大一统也。"所谓"大"字，有尊大、尊美之意，换言之，也可以说以一统为大。[①]"统"字，东汉何休释为"始也，总系之辞"。他说："夫王者，始受命改制，布政施教于天下，自公侯至于庶人，自山川至于草木昆虫，莫不一一系于正月，故云政教之始。"徐彦疏曰："王者受命，制正月以统天下，令万物无不一一皆奉之以为始，故言大一统也。"何休、徐彦等人的看法，均与董仲舒的思想密切关系。

董仲舒的意义，赋予这一传统命题更丰富的内涵。他治《公羊》学，认为"王正月"不仅是承祖命而为，更是尊天意而为，从而提出了"天人感应"之说，将王者受命改制系于"顺天命"上，为君主治世预设了不可质疑的天命依据和权力话语。这一主张，顺应时势，自然得到汉武帝的赏识。

一、《春秋》"大一统"观的思想渊源

《春秋》"大一统"观的提出，有着悠久深厚的思想渊源。

《庄子·天下篇》将先秦文化分为六派：一是墨翟、禽滑釐，二是宋钘、尹文，三是彭蒙、田骈、慎到，四是关尹、老聃，五是庄周，六是惠施、桓团、公孙龙。《荀子·非十二子》亦分为六派：一是它嚣、魏牟，二是陈仲、史鳝，三是墨翟、宋钘，四是慎到、田骈，五是惠施、邓析，六是子思、孟轲。汉初司马谈《论六家要旨》亦分六家：阴阳、儒、墨、名、法、道德。到东汉班固《汉书·艺文志》分为九流十家。如果把各家之说归类，发现其学派之不同，多与地域有直接关系。名、法两家可以归为三晋文化，阴阳、道德两家可以归为荆楚文化，儒、墨两家可以归为齐鲁文化。《春秋》"大一统"观与这三大文化系统密切相关。

三晋文化通常指西周到春秋时代晋国文化和战国时代魏、韩、赵文化。战国七雄并立，其中属于晋文化的就占其中之三。

① 陈徽：《〈尚书·洪范〉与公羊"大一统"思想》，《云南大学学报》2020 年第 6 期。

从整体来看，“晋”或“三晋”（韩、赵、魏）是“中原古文化”与“北方古文化”两大古文化区系的重要纽带。[①]《史记·仲尼弟子列传》和《儒林列传》载，魏国开国君主魏文侯，拜子夏为师，[②] 田子方、段干木、吴起、禽滑釐等儒教名流、军事干将，先后汇集魏地，对于魏国的振兴起到决定性作用。魏文侯虽欣赏齐鲁文化，也并非亦步亦趋。譬如齐鲁文化倡导礼治，而魏文侯却更醉心于法制。他坚持起用李悝为相，变法革新，促使儒、法思想的融合和转化。李悝原本是子夏的弟子，却是法家的始祖。[③] 在三晋的土地上，还产生了申不害、韩非等重要思想家。两人相距虽有一个世纪左右，但均强调法制，其主导思想一脉相承。《申子》，《史记》记载有两篇，《汉书·艺文志》著录六篇，均已亡佚。较完整的言论见《群书治要》卷三六所引《大体》一篇，讲究帝王南面之术。《韩非子》五十五篇则是一套完整系统的法家理论体系。从本质上说，三晋文化多为秦代所继承。《史记·张仪列传》太史公曰：“三晋多权变之士，夫言从衡强秦者，大抵皆三晋之人也。”

相传秦人祖先乃帝颛顼的苗裔，女修吞食玄鸟蛋，生大业，从此开始了秦人的历史。《史记·秦本纪》记载秦人的早期历史，充满神秘色彩。或曰起于东部莱芜说，或曰起于西陲礼县说。长期以来，秦国不与中国诸侯会盟，保持着戎狄游牧民族的传统习惯。秦人启用商鞅变法以来，“革法明教，而秦人大治”。[④] 从此，法家思想成为秦国的统治思想。法家思想，崇尚武功，讲求实用，追求一统，这些思想一直被秦人奉为主导思想。这种思想的重要特征就是功利性，崇尚战功，寡义趋利。由此功利性，又演变成一种强烈的排他性。其结果，必然又会制约秦人的更大发展。孔子早就看到秦人的这种不同寻常的特性，《史记·孔子世家》载孔子曰：“秦，国虽小，其志大；处虽辟，行中正。身举五羖，爵之大夫，起累绁之中，与语三日，授之以政。以此取之，虽王可

---

① 苏秉琦：《谈“晋文化”考古》，《三晋考古》第一辑，山西省考古研究所编，山西人民出版社，1994 年版。

② 《史记·仲尼弟子列传》，中华书局，1982 年，第 2203 页。

③ 《汉书·艺文志》著录《李子》三十二篇，已经亡佚。《晋书·刑法志》称作《法经》六篇。秦汉以后的法律都是以《法经》为基础而建立起来的。

④ 〔唐〕长孙无忌：《唐律疏议》，中华书局，1983 年，第 2 页。

也，其伯小矣。"[①] 与之形成鲜明对照的是荆楚文化。

楚国自春秋以来对外采取扩张政策，北上中原，称霸争雄，不可一世。战国后期，楚国遭到灭顶之灾。就在秦朝灭绝文化的时候，素以文化自负的楚人扬言："楚虽三户，亡秦必楚。"对于这八个字的具体理解目前尚有很多分歧，一说是指三户人家，一说是地名，也许这并不很重要，关键是"亡秦必楚"四字，没有异义。陈胜、吴广以及刘邦、项羽、萧何、曹参等均是楚人。他们所立傀儡君主也是楚王后代，说明楚人对于自己国家被秦人所灭，心有不甘，伺机而起也在所必然。陈胜、吴广、项羽、刘邦等推翻秦人统治的重要武装力量均来自楚地。随着楚人入主三辅地区，楚文化自然大举西移，进入当时的政治文化中心，构成了当时引人瞩目的文化现象。刘邦被项羽封为汉王后，楚人从者数万人。刘邦立国后，楚国的昭、屈、景等大族的西迁，更为三辅地区带来了强劲的楚风。

荆楚文化以老子为轴心。1973 年在湖南马王堆汉墓出土了老子的《道德经》。1996 年在湖北荆门郭店出土的战国中期的竹简，也发现了八百多片文字简，其中也有老子的《道德经》。这说明，早在战国中期，《老子》一书已经定型。根据《战国策・秦策上》、陆贾《新语・思务》及题名刘向的《列仙传》等书记载，在战国时期的齐地，道家的传说非常盛行，像王乔、赤松子等升仙故事，《淮南子》将其放在《齐俗训》篇中。[②]《史记・留侯世家》记载，张良系韩人之后，自幼欲学赤松子，向往仙人境界，故后来有出家之举。汉家王室成员如刘安、刘向等也逐渐接受了这种主张。刘向所献所撰，多为这类"道术"之书。这说明荆楚文化的影响是非常广泛的。

荆楚文化对于文学创作的重要影响突出表现在楚歌的盛行。这类作品，除《楚辞》之外，还有《孟子・离娄》里面记载的《孺子歌》（又叫《沧浪歌》），《说苑・善说》记载的《越人歌》，《庄子・人间世》《史记・孔子世家》记载的《接舆歌》等。前 350 年前后，屈原来到人世，开创了荆楚文学的新纪元。秦始皇统一中国之后，荆楚文化一时式微。随着秦末楚人陈胜、吴广、刘邦、项羽的崛起，楚歌再度盛行。其后，楚歌形式多有分化，汉代诗

① 《史记・孔子世家》，中华书局，1982 年，第 1910 页。
② 详见刘跃进：《释"齐气"》，《文献》2008 年第 1 期。

歌、辞赋乃至经世致用的文章，依然沉积着楚歌的因素。

统治阶级的思想，往往也就是统治思想。西汉初年，随着楚人西移，道家思想，尤其是黄老思想在帝国核心地区流行开来。《老子》《庄子》为道家思想渊薮。《庄子》五十二篇见于《汉书·艺文志》著录，贾谊已经多次征引。[①] 但在西汉时期，这部书的影响还不足与《老子》相比。黄帝思想在西汉初年非常流行。《汉书·艺文志》道家类著录的《黄帝四经》四篇、《黄帝铭》六篇、《黄帝君臣》十篇、《杂黄帝》五十八篇等著作，大约就是这样书籍。

据《史记·曹相国世家》记载，汉高祖刘邦六年（前201），立长子刘肥为齐王，以曹参为齐相国。当时天下初定，齐王接受胶西盖公的建言，推行黄老之学。孝惠二年继萧何之后，曹参入为丞相，又将黄老之学推广到全国。黄老之学的核心，就是所谓无为贵静之说，亦即《老子》所谓“我无为，民自化；我好静，民自正”。俗语所说“萧规曹随”，殆即此意。

从西汉前期政治斗争看，所谓黄老之术，究其实质，是一种战略战术，不仅仅是为安息天下民众的一种手段而已。吕后所以采取这种无为之术，主要是出于政治目的。孝惠、高后时，公卿皆武力功臣，推广黄老无为之术，可以有效地抑制他们的政治野心。由此看来，黄老之术不仅仅是一种修身养性之术，也是一种权术。[②] 黄老思想一直影响到武帝即位之初年。司马谈著《论六家要旨》，表面看来对六家之说各有抑扬，但明显倾向于道家。

儒家文化以孔孟为代表。除《论语》《孟子》两书外，影响最大的是相传孔子所作的《春秋》。《春秋》后来又派生出《公羊传》《穀梁传》《左氏传》等三传，形成西汉颇为兴盛的“鲁学”和“齐学”。鲁学主要兴盛于西汉前期，《诗》有鲁《诗》，《论语》有《鲁论语》等，强调礼治，重视王道，在学术史、政治史上，均有重要影响。与鲁学相比较，齐学可以说异军突起。一方面，稷下学宫为儒学的保存与传播起到推波助澜的作用；另外一个方面，齐地濒海，齐人善于想象，敢于创新。[③] 在战国后期，齐人敏锐地意识到天下终将走向统一的趋势，结合阴阳五行学说、黄老学说乃至法家主张等，提出了一

---

① 详见刘跃进：《贾谊所见书蠡测》，《南京师大学报》2008年第4期。

② 朱一新《无邪堂答问》：“老氏书作用最多，乃示人若无所能，使人入其牢笼而不自觉，开后世权谋变诈之习，故为异端。”中华书局，2000年版，第81页。

③ 参见刘跃进：《“鲁学”解》，《齐鲁学刊》2008年第1期。

种包容百家的大一统理论体系，为西汉前期的统治者，提供了必要的思想武器。

楚汉相争之际，刘邦引兵围鲁，鲁中诸儒讲学诵习之声不断，礼乐弦歌之音不绝，于是心存好感。前 204 年，郦食其向刘邦建议，欲立六国后人以树党，刘邦也接受了这个建议，并派人刻印。而张良预设八难，从形、势、情三个方面分析了不可立六国之后的道理，颇有振聋发聩之势。史载，刘邦正在吃饭，听到张良的鞭辟入里的分析，顾不上吃饭，大骂竖儒败事，从此不再信任儒生。

问题是，没有规矩，就不成方圆。刘邦消灭项羽之后，主张简易。结果群臣饮酒争功，乃至拔剑击柱。此时距郦食其事件不过两年时间。刘邦的困惑，最终由来自鲁国的叔孙通给予圆满的解决。叔孙通对刘邦说，儒者难与进取，可与守成。于是叔孙通使征鲁诸生三十余人及朝廷中有学问的人，因秦旧制，制礼作乐，从此群臣不敢逾越礼制。刘邦感叹说，"今日知为皇帝之贵"。由此可见，新朝对于儒学的接受，经历了一段相对复杂的变化过程。董仲舒思想的成熟与被重视，正是在此一变化过程中得以发生。

综上所述，我们可以做这样的概括：从子夏弟子李悝《法经》开始算起，到汉武帝罢黜百家、独尊儒术为止，中国思想文化界在这一千多年间经历了三个不同的阶段。

第一阶段是从百家争鸣到法家霸道思想的胜利，《韩非子》集法家之大成的学说，成为秦王嬴政统一六国的指导思想，促进了中国大一统局面的形成。但是物极必反。当法家思想走向极端之际，用刑太极，最终迅速导致秦国的灭亡。

第二阶段是西汉初年荆楚文化的抬头，以黄老思想为中心，讲究清静无为。秦代二世而亡的历史教训，给汉初的思想家留下了沉重的话题。如何避免重蹈这段历史的覆辙，不同思想家自有不同的答案。秦汉之际的楚人陆贾，鉴于当时百废待兴的局面，提出在政治上无为而治，在文化上兼收并蓄的主张。在兵荒马乱的年代，这些想法，自然为刘邦所嘲弄，但是他很快就意识到了这些见解的深刻意义，于是要求陆贾著书，阐明秦何以亡、汉何以兴的历史根源。故陆贾《新语》专辟《无为》一篇，以为"道莫大于无为"，"故无为也，乃无不为也"。这是对三晋文化的一种否定，也是对荆楚文化的张扬。

第三阶段是汉武帝接受董仲舒的建议，“罢黜百家，独尊儒术”，思想界百川归一。如前所述，战国时代，人们苦于诸侯割据混战，渐渐地产生了统一的要求。这种思想在产生于春秋末的《左传》中已有萌芽，而在战国中期的《孟子》中逐步明确，到战国后期更趋强烈。《公羊传》中的“大一统”思想正反映了当时人们普遍的要求。

从这个意义上说，西汉初年所倡导的《春秋》“大一统”观，虽以儒家思想为主干，实际上融汇了诸子百家学说，其中道家和法家思想，更是占据了重要的位置，形成了一个外儒内霸的思想体系。

二、“《春秋》大一统”观的历史内涵

《礼记·礼运》将远古历史的运行，分为“天下为公”与“天下为家”两种形态。天下为公，是说天下乃天下人共有之天下，是谓大同。当历史进入到私有制社会以后，以血缘为纽带，天下为家，公天下变成了家天下，这是国家的雏形。

《元光元年举贤良对策》说：

> 圣王之继乱世也，扫除其迹而悉去之，复修教化而崇起之。教化已明，习俗已成，子孙循之，行五六百岁尚未败也。至周之末世，大为亡道，以失天下。秦继其后，独不能改，又益甚之，重禁文学，不得挟书，弃捐礼谊而恶闻之，其心欲尽灭先王之道，而颛为自恣苟简之治，故立为天子十四岁而国破亡矣。自古以来，未尝有以乱济乱，大败天下之民如秦者也。其遗毒余烈，至今未灭，使习俗薄恶，人民嚣顽，抵冒殊扞，孰烂如此之甚者也。

董仲舒认为，孔子作《春秋》就是要总结由公到私、礼崩乐坏的历史教训。他说：“二百四十二年之文，天下之大，事变之博，无不有也。”《春秋繁露·俞序》也说：“仲尼之作《春秋》也，上探正天端，王公之位，万民之所欲，下明得失，起贤才，以待后圣。”那么，“后圣”是谁呢？《元光元年举贤良对策》继续写道：“今临政而愿治七十余岁矣，不如退而更化；更化则可善治，善治则灾害日去，福禄日来。”董仲舒认为，与其临渊羡鱼，不如退而结网。法先王，成“后圣”，这是董仲舒的最大愿望。他从《公羊春秋》中推衍大义，精心构筑起天、地、人三位一体的“三统”，又以子正、丑正、寅正为

“三正”，都以夏、商、周三代为正统。“大一统”理论体系，并努力将这种理论赋予实践品格，为“后圣”服务。

《春秋》本是鲁国的编年史，上起鲁隐公元年（前722），下止鲁哀公十四年（前481），记录鲁国十二公二百四十二年间的大事，很多情况下，只记载时间、人名、地名，事件往往一笔带过，极为简略，有时连事情的本末也不交代清楚，如果不读三传，根本无法了解是怎么回事。于是有了各家对《春秋》阐释。《公羊传》就认为，《春秋》有“微言大义”，公羊学家试图在《春秋》字句中找寻一些奇异之论，与当时的政治相比附。可见，公羊学派有着鲜明的政治主张和功利思想。关于《公羊传》的作者及成书年代，向来有不同的说法。根据《汉书·艺文志》的记载，公羊高是孔子门人子夏的弟子，应为战国初人。徐彦疏引戴宏序又说：“子夏传与公羊高，高传与其子平，平传与其子地，地传其子敢，敢传与其子寿。至汉景帝时，寿乃与齐人胡毋子都著于竹帛。”据此，公羊氏世传其学，经过四代至公羊寿，他和胡毋子都一起，把这派学说“著竹帛”，成为《公羊传》的写定本。这时已是汉景帝时代。[①]《汉书·儒林传》叙《公羊传》传授来源，就始于汉景帝时的博士胡毋子都。传《公羊传》，除胡毋子都外，董仲舒最著名。

董仲舒少治《公羊春秋》。景帝时为博士，下帏讲诵，有三年不窥园之传说，他的主要成果集中保存在《春秋繁露》中。他说：

> 《诗》无达诂，《易》无达占，《春秋》无达辞。从变从义，而一以奉人。（《精华》）
>
> 《春秋》无通辞，从变而移。（《竹林》）
>
> 《春秋》无常辞，为德是亲。（《观德》）

所谓无达辞，无通辞，无常辞，其义一也，即“从变而移”，“一以奉人”，即在符合时势与天意的变化中阐释君权的合法性，实现国家的大一统。这是董仲舒的初衷，也是他倡导《春秋》大义的根本所系。

从大的方面说，这一主张至少有如下历史内涵。

---

① 段熙仲《春秋公羊学讲疏》第一编《导言》第一章：“按《公羊传》之著于竹帛在景帝时之说，其证则哀三年经‘季孙师、叔孙州仇帅师城开阳’，《左氏春秋》开阳作启阳，《公羊》作开，正为景帝讳之也。”段熙仲：《春秋公羊学讲疏》，南京师范大学出版社，2002年版，第9页。

第一，从“大一统”到正统观念。

《礼记·丧服四制》：“天无二日，土无二王，国无二君，家无二尊，以一治也。”《汉书·王吉传》载王吉上疏：“《春秋》所以大一统者，六合同风，九州共贯也。”此即公羊学“大一统”之义。董仲舒师承此说，注重法先王，更强调“以《春秋》当新王”（《春秋繁露·三代改制质文》），“令万物无不一一皆奉之以为始”。为此，他积极融汇法家、道家、阴阳家及黄老思想，极大地拓宽了这个命题的内涵和外延。如《春秋繁露·立神元》就有道家思想成分。他说：“君人者，国之元，发言动作，万物之枢机，枢机之发，荣辱之端也，失之豪厘，驷不及追。故为人君者，谨本详始，敬小慎微，志如死灰，形如委衣，安精养神，寂寞无为，休形无见影，揜声无出响。”又如《身之养重于义》《观德》《深察名号》等篇，强调义与利、祸与福、心与身、天与地之名号等观念，大约也出自古道家。《保位权》：“国之所以为国者，德也，君之所以为君者，威也，故德不可共，威不可分，德共则失恩，威分则失权，失权则君贱，失恩则民散，民散则国乱，君贱则臣叛。是故为人君者，固守其德，以附其民，固执其权，以正其臣。”又近于阴阳五行及法家思想。

《公羊传》强调法先王，更强调了“正”的重要性，用“正”来衡量事件。如《哀公十四年》载：

> 《春秋》何以始乎隐？祖之所逮闻也。所见异辞，所闻异辞，所传闻异辞。何以终乎哀十四年？曰：备矣。君子曷为为《春秋》？拨乱世反诸正，莫近诸《春秋》、则未知去其为是与，其诸君子乐道尧舜之道与。末不亦乐乎尧、舜之知君子也？制《春秋》之义，以俟后圣，以君子之为，亦有乐乎此也。

这段话出于《公羊传》最末处，“所见”“所闻”“所传闻”都是以孔子为主体，指《春秋》十二公事有的为孔子亲见，有的是孔子直接听得，有的则是孔子听到的传闻。《春秋繁露》以此为基础，强调“《春秋》分十二世以为三等：有见、有闻、有传闻。有见三世，有闻四世，有传闻五世。故哀、定、昭，君子之所见也。襄、成、文、宣，君子之所闻也。僖、闵、庄、桓、隐，君子之所传闻也。所见六十一年，所闻八十五年，所传闻九十六年。于所见微其辞，于所闻痛其祸，于传闻杀其恩，与情俱也”（《楚庄王》）。因为这三者来源不同，所以孔子作《春秋》用辞有异，目的在于“制义”，即拨乱世反诸正，以此等待后世的圣王。《贤良对策》释“正”曰：“臣谨按《春秋》之文，求王道之端，得之于正。正次王，王次春。春者，天之所为也；正者，王之所为也。其意曰：上承天之所为，而下以正其所为，正王道之端云尔。”这是《春秋》“正”之大“义”，含义至广，但核心只有一个，即《公羊传》所强调的“尊君”，通过“制义”确定王权等级的绝对权威。《春秋繁露·三代改制质文》明确说：

> 《春秋》曰：“王正月。”传曰：“王者庸谓？谓文王也。曷为先言王而后言正月？王正月也。何以谓之王正月？曰：王者必受命而后王，王者必改正朔，易服色，制礼乐，一统于天下，所以明易姓非继人，通以己受之于天也。”

“改正朔，易服色，制礼乐，一统于天下”，董仲舒通过对《春秋》的阐释，《春秋》大义推向极致，强化了“正统”观念。所谓“正统”，就是要用“正”来“统”天下，由“统”来确保“正”，为王朝的上下授受有据、统治的合法性提供根据。孔子说：名不正则言不顺，言不顺则事不成。《春秋繁露·深察名号》说：“治天下之端，在审辨大；辨大之端，在深察名号。名者，大理之首章也，录其首章之意，以窥其中之事，则是非可知，逆顺自著，其几通于天地矣。是非之正，取之逆顺；逆顺之正，取之名号；名号之正，取之天地；天地为名号之大义也。”“是故治国之端在正名，名之正，兴五世，五传之外，美恶乃形。”由此看来，正统的实质就是“正者，所以正天下之不正也；统者，所以合天下之不一也。又不正与不一，然后正统之论作”。① 欧阳修说：“正统之说，肇于谁乎？始于《春秋》之作也。”②梁启超也讲到：“统字之名词何自起乎？殆滥觞于《春秋》。”③ 其实，《春秋》字面并无大义与正统的叙述，这些观念的形成与董仲舒的阐释有莫大关系。

“正统观”成为中国文化中极为重要的观念范畴，是否“正统”成为王朝政治权威的重要支撑。王朝建立的“正”与“不正”，合法与不合法成为史家判别一朝一代历史地位和社会价值的主要尺度。魏晋南北朝时期，南北割裂，

---

①② 〔宋〕欧阳修：《原正统论》，《欧阳修全集》第二册，中华书局，2001 年版，第 276 页。

③ 梁启超：《论正统》，见《饮冰室合集》，上海中华书局，1932 年版，第 20 页。

各个朝代都以不同的形式，证明自己的华夏正统。北宋前期最重要的春秋学家孙复著《春秋尊王发微》，通过阐释《春秋》的“尊王”大义来维护中央集权制，强化皇权，用世之意很明显。南宋的正统论更偏向空间上的正统诉求，故强调“攘夷”，胡安国的《春秋传》就是历史见证。每到改朝换代之际，这种正统观总会成为讨论的焦点问题。

第二，从正统观念到天人合一。

正统观念确定之后，如何维护正统，便成为董仲舒思想的焦点。他认为，天、地、人是万物之本，依据《春秋》就可以知天意，接地情，通人事。因此，《春秋》之道，至大至高；至大可以王天下，至高可以称霸王。他特别强调王道、霸道并用的重要性，甚至断狱、选官，也要借用《春秋》之义。《春秋繁露·精华》说：“《春秋》之听狱也，必本其事而原其志。志邪者不待成，首恶者罪特重，本直者其论轻。”诛首恶，志善者，维护政权的严肃性。在《俞序》中，董仲舒甚至认为，治理国家，没有不学《春秋》的，如果不学《春秋》，则不能预见前后旁侧之危。《元光元年举贤良对策》也说：[①]

> 孔子作《春秋》，上揆天道，下质诸人情，参之于古，考之于今。故《春秋》之所讥，灾害之所加也。《春秋》之所恶，怪异之所施也。

董氏将“天”视作万物之祖，并把天的节律和呈现与圣人所为完全对应起来。为此他不惜加进大量灾异祥瑞之类的内容，与君王德政进一步联系起来。比如哀公十四年“西狩获麟”的传说，董仲舒就认为是“受命之符”。是上天“托乎《春秋》。正与不正之间，而明改制之义”（《春秋繁露·符瑞》）。这是董仲舒利用对《春秋》的阐释来建构汉家政治权威的重要法宝。

第三，从天人合一到君权神授。

《公羊传》从“元年春王正月”阐释出“大一统”，却并未对“元”过多阐释，仅认为就是每一个君主的第一年都称为元年。从董仲舒开始，强调以“始”来解释“元”：

> 臣谨案《春秋》谓一元之意，一者万物之所从始也，元者辞之所为大也。谓一为元者，视大始而欲正本也。《春秋》深探其本，而

① 《汉书·董仲舒传》，中华书局1962年版，第2515页。

反自贵者始。(《元光元年举贤良对策》)

是以《春秋》变一谓之元，元犹原也，其义以随天地始终也。(《春秋繁露·重政》)

是故《春秋》之道，以元之深正天之端；以天之端正王之政；以王之政正诸侯之即位；以诸侯之即位正境内之治。五者俱正而化大行。(《春秋繁露·二端》)

《春秋》何贵乎元而言之？元者，始也，言本正也。(《春秋繁露·王道》)

他首先注重发挥公羊学所强调的"神—人"关系，构建出一套在宇宙秩序与人伦法则之间能相互对应的"天—人"结构关系。东汉何休在《公羊解诂》中进一步将"元年""春""王""正月""公即位"定义为"五始"。其中，"元"是天地之始，春是四时之始，文王乃周受命之始，正月为政教之始，公即位表示一国之始。这"五始"表示着天经地义的统治秩序。帝王登基，实乃天意。《春秋繁露·玉杯》："《春秋》之法，以人随君，以君随天。故屈民而伸君，屈君而伸天，《春秋》之大义也。"汉代的思想家、政治家无不秉持这样的理念，来为当时政治服务。《汉书·路温舒传》载路温舒上疏宣帝说："《春秋》正即位，大一统而慎始也。陛下初登至尊，与天合符，宜改前世之失，正始受命之统，涤烦文，除民疾，存亡继绝，以应天意。"这已成为当时的共识。

第四，从君权神授到天下观念。

董仲舒的思想不仅有为王朝立"正"溯"统"的宗旨，同时也希望借之规诫王权，对可能恣意妄为和无限泛滥的君权进行更形上层面的监督和控制。《元光元年举贤良对策》说：[①]

臣谨案《春秋》之中，视前世已行之事，以观天人相与之际，甚可畏也。国家将有失道之败，而天乃先出灾害以谴告之，不知自省，又出怪异以警惧之，尚不知变，而伤败乃至。以此见天心之仁爱人君而欲止其乱也。自非大亡道之世者，天尽欲扶持而安全之，事在强勉而已矣。

---

① 《汉书·董仲舒传》，中华书局，1962年版，第2498页。

《庙殿火灾对》《雨雹对》等，都用《春秋》来解说种种灾异现象。《春秋繁露·必仁且智》："凡灾异之本，尽生于国家之失，国家之失乃始萌芽，而天出灾害以谴告之；谴告之，而不知变，乃见怪异以惊骇之；惊骇之，尚不知畏恐，其殃咎乃至。以此见天意之仁，而不欲陷人也。"① 这样，作者把自己摆在了一个特殊的地位，即可以通过对《春秋》的解说，起到对君王劝善惩恶的作用。

如何最大限度地避免灾异呢？他在《春秋繁露·王道》中提出，要顺民心："《春秋》何贵乎元而言之？元者，始也，言本正也；道，王道也；王者，人之始也。王正，则元气和顺，风雨时，景星见，黄龙下；王不正，则上变天，贼气并见。五帝三王之治天下，不敢有君民之心。"五帝三王时代所以"不敢有君民之心"，就是不敢自谓君民，要对天有敬畏之心。"君者，民之心也，民者，君之体也；心之所好，体必安之；君之所好，民必从之。"（《春秋繁露·为人者天》）

董仲舒倡导的《春秋》大义，不仅是君对臣民的"统"，还强调君对天、对民的敬畏。《春秋》大义对天、君、臣、民，以及中国—夷狄的双向制约强调，影响了后世的大一统思想，以致成为一种"法"。《史记·十二诸侯年表序》讲："（孔子）论史记旧闻，兴于鲁而次《春秋》，上记隐、下至哀之获麟，约其辞文，去其烦重，以制义法，王道备，人事浃。"司马迁对《春秋》"义法"的理解上承董仲舒的《举贤良对策》，在汉代四百多年中具有代表性，后世阐发《春秋》大多不离这一基调。在武帝希望建立统一强大政权的时代，董仲舒既提供了"君权神授"的理论依据，还提供了监督君权的"正义"依据。

第五，从天下观念到统一实践。

孔子作《春秋》，时值礼崩乐坏之际。他要尊王攘夷、恢复正统。《公羊传·僖公四年》用"中国不绝若线"概括其大义，成为中华民族的一种文化认同，影响极为久远。当然，在春秋末叶，这还只是一种理想。战国时代，诸侯纷争，是非混淆。《孟子·万章》引孔子曰："天无二日，民无二王"，表达

① 《汉书·孔光传》："臣闻师曰，天左与王者，故灾异数见，以谴告之，欲其改更。若不畏惧，有以塞除，而轻忽简诬，则凶罚加焉，其至可必。"《谷永传》："臣闻灾异，皇天所以谴告人君过失，犹严父之明诫。畏惧敬改，则祸销福降；忽然简易，则咎罚不除。"

了重新恢复秩序的时代心声。如何恢复这种礼乐文明呢?《管子》说:“天子出令于天下,诸侯受令于天子,大夫受令于君,子受令于父母,下听其上,弟听其兄,此至顺矣。衡石一称,斗斛一量,丈尺一綧制,戈兵一度,书同名、车同轨,此至正也。”《荀子·非十二子》则提出效法舜禹:“一天下,财万物,长养人民,兼利天下,通达之属,莫不从服。”吕不韦、李斯提出了同样的主张。吕不韦说:“王者执一,而为万物正。军必有将,所以一之也;国必有君,所以一之也;天下必有天子,所以一之也;天子必执一,所以抟之也。一则治,两则乱。”(《吕氏春秋·审分览·执一》)又说:“故一则治,异则乱;一则安,异则危。”(《吕氏春秋·审分览·不二》)执一不二,就是要统一。李斯也立志“灭诸侯,成帝业,为天下一统”(《史记·李斯列传》)。前248年,吕不韦带兵灭掉东周。又过了二十七年,秦王嬴政横扫六国,建立了统一的秦王朝,将“大一统”的理念付诸实践。

不无遗憾的是,“秦世不文”,马上得天下,亦马上失天下。这一沉痛的历史教训,让西汉初年的思想家深刻地意识到,强化中央集权,建立礼乐制度,是国家长治久安的上策。贾谊《新书》说:“臣为陛下建三表,设五饵,以此与单于争其民,则下匈奴犹振槁也。”又说:“苟或非天子民,尚岂天子也。诗曰:‘普天之下,莫非王土。率土之滨,莫非王臣。’王者天子也,苟舟车之所至,人迹之所及,虽蛮夷戎狄,孰非天子之所哉?”当时的内忧外患,无法实现这些理念。

汉帝国建国七十余年后的元光元年(前134),董仲舒再一次提出这一主张,切合现实的需要,反映了时代的先声。

三、《春秋》“大一统”观的政治诉求

汉武帝推崇董仲舒的《春秋》学说,尊王攘夷,强调以王法正天下,试图通过政治的、经济的、军事的手段,积极处理文化多元与政治一统的棘手问题。

先说尊王问题。

春秋时期,强干弱枝,大本小末。“周衰,天子微弱,诸侯力政,大夫专国,士专邑,不能行度制法文之礼,诸侯背叛,莫修贡聘,奉献天子,臣弑其君,子弑其父,孽杀其宗,不能统理,更相伐锉以广地,以强相胁,不能制

属，强奄弱，众暴寡，富使贫，并兼无已，臣下上僭，不能禁止。”（《春秋繁露·王道》）因此，《春秋繁露·十指》明确指出，要强化中央集权，使尊君而卑臣，则“君臣之分明矣”。当时的情形正好相反，是强枝弱干。西汉初年，地方势力强大，贾谊、晁错本《春秋》之义，多次上书请求削藩，“令海内之势，如身之使臂，臂之使指，莫不制从。诸侯之君，不敢有异心，辐辏而归命天子”（《陈政事疏》）。景帝末年，吴楚七国以“清君侧”为名发生叛乱。景帝杀了晁错，并未换来地方势力的妥协。这个惨痛教训，让汉武帝铭刻在心。即位伊始，他就开始强化中央集权，消解地方王侯势力，迅速改变长期以来困扰朝廷的尾大不掉的被动局面。

《春秋繁露·度制》说：“圣人之道，众堤防之类也，谓之度制，谓之礼节，故贵贱有等，衣服有制，朝廷有位，乡党有序，则民有所让而不敢争，所以一之也。”度制，就是制度。董仲舒的建议，就是从制度层面入手，整合社会秩序，规范人伦尊卑，遏制地方势力，使之归于一统。汉武帝通过一系列的措施，强化制度建设，确保中央集权。在政治方面，武帝取消了地方自行任命官吏的特权，压缩诸侯王国的疆域和权力，如淮南王所辖地区，一分为三，分而治之。在经济方面，汉武帝启用大商人桑弘羊，收回地方铸钱的权力，实行盐铁政府专营的经济政策。在思想方面，汉武帝希望借助儒术的力量，迅速消解汉初以来盛行的战国习气、黄老之学。汉武帝建元六年（前135），崇尚黄老的窦太后去世，汉武帝亲政改元，举贤良对策，遂接受了董仲舒提出的独尊儒术的主张，“诸不在六艺之科，孔子之术者，皆绝其道，勿使并进”，将儒家思想确立为统治思想。

再看攘夷问题。

在巩固中央集权的同时，汉武帝希望通过军事手段，尽早解决边患问题。毕竟，军事是政治的最高形式。攘夷是《春秋》大义之一，也是国家“大一统”的政治诉求。更何况，这里还有君父之仇。①

《公羊传》曰：“夷狄也，而亟病中国，南夷与北狄交，中国不绝若线。”

① 胡安国《春秋传》三十卷就强调“复仇”之义，显然有感于南宋初年政局而发，所以清人尤侗说此书是“宋之《春秋》，非鲁之《春秋》也”。这是后人解释《春秋》的常用手法。

这里说的是春秋时期的情形，而战国以来的形势依然如故。《春秋繁露·精华》说：“《春秋》固有常义，又有应变。无遂事者，谓平生安宁也。专之可也者，谓救危除患也。”从当时情形看，关中地区依然有南北夹击之虞，必须有所应变。南是指大庾、骑田、都庞、萌渚、越城岭等五岭以南的广大地区，大致包括今天广东、广西、海南等地，地方割据势力仍在。据《史记·秦始皇本纪》，岭南地区划入中国版图，始于秦始皇统一中国后不久。他曾动用数十万兵力，征战数载，最后在始皇三十三年（前214）攻取岭南，建立了桂林、象郡、南海三郡，首次将岭南地区纳入中华统一的版图之中。

秦末汉初，趁中原战乱，赵佗建立了南越国，实行郡县制和分封制。汉初经陆贾游说，称藩于汉朝，在文化上与中原保持着频繁的接触。但是他们对于中原的威胁无时不在。武帝元鼎六年（前111），武帝分五路大军灭南越国，将岭南地区分为苍梧、郁林、合浦、交趾、九真、南海、日南、儋耳、珠崖等九个郡，归交州刺史部所监察。南越国从建立到灭亡，前后不过九十三年。秦末收复之战及这次战争，前后有大批中原人士南迁，“与越杂处”，将中原先进文化带到岭南地区。①

至于北部，问题更为复杂。六国以来，这里长期为匈奴所占据，在获取丰富给养的同时，又与西羌联手，不断地骚扰中原。秦始皇曾派蒙恬统帅三十万大军设防戍边，还将原来秦、赵、燕北边境的长城连接起来，西起临洮（今甘肃岷县），东至辽东（今辽宁丹东），绵延万里。尽管如此兴师动众，却并没有遏制住匈奴向内地扩张的野心和实力。

楚汉相争格局逐渐明朗的情况下，刘邦曾想在平定内地的同时，也能解决秦始皇以来一直困扰中原的边患问题，但在平城陷入险境，几乎丧命。这让刘邦意识到边患问题的解决绝非一蹴而就。他不得不接受娄敬的建议，确定了与匈奴的和亲政策。高祖八年、惠帝三年、文帝前六年，景帝前五年，四次以宗室女为公主嫁予单于。《史记》《汉书》都记载，刘邦死后，冒顿派遣使者送给吕后一封书信，颇多侮辱之词。而当时的国力依然不强，吕后只能继续执行和亲政策，别无选择。文帝刘恒起于代王，戍边多年，深知匈奴问题的复杂尖

① 20世纪80年代发掘的南越王墓出土了大量珍贵文物可以充分证明这一点。参见李林娜主编：《南越宝藏》，中华书局，2002年版。

锐。匈奴凭借着强大的骑兵优势，转战游移，灵活多变。而汉朝军队的每一次调防，动辄数万，大兵深入，除了兵源问题而外，最大的困难还在于补给问题。在这样的背景下，文帝也只能被动防御，无法解决根本问题。

景帝刘启初年也曾派遣陶青至代下与匈奴和亲。在解决了吴楚七国之乱以后，他开始认真地考虑如何从根本上解决边患问题。中元四年（前146），御史大夫卫绾上奏，禁止战马出关。这一建议得到景帝高度重视。《汉书·晁错传》载，晁错反思与匈奴的交战中屡战屡败的教训，在车、马、人方面，匈奴有其天然优势。为弥补自己短处，景帝开始处心积虑，充实兵马。从近年发掘的景帝阳陵陪葬坑所发现的数以万计的车马俑来看，虽然只是实物的三分之一，与秦始皇陵兵马俑有着较大的尺寸差异，但是这里透露出强烈的信息，即汉景帝已经把兵马问题摆在了重要的议事日程上来。在当时，决定战争胜负的一个重要因素就是兵马。显然，景帝已为此做了积极准备。

《春秋繁露·王道》："《春秋》之义，臣不讨贼，非臣也，子不复雠，非子也。"汉武帝对于匈奴的关注早在即位之初就开始了。根据《资治通鉴》卷一七的记载，汉武帝即位的第二年，就曾诏问公卿是讨伐匈奴，还是执行和亲政策。当时，王恢力主讨伐，而韩安国则倡言和亲。鉴于当时国力，武帝还是听从了韩安国的建议。但翌年又改变主意，转从王恢之议，使马邑人聂壹亡入匈奴，牛刀小试。在他即位的最初六年，这个问题始终困扰着汉武帝。据《汉书·张骞李广利传》，建元中，"汉方欲事灭胡"。但是，如何"灭胡"，武帝心里并没有底。马邑之战，无异于玩火。

从前面的论述知道，汉高祖七年确定的和亲政策，确保了边境70余年无大事。马邑之战虽然没有直接交火，但是汉与匈奴的关系却严重恶化，汉武帝当然要承受着巨大的压力。就在这一年，大月氏来使求援，说匈奴破月氏王，以其头颅作为饮器。大月氏愤怒异常，恳请汉朝共击匈奴。汉武帝正在考虑如何"灭胡"，闻知此讯，乃招募使者前往西域探听虚实。张骞以郎应命前往，一去13年，直到元朔三年（前126）才回到京城，带回来大量的西域信息。在这期间，汉朝与匈奴的战争已经打响。元光二年（前133）六月，汉武帝派遣韩安国、王恢等五将军率兵30万出塞，从此开启与匈奴长达40年的战争。

从当时战略形势看，决定战争的胜败，在很大程度上取决于双方对河西走廊的掌控。这是一条集战略、贸易、信道为一体的通道，直接关系国运的兴衰。《春秋繁露·楚庄王》说：“国家治，则四邻贺；国家乱，则四邻散。”元狩元年（前121），汉武帝开始议置河西诸郡，至后元元年（前88）敦煌郡的设立，河西四郡的建置，前后历经34年，[①] 成功地斩断了匈奴的左膀右臂，有效地控制了四周局势。

河西的稳定，确保了丝绸之路的顺畅，有了强大的经济基础和军事实力，这时再“探平城之事，录冒顿以来数为边害，籍兵厉马，因富民以攘服之。西连诸国至于安息，东过碣石以玄菟、乐浪为郡，北却匈奴万里，更起营塞，制南海以为八郡”,[②] 整个形势发生了根本性的变化，诚如贾捐之《弃珠厓议》所说，当时“殊方异物，四面而至”。

文化上的交流意义也显而易见。河西四郡设立后，自然有移民计划随之而来，提高了当地的文化水准。这些移民中，很多是贫民和罪人。就军事意义上说，他们的到来，主要是起到了屯兵的作用。此外，还有大量的文人为躲避战乱，也逃往西北地区。所有这些，都在客观上促进了当地文化的发展和交流。

《汉书·匈奴传》载，太初四年（前101），汉武帝下诏伐匈奴说：“高皇帝遗朕平城之忧，高后时单于书绝悖逆。昔齐襄公复九世之仇，《春秋》大之。”武帝的拓边攘夷行动，不仅是“列四郡，据两关，”还包括开发西南，平定百越、征服朝鲜等战役。这些政策的制定，有充分的法理依据，“《春秋》大之”。

四、《春秋》“大一统”观的文化呈现

段熙仲《春秋公羊学讲疏》第六编《〈公羊〉古义辑》汇总相关资料，说明《春秋》公羊学思想在战国秦汉时期有广泛的传播和重要的影响。其实，不仅仅是公羊学，孔子作《春秋》，“上遵周公遗制，下明将来之法，褒善黜恶，勒成十二公之经，以授弟子，弟子退而异言。”所谓“异言”，即《汉

① 参见刘跃进：《河西四郡的建置与西北文学的繁荣》，载《文学评论》2008年第5期。

② 《汉书·武五子传》，中华书局，1962年版，第2832页。

书·艺文志》所说："《春秋》分为五，《诗》分为四，《易》有数家之传。"贾谊、司马相如、王褒、扬雄等人的辞赋，司马迁、班固等人的史传，谷永、路温舒等人的奏记，还有刘向、刘歆父子的杂传疏议，桓宽、桓谭的著述等，都会引用到《春秋》，尽管师承不同，但都提出改制度，易服色，革正朔，与天下为始的主张，多聚焦君臣遇合主题，希望在那样一个可以大有作为的时代，能够脱颖而出，建功立业，这是秦汉文学的一个重要主题。可以说，他们的创作与《春秋》大一统观息息相关，更与秦汉时代的特殊政治文化背景紧密相连。

我们知道，战国以来养士之风盛行，战国四大公子自不必说。那个时候的文人，朝秦暮楚，并无一定之规。到了战国后期，情形发生变化。吕不韦来自中原，对于战国以来各家学术应当多所了解。他并没有像战国四大公子那样为谋一己之私或一国之利而各有主张。恰恰相反，他充分注意到稷下学宫各派的纷争与融合，对于各种思想，兼收并蓄。因此，《吕氏春秋》在学术方面最值得注意的是对先秦各家学说的汇总。在融汇百家之说的同时，他特别强调了"士"的品行的重要性。他要求的"士"，要讲究精神境界。"不偏不党，柔而坚，虚而实"。这表明，经过长时间的战国纷争，人们已经厌倦了那种缺乏是非观念的纷争，而倾向于对国家一统、万众一心的强烈诉求。

西汉初年，刘邦吸取了秦代大权旁落外姓的教训，分封子弟，与大臣共盟：非刘姓而王者，天下共诛之。地方势力如吴、楚、梁、淮南等诸国，也由此扩充势力，并招纳文士，扩大影响，又逐渐形成战国时期的风气。高祖刘邦之子中，吴王刘濞、楚王刘交、齐王刘肥、淮南王刘长；文帝刘恒之子中，太子刘启、梁孝王刘武；景帝之子中，河间献王刘德、鲁恭王刘余等，无不开馆延士，为世人瞩目。上有所好，下必从之。大臣也隆礼敬士，如平津侯公孙宏自以布衣为宰相，乃开东阁，营客馆，以招天下之士。西汉前期重要文人如邹阳、枚乘、枚皋、司马相如、羊胜、公孙诡、路乔如、丁宽、韩安国等人，无不在地方割据势力中作幕僚，天下有变，号为"智囊"；承平时期，不过就是文学弄臣。

汉武帝对此心知肚明。他不仅仅是雄才大略的政治家，也是杰出的文学家。他深知政权的巩固，需要文化来固本聚魂。因此，他对文人学者，采取恩威并施的政策。最重要的举措，就是安车蒲轮，征召枚乘进京。可惜枚乘年老多病，死于道中。但无论如何，枚乘之死具有重要的象征意义，它实际上标志着盘根错节的王侯文化逐渐走向终结，标志着无为而治的黄老思想逐渐走向终结，标志着居安思危的忧患意识逐渐走向终结，也标志着汉帝国进入一个思想文化高度统一的全新时期。

在《春秋》“大一统”观的统领下，秦汉思想家和文学家顺应时代要求，积极有为，创造了属于他们那个时代的文化成果。

在《难蜀父老》《封禅文》等文中，司马相如多次谈到《春秋》，深刻地领悟到《春秋》“大一统”的核心价值。他的《子虚赋》《上林赋》比较了诸侯与天子的异同，最终归结到天子，归结到一统。史书记载，司马相如死后，夫人说他曾有《封禅书》，武帝派人去取，原来是《封禅书》，提出封禅泰山的问题。①

严助是汉武帝时期一位著名的文学家，来自会稽。武帝即位之初，为吸引优秀人才，特设文学贤良。严助借此机会进入高层，得到汉武帝的关注。闽越的军队攻打东瓯，东瓯求情。有人主张放弃，认为那是闽越与东瓯的问题，与中央朝廷无关。而严助别具眼光，认为一定要支持东瓯，解决边地的安稳问题。

司马相如和严助来自边地，在事关国家完整的重大事件面前，表现出鲜明的政治态度，因而得到武帝的重视。

与司马相如和严助相比，董仲舒在政治上并不得志，作《士不遇赋》（《艺文类聚》三十），认为小人当道，“随世而轮转”。作者自叹进退维谷，无所适从。他想到了伯夷、叔齐的高蹈避世，想到了伍子胥和屈原的毙命江心，一心向善，不愿向世俗妥协。唐代元结《自箴》《汸泉铭》《洄泉铭》《恶圆》《恶曲》等名文无不源于此。尽管如此，他依然顺应了历史的潮流，提出了一系列维护国家统一的主张。

司马迁也志存高远，对战国以来的纵横风气颇为欣赏，而在现实生活中，颇感压抑，也写作一篇《悲士不遇赋》，感叹生不逢时，顾影独存，屈而不

---

① 刘跃进：《〈子虚赋〉〈上林赋〉的分篇、创作时间及其意义》，载《文史》2008年第2期。

伸，美恶难分。[①] 尽管如此，他也“闻之董生”，以《春秋》为本，称：“《春秋》上明三王之道，下辨人事之经纪，别嫌疑，明是非，定犹与，善善恶恶，贤贤贱不肖，存亡国，继绝世，补敝起废，王道之大者也。”（《太史公书自序》）然后“厥协六经异传，整齐百家杂语”，忍辱负重地编纂出一部究天人之际，通古今之变的《史记》，全面系统地勾画出中华文明自五帝以来“不绝若线”的谱系。《春秋》大义，一览无余。所以章学诚《文史通义·经解下》说：“迁、固本纪，本为《春秋》家学”，[②] 实为有得之见。

董仲舒和司马迁在政治生涯上的“不遇”大约是真实的。他们的官位都不高，事迹也不显，甚至连生卒年都不详。但是他们生逢国力蒸蒸日上之时，这种“遇”又是千载难逢的。在这样一个奋发有为的时代，董仲舒著《春秋繁露》，为汉帝国强化中央集权出谋划策。司马迁著《太史公书》，历史地证明了中华民族是一个同源共生的文明载体。[③]

在汉帝国走向强盛的历史进程中，以董仲舒、司马相如、严助、司马迁等为代表的一代文豪，在文化建设中发挥了重要作用。

第一是进一步规范文字，为中国的文化一统奠定基础。

汉高祖刘邦起自布衣，其臣下亦多亡命无赖之徒。他们多不喜欢儒生，甚至见到戴儒冠的，还把他们的帽子摘下来便溺其中。即皇帝位后，群臣争功，闹得不亦乐乎，刘邦只能叫叔孙通出来制定礼仪，这才知道皇帝之贵，也由此知道知识的重要性。《古文苑》卷一〇载汉高祖《手敕太子》，对自己不学无术颇多悔意。作为丞相，萧何在汉帝国创业之初，就制定了识字书写制度，多少也反映出刘邦渴求文化的心理。萧何规定：能讽书九千字以上，乃得为史。又试以六体，[④] 成绩优秀者才能为尚书、御史等。官吏上书，字或不正，要被弹劾。《汉书》记载，石奋上书，写“马”字少一笔，惊恐万状，甚至以为要“获谴死”。由此可见当时法律的威慑力量。

---

① 五百年后，陶渊明亦有《感士不遇赋》，序说自己读董仲舒、司马迁之作，慨然惆怅，感叹真风告逝，大伪斯兴，正道清操之士，一筹莫展，抒发的依然是同样的感慨。

② 章学诚著、叶瑛校注：《文史通义校注》，中华书局，1983 年版，第 111 页。

③ 关于司马迁的生平事迹，参见刘跃进：《“史家之绝唱，无韵之〈离骚〉——司马迁及其〈史记〉综论”》，载《学术交流》2020 年第 5 期。

④ 所谓六体，指古文、奇字、篆书、隶书、缪篆、虫书。

春秋战国时期，各国文字并不统一。即便是距离很近的诸侯国，文字也不尽相同，譬如山东莱阳发现的莱阳陶壶就与邹、鲁不同；甚至邹鲁之间，近在咫尺，其陶文与传世鲁器彝铭文字也有差别。秦以小篆为统一字体，丞相李斯的《仓颉篇》，中车府令赵高的《爰历篇》和太史令胡母敬的《博学篇》等文字学著作均以小篆为标准，对于当时文化一统以及汉代文化的发展起到了至为关键的作用。

从《汉书·艺文志》序中知道，《苍颉篇》《爰历篇》《博学篇》三书在西汉初年多有流传，有人还将三书合成一书，加以改造，成为两汉读书人的基本教材之一。东汉许慎乃会通前代字书，总结了战国以来解释文字的"六书"理论，集其大成而著《说文解字》。全书十四篇，叙目一篇，依据文字形体和偏旁结构分列540部，每部以一共同的字作部首，保存了大部分先秦字体和汉以前的文字训诂，使原本杂乱无类可归的文字有了归类的方式。这是秦汉文人为中华一统所作得最重要的贡献。最近一百年，在西北边陲发现的汉简中，时常有《苍颉篇》《急就章》等字书，说明童蒙读物在当地非常流行。

第二是整理图书，迎接文化高潮的到来。

秦汉以来，朝廷政府对图书收集十分重视，汉高祖刘邦初攻咸阳时，丞相萧何率先收藏秦朝的律令图书。汉武帝时，下令征集全国图书。到了汉成帝河平三年（前26），又命谒者陈农前往地方收求遗书。国家藏书日益增多，出现了"书积如丘山"的局面，但也给保藏、流通、阅读带来了不便，极需进行分类整理。于是，汉成帝命刘向在皇家图书馆天禄阁领导了中国第一次大规模的图书整理工作。每校完一书，都附上叙录一篇，最后又把各叙录另抄一份集在一起，称为《别录》，凡二十卷，是中国第一部详细的书目提要，系统地总结了先秦以来的学术发展情况，对后世目录学产生了深远影响。

在刘向《别录》基础上，刘歆编写《七略》，将当时的书籍分为六大类，即辑略、六艺略、诸子略、诗赋略、兵书略、数术略、方技略。"略"本是界域的意思，这里指类别。六艺略包括《易》《书》《诗》《礼》《乐》《春秋》《论语》《孝经》及"小学"等九目；诸子略包括儒、道、阴阳、法、名、墨、纵横、杂、农、小说等十目；兵书略包括兵权谋、兵形势、兵阴阳、兵技巧等四目；数术略包括天文、历谱、五行、蓍龟、杂占、形法等六目；方技略包括医经、经方、神仙、房中等四目；诗赋略包括歌诗、屈原赋、陆贾赋、孙卿赋、杂赋等。这种分类著录，成为中国古籍目录整理与研究的基本范式。①

第三是创作辞赋，使其成为一种最具大家气象的文体。

汉代流传的一些文字学著作，多采用韵文方式，如《凡将篇》《急就章》等，多是七言句式，可能是便于记诵的缘故。司马相如、扬雄等人的辞赋创作，在描写物象时，多以类相从，近似一部《尔雅》。还有的辞赋，兼有地理教科书的作用，虚中有实。汉赋的这种特色，贬之者认为这是“以艰深之词，文浅易之说”（苏轼评扬雄《法言》《太玄》语），扬之者则认为这是一种传播文献知识的独特方式。明代古文家盛称“文必秦汉”，秦汉文章、特别是应用文章的最大特点就是字字斟酌，句句推敲，可能与此实用功能有关。

不仅如此，司马相如在前人创作的基础上，进一步确立了大赋的基本品格，一是内容庞杂，包罗万象，带有博物色彩；二是东南西北，古往今来，可谓时空无边；三是辞藻艰深，华彩飞扬，具有磅礴气象。在古代文人心目中，辞赋已不仅是案头文学，也不单纯是娱宾遣兴的文字，它可以充分展现个人的才学，国家的意志，还有时代的特色。因此，汉唐时期，辞赋创作的好坏是衡量一个文人才学高低的重要标志。历代文学总集、文学选本，乃至个人文集，通常要把辞赋摆在第一位，这也成为一种惯例。

第四是创建乐府，通过礼乐制度渲染帝国的权威与执政的合法。

秦始皇统一六国后，巡视天下，并让李斯撰写七篇颂词，刻在石上，希望流传久远。此外，秦始皇还设立乐府，以礼乐演奏的方式，强化历史的叙述。② 从唐代杜佑《通典》的记载中知道，在秦汉时代，掌管音乐的官职有两个，一是太乐，一是乐府，各有分工，太乐掌管传统的祭祀雅乐，归奉常主管；乐府掌管当世民间俗乐，归少府主管。

《春秋繁露·郊祭》说：“郊义，《春秋》之法，王者岁一祭天于郊，四祭

---

① 参见刘跃进：《试论刘向、刘歆父子的文学业绩与学术贡献》，载《江苏师范大学学报》2020 年第 3 期。另见刘跃进：《目录学与当代中国学术研究》，载《数据与文献学报》2020 年第 4 期。

② 1976 年陕西临潼县秦始皇墓附近出土秦代编钟，上面刻有秦篆“乐府”二字。参见寇效信《秦汉乐府考略》（《陕西师大学报》1978 年第 1 期）和袁仲一《秦代金文、陶文杂考三则》（《考古与文物》1982 年第 4 期）等文。

于宗庙。"在这样的背景下，郊庙歌就更加重要，成为国家礼仪范畴。《春秋繁露·天道施》说："夫礼，体情而防乱者也。"司马相如参与创作了《郊祀歌》十九章，也是体情之作。[①] 这些诗歌虽非一时之作，作者也非一人，多是文人创造。还有一部分"歌诗"采自民间，也被演唱，借此了解时政，体察民情。秦汉乐府制度的建立，为维护中央集权起到重要作用。

元狩六年（前117），司马相如死，汉武帝从其家中获取《封禅书》。六年后，始祭后土，用雅乐。尔后，武帝发兵平定南越之乱，遂置九郡；又派李息等平定西羌之乱，初置河西四郡，确保中西方经贸文化交流的顺畅。西南方面，建立武都、牂柯、越嶲、沈黎、文山五郡。武帝以为功高盖天，遂询问部下，决定实施司马相如封禅之议。[②] 前110年，汉武帝即位三十年之际，自制礼仪，正式封禅泰山。同时，汉武帝又大兴天地诸祠，命群臣作诗颂，李延年为新声，郊祀始用乐舞，与士大夫更始，其以十月为元封元年。从此，汉帝国进入鼎盛时期。

① 《史记·乐书》："至今上即位，作十九章。令侍中李延年次序其声，拜为协律都尉。通一经之士不能独知其辞，皆集会五经家，相与共讲习读之，乃能通知其意，多《尔雅》之文。汉家常以正月上辛祠太一甘泉，以昏时夜祠，到明而终。常有流星经于祠坛上。使僮男僮女七十人俱歌。春歌青阳，夏歌朱明，秋歌西皞，冬歌玄冥。"这四首诗即见十九章中。唯《西皞》有异文，作《西显》。详见《乐府诗集》卷一"郊庙歌辞·汉郊祀歌二十首"题解。

② 《汉书·艺文志》著录《封禅议对》十九篇。注："武帝时也。"

论张载的思想遗产、历史地位和现代价值[①]

林乐昌

（陕西师范大学哲学系教授、陕西师范大学关学研究院首席专家）

摘　要：张载一生的主要贡献，是他在思想成熟期完成了理学体系的建构，实现了“为往圣继绝学”的抱负，为后世留下了丰富的思想遗产。无论是在古代的儒学发展史上，还是在中华优秀传统文化的当代传承体系中，张载的理学思想都享有崇高地位。因此，有必要对张载的思想遗产、历史地位和现代价值分别加以论析。

关键词：张载；思想遗产；历史地位；现代价值

引　言

张载（1020—1077）是北宋理学的共同创建者，也是关学宗师。他一生的主要贡献，是在其思想成熟期完成了理学体系的建构，实现了“为往圣继绝学”的抱负，为后世留下了丰富的思想遗产。近代以来，张载的著作和学说还远播于东亚、欧美。无论是在古代的儒学发展史上，还是在中华优秀传统文化的当代传承体系中，张载的理学思想都享有崇高地位。本文将从以下三个方面分别论析张载的思想遗产、历史地位和现代价值。

一、张载的思想遗产

张载所创建的理学，是典型的天人之学。以下，从理学纲领、体系建构、“天人合一”、《西铭》纲要等方面阐发张载的思想遗产。

---

①　本文系国家哲学社会科学基金重大项目“宋明清关学思想通论（七卷本）”（编号 19ZDA029）的阶段成果。

（一）理学纲领

《正蒙·太和篇》有著名的四句话：“由太虚，有天之名；由气化，有道之名；合虚与气，有性之名；合性与知觉，有心之名。”这可以简称作“《太和》四句”。“《太和》四句”自上而下地界定了“天”“道”“性”“心”四个基本概念，可以视为张载的理学纲领。张载晚年精心设计的理学纲领排列有序，表述严整，界定清晰，作为纲领的特点很突出。

多年前，笔者曾提出“《太和》四句”是张载的“理学纲领”这一观点，[①] 但那时尚缺乏支持这一提法的文献依据。随着张载理学新文献的辑校整理，使问题得到了解决。《礼记说》辑本，是张载理学新文献之一。参照张载佚著《礼记说·中庸第三十一》发现，“《太和》四句”原来是对《中庸》首章前三句“天命之谓性，率性之谓道，修道之谓教”的解说。[②] 朱熹指出，《中庸》首章前三句是全书的“大纲”。[③] 《礼记说》解说《中庸》纲领的篇章，为研究者提供了具有关键意义的文献，还原了“《太和》四句”的语境，使“《太和》四句”作为张载理学纲领的性质得到确证。

张载理学纲领所界定的“天”“道”“性”“心”四大概念，代表了天地间的四种存在。这四种存在之间的关系，或贯通，或感应，或同构，或联结。因此，不能把这四个概念切割开来，孤立地加以解释。

1.“由太虚，有天之名”

这里的“由”字，是借用的意思。张载借用道家“太虚”概念释“天”，是为了纠正秦汉以来儒者“知人而不知天”的“大蔽”，[④] 重构儒家“天”观。在他看来，秦汉以来儒者“鲜识天”，把原本超越之“天”实然化和经验化了，贬低为“苍苍之形”的存在。而道家的“太虚”则具有无限性、超验

---

① 林乐昌：《张载两层结构的宇宙论哲学探微》，《中国哲学史》2008 年第 4 期，第 86 页；林乐昌：《论张载对道家思想资源的借鉴与融通》，《哲学研究》2013 年第 2 期，第 38 页。

② 〔宋〕张载：《张子全书》卷十四《礼记说·中庸第三十一》，林乐昌编校，西安：西北大学出版社 2015 年版，第 384 页。

③ 〔宋〕黎靖德编：《朱子语类》卷六十二《中庸一》，王星贤点校，北京：中华书局 1986 年版，第 4 册，第 1480 页。

④ 〔元〕脱脱等：《宋史》卷四二七《道学一》，聂崇岐等点校，北京：中华书局 1985 年版，第 36 册，第 12724 页。

性、非实然性等优点，可借此改造被汉儒实然化和经验化了的“苍苍天”，从而使“天”重返超越和神圣的本体地位。[①]

2.“由气化，有道之名”

此“由”字与上句一样，也是借用的意思。古今不少学者都把这句话中“道”的意涵完全归结为“气”或“气化”。张载对“道”的界定，的确借助了阴阳家和道家的气或气化。《中庸》第二十章说：“诚者，天之道”，认为“道”是归属于“天”的。朱熹解释张载这句话说，道“虽杂气化，而实不离乎太虚”。[②] 可见，“道”既不能单独归结为“气化”，也不能单独归结为“太虚”，它是太虚与气化的统一体。[③] 另外，认为“天”高于“道”是儒家的传统认识，这与道家主张“道”高于“天”是不同的。[④] 在“《太和》四句”的概念序列中，“天”既高于“道”，又下贯于“道”。

3.“合虚与气，有性之名”

这里的“合”字，是整合的意思。《中庸》首章第一句“天命之谓性”，揭示了“性”根源于“天”，但并未解释何者谓“性”。在儒学史上，张载第一次对“性”加以界定，认为“性”是由本体“太虚”（“天”）与现实之“气”整合而成的结构性概念。而且，在张载那里“道”与“性”是同构的，都是由“虚”与“气”构成的。值得注意的是，“太虚即气”这一命题其实说的正是“道”与“性”这两个概念。“太虚即气”，与此处所说的“合虚与气”，及其他处所说的“太虚不能无气”（《正蒙·太和篇》）[⑤]，其意蕴是一致的，都指太虚与气这两种不同的宇宙力量在现实世界中是联结整合为一体的。尽管“道”与“性”是同构的，但二者在宇宙生成过程中的作用则各有侧重：

---

① 张载为何以道家“太虚”释“天”，如何诠释“天”或“太虚”的意蕴？参见林乐昌：《论张载理学对道家思想资源的借鉴和融通——以天道论为中心》，《哲学研究》2013 年第 2 期，第 38—40 页。

② 〔宋〕黎靖德编：《朱子语类》卷六十《孟子十·尽心上》，第 4 册，第 1430 页。

③ 张岱年：《中国古典哲学概念范畴要论》，北京：中国社会科学出版社 1987 年版，第 60 页。

④ 李泽厚：《荀易庸纪要》，收入其《中国古代思想史论》，北京：人民出版社 1985 年，第 131 页。

⑤ 〔宋〕张载：《正蒙·太和篇》，《张载集》，章锡琛点校，北京：中华书局 1978 年版，第 7 页。按：以下凡引《张载集》，皆随文出注，括号内仅注著作名和篇名。

"道"，主要作为宇宙万物运行的动力，展现宇宙万物的变化过程及其秩序；而"性"，则主要作为宇宙万物生成的根源，赋予宇宙万物不同的秉性或本质。"太虚即气"的"即"字义，可以与张载话语系统中的"感""合"等互证互释。"即"与"感""合"，都是说"道""性"内部存在虚与气相互感应、联结与整合的机制。关于"感"，是感应或感通的省称，张载强调"同异、有无相感"（《正蒙·动物篇》），亦即特定主体与异质的他者之间的关联整合。关于"合"，亦即"合虚与气有性之名"的"合"。张载论"合"的原则，是指"合异"或"非有异则无合"（《正蒙·乾称篇》）。这意味着，相"合"的二者是异质的，而不是同质的，否则，"合虚与气"便不过是同语反复，毫无学理意义。对于"感"与"合"的关系，张载认为"感即合也。"（同上）就是说，"感"与"合"的意涵是相通的。

4."合性与知觉，有心之名"

此句中的"合"字，仍是整合的意思。"《中庸》纲领"并未言及"心"，而张载却在其概念序列中特意补入"心"，并加以界定。宋人普遍以"知觉"为"心"，泛指人的一切感官活动和精神活动及其能力。而张载却认为，"知觉"与"性"整合在一起才构成"心"。这一界定，具有重要的创新意义，是要为人确立真正的"心"。张载论"性"，有客观的和主观的两种角度。就包括人在内的宇宙万物发生和存在的根源而言，"性"生成万物并赋予万物以本性。这是客观层面的规定，这一角度下的"性"是宇宙生成论的概念，并不具有"知觉"能力。张载论"心"定义中的"性"，由于与"知觉"相关，因而是专就人而言的，包括"天地之性"与"气质之性"。这两重人性，都含有主观层面的意蕴，并能够分别对人的"知觉"发挥不同的作用。对于"气质之性"，张载认为"君子有弗性者焉"（《正蒙·诚明篇》）。这是因为，"气质之性"的缺陷使其对"知觉"所发挥的作用往往是消极的或是负面的。王夫之指出："不尊德性，徇见闻而已。"① 这是说"知觉"若不以德性为根据，则必将流于"见闻"。在"气质之性"被否定（"弗性"）之后，能够为"知觉"提供人性根据的便只能是"天地之性"。在张载那里，"天地之性"是

① 〔清〕王夫之：《张子正蒙注》卷四《中正篇》，《船山全书》，夏剑钦编校，长沙：岳麓书社1992年版，第12册，第165页。

"性之本原"，是"至善"的①，因而在"合性与知觉有心之名"这一表述中，"性"当指"至善"的德性。这样规定的意义是，人的一切认知活动都应当受德性的制约。

总之，在张载理学纲领的"天""道""性""心"四大概念序列中，"天"作为最高概念主导其他三个概念，并发挥向下贯通的作用，从而使"天""道""性""心"这四大概念在天—人框架下联结为一个系统。在张载的理学纲领中，"气"只是表示自然实体及其变化的辅助性概念，而不是与"天""道""性""心"并列的基本概念，更不是本体概念。

（二）体系建构

张载五十岁时自称，"某唱此绝学亦辄欲成一次第"（《张子语录下》）。"欲成一次第"，是说他对自己的学说是以完成体系建构为意愿的。张载的理学体系也就是他的哲学体系，而这一哲学体系的基础是多个基本概念组成的序列。德国哲学家黑格尔（G. W. F. Hegel）指出："历史上的那些哲学系统的次序，与理念里的那些概念规定的逻辑推演的次序是相同的。"② 张载哲学有四个关键概念："天""道""性""心"。这是自上而下排列的概念序列。张载天人哲学体系的天道论哲学和心性论哲学两大层面，与其"天""道""性""心"概念序列的"次第"完全吻合。在其基本概念系列中，"天"是最高概念。构成张载理学体系的理论元素，除上述关键概念系列外，还有一系列基本命题和原理。就其理学思想的基本命题看，主要包括"天人合一"命题，"太虚即气"命题，"性其总合两"命题，"大其心体天下之物"命题，"尊礼贵德"命题，"民胞物与"命题，等等；就其理学思想的基本原理看，则主要包括"太虚"和"气化"的宇宙论哲学原理，"天地之性"和"气质之性"的人性论原理，"德性之知"和"闻见之知"的知识论原理，"变化气质"和"知礼成性"的工夫论原理，"以礼为教"的教育哲学原理，"道政不二"的政治哲学原理，等等。

张载理学的体系结构，可划分为形而上学和形而下学两大部分。张载理学

① 〔宋〕张载：《张子全书》卷十六《孟子说·告子章句上》，第445页。

② ［德］黑格尔（G. W. F. Hegel）：《哲学史讲演录》，贺麟、王太庆等译，北京：商务印书馆1956年版，第1卷，第34页。

纲领前两句说的是“太虚”“气化”宇宙论哲学，这正是以“天”“道”范畴为核心的，故也可以称为“天道论”。张载认为，“运于无形之谓道，形而下者不足以言之”（《正蒙·天道篇》）。可见，张载是把天道论归结为形而上学的。张载理学纲领后两句所说，属于心性论哲学，就其本质看，也可以归结为形而上学；但心性论中的“见闻之知”“气质之性”等内容，则不属于形而上学。可见，张载的理学纲领其实是其形而上学部分的纲领，其内容包括天道论哲学和心性论哲学两个层次。张载理学的形而下学部分，则指其面向现实社会、范导个体行为、社群关系和国家政治秩序的礼学，具体内容是张载的教育哲学和政治哲学，此外还包括修养工夫论等内容。

张载创建其理学体系的价值世界和意义世界，离不开对儒家经典的诠释。他特别强调在进行经典诠释时，必须“自出义理”，必须通过独特的解经方式以自创“新意”（《经学理窟·学大原下》），也就是进行理论创新。所谓“自出义理”，是指理论思考不能因循前人或他人成说，必须自出议论，自抒新意，自立新说，自成体系。张载“自出义理”的经典诠释方式是所谓“心解”，指重视自我心思作用的发挥。当然，在解经中重视心思作用并不为张载所专擅，他的独特之处表现在围绕解经的心思作用提出了诸多原则要求，从而在解经的取向、概念的提炼、原理的总结、体系的建构等方面，无不呈现自己的特色。张载确立了以“天”为核心概念，以“天”“道”“性”“心”为概念序列的理学纲领，而其理学体系就是这一纲领的展开。吕大临所撰《行状》说，张载晚年在横渠故里“终日危坐一室，左右简编，俯而读，仰而思，有得则识之，或中夜起坐，取烛以书。其志道精思，未始须臾息，亦未尝须臾忘也”（《张载集》附录）。这是对张载致力于理学建构工作的生动刻画。

（三）“天人合一”

在中国历史上，张载首次使用“天人合一”这四个字，用以表述其理学体系的思想宗旨和精神境界，并做了明确的界说。在《正蒙·乾称篇》中，针对佛教人士“诚而恶明”的倾向，张载强调指出：“儒者则因明致诚，因诚致明，故天人合一。”这一界说，着重从道德修养和精神境界的角度为儒者提出实现“天人合一”的方法。值得注意的是，张载“天人合一”思想所依据的经典除了《周易》经传之外，显然对《中庸》更加倚重。张载所说“因明致诚，因诚致明”，来源于《中庸》二十一章“自诚明”“自明诚”的学说。

此外，张载依据《中庸》二十五章所谓“诚”者“性之德也，合内外之道也”的表述，将“合内外”作为表述“天人合一”的模式。仍与《中庸》有关，张载还从另一角度对“天人合一”思想做了重要的补充说明。他说：“天人异用，不足以言诚；天人异知，不足以尽明。”（《正蒙·诚明篇》）这表明，张载强烈反对在“用”和“知”这两个向度上使天人关系发生背离。这就启发我们，应当从“用”和“知”这两个向度考察张载的“天人合一”思想。

第一，从“知”的向度考察张载“天人合一”思想及其特色。《宋史》张载本传说他“以为知人而不知天，求为贤人而不求为圣人，此秦汉以来学者大蔽也”。张载在论述天道性命相贯通时指出：“故思知人不可不知天。”（《正蒙·诚明篇》）清初理学家冉觐祖注解“天人异知”说：“知人而不知天，是谓‘天人异知’。”① 如果人能够“知天”，便意味着天人不再“异知”。张载批评秦汉以来儒者“不知天”，是指他们对“天”的理解出现了偏误。这表现为，把原本超越的宇宙本体之“天”实然化、经验化了。张载批评说：“‘日月得天’，得自然之理也，非苍苍之形也。”（《正蒙·参两篇》）强调不能把“天”理解为苍苍之天，而应当理解为支配宇宙万物的最高实在和道德价值的终极根据。他还告诫学者：“气之苍苍，目之所止也；日月星辰，象之著也。当以心求天之虚。”（《张子语录中》）这是说，已少有儒者能“以心求”超越的宇宙本体之天了，更多的情形是以耳目感官把握由气构成的“苍苍”之天。可见，张载特别重视以“心”体悟“天”这一宇宙最高存在的心灵活动，并使之成为实现“天人合一”境界的途径。

第二，从“用”的向度考察张载“天人合一”思想及其特色。广义地看，“知天”也包括“知天道”。张载曾说，他撰写《西铭》的意图，是“只欲学者心于天道”（《张子语录上》）。张载批评佛教人士“不知本天道为用”（《正蒙·太和篇》），主张“得天而未始遗人”（《正蒙·乾称篇》）。如何“本天道为用”？考察张载的有关论述可知，这需要经由个人的修养实践、社会的治理实践和人类参与自然生成过程的实践等多种途径，才能够使之得以落实。

总之，张载的“天人合一”命题既具有道德修养实践意义和精神境界意义，也蕴含了对社会秩序和自然伦理的诉求，是儒学史上天人合一观念的重要

① 转引自林乐昌：《正蒙合校集释》，北京：中华书局2012年版，上册，第287页。

理论源头。

（四）《西铭》纲要

《西铭》代表了宋代理学最高精神的追求。《西铭》的主要内容包括：《西铭》的主旨、《西铭》的纲要、《西铭》的仁孝伦理和信仰诉求。

第一，关于《西铭》的主旨。程、朱把《西铭》的主旨归结为“理一分殊”。然而《西铭》通篇未言“理”字。所谓“理一”，是程、朱站在其“理学”立场所作的概括；所谓“分殊”，并不是《西铭》的重心。我们主张把《西铭》的主旨概括为：基于宇宙根源的仁孝伦理原则。《西铭》首句“乾称父，坤称母”，是张载依据《书经》《易传》所建构的宇宙生成根源观念。《西铭》的仁孝伦理原则，是依据乾坤这一宇宙根源提出来的。《西铭》所谓“乾坤”，比程、朱所谓“理一”更具有超越性。①

第二，关于《西铭》的纲要。朱熹以《西铭》前三句为全文的“纲要”。② 这前三句是：“乾称父，坤称母；予兹藐焉，乃混然中处。故天地之塞，吾其体；天地之帅，吾其性。”对此，有必要略加调整：以“乾称父，坤称母；予兹藐焉，乃混然中处”为第一句，以“故天地之塞，吾其体；天地之帅，吾其性”为第二句，增加下面特别重要的“民吾同胞，物吾与也”为第三句。《西铭》纲要是理解其文本结构的钥匙，涉及宇宙间两个层次、多重维度的关系。第一层次是以纵向的上下关系为特征的“父子”关联结构。在这一层次中，又可分为宇宙间人与乾坤父母的关系，以及家族中人与生身父母的关系。这部分内容，主要蕴含于《西铭》第一句和第二句。第二层次是以横向的平行关系为特征的“民胞”“物与”关联结构。《西铭》第三句“民吾同胞，物吾与也”，反映的便是这部分内容。在张载看来，乾父坤母与人之间这种宇宙论意义上的“父子”关系，应当遵循《周易正义》孔颖达疏所谓

① 林乐昌：《论朱熹的〈西铭〉诠释模式——以“理一分殊”为标志》，《哲学与文化》2016 年第 10 期，第 103—104 页。按：朱熹说：“所谓天理复是何物？仁、义、礼、智、信，岂不是天理？君臣、父子、兄弟、夫妇、朋友，岂不是天理？”（《晦庵先生朱文公文集》卷五十九《答吴斗南》，朱杰人等主编：《朱子全书》，上海：上海古籍出版社、合肥：安徽教育出版社 2002 年版，第 23 册，第 2837 页）这就不免把本来作为本体的“理一”归结为现实社会的等级关系了。

② 〔宋〕黎靖德编：《朱子语类》卷九十八《张子之书》，第 7 册，第 2527 页。

“父子之道”。而“父子之道”的意涵，就是仁孝伦理原则。

第三，关于《西铭》的仁孝伦理和信仰诉求。早期儒家重视仁爱的血缘根据，主张爱有差等；而张载则强调仁爱的宇宙根源，以谋求平等之爱。程颐也意识到，以血缘为根据的仁爱易导致“私胜而失仁”。[①] “民胞物与”的理念，为纠正“私胜而失仁”的偏向提供了可能，使人们能够调动理念的力量，引导仁爱实践的范围不断扩大，而不是屈从于差等之爱的现实。《西铭》言“孝”的语境，是前述宇宙间和家族中以纵向的上下关系为特征的“父子”关联结构。由于这一结构有两重维度，因而孝行便有两类对象：一类是在家庭中对生身父母行孝，另一类是把孝行扩大到宇宙范围，

对乾坤父母行孝，使人成为“天地孝子”。[②] 对天地父母的尊崇和敬畏，意味着为“孝”注入了神圣性，使“孝”上升为精神信仰。正是在此意义上，杜维明把《西铭》视为“儒家的信仰宣言”。[③]

二、张载的历史地位

对于张载的历史地位，有必要结合他的生前身后际遇，从学派关系、思想贡献、历代封赐等视角进行论析和评价。

（一）从学派关系看张载的历史地位

张载关学与二程洛学的关系最为密切。从北宋至今，有一个问题一直影响人们对张载历史地位的评价，这就是：张载关学与二程洛学之间的关系，是否像程、朱学派的某些学者所说，张载之学源出于二程？而这又进一步关系到对张载关学是否属于独立的理学学派的判定。归纳起来，从北宋至南宋，围绕这个问题有两种说法。

第一种是北宋程门弟子吕大临、杨时等人及南宋朱熹的说法。吕大临原为张门弟子。张载逝世后，他转师于二程门下。在吕大临《行状》中，曾言及张载与二程京师论学一事。该《行状》有两个不同版本，记述有很大差异。《行状》通行本记述道：“嘉祐初，（张载）见洛阳程伯淳（程颢）、正叔（程

① 〔宋〕程颐：《河南程氏文集》卷九《答杨时论西铭书》，《二程集》，北京：中华书局 1981 年版，第 2 册，第 609 页。

②③ 杜维明：《儒教》，陈静译，上海：上海古籍出版社 2008 年版，第 57 页、56 页。

颐）昆弟于京师，共语道学之要，先生（张载）焕然自信曰：‘吾道自足，何事旁求！’乃尽弃异学，淳如也。”而此前《行状》原本则是这样记述的：张载见二程兄弟后，便“尽弃其学而学焉”。[①]《行状》通行本是原本的改本。之所以修改，是因为程颐看到《行状》原本之后，对吕大临表示了强烈的不满和批评（详下）。此外，杨时说：“横渠之学，其源出于程氏，而关中诸生尊其书，欲自为一家。”[②] 程门另一弟子游酢称程颢“年逾冠，明诚夫子张子厚友而师之”。[③] 这一说法，与杨时所说类似。此外，南宋的朱熹也有过类似的说法。他说：“横渠之学，实亦自成一家，但其源则自二先生（指程颢、程颐——引者注）发之耳。”[④] 与杨时不同，朱熹虽然对于张载之学“自成一家”这一点似乎是认可的，但他又坚持认为张载之学“其源则自二先生发之”。这两种说法之间，显然是矛盾的。

第二种是程颐的说法。《河南程氏遗书》记录了程门弟子尹焞与程颐的一段对话：“吕与叔作《横渠行状》，有‘见二程尽弃其学’之语。尹子（指尹焞——引者注）言之，先生（指程颐——引者注）曰：‘表叔（指张载——引者注）平生议论，谓颐兄弟有同处则可，若谓学于颐兄弟则无是事。顷年属与叔删去，不谓尚存斯言，几于无忌惮。’”[⑤]作为当事人，程颐的说法是真实可信的，能够反映关学与洛学两派关系的真相，这也是他对张载之学是否“源于二程”这一议论所定的基调。程颢则从另外一个角度表达了对张载之学的敬佩。熙宁初，“神宗问明道以张载、邢恕之学，奏云：‘张载臣所畏，邢恕从臣游。’”[⑥] 由此很难设想，程颢竟然会认为张载之学源出于自己。总之，张载的学说和他领导的学派，其形成都早于二程。

现代学者不必立足于古人的门户之见，应当按照更高的学术要求评价关学

---

①⑤ 〔宋〕程颐：《河南程氏外书》卷十一《时氏本拾遗》，《二程集》，第2册，第414—415页。

② 〔宋〕杨时：《杨时集》卷二十六《跋横渠先生书及康节先生人贵有精神诗》，林海权点校，北京：中华书局2018年版，第3册，第692页。

③ 〔宋〕游酢：《书（程颢）行状后》，《河南程氏遗书·附录》，《二程集》，第1册，第334页。

④ 〔宋〕朱熹：《伊洛渊源录》卷六，朱杰人等主编：《朱子全书》，第12册，第1002页，朱熹案语。

⑥ 〔宋〕程颢《河南程氏外书》卷十二《传闻杂记》，《二程集》，第2册，第443页。

与洛学之间的关系问题。张岱年早就明确地指出，程门后学以“先程后张”言当时学术“衍变之序”，实乃“一派之私见而已”。[①] 后来，徐远和认为，二程弟子及朱熹坚持张载之学源于二程，“这是一种历史的颠倒。近人已将这一历史旧案推翻，指明并非关学源于洛学，而是关学与洛学同时并兴，各自成派”。[②] 庞万里指出，程门弟子的说法实际上是“门户之见，有意扬程抑张，抬高程学地位，是与事实不符的”。[③] 另外，国外汉学家对这一问题也发表了自己的真知灼见。美国汉学家包弼德（Peter K. Bol）认为，“朱熹让张载求教于二程，而实际情况可能正相反”。[④] 另一位美国汉学家葛艾儒（Ira E. Kasoff）指出，朱熹勾勒了一条北宋理学发展的路线：“周敦颐启其途，一传而至于二程兄弟，别派歧出则为张载、邵雍及程门中人。这样的图解，被人们当成事实接受下来了，可是，它却混淆了一个关键点：张载这位重要的哲学家，他开创的哲学体系，既在二程兄弟之前，又是独立于后者之外的。”[⑤] 对于张载之学是否“源于二程”的这一历史公案，以上所引述的几位海内外学者都有拨正之功，他们都准确地揭示了问题的症结所在。

（二）从思想贡献看张载的历史地位

张载建构一了套以天论、道论、性论、心论，以及价值论、工夫论、教育学说和政治学说构成的理学体系，其中很多内容都是“六经之所未载，圣人之所不言”（范育《正蒙序》）的。限于篇幅，以下对张载的思想贡献仅择其要而述之。

与北宋其他理学家着重讲“无极”讲“太极”，或着重讲“天理”讲“理”有所不同，张载针对秦汉以来儒者“知人而不知天”的弊端，改造被秦汉儒者实然化和经验化了的“天”，把“天”重构为宇宙间至高无上的终极实

① 张岱年：《中国哲学大纲·序论》，北京：中国社会科学出版社1984年版，第22页。

② 徐远和：《洛学源流》，济南：齐鲁书社1987年版，第19页。

③ 庞万里：《二程哲学体系》，北京：北京航空航天大学出版社1992年版，第38页。

④ ［美］包弼德（Peter K. Bol）：《斯文：唐宋思想的转型》，刘宁译，南京：江苏人民出版社2001年版，第33页。

⑤ ［美］葛艾儒（Ira E. Kasoff）：《张载的思想（1020—1077）》，罗立刚译，北京：上海古籍出版社2010年版，第7页。

在，使之重返超越本体的神圣地位。这是对周、孔儒学“正传”[①] 的守护。以此为前提，张载还以其“勇于造道”[②] 的精神，第一次提出了具有结构特征的“天道”概念，这是儒学天道论的传承创新。张载“天道”概念的结构特征表现在，一方面，强调“天”高于“道”，同时又把“天”视作“道”的主导力量；另一方面，把阴阳家、道家和道教的“气”或“气化”作为辅助力量引入“天道”论，把“气”或“气化”从原本的“术”改造为“学”，使之成为学理意义上的“天道”论的组成部分。张载提出的“天参”概念，使其“天道”的结构特征更加清晰。张载依据《易传·系辞》“太极”“两仪”的观念和《穀梁传》天与阴、阳“三合而后生”的观念，并吸收阴阳家、道家和道教的阴阳气化观念，明确提出“天道”是由“一”与“两”，亦即天（太虚）与阴、阳之气构成的“三位一体式的存在”，这是对儒家宇宙论哲学建构的重要贡献。[③]

作为理学家，张载虽然着重讲“天”讲“道”，但也并非不讲“理”。除自然之理外，张载对于“理”更多是从道德伦理原则和社会政治秩序等方面加以阐发的。虽然“理”在张载理学思想中也很重要，但他毕竟未将“理”直接纳入“天”“道”“性”“心”这四大基本范畴的构架之中，因而可以将其“理”视作与“道”处于平列的地位，是居于“天”之下的次级概念。这与把“天理”看作最高概念的程、朱之学是不同的。[④]

此外，张载还“自立说以明性”（《经学理窟·义理》）。也可以理解为《中庸》首章第一句“天命之谓性”，揭示了“性”源于“天”，但并未解释何者谓“性”。在儒学史上，张载第一次对“性”的意涵加以界定，提出“合虚与气有性之名”。这是张载性论的基点。除了“性”的结构特征之外，张载还揭示了“性”作为万物根源的宇宙生成论特征。他提出：“性者万物之一

---

① 〔清〕皮锡瑞：《经学通论》卷一《易经·论阴阳灾变为易之别传》，北京：中华书局 1982 年版，第 18 页。按：皮氏指出：“经学有正传，有别传。”他认为汉儒是背离了孔子儒学之“正传”的“别传”。这里是对皮锡瑞所谓“正传”这一说法的借用。

② 〔清〕黄宗羲、全祖望：《宋元学案》卷十七《横渠学案上·横渠学案序录》，陈金生、梁运华点校，北京：中华书局 1986 年版，第 1 册，第 624 页。

③ 庞朴：《一分为三论》，上海：上海古籍出版社 2003 年版，第 132 页。

④ 林乐昌：《张载理观探微》，《哲学研究》2005 年第 8 期。

源，非有我之得私也。”（《正蒙·诚明篇》）张载认为，“天所性者通极于道，气之昏明不足以蔽之”（《正蒙·诚明篇》）。这表明，在宇宙中“天”“性”“道”的地位都高于“气”。其中，“道”与“性”的关系是同构的，都是由“天”（太虚）与“气”（阴阳）联结整合为一体的。而且，“道”与“性”的关系还是“通极”的，就是说从极致处看二者也是相通的，都指向“天”亦即“太虚”。由于人类也包括在宇宙万物之内，因而张载的性论也涵括了人性论。

张载论人性是以孟子的性善论为出发点的。但与孟子不同的是，张载把人性划分为“天地之性”与“气质之性”，认为二者分别根源于“虚”与“气”，其中“天地之性”是人性之“本”，是“至善”的；而“气质之性”则是人性之“末”，是相对的、有善有恶的，并强调君子绝不以“气质之性”为“性”。针对佛老单纯以虚无言性，汉儒单纯以气言性的两偏之失，张载基于本体与现实的整合，使虚与气、无与有“兼而不偏举”（《横渠易说·系辞上》），既为人性“立本”，又不忽略人性的现实层面。此外，他还从实践层面创构了成性论，其内涵包括成性过程的三个阶段划分和道德实践工夫次序等。[①] 虽然“世以孟子比横渠”，[②] 但是与孟子相比，张载的独特贡献在于，为儒家人性论提供了深层的天论和天道论依据，并提出了“气质之性”和“成性”等新说，这就拓展了对人性的解释空间，成为理学史上人性论的主流。

张载的理学体系也包含有丰富的心学思想。但张载的心学与后来陆象山、王阳明以“心”为本体的心学是有所不同的。张载所谓“合性与知觉，有心之名”，是对“心”所做的新界定，与完全以“知觉”为“心”的流行看法大相径庭。张载对“心”的独特规定，强调人的知觉活动必须以德性为根据，从而为人确立真正的“心”。他还肯定心的能动作用，认为“心能尽其性”，而“性不知检其心”（《正蒙·诚明篇》）。张载的知识论也属于其心学。他所提出的“见闻之知”“德性所知”与“诚明所知”等多层次的知识理论，宋明儒者无不遵守之。[③]

---

① 林乐昌：《张载成性论及其哲理基础研究》，《中国哲学史》2005年第1期。

② 〔宋〕陈亮：《陈亮集》（增订本）卷二十二《伊洛正源书序》，邓广铭点校，北京：中华书局1987年版，上册，第252页。

③ 牟宗三：《智的直觉与中国哲学》，台北：商务印书馆2000年版，第188页。

在心性关系方面，张载提出了“心小性大”的命题。这一命题的理论依据是，“性，原也；心，派也”（佚著）。[①]“性，原也”，是说“性”是宇宙万物创生的根源；“心，派也”，是说相对于宇宙创生根源的“性”，人和万物都是派生的，因而人心也是派生的。由于人心不能作为宇宙创生万物的根源，故其地位低于性，当然更低于天。这与二程认为心与天同一甚至等同的看法，以及朱熹认为心、性不应分“小大”的看法，都很不相同。“心小性大”的命题所要说的只是：心性地位有小大，然其作用惟在心。[②]

值得注意的是，张载的心学思想对陆象山、朱熹等理学家都产生过重要的影响，而对王阳明的影响尤其需要关注。康有为指出，张载所谓“诚明所知乃天德良知”，“王阳明良知之学本此”。[③] 张载所使用的“太虚”一语出自《庄子》，但经过张载的改造，便成为理学家的一个重要概念。王阳明晚年对张载的“太虚”概念曾多次援引。嘉靖六年丁亥（1527），王阳明在与钱德洪、王畿讨论“为学宗旨”时强调，“良知本体”“只是太虚”[④]。在这段话中，王阳明还使用了《正蒙·太和篇》所谓“太虚无形”一语，并提出，“良知之昭明灵觉”，“廓然与太虚而同体”。[⑤]

对于张载理学，不少学者倾向于把它视作自然观，而忽略其价值论特征。这种倾向需要扭转。张载因应儒学复兴的时代呼唤，系统阐发了“尊礼”和“贵德”的价值观。“礼”和“德”是其价值观的两个基本类型，而“尊礼贵德”[⑥] 则是张载价值论的主题。张载所谓“礼”，不仅是实现仁、孝等道德价值的途径，而且其本身也具有强烈的价值意义，其性质属于规范伦理或规范价值。张载礼学具有多重价值功用，包括国家治理的价值功用，地方自治的价值功用，个体成德的价值功用。“仁”“孝”，是张载“贵德”价值观的核心。与早期儒家有所不同，张载说“仁”“孝”的新意表现在三个方面。一是突破了

---

① 〔宋〕张载：《张子全书》卷十六《孟子说·尽心章句上》，第447页。

② 林乐昌：《张载心学论纲》，北京：《哲学研究》2020年第6期，第47—48页。

③ 康有为：《讲正蒙》，《康有为全集》（二），姜义华等编校，上海：上海古籍出版社1990年版，第485页。

④ 〔明〕王守仁：《王阳明全集》卷三十五《年谱三》，吴光、钱明、董平等编校，上海：上海古籍出版社1992年版，第1306页。

⑤ 〔明〕王守仁：《王阳明全集》卷六《答南元善》，第211页。

⑥ 〔元〕脱脱等：《宋史》，第36册，第12724页。

早期儒家基于血缘，强调差等的仁爱观。张岱年认为，张载的仁爱观“综合了孔子的仁与墨子的兼爱”。[①] 二是扩大了“仁”的实践范围。《西铭》提出“民胞物与”的理念，意味着从限于人类说仁爱转变为不限于人类说仁爱。三是扩大了“孝”的实践范围。在《西铭》中，张载把“事天”作为“孝子”的伦理义务和伦理责任，于是把家族中对生身父母行孝，扩大到宇宙范围，使人成为“天地孝子”。[②] 张载的价值观在其理学体系中地位独特，并发挥着“上通”与“下贯”的作用。“上通”，指“礼”和“仁”“孝”等人文价值都能够接通天和天道，都有其天道根源；“下贯”，指“礼”和“仁”“孝”等人文价值能够向下贯通于现实世界，对现实世界发挥直接的范导作用。[③]

总之，张载理学是典型的天人之学。若进一步概括，则可以认为他所明确提出的“天人合一”是其学说的宗旨。张载理学的纲领、体系与宗旨，这三者之间可以互证互释。古今许多著名学者曾经用“天人合一”这一话语概括中国思想文化的基本特征。而这一话语的，便直接源自张载。

（三）从历代封赐看张载的历史地位

张载的地位，也得到官方的认可，包括历代朝廷对张载的赠谥、封爵和准予从祀孔子。朝廷对理学大家的赐谥，多由大臣的奏请而起。先有张载门人的谥议。张载逝世后，门人欲谥为“明诚夫子”，质询于程颢。程颢就此请教司马光，司马光指出，“子厚平生用心，欲率今世之人，复三代之礼者也”。其门人“欲谥子厚而不合于古礼，非子厚之志”。遂以“不可”而作罢。[④] 宋哲宗元祐七年（1092），张载门人、秦凤路提点刑狱张舜民在《上哲宗乞追赠张载》中，请求朝廷为张载追谥。[⑤] 宋宁宗嘉定四年（1211），著作佐郎兼沂王府教授李道传奏定张载等五先生从祀。嘉定十年（1217）和嘉定十四年

---

① 张岱年：《中国哲学大纲·序论》，北京：中国社会科学出版社 1982 年版，第 21 页。

② 杜维明：《儒教》，第 57 页。

③ 参见林乐昌：《张载理学价值观的主题、体系定位及最高原理》，《深圳大学学报（人文社会科学版）》2020 年第 3 期。

④ 〔宋〕司马光：《论谥书》，《张载集》附录，北京：中华书局 1978 年版，第 387—388 页。

⑤ 〔宋〕张舜民：《上哲宗乞追赠张载》，赵汝愚编：《宋朝诸臣奏议》，北京大学中国中古研究中心校点整理，上海：上海古籍出版社 1999 年版，下册，第 1031 页。

（1221），朝请郎直秘阁知潼川府魏了翁两次向朝廷为张载请谥。直至十六年（1223）正月，朝廷允以赐谥为“献”。宋理宗淳祐元年（1241）正月，令学宫将张载与周敦颐、二程、朱熹等五人列之从祀，并续奉圣旨为此五人封爵，其中封张载为郿伯。宋度宗咸淳三年（1267），诏封张载为郿伯。宋理宗端平二年（1235）正月，礼部尚书兼侍讲李埴奏张载等十人为学者所宗，宜在从祀之列。朝廷从之。元仁宗皇庆二年（1313），以宋儒张载等九人从祀孔子庙廷。元泰定帝泰定三年（1326），建横渠书院和张子祠于郿县，以表示对张载的尊崇。明世宗嘉靖十年（1531），国子监建启圣公祠成，张载等九十一人两庑从祀。清世祖顺治二年（1645），祭祀大成至圣文宣先师孔子，张载等六十九人西庑从祀。

三、张载思想遗产的现代价值

2020 年底，“张载思想的现代价值”入选 2020 年度“中国十大学术热点”。[①] 作为特邀点评专家，我从三个方面概括了张载思想的现代价值。由于点评只有 400 多字，因而这里有必要对这三个方面略加展开说明。

（一）“四为”精神的现代价值

“为天地立心，为生民立命，为往圣继绝学，为万世开太平”这四句名言，是张载一生志向和理想的抒发，也是古代知识分子以天下为己任的经典表述。日本著名学者岛田虔次认为，张载的这四句话，是“表现宋学的根本精神、根本性质的语言”，这种精神堪称“规模雄大”[②]。“四为句”的前两句，意在为社会确立文化根基，对于中华民族精神的塑造至今仍然发挥着积极的作用。今天的社会主义核心价值观及其社会作用，与此是一脉相承的。不同的是，北宋社会价值系统多由理学家个人提出，然后逐渐得到社会的认同和接受；而社会主义核心价值观则是国家层面在凝练社会各界智慧的基础上提出来的。2017 年 1 月，中共中央办公厅和国务院办公厅颁布了《实施中华优秀传

---

① 2020 年度“中国十大学术热点评选活动，由《学术月刊》杂志社、《光明日报》理论部与中国人民大学书报资料中心联合主办，是经过学界推荐、文献调研、学者研讨、专家评议、投票确定等程序最终评选出来的。详见《学术月刊》2021 年第 1 期。

② ［日］岛田虔次：《朱子学与阳明学》，蒋国保译，西安：陕西师范大学出版社 1986 年版，第 1 页。

统文化传承发展工程的意见》，体现了党和国家继承发展中华优秀传统文化的决心。这与“四为句”第三句“为往圣继绝学”的抱负是一致的。“四为句”的第四句是“为万世开太平”，作为开拓世代平安和谐的社会理念至今影响深远。

（二）“天人合一”的现代价值

张载理学思想的主旨是“天人合一”。张载依据“天人合一”这一核心观念，建构了一套独特的话语体系和思想体系。“天人合一”观念是说，乾坤或天地是宇宙间的最高存在，它好像人类的大父母，对天地的敬畏应当成为人类的信仰；人们应当通过自我修养逐步提升道德水平，并努力达到亲近天地自然的精神境界。国学大师钱穆晚年认定，“天人合一”观念是“整个中国传统文化之归宿处”，并深信这是中国文化对世界的重大贡献。① 从先秦到宋代，天人合一观念发生了从王权垄断向个人精神价值的转型。与此一致，张载对“天人合一”观念的发展作出突出的贡献。这主要表现在三个方面。（1）张载在历史上第一次使用“天人合一”这四个字，将其作为一个思想命题提了出来，并做了明确的界说。他说：“儒者则因明致诚，因诚致明，故天人合一。致学可以成圣，得天而未始遗人。”（《正蒙·乾称篇》）这一界说，着重从提升精神境界的角度提出了实现“天人合一”的途径。（2）对于天人关系的理解，张载与程颢不同，他是在承认天人有“分”的前提下，既承认天人二者的差异，又扬弃其差异，把实现天人之间的真正统一作为最终理想。（3）“天人合一”命题不仅具有精神境界意义，同时还蕴含了古人对社会秩序和自然伦理的诉求，昭示今人只有经由不懈的努力，才能够在道德、社会和自然等领域逐步趋近这一理想境界。

（三）“民胞物与”的现代价值

在《西铭》这一千古名篇中，对后世影响最大的一句话是：“民，吾同胞；物，吾与也。”这句话后来被浓缩为“民胞物与”这一被广泛引用的成语。“民胞物与”以《周易》的“乾父坤母”作为宇宙根源，以谋求平等之爱。这是张载仁爱观的标志性话语，与张载在《正蒙·诚明篇》提出的“爱

① 钱穆：《中国文化对人类未来可有的贡献》，香港：香港中文大学《新亚月刊》1990 年 12 月号。

必兼爱”完全一致。“民胞物与”的理念，其内涵包括两个方面。（1）“民胞”：人与人之间的平等之爱。这是指，在乾坤父母面前，所有的人都应当视他人为自己的同胞，必须以仁爱之心对待。张载对人与人之间平等之爱的强调，与早期儒家强调仁爱的血缘根据，因而爱有差等是不同的，是对传统仁爱观的突破。“平等”，是社会主义核心价值观之一。今天，应当警惕裙带关系等血缘私情对社会主义平等价值观的侵蚀。张载把儒家传统的仁爱差等观改造为仁爱平等观，这对今天深刻理解社会主义平等价值观具有重要的借鉴意义。（2）“物与”：人与物之间的平等之爱。这是指，在乾坤父母面前，人类应当视宇宙间的万物为自己的伙伴，以仁爱之心对待。“物吾与也”的观念，从限于人类谈仁爱，到不限于人类谈仁爱，扩大了仁爱施与的范围，是张载对儒家仁爱观的重要发展。这种把宇宙间万物都看作人类伙伴的观念，可以作为人类平等对待自然万物、与万物共存共荣的重要行为准则，有助于反省人类与自然关系这一重大问题。长期以来，人类遭遇的很多灾难，都与人类以自然的征服者自居，贪得无厌，对自然资源的掠夺和对自然生态的破坏有关。在一定意义上，也可以把《西铭》所谓“天地”“父母”观念理解为自然界。英国著名历史学家汤因比（Arnold Toynbee）在其最后著作《人类与大地母亲：一部叙事体世界历史》中，反复重申人类是“大地母亲”的孩子，若不能善待“母亲”，面临的惩罚将是人类的自我毁灭。[①] 敬畏自然，既是一种信仰，也是善待自然的前提。张载“物吾与也”的观念与汤因比的告诫一样，对人类极具警醒意义。总之，“民胞物与”观念，是要把一切人或物都看作宇宙大家庭的平等成员。

① ［英］汤因比（Arnold Toynbee）：《人类与大地母亲：一部叙事体世界历史》，徐波等译，上海：上海人民出版社2012年版，上卷第9、18页，下卷第633、640页。

承道统之传，启道学之秘：辅广《论语》《孟子》学初探

陈逢源

（台湾政治大学中文系特聘教授）

摘　要：辅广，字汉卿，号潜庵，后人称之传贻先生，其学始从吕祖谦，后问学于朱熹，在庆元党禁时期无惧严令，风雨相随，具有激励朱门的作用，成为朱熹最坚定的支持力量。师门之教成为辅氏诠释的依据，体察心得完成《论语答问》《孟子答问》，在经旨与朱注之间，深化对于圣人之道的想望，在切己体察与实践当中，了解朱熹开示乃是由内而及外，又由外而及内的成德进路，形塑无所不容之天，无所不在之理，建构惟天之命，于穆不已的学术规模，从而标举至理无对，顺亦理，逆亦理，儒者当有处顺、处逆皆当理的觉悟，也要有赓续而进无可懈怠的目标，对于性理见解不同，触发更深一层的思考，有助于朱学体系的完成。

关键词：辅广；朱熹；四书；论语答问；孟子答问

一、前　言

辅广，字汉卿，号潜庵，为朱熹重要学生，题读书之堂为“传贻”，后人因称之传贻先生。其学始从吕祖谦，后问学于朱熹，为朱、吕门人，《宋元学案》列有《潜庵学案》，全祖望案语云：“庆源辅氏，亦沧州之最也。遗书散佚，世所葺《语录宗辅录》者，特其糟粕。述《潜庵学案》。”① 排序在黄榦

① 〔清〕黄宗羲原著、〔清〕全祖望补修：《宋元学案》，台北市：华世出版社，1987 年 9 月，卷 64《潜庵学案》，第 2053 页。

《勉斋学案》之后，可见在朱熹门人中的地位，至于后人编《宗辅录》，黄宗羲《宋元学案》言其疏漏因此另辑纂《辅潜庵传》，可以稍稍得见其生平[①]，只是相对于学术成就，整理分析明显尚有不足。事实上，辅广后人辅政刊《诗童子问》云：

先大父传传贻先生所著“朱子四书、诗传纲目童子问”，《论》《孟》《诗》为成书，《大学》《中庸》《通鉴》犹未脱稿。《论孟童子问》既经表进，有先君武冈初刊本，又有鲁斋陆公三山再刊本，二书固已家传人诵。《诗传童子问》，学者则未之见也。鲁斋尝谓：“自有《集注》而《论》《孟》之义显，逮《童子问》之出，于是《集注》之义大彰矣。”之望亦曰：“《诗传》之于《诗童子问》，亦然。”传贻手笔，每章之下有缺文焉，意者亦欲如《论语童子问》，先载师说，而以己意附于后。参以勉斋《通释》，亦然。用敢质诸当世名公大卿，以求是正，俾此书获与朱子之传并行于世，不胜斯文之幸云云。[②]

可见辅广《论语》《孟子》之作不仅是完整作品，而且已经刊行于世，成为后人了解朱熹《论语集注》《孟子集注》重要的材料，而先载师说，以己意附于后的形式，也成为阐释朱熹义理基本样态。事实上，今本《朱子语类》收录辅广所记语录共四百多则，遍及各种论题、各经经解，层面极为广泛，辅广所录材料正是后世了解朱熹思想重要参考依据；另外，《四书大全》为四书官学化重要进程，也是东亚儒学圈共同的文化文本[③]，尤其建立以朱证朱，以朱门证朱的诠释逻辑，更是四书学成立的重要环节，其中征引辅广《中庸》有2条，《论语》440条，《孟子》391条，总数833条，数量为朱门弟子之冠，更可见辅氏的重要地位。只是过往既未能深究，又乏研究材料，观察明显

① 〔清〕黄宗羲原著、〔清〕全祖望补修：《宋元学案》卷64《潜庵学案》，第2054页。

② 〔宋〕辅广撰、田智忠辑校：《辅广集辑释》，福州市：福建教育出版社，2017年3月，第三册附录《〈诗童子问〉辅政（之望）序》，第1530页。

③ ［日］辻本雅史撰、田世民译：《日本德川时代“四书学”的开展与转变：从媒体的观点出发》，收入黄俊杰编：《东亚儒者的四书诠释》，台北市：台湾大学出版中心，2005年6月，第131—133页。

不足，连带朱熹学术旨趣所在，理解恐怕也有所偏失，《四书章句集注》如何在朱门弟子当中形塑完整的诠释体系也就难以清楚掌握。所幸近人完成《辅广集辑释》，除《诗童子问》外，另收从《永乐大典》中所辑《四库全书》本之《朱子读书法》，并从《四书纂疏》中辑出《论语答问》《孟子答问》，另从卫湜《礼记集说》中辑出《礼记解》①，虽然无法见得辅广著作全貌，但相对于过往已经方便许多，也终于有机会可以观察辅广学术成果。以辅氏《论语》《孟子》诠释成果进行分析，期以得见朱熹传学细节，以及四书得以成学的关键，有助于了解四书诠释发展脉络，辅广曾编集《朱子读书法》，齐熙于序言道"能承道统之传，启道学之秘，尽发圣经贤传之蕴，大开天下万世之蒙也"②，直指朱熹读书与人同，所以读书与人异，证明细微之间，有所不同，辅广承师门之教，撰成《论语答问》《孟子答问》以承道统之传，以启道学之秘，证成朱熹学术价值，在切己体察与实践当中，了解朱熹开示乃是由内而及外，又由外而及内的成德进路，虽尚未及于完成《大学》《中庸》，但从切己体察当中，得见工夫的落实，以及性理的思考，而及于道统脉络，则又可见对于朱注的深化，以及圣人之德的强调，学之纯粹，大有助于了解朱熹之后，朱门当中四书学发展进程以及义理多元的观察。

二、传学究竟

辅广师从吕祖谦，学术原出于浙学，然而由浙入闽，转而从学朱熹，具有汇通学脉意义，《至元嘉禾志》载其传记：

> 宋辅广，字汉卿，号潜庵，父达，本河朔人，高宗南渡时居是邑。公素不愿仕，潜心实学，从吕成公游，后登朱文公门。自辞官归隐，以著书为己任，有《六经注释》《四书问答》《通鉴说》《师训编》《日新录》，杂著稿皆藏于家。扁其堂曰"传贻"，盖"传之先儒，以贻后学"也。邑大夫家之柄，为建传贻书院。③

标举"传之先儒，以贻后学"，成为一生职志，著书为己任，目的也在于

① 〔宋〕辅广撰、田智忠辑校：《辅广集辑释》"整理说明"，第1—4页。

② 〔宋〕辅广撰、田智忠辑校：《辅广集辑释·朱子读书法·序二》，第490页。

③ 〔元〕徐硕撰：《至元嘉禾志》（《景印文渊阁四库全书》本），台北：台湾商务印书馆，1983年—1986年，卷13，第117页。

此，只可惜著作大多佚失，所传为少，文及翁《传贻书院记》云：

中原板荡，载道而南，杨、游、尹、谢数子，实大有力焉。龟山杨文靖公一传而罗仲素，再传而李延平，朱文公受学于延平，见之师友答问可考也。文公门人遍天下，中更伪禁，岁寒松柏，疾风劲草，磨涅而不磷缁者，绝无而仅有。于时潜庵辅公独立不惧，遁世无闷，自祠官报罢，归隐语溪，题读书之堂曰：“传贻”，盖将以传之先儒、贻之后学为己任。著书满家，……至今语溪之人薰其德而善，良不知其几。祠而奉之，尸而祝之，宜也。①

述及学脉甚详，从北宋二程而下，道学南传，辅广接续朱熹之传，以道自守，其后归隐于语溪，濡染影响，深获地方人士推崇，学以立身，由此可见，而相较于影响层面，明儒更为重视辅广延续朱学的地位，黄宗羲《宋元学案》云：

先生生于军中，以父恩授保义郎，转忠训郎，漕举四试不第，始从吕成公游。已问学于朱文公，留三月而后返。秋塘陈善有诗送之云：“闻说平生辅汉卿，武夷山下啜残羹。”言其用志坚苦也。伪学禁严，学徒多避去，先生不为动。文公曰：“当此时立得脚定者甚难，惟汉卿风力稍劲。”……与魏文靖公善，每相过，必出文公言语文字，雒诵移晷而去。文靖外补，先生以其生平所得于文公者尽畀之。先生容止气象，不类东南人物，达官贵人稍有过举，即正色规戒。嘉定初，上政府书，反覆于是非成败之际，政府不悦。时卫清叔在枢密，雅重先生，政府益忌之，授意言官劾之，奉祠而归。归筑传贻书院教授，学者称为传贻先生。②

在伪学之禁中，昂然挺立，武夷山下坚定求学，成为朱门当中最坚定的支持力量，求学与行事言之更详，于出处之际，与人相处之间，风骨凛然，更有证明朱熹学术的价值。黄宗羲于后特别澄清《宋史》言魏了翁出于辅广之门

① 〔宋〕辅广撰、田智忠辑校：《辅广集辑释·附录》，《传贻书院记》，第1540—1935页。

② 〔清〕黄宗羲原著、〔清〕全祖望补修：《宋元学案》卷64《潜庵学案》，第2053—2054页。

的说法并不正确，辅广与魏翁是友而非师。[1] 检覈魏了翁《朱氏语孟集注序》云："辅汉卿广以《语孟集注》为赠，曰：'此先生晚年所授也。'今拜而授之，较以闽、浙间书肆所刊，则十已易其二三；赵忠定公帅蜀日成都所刊，则十易六七矣。"[2] 两人确实并非师生，但从辅广接手朱熹学术则无疑义，魏了翁证明辅广从学密切，也证明有传布朱学的贡献。《朱子文集》中有七封写予辅广书信，《答辅汉卿（广）一》云：

示谕所疑，足见探讨不倦之意，前时所报，实有错误，已令直卿子细报去矣。熹向于《中庸章句》中尝著其说，今并录去，可见前说之误也。汉卿身在都城俗学声利场中，而能闭门自守，味众人之所不味，虽向来金华同门之士，亦鲜有见其比者。区区之心，实相爱重，但恨前日相见不款，今又相去之远，无由面讲，以尽鄙意，更几勉力，卒究大业。[3]

辅广能在俗学声利场中，自持自守，不仅远过于一般人，甚至在金华同门当中，也极为特殊，此信写于光宗绍熙五年（1194）甲寅末，朱熹六十五岁，辅广于临安始见朱熹，然而随朱熹罢归建阳，辅广仍在都下，两人于是以书信通问，开始求学，所讨论的是《中庸章句》内容，虽然无法面讲，却未阻隔辅广求道之念，让朱熹深有期待，《答辅汉卿四》云：

此间年来应接差简，然苦多病，不能用力文字间，又无朋友共讲，间有一二，则其钝者既难凑泊，敏者又不耐烦，有话无分付处，甚思贤者相聚之乐也。诸书无人整顿抄寄，然改处亦不多，但所录语，尽有商量，恐非面不能尽耳。风力稍劲，而此一等人，多是立脚不住，千万更加勉力，以副所期，余祝自爱而已。[4]

---

① 〔清〕黄宗羲原著、〔清〕全祖望补修：《宋元学案》卷64《潜庵学案》，第2054页。

② 〔宋〕魏了翁：《鹤山先生大全集》，台北：台湾商务印书馆，1965年8月，卷53《朱氏语孟集注序》，第450页。

③ 〔宋〕朱熹撰、陈俊民校编：《朱子文集》，台北：德富文教基金会，2000年2月，册6，卷59《答辅汉卿（广）一》，第2894页。

④ 〔宋〕朱熹撰、陈俊民校编：《朱子文集》册6，卷59《答辅汉卿四》，第2895—2896页。

此书系于宁宗庆元二年（1196）丙辰，正是伪学之禁最炽时候[①]，所谓"风力稍劲"指此，朱熹言语当中透露对于贤者共学的期待，艰难时节更可见师生情谊，辅广果然于十月前来竹林精舍问学，风雨如晦之时，辅广竟然不顾时局，甘冒危险前来，相信朱熹不仅喜有同道而已，更是快慰于心，十二月沈继祖奏劾朱熹落职罢祠，隔年"伪党"被诬为"逆党"，朱熹被指为党魁，在此艰难险巇阶段，辅广的支持与陪伴更显得单纯而可贵，而检视七封书信，言及"但每相与共，恨贤者之不同此乐也"[②]"精舍有朋友十数人，……但恨汉卿不同此会耳"[③]，艰难困境当中的共学记忆，成为召唤的符码，反复念及，而核心所在，正是朱熹与辅广两人的传学内容，所学为何，如何为学，成为最为关键之处，朱熹所强调的是"自己分上思索体认，持守省察，自不可顷刻虚度"[④]，切己体察才能将经典濡化于心，也唯有如此工夫，澄朗通透，才能真正落实儒学要旨，达到心与道相契的结果，所谓"自己分上"更可了解朱熹"切己"的意思，乃是由自己向经文义理开显，从而经文义理得以深入吾心，经文并不是知识的存在，而是体证的过程，因此一字一句皆能唤发深意，引领心体当中性理的彰显，只是此一过程必须改变过往阅读的习惯，从而在思索与实践当中，深化体会，而这一方法的突破，颠覆过往读书的惯性，辅广求学心得保留于《朱子语类》当中，云：

> 或问"诚敬"二字云云。先生曰："也是如此。但不去做工夫，徒说得，不济事。且如公一日间，曾有几有时节去体察体会来？若不曾如此下工夫？只据册上写底把来口头说，虽说得是，何益！某常说与学者，此个道理，须是用工夫自去体究。讲论固不可缺，若只管讲，不去体究，济得甚事？盖此义理尽广大无穷尽，今日恁他说，亦未必是。又恐他只说到这里，入深也更有在，若便领略将去，不过是

① 陈来：《朱子书信编年考证》，第420—421页。

② 〔宋〕朱熹撰、陈俊民校编：《朱子文集》册6，卷59《答辅汉卿五》，第2896页。

③ 〔宋〕朱熹撰、陈俊民校编：《朱子文集》册6，卷59《答辅汉卿七》，第2897页。

④ 〔宋〕朱熹撰、陈俊民校编：《朱子文集》册6，卷59《答辅汉卿六》，第2897页。

皮肤而已；又不入思虑，则何缘会进？须是把来横看竖看，子细穷究。都理会不得底，固当去看；便是领略得去者，亦当如此看。看来看去，方有疑处也。此个物事极密，毫厘间便相争，如何恁地疏略说得？若是那真个下工夫到思地底人，说出来自别。汉卿所问虽若近似，也则看得浅。须是理会来，理会去，理会得意思到，似被胶漆粘住时，方是长进也。”因问：“‘诚敬’二字如何看？”广云：“先敬，然后诚。”曰：“且莫理会先后。敬是如何？诚是如何？”广曰：“敬是把作工夫，诚则到自然处。”曰：“敬也有把捉时，也有自然时，诚也有勉为诚时，亦有自然诚时。且说此二字义，敬只是个收敛畏惧，不纵放；诚只是个朴直悫实，不欺诳。初时须着如此不纵放，不欺诳；到得工夫到时，则自然不纵放，不欺诳矣。”……①

朱熹指点的重点便是日用工夫，自去体究，所有的道理最终回归自身操持实践，思索辨证，工夫并不是书面文字，不应仅止于知识辨析，而应回到自身体察，朱熹揭示了儒学工夫应有的态度与方向，而具体回归于“诚敬”的掌握。事实上《朱子语类》“训门人”辅广所录内容颇长，交代学习与思考情况，从确定“工夫”道理，其后还包括精熟、于主一上做工夫，义理才有安着处、义理不是面前物，皆吾心固有，要时时自省觉，自收敛、将圣贤言语来玩味，见得义理分晓等，朱熹全然指引读书法，工夫的内涵，提醒辅广的不足，进而及于心体成效的说明，已发的操持，未发时的涵养等，回应辅广疑惑，也无私分享心得，辅广也自觉“到此侍教诲三月，虽昏愚，然亦自觉得与前日不同，方始有个进修底田地，归去当闭户自做工夫”。②朱熹开示的正是合内外，理归于心的进程，此一关键可以澄清后人对于朱学外驰之病的误解，而辅广也从个人操持当中，证明三个月的学习确有不同过往的成长，义理原是吾心所固有，并非外在之物，从赞叹圣言到玩以养心，心既有主才有“进修底田地”，读书也才有真实感受，因此特别说明归去之后，自当依此操持，闭户自做工夫，更针对朱熹提醒避免言动之间流于轻率，留意此心常在，务求心体澄澈。辅广体认到唯有沉静涵泳，才能识得道理，所学才真实，所行才踏实，朱

①② 〔宋〕黎靖德编：《朱子语类》，台北：文津出版社，1986 年 12 月，卷 113“训门人一”，第 2743—2744 页、第 2744 页。

熹指引有其明显成效，而日后辅广行事，也确实遵师命而行，临别之际，更向朱熹请示，云：

> 先生问广：“到此几日矣?”广云：“八十五日。”曰：“来日得行否?”广曰：“来早拜辞。”曰：“有疑更问。”广云：“今亦未有疑。自此做工夫，须有疑，却得拜书请问。”曰：“且自勉做工夫。学者最怕因循，莫说道一下便要做成。今日知得一事亦得，行得一事亦得，只要不间断，积累之久，自解做得彻去。若有疑处，且须自去思量，不要倚靠人，道待去问他。若无人可问时，不成便休也！人若除得个倚靠人底心，学也须会进。”①

临别之际，叮咛殷切，朱熹不仅期勉要赓续不间断的用功，也提醒不能有依赖的心理，要自己思量，期许学术自主自立，晚近学人依据现存两种“池录”残本，有关辅广“甲寅”所记为“都下所闻”，以及“丙辰冬”“丁巳春”所记的“竹林精舍所录”②，辅广所录为竹林精舍求学心得，这一段文字不仅完整保留辅广个人学习过程，也提供庆元党禁时期朱熹师徒共学的侧写资料。《朱子语类》载“或劝先生散了学徒，闭户省事以避祸者。先生曰：‘祸福之来，命也。’”此则出于辅广所录③，而“今为辟祸之说者，固出于相爱。然得某壁立万仞，岂不益为吾道之光”。④则为李闳祖所录，反映朱熹在风雨之际的坦然，以及以道自许的贞定，得见一代学人在风雨飘摇之际，心念不为所动，分享学术心得，始于传道，中于授业，终于解惑；另一方面也得见辅广不畏严峻风气，坚定信念，不计得失，从工夫做起，在一方净土，从经典当中，建立儒学宏规。唯有确定工夫门径，才有辅广学术的成就，这一点从辅广编集《朱子读书法》，定出“纲领”之下，分出“循序渐进”“熟读精思”“虚心涵泳”“切己体察”“着紧用力”“居敬持志”等共六条⑤，全面整理朱熹指引言论，反映从学获致的法门，认真为学，由此可见。朱熹与辅广以生命证成道之尊严，检覈辅广一生著书为务，出处之间，尊奉师教，确实是朱学的见证人，

① 〔宋〕黎靖德编：《朱子语类》卷113“训门人一”，第2748页。

② 许华峰：《两种〈晦庵先生朱文公语录〉残本对朱子学研究的价值》，《国文学报》第49期（2011年6月），第36页。

③④ 〔宋〕黎靖德编：《朱子语类》卷107“丙辰后”，第2671页。

⑤ 〔宋〕辅广撰、田智忠辑校：《辅广集辑释·朱子读书法·序二》，第489页。

辅广编辑《朱子读书法·纲领》载朱熹云：

或问："读《论》《孟》之法，奈何?"曰："循序而渐进，熟读而精思，可也。"曰："请问循序渐进之说?"曰："以二书言之，则先《论》后《孟》，通一书而后及一书；以一书言之，则其篇章文句、首尾次第、亦各有序而不可紊也。量力所至，约其程课而谨守之。字求其训，句索其旨，未得乎前，则不敢求乎后；未通乎此，则不敢志乎彼。如是循序而渐进焉，则志定理明，而无疏易凌躐之患矣。是不惟读书之法，实乃操心之要，始学者可不知也。"曰："其熟读精思何也?"曰："《论语》每章不过数句，易以成诵。成诵之后，反覆玩味于燕闲静一之中，以须其浃洽可也。《孟子》每章或千百言，反覆论辨，虽若不可涯者，然其条理疏通，语意明洁，徐读而以意随之，出入往来以十百数，则其不可涯者，将有以得之于指掌之间矣。大抵观书先须熟读，使其言皆若出于吾之口；继以精思，使其意皆若出于吾之心，然后可以有得尔。至于文义有疑，众说纷错，则亦虚心静虑，忽遽取舍于其间。先使一说自为一说，而随其意之所以以验其通塞，则其尤义理者，不待观于他说而先自屈矣；复以众说互相诘难，而求其理之所安，以考其是非，则其似是而非者，亦将夺于公论而无以立矣。大率徐行却立，处静观动，如攻坚木，先其易者而后其节目；如解乱绳，有所未通，则姑置而后徐理之，此观书之法也。"曰："读书亦通其本旨而已，而于众说思之若下其详，将不为支离之甚耶?"曰："不然也。读书所以明理，而明理者，欲其有以烛乎细微之间而不差也。故惟考之愈详，则察之愈密；察之愈密，则吾心意志虑戛刮磨砺而愈精；吾心愈精，则天下之理至于吾前者，其毫厘秒忽之不齐，则吾必有以辨之矣。若乃务为简易，而以略通大指、不求甚解为高，吾恐其弊将至于侻侗颟顸，处义不精，而于择善诚身之功亦将有所缺。道不前定，临事仓卒，然后骇而图之，则其所谓简易土，是乃所以为支离耳。"①

既是读书之法，也是操心之要，朱熹所示正是儒学法门所在，辅广于下言

① 〔宋〕辅广撰、田智忠辑校：《辅广集辑释·朱子读书法·纲领》，第496页。

"循序渐进""熟读精思"乃是本此而立，可见这段文字做为了解辅广读书方法，具有关键作用，有趣的是过往认为朱学"支离"①，穷究于理最终无所依归，但朱熹对此有清楚的回应，当读书不精，识理不明，临事仓促之际左支右绌才是支离，所谓"支离"是指心中理不明、义不精，临事游移不定，朱熹思考显然更深一层，也更关乎立身之旨，然而先《论语》后《孟子》，由字而句，循序而进，务求经言与心合一，义理融洽而无疑②，辅广学术由此得见其要，辅广《论语》《孟子》阅读方式，也由此得见其方向。

三、切己体察

朱熹对于辅广指引方向十分清晰，辅广操持也极为确实，《论语答问》《孟子答问》成为延续师法最可见的成绩，《朱子语类》言及吕祖谦，李方子载"伯恭更不教人读《论语》"。辅广载"伯恭言，少时爱使性，才见使令者不如意，更躁怒。后读《论语》云云。某尝问路德章：'曾见东莱说及此否'?"③ 两人说法有异，或许出于前后不同，但对于吕祖谦与《论语》的关系，辅广显然有所注意，辅广对于《论语》用力，强化日用之间省察，不仅是循朱熹的指引而已，似乎也有补强原本学术的作用。然而无可讳言，重视方法，切己而发，成为诠释的重要原则。

（一）强化工夫

辅广于《论语答问·读论语孟子法》反映此一诉求，撮举其要云：

> 辅氏曰："今治二书，所患不精耳。果能熟读精思，使其言皆出于吾之口、使其意皆出于吾之心，脉络调理，始终洞然，而无纤介隐昧不明之处，则六经之言，固可以类推而无不明也。"
>
> 辅氏曰："学者苟能句句而求之，勿使有一豪笱简凌躐之意，口诵其言，心味其旨，而又能于深夜反复研思，则智日益明、理日益得，而圣人之心可渐识，圣人之地可渐造矣。"

---

① 参见陈荣捷：《朱学论集·朱陆鹅湖之会补述》，台北：台湾学生书局，1988 年 4 月，第 241—244 页。

② 于此之重视，乃是求心的统一性，见［美］包弼德撰、王昌伟译：《历史上的理学》（Neo-Confucianism in History），杭州：浙江大学出版社，2010 年 1 月，第 185 页。

③ 〔宋〕黎靖德编：《朱子语类》卷 122 "吕伯恭"，第 2949、2950 页。

辅氏曰："切己之说甚有力。读书者能将圣人言语切己体察，则定无枉费工夫，一日当有一日之功。若欲只做一场话说，则是口耳之学耳。"

辅氏曰："读《论》《孟》而不知道，则是口耳之学。未尝着心玩味，未尝至诚涵泳，未尝切己体察也。故读书多，何益于事？"①

强调重点全然在于《论语》《孟子》可以作为个人与圣人联结的媒介，言出于吾口，意出于吾心，切己体察，至诚涵泳，才能可以达到圣人之境。此一进路用以改变过往经典阅读知识平浅化问题，也救正语言解释的困境，经典作为研读的内容，成为口耳之学，不能入之心，终究丧失经典的意义，朱门传授心法，以经文为媒介，以圣人为蕲向，在切己体察当中，展现合内外，融通学养的进程，以达心与理融合浃洽，成为辅广思索读法最重要的原则，也建立个人诠释进路。因此反复出现精熟的诉求，强调经文如果与心灵无法共鸣，圣人无法激发生命的感动，只是做文字概念的解读，经典则会局促蹇浅，失其意义。辅氏所言确实深中后世概念化、知识化、分解化所产生义理异化（Alienation）的缺失，辅广于《论语朱子集注序说》中说明其中差异更是饶富层次：

辅氏曰："不过是寻行数墨之徒耳。"

辅氏曰："是就其性之所进，而偶有所感发焉者也。如此，则亦可以进矣。"

辅氏曰："好之，则知其味矣。如食五谷者，既知其味，则必嗜之也。"

辅氏曰："嗜之而饱餍充足，其乐有不可形容者，是以见于手舞足蹈也。"

辅氏曰："程子言虽近而意则切。使读书者自知所以求益，不至虚费工夫也。须是熟读涵泳，使之通贯浃洽，然有日新之功。如是，则气质变化，月异而岁不同也。"②

辅广剖析读法的层次十分细腻，经典如果只是寻常阅读，了无所见，圣人

① 〔宋〕辅广撰、田智忠辑校：《辅广集辑释·读论语孟子法》，第635—655页。

② 〔宋〕辅广撰、田智忠辑校：《辅广集辑释·论语朱子集注序说》，第656—657页。

言语也毫无意义，然而就是因为圣人能启迪人心之善，让人惬然有感，于是渐生滋味，而终能深味经典价值，而熟读涵泳，通贯浃洽之后，可以变化气质，达致纯然之性、圣人之境，因圣人而有经典，但如果不能借由经典以上究于圣人，经典也只是文献史料而已，终与人相隔，朱熹所重视心法之所在，乃是儒学之关键，也是道学成立的基础①，此一关键改变经典阅读形态，正是朱熹特加留意之处，朱熹《四书章句集注》以叮咛语方式提醒②，辅氏于序说当中明标方向，从而确定《论语》《孟子》必须切己体察，才能深味有得，经典与人必须融通，诠释乃是心得的呈现，而心得正是心性体证的结果，从心做工夫，云：

辅氏曰：“所谓‘用心于内，故其传无弊’，警策学者尤为有功。然其所谓用心于内者，亦非息心绝念，屏弃外事之谓，但当常存是心，不可放失。”③

正是说明心不放失，才能学而有得，儒者所学乃是回归于仁之所在，则又是人人可及之事，云：

> 辅氏曰：“此以事言，所以决人用力之机也。既言有能一日用其力于仁矣乎，我未之见也，又曰盖有用力而力不足者，但我偶未见之耳。其言抑扬磨厉、反复叹嗟，言有尽而意无穷，所以勉学者之为仁至矣。”
>
> 辅氏曰：“此章三言未见而意实相承。初言成德者之未见，次言用力者之未见，末又言用力而力不足者之未见。无非欲学者因是自警，而用力于仁也。”④

“仁”为人心之本，乃是返本之事，仁以成德，乃是顺性而为，然而却于气质之不齐，外诱的影响，争逐于外，渐失其本，孔子的感叹转成为学者自警的提醒，因此工夫所在，必须时时留意，云：

---

① 陈逢源：《“吾闻之师曰”——朱熹与李侗》，《孔孟月刊》第52卷5、6期(2014年2月)，第30—33页。

② 陈逢源：《“详味”与“潜玩”——朱熹叮咛语之梳理与检讨》，《“融铸”与“进程”：朱熹〈四书章句集注〉之历史思维》，台北：政大出版社，2013年10月，第225页。

③〔宋〕辅广撰、田智忠辑校：《辅广集辑释·论语答问·学而》，第662页。

④〔宋〕辅广撰、田智忠辑校：《辅广集辑释·论语答问·里仁》，第711页。

辅氏曰："道者，人之所共由，必有所从入；德虽在我之所自得，必积而后成，凡此篇所论务本之事，乃道之所从入，而德所积累之基，学者必先务此，然后道可入而德可积矣。"①

道为人之所行，德为我之所有，唯有从学才能积德以入道，朱熹既标示学之为要，辅氏亦特别重视修养，从而确立学者积德入道，才是务本之事，因此特重日用之间的工夫，云：

辅氏曰："先后之序，谓道德仁艺之序；轻重之伦，谓志据依游之伦。先者重，后者轻也。本与内，谓道德仁；末与外，谓艺，在彼之序，虽有先后，在我之伦，虽有轻重，而未尝偏废，所谓兼该而交养也，日用之间，如此用功，无少间隙，涵泳从容于义理事物之间，则将优游餍饫，而忽不知其入于圣贤之域矣。"②

辅氏从"志道""据德""依仁""游艺"之序，申明其伦序之有先后，然而于个人则是兼赅交养，从而涵泳于义理，优游餍饫，如此则可达圣贤之境，辅氏强调的是落实于日用之间，而对于学者之弊，也深有观察，云：

辅氏曰："学者之病二：曰亟、曰怠而已。方其亟也，则务强探力取，躐等而进；及其怠也，则又先获效计功，半途而止。二者皆由等级不明，私意横出，反复相因，此所以终不能有所成也。今圣人为之著其次序，而又以身处之，使学者知夫圣人之学犹且循序而进，有始有卒，如此吾其可亟乎？吾其可怠乎？亟心亡，则能优游涵泳于义理之中；怠心亡，则能日就月将于缉熙之地，而忽不自知其人于圣贤之域矣。"③

如何避免过犹不及，也就要有循序而进的进程，才能不知不觉达致圣贤之境，懈怠与急迫之心来自私意，其实原因是未能切己省察，不能就自己分上思考，于是有过与不及的心态，最终也就无法成就。此既无关乎资质，也无关乎环境，纯然是心态的反省，然而必须申明，其所期待的是义理濡润于心，云：

辅氏曰："默识，是不待言说而自喻其意；心融，是不待思维而

① 〔宋〕辅广撰、田智忠辑校：《辅广集辑释·论语答问·学而》，第658页。
② 〔宋〕辅广撰、田智忠辑校：《辅广集辑释·论语答问·述而》，第767页。
③ 〔宋〕辅广撰、田智忠辑校：《辅广集辑释·论语答问·为政》，第680页。

自与之为一；触处洞然自有条理者，谓如行自己家庭中，蹊径曲折，器用安顿条理次序，晓然在吾心目之间也。"①

辅氏以行自己家庭中来描述洞悉晓然的情态，颜渊闻夫子之道，默识心融，触处洞然，道与心为一，达致不待言说，不待思维，晓然于心的境界，乃是知与行俱，学与道合的样态，云：

辅氏曰："取舍之分在外，所谓审富贵而安贫贱是也，而实有助于内；存养之功在内，所谓无终食造次颠沛之违是也，而实有益于外。故取舍之分明，则存养之功愈精密，而无违阙之处；存养之功密，则取舍之分愈明白，而无疑似之差。"②

君子在取舍、存养交互为用情况下，以仁成德，也唯有如此，儒学才是有体有用之学，云：

辅氏曰："……道是体，义是用。义是就事上言。前且总言之，故以体言而曰道；又析言之，故以用言而曰义。"又曰："圣人之学以道为主，而随事应变，有义存焉，则虽若有倚而实无所倚，盖道义变动不居，未尝有所倚着故也。"又曰："君子之心果有所倚乎，此是活句。盖欲学者深思而自得之也。大抵无适无莫而不主于义，则猖狂妄行；无适无莫义之与比，则步步着实，自然无倚也。"③

以道为主，合义为行，由体达用乃是圣人有用于世的思考，儒学由内及外，不仅于日用之间，更在于处事应对，以义为尚，此一体会乃是内圣与外王融通的结果，从工夫入手，儒学乃是日用之间行道之学。

（二）性理思考

辅广重视切己体察的工夫，儒学是在自己分上实践而得见，因此诠释《论语》《孟子》特别留意其中进程，揣摩圣人开示的方法，思索于学者有用的方向，而回归心性体用之间构筑儒学宏大规模，云：

辅氏曰："统而言之，则皆自吾一性之仁；分而言之，则有轻重之序。然在学者言之，则于此三者之序有由之而不知者，有得之于此

---

① 〔宋〕辅广撰、田智忠辑校：《辅广集辑释·论语答问·为政》，第683页。

②③ 〔宋〕辅广撰、田智忠辑校：《辅广集辑释·论语答问·里仁》，第710页、第714页。

而失于彼者，又有倒行逆施杂乱无次者。要当因圣贤之言，反求之心，涵养于未发之前，体察于已发之后；毋惑于异端，毋汩于私欲；安处善、乐循理。凡形于爱物、仁民、亲亲之际，一皆与圣贤之说自然吻合而无差，然后是圣学工夫。”①

涵养于未发之前，体察于已发之后，乃是朱熹历经中和新旧说，会通道南与湖湘学术、融“静”与“敬”所获致的心得②，辅氏以此揭示儒学内涵所在，以圣贤之言，落实于爱物、仁民、亲亲之际，而回归于心性当中，纯然出于性分之仁，辅氏甚至直指“一本，故无伪而有差等。若无差等，则是伪而二本也”。③ 儒学正是一本之教，从性而出，因此由天而及人，更因为由天性而发，可以达于万物，全然一贯之道，云：

辅氏曰：“一理浑然而泛应曲当者，圣人之体用也；至诚无息而万物各得其所者，天地之体用也。圣人之体用与天地为一，则至矣尽矣，不可以有加也。故曰‘自此之外，固无余法’。皆自然而然，莫之为而为、莫之致而致，故曰‘亦无待于推矣。’”④

浑然一理而达于极致，正是儒学明体达用的证明，朱熹以“理一分殊”来理解孔子义理精神之所在，来自李侗的指引⑤，圣人与天地为一，内外天人，融通一贯，所谓“一以贯之”乃是因为理为一本之所在，云：

辅氏曰：“……虽不言圣人之体用，而圣人之体用亦在其中矣。故直言道之体、道之用而已，亦不复明言天地也。万殊之所以一本者，指用之出于体，谓万殊之实出于一本也；一本之所以万殊者，指体之散于用，谓一本之实散于万殊也。指用之出于体，指体之散于

---

① 〔宋〕辅广撰、田智忠辑校：《辅广集辑释·孟子答问·尽心章句上》，第1352页。

② 陈逢源：《“道南”与“湖湘”——朱熹义理进程之检讨》，《“融铸”与“进程”：朱熹〈四书章句集注〉之历史思维》，第207页。

③ 〔宋〕辅广撰、田智忠辑校：《辅广集辑释·孟子答问·尽心章句上》，第1352页。

④ 〔宋〕辅广撰、田智忠辑校：《辅广集辑释·论语答问·里仁》，第716页。

⑤ 陈逢源：《从“理一分殊”到“格物穷理”：朱熹〈四书章句集注〉之义理思惟》，《朱熹与四书章句集注》，台北：里仁书局，2006年9月，第342—345页。

用，则一以贯之之实可见矣。”①

圣人之性达于天地，为理一之体，施用于万物各得其所，为分殊之用，用出于体，体散于用，理一而分殊，道理一贯，辅氏乃是循朱熹之教，将天地、圣人融通为一，建构出一本之学，从而在“理一分殊”之中，完成道德宇宙的理解，万殊出于理一，理一散于万殊，由用而体，由体而用，儒学宏大规模，可以得其贯通之旨，“理”成为诠释孔子“一以贯之”的一，对于“理”之所在，遂有极为宽阔的理解，云：

辅氏曰：“顺，谓理之顺。逆，谓理之逆。曰顺、曰逆，皆理也。但处其顺者易，故及人而乐者犹可及；处其逆者难，故不见是而无闷，非成德之士，安土乐天者，不能及也。”②

至理无对，理既是恒常之道，也就包含顺逆，所以顺亦理，逆亦理，此一见解既可化解理形上化、唯一化的结果，也可以了解辅氏有处顺、处逆皆是当理之行的觉悟，只是逆之谓理，不免令人疑惑，然而了解辅氏持一本之教，有次第、有浅深、有轻重、有本末，然皆于理之当中，此理之外，别无二理，理既是唯一的存在，一如天之存在，云：

辅氏曰：“凡物必有对。惟天则无所不包，惟理则无所不在，故尊而无对。”③

天地只此一理，此一观点突显道的宏大，天无所不包，理无所不在，成为辅广形塑儒学宏大规模的主张，云：

辅氏曰：“人心即天德所寓，天地之道，常久而不已也，则纯亦不已，非天德而何？圣人之心，则全具得此天德者也。即是而推之，便是王道。人心、天德、王道，只是一理。”④

天地之道，常久不已，因此由人心而见天德，由天德而达王道，人心、天德、王道，虽然理无穷尽，却是一理之所化，辅氏将理推至极致，既无所不包，又常久不已，辅氏甚至直言“道大，则善恶无所不容；德全，则虽磨涅而

① 〔宋〕辅广撰、田智忠辑校：《辅广集辑释·论语答问·里仁》，第717页。
② 〔宋〕辅广撰、田智忠辑校：《辅广集辑释·论语答问·学而》，第659页。
③ 〔宋〕辅广撰、田智忠辑校：《辅广集辑释·论语答问·八佾》，第697页。
④ 〔宋〕辅广撰、田智忠辑校：《辅广集辑释·论语答问·子罕》，第818页。

不能使之磷缁也。”[①] 认为道可以兼容善恶，恶亦为道的说法，全然颠覆儒学核心价值，然而如果了解辅广形塑无所不容之天，无所不在之理，建构惟天之命，于穆不已的学术宏规，从而有赓续而进，无可懈怠的目标，如此观点也就不足为奇，所以必须澄清，道大可容善恶，但恶不是道，同样道理，理有顺逆，但逆并不是理，道理有更高的存在，然而理虽无穷，却不能杂有人欲，云：

辅氏曰：“天理人欲不两立，才有一豪人欲，则天理便沮遏而不得行。须是克尽人欲，全无透漏，到此地位然后天理自然流行也。天理既遂其流行，则随事随处自然充足优裕，不待勉强着力，自无纤豪欠缺处。然唯圣人心与理一，然后能体用兼备，不待勉强，自然而然。”[②]

辅氏所执理欲不两立，乃是从修养所建立之观察，理可容善恶，但不能杂人欲，理虽至大无对，但欲生而理消，天理人欲之间，辅氏更注意其中不兼容的情况，对于人欲的袪除，乃是对应于修养工夫的诉求，因此直言“天理人欲不两立，计于彼则害于此矣”。[③] 人欲消尽才见天理流行，由此可见修养之重要，辅氏对于理气之间的体会，也就更强调其中的不杂，云：

辅氏曰：“人之性，同乎一理而已。然其品类则有善恶之异者，何哉？盖于其始生也已有气禀清浊之分，及其少长也又有习染邪正之异。苟欲合其异而反于同，则在乎修道以为教者何如耳。故君子有教化之妙，则人皆可以复其善，而自无为恶之人，岂可复论其类之恶哉！”[④]

理一而分殊，人性同乎一理，但会有品类之不齐，正是因为气禀、习染的结果，因此教化的作用也就极为关键，辅氏对于才与德也是置于理气来观察，云：

辅氏曰：“才与德皆本于天然，才出于气，德根于理。二者虽不

① 〔宋〕辅广撰、田智忠辑校：《辅广集辑释·论语答问·雍也》，第760页。
② 〔宋〕辅广撰、田智忠辑校：《辅广集辑释·论语答问·先进》，第867页。
③ 〔宋〕辅广撰、田智忠辑校：《辅广集辑释·论语答问·子罕》，第806页。
④ 〔宋〕辅广撰、田智忠辑校：《辅广集辑释·论语答问·卫灵公》，第939页。

可缺一，然出于气者，固不若根于理者之为粹也。”①

才与德不同，一如理与气有不同展现的样态，理与气，不杂不离，朱熹所强调的“天下未有无理之气，亦未有无气之理”②，相对于此，辅氏对于理气的观察，在于厘清其中不同，也就更偏于不杂之一端，强调理之纯粹，用意在于求理之纯一，云：

辅氏曰：“此言学者求仁之事也。反身而诚，则人与仁合矣。然其未诚者，非有他也，私意隔之，与理为二而未纯乎一也。故当凡事勉强，推己及人，庶几其心公平得夫天理，而仁之道不远矣。夫尽性莫先于求仁，求仁莫切于强恕，其阶级分明，其工夫有序。学者由是而进焉，则圣人之道庶乎其可至也。其与坐谈高妙，驰志空虚，而卒无所依据者，不可同年而语矣。”③

对于理气心性的观察，乃是从切己体察进入，反身而诚，人与仁合，理之所在，贯通天人，学者必须循序而进，以达于理一之境，辅氏以理之纯粹，作为人生循序而进的目标，也就高悬理之存在，后世对于理气悬隔的误解，事实上，辅氏已肇其端。

四、道统所在

辅广循朱熹之教，虽然仅有《论语》《孟子》成果，但必须提醒其中是一字一句，一章一节逐渐体察的心得，就个人分上揣摩圣贤之言，切己体证，以求天理之纯粹，也必须进一步澄清，辅广是在朱注当中，思索道统心法之传，心得是在经与注当中形构而成，因此虽然是《论语》《孟子》心得，其实必须在四书体系当中来思考，云：

辅氏曰：“人之常言，虽曰有序，而但及其外，君子之论，则必究其本，而无有或遗。得其本，则末可举矣。以是而质于《大学》

① 〔宋〕辅广撰、田智忠辑校：《辅广集辑释·论语答问·宪问》，第924页。

② 〔宋〕黎靖德编：《朱子语类》卷1“理气上”，第2页。

③ 〔宋〕辅广撰、田智忠辑校：《辅广集辑释·孟子答问·尽心章句上》，第1315页。

之言，则曾子、子思、孟子相传之学，不可诬矣。”①

对于孟子言“天下之本在国，国之本在家，家之本在身”，显然更留意到与《大学》“自天子至于庶人，壹是皆以修身为本”旨趣相通，道统相传，四书一体，云：

辅氏曰：“善者《大学》之本，诚身者《中庸》之要，于此可见《中庸》《大学》之相为表里，曾子、子思、孟子之相为授受者，益不可诬矣。”②

孔子、曾子、子思、孟子道统相传，《论语》《孟子》与《大学》《中庸》义理贯串，隐然存在的脉络，的然可见，朱熹抉发其旨趣，成为辅广思索的重点，而圣人精神所在，也成为揣摩的方向。

（一）强化朱注

辅广对于朱注的阐明，不仅是义理而已，更留意朱熹注解的思考，以及特殊的处理方式，例如于《孟子集注序》云：

辅氏曰：“子思之门人，无有显名于后者，而孟子真得子思之传，则疑亲受业于子思者为是，而《集注》两存其说。盖自古圣贤固有闻而知之者，不必待耳传面命而后得也。又以《中庸》一书观之，所以传授心法开示蕴奥如此其至，则当时门弟子中岂无见而知之者哉？孟子从而受之，愈益光明，亦宜有之也。”③

孟子受业于子思门人，或是亲受业于子思，说法不同，朱熹两存其说，但辅广显然更倾向于接授亲受的说法，甚至是闻知而得传也有可能，用意乃是将孟子直承子思，确保心法传授更为严谨，圣贤系谱更为明确，朱熹谨慎，辅广则更有自信，圣门一脉相承，更溯及于曾子、孔子，云：

辅氏曰：“韩子但言孔门诸子，惟曾子之学独传，而有子思、孟轲，然不言其所以独传之故，故程子又从而发明之，以为曾子只缘资质鲁钝，故用功于内者深笃确实，观其启手足之言，所谓一息尚存此志不容少懈者，此圣道之所以终传，而有子思、孟子之学也。”④

---

①② 〔宋〕辅广撰、田智忠辑校：《辅广集辑释·孟子答问·离娄章句上》，第 1172 页、第 1181 页。

③④ 〔宋〕辅广撰、田智忠辑校：《辅广集辑释·孟子集注序》，第 1001 页、第 1002—1003 页。

朱熹道统系谱建构缘起与发展由此可见，重视道统系谱成为门人儒学诠释当中的重点，而强调修养不懈，则又是辅氏思考儒学规模，始终坚持工夫进程的原因，切己涵养成为观察经旨重要方式，赓续不懈成为辅氏诠释最重要的词汇，因此对于朱熹注解也会提出补充说明，云：

辅氏曰：“注云‘门人不能悉记其辞，而撮其大旨如此’，然朱子既断孟子之书，以为孟子自著，则似此处皆当改。此是后来不曾改得。”①

朱熹对于《孟子》是否自作的说法，也有观点的改变，《朱子语类》载：“《论语》多门弟子所集，故言语时有长长短短不类处。《孟子》，疑自著之书，故首尾文字一体，无些子瑕疵。不是自下手，安得如此好！若是门弟子集，则其人亦甚高，不可谓‘轲死不传’。”② 从文体形式的判断，朱熹显然逐渐倾向支持孟子自著说法，辅氏标出朱熹已有判断，《四书章句集注》却未及于修改，保留师门讲论的结果，也保留朱熹反复修改的痕迹，更显见朱门对于四书体系更具自信，对于朱注义理之精彩，也更能体会，云：

辅氏曰：“人受天地之中以生，本自无过。所以有过者，非出于气禀之偏，则由乎物欲之诱。人能知而改之，则可以复于本然之善。不知，则其过愈深，将陷溺焉而失其所以为人矣，是岂可不惧哉？人有告我以过，我因得而改之，以复于善，则又岂可不以为喜乎？然非子路之勇于自修，则亦不能然也。自修两字虽出《大学》，而《集注》于此下此二字，极有意。”③

人性本善，改过而归于善，乃是儒学最为核心之要义，辅氏既彰显朱熹取用《大学》“自修”二字来释子路“人告之以有过则喜”，四书一体，义理相通，而“自修”二字也正是辅广师从朱熹学术之所向，一生坚持自守的原则，揭之而出，更为亲切有味，也因为追随学习，更能观察朱熹思索痕迹，云：

辅氏曰：“《集注》初本，并‘不偏不倚’言中，后去之而专言

① 〔宋〕辅广撰、田智忠辑校：《辅广集辑释·孟子答问·滕文公章句上》，第1120页。

② 〔宋〕黎靖德编：《朱子语类》卷19“语孟纲领”，第433页。

③ 〔宋〕辅广撰、田智忠辑校：《辅广集辑释·孟子答问·公孙丑章句上》，第1095页。

无过不及者，‘盖喜怒哀乐未发之中’，至子思而始著于书，而程子因以发中一名而含二义之说。若孔子之教，只是即事以明理，故《集注》直以无过不及言中，又况已有程子不偏之说于后乎？宜其去之也。”①

朱熹于《中庸章句》云：“中者，不偏不倚，无过不及之名。”②“中”有“不偏不倚”与“无过不及”两义，朱熹原本合两者以著其义，但考量孔子即事明理，子思始明其体，两者必须有所区隔，因此调整注解，仅列出“中者，无过不及之名也”，以求彰显孔子原意，避免概念添附混淆，辅氏标示朱熹思考的细腻，以及反复修改的痕迹，更能看出朱门揣摩圣人言语的用心，云：

辅氏曰：“……若曾皙，则以天资之高，而于此有见焉耳，固未能如圣人之为也。故《集注》著‘有以见夫’四字于其首，便自断制得曾皙所学分量分晓，与后面程子所谓‘曾点狂者，未必能为圣人之事，而能知夫子之志’之说相应。曾皙之学，唯有见乎此，故其侍坐之时，心平气和，照顾得到，遂能于动静之际，从容如此。”

辅氏曰：“曾皙所居之地，不过只做得此等事，而浴沂咏归数语，亦其平时日用之常。夫即其所居之位，则无出位之思；乐其日用之常，则无作意之为。只此两句，便又见得曾皙不愿乎外，无入而不自得之意。不过与诸朋友徜徉自适，初不见其有三子之志，而其胸次悠然自适，直与天地万物上下同流，各得其所之妙，隐然自见于言语之外，是则曾点之所乐也。初无舍己为人之意一句，说得点之事实；胸次悠然而下数句，又形容得点之乐处分晓。《集注》于此一段，凡三次改削，然后得如此平实，学者当深味之。”③

北宋儒者赞叹曾点胸次悠然，乃是艳羡的生命境界④，然而辅氏从朱熹几次改削当中，更留意到朱熹说解努力回归于平实，避免儒者高而不实，蹈于虚

① 〔宋〕辅广撰、田智忠辑校：《辅广集辑释·论语答问·雍也》，第761页。

② 〔宋〕朱熹：《中庸章句》，《四书章句集注》，台北：长安出版社，1991年2月，第17页。

③ 〔宋〕辅广撰、田智忠辑校：《辅广集辑释·论语答问·先进》，第867—868页。

④ 杨儒宾：《孔颜乐处与曾点情趣》，收于黄俊杰编：《东亚论语学——中国篇》，台北：台湾大学出版中心，2009年9月，第19页。

空之偏，所以对于朱熹指出曾点让人见识到“人欲尽处，天理流行，随处充满，无少欠阙”，其实只是志在其位，乐日用之常的结果，“有以见夫”一句，便展现朱熹对于曾点学术的提醒，与圣人之间其实还有一段距离，近似而未达，提供更为精准的观察，因所特加说明。辅氏发挥朱注，称赏朱注更是辅氏用心所在，言“然必有得于曾皙之乐，然后可以进于圣人之乐，固不可凌节躐等而进也”。[①] 儒者行于天地之间，自有乐处，也符合辅氏一生志行所向，因此对于朱注的表彰多矣，例如“此是《集注》采程子、游氏两说合而成之，可谓曲尽人情矣”。[②] 又“林氏之说，虽《集注》翦截增益以成之，然辞顺义精，说得人心事理坦然明白。学者苟能熟玩而深绎，则必有所发于己，而知性善之旨矣”。[③] 又“程子以夫子之道为高远，而《集注》易之以高深，言高则见其不可企及，言深则见其不可窥测，言远则恐人求之于远，而不切于人伦日用之实，故以深易远也”。[④] 朱熹融合前贤意见，兼具义理与训诂，细节之间，斟酌再三，一字之易，尤见精彩[⑤]，而深思所在，有待门人抉发而出，辅广无疑深有自觉。

（二）表彰圣人

辅广以体证为进路，高悬于理，也推崇圣人，孔子成为学者自修企求的目标，虽然圣圣相承，但孔子乃是集大成者，云：

辅氏曰：“因旧而传，明者能之，故贤者可及。自我创始，则非圣人之神明莫测而变通不穷，有所不能也。”

辅氏曰：“作者略备，观于六艺可见。集群圣之大成而折衷之，亦以六艺见之。然群圣之所作，因事制宜，以成一代之制者也；夫子集其成而折衷之，参互发明，以垂万世之法者也。此夫子之所以贤于

① 〔宋〕辅广撰、田智忠辑校：《辅广集辑释·论语答问·先进》，第869页。

② 〔宋〕辅广撰、田智忠辑校：《辅广集辑释·孟子答问·公孙丑章句下》，第1113页。

③ 〔宋〕辅广撰、田智忠辑校：《辅广集辑释·孟子答问·滕文公章句上》，第1123页。

④ 〔宋〕辅广撰、田智忠辑校：《辅广集辑释·论语答问·子罕》，第779页。

⑤ 陈逢源：《义理与训诂：朱熹〈四书章句集注〉之征引原则》，《朱熹与四书章句集注》，第271页。

尧舜者在是。”①

孔子自承述而不作，然而在朱门理解中，孔子乃是集群圣之大成而折衷之，以垂万世之法，因此贤于尧舜，云：

辅氏曰：“……圣人于天下事理，洞照无遗。其发而为言，自然包括得尽，故能小大高下皆宜，而前后左右之不相悖，所以上下皆通。常人之见，则明于小者或蔽于大；得其一说者，不知其又有一说。故其言近时便则浅近而已矣，此内外之符也。然学者亦不可徒叹圣人之言包括得广大如此，又须实见得虽尧舜之治亦不过五者之意，方可尔。”②

其中的赞叹是对于孔子言无不包，综纳无遗的观察，子曰：“道千乘之国，敬事而信，节用而爱人，使民以时。”③ 治国千头万绪，然而孔子直揭治国之本，言近旨远，语赅意赡，足以垂范百代。而对于孔子言行的揣摩成为辅氏诠释重点，云：

辅氏曰：“圣人之道，无精粗、无本末，大至于平天下、治国家，立经陈纪、制礼作乐，小至于容貌辞色、一动一静，皆自此广大心中流出。但愈细则愈密，愈近则愈实，故《乡党》一篇，记圣人之容貌辞色，如是之详且悉者，正所以示圣学之正传，以垂教于后世也。若夫语上而遗下、语理而遗物，穷高极远，驰心于无为之际，而于吾身之言动、事物之伦理，懵不加察焉，则是异端之学，岂圣人之道哉？”④

圣人之道，综纳周遍，无精粗，无本末，动静皆宜，正是因为心达性道，所以触处洞然，一言一行皆可以垂范于后，《乡党》一篇载孔子言行，成为辅氏观察圣人的重要材料，如“大凡人才信实则言自简默，况圣人之表里如一者乎”？④又“踧踖虽是恭敬不宁，与与又却威仪中适，此所以为圣人也”。⑤又

---

① 〔宋〕辅广撰、田智忠辑校：《辅广集辑释·论语答问·子罕》，第764—765页。

② 〔宋〕辅广撰、田智忠辑校：《辅广集辑释·论语答问·学而》，第663页。

③ 〔宋〕朱熹：《论语集注》卷1《学而篇》，《四书章句集注》，第49页。

④⑤⑥ 〔宋〕辅广撰、田智忠辑校：《辅广集辑释·论语答问·乡党》，第627页、第628页、第629页。

"恭敬不宁如此，而意又不忘向君，亦非圣人不能也"。[①] 又"所赐既殊，所处亦异，如鉴照形，毫厘不差，此圣人之时中也"。[②]凡此可见辅氏对于孔子言貌形容的观察，可以推测其用心乃是从朱学系统建构圣人的了解，以见孔子敬谨自持，道体充盈的状况，所以孔子言行志节、进退之间成为诠释重点，推究圣人详密如此，用意在于内外本末之间，得见儒学宏大气度，以立儒者追寻的目标，学者切己体察，赓续而进的工夫，也才有着力的方向。只是一方面强调孔子天生之圣，另一方面则又要强调立学之为要，成为说解必须突破的方向，云：

辅氏曰："圣人禀天地五行之气，清明纯粹，故能全得天地五行之理。自然昭著，不待学而后知，故谓之生知也。"……

辅氏曰："孔子以生知之圣，每云好学者，诸家多以为勉人之辞，故尹氏辨之，以为生而可知者，自然昭著之义理耳，若夫礼乐名物，古今事变，亦必待学而后有以验其实也。"又曰："好古敏求，非生知者不能，既知其义理，则自然敏于学以验其实也。故生而知之者，义理也。好古敏求者，事实也。理与事一贯，知与行相资。"[③]

孔子固然是生而知之，但礼乐名物、古今事变则有待学而验其实，所以必须从理而及事，由知而及行，辅氏解决圣人生知与学的关系，也确立学之不可缺的意义。儒学当中要确保学之必要，以及从属于本心昭著义理的关系，孔子好学无疑展现融通最佳典范，从而理与事一贯，知与行相资，内外通贯，形构完整体系。

辅广形塑圣人崇高地位，除确保学之为要，也循朱熹学术建构完整的圣人观，以标举儒学境界，而圣圣相承，首要在于识时，云：

辅氏曰："时固不可不识记，言尧授舜、舜授禹、汤放桀、武王伐纣，时也。此识时者也，与程子所论颜、孟之意同。若不识时，则以数圣贤之道为不同矣。孟子谓孔子为圣之时，又论禹、稷、颜回、曾子、子思同道，且曰'易地则皆然'，孟子可谓识时矣，则其以道

---

①② 〔宋〕辅广撰、田智忠辑校：《辅广集辑释·论语答问·乡党》，第629页、第841页。

③ 〔宋〕辅广撰、田智忠辑校：《辅广集辑释·论语答问·述而》，第777—778页。

自任者，宜也。”①

圣人在于识时之所需，以应天之所命，孔子为圣之时者，而孟子亦识其时，道统相传，也在于以道自任的自觉，其中还关系到时代不同，时命不同的问题，圣人时移世异，也就有不同的表现，云：

辅氏曰：“王者，天下之义主云者，在天下之义当以为主也。春秋之时，周室虽微，而天下犹知尊周之为义，则是于义犹以为主也，故孔子以尊周为本。至七国时，天下已不复知有周，则是人心之义不以为主矣，故孟子劝齐梁之君，以行王道而王。孔孟之何心哉？视天命之改与未改，亦视人心之向背而已，人心犹知尊周之为义，则是天命之未改也；人心不复知有周，则是天命之已改矣，各况生民之涂炭已极，仁者固不当坐视而莫之救，此则所谓仁之至，义之尽也。”②

辅广说法全然依循朱熹，而朱熹说法正是化解北宋以来孟子“不尊周王”的质疑，而回归于天命与仁义的思考③，圣人行仁义以承天命，孔子尊周，孟子行王道，迹虽不同，其心为同，从而也更能得见圣人之精神，云：“道虽一本，而其用则有万不同。时异事殊，则圣人处之各自成一样。”④ 颇能说明从一本而万殊的形态，圣人处不同之世，有不同的作为，然而不变者正是于道之一本，以及圣圣相承之心，云：

辅氏曰：“圣贤之心，其本然之体亭亭当当，直上直下，无所偏、无所倚，此其所谓中者，天下之大本也。然不能不惑于物，故随感而应，有可喜之事感则喜心便应，有可怒之事感则怒心便应，如进则便须救民，退则便修己，皆吾之大本中自然之礼，无或过、无或不及，各尽其道，此其所谓和者，天下之达道也如是。故使禹稷居颜子之地，亦能乐颜子之乐，使颜子居禹稷之任，亦能忧禹稷之忧，同一大

---

① 〔宋〕辅广撰、田智忠辑校：《辅广集辑释·孟子集注序》，第1004页。

② 〔宋〕辅广撰、田智忠辑校：《辅广集辑释·孟子答问·梁惠王章句上》，第1013页。

③ 黄俊杰撰：《中国孟学诠释史论》，北京：社会科学文献出版社，2004年9月，第125页。

④ 〔宋〕辅广撰、田智忠辑校：《辅广集辑释·孟子答问·公孙丑章句下》，第1103页。

本、同一达道故也。"……

辅氏曰:"圣贤之心无不同,一本也;事则所遭或异,万殊也。然处之各当其理,是乃所以为同者,所谓万殊一本,吾道一以贯之也。"①

朱熹中和之说的见解,成为辅广用以诠释圣人精神的重要基础,而孔子"一以贯之"的说法,成为了解圣贤相承不变的原则,从而在朱门系统当中,化解过往时移世异,圣人各有取向的纷扰,确立出于一本的观察,完成圣人性命天道一本而万殊的论述,从而屡屡言之"圣贤之道,充之则至于与天地同功"②"使其极于广大,则是固圣人天地之德也"③……,圣人与天地齐等,正以见儒学一本之教。辅广重视操持工夫,形塑无所不容之天,无所不在之理,圣人与天地齐等,从而建构惟天之命,于穆不已的学术规模,至理无对,所以顺亦理,逆亦理,理乃是恒常之道,也就包含顺逆,辅氏持一本之教,有处顺、处逆皆当理而行的觉悟,儒者有赓续而进,无可懈怠的目标,而相对于理至大无对,主张欲生而理消,天理人欲之间,辅氏留意其中不兼容的情况,以符应修养工夫的诉求。

五、结　论

朱熹门人多矣④,辅广在庆元党禁时期无惧严令,风雨相随,具有激励朱门的作用,一生以朱学自持,坚定成学的信念,更足以证明朱熹建构的儒学乃是儒者可以一生以之的事业。以此而论,辅广作为朱熹坚定的追随者,乃是纷扰当中朱熹学术得以成立的关键,更何况深入于圣人之学,在切己体察与实践当中,了解朱熹开示乃是由内而及外,又由外而及内的成德进路,在经旨与朱

---

① 〔宋〕辅广撰、田智忠辑校:《辅广集辑释·孟子答问·离娄章句下》,第1221—1222页。

② 〔宋〕辅广撰、田智忠辑校:《辅广集辑释·孟子答问·滕文公章句下》,第1164页。

③ 〔宋〕辅广撰、田智忠辑校:《辅广集辑释·孟子答问·公孙丑章句上》,第1081页。

④ 陈荣捷:《朱门之特色及其意义》,《朱子门人》,台北:台湾学生书局,1982年3月,第9、11页。

注之间，深化对于圣人之道的想望，学术纯粹，足以化解进路的误解。[①] 朱熹学术成果成为辅氏诠释的依据，体察心得完成《论语答问》《孟子答问》，更有助成四书而及于四书学发展的作用，袁桷《辅汉卿先生语孟诸序》云：

> 至于辅公，则直彰其义，衍者隐之，幽者畅之，文理炳著，不别为标的，以尽夫事师之道。微文小义简焉，以释经为急，而其知行、体用之说，不蕲合而有合矣。……予独连言于黄公者，将使夫后人知二公为文公亲授。[②]

袁氏将黄榦与辅广并举，用以标举传朱熹学术的地位，辅广严守师教乃是人所共见，只是辅广强调赓续涵养的进路中，从而对于圣人有更高的认识，对于理的认知也更为宏大，天无对，理亦无对，心性理气的见解较之朱熹似乎也有所不同，黄震《黄氏日抄》就指出："辅汉卿疑恶亦不可不谓性"[③]，相较于此，黄榦强调有善有恶乃是出气禀，必须回归于性之本善，又知善恶皆性，说法才能周备，可见朱门当中义理多元思考。[④] 检覈辅广《论语》《孟子》诠释成果，虽尚未以朱熹承道统之绪，但高举圣人天命性道，以证成朱熹学术价值，对于四书义理的阐释，对于朱熹学术的落实，堪为典范，撮举分析，有如下心得：

一、辅广师从吕祖谦，转而从学朱熹，在伪学之禁中，昂然挺立，成为朱

---

① 牟宗三先生《心体与性体》，台北：正中书局，1968 年 5 月，《综论》，第 45 页。伊川和朱子一系与象山、阳明以及五峰、蕺山之间，有横摄与纵贯、顺取与逆觉、他律与自律的不同。参见林维杰撰：《朱陆异同的诠释学导向》，《中国文哲研究集刊》第 31 期（2007 年 9 月），第 235—239 页。关于横摄与纵贯的进路，牟氏认为逆觉体证是儒家工夫论主流，程朱则属教外别传，因此称其工夫论为"顺取之路"。由于逆觉必须预设天道性命之贯通，方能借由逆觉以体证，此是所谓"纵贯"的体系；但在程朱"横摄"体系，个体与本体具有某种程度的断裂。参见林永胜撰：《中文学界有关理学工夫论之研究现况》，收入杨儒宾、祝平次编《儒学的气论与工夫论》，台北：台湾大学出版中心，2005 年 9 月，第 342 页。

② 〔元〕袁桷：《辅汉卿先生语孟诸序》，〔宋〕辅广撰、田智忠辑校：《辅广集辑释·附录》，第 1534 页。

③ 〔宋〕黄震：《黄氏日抄》（《四库全书》第 708 册，台北：台湾商务印书馆，1986 年 3 月）卷 40，第 180 页。

④ 〔宋〕黄榦：《勉斋集》（《景印文渊阁四库全书》第 1168 册，台北：台湾商务印书馆，1986 年 3 月）卷 7《复辅汉卿主管书》，第 74 页。

门当中最坚定的支持力量，一生严守师教，于出处之际，与人相处之间，亢直自守，风骨凛然，从而证明朱熹建构的儒学乃是儒者可以一生以之的事业。

二、辅广著作多已散佚，所幸晚近辑出《论语答问》《孟子答问》，有助于后人了解辅广《论语》《孟子》诠释成果，从而得见朱门当中切己体察的传学内容，以及施用于《论语》《孟子》的印证心得。

三、辅广重视切己体察的工夫，儒学是在自己分上实践而得见，因此揣摩圣人开示的方法，诠释《论语》《孟子》特别留意其中进程与工夫，思索于学者有用的方向，从而强化工夫，回归心性体用之间，构筑儒学宏大规模。

四、辅广在经与注当中，思索道统心法之传，对朱熹融合前贤意见，兼具义理与训诂，深加留意，期以理与事一贯，知与行相资，内外通贯，从而确立朱门当中依理践履，日用体察之要义，完成圣人性命天道一本的观察。

五、辅广形塑无所不容之天，无所不在之理，圣人与天地齐等，从而建构惟天之命，于穆不已的学术规模，至理无对，所以顺亦理，逆亦理，而相对于理至大无对，主张欲生而理消，以符应修养工夫的诉求。

辅广《论语》《孟子》学乃是出于体证所得，充满义理餍饫的活力，也充满对于学者的期勉，以往受限于材料，少有关注，如今得以深入朱门传学细节，观察义理思考方向，确立其中为学形态，大有助于了解四书学发展进程。只是笔者浅陋，所识为浅，观察尚有不足，犹待博雅君子有以教之。

孔门的德行与学问

——以《论语》为主的探讨

韩　星

（中国人民大学国学院教授）

摘　要：通过《论语》相关篇章的疏解，可以看出，孔门“四教”文、行、忠、信反映在教学内容上的先与后、浅与深关系。孔门“四科”德行、言语、政事、文学是以德行为本，文学为末，以成就理想人格为终极目标。“四教”是教学次序，文先德后；“四科”是人品层级，德先文后。孔门不仅强调志道、据德、依仁的道德理想追求，更重视游艺的日常生活实践。在德行与学文的关系上德行为本，学文为末。道德实践是人生的根本，学问知识是实现道德的基本途径。德性要成为德行，必须好学，而好学的关键是学会中道，守中不偏，以免流于弊害。孔门重视“道”与“学”相辅相成，形成了下学上达、由学致道的成圣道路。《中庸》提出尊德性而道问学，其后孟子偏重尊德性，荀子偏重道问学，这种张力进一步发展为两种认识论倾向和两种治学路径的长久争论，以至于今。追根溯源，返本开新，回到孔子，以中和之道来化解“尊德性”与“道问学”张力，重建当代新儒学思想学术体系。

关键词：《论语》；孔门；德行；学问；儒学

春秋时期鲁国大夫叔孙豹称人生有“三不朽”：“大上有立德，其次有立功，其次有立言，虽久不废，此之谓不朽。”（《左传·襄公二十四年》）孔颖达在《春秋左传正义》中给予详尽解释：“大上、其次，以人之才知浅深为上、次也。大上谓人之最上者，上圣之人也。其次，次圣者，谓大贤之人也。其次，又次大贤者也。立德，谓创制垂法，博施济众，圣德立于上代，惠泽被于无穷……立功，谓拯厄除难，功济于时……立言，谓言得其要，理足可传。”“太上立德”是指伏羲、神农、黄帝、尧、舜、禹、汤、文、武、成王、周公这些圣人，“其次立功”是指禹、稷等人，“立言”是指史佚、周任、臧文仲以及后世老、庄、荀、孟、管、晏、杨、墨、孙等诸子，以及屈原、宋玉、贾逵、扬雄、司马迁、班固等文史家。可以看出，在这三种“不朽”中，立德为先，立功立言次之；立德为本，立功立言为末。本文要讨论的德行与学问的关系就是“三立”中立德与立言关系在孔门的新发展。

一、孔门“四教”与“四科”

孔门有“四教”，见于《论语·述而》：“子以四教：文、行、忠、信。”主要讲孔子教学的内容及先后深浅次序，历代注释差别很大。皇侃《论语义疏》云：“孔子为教恒用此四事为首，故云子以四教也。”并引李充曰：“其典籍辞义谓之文，孝悌恭睦谓之行，为人臣则忠，与朋友交则信。此四者，教之所先也。故以文发其蒙，行以积其德，忠以立其节，信以全其终也。”邢昺《论语注疏》：“此章记孔子行教以此四事为先也。文谓先王之遗文。行谓德行，在心为德，施之为行。中心无隐谓之忠。人言不欺谓之信。此四者有形质，故可举以教也。”朱熹《四书集注》引程子曰：“教人以学文修行而存忠信也。忠、信，本也。”北宋刘敞《弟子记》卷二：“文，所谓文学也。行，所谓德行也。政事主忠，言语主信。”南宋金履祥《论语集注考证》：“文、行、忠、信，此夫子教人先后深浅之序也。文者，《诗》《书》六艺之文，所以考圣贤之成法，识事理之当然，盖先教以知之也。知而后能行，知之固将以行之也，故进之于行。既知之又能行之矣，然存心之未实，则知或务于夸博而行或出于矫伪，故又进之以忠信。”戴望在《论语戴氏注》中云：“文，六艺也。行，六行也。忠信，六德也。此古者三物之教，大学之始事也。”刘宝楠《论语正义》：“文谓《诗》《书》、礼、乐，凡博学、审问、慎思、明辨，皆文之教也；行，谓躬行也；中心尽心曰忠；恒有诸己曰信。人必忠信而后可致知力行。故曰忠信之人可以学礼，此四者，皆教成人之法，与教弟子先行后学不同。”

根据历代注疏，“文”，指古代先王传下来的各种典籍文献，经孔子整理，主要有《诗》《书》《礼》《乐》《易》《春秋》等。

“行”即德行，指道德实践。

“忠”在《论语》中出现过17次，具有更广泛的含义，不是像后世那样，专指处理君臣关系的道德规范。曾子说：“为人谋而不忠乎”（《学而》），反省自己替别人办事是否尽心竭力了呢。“与人忠”（《子路》），待人忠心诚意；“忠焉，能勿诲乎？”（《宪问》），对他真的好，能够不教诲他吗？子张问曰：“令尹子文三仕为令尹，无喜色；三已之，无愠色。旧令尹之政，必以告新令尹。何如？”子曰：“忠矣。”（《公冶长》）这里是指忠于职守。《颜渊》篇子张问政，子曰：“居之无倦，行之以忠。”是说当政要不知疲倦，行政要用忠心。所谓行政要用忠心，就是说推行政令要尽心。孔子曰：“君子有九思：……言思忠。”（《季氏》）可见孔子主张言当忠，就是说话要尽心，要出于真心，不能言不由衷。言不由衷，或者说假话，就是没有尽心，就是不忠。定公问：“君使臣，臣事君，如之何？”孔子对曰：“君使臣以礼，臣事君以忠。”（《八佾》）这显然是忠君了。臣事君以忠，是说臣下对君主要尽心，这是为臣的本分，是理所当然之事。如果臣下对君主存有异心，那么他就违背了臣道。

“信”指与人交往的诚信，也是与人交往的一个基本原则，孔子说：“人而无信，不知其可也。……其何以行之哉？”这就是说，一个人如果不讲信用，在社会上就无立足之地，就会寸步难行。“信”是交友之基，《论语·学而》：“与朋友交，言而有信。”交友有诚信才能够被“朋友信之”，朋友之间如果能够做到推心置腹、心心相印那才是真正的朋友。“信”也是为政之本，子贡问孔子如何从政，孔子回答说：“足食、足兵、民信之矣。”子贡又问：“必不得已而去，于斯三者何先？”孔子回答说：先去食后去兵，因为“自古皆有死，民无信不立”。孔子在足食、足兵、民信三者中，宁肯去兵、去食，也要坚持保留民信。因为孔子认为如果人民不信任统治者，国家朝政根本立不住脚。因此，统治者必须“取信于民”。孔子经常把“忠”“信”连起来为“忠信”：“言忠信，行笃敬，虽蛮貊之邦行矣。言不忠信，行不笃敬，虽州里行乎哉？”（《论语·卫灵公》）

“四教”是孔子教育弟子特别重视的四方面内容，包括先王经典文献的学习，道德行为规范的实践，以及从忠、信两个方面对弟子人格的塑造与培育。“四教”反映出孔子在教学方面的深层思考，体现出教学内容上的先与后、浅与深的关系。之所以把“文”又放在第一位是因为在孔子看来，学习先王典籍是明先王之道的第一步，接着才能落实于道德实践——行。

孔门又有“四科”，见于《论语·先进》：“德行：颜渊、闵子骞、冉伯牛、仲弓；言语：宰我、子贡；政事：冉有、季路；文学：子游、子夏。”皇侃《论语义疏》：“德行为人生之本，故为第一以冠初也。”“案，四科次第，立德行为首，乃为可解。而言语为次者，言语，君子枢机，为德行之急，故次德行也。而政事是人事之别，比言语为缓，故次言语也。文学，指博学古文，故比三事为泰，故最后也。”并引范甯曰：“德行谓百行之美也。”“言语谓宾主相对之辞也。”“政事谓治国之政也。”“文学谓善先王典文。”这就对“四科”的具体含义和先后次序的安排做了精到的解释。德行与文学比较起来，德行为人生之本，百行之美，而文学为先王典籍。从人生道德修养轻重缓急来看，博学古文可以放在最后。

韩愈、李翱《论语笔解》（四库本）：“韩曰：《论语》称字不称名者多矣，仲尼既立此四品，诸弟子记其字而不名焉，别无异旨。李曰：仲尼设四品，以明学者不同科，使自下升高，自门升堂，自学以格于圣也，其义尤深，但俗儒莫能循此品第而窥圣奥焉。韩曰：德行科最高者，《易》所谓‘默而识之，故存乎德行’，盖不假乎言也。言语科次之者，《易》所谓‘拟之而后言，议之而后动’，拟议以成其变化，不可为典要，此则非政法所拘焉。政事科次之者，所谓‘虽无老成人，尚有典刑’，言非事文辞而已。文学科为下者，《记》所谓离经辩志，论学取友，小成大成，自下而上升者也。李曰：凡学圣人之道，始于文，文通而后正人事，人事明而后自得于言，言忘矣而后默识已之所行，是名德行，斯入圣人之奥也。四科如有序，但注释不明，所以然。”韩愈、李翱认为孔子是从人格境界高下立四品，使学生们明白不同学科，殊途同归于造就人品，自下升高，登堂入室，希贤希圣，成就圣人人格。李翱结合前述“四教”，指出学为圣人之道的具体过程，要从文出发，接着人事，接着言语，最后落实为德行。这就是说，“四科”从重要性上是德行—言语—政事—文学，但实践顺序则是文学—政事—言语—德行，这就是成圣的奥妙。

朱熹《论语集注》：“弟子因孔子之言，记此十人，而并目其所长，分为四科。孔子教人各因其材，于此可见。”朱熹是从孔子因材施教，孔门弟子各有所长而言，并没有考虑先后次序问题。这就是说，孔子根据弟子学业特长分为德行、言语、政事、文学四科。

这里值得注意的是“德行”放在第一，“文学”相当于“四教”中的“文”则放在最后，说明孔子在教育上是以德行为本，文学为末，以成就理想人格为终极目标。李二曲《四书反身录》特别强调德行与文学的本末关系：“孔门以‘德行’为本，‘文学’为末，后世则专以文学为事，可以观世变矣。自后世专重‘文学’，上以此律下，下以此应上；父师以此为教，子弟以此为学；朋友以此切磋，当事以此观风；身非此无以发，家非此无以肥；咸知藉此梯荣，谁知道德为重？或偶语及，便目为迂，根本由此坏矣。根本既坏，纵下笔立就千篇，字字清新警拔，徒增口耳之虚谈、纸上之赘疣，究何益于身心，何补于世道耶？然则文不可学乎？曰：亦看是何等之文。夫开来继往，非文不传，黼黻皇猷，非文不著；弘道统，立人极，非文不振。若斯之文，何可以不学？顾学之自有先后，必本立而后可从事也，否则即文古如班、马，诗高如李、杜，亦不过为文人、诗人而已。昔人谓大丈夫一号为文人，斯无足观，有味乎其言之也。”① 在“四科”中，“德行”为本，“文学”为末，在原始儒家非常清楚，但后世科举制度专重文学，造成上上下下本末倒置，舍本逐末，无益于身心，无补于世道，人极不立，道统不行。当然，“文学”也自有其价值，那就是文以载道，文以化人。“德行”与“文学”的关系类似于今天常说的价值理性与工具理性的关系，“德行”承载着价值理性，“文学”承载着工具理性，二者是相互支持，有机统一的。当今社会，随着科技突飞猛进的发展及其广泛应用，工具理性占了主导地位，价值理性日渐失落，两者关系的扭曲逐渐成为现代社会中各种危机的根源之一。

刘宝楠《论语正义》疏解曰：“颜子好学，于圣道未达一间；闵子骞孝格其亲，不仕大夫，不食污君之禄；仲弓可使南面，荀子以与孔子并称；冉伯牛事无考，观其有疾，夫子深叹惜之。此四子为德行之选也……《毛诗·定之方中》传：‘故建邦能命龟，田能施命，作器能铭，使能造命，升高能赋，师旅能誓，山川能说，丧纪能诔，祭祀能语。’此九者皆是辞命，亦皆是言语。《弟子列传》：‘宰予利口辩辞，子贡利口巧辞。’是宰我、子贡为言语之选也。夫子言‘求也艺，由也果，可使从政’，是冉有、季路为政事之选也。沈氏德潜吴公祠堂记曰：‘子游之文学以习礼自见……’朱氏彝尊《文水县十子祠堂

---

① 〔清〕李颙：《二曲集》，陈俊民点校，中华书局，1996 年，第 476—477 页。

记》曰：‘盖自六经删述之后，《诗》《易》俱传自子夏，夫子又称其可与言诗，《仪礼》则有丧服传一篇，又尝与魏文侯言乐。郑康成谓《论语》为仲弓、子夏所撰，特春秋之作不赞一辞。夫子则曰：春秋属商。其后公羊、穀梁二子皆子夏之门人。盖文章可得而闻者，子夏无不传之。文章传，性与天道亦传，是则子夏之功大矣。’由沈朱二文观之，是子游、子夏为文学之选也。”刘宝楠考证了《论语》为什么以此十人为“四科”的代表人物，是因为他们在“四科”中各有优胜。孔子列举十人，并不是说他们只局限于某一科，也没有把其他弟子排斥在外，只是以十人为“四科”代表而已。

有人认为先秦时期除了作为最早学术分类的“六艺”外，似乎还存在着“孔门四科”这样的分科性的学术门类，其实这是孔子依据学生特长和人格境界的一种划分，“四科”就是后世的学科，礼、乐、射、御、书、数“六艺”才是孔子当时的学科。

总之，“四教”是教学次序，文先德后；“四科”是人品层级，德先文后。正如王应麟《困学纪闻》卷七所言：“四教以文为先，自博而约；四科以文为后，自本而末。”

二、孔门道德与学问

《论语·述而》篇载子曰：“志于道，据于德，依于仁，游于艺。”何晏《论语集解》：“志，慕也。道不可体，故志之而已。据，杖也。德有成形，故可据。依，倚也。仁者功施于人，故可倚。艺，六艺也，不足据依，故曰游。”邢昺《论语注疏》：“此章孔子言己志慕、据杖、依倚、游习者，道德仁艺也。”本章志道，据德，依仁属于德行，游艺属于学问。道德仁艺即孔门道德学问的全体大用。

朱熹《论语集注》：“志者，心之所之之谓。道，则人伦日用之间所当行者是也。如此而心必之焉，则所适者正，而无他歧之惑矣。据者，执守之意。德者，得也，得其道于心而不失之谓也。得之于心而守之不失，则终始惟一，而有日新之功矣。依者，不违之谓。仁，则私欲尽去而心德之全也。功夫至此而无终食之违，则存养之熟，无适而非天理之流行矣。游者，玩物适情之谓。艺，则礼乐之文，射、御、书、数之法，皆至理所寓，而日用之不可阙者也。朝夕游焉，以博其义理之趣，则应务有余，而心亦无所放矣。此章言人之为学当如是也。盖学莫先于立志，志道，则心存于正而不他；据德，则道得于心而不失；依仁，则德性常用而物欲不行；游艺，则小物不遗而动息有养。学者于此，有以不失其先后之序、轻重之伦焉，则本末兼该，内外交养，日用之间，无少间隙，而涵泳从容，忽不自知其入于圣贤之域矣。"① 王船山就朱熹注发挥云：

集注云："据德则道得于心而不失，依仁则德性常用而物欲不行。"德缘志道而得，而特进以据之功，斯所服膺者不失也。仁缘据德而性足用，而进以依之功，则用可常而欲不行也。此所谓"先后之序"也。

又云："游艺则小物不遗而动息有养。"不遗者，言体道之本费也。动有养者，德之助也；息有养者，仁之助也。而云"不遗"，则明道无可遗，苟志于道而即不可遗也；云"有养"，则养之以据德，养之以依仁，为据德、依仁之所资养也。此游艺之功，不待依仁之后，而与志道、据德、依仁相为终始，特以内治为主，外益为辅，则所谓"轻重之伦"也。

志道、据德、依仁，有先后而无轻重；志道、据德、依仁之与游艺，有轻重而无先后。故前分四支，相承立义，而后以先后、轻重分两法，此集注之精，得诸躬行自证而密疏之，非但从文字觅针线也。②

就是说，志道、据德、依仁作为修养功夫是有先后次序的，但无轻重之别；而志道、据德、依仁与游艺比较起来，有轻重之别，但无先后次序。朱熹阐发文本四分及其含义，同时又揭示了原文潜藏的先后、轻重二分关系，这样就全面深刻地体现了本末兼该，内外交养，先后轻重，井然有序的圣贤之学。

钱穆《论语新解》："本章所举四端，孔门教学之条目。惟其次第轻重之间，则犹有说者。就小学言，先教书数，即游于艺。继教以孝悌礼让，乃及洒扫应对之节，即依于仁。自此以往，始知有德可据，有道可志。惟就大学而言，孔子十五而志于学，即志于道。求道而有得，斯为德。仁者心德之大全，

---

① 〔宋〕朱熹：《四书章句集注》，中华书局，1983 年，第 94 页。

② 〔清〕王夫之：《读四书大全说》，《船山全书》第六册，岳麓书社，1996 年，第 698—699 页。

盖惟志道笃，故能德成于心。惟据德熟，始能仁显于性。故志道、据德、依仁三者，有先后无轻重。而三者之于游艺，则有轻重无先后，斯为大人之学。若教学者以从入之门，仍当先艺，使知实习，有真才。继学仁，使有美行。再望其有德，使其自反而知有真实心性可据。然后再望其能明道行道。"这就更细致地讨论了在教学中落实这一教育模式的问题，即先小学、再大学，循序渐进，以成就圣贤人格。

本章可以说是孔门思想的纲要，不仅强调志道、据德、依仁的道德理想追求，更重视游艺的日常生活实践。道、德、仁、艺四者不是并列关系，而是立体的层级关系，其中道、德、仁属于形而上层面，道是人之为人必须遵循的总原则，所以要志于道；"德"者得也，得道也，道体现在人身上就是德，德是人的一切行为的依据，所以要据于德；"仁"是人德性之本，符合于"仁"的行为才是道德行为，故依于仁。"艺"属于形而下层面，孔子以礼乐射御书数"六艺"为教，可以说囊括了其他百工技能在内的实践性技能、技术。孔门强调志道、据德、依仁的形而上的追求，更重视游艺的形而下的实践。孔子理想中的教育是形上形下、体用、内外、本末结合，浑然一体、立体动态的人格养成模式。

《论语·学而》载子曰："弟子入则孝，出则弟，谨而信，泛爱众，而亲仁。行有余力，则以学文。"皇侃《论语义疏》："言为人子弟者，尽其孝悌之道也。父母在闺门之内，故云入也。兄长比之疏外，故云出也。……向明事亲，此辨接外也。接外之礼，唯谨与信也。外能如此，在亲可知也。……君子尊贤容众，故广爱一切也。君子义之与比，故见有仁德者而亲之也。若非仁亲，则不与之亲，但广爱之而已。……若行前诸事毕竟，而犹有余力，则宜学先王遗文，五经六籍是也。"解释详尽清楚，孔子欲培养弟子成为君子，就要从孝悌之道做起，与人交往，以礼行事，谨慎诚信，尊贤容众，广爱一切，亲近仁人。这些都是人之为人的德行修养。德行行有余力，再学先王遗留下来的五经六籍。有人问："此云行有余力则以学文，后云子以四教文行忠信，是学文或先或后，何也?"他答曰："《论语》之体，悉是应机适会，教体多方，随须而与，不可一例责也。"这就是说，《论语》是孔子与学生或其他人随时随地问答之体，不同情境，教亦多方，不能僵化地理解。从德行与学文的关系上说德行为本，学文为末。但四教文、行、忠、信是孔子具体教学四个方面，当然要以文为先。

邢昺《论语注疏》："此章明人以德为本，学为末。男子后生为弟。言为人弟与子者，入事父兄则当孝与弟也，出事公卿则当忠与顺也。弟，顺也。入不言弟，出不言忠者，互文可知也。……'谨而信'者，理兼出入，言恭谨而诚信也。'泛爱众'者，泛者，宽博之语。君子尊贤而容众，或博爱众人也。'而亲仁'者，有仁德者则亲而友之。能行已上诸事，仍有间暇余力，则可以学先王之遗文。若徒学其文而不能行上事，则为言非行伪也。"邢昺明确地指出孔子的意思是道德为本，学问为末。

朱熹《论语集注》引程子曰："为弟子之职，力有余则学文，不修其职而先文，非为己之学也。"尹氏曰："德行，本也。文艺，末也。穷其本末，知所先后，可以入德矣。"洪氏曰："未有余力而学文，则文灭其质；有余力而不学文，则质胜而野。"程子说此章是讲"为己之学"，尹氏以本末论德行与文艺，洪氏以文质论德行与学文，都很有启发。然后朱熹说："力行而不学文，则无以考圣贤之成法，识事理之当然，而所行或出于私意，非但失之于野而已。"强调了力行道德，同时行有余力还要学文，二者不可偏废。

钱穆《论语新解》："本章言弟子为学，当重德行。若一意于书籍文字，则有文灭其质之弊。但专重德行，不学于文求多闻博识，则心胸不开，志趣不高，仅一乡里自好之士，无以达深大之境。"弟子为学之道应当首重德行，但也要博学多闻，以达就心胸开阔，志趣高尚，深刻博大的圣贤之境。

总之，本章孔子讲了为学的次第和重心，孝、悌、谨、信、爱众、亲仁等几个方面的道德实践是人生的根本，在此基础上有余力了再去研究学问。就是说，为学要先立本，本立而道生，其学才是为己之学。

《论语·学而》篇紧接着这章又载子夏云："贤贤易色；事父母能竭其力；事君能致其身；与朋友交言而有信。虽曰未学，吾必谓之学矣。"这里讲了一个人应该怎么处理四种基本人伦关系：即夫妻、父子、君臣、朋友，这就是"五伦"中的四伦。朱熹《论语集注》："贤人之贤，而易其好色之心，好善有诚也。致，犹委也。委致其身，谓不有其身也。四者皆人伦之大者，而行之必尽其诚，学求如是而已。故子夏言有能如是之人，苟非生质之美，必其务学之至。虽或以为未尝为学，我必谓之已学也。游氏曰：'三代之学，皆所以明人伦也。能是四者，则于人伦厚矣。学之为道何以加此？子夏以文学名，而其言如此，则古人之所谓学者可知矣。故《学而》一篇，大抵皆在于务本。’吴氏曰：‘子夏之言，其意善矣。然辞气之间，抑扬太过，其流之弊，将或至于废学。必若上章夫子之言，然后为无弊也。’”朱熹认为本章所讲四者都是人伦之大者，行者行此，学者学此。子夏作为孔门文献经籍的传承者，能说出这样的话，深得夫子的真传。朱熹又引游酢语阐明本章是传承三代以来明人伦的主题，引吴氏语表达对子夏此说可能废学的担忧，以为如果按照上一章夫子之言是不会有弊端的。今人钱穆《论语新解》亦云：“上章孔子言学，先德行，次及文，故《论语》编者次以子夏此章。或谓此章语气轻重太过，其弊将至于废学。然孔门论学，本以成德为重，后人分德行与学问而二之，则失此二章之义矣。”钱穆先生强调孔门论学，本来就是以成德为重，学问次之，不像后人把德行与学问一分为二，那就失去了这二章的本义。

《论语·阳货》载子曰：“由也，女闻六言六蔽矣乎?”对曰：“未也。”“居，吾语女。好仁不好学，其蔽也愚；好知不好学，其蔽也荡；好信不好学，其蔽也贼；好直不好学，其蔽也绞；好勇不好学，其蔽也乱；好刚不好学，其蔽也狂。”下面逐句解读。

“好仁不好学，其蔽也愚”，何晏《论语集解》引孔安国注：“仁者爱物，不知所以裁之，则愚。”皇侃《论语义疏》：“仁者博施周急，是德之盛也，唯学者能裁其中。若不学而施，施必失所，是与愚人同，故其蔽塞在于愚也。”皇侃《论语义疏》还引江熙曰：“好仁者，谓闻其风而悦之者也。不学，不能深原乎其道，知其一而未识其二，所以蔽也。自非圣人，必有所偏，偏才虽美，必有所蔽，学者假教以节其性，观教知变，则见所过也。”朱熹《论语集注》：“愚，若可陷可罔之类。”仁民爱物，儒者当为，但不学，不能明仁爱之道，不能行中道，必有所偏蔽，上当受骗，成为愚人。

“好知不好学，其蔽也荡”，何晏《论语集解》引孔安国：“荡，无所适守”。皇侃《论语义疏》：“智以运动为用，若学而裁之，则智动会理；若不学而运动，则蔽塞在于荡，无所的守也。”邢昺《论语注疏》：“明照于事曰知，若不学以裁之，则其蔽在于荡逸无所适守也。”朱熹《论语集注》：“荡，谓穷高极广而无所止。”以孔安国说为优，皇侃、邢昺也是孔说基础上的发挥。分析原因，智者乐水，水性流荡不定，必须通过学习，上升到大道的高度，自觉地自我规范，有所执守。

“好信不好学，其蔽也贼”，何晏《论语集解》引孔安国：“父子不知相为隐之辈”。皇侃《论语义疏》：“信者不欺为用，若学而为信，信则合宜；不学而信，信不合宜，不合宜则蔽塞在于贼害其身也。”邢昺《论语注疏》：“人言不欺为信，则当信义。若但好信，而不学以裁之，其蔽在于贼害，父子不知相为隐之辈也。”孔安国、邢昺认为这里的“贼”是指“父子不知相为隐之辈”。我们知道，“父子相隐”是孔子最早提出来的，父子之间应该互相隐瞒犯罪，而不应该互相告发。因为在孔子看来，父子关系是人伦关系中最天然、最基本的关系，因而也就是实践“仁”的起点，必须充分发展父子间的父慈子孝（仁），才可能进一步推己及人，推人及物，把仁爱一步一步扩展到“泛爱众”，泛爱他人，乃至人类全体，“四海之内皆兄弟”，乃至天地万物，“仁者与天地万物为一体”。故孔子要保护人伦中这种最天然、最基本的关系，不能为“信”而伤害这种亲情关系。

“好直不好学，其蔽也绞”，皇侃《论语义疏》：“直者不曲为用，若学而行之得中道；若不学而直，则蔽塞在于绞。绞，犹刺也。好讥刺人之非，以成己之直也。”邢昺《论语注疏》：“绞，切也。正人之曲曰直，若好直不好学，则失于讥刺太切。”皇侃、邢昺把“绞”解释为讥刺较优，从之。《泰伯篇》：“直而无礼则绞。”《子路篇》：“叶公语孔子曰：‘吾党有直躬者，其父攘羊，而子证之。’孔子曰：‘吾党之直者异于是。父为子隐，子为父隐，直在其中矣。’”《吕氏春秋·当务篇》：“楚有直躬者，其父窃羊而谒之上。上执而将诛之，直躬者请代之。将诛矣，告吏曰：‘父窃羊而谒之，不亦信乎？父诛而代之，不亦孝乎？信且孝而诛之，国将有不诛者乎？’荆王闻之，乃不诛也。孔子闻之曰：‘异哉！直躬之为信也，一父而载取名焉。’故直躬之信不若无信。”怎么理解“直”？根据以上资料可以理解有三种含义：第一，“直”是父子相隐，即“直”要保护以亲情为基础的“仁”；第二，“直”要学而行之合乎中道，合乎礼，而“夫礼所以制中也”（《礼记·仲尼燕居》）；第三，一个人表面上讲“信”，实际上用一再为他取得好名声，如果是这样的“信”还不如没有。只有通过学习，正确地把握了“直”的深刻内涵，才能避免对人讥刺伤害。

“好勇不好学，其蔽也乱”，皇侃《论语义疏》：“勇是多力，多力若学则能用勇，敬拜于庙廊，捍难于边壃；若勇不学，则必蔽塞在于作乱也。”皇侃把“勇”解释为有力量，可以保家卫国，但不好学就可能犯上作乱。邢昺《论语注疏》：“勇，谓果敢，当学以知义。若好勇而不好学，则是有勇而无义，则为贼乱。”邢昺把“勇”解释为果敢，但如果不好学不明大义，就可能成为乱臣贼子。

“好刚不好学，其蔽也狂”，皇侃《论语义疏》：“刚者无欲，不为曲求也，若复学而刚，则中适为美；若刚而不学，则必蔽在于狂，狂谓抵触于人无回避者也。”邢昺《论语注疏》：“狂，犹妄也。刚者无欲，不为曲求。若好恃其刚，不学以制之，则其蔽也妄抵触人。”无欲则刚，但刚而不好学，就不能刚柔相济，就会偏激、狂妄。故应好学，合乎中道才好。

朱熹《论语集注》：“六言皆美德，然徒好之而不学以明其理，则各有所蔽。”六言都是美德，但如果只喜好而不通过学习明白其中的道理，就会各有所蔽。德性要成为德行，必须好学，他肯定了学问在人的道德修养中不可或缺的重要地位。而好学的关键是学会中道，守中不偏，这样就不会流于弊害。

《论语·子张》载子夏曰：“百工居肆以成其事；君子学以致其道。”“肆”，有两种解释，一说是官府制造器物的地方；另一解释说，肆是市场中陈列器物之所。不论哪种解释，“肆”是百工学习制作器物的地方，百工在这里面观察、学习、制作、揣摩，最后制作器物，而君子与百工不同，君子之学不是为了掌握一门技艺以谋生，而是下学上达，进而至于道的境界。钱穆《论语新解》：“百工居肆中以成其器物，君子之于道亦然。非学无以明道，亦无以尽道之蕴而通其变化。学者侈言道而疏于学，则道不自至，又何从明而尽之？致者，使之来而尽之之义。君子终身于学，犹百工之长日居肆中。”儒家“学”的范围很广，但这些为学无不以“致道”为指向，所走的无非是一条下学上达、由学致道的成圣道路。

结　语

总之，通过《论语》相关篇章的疏解，可以看出，孔门“四教”文、行、忠、信反映孔子在教学内容上的先与后、浅与深的关系。孔门“四科”德行、言语、政事、文学是以德行为本，文学为末，以成就理想人格为终极目标。“四教”是教学次序，文先德后；“四科”是人品层级，德先文后。梳理孔门道德与学问基本观点，指出孔门不仅强调志道、据德、依仁的道德理想追求，更重视游艺的日常生活实践。在德行与学文的关系上德行为本，学文为末。道德实践是人生的根本，学问知识是实现道德的基本途径。德性要成为德行，必须好学，而好学的关键是学会中道，守中不偏，以免流于弊害。孔门重视“道”与“学”相辅相成，形成了下学上达、由学致道的道路。这些都为后来儒家“尊德性”与“道问学”的二元张力埋下了伏笔。

明确提出“尊德性”与“道问学”的是《中庸》：“故君子尊德性而道问学，致广大而尽精微，极高明而道中庸，温故而知新，敦厚以崇礼。”从《中庸》文本来看，“尊德性”的“性”就是其首章所说的“天命之谓性，率性之谓道”的“性”，是指上天赋予人的本性。而“道问学”就是对二十章“博学之，审问之，慎思之，明辨之，笃行之”的概括。这五句是一个有机整体，其中“尊德性而道问学”是领题句，后四句是对“尊德性而道问学”的拓展，“致广大、极高明、温故、敦厚”是“尊德性”的展开，“尽精微、道中庸、知新、崇礼”是“道问学”的展开。至此形成了儒家思想德性与学问的二元张力，相关还有诸如“博学”与“一贯”、博与约、德性之知与见闻之知、居敬与穷理等。其后孟子偏重尊德性，荀子偏重道问学。这种张力进一步发展为两种认识论倾向和两种治学路径的长久争论。这种争论由朱熹与陆九渊的“鹅湖之会”开启，延续到宋代以至明清上千年的学术思想史，至今还在继续。通过考察“尊德性”与“道问学”之间的二元张力及其演变脉络，可以看出儒家学术思想发展的一个重要特征，对于今天重建儒学思想体系有重要的意义。因此，我们应该追根溯源，返本开新，回到孔子，以中和之道来化解“尊德性”与“道问学”张力，重建当代新儒学思想学术体系。

方以智的“∴”原理与道问学

王国良①

（安徽大学方以智研究中心教授）

摘　要：在天崩地解的明清之际，崛起两位伟大的思想家：王夫之与方以智。“∴”是方以智哲学思想一以贯之的总原理。上面一点是一，下面二点为二，可以概括为一分为二，一在二中，一以贯二，一与二为三，又合成为举一反三。方以智根据“∴”原理，以“坐集古今之智”的胸襟与气魄，力图总结古今东西百家之学术，会通儒佛道三教，创建令人耳目一新的本体论，辩证法，方法论，人生观，学问观，批判明末空谈心性的空疏学风，提倡读书道问学，提倡经世致用之实学，开辟了全新的哲学发展道路。

关键词：一以贯之；一在二中；儒佛道；道问学

在天崩地解的明清之际，崛起两位伟大的思想家：王夫之与方以智。“∴”是方以智哲学思想一以贯之的总原理。上面一点是一，下面二点为二，可以概括为一分为二，一在二中，一在（多）万中，由二见一，由（多）万见一。一以贯二，一与二为三，又合成为举一反三。“∴”这不仅是方以智的辩证法，更是他的本体论、认识论、方法论、工夫论。方以智根据“∴”原理，以“坐集古今之智”的胸襟与气魄，力图总结古今东西百家之学术，会通儒佛道三教，创建令人耳目一新的本体论，辩证法，方法论，人生观，学问观，批判明末空谈心性的空疏学风，提倡读书道问学，提倡经世致用之实学，开辟了全新的哲学发展道路。

---

① 本文为安徽省高校人文社会科学基地重点项目成果（项目批准号：SK2016sd07）。

一、"∴"：方以智哲学的总原理

方以智（1611—1671）安徽桐城人，明末奇人奇才，天资聪颖，家学渊源。在天崩地解的明清之际，方以智久经患难，数临锋刃，不忘初心，致力学术，以孔孟原儒为大成均，对古今百家之学，加工之，改造之，烹炮之，陶钧之，续断流，疏绝港；下转语，接着讲，创立"∴"原理，高倡"道问学"，注重现实人生，开启经世致用、实事求是之先河，其哲学思辨和科学研究达到明清之际的最高水平。

方以智学识渊博，自天文、舆地、礼乐、律数、声音、文字、书画、医药、技勇之属，皆能考其源流，析其旨趣。他在许多领域都有自己独到见解：在学术分类上，他打破传统经史子集的分类，把学术分为三类，说："考测天地之家，象数、律历、音声、医药之说，皆质之通者也，皆物理也。专言治教，则宰理也。专言通幾，则所以为物之至理也。"（《通雅·文章薪火》）在这三种学术中，第一类相当于自然科学，他称为物理学，即质测之学，第二类相当于社会政治学说，他称为"宰理"学，第三类相当于哲学，他称为"通幾"学。他讲得比较多的是质测与通幾。他说："寂感之蕴，深究其所自来，是曰通幾；物有其故，实考究之，大而元会，小而草木蠢蠕，类其性情，征其好恶，推其常变，是曰质测。"（《物理小识·自序》）可见，所谓通幾，是对事物发生根本原因的探讨，而质测则要求脚踏实地考察事物变化原因，按特性予以整理分类，总结验证已知规律，预测未来发展变化。简言之，通幾之学就是探讨事物普遍原理与规律动力的学说，质测之学就是研究各具体事物特殊原理规律的学说，质测之学偏向于形而下的实在事物的研究，通幾之学偏向于形而上的普遍原理的求索，质测之学要达到通幾，才能成为科学，通幾必须以质测为基础，才能成为具有丰富具体内容的普遍原理之学。显然，通幾与质测是从研究目的和研究方法着眼对学术活动所做的分类。如果以方以智的"∴"原理来加以说明，就是"通幾（一）"在"质测（二、多）"中，"通幾"贯于"质测"，由质测认识通幾。方以智本人就是由质测认识通幾的亲历者，实践者，他的哲学思想建立在广博的学科知识基础上，他自己的学术志向就是要把古今中外的知识熔于一炉，发明天地万物人类运行发展的总原理。他批评传统的儒释道禅，都是离开质测空谈通幾，脱离事实空悟大道，自以为把握了宇宙本体、世界奥秘，实际上都是臆测玄想。

方以智最重要的哲学著作是《东西均》，其他重要著作还有《药地炮庄》《浮山文集》《易余》《一贯问答》《性故》等。他在所著《东西均》中提出"∴"，即"一而二，二而一"的命题，就是他的哲学思想的总原理。上面一点是一，下面二点为二，可以概括为一分为二，一在二中，一以贯二，一与二为三，又合成为举一反三。"∴"可以表述为公因反因、统泯随、交轮幾。公因反因既是辩证法也是宇宙观本体论。一即是公因，二即是反因。公因反因的最大例证，就是大一与天地，或太极与阴阳，大一是太极，天地阴阳为大二。太极分为天地阴阳，太极又贯于阴阳天地之中。太极非阴阳，而阴阳即太极。方以智在《东西均·三徵》中描述这种情景说"大一分为天地，奇生偶而两中参，盖一不住一而二即一者也。圆∴之上统左右而交轮之。"① 圆"∴"上一点为无对待，下二点为相对待，无对待为不落四句之太极，相对待为交轮太极之两仪，无对待在相对待中，上一点实贯二者而如环。简要概括地说，整个宇宙就是大一，构成宇宙的万有天地就是二，就是反因，宇宙之大一就在天地中，由天地来体现。二是相对的数字，也可以说成是多，是万，宇宙由具体的众多事物构成，宇宙通过万事万物来表现。方以智的后辈和学生认为方以智抉发了宇宙千古之密，也就是解决了对宇宙本质的认识。他的次子方中通在《周易时论》的跋中说"一多相贯，随处天然，公因反因，真发千古所未发，而决宇宙之大疑也"。② 他的弟子杨学哲与左锐都说方以智的公因反因说是激扬妙叶，是破天荒。

二、统泯随，交轮幾

方以智根据"∴"原理，用"统泯随，交轮幾"来表达他的世界观、方法论和辩证法。在"统泯随"中，"统"代表上面一点，也可以称为"贯"，泯与随代表下面两点。"随"是标识客观实在的范畴，"随"也可以称为"存"，"统泯随"也可以称为"贯泯存"。方以智用"随"而不用"存"，意

① 〔清〕方以智著，庞朴注释：《东西均》，北京：中华书局，2001 年 3 月版，第 36 页。

② 〔清〕方以智著，庞朴注释：《东西均》《序言》，北京：中华书局，2001 年 3 月版，第 5 页。

在表示人们的感官所认知把握的客观实在不是恒常稳定不变的，而是丰富多样的，流变不定的现象存在，人们的感官认知随顺世界现象的变化而变化，故称为“随”。“泯”表示隐性的存在，人们无法用感官认知，要凭借抽象思维才能把握其存在特点。“统”就是贯穿二者的统一性。从认识过程的角度看，方以智说：“明天地一切法，贵使人随；暗天地而泯一切法，贵使人深；合明暗之天地而统一切法，贵使人贯。”① 其中“随”就是感性认识，“深”就是抽象认识、理性认识，世界就是泯随的统一，人们的认识就是感性和理性的统一。但是，方以智强调，世界根本的客观实在是“随”，“究竟统在泯、随中，泯在随中，三即一，一即三”。②统与泯为虚，随为实，统与泯都存在于随中，寓身于随中，在随中得到统一，即“三即一”，这也就是“一实二虚”。“随”就是当下之天地，就是人们真正要认识把握的丰富多样的客观世界，包括现实社会，现实人生。各种“质测之学”就是要认识研究客观世界，只有通过“质测之学”的研究，人们才能最终上升到对“统、贯”的认识，即是“通几”之学。如果我们要问“什么在统？什么在贯？”方以智回答说：“穆不已”，即代表最高一点的本源性的东西是“穆不已”，“谓之本不动者，非静也，穆不已也。”③ 本源的东西不是静止不动，而是不断运动流行。什么在穆不已？在不断运动流行？方以智认为即是“气”，是气之流行，气之生生，“生生者，气之幾也”，“天地间凡有形者皆坏，惟气不坏。”④“统泯随”既是方以智的世界观，也是认识论方法论。根据“统泯随”的关系原理，举凡虚与实的关系、隐与显、隐与费、潜能与现实、无与有、无极太极的关系都能一体破解。方以智在“交轮幾”的论述中进一步处理虚与实、无与有、无极与太极的关系问题，破解“以无为本”、以无极为世界本源的传统观点。

方以智用“交轮幾”表明事物运动变化的辩证法。“交”一般表现事物在空间的运动样态，“轮”一般表现事物在时间中的运动样态，比如“前后相轮”“首尾相衔”“代明错行”等。空间中的运动也有时间性，时间中的运动

①② 〔清〕方以智著，庞朴注释：《东西均》，北京：中华书局，2001 年 3 月版，第 37 页。

③ 同上，第 38 页。案“穆不已”出自《诗经·周颂》：“惟天之命，于穆不已”。

④ 同上，第 219 页。关于方以智的哲学本体论，作者当另撰文论述。此处暂不深入讨论。

也有空间性。"幾"是贯穿于相交、相轮事物中的联系环节，发展环节，后面将详论。方以智认为，世界上万事万物，无不呈现为"相交"的运动状态，"虚实也，动静也，阴阳也，形气也，道器也，昼夜也，幽明也，生死也，尽天地古今皆二也。两间无不交，则无不二而一者，相反相因，因二以济，而实无二无一也"。① 宇宙万物皆两两相交，相反相因，但从宇宙事物整体本身来说，本无分别，就是"一"，甚至连"一"也不用说，即"实无二无一"。世界万物在空间中的相交相轮，方以智又称为"琉璃图"，"一与二为三，此教父也。中五即大一也。一也，五止有四，四止有三，三止有二，二止有一，此琉璃图书也"。② "一与二为三"，就是一分为二，一在二中，由二见一，这是基本教义，是基本理论原则。从琉璃图的角度来说，一贯穿东西为三，东西旋转至南北为四，东西南北中，中五为大一，五由四来，四由二来，二止有一。反过来说，就是"一因二两即参，倍两旋四，中五弥纶"。③ 从人的感官认识的角度看，往往把世界分为有、无两端，感官可以感知的为有，感官无法感知的隐形存在为无。方以智一再强调，从事物本身说，有无不可分，只是从人们认识世界的角度才强分有无。在解决有无关系问题上，方以智破除了道家"以无为本"的宇宙论。我们知道，北宋哲学家张载提出气本体的学说，根据气有聚散的学说，反对把世界本体看作空无，提出"知太虚即气则无无"（《正蒙·太和》）。如果说张载提出气本体的学说主要是反对佛教的世界本空本无的理论，那么方以智解决有无关系就主要是破除道家的以无为本、有生于无的观点。老子说过"天下万物生于有，有生于无"（《四十章》），老子道家所说的"无"并非空无，主要是指原初的无形的存在，不易为人们的感官所感知，"迎之不见其首，随之不见其后"（《十四章》），无又称为道，又称为恍惚。方以智认为，从世界辩证运动的角度说，不能说世界起源于无，当世界天地未分，呈现为无形的状态时，无中已经包含有，当无转化为有时，无在有中，老子也承认"惚兮恍兮，其中有象，恍兮惚兮，其中有物。窈兮冥兮，其中有精"（《二十一章》）。关于老子"道生物"的说法，方以智认为"道生物而与

①②③ 〔清〕方以智著，庞朴注释：《东西均》，北京：中华书局，2001 年 3 月版，第 40 页、第 39 页、第 41 页。

之同处，岂父子可喻水盂可比哉”？[1] 道生物，并不是像父生子那样，生子之后父还可以独立存在，也不是像盂钵倒水那样，把水倾倒以后盂钵离开水独立存在，而是父（道）生子（物）之后与之同处，即父在子中，盂钵在水中。世界也不是起源于无，最终又复归于无，“有之前为无，无之前为有”[2]，世界万物的辩证运动始终是有无相生的过程。方以智的上述论断有力地破除了“以无为本”的本体论。庄子在《齐物论》中说，在世界存有之前，“有未始有也者，有未始有夫未始有也者，有未始有夫未始有夫未始有也者”，方以智说，庄子一共说了三层，“一层而一层，一层而又一层，以为深乎？引人于旷窨（窅）之所焉已矣”[3]庄子推论宇宙起源，在有之前是无，无之前又是无……，庄子是无限的直线前推，把人引入无限旷窨窅冥之中，方以智认为，正如子时之前是亥时一样，有之前是无，无之前是有，世界就是有无相生相灭的过程。既然把世界分为有无两端，根据“∴”原理，还需要有最高一点形成一分为二，方以智把最高一点命名为“太无”，太无统有无，贯有无，太无在有中，无在有中，太无又“不落有无”，就是非有非无，即有即无。太无也可以称为太有、太虚、太实。

方以智还进一步破解“以无极为本”的观点，解决学术史上“无极太极”的争论。众所周知，朱熹与陆九渊在鹅湖之会期间，曾就“无极太极”问题展开争论，会后又有书信往来反复论辩。周敦颐《太极图说》的第一句就是“无极而太极”，陆九渊认为“无极”是佛教和道家的名词，儒家和《周易》没有“太极”一词，在太极之前没有必要添加无极一词，纯属多余，是叠床架屋。朱熹为周敦颐辩护，认为增加无极一词很有必要，“乃是周子灼见道体”，“不言无极，则太极同于一物，而不足为万化之根；不言太极，则无极沦于空寂，而不能为万化之根”。[4] 朱熹也认为“无极”无方所，无形状，是“无形而有理”，不同于佛教的“空寂”“虚空断灭”。朱熹的辩护显得勉强无力。朱熹说得越多，问题就越复杂。方以智认为，“太极之前添无极，则不能

---

①②③ 〔清〕方以智著，庞朴注释：《东西均》，北京：中华书局，2001 年 3 月版，第 40 页、第 49 页、第 50 页。

④ 〔宋〕陆九渊著，钟哲点校：《陆九渊集》，北京：中华书局，1980 年 1 月第 1 版，第 561 页。

显不落有无之太极矣"[1]。如果在太极之前要增加无极，那么就还要增加一个"有极"[2]，"后天卦爻已布，是曰有极；先天卦爻未阐，是曰无极。二极相待，而绝待之太极，是曰中天。中天即在先、后天中，而先天即在后天中，则三而一矣"[3]。太极贯有极无极，太极在有极无极中，无极在有极中，归根到底，落于有极。方以智通过增加"有极"一词，摆正了无极太极有极的关系，解决了"无极太极"的争论，可谓是一破千古之惑。

"轮"，主要指"前后相轮""首尾相衔""代明错行"等，主要标识事物在时间中的运动样态。日月是代明，春夏秋冬四时是错行，也是首尾相衔，呼吸、动静、昼夜、生死是"轮"，邵雍说的"元会运世"是天地之大"轮"。过去、现在、将来是前后相推。"轮之贯之，不舍昼夜，无住无息，无二无别"。[4]方以智认为天地间万事万物都是相交相轮，"举有形无形，无不轮者。无所逃于往来相推，则何所逃于轮哉?"[5]

"幾"，方以智称为"权之始也，变之端也"[6]，"凡有动静往来，无不交轮，则真常贯合于幾，可徵矣。无终始而有终始，以终即始也"，"生死、呼吸、往来、动静无不相即，并不相坏，皆贯者主之"。[7]"幾"也可以称为"贯"，方以智不用"贯"而用"幾"，主要是表明"幾"是处于事物两个发展变化阶段之间，既是区分两个阶段的节点，也是联系两个阶段的节点，更是指示事物前进运动方向的节点，"幾"就是事物联系的环节、发展的环节，方以智又比喻为"介"，即事物之"间"，以前后为例，"幾"既不是前、也不是后，既是前、也是后，联系前后、贯通前后。"幾"表现事物运动变化的"先兆"，"吉之先见者也"，故君子要见机行事，抢占先机。举例说"幾"就是昼夜之间的第一道曙光，就是夏秋之交落下的第一片树叶（一叶知秋）。在贞元之际，要关注一阳来复。

---

① 〔宋〕陆九渊著，钟哲点校：《陆九渊集》，北京：中华书局，1980年1月第1版，第49页。

② 应该说明，方以智父亲方孔炤已经提出有极、无极、太极。参见张永堂：《方孔炤〈周易时论合编〉一书的主要思想》，邢益海编《冬炼三时传旧火》，北京：华夏出版社，2012年1月版。

③④⑤⑥⑦ 〔清〕方以智著，庞朴注释：《东西均》，北京：中华书局，2001年3月版，第47页、第53页、第56页、第59页、第57—58页。

三、公因反因

从对立双方相反相成的特点来说，“∴”原理更经典的表述是“公因反因”。在一分为二中，“公因”，通常指对立两方的相成或统一，“反因”通常表现为统一物内之对立双方的相反相对，相因相成。而统一即在对立中，上一点为“无对待”，下两点为“相对待”，“夫对待者，即相反者也”，“所谓相反相因者，相救相胜而相成也”。[①] 举凡昼夜、水火、生死、男女、生克、刚柔、清浊、明暗、虚实、有无、形气、道器、真妄、顺逆、安危、劳逸、剥复、震艮、损益皆是相反相因相成，千万尽于奇偶，而对待圆于流行。天地间之至相反者，本同处于一原。参即是两，举一明三，用中一贯。他甚至说到绝对（“无对待”）和相对（“对待”）也是相反相因的，而绝对寓于相对之中。他把这叫做“公性在独性中”。这样关于对立物转化的法则所创出的形式性的理论，是超越古人的卓越创见。

值得说明的是，方以智的公因反因的辩证法思想，与西方的传统的对立统一的辩证法，既有共同点，又有不同点。共同点是，统一物之分为对立的两个方面，对立双方既相反又相成，由此构成宇宙万物的发生发展。不同点是，西方辩证法偏重对立双方的斗争，肯定双方平衡的相对性，斗争的绝对性，斗争的结果往往是一方战胜另一方，或斗争双方同归于尽，使事物发展到一个新的阶段。方以智的辩证法明显继承中国辩证法的传统，注重对立双方的平衡协调，主张“执两用中”，提倡时中，环中，执中，用中。方以智的辩证法思想具有继承张载辩证法思想的特点。张载说：“一物两体，气也。一故神（自注：两在故不测），两故化（自注：推行于一），此天所以参也”（《正蒙·参两》）。就是说，气是一，其中有两，即阴阳。因为其中有两，相感、相荡，所以气的变化就不可测，“两在故不测”。阴阳的推移就是气的变化，这说明“一”与“两”的关系。《周易》说：“参天两地而倚数”。张载认为“参”就是三。一加二成为三，三中涵有一和二。事物正是在这种交互错综的复杂情况下成其为事物。事物都在与它的对立面互相感动、互相反应，简称“感应”，

---

① 〔清〕方以智著，庞朴注释：《东西均》，北京：中华书局，2001 年 3 月版，第 88 页。

用现代辩证法的话说，就是斗争与统一。同一、差别、对立、矛盾、斗争、胜负，即是屈伸。屈伸的结果是事物的成败存亡，这就是始终、有无。这些过程，就是事物的内容。这些过程越曲折、复杂，事物的内容就越丰富，这就是所谓“以发明之”。没有发明，事物就是没有内容，就是僵死的，贫乏的，空洞的。这就是所谓“虽物非物”。但张载突出矛盾对立双方的最终和解，他对辩证法的典型表述是：“气本之虚，则湛一无形。感而生，则聚而有象。有象斯有对，对必反其为；有反斯有仇，仇必和而解”（《正蒙·太和》）。方以智继承张载的辩证法传统，主张一以贯之，执两用中，从方法论角度说，就是要用“权”，“用”辩证法，把辩证法当作人类认识和改造世界的工具和武器，当作处理现实社会人伦矛盾关系的方法艺术，就是要“执中”“用中”，注重矛盾对立双方的平衡与协调。他说：“吾每绎子思代明、错行二语，而悟相害者乃并育也，相悖者乃并行也。”① 方以智从他的丰富的自然科学知识中提炼出的辩证法理论，具有较大的科学性，与我们提倡的科学发展观极为接近。科学发展观的典型表述是“全面协调可持续发展”。执两用中，就是注重不同方面的平衡协调，共同发展，不是对立双方的一方消灭另一方，而是双方在平衡的状况下都得到发展，就是可持续发展，所以，方以智的辩证法思想具有进步性，更多的科学性。

四、以“道问学”救三教之蔽

晚明时期是中国哲学各种学派发展异常活跃的时期，儒释道三教会通的思想极为流行。阳明后学以王畿为代表，主张三教合一，明末的四大高僧几乎也一致提倡儒佛会通，三教合一。三教会通的思想在晚明达到高潮。方以智外祖父吴观我，别号“三一老人”，是一个坚定的主张三教合一者；方以智出家后的座师觉浪盛道，以禅师身份倡托孤之论，认为庄子乃孔子思想的托孤者。方以智在当时的时代氛围中，自然会受到这种思潮的影响，他自己也积极努力论证三教会通，三教合一。方以智以理想型儒家为旨归，他将孔子、孟子为代表的原始儒家看作是理想中的“大成均”，并通过对孔子“重学”思想的系统阐

① 〔清〕方以智著，庞朴注释：《东西均》，北京：中华书局，2001 年 3 月版，第 90 页。

述、对“不虚生浪死”的人生哲学思想的论述，根据圆“∴”的哲学总原理，既会通儒佛道三教，又对理学、佛教与道家思想展开批判。

根据圆“∴”的哲学总原理，方以智看到三教有共同之处，都是旨在对最高的“一”“太极”“道”的认识与追求，证明儒释道三教都是同一个“道”的展现，虽然三教所用名词不同，方法有别，但“体无内外，道无彼此”。三教归一，同达本源。方以智的好友施闰章在《无可大师六十序》中说，“无可大师，儒者也。……后归事天界浪公，闭关高座数年。……每语人曰，‘教无所谓三也。一而三，三而一者也。譬之大宅然，虽有堂奥楼阁之分，其实一也，门径相殊，而通相为用者也。’”①。这段话说明，方以智视中国传统文化的三教为一个有机的整体。方以智举例说，不同地方的人对茶的说法各有不同，同样，三教对最高本体的称呼名词有不同，而认识无区别，他说：“太极也，精一也，时中也，混成也，环中也，真如也，圆相也，皆一心也，皆一宗也，因时设施异耳。”② 各有方言，各记成书，各有称谓。儒释道三教用不同的名词表达的是对同一个最高本体的认知，也达到同样的思辨深度。从宇宙天地的邈邈茫茫而言，“可曰太极，可曰太一，可曰太无，可曰妙有，可曰虚满，可曰实父，可曰时中，可曰环中，可曰神气，可曰氤氲，可曰混成，可曰玄同，”从天地的抽象本质而言，可“释之曰真我，曰法身，曰真常，曰正法眼藏，曰无位真人③”。三教都是从此因事表理，因呼立名，因名立字，但三教中不少人或执其名字而不知其一，各便一察，各神其迹，各自为尊而龃龉。

除了本体的认同之外，方以智也看到三教在发展过程中表现出融合的趋势，庄子、孟子与屈子可以一堂供养，觉浪道盛虽然是佛教中人，但却宗奉孔子，方以智也认为庄子为儒家所托之孤，“蒙均（庄子）尊混成，而实以尊大成为天宗也”④。“《易》《庄》原通”，“孔子复生，必以老子之龙予佛，佛入中国，必喜读孔子之书，此吾之所信也”⑤。孔子说“天何言哉”，“予欲无言”，而又删定六经，佛教讲“不立文字”，却又编定《传灯录》道理也是

① 〔清〕方以智著：《浮山文集》《附录四》，北京：华夏出版社，2017 年 7 月版，第 572 页。

②③④⑤ 〔清〕方以智著，庞朴注释：《东西均》，北京：中华书局，2001 年 3 月版，第 30 页、第 166 页、第 7 页、第 32 页。

一样。

根据圆"∴"的哲学总原理，方以智又对儒佛道三教加以批判，这些批判同时也是对明末以来空谈性命藐视读书经世的空疏学风的批判。根据"∴"的原理，一在二中，只有通过对二的认识才能达到对一的解悟，二代表具体，代表下学，代表质测，只有好学，多读，广泛认识万事万物才能有助于对最高本体一的认识。而当时的理学、心学、佛学、道家之学都犯了一个通病，即试图脱离二去达到一，遗用而求体，超越具体去臆想本源。方以智对此加以严厉批判。方以智把各种学说也称为"均"，孔子学说是"大成均"，老庄学说是"蒙均"，道教是"长生均"，印度佛教是"空均"，禅宗是"别均"，宋代理学濂洛关闽是"独均"，"独均与别均，又号称专门性命均"，"经论均"相当于"传注均"。所有这些学说都是"小均"，只有孔子学说是大成"全均"，"惟大成明备，集允中之心均，而苦心善世，以学为旋甄和声之门，弥纶乎大一而用万即一之一，知之乐之，真天不息，而容天下"。①孔子的学说是允执其中的学说，以学习为基本门径，知之好之乐之，"均罕言于雅言，使人自兴、自鉴、自严、自乐而深自得之，以其可闻，闻不可闻"。②《论语·子罕》记载："子罕言利与命与仁"，《论语·述而》记载，"子所雅言，诗、书、执礼，皆雅言也"。"罕言"可以泛指抽象的性命天道，"雅言"泛指经典书本。人们只有通过阅读经典来认识抽象的性命天道，离开好学读书来谈论性命天道只能是凿空臆想。《论语·公冶长》记载，"子贡曰：夫子之文章，可得而闻也，夫子之言性与天道，不可得而闻也"，方以智认为，只有通过闻知夫子之"文章"，来认知不可闻的"性与天道"，这就是"均罕言于雅言"，也叫"藏罕言于雅言"。后世之人以"不可闻"者自夸其闻，哼哼唧唧，行走传播，"自命闻道，而堂堂然以虚骄实，凌驾一世，受享而不惭，畏数逃权，以无作窟，历稽其实，毫不相应"。③

方以智指出理学心学的弊端在于废学好玄，"理学怒辞章、训诂之汩没"，这是对的，合理的，但缺陷是"慕禅宗之玄，务偏上以竞高"，其末流至窃取一橛，守臆藐视，驱弦歌于门外，六经委草，"礼乐精义，芒不能举，天人象

①②③ 〔清〕方以智著，庞朴注释：《东西均》，北京：中华书局，2001年3月版，第7页、第3页、第133页。

数，束手无闻”。[1] 禅宗的弊病在于讥笑理学家沉沦于辞章训诂，但他们热衷于机锋棒喝，只重视内悟不重视外学，并不能达到真正的内悟。理学心学禅学的共同的弊端在于“专主空悟，禁绝学问”，放弃“道问学”，视读书为玩物丧志，自欺欺人而无忌惮，“其自夸无事人，惟恐齿及‘学’者，以无忌惮而弄泥倚木，又偷安，又斥人，狡矣”！[2]如果以读书为玩物丧志，必导致六经贱而不尊，遂使小人无忌惮者群起喧嚣。事实上，人自出生就必须向学，刚出生的婴儿连父母都不认识，“自是而进，皆学焉而后能之，无所不学则无所不能”，这就是人性，学而时习之，下学而上达，就是公心公性。赤子可以为大人，但赤子必须展开自己、通过学习实践才能成为大人，并不能说赤子就是大人，等于大人。不让赤子持笔学书，即令赤子会书法，只成鬼画。那些“好玄溺深者语必晦学，即语学亦语偏上之学，直是畏难实学而踞好高之竿以自掩耳”！[3]当今之务，“欲挽虚窃，必重实学，即大悟者以学为养”，[4]宇内之方言称谓，动植物性，律历古今之得失，必待学而后知。他还批评陆九渊不读书之蔽，陆九渊鹅湖之会上准备质问朱熹“尧舜时有何书可读”，“皋、夔、稷、契所读何书”，方以智认为此语虽塞人而实际上是强词夺理。天地日月、山川树木就是圣人读的书，上古圣人穷理尽性，仰观俯察皆是书，后世有了经典，尚不肯读，却侈谈什么生而知之，只是给市井油嘴鄙薄诗书提供口实。方以智由此提出，真读书乃能真不立文字，要“藏陆于朱”，要以孔子之雅言、好学，救守悟之鬼话。

最后，方以智提出，尊德性与道问学是一致的，道德、文章、学问、事功是一致的，“德性、学问本一也”，德性要通过学问涵养，还要在实际人生事功实践中磨练。“圣人切切尊德性，而堂楹十半鸣学问之铎”，[5]圣人重视尊德性，却要花一半时间道问学，“天在地中，性在学问中”“尽古今是本体，则尽古今是功夫”[6]。有一种说法曰“六经注我”，方以智说，如果你想要六经注你，那你首先要达到六经的水平，要熟读六经，融会贯通，如果束书不观，游谈无根，以为六经可以证明你的悟玄悟空、净妙境界，实际上只是恶知恶见。如果真正大悟了，也还要以学问为养，“藏悟于学”，“劝其悟后自强不息，薪

①②③④⑤⑥ 〔清〕方以智著，庞朴注释：《东西均》，北京：中华书局，2001 年 3 月版，第 177 页、第 12 页、第 179 页、第 182 页、第 201 页、第 187 页。

传用光""真大悟人本无一事，而仍以学问为事"，[①] 达到孔子"愤竭忘忧"[②]的境界。

在"明入地中、明夷"的时刻，方以智痛切反省，批判明末空谈心性的荒疏学风，总结古今东西百家学术，提倡实学，提倡道问学，追求"以实事徵实理，以后理徵前理"，开辟了全新的哲学发展道路。

① 〔清〕方以智著，庞朴注释：《东西均》，北京：中华书局，2001 年 3 月版，第 187 页。

② 即"不愤不启，不悱不发"（《论语·述而》），"欲罢不能，既竭吾才"（《论语·子罕》），"发愤忘食，乐以忘忧，不知老之将至"（《论语·述而》）。

试论从思想史的角度思考中国上古史

任大援

（中国艺术研究院教授）

思想史作为一门学科，其与哲学史的不同，首先在于这门学科注重思想（意识）的历史与社会基础，即认为人类有历史以来，就开始有人类思想（意识）。相比较来说，哲学史学科以哲学概念和范畴作为探讨对象，而哲学概念和范畴产生于人类出现之后相当长的时间之后。这种区别，使思想史研究有可能把探讨上古早期文字没有出现之前的思想（意识），也作为自己的一种责任；而从哲学史研究的视野来看，对这一时段是可以存而不论的。

中华民族是一个十分重视历史的民族，将中国历史的开端追溯到炎黄时代，始于西汉历史学家司马迁（约前145—前90）。司马氏作为一个严肃的史学家，并不是有说必录，他并不采用似乎更早的“三皇”的说法，而以五帝的“黄帝”为中国历史上的帝王之先，其说为大多数史学家所采信，到今天依然如此。因此上说，中华民族有5000多年的历史，是一个史学家与社会的共识。

20世纪90年代，史学界有“夏商周断代工程”的重大研究项目（国家“九五”重点科技攻关项目），结果是将夏王朝的开端确定在公元前2070年，这样，我们已知中国历史上有明确帝王的记载距今（2021年）就可确定为四千零九十一年。由此可以看出，从黄帝以来，一直到中国历史上哲学理论思维蓬勃发展的轴心时代（春秋战国），可以分为两个大时段：从距今5000多年的炎黄时代到夏王朝建立，是第一个大时段；从夏王朝建立到春秋时代，是第二个大时段。

对上述两个时段，如何作思想史角度的研究和思考，并且和尔后的中国轴心时代的思想联系起来，考察中国思想史发展的继承性与延续性，考察中国思想史在世界民族之林的独特性，都是有意义的。今日之所以提出这样的“难题”，一是考虑到已有的中国思想史研究的成果，涉及这一问题的越来越多；

二是近年来考古学发掘和研究的新成果不断涌现，为研究这一问题提供了实证性的资料越来越丰富；三是近年来以民间社团为基础炎黄文化研究也成为一种相当可观的研究力量。

第一，就中国思想史的研究来说，侯外庐先生在20世纪40年代中期所做的研究中，利用了马克思提出的“东方的古代”和“亚细亚生产方式”来描述中国古代社会的特殊性，为我们研究中国历史与思想史的特殊性指明了一个方向。由此思路出发，侯外庐先生从“殷周之际”探讨中国古代思想，注意到与古代社会的联系。改革开放以来，中国思想史研究中涉及上古领域的著作逐渐增加，具有代表性的例如吾淳《中国哲学的起源——前诸子时代的观念、概念、思想的发生发展与成型的历史》①，吴锐《中国思想的起源——前神守—神守时代》② 葛兆光的《中国思想史——七世纪前中国的知识、思想与信仰世界》③，王小盾《中国早期思想与符号研究：关于四神的起源及其体系形成》④等，为这一领域的研究提供了尝试、成果和借鉴。

第二，从近年来的考古实践来说，代表性的成果是“中华文明探源工程”，全称“中华文明起源与早期发展综合研究”，是继上述“夏商周断代工程”之后，又一项研究中国上古历史与文化的重大项目。该项目进行了10年（2004—2015）之久，其成果是：在距今5000年前，我国已进入文明阶段，出现了国家，进入“古国时代”。在此项目之后，又有一系列关于上古时代的考古发掘，特别是去年河南巩义“双槐树遗址”的重要考古发现，实证了河洛地区在5300年前后的中华古代文明。特别是考古学家提出以双槐树遗址为代表的“中原文明发展模式”说，认为其具有“崇尚中心、文化包容”等观念形态的内容，成为中华文明历史进程中具有代表性和引领性的发展模式和思想。这类考古资料，是研究上古思想史的最宝贵的资源。

---

① 吾淳：《中国哲学的起源——前诸子时代的观念、概念、思想的发生发展与成型的历史》，上海人民出版社，2010年出版，2015年修订。

② 吴锐：《中国思想的起源——前神守—神守时代》，山东教育出版社，2002年。

③ 葛兆光：《中国思想史——七世纪前中国的知识、思想与信仰世界》，复旦大学出版社，2001年12月。

④ 王小盾：《中国早期思想与符号研究：关于四神的起源及其体系形成》，上海人民出版社，2008年7月。

第三，近20年来，以“炎黄”命名的学术团体在全国各地都发展起来，除了全国性的团体“中华炎黄文化研究会”以外，地方省份以陕西、河南、山西、湖北、湖南等为代表，结合炎黄拜祖活动，开展了对“炎黄时代”的历史文化和社会学研究，成为正规学术研究力量的重要补充。① 这些学术团体多数都出版发行学术性刊物或普及性刊物，以中华炎黄文化研究会的《炎黄研究》为代表，各省市的相类刊物超过10种以上。特别是在河南信阳师院，在省政府的支持下，在2018年设立了“炎黄学”专业学科，并获得国家社科基金专项支持的《炎黄学概论》课题，其书已经于2020年编撰完成，即将出版。此外，对炎黄时代的精神风貌的研究，亦可以视为对上古思想意识的探讨，据笔者所知，已经有一些学者和团体展开了研究，公开出版的成果有湖北学者周洪宇、王文虎的《炎黄精神论》② 一书。

从以上三个方面看，对中国思想史的上古部分进行探讨研究，已经具备了一定的基础和条件。那么，这种研究的意义何在呢？

（1）认识中国思想文化的类型特点和在人类思想史中的地位和意义。在人类历史与思想发展中，远东与西方文化始终表现了不同的特色和风格。大航海时代之后，东西方人员与文化的深入直接交往，加深了哲学和历史学家对这一问题的思考，由于传教士的中介作用和西方殖民主义的需要，西方人对中国的讨论不断增加，而中国人对西方以及对自身在中西文化中的地位反而相对滞后。19世纪的马克思提出“亚细亚方式”，外庐先生敏锐地察觉到这一点，他的中国思想史研究，以探讨亚细亚方式下的中国思想史为职事，从生产方式入手研究思想史，为我们指出了一个方向。

（2）追寻中国思想的发展源头，看清中国思想一脉相承的前进轨迹。

（3）在思想史发展的轨迹中发现和发掘文明互鉴在历史与思想史发展中的重要作用。

本文将依据以上的思路展开讨论，以期看到在中国思想史的轴心时代到来时，与前轴心时代是一种怎样的继承关系。而炎黄时代作为中国古代文明的滥

① 全国和各地的炎黄文化研究团体，其主旨一般都是以研究和弘扬中华优秀传统文化为主体，但也有相当部分是专门研究炎黄时代的上古史。

② 周洪宇、王文虎：《炎黄精神论》，东方出版社，2019年11月。

觞，其所依据的自然社会环境如何，农业生产方式和伦理的社会组织方式如何影响到中国古代的思想、而形成一种与西方文化与思想不同的类型特征。

本文希冀通过研究，完善中国思想史的早期源头的梳理和表达，从而捋顺后来的一系列发展线索。其大体是：中国的黄土地及其农业生产方式孕育着炎黄文化，在此基础上产生华夏文明，经过曲折波浪式的发展，思想意识形态随后经历了"夏道尊命""殷人尊神""周人尊礼"① 的过程，在春秋战国形成了完整的以儒家为主、诸子为辅的意识形态，这种儒家思想占主流的思想意识形态在汉代得以定型，支配了整个封建社会。

今天的中国是古代中国的延续，把握这个过程的早期源头，有助于揭示在炎黄时代形成的文化精神，这种精神中或许蕴含着中华文化之基因。这种基因在发展中与外在的条件相调适，决定着中华文化思想在后来发展中的连续与突破，即使到了 21 世纪的今天，也是我们在建设新时代文化中所必须予以特别关注的。

---

① 其说见《礼记·表记》。

20 世纪前期关学研究的思想高度浅议

刘学智

（陕西师范大学哲学系教授）

“五四”前后正是中国传统学术向现代学术转型的时期，与这一转型时期的方法和语境相联系，中国哲学史的研究也在尽力挣脱旧的樊篱，开始向现代学术转向。所谓现代学术，即采取了有别于传统的汉学或宋学的方法，而转入了科学主义或人文主义或马克思主义方法的讨论和运用。在这一学术视野转变的背景下，关学研究既有沿着传统学术前行的思想轨迹，也有以现代学术视野和方法对关学进行的审视和研究。人文主义方法、科学主义的方法、马克思主义的方法相融合，为 20 世纪前半期的关学研究开了新生面。该时期既有对关于道德心性等价值论问题研判的人文主义关切，也有马克思主义唯物史观的观照，同时也受到西方逻辑方法、分析方法的极大影响。总之，该时期的关学研究从总体上说，已进入现代的学术视野。

从现存文献上看，对张载及关学的现代学术视野的研究，早在 20 世纪初已有成果出现。1911 年陕西学人郭希仁发表于《暾社学谭》上的《横渠先生论学问之方》一文，和佚名作者发表于 1917 年《同南》杂志上的《宋张横渠有民胞物与之说申而论之》一文，是较早以现代学术视野对张载思想的研究。发表于 1922 年《学林》杂志上的陈正谟的《张横渠的哲学之研究》，已经从宇宙论、人生哲学、政治论诸方面对张载哲学进行分析性研究，并在宇宙论上提出了张载是以气之聚散说明万物之生灭，从而打破了历史上佛老关于“有无”问题的视域。到 30 年代，一批很有深度的论文相继出现，如甘蛰仙于 1924 年发表的《戴东原与张横渠》、谢元范于 1929 年发表的《张横渠的哲学》、姚步康于 1930 年发表的《张横渠之神化论》、张泽民于 1934 年发表的《张载的哲学》、缪篆于 1935 年发表的《读张横渠〈东铭〉与〈西铭〉》、李源澄于 1938 年发表的《张横渠学术论》、钱基博于 1939 年发表的《张子之学》、张德钧于1941年发表《关洛学说先后考》、李相显于1946年发表的《横渠哲学》、钱穆于1946、1947年先后发表的《濂溪百源横渠之理学》《〈正蒙〉大义发微》以及一些学者先后发表了关于冯从吾、李二曲、王徵、刘古愚等个案研究的大量论著就是明证。重要的是，对关学进行通论性研究的著作也已出现，其代表作就是曹冷泉于1941年发表的《关学概论》，已对关学和关学史进行了较为系统的综合性研究。这些成果无论是对张载及其他关学学人的个案研究，还是对关学进行总体的通论性研究，在许多关键问题上都达到了相当的理论高度，今天读来仍然不失为有见地的研究，甚至有些研究我们今人还尚未超越。本文试举例对其研究做一综合性分析，以就教于方家。

一、关于“太虚”与“气”关系及其本体地位

把握张载哲学的宇宙论，“虚”与“气”是绕不过去的概念。此一时期，许多学者都关注和讨论了这一问题，并提出了自己的观点。张泽民于1941年发表的《张载的哲学》一文中，引述张载所说“太虚者，气之体，气有阴阳、屈伸相感之无穷，故神之应也无穷；其散无数，故神之应也无数；虽无穷其实湛然；虽无数其实一而已”（《易说·系辞上》）等论述后，指出张载“所谓‘太虚’便是本体的一元”，也就是说宇宙以太虚为本，但这个虚又是不离气的。他认为张载的“太虚之气之说，是由周濂溪的‘无极而太极’脱化；虚即是气之说，是由老庄‘天地与我为一体’脱化”。虽由周之说“脱化”而来，但与周却截然不同。他把张载的太虚之气与周敦颐的“以阴阳五行的消长化成万物之说”做了比较，认为周敦颐是“以阴阳五行等皆是太虚的‘分出作用’，万物皆由此作用而生。”也就是说，周是以太虚之气为“用”的，而张载则是以虚一气为体的。张载“既不取《易》之‘两仪’‘四象’‘八卦’之说，亦不取‘阴阳五行’之说，而专取太虚一元气的‘聚散离合’以说明本体”。在他看来，张载所说，是“以为宇宙的自身即是太虚一元之气；此气之聚散离合，即为万象显灭之由来”。这是张载哲学“最大之特色”。也就是说，张载虽然使用了气这一概念，但是以气的聚散离合来说明“万象显灭之由来”，这样，“虚一气”的关系即是“太虚即气”。他提出的“太虚一元之气”是一个很有价值的说法，充分彰显了“虚一气”具有本体的意义。他认为，“张横渠的学问和思想的特色，就是他的太虚一元论。他根据这种思想，说明

宇宙一切的现象”（《张载的哲学》）。

关于“太虚”与“气”的关系，谢元范于1929年发表的《张横渠的哲学》一文明确指出，“宇宙自身是‘太虚一元气’，一切万物，都自气而来”。虽然张载“把‘虚’与‘气’对称，表面上似乎是二元论，实际上还是一元论。因‘虚’与‘气’，实二为一者也”。这里明确表述了一种“虚—气”统一的一元宇宙观。对此，钱穆氏有更明确地说明，他在释张载“太虚无形，气之本体，其聚其散，变化之客形尔”一句时，说“是则气聚为万物，气散为太虚，太虚之与万物，不过一气之聚散，并非一气与万物聚散于太虚之中”。他明确了万物与太虚只是一气之“聚散”，不是“气与万物聚散于太虚中”，太虚是形而上之气，是气散的状态；气所聚之“万物”则是形而下，万物则不具有太虚无形的特性。由此，他把气分为形上与形下，一方面说：“太虚皆是气，天下无实于气者”。同时又指出，与“伊川晦翁理气分说，故指理为形而上，气为形而下”的说法不同，“横渠则形上形下，只是一气”，指出张载“特立太虚之体，则聚为万物，散归太虚”。显然，太虚即气，但气不即太虚，因为气聚而成的万物不具有太虚的“虚”的特性。正如陈正谟所说，这样“我们就不能一方面否认万物非实有，他方面也不能承认万物永存了”（《张横渠的哲学之研究》）。可以看出，该时期的学者总是把虚与气联系起来说明宇宙的本体的。事实上，如果仅以“太虚”为本而不言气，那就会陷入绝对虚“无”的境地，就与佛老划不清界限；如果只言气而不言太虚，那就与程朱所说“气是形而下者”的说法划不清界限。

二、关于气论在整个张载哲学体系中的地位，以及气又何以承载价值的问题，是这一时期学者在研究中十分关注的问题。他们提出的一些观点，直到今天看来仍不失为深刻的洞见。

我们有时讲到气在张载整个体系中的地位时，以为气只是在宇宙论层面具有本体的地位，但当进入心性等价值领域的讨论时，“气”就隐而不彰。事实上，如果气不能承载价值，那么气的本体地位就难以确立起来。关于这一点，这一时期的许多学者对此已做了深入地探讨。

张载有一段在其思想体系中具有纲领性的说法，即“由太虚，有天之名；由气化，有道之名；合虚与气，有性之名；合性与知觉，有心之名”。这里提到天、道、性、心四个核心概念。他们认为，这四个概括在张载思想中处于核心地位，然而他们都是以“虚—气”贯通、以虚—气为本的。

关于“虚—气”与“天”的关系。李相显于1946年发表的《横渠哲学》一文中，对太虚做了这样的解释：“此气自其未化生万物之状态言之，则谓之太虚”。并引张载所谓“太虚者天之实也。万物取足于太虚，人亦出于太虚，太虚者心之实也”（《张子全书·语录抄》）说，“太虚为真实者，故万物取足于太虚，人亦出于太虚。但太虚为至虚之实，真实而不固定，故能一本散为万殊”。由此，他言及太虚与天的关系，说“太虚生天地”，并引张载所说“虚者天地之祖，天地从虚中来”（《语录抄》），李相显明确指出：“天地从太虚中来，故太虚为天地之祖；太虚既为天地之祖，故‘由太虚有天之名’。”这是对张载“由太虚有天之名”这句话颇为恰切的解释。虚不离气，所以天以“虚—气”为本。这与张载所说“神天德，化天道，德其体，道其用，一于气而已”（《神化篇》）的说法一致。

关于“虚—气”与太和、道的关系。李相显对“太和”“道”与气的关系做了这样的界定，说“此气自其流行而化生万物言之，则谓之太和，又谓之道。”他又引张载《太和篇》的话说：“太和所谓道，中涵浮沉升降动静相感之性，是生絪缊相荡、胜负屈伸之始。其来也几微易简，其究也广大坚固。……散殊而可象为气，清通而不可象为神。不如野马絪缊，不足谓之太和。”（《正蒙·太和篇》）以为这段话明白地表达了太和、道、气之间的价值同一、同为本体的关系。由此李氏说：“故道为气，……所谓道者，乃由气之推行而言也。”又说：“太和即道，太和乃道之别名也。野马絪缊为气，而谓之太和，故太和即气也。”不仅道、虚、气是相关联的价值同一关系，而且如李相显所说：“道为形而上者”，并引张载的话说：“运于无形之谓道，形而下者不足以言之。……形而上是无形体者也，故形以上者谓之道也。”（《张子全书·易说下》）显然他认为，虚即道即气，张载正是在虚—气为本、在形而上的意义上说“由气化有道之名”的。

关于“虚—气”与性。对于性，张载说“合虚与气有性之名”（《正蒙·太和篇》）。张载将人物之性分为“天地之性”和“气质之性”，李相显将此联系起来，指出“性乃由气而来”，具体地说，就是“天地之性由太虚而来，气质之性由气化而来；天地之性为本来即有者，气质之性为有形体方有者”。他认为张载正是在这个意义上说“合虚与气有性之名”的。重要的是，当他谈及虚、气、性三者的关系时，着重发挥张载的“气之性本虚而神，则神与性乃气所固有”和“知虚空即气，则有无隐显，神化性命，通一无二”的命题，并紧紧抓住“神化”“性命”两组概念加以阐发。他指出，“阴阳为气，而谓之性，故气即性也。气既为性，虚而神又为气之性，故性为气所固有。”即天地之性来自太虚，故“虚而神”；“天地之性为人物所同有”，故张载说“性者万物之一源，非有我之得私也”（《正蒙·诚明篇》）。而“气质之性”不同于“天地之性”者，盖在于“天所命者为性，命行乎气之内，即性行于气质中，而为气质之性”。气质之性就是张载说的“攻取之性”。由于“人之气质之性亦不同”，且“性既行于气质中，必受气质之害”，所以需要通过学习和修养以“变化气质”，于是张载哲学就由气论进入道德修养视域，进入人的价值领域。可见，“性”是张载从宇宙论导向价值论、从气论走向道德修养论的中介。连张载在伦理观上最有影响的《西铭》，其实也是根于虚一气说的。如张泽民所说：“太虚之气——宇宙的本体——既为万物之母，则从此母胎里生出来的万物，当然有兄弟的关系，都是一体。而从万物一体的原理上观察人类和万物的关系，人为最优秀的生物，因人类得天地之正气。所以人类应互相爱护，而彼此提携。”说明张载《西铭》“民胞物与”的伦理思想仍是根源于“虚一气”说的。

姚步康于1930年发表的《张横渠之神化论》一文，则从张载的诸多论述中拈出“神化”二字，并对张载所谓“神化”与“性命”“通一无二”的说法做了充分地发挥。他认为，“‘神’‘化’‘性’‘命’都是‘气’，从它们对于‘气’的职司上讲，‘神化’是‘气’的用，‘性命’是‘气’的体。从它们自身性质上讲，‘神’是‘化’的因，‘化’是‘神’的果，所谓‘有天德（神），然后天道（化）可一言而尽’（《正蒙·天道篇》）”。在他看来，如张载所说：“神天德，化天道，德其体，道其用，一于气而已。”（《神化篇》）对此，李相显解释说：“气能化生万物，气之化生万物谓之神化”，“神为体，化为用，而一于气；故神化为气之体用也。”也许由于此，他认为“张子的性论，是出发于孟子，而以荀子修正之”。也就是说，张子的性论，虽出发于孟子的良知性善说，而实则与荀子的“化性”说相近，甚至认为张载所说的“善反”其实与荀子的“化性”“差不多”。李相显曾引钱大昕的话说：“宋儒言性，虽主孟氏，然必分义理与气质而二之。则已兼取孟、荀二义，至其教人

以变化气质，先实暗用荀子化性之说。"（《跋嘉善谢氏荀氏校本》）

关于"虚一气"与心的关系。李相显认为，性由气而来，而"心乃由性而来"。但"性无知觉，而心则有知觉"。按张载的说法，"合性与知觉，有心之名"，他解释说："即心为合性与知觉而成，故含有性与知觉两种性质。因心含有性之性质，故心知识由心之作用而来；因心含有知觉之性质，故心之知识由五官之感觉而来。"他把"由心之作用而得之知识"称为"德性之知识"，由于"心之作用之神妙不测"，所以这种"依心之作用而得之知识甚大"；而"由五官之感觉而得来的知识"称为"闻见之知"，这种"专恃五官之感觉而得知识，则其知识甚小"，则"实不能尽知天下之物也"。所以他肯定张载所说"圣人则不专以闻见为心，故能不专以闻见为用"（《正蒙·乾称篇》）。只有"知合内外于耳目之外，则其知也过人远矣"（《正蒙·大心篇》）。诚如谢元范所说，张载"不屑屑于求知，而在反于天地之性，是否合心于太虚。"由此也印证了张载所说"太虚者，心之实也"的话。可见，讲张载的心学是不能脱离其虚一气说而言心的。只有从"虚一气"论出发，才能抓住张载心性论的本体根据。张载正是以虚一气论"合性与天道的"。

总之，张载的天、道、性、心四个核心概念及其在此基础上形成的心性论体系，都根源于虚一气，都是以"虚一气"为本的。在该时期的学者看来，张载提出的"天地之性"与"气质之性"以及"知礼成性""变化气质"的思想，使其"性与天道合一"的"天人合一"思想得以合理说明，从而使其哲学从宇宙论过渡到伦理观，从知识论走向价值论，解决了太虚之气何以承载价值的哲学难题。张载进而沿着孟子的"尽心""知性"的心性论路向，又吸取荀子的"礼"以成性的思想，以"诚则明，明则诚"即"尊德性"与"道问学"的双向互动，将以虚静为涵养内省功夫与以礼检束外界行为以"化性"相统一的"合内外之道"，把"知礼成性"即理想人格的培养问题落到了实处。

张泽民于1934年发表的《张载的哲学》一文中，就已明确地把《西铭》的"民胞物与"价值理想与天、与"虚一气"本体关联起来，他说："太虚之气——宇宙的本体——既为万物之母，则从此母胎里生出来的万物，当然有兄弟的关系，都是一体。而从万物一体的原理上观察人类和万物的关系，人为最优秀的生物，因人类得天地之正气。所以人类应互相爱护，而彼此提携。"他还反问说：张子的“这种见解岂不即是孔子‘仁道’的大义？这万人同胞之观念，岂不深合于天道？再将这观念扩充起来，则不仅人为同胞，即万物亦复是侪辈；因万物皆同出一源，而人为万物之一，所以对于万物皆当仁爱”。在他看来，从伦理方面说，张载“将孔子的‘仁’、子思的‘诚’熔合而成他的特殊之理论”，“其学识之全体以气一元为其哲学思想之主脑，本此主脑而一贯他的哲学思想，确是宋代哲学家中的魁首”。他坚实地肯定了张载哲学在宋代理学中奠基者的地位。

三、关于张载思想体系的建构。钱基博于1939年发表的《张子之学》一文，认为儒家系统的性道合一体系在《中庸》《孟子》中并未建立起来，而真正建立此体系的是周敦颐和张载。他说：

> 从前子思作《中庸》以说天命之性，孟子道性善以修率性之道，开宗明义，而未有体系，所以理而不为学。至周敦颐、张载，乃本《中庸》以上推之《周易·系辞传》，而后天命之性，率性之道，有体有系，厘然秩然；犹若以为未足，更本《易·系辞传》以上推诸老子“道可道，非常道”，“有物混成，先天地生”。拈出“无极”“太虚”之义，以补《周易·系辞》之所未言；而后先天之道，天命之性，有统有系，厘然秩然。

钱穆认为，张载是把《中庸》的天命观与《孟子》性善说的思想要素相融通，并吸收《易大传》“易有太极”“顺性命之理”“顺天命”等观念，以《老子》的“无极”“道”及《庄子》的“太虚”来补《易·系辞》之缺，建立了一个“易乃是性与天道”（《横渠易说》）“性与天道合一存乎诚”（《正蒙·诚明篇》）的“有统有系”的“性道合一”思想体系。他对张载思想体系的特征概括为“以老子为祧，以《易》为祖，以《中庸》为宗，以仁为体，以礼行仁，而人之性无不尽”。钱穆注意到《老子》道家思想对张载的极大影响，指出“载则体虚而持静。而曰：‘至虚之实，实而不固；至静之动，动而不穷。实而不固，则一而散；动而不穷，则往且来。’‘静者善之本，虚者静之本。’皆宗老而非本《易》也。”所以他说张载“以老子为祧”，认为张载在很大程度上继承了老子的根本思想。

四、承认关学有史且对关学发展不同时期的特点做了较为准确的把握。

值得注意的是，该时期不仅有了关于张载及关学学人个案的专深研究，而且有了对关学通论性的著作出现。曹冷泉于1941年发表于《西北文化月刊》的《关学概论》就是其代表作，该论达到了当时可能达到的相当的学术高度。

曹冷泉明确指出了关学的学派性质。他认为不能仅以地域性来看待关学，而把它理解为“关中之学”。事实上关学是由张载开创的有着自身显著特点的理学学术流派。他明确指出，“所谓‘关学’，具有学派的意义”，它是“以张载所代表之学派”。他比较早地注意到关学的地域性不能仅限于我们常说的“关中”，而应该指“关陇”地区，所以关学应包括“关陇性理学者”在内。关学其思想“无论或崇程、朱，或崇陆、王，或列籍于河东，或列籍于甘泉，而其所同者，皆注重伦常日用，躬行实践，与夫遵古尚礼——故此数点者，即可谓关学之特有属性矣”。此说点出了关学其思想的包容性和重伦常日用、躬行实践、遵行礼教以及朴茂醇厚的特点。

曹冷泉更是比较早的注意到对作为性理学之一的关学其思想渊源的追寻。他不赞成冯从吾《关学编》中将关学渊源追溯至先秦“关陇之孔门四子——秦子、燕子、石作子、壤驷子”的做法，指出“此四子名不见之于经传，行无闻于后世，于关学初无关系”。他认为冯从吾将此列为关学的先祖，是“迂也！”至于之后清人王心敬所写《关学续编》所列“泰伯、仲雍之至德，文、武、周公”诸人“为关学之大宗”，甚至以伏羲为“吾关学之鼻祖”等着迷于道统之种种说法，在曹氏看来都是“迂而无当，非为知言”的。他明确指出，“在横渠以前，无关学之称也。横渠建树关学之基础，开发关学之风气，并著关学之特色。所谓‘关学’，应以横渠学说为基调”。曹氏所言不仅是客观的，而且是公正的、合乎历史实际的。曹氏事实上开创了现代学术史视野的关学研究。

曹氏追溯关学的起源时，注意作为性理学之一的地域性流派的关学与儒释道三教的渊源关系。他认为就其与儒学的关系而言，关学与整个理学的渊源一样，其本体论源于《易》，其伦理思想源于孔、孟和《中庸》，而方法论则源于《大学》。而“中国理学之本质，皆不过就《易》之‘阴阳’、孔子之‘仁’、《中庸》之‘诚’，加以综合深化而已”。此外，关学的形成与佛教、道教思想也有必然的关联。曹氏说：“道士陈抟隐居华山，种放隐居终南，皆极蒙当道优遇，于关中社会必然有大之影响。陈抟所著《木岩文集》颇有调和道、儒之倾向，皆足以促道、儒之结合，而使关学之产生。”（《关学概论》）

在他看来，道教“于关学之产生，皆有甚大之关系”。(《关学概论》)至于佛教对关学形成的影响则更大些。曹氏说：“佛教圆融高深之哲理，自非儒家所及，儒者摄取佛学之长，以充实儒教学说，亦自为必然之趋势。”他也注意到《行状》所说张载“访诸释老，累年究极其说”，由此认为理学家多“矜持道统之言”，且大都“袭取于佛教”。张载曾“批评《楞严经》，深入奥窍”，此“足证其于佛教有深入之研究也”。谢元范也注意到“横渠食佛能化，他终能别处蹊径，不为所囿”。认为“他的思想之所以能深沉，未始非早年耽精佛学之功了”，即他对佛教有深入地研究，以至于虽批判但其吸收已是不能自知了。有学者甚至指出，张载的《西铭》是受到其“是辟佛说‘无我’”思想的影响①。

重要的是，曹冷泉对关学史的发展及各时期的特点亦有深入的洞见。他认为关学有一个传承数百年的发展演变史，关学不是到南宋就“衰熄”，只是在不同的发展阶段有不同的特点。他比较早地提出关学发展经历了三个时期，第一个时期，即“与洛学合流时期”，此即北宋时代。其所说的“合流”，并非说“关学洛学化”，而是指二者同属理学之属，如黄宗羲所说，其学虽“有殊于伊洛，而大本则一也”。这里所说“张、程哲学，其基调确甚相同，尤其是论性，横渠与伊川完全一致”。二是他们之间态度平等，相互学习。特别是“横渠对于二程，能降心相从，相互推崇，互相启发”。张门弟子对于二程“亦能拳拳服膺，无门户之见”。第二个时期，是“关学与程朱二派合流时期”，此发生在金元以至明之中叶。迄至宋室南迁，关辅沦陷，“关学遂为销歇”，然金代仍“有杨天德为关学保一线之余绪”。至元室统一，“关学略有复兴之势”，这里他提及杨恭懿、奉元之萧维斗、同恕等，然其“皆以程、朱之学，号召关辅”。以及明代前期受薛瑄影响的段坚、周惠、薛敬之、吕柟等河东一系和由王恕、王承裕开出的有马理、杨爵、韩邦奇为代表的三原一系。由此，他肯定了冯从吾《关学编》所说此“一时学者歙然向风，而关中之学，益大显明于天下。若夫集诸儒之大成，而直接横渠之传，则宗伯尤为独步者也”。肯定吕柟虽受河东之学影响，但仍在学风上“直接横渠之传”，此为关学与程朱之学合流之时期。第三个时期，“为与王学合流时期”，时间段为明

① 参见缪篆：《读张横渠〈东铭〉〈西铭〉》，载《新民》1935年第2期。

正德年间到清末。他在现代关学研究史上最早注意到渭南南大吉"官绍兴，从阳明受学，传其说以归，是为王学入关之始"的关学发展动向，同时注意到此时的南大吉受心学虚玄倾向较大，而明万历年间冯从吾则能"剔除王学虚玄部分，而摄取其'良知'之说"，遂使"王学与关学始汇流为一"。在关学与王学合流的过程中，重要的关学学者有李二曲及其弟子王心敬等。曹氏特别注意清代中期以后学术思想发展的复杂性，即除了受心学影响的一系外，还有坚守程朱的王建常、李元春和贺瑞麟一系。非常可贵的是，曹氏还认识到清末关学学术的多元走向，即包括恪守程朱的贺瑞麟一系、坚持"无党派之说，故于程、朱、陆、王无短长"，而被唐文治誉为"关学之正传"的柏景伟一系，以及"崇尚实学而同情于立宪，为关学之别子"的刘古愚一系。甚至他还注意到"学杂佛老而倾心于革命"的朱佛光一系。对其复杂性的明确认识，说明曹氏在当时已有广阔的学术视野。

曹冷泉的《关学概论》对关学史的勾勒及对各个时期关学特点的概括，不仅超前而且基本正确。这是关学史上首次做出的，是达到了相当的高度，难能可贵。

五、有关该时期中国哲学和关学研究方法论的讨论。

20 世纪前期的中国，正是东西方文化交融的时期。在西方文化的强烈冲击下，中国固有文化特别是儒学受到了极大的冲击，在这种情况下，有学者主张全盘西化，有主张坚守中国的文化本位，有的则主张东西方文化应该相互融通，中国哲学应该"参用西法"。在这种情况下，许多研究者采取了以本体论、认识论、伦理观等方法来研究中国哲学，看待中国哲学史上学人的思想特征。这种方法后来一直影响到现当代的中国哲学研究，以至于到 60 至 80 年代初，已几成一种模式，再加上受简单地用唯物唯心的"对子"模式研究方法的影响，包括关学在内的中国哲学的研究，也常常出现简单化的倾向。值得注意的是，早在 30—40 年代，已有学者对此种方法进行反思了。曾在西华大学哲学系任教的姚步康发表于 1930 年的《张横渠之神化论》一文，就是先例。他在该文中虽然也赞同应该借鉴西方，走中西融通之路，但他对以"本体论、认识论、伦理观、方法论等等，或者政治哲学、教育哲学、人生哲学、自然哲学等"来分析中国哲学的做法表示怀疑。他说："这种方法固属便于叙述，但是用来整理中国先哲的思想，是不是能适合？这是一个大疑问。”针对“许多人批评中国哲学系统不能成立”，或说“中国没有纯粹的哲学”的观点，明确指出：“假使我们用了这种方法来治中国哲学，岂不是‘削足适履’吗？退一步讲，纵然能用，也不过把著者的思想整理一番，却不能（把）握住他们的根本的思想、学说的体系。”由此他主张：“我们应当就我国学术自身方面，用综合的眼光，研究一时代的思想，一派的思想，或一人的思想，看他们的学说怎样融会，怎样籀绎，怎样组织起来。换一句话讲，就是要想找到他们学说本来的系统，不必用西洋哲学的系统。”也就是说，他主张在研究中要从中国哲学的实际出发，注意中国哲学自身的概念系统，保持中国哲学自身的特点。早在30年代初他就注意对当时流行的以西洋方法简单对待中国哲学、对待关学的倾向进行反思，这是难能可贵的。可以说他在当时已经站到了中国哲学和关学研究方法论探讨的前沿。

其实，20世纪前期学者们的研究所达到的理论高度远不至于此，许多个案的研究也都非常有价值，如对李二曲思想的研究，对张载关学与洛学先后关系的研究，对张载与戴震思想的比较研究，对刘古愚思想特征的研究等，都有诸多在今天看来仍不失为深刻洞见的观点，甚至有些研究在今天仍尚没有被超越。他们的许多研究，特别是在当时的社会背景下做出如此深入的研究，令人由衷地对他们心生敬意！

魏晋六朝学人对孟子思想的吸收与改造

周淑萍

（陕西师范大学文学院教授）

摘　要：魏晋六朝学人对孟子基本思想——心性论、仁义道德、仁政王道，都有所继承，但是在继承中又有所改造。魏晋六朝学人继承孟子性善论，肯定人人皆仁心，仁是人性，但是却认为“性有厚薄”，所以每个人的仁性有多少厚薄之异，现实社会人性之千差万别正因此造成。孟子仁义气节、仁政王道则是魏晋六朝学人构筑其思想的理论基石，但葛洪却又主张明先仁后，傅玄则以荀子礼法弥补孟子仁政王道。魏晋六朝佛教在其中国化过程中，从孟子思想中借力颇多，受孟子心性论的影响，中土佛教主张“一切众生悉有佛性”，人人皆可成佛，并用孟子仁义、仁政比附佛教教义，构筑了佛教仁道政治。可以说，孟子思想对于此间儒释道思想的发展都有一定的影响。

关键词：魏晋六朝学人；孟子；心性论；仁义伦理；王道仁政；继承与改造

汉末经学衰落后，儒学一蹶不振。魏晋南北朝，尚虚玄、崇佛老，儒学虽然仍艰难地维持着在统治意识形态中的正宗地位，但儒家学说已被玄学化，儒学地位下降，已是不争的事实。然而玄学风行带来的流弊，名教崩溃导致的社会危机，使执政者清醒地认识到儒学颓废的危害性，所以在官方层面，多有重振儒学之举。晋武帝即笃道崇儒、营建辟雍。玄学南渡后，北方十六国少数民族政权大都重视儒学，延续和保存了儒家文化。南北朝时期，玄学、佛教依然是南朝主流，儒学并无显赫地位；与之相反，由于原本有比较雄厚的儒学基础，又有统治者的提倡，所以北朝儒学比较兴盛。此时此际，孟子的影响虽然有限，但是由于孟子其文、其说是魏晋六朝学人重要的文化资源，因此他们在征孟、宗孟、论孟的同时，在有意无意地将孟子一些观念融进自己思想体系之中，因而在其思想构建中留下了孟子思想的痕迹。

第一节　魏晋六朝学人对孟子心性论的吸收与改造

孟子心性善论，魏晋六朝学人尽管并不完全赞同，但也有所吸收。

有鉴于玄学“贵无论”泛滥所造成的礼教废弃、名教失范的社会危机，西晋玄学家郭象反对将名教与自然、有为与无为截然对立，主张名教即自然，因此他在注《庄子》时，有时反转庄子本意。如《庄子·天运》：

仁义，先王之蘧庐也，止可以一宿，而不可久处，觏而多责。

《庄子·骈拇》有言：

意仁义，其非人情乎？彼仁人何其多忧也？

庄子本意是鄙弃仁义。可是郭象的注作出相反的解释，对《天运》之语的解释是：

夫仁义者，人之性也。人性有变，古今不同，故游寄而过，去则宜若无滞，而舍于一宿则见，见则伪生，伪生而责多矣。

对《骈拇》之语的解释是：

仁义自是人之情性，但当任之耳，恐仁义，非人情而忧之者，真可谓多忧也。

郭象将儒家名教核心观念的仁义视为人的自然本性，认为人们应顺性而为，才合于天理自然。郭象以仁义为人的自然情性，这与孟子思想一致，“然而与孟子不同的是，孟子认为人性是普遍的，而郭象却认为人性千差万别。与孟子和荀子试图找到普遍的人性不向，郭象认为人的本性是千差万别的”①，因为他说：“天性所受，各有本分，不可逃，亦不可加。”（《养生主》注）“物各有性，性各有权，皆如年知，岂肢尚之所及哉！”（《逍遥游》注）。

南朝刘宋何承天继承和吸收了孟子人性论，并以孟子人性论反驳佛教观念的众生论。在《答颜永嘉》一文中，他说：

足下所谓共成三才者，是必合德之称。上哲之人，亦何为其然？夫立人之道取诸仁义。恻隐为仁者之表，耻恶为义心之端，牛山之

① 杨立华编著：《郭象〈庄子注〉研究》，北京大学出版社，2010年，第121页。

木，剪性于锹斧；恬漠之想，汩虑于利害，诚直滋其萌蘖，援其善心。①

何承天在此援引《孟子·告子上》孟子论人性的观点，说明人性本善，以诚直培养，可以延伸善心，而这正是人与其他生命的本质不同，所以不能将人与其他生命同称为"众生"。孟子人性论成为何承天反驳佛教观念的理论依据。

东晋道教学者葛洪（284—364）认为孟子主张仁义，既是因应于战国特殊时代，也是基于人性的考察。他说：

曩六国相吞，豺虎力竞，高权诈而下道德，尚杀伐而废退让，孟生方欲抑顿贪残，褒隆仁义，安得不勤勤谆谆独称仁耶？……故孟子云：凡见赤子将入井，莫不趋而救之，以此观之则莫不有仁心，但厚薄之间，而聪明之分，时而有耳，昔崔杼不杀晏婴，夫杼为大不仁，而有小仁，然则奸臣贼子犹能有仁矣。②

葛洪肯定孟子的仁义之说有其人性依据，因为"凡见赤子将入井，莫不趋而救之"，说明人人确实本有仁心，即便是奸臣贼子也有仁心。不过，葛洪又对孟子的人性善论进行了改造，因为他认为虽然人人都有仁心，但是却并非人人完全相同，因为仁心有厚薄之分。葛洪这一认识并非个例。东晋太常博士张凭（约371年前后在世）也有相同观点，他说：

仁者，人之性也；性有厚薄，故体足者难耳。巧言令色之人于仁性为少，非为都无其分也。③

张凭也主张仁是人之性，但性有厚薄之分，所以人们的仁性有多少之别，于是其表现也就各不相同，但不能因此否定有些人没有仁性。

孟子心性论对魏晋南北朝的佛性理论发展有深远影响。众所周知，佛教中国化，是佛教进入中国之后，能够立足和发展的关键原因之一，"所谓中国化，在相当程度上则是指儒学化，而所谓儒学化，又相当程度地表现为心性化。因

① 〔梁〕僧祐，邓立夫、魏建中、胡勇译注：《弘明集》，中华书局，2013年，第233页。

② 〔东晋〕葛洪：《抱朴子》，上海书店，1986年，第165页。

③ 〔魏〕何晏集解，（梁）皇侃义疏：《论语集解义疏》卷一，中华书局，1985年，第4页。

此，中国佛教心性化问题，从一定意义上可以说是理解佛教中国化的一把钥匙”。[①] 中国佛教心性化，孟子心性之说对其的影响不可小视。这在魏晋南北朝佛学中有明显体现。如佛教佛性论就在中土的演进变化中融摄孟子心性之说。佛性论是佛教的中心问题。所谓佛性，就是“众生成佛之因，成佛的可能性”[②]。“一切众生悉有佛性”“是中国佛性思想的主流”。“一切众生悉有佛性”之说在中土始于竺道生。当时由法显所译的六卷《泥洹经》观点是：“一切众生皆有佛性在于身中，无量烦恼除灭已，佛便明显，除一阐提。”[③]《泥洹经》否定“一阐提”之人有佛性，认为“一阐提”之人不可能成佛。但晋宋著名佛学家、被时人呼为“涅槃圣”的竺道生不同意《泥洹经》这一说法，主张一阐提也有佛性，众生皆可成佛，一阐提之人也可成佛。竺道生因倡“一切众生悉有佛教”之说，在当时受到排斥和打击[④]。后来《大本涅槃经》传入南方，其说与竺道生的观点相合，自此“一切众生悉有佛性”之说风靡佛学界，成为主流观点。除唯识宗外，华严宗、天台宗、禅宗都持此说，“一切众生悉有佛性”成为他们的思想基础。而竺道生在未见《大本涅槃经》的情况下，独出己见，坚持“一切众生悉有佛性”，其中一个重要依据就是孟子的心性之说，孟子认为“四心”“人皆有之”，所以“人皆可以为尧舜”，唐君毅就指出：“道生又主一切有情众生，皆有佛性，以与其时由印度传入之一阐提人无佛性之说辩。此即直本于孟子人皆可以为尧舜之旨，以言一切有情，同具佛性。”[⑤]

肯定人人皆仁心，仁是人性，这是魏晋六朝学人对孟子性善论的继承，而以“性有厚薄”论每个人的仁性有多少厚薄之异，而导致现实社会人性之千差万别，则是魏晋六朝学人对孟子思想的改造和发展。在孟子心性论的影响下，中土佛教主张“一切众生悉有佛性”，人人皆可成佛。

---

① 赖永海：《佛学与儒学》，浙江人民出版社，1992 年，第 61 页。

② 赖永海：《中国佛性论》，江苏人民出版社，2012 年，第 1—2 页。

③ 《大般泥洹经》卷四，《分别邪正品》，《大正藏》卷一二。

④ 按：〔南朝梁〕慧皎《高僧传》卷七《义解四》载：“又六卷《泥洹》先至京都。生剖析经理，洞入幽微，乃说阿阐提人皆得成佛。于时大本未传，孤明先发，独见忤众，于是旧学以为邪说，讥愤滋甚，遂显大众，摈而遣之。”（大正新修《大藏经》本）

⑤ 唐君毅：《唐君毅全集》卷一六，《中国哲学原论·原道篇》卷三，台湾学生书局，1986 年版，第 44 页。

第二节　魏晋六朝学人对孟子仁义伦理的继承与改造

细绎魏晋六朝学人现存文献，我们看到，除了激烈批判儒家而好老庄的学人，孟子提倡的仁义伦理思想受到当时学人广泛地接受，同时也有因应于时代的改造。

在魏晋六朝学人中，傅玄应当是对孟子非常有研究、受孟子思想影响比较大的一位学人。在儒学式微之时，傅玄尊儒重教，提倡儒学，当时有人认为傅玄的贡献可以与孟子辟杨墨比肩。司空王沈看到傅玄的文章，复信评说：

省足下所著书，言富理济，经纶政体，存重儒教，足以塞杨墨之流遁，齐孙孟于往代。①

王沈以孟子比况傅玄，说明傅玄本人尊崇孟子、也精通孟子之说。在现存《傅子》中，可以清楚地看到他对孟子其说的承袭，如：

大孝养志，其次养形。养志者，尽其和；养形者，不失其敬。②

傅玄将孝道作养志、养形之分，本自孟子对曾子、曾元二人孝养其父的评价。孟子认为曾子对其父曾皙之孝，在满足父亲物质需要的基础上，也满足其精神心理需求，是“养志”；而曾元对曾子之孝，只满足曾子的物质需要，是“养口体”。孟子反对“养口体”之孝，傅玄将孟子对曾子之孝、曾元之孝的评价承接过来，并进行了发挥，进一步提出“养志”之孝当以“和”，“养形”之孝也当有“敬”。对于孟子“仁义”之说，傅玄说：

割地利己，天下雠之；推心及物，天下归之；以信接人，天下信之；不以信接人，妻子疑之；见疑妻子，难以事君，君子修身居位，非利名也，在乎仁义。③

傅玄认为君子当以仁义为立身处世之道，为君、为夫、为友，都当恪守仁义，以仁义为重，以利名为轻。

葛洪是道教学者，但也深受儒家影响。他肯定孟子的仁义之说。分析孟子倡导仁义的原因，他指出，战国时代，六国相争，如豺虎角力；鄙弃道德礼

---

①〔唐〕房玄龄：《晋书》，卷四十七，《傅玄传》，中华书局，1974 年，第 1323 页。

②③〔西晋〕傅玄：《傅子》，卷三《丛书集成初编》，中华书局，1985 年，第 35 页。

让，崇尚权谋杀伐，是当时常态，而这一切都缘于人们的贪婪与残忍，为救治人们的贪婪与残忍，所以孟子推崇仁义。与孟子不同的是，葛洪认为不能只重仁，更应“贵明”。所谓“明”，即“睹机理于玄微之未形”的非常之才，能辨真伪、分邪正、知安危，而保全生命。葛洪主张明先仁后，仁明矛盾之时，要舍仁用明。他赞赏“汤、武逆取顺守，诚不仁也；应天革命，以其明也”。[①] 门人对葛洪的明先仁后之说感到困惑，并以孔孟之言反驳葛洪。

门人曰：仲尼叹明仁为任重而道远，又云：“人而不仁，如礼何?”“若圣与仁，则吾岂敢?”孟子曰：仁，宅也；义，路也。人无恻隐之心，非仁也。三代得天下以仁，失天下以不仁。此皆圣贤之格言，竹素之显证也，而先生贵明，未见典据，小子蔽闇，窃所惑焉。[②]

门人指出，据孔子、孟子所言，孔子重仁，孟子以仁义为重，孔孟都无贵明之语，“贵明”之说在孔子、孟子那里找不到根据。葛洪答曰：

> 曩六国相吞，豺虎力竞，高权诈而下道德，尚杀伐而废退让，孟生方欲抑顿贪残，褒隆仁义，安得不勤勤谆谆，独称仁耶？然未有片言云仁胜明也。譬犹疫疠之时，医巫为贵，异口同辞唯论药石，岂可便谓针艾之伎，过于长生久视之道乎，且吾以为仁明之事，布于方策，直欲切理示，大较精神，举一隅耳。而子犹日用而不知，云明事之无据乎？乾称大明终始，六位时成，是立天以明，无不包也。

葛洪认为孟子虽然称仁，未称明，但并不代表孟子不重视明。如同疾病发作，医巫必先以药石、针艾救治，但不能就此证明药石、针灸比长生久视之道为高；同理，六国如豺虎相争之时，孟子主张仁义，以仁为贵，就如同医巫以药石、针艾救治病人，是应急而为。葛洪以明先仁后，改造孟子仁义之论。“葛洪提出明先仁后、舍仁用明的主张，是因为魏晋时期的现实情形需要他对之做出新的阐释。扩大来看，仁明关系实际就是内圣与外王的关系，葛洪不同意传统儒家内圣到外王的政治理路，而是主张以外王统内圣，从而建立起崭新的政治思想体系：无疑，这种政治思想对传统思想具有一定颠覆性。”[③]

葛洪注重内心调适，重视个人生命安顿，因而轻物重生，抱朴自守。葛洪

---

①② 〔东晋〕葛洪：《抱朴子》，上海书店，1986 年，第 165 页。

③ 武锋：《葛洪〈抱朴子外篇〉研究》，光明日报出版社，2010 年，第 182 页。

主张士人当有高尚人格，不屈富贵，不惧权势。葛洪这一思想对孟子思想的承袭非常明显。其《名实》篇中有言：

是故抱枉而死，无愆而黜者，有自来矣。所以体道合真，嶷然特立，才远量逸，怀霜履冰，思绵天地，器兼元凯，执已衡门，渊渟岳立。宁洁身以守滞，耻胁肩以苟合，乐饥陋巷以励高尚之节，藏器全真以待天年之尽。非时不出，非礼不动，结褐嚼蔬而不悒悒也，黄发终否而不悢悢也。安肯蹙泰山之峻，以适凿枘之中；敛垂天之羽，为戚旦之役；编于仕类而抑郁庸儿之下，舍鸾凤之林，适枳棘之薮，竞腐鼠于踞鸱，而枉尺以直寻哉？且大贤之状也至拙，其为味也甚淡，萧然自足，泊尔无知，知之者稀而不蹙，时不能用而不闷。虽并日无藜藿之糁，不以易不义之大牢也；虽缊袍无卒岁之服，不肯乐无道之狐白也，独可散发高枕，守其所已有，以绝不曲躬低眉求其所未须也。德薄位厚，弗交也；名与实违，弗亲也；荣华驰逐，弗务也；豪猾奸权，弗接也；俗说细辨，不答也；胁肩所赴，弗随也；貌愚而志远，面垢而行洁，确乎若嵩岱，铨衡所不能测也。浩乎若沧海，斗斛所不能校也。峻其重仞之高，隐其百官之富，观彼佻窃，若草莽也，邈世之操，眇焉冠秋云之表，遗俗之神，缅焉栖九玄之端，虽穷贱而不可胁以威，虽危苦不可动以利。①

在葛洪这段话语中，从话语到精神都有对孟子言语和思想的继承。如：“耻胁肩以苟合”“枉尺直寻”“虽穷贱而不可胁以威，虽危苦不可动以利”，就是对孟子之语的化用，孟子有言：

胁肩谄笑，病于夏畦②。

且夫枉尺而直寻者，以利言也。如以利，则枉寻真尺而利，亦可为与？③。

居天下之广居，立天下之正位，行天下之大道。得志，与民由之；不得志，独行其道。富贵不能淫，贫贱不能移，威武不能屈。④

葛洪指出，在波谲云诡、危机四伏的社会，“抱枉而死”，无过而黜者，

① 〔东晋〕葛洪：《抱朴子》，上海书店，1986 年，第 137 页。
②③④ 《孟子·滕文公下》。

屡见不鲜，处身此种环境，士人当立身正道，体道合真，不以权势、富贵为衡量人生价值的标准，铁肩担道义，贫贱不移志。葛洪这一观念就是承自孟子士人尚志、大丈夫之人格论。

佛教进入中土，遭遇中土文化最大的指责，就是不守儒家伦理纲常，出家离世，于是为了立足，免遭驱逐摒弃，魏晋南北朝的佛教人士选择调和佛儒，溶摄儒家学说，向儒家伦理靠拢。如三国康居僧人康僧铠就把“臣欺其君，子欺其父，兄弟夫妇，中外知识，更相欺诳，各怀贪欲瞋恚愚痴，欲自厚己”①等等违背儒家伦理的行为、言说列为佛教反对的五恶之一。在佛教选择向儒家伦理靠拢的过程中，他们吸取孟子其说之处尤多，如前所论佛性论即是如此，而孟子提倡的仁义之说，他们也有汲取。如三国僧人康僧会（？—280），就融孟子仁义之说，以证儒佛一致。他说：

忍不可忍者。是乃为佛正真之大戒也。即说偈曰：
贪欲为狂夫，靡有仁义心，
嫉妒欲害圣，唯默忍为安。
非法不轨者，内无恻隐心，
悭恶害布施，唯默忍为安 。
放逸无戒人，酷害怀贼心；
不承顺道德，唯默忍为安。
背恩无反复，虚饰行谄伪；
是为愚痴极，唯默忍为安。②

在这段言辞中，孟子思想的痕迹非常明显。康僧会用孟子仁义心、恻隐心的观念解释佛教教义“忍”，以此说明佛与儒在精神实质上相合。在中国佛教史上，魏晋南北朝是“格义”佛教时期。“所谓‘格义’，就是引用中国固有的思想或概念来比附解释佛教义理，以使人们更易理解并接受佛教。”③广泛运用“格义”的方法译经、注释佛经是汉魏佛教的重要特点之一。为求得儒学支持，故迎合儒学，并以儒家思想观念解释佛教教义，也是汉魏间格义佛教

① 〔魏〕康僧铠：《大无量寿经》，《大正新修大正藏》本，第20页。
② 〔三国吴〕康僧会：《六度集经》卷四。
③ 洪修平：《中国佛教文化历程（第2版）》，江苏教育出版社，2005年，第40页。

的思维定式之一。三国时期曾居于吴的康僧会以孟子思想解释佛教教义，就是这一思维定式的体现。

魏晋六朝学人对孟子孝道、仁义、气节观都有所继承，但在继承的同时，也有自己的改造，傅玄认为养志之孝当以和、养形之孝不失其敬；葛洪提出明先仁后；康僧会则用孟子仁义比附佛教教义，于是康僧会所言孟子仁义之说明显带有佛教色彩。

第三节　魏晋六朝学人对孟子王道仁政思想的继承

诚如何承天《上邪》所说："承平贵孔孟，政弊侯申商。孝公明赏罚，六世犹克昌。"① 孔孟思想只有在承平之时才能显出其平治天下之功，纠治乱世且能立见实效者只能是申商法术。何承天此说无疑非常符合魏晋南北朝政治实际。魏晋南北朝，战争杀伐的血腥，朝代更迭的残酷，都让当时执政者深切地认识到申商法术治国的有效性，所以他们大都倚重法术、重视刑律，曹操、刘备、诸葛亮等就是如此。在重视儒学的北朝，申商法术同样受重视，及至北魏后期，"世极道消，风猷稍远，浇薄方竞，退让寂寥，驰竞靡节，进必吏能，升非学艺，是使刀笔小用，计日而期荣，专经大才，甘心于陋巷"②；而在周隋之际的政治，不同于两汉重经术、轻律令的政治，"以法令为先、经术为后"，"两汉之朝重经术而轻律令。……近代之政，先法令而后经术"③，"咸取士于刀笔"④。"周隋之际的政治变动与秦政对周政的取代多少有其可比之处，其君主在倚重法制以及独断、奢侈上都是相似的。"⑤ 与此同时，在思想文化领域，受魏晋玄学、道教思想的影响，无君、无为、自然主义观念大行其道，阮籍、陶潜、鲍敬言等就主无君之论。此时此际，儒学虽衰，但并未熄灭，儒家思想依然是魏晋南北朝政治的重要文化基因，所以儒家政治的核心理念并没有完全退出人们的思想视界，孟子的仁政王道观就在此时学人的言说中出现。傅玄、康僧会、刘昼之言可见一斑。

---

① 〔元〕左克明：《古乐府》，明嘉靖刻本，第 27 页。

② 〔北齐〕魏收：《魏书》卷七十七《羊深传》，中华书局，1974 年，第 1704 页。

③ 〔唐〕令狐德棻：《周书》卷四十五《儒林传》，1971 年，第 819 页。

④ 〔唐〕李延寿：《北史》，中华书局，1974 所，第 2770 页。

⑤ 阎步克：《士大夫政治演生史稿》，北京大学出版社，2015 年，第 425 页。

在侈谈虚无、漠视政教的时代风潮中，傅玄的政治观念非常务实，既吸取荀子的礼法并用，也接纳孟子的王道仁政理念。萧公权说："傅玄生当汉末晋初，独扬孟荀于老庄方盛之时，为书百余篇。譬如鲁殿灵光，可为两汉儒学之后劲。"[①] 傅玄曾说：

> 昔者圣人之崇仁也，将以兴天下之利也，利或不兴，须仁以济天下，有不得其所若已，推而委之于沟壑。然夫仁者盖推己以及人也，故己不欲，无施于人。推己所欲，以及天下。推己心孝于父母，以及天下，则天下之为人子者不失其事亲之道矣；推己心有乐于妻子，以及天下，则天下之为人父者，不失其室家之欢矣；推己之不忍于饥寒，以及天下之心，含生无冻馁之忧矣……子方惠及于老马，西巴不忍而放麑，皆仁之端也，推而广之，可以及乎远矣。[②]

这段话语，析其来源，本自孟子对齐宣王、邹穆公、万章的言说[③]，核心思想就实行孟子提倡的仁政、王道，实行方式也是孟子的"推恩以保天下"、推己及人、"善推其所为"。而其中"推而委之于沟壑""仁之端"等就是孟子的原话。但是在继承孟子仁政王道观的同时，傅玄也有所改造，傅玄认为"圣人崇仁"，是"为兴天下之利"，将兴利作为仁政王道的目的，这与孟子"何必曰利？亦有仁义而已矣"的观念不同。其实是傅玄综墨子之意而合之。"子墨子言曰：仁人之事者，必务求兴天下之利"[④]；"子墨子言曰：仁者之事，必务求兴天下之利"[⑤]。傅玄还说：

> 昔者有虞氏弹五弦之琴，而天下乐其和者，自得也。秦始皇筑长城之塞以为固，祸几发于左右者，自失也。夫推心以及人而四海，蒙其佑，则文王其人也。不推心以虐用天下则左右不可保，亡秦是也。君目玩倾城之色，天下男女怨旷而不肯恤也，耳淫亡国之声，天下小大哀怨而不知抚也，意盈四海之外，口穷天下之味，宫室造天而起，万国为之憔瘁，犹未足，以逞其欲，唯不推心以况人，故视用人如用

① 萧公权：《中国政治思想史》，新星出版社，2005 年，第 256 页。

② 〔西晋〕傅玄：《傅子》，卷一，《丛书集成初编》，中华书局，1985 年，第 6 页。

③ 详见《孟子·梁惠王上》《孟子·梁惠王下》《万章上》。

④⑤ 〔清〕毕沅校注；吴旭民标点：《墨子》，上海古籍出版社，1995 年，第 56 页、第 115 页。

草芥，使用人如用已，恶有不得其性者乎？[①]

这段话中，"推心以及人而四海""天下男女怨旷""用人如用草芥"等，都化用自孟子之语[②]。傅玄认为周兴秦亡的关键就在于是否推己及人、推恩天下，显然孟子的王道仁政观是傅玄评判历史的标尺。

在魏晋佛教格义时期，康僧会不仅以孟子"仁义心""恻隐心"比附佛教之"忍"，同样也承袭孟子"仁政"附会佛教的仁道。如：

> 君以子爱育其众，众以亲恩慕其君。为君之道可不仁乎？自斯绝杀尚仁，天即祐之。国丰民熙，遐迩称仁，民归若流。佛告鹙鹭子：鹿王者，吾身是也；五百鹿者，今五百比丘是也；人王者，阿难是。菩萨锐志度无极精进如是。[③]

康僧会以孟子的仁政比附佛教"不杀生""仁道"，宣称"绝杀尚仁"，就会获得天祐、民归。又如：

> 王者为德仁法，帝精明即日月济等，后土润齐乾坤，含怀众生即若虚空，尔乃可为天下王耳。若违仁从残，即豺狼之类矣；去明就闇，瞽者之畴矣；替济自没，即坏舟之等矣；释润崇枯，即火旱之丧矣；背空向室，即石人之心也矣；夫狼残瞽暗，坏没火烧，石人之操，不可为宰人之监，岂可为天下王耶？若崇上德即昌，好残贼则亡。[④]

在此，康僧会同样用孟子之语、孟子仁政观念解释佛教慈惠、仁道，如若君主不行仁道，就是孟子所说的残贼之举、豺狼之行，构筑了佛教仁道政治观，并把带有孟子痕迹的佛教仁道视为佛追求的最高境界，并表示自己要恪守不渝。"诸佛以仁为三界上宝。吾宁殒躯命。不去仁道也。"[⑤]

刘昼所撰《刘子》，被学界称为"北齐子书中最优秀者"。其说"泛论治国修身之要，杂以九流之说。其主导思想则出于道家"[⑥]，也兼综儒家。对于

① 〔西晋〕傅玄：《傅子》，卷二，《丛书集成初编》，中华书局，1985年，第16页。
② 详见《孟子·梁惠王》《孟子·离娄下》。
③ 〔三国吴〕康僧会：《六度集经·精进度无极章第四》。
④ 〔三国吴〕康僧会：《六度集经·普明王经》。
⑤ 〔三国吴〕康僧会：《六度集经·戒度无极章》。
⑥ 〔北齐〕刘昼撰，杨明照校注：《刘子校注》，巴蜀书社，1988年，第2页。

孟子思想，刘昼虽不取孟子心性论，但对孟子仁政思想，还是有所继承。刘昼曾有言：

耳目之於声色，鼻口之於芳味，肌体之於安适，其情一也。①

这是袭用自《孟子·尽心下篇》之语：

口之於味也，耳之於声也，鼻之於臭也，四肢之於安佚也，性也。

刘昼不相信人性为善，认为“凡人之心险于山川，难知于天”②，但也不认为人性为恶，在他看来，人为善为恶，都是环境染化的结果。“尧舜之人可比家而封，桀纣之人可接屋而诛，非尧舜之民性尽仁义，而桀纣之人生辄奸邪，而善恶性殊者，染化故也。”③刘昼对人性的看法显然承自告子。不过，对于治政理国，刘昼则推崇孟子的仁政王道思想，所以承袭颇多。在《爱民》篇，刘昼说：

故善为理者，必以仁爱为本，不以苛酷为先，宽宥刑罚，以全人命，省彻徭役以休民力，轻约赋敛，不匮人财，不夺农时，以足民用，则家给国富，而太平可致也。……先王之治，上顺天时，下养万物。草木昆虫不失其所，獭未祭鱼，不施网罟；豺未祭兽，不修田猎；鹰隼未击，不张罻罗；霜露未沾，不伐草木。草木有生而无识，鸟兽有识而无知，犹施仁爱以及之，奚况生人而不爱之乎？故君者，其仁如春，其泽如雨，德润万物，则人为之死矣。昔太王居邠，而人随之，仁爱有余也。夙沙之君，而人背之，仁爱不足也。仁爱附人，坚于金石，金石可销，而人不可离。故君者壤也，人者卉木也，未闻壤肥而卉木不茂，君仁而民人不盛矣。④

从刘昼这番论说可见，孟子以仁爱治国，实行仁政，薄税敛，轻刑罚，“黎民不饥不寒”等等是刘昼治政基本理念。而孟子论仁政之语：“不违农时”，“太王去邠”，“斧斤以时入山林”，“今恩足以及禽兽，而不功至于百姓者，何也？”等等，刘昼都将其化用其中。孟子仁政王道构成了刘昼政治思想

①②③　〔北齐〕刘昼撰，杨明照校注：《刘子校注》，巴蜀书社，1988 年，第 6 页、第 97 页、第 61 页。

④　杨明照编著：《增订刘子校注》，巴蜀书社，2008 年，第 227 页。

的骨架。

由上可见，在执政者倚重申商法术之治，玄学家主“无为”甚至无君的魏晋南北朝，孟子仁政王道思想依然是此间一些学人的基本治政理念和理想，他们继承孟子仁政王道之说，以此构建自己治政思想的基石。

结 语

魏晋南北朝，只有綦毋邃一人为《孟子》作注，其研究力度不及汉代，其他学人也无研读《孟子》的专门文章，所以，从研究力度来看，魏晋南北朝是孟学史上的低谷期、潜隐期，但不能否认的是，《孟子》依然是魏晋六朝学人的重要文化资源，是他们学习的重要典籍，时人“家著一书，人书一法，雅人君子投笔砚而高视”①，既宗孟，亦征孟。魏晋六朝学人虽未专门撰文评说孟子，但他们也有自己对孟子其人其说的认识，并且在宗孟、征孟的同时，继承吸收孟子思想，将孟子一些观念融进自己思想体系之中。所以魏晋南北朝孟学虽潜隐，但并没有停下前行的脚步。

魏晋六朝学人对孟子基本思想——心性论、仁义伦理、仁政王道，都有所继承，但是在继承中又所改造。魏晋六朝学人继承孟子性善论，肯定人人皆仁心，仁是人性，但是却认为“性有厚薄”，所以每个人的仁性有多少厚薄之异，现实社会人性之千差万别正因此造成。孟子仁义气节、仁政王道则是魏晋六朝学人构筑其思想的理论基石，但葛洪却又主张明先仁后，傅玄则以荀子礼法弥补孟子仁政王道。魏晋六朝佛教在其中国化过程中，从孟子思想中借力颇多，受孟子心性论的影响，中土佛教主张“一切众生悉有佛性”，人人皆可成佛，并用孟子仁义、仁政比附佛教教义，构筑了佛教仁道政治。可以说，孟子思想对于此间儒释道思想的发展都有一定的影响。

---

① 〔宋〕李昉：《太平御览》，（四部丛刊）三编景宋本，第3647页。

程颢、程颐论“王道”与“治道”

范立舟

（杭州师范大学人文学院教授）

程氏兄弟所理解的“先王之道”，是儒家《大学》倡导的正心诚意修身齐家治国平天下之学，是着眼于君主心术的本源之学，与他们认识的王安石功利之学大相径庭。让君主具备晶莹透彻的道德灵明，比一切实用手段更为重要，若不具备此道德灵明而仅具手段作用，则对于政治事务有害而无益。较之兵刑法律制度的改进、财政税收与行政效率的提升，“正君心”更为彻底也更为重要。“天下之事，革之不得其道，则反致弊害。”① 君主若不具备“道心”作为其施政的根本主宰，则礼仪制度是不可能完备的，也不可能真正有意义的。伦理与政治的结合，一向是儒家政治思想的特色所在，“苟正其身矣，于从政乎何有？不能正其身，如正人何？”② 这是一种基于先验人性论的判定以及人性与政治问题有着内在逻辑联系的建构。在规范意义和价值导向上，君主的道德灵明始终应该是根本的价值取向。儒家政治思想的基点确立在他们坚信人性是向善升华的成长过程，这也是政治事业的崇高目标，君主的道德心灵是解决所有政治问题的逻辑前提。③ 这种思想，在两宋理学那里表现得尤其充分，王道

① 〔宋〕程颐：《周易程氏传》卷四《革卦》，载《二程集》，王孝鱼点校，北京：中华书局，1981 年，第 952 页。

② 〔三国魏〕何晏集注、〔宋〕邢昺疏：《论语注疏》卷十三《子路》，载〔清〕阮元校订：《十三经注疏》，北京：中华书局，1980 年影印本，第 2507 页中。

③ 李明辉在《儒家视野下的政治思想》（北京大学出版社，2005 年）里阐证康德政治思想时，讲到康德的伦理学的系列预设，其中指出，康德伦理学不太注重“功效”而更注重“存心”（动机），那是一种不同于“目的论伦理学”（功效）的“义务论伦理学”（动机）。它坚持认为，我们判定一个行为或行为规则之道德意义时所根据的最后标准，并非其所产生的非道德价值，而是其自身的特性。义务论伦理学不一定排斥非道德意义的“善”，它只是反对以它作为道德价值的唯一的或最后的标准。参见该书第 70—71 页。

政治思想与政治价值是构成程颢、程颐政治思想的内核。

一、二程论"王道"政治

二程心目中理想政治的操持者是圣人，理想政治的典范则是王道政治，王道政治是他们政治思想最重要的理论建构。程颢说：

得天理之正，极人伦之至者，尧、舜之道也；用其私心，依仁义之偏者，霸者之事也。王道如砥，本乎人情，出乎礼义，若履大路而行，无复回曲。霸者崎岖反侧于曲径之中，而卒不可与入尧、舜之道。故诚心而王则王矣，假之而霸则霸矣，二者其道不同，在审其初而已。《易》所谓"差若毫厘，缪以千里"者，其初不可不审也。故治天下者，必先立其志，正志先立，则邪说不能移，异端不能惑，故力进于道而莫之御也。苟以霸者之心而求王道之成，是衔石以为玉也。故仲尼之徒，无道桓、文之事，而曾西耻比管仲者，义所不由也，况下于霸者哉?①

王道政治的内涵，与儒家一以贯之的内圣外王理念有着内在的紧密联系。内圣目的性地指向外王，外王经验性地证明内圣。没有内圣蕴意的外王是虚假的，没有外王覆盖的内圣是空洞的。因此，在程颢这里，内圣首先体现在对天理的涵摄上。"王道与儒道同，皆通贯天地，学纯则纯王纯儒也。"② "万物皆只是一个天理。己何与焉？至如言'天讨有罪，五刑五用哉！天命有德，五服五章哉！此都只是天理自然当如此。人几时与？与则便是私意。有善有恶。善则理当喜，如五服自有一个次第以章显之。恶则理当恶，彼自绝于理，故五刑五用，曷尝容心喜怒于其间哉？舜举十六相，尧岂不知？只以他善未著，故不自举。舜诛四凶，尧岂不察？只为他恶未著，那诛得他？举与诛，曷尝有毫发厕于其间哉？只有一个义理，义之与比。"③ 王道政治之所以能够也必须占据首要地位，乃是因为它本身是天理之秩序与命令。"在天为命，在义为理，在

① 〔宋〕程颐：《河南程氏文集》卷一《论王霸札子》，载《二程集》，王孝鱼点校，第450—451页。

② 〔宋〕程颢、程颐：《河南程氏外书》卷十一，载《二程集》，王孝鱼点校，第411页。

③ 〔宋〕程颢、程颐：《河南程氏遗书》卷二上，载《二程集》，王孝鱼点校，第30页。

人为性，主于身为心，其实一也。”① “天之付与之谓命，禀之在我之谓性，见于事业之谓理。”② “穷理，尽性，至命，一事也。才穷理便尽性，尽性便至命。因指柱曰：‘此木可以为柱，理也；其曲直者，性也；其所以曲直者，命也。理、性、命，一而已。’”③ 在这里，“五刑五用”和“五服五章”不过是外王功业之表证，是王道之用；而天理之准则内含于一切人（当然也包括政治领袖）人性人心的深处，王道政治理应是领袖对内在秉性的自觉呼应。遵循天理以贯彻王道政治，既是外王事业之体现，也是内圣工夫之要求。因而，王道政治同样也应是圣王以“纯王之心”行“纯王之政”：

> 王者高拱于穆清之上，而化行于禅海之外，何修何饰而致哉？以纯王之心，行纯王之政尔。纯王之心，纯王之政，老吾老以及人之老，幼吾幼以及人之幼，此纯王之心也。使老者得其养，幼者得其所，此纯王之政也。尚虑其未也，则又尊国老而躬事之，优庶老而时养之。风行海流，民陶其化，孰有怠于亲而慢于长者哉？虞、夏、商、周之盛王，由是道也。人伦以正，风俗以厚，鳏寡孤独无不得其养焉。后世礼废法坏，教化不明，播弃其老，饥寒转死者往往而是。呜呼！率是而行，而欲王道之成，犹却行而求及前，抑有甚焉尔。④

> 王道之本，仁也。臣观陛下之仁，尧、舜之仁也。然而天下未治者，诚由有仁心而无仁政尔。故孟子曰：“今有仁心仁闻，而民不被其泽，不可法于后世者，不行先王之道也。”陛下精心庶政，常惧一夫不获其所，未尝以一喜怒杀一无辜；官吏有犯入人罪者，则终身弃之。是陛下爱人之深也。然而凶年饥岁，老弱转死于沟壑，壮者散而之四方，为盗贼，犯刑戮者，几千万人矣。岂陛下爱

① 〔宋〕程颢、程颐：《河南程氏遗书》卷十八，载《二程集》，王孝鱼点校，第204页。

② 〔宋〕程颢、程颐：《河南程氏遗书》卷六，载《二程集》，王孝鱼点校，第91页。

③ 〔宋〕程颢、程颐：《河南程氏外书》卷十一，载《二程集》，王孝鱼点校，第410页。

④ 〔宋〕程颢：《河南程氏文集》卷二《南庙试策五道（第一道）》，载《二程集》，王孝鱼点校，第465页。

人之心哉？必谓岁使之然，非政之罪欤？则何异于刺人而杀之，曰："非我也，兵也。"三代之民，无是病也。岂三代之政不可行于今邪？州县之吏有陷人于辟者，陛下必深恶之，然而民不知义，复迫困穷，放辟邪侈而入于罪者，非陛下之陷之乎？必谓其自然，则教化，圣人之妄言邪？①

牟宗三云："政道是相应政权而言，治道是相应治权而言。中国在以前于治道，已进至最高的自觉境界，而政道则始终无进展。因此，遂有人说，中国在以往只要治道而无政道，亦如只有吏治而无政治。吏治相应治道而言，政治相应政道而言。"② 牟宗三进而认定，夫所谓"政道"者，即关于政权的道理。而政权之取得与维系，又不过是德与力的结果。开创者与维护者"必具有相当之正义与理想，依此而足以吸众，并足以伸大义于天下。此为一时代是非善恶之标准"。③儒家论政治权力之取得，一向有"革命"、选举、世袭三种形式，"革命"者，变更其所受天之命也。而"革命"也必须有所凭依，"统治者之取政权，于现实方面是凭其德与力。及其德足以服众，力足以取众，在现实上无足与竞，其自身便成一实际上之无限，顿觉其生命遥与天接，因而便谓其统治是受命于天。既以为上天命其统治，则实际上一时之无限（即才质之无限）便有一超越者以提升之而圆满其无限，遂转而为理性上之无限。所谓'乃武乃文，乃圣乃神'是也。然此理性上之无限毕竟只是一时之圆足，其德与力须时时不衰以适应之，方能保其圆足。一旦德与力不足以常新而适应之，则其理性上圆足之无限顿时便有裂罅出现"。④在这里，牟宗三事实上关注的焦点是政治共同体的根本性质与权力来源等问题，也就是政治合法性的渊源问题。它不仅关注政治秩序（政治体制）的展现形式，更关注政治秩序（政治体制）的具体内涵及其实质，比如政治秩序的日常运作方式、任务、目标与途径等各个方面。从政道的角度看，掌控权力的政治实体最重要的机能在于在最大程度上回应人民的要求；从人民的角度看，政治权力的形式远不如此种权力对人民的呼声的回应更为重要。尤其是承平岁月世袭制度下的权力，特有待于

---

① 〔宋〕程颐：《河南程氏文集》卷五《上仁宗皇帝书（皇祐二年）》，载《二程集》，王孝鱼点校，第 513 页。

②③④ 牟宗三：《政道与治道》，广西师范大学出版社，2006 年，第 1 页、第 2 页、第 3 页。

“天下为公”政治理念之坚持与贯彻。

坚持以人民的要求为基础来建立政道与治道的思想，在《尚书》那里就有显著的体现。“‘天命’说谓天令人有君——人由此乃成为政治的存在，‘君’的存在，体现了一个提升的价值，其目标在于发挥人的能力，为人民的群体建立发展的空间，这是对‘政治’之形成的重要论述，亦是对政治组织之可能的重要论述，其彰显了一个人能成为人类群体领导者的可能性，鼓励人实现其潜力，发挥内在于人的天人之性，也就是天之所命之性。”① “天乃大命文王殪戎殷，诞受厥命，越厥邦厥民。”② “先王有服，恪谨天命。”③ 儒家把“天地内含的目的性、价值性视为天命。”④政治所具有的内在理性就是呼应天地的目的性与价值性。因而，政治需要有天命来作为其合理性之支持。然而，人君对天的态度，不能是被动的和被支配的，而理应是积极的和双向的。获得天的青睐与眷顾的前提是亲民，即对民要有一种敬慎、勤勉、宽慰的态度，这种态度，就是“德”。德是中国传统政治理念的基石。“皇天无亲，惟德是辅。民心无常，惟惠之怀”⑤ 德，同时也具有正义的意味，“以德配天命”就是在人间主持正义。德之内涵与目标，即是政道的标准。而德之政治实践，即是将政道之内涵显现出来，造福于民众，此即治道。“季康子问政于孔子，孔子对曰：‘政者，正也。子帅以正，孰敢不正？”⑥ 在政道的场域内，伦理政治是最重要、最关键的元素。“人皆有不忍人之心。人皆有不忍人之心，斯有不忍人

---

①④ ［美］成中英：《〈尚书〉的政治哲学：德化论的发展》，载《扬州大学学报》（人文社会科学版）2014 年第 4 期，第 75 页、第 77 页。

② 〔汉〕孔安国传、〔唐〕孔颖达疏：《尚书注疏》卷十四《康诰》，载〔清〕阮元校订：《十三经注疏》，中华书局，1980 年，第 203 页上。

③ 〔汉〕孔安国传、〔唐〕孔颖达疏：《尚书注疏》卷九《盘庚上》，载〔清〕阮元校订：《十三经注疏》，第 168 页下。

⑤ 〔汉〕孔安国传、〔唐〕孔颖达疏：《尚书注疏》卷十七《蔡仲之命》，载〔清〕阮元校订：《十三经注疏》，第 227 页中。《左传·僖公五年》亦有：“臣闻之，鬼神非人实亲，惟德是依。故《周书》曰：‘皇天无亲，惟德是辅。’又曰：‘黍稷非馨，明德惟馨。’又曰：‘民不易物，惟德繄物。’如是，则非德，民不和，神不享矣。神所冯依，将在德矣。若晋取虞，而明德以荐馨香，神其吐之乎？”以德配天的实质含义就在于，无论就意图还是责任而言，政治权力需要落实的仅是人民认可的普遍的善。

⑥ 〔三国魏〕何晏集注、〔宋〕邢昺疏：《论语注疏》卷十二《颜渊》，载〔清〕阮元校订：《十三经注疏》，第 2504 页中。

之政矣。以不忍人之心，行不忍人之政，治天下可运之掌上。先圣王推不忍害人之心，以行不忍伤民之政，以是治天下易于转丸于掌上也。"[①] 所谓的善政、仁政，善良的施政动机与完满的法度的有机结合，就是政道的内核。程颢说："尝观自三代而后，本朝有超越古今者五事：如百年无内乱；四圣百年；受命之日，市不易肆；百年未尝诛杀大臣；至诚以待夷狄。此皆大抵以忠厚廉耻为之纲纪，故能如此，盖睿主开基，规模自别。"[②] 此意在于王者道德心灵与王者施政结果之间，乃呈现一种交互涵摄的现象，揭示出内圣外王之道的完整性。亦即政道之所在。事实上，二程理解的政道，很大程度上是指政治之合法性。而合法性的定义，很大程度上则落实或体现为政治权利。"权利是指与他人就有关构成每人份额的部分以及应互守义务的部分达成的谅解。权利在组织起个体之间持续关系的同时，也创造了某种相互的期待，只有得到每个人的赞同才能使之得以实现。"[③] 政治组织和政治领袖作为公共空间的保证人，"既是权利的工具，又是权利的表达。正是这一点给予了政治机构以指挥地位以及它对强制力的垄断。同样也正是这一点将赞同放诸统治权利的核心。"[④]政治组织对人民的权利关系建立必须要以后者的赞同为基本条件，不能先行认定统治是合法的，人民就必须服从，而是应当先征得人民的同意，其统治权利才是合法的。然而，人民的赞同仅仅是确立统治权利的必要条件而不是充分条件，政治组织要想使自己的政治合法性有足够的效力，仅获得人民的赞同是缺乏深厚根基的。"合法性需要对规范的重视，合法性的条件之一就是对于政府的活动应该为何取得谅解，政治究竟应该将何种价值作为自己所推动的目标，处于统治地位的人和处于服从地位的人应该就此达成一致，也只有在这个时候，统治才成为一种权利行为。"[⑤]于是，价值构成了权利的内容，权利的存在将价值作为先决条件。最为普遍的价值显然就是最能体现社会同一性的价值，是社会认同度最高的价值，社会规范由此成型，保护与促进这些最基本的价值与规范，并

---

① 〔汉〕赵岐注、〔宋〕孙奭疏：《孟子注疏》卷三下《公孙丑上》，载〔清〕阮元校订：《十三经注疏》，第 2690 页下—2691 页上。

② 〔宋〕程颢、程颐：《河南程氏遗书》卷十五，载《二程集》，王孝鱼点校，第 159 页。

③④⑤ 〔法〕让 - 马克·夸克（Jean-Marc Coicaud）：《合法性与政治》，佟心平、王远飞译，筱娟校，中央编译出版社，2003 年，第 14 页、第 15 页、第 19 页。

将之制度化，也是政治组织合法性的来源。政治领袖如果想发挥其职务所具备的效能，则首先要具备代表其政治共同体的地位与能力；更为重要的则是责任。政治领袖是以承担政治责任的方式拥有统治权利的。“个人的愿望，只有在它表现为服务于整个共同体利益的时候，它在政治上才是可以获得承认的：因此这也就是说只有当这个具有目标的人将自己的行为真正地认同为国家的任务，关心对共同体繁荣的确保时，他成功的愿望才真正地获得了具有合法性的政治价值。以至于具有合法性的政治活动是与责任密不可分的。责任所表达的是一种权力，该权力接受了统治权利所强加的限制措施。”[①] 克里斯托弗·威尔曼（Christopher Wellman）则以乐善好施的责任（samaritans duty）来回答政治组织的合法性依据与政治责任等问题。国家理应承担一种道德义务，那就是对其人民的“乐善好施”，以换取人民对国家与法律的服从。威尔曼从政治组织提供的利益的角度确立其所谓的政治合法性。他确立了两个主张：（1）国家提供了重要的利益；（2）如果没有国家，我们就得不到这些利益。[②] 威尔曼全面考虑了“乐善好施的责任”和公平的原则，由此确立了国家的合法性，从而确立了人民的政治义务。威尔曼的解读说，“乐善好施的责任”不同于正义的责任，也不同于慈善的责任，因为它与积极权利相对应，这种积极权利是一种接受恩惠的权利，不同于免受干扰的消极权利，享有这种权利的人有权利要求负有“乐善好施的责任”的政治组织与政治领袖做出普遍恩惠的积极行动。[③]儒家对政治合法性的论述，比较接近威尔曼的意见。政治合法性的最后依据不是法律意义上的实在法，而是先于实在法存在的、价值上高于实在法的超越性的自然法。基于现实利益的社会心理——“民意”，在政治合法性的天

---

① ［法］让－马克·夸克（Jean-Marc Coicaud）：《合法性与政治》，佟心平、王远飞译，筱娟校，第47页。夸克认为，这些限制措施在于（1）统治者不能将自己局限于只为自己而存在，即为了私利而存在。政治权力除非是想抛弃自己的任何信誉，否则，它就必须通过为共同体服务而使自己的合法性得以说明。（2）对于一个领导人来说，政治责任首先是承认他的活动的公共范畴。这种责任也就说明了政治的统治权力——即统治者所拥有的全部权力并不是无限的。领导人必须重视共同体的需要。承担责任的方式给予了统治者以统治权利。政治统治权力接受责任的限制，因此它并不是绝对的，而是有条件的。参见该书第47—50页。

②③ 参见毛兴贵：《乐善好施的责任、政治合法性与政治义务》，载《南京社会科学》，2019年第3期。

平上具有举足轻重的砝码。显而易见的，政治合法性必须由统治者与被统治者“合谋”方能达成“决议”。统治者的言论仅为人们所见的一个方面，被统治者的不断追问与不同期待则是另一个方面。“合法性包括两个向度：一是从政治统治的主体的角度来看，合法性意味着一种政治统治必须具有让被统治者认为这种统治是‘适当的’和‘应当服从的’能力和功能，也就是说，这种统治是有效的，它能获得被统治者的承认和自愿服从，即使是最低限度的承认和自愿服从；二是从政治统治的客体的角度来看，合法性意味着被统治者基于某种经验、价值、理念而将一种政治统治者看作是正当的、符合道义的，并对这种政治统治赋以自愿、自觉的认同、支持和拥护。”① 这里，政治合法性的双向维度意味着合法性涉及的“价值评价”，很大程度上是以评价者的需求和情感为依托，满足评价者需求和情感的往往就是被认可的政治组织与政治权力。

中国政治思想中对于权力来源与合法性的解释既有“天命论”也有“德仁说”。梁启超将此种理念称之为“具象的天治主义”，② 这就是《尚书·洪范》所声称的“天子作民父母，以为天下王”，然而，另一方面，人文理性的升华，人们意识到权力理应是权力拥有者道德秉性的存在和外化，权力拥有者自身的道德觉悟及其自律是拥有权力的前提与合法性的最有效根据。于是就有了天命论与德仁说的联姻，渐渐地演变为“抽象的天意政治”。③他们试图将后者注入前者，将后者塑造为前者的基础。德仁如同北极星一般熠熠生辉，“为政以德，譬如北辰，居其所而众星共之。”④ 而孟子的仁政说则正式地锁定政治与帝王心术之间的牢固关系，将道德信念与伦理政治实践绾为一体，并将伦理政治的正面形象定义为“王（道）”，将不排除形成有效统治结果但手段与方法存在缺陷的政治治理定义为“霸（道）”。“以力假仁者霸，霸必有大。国以德行，仁者王，王不待大。汤以七十里，文王以百里。以力服人者，非心服也，力不赡也。以德服人者，中心悦而诚服也。如七十子之服孔

① ［英］戴维·米勒（David Miller）、韦农·波格丹诺（Vernon Bogdanor）编：《布莱克维尔政治学百科全书》，邓正来译，中国政法大学出版社，2002 年，第 440 页。

②③ 梁启超：《先秦政治思想史》，东方出版社，1996 年，第 24 页，第 26 页。

④ 〔三国魏〕何晏集注、〔宋〕邢昺疏：《论语注疏》卷二《为政》，载〔清〕阮元校订：《十三经注疏》，第 2461 页下。

子也。《诗》云：'自西自东，自南自北，无思不服。'此之谓也。"[①] "以力服人"者，政治认同度低，合法性也低；"以德服人"者，政治认同度高，合法性也高。政治领袖需要通过修身、循礼、重民等方式确立其统治的合法性。"人有恒言，皆曰天下国家。天下之本在国，国之本在家，家之本在身。"[②] 对于政治领袖来说，修身绝对不是个人的品德砥砺，而是政治合法性的有力凭据。二程也是一样的认识。熙宁八年（1075）天空中出现彗星，神宗"手诏王安石等曰：'朕以寡薄，猥承先帝末命，获奉宗庙，顾德弗类，不足仰当天心。比年以来，灾异数见，山崩、地震、旱暵相仍，今彗出东方，变尤大者。内惟浅昧，敢不惧焉。其自今月己亥，不御前殿，减常膳，如故事，卿等宜率在廷之臣，直言朕躬过失，改修政事之未协于民者以闻。'遂诏中外臣僚直言朝政阙失。"[③] 在代宰相吕公著起草的上皇帝书里，程颐明确地提出：

> 今陛下既有警畏之心，当思消弭之道。且以今日之变，孰从而来？《书》曰："天视自我民视，天听自我民听。"岂非政之所致欤？如曰非政之由，则经为诬矣，臣复何言？诏之所求，亦为虚设。若以为政之所致，则改以顺天，在陛下而已。晏子所谓"可祝而来，亦可禳而去"也。《传》曰："天之有彗，以除秽也。"又曰："所以除旧布新。"臣愿陛下祗若天戒，思当除者何事，而当新者何道。如曰旧政既善，无所可除，则天为诬矣，臣复何言？若以为当求自新，则在陛下思之而已。
>
> 自非大无道之世，何尝不遇灾而惧？然而能自新者盖寡。大率蔽于所欲，惑于所任，明不足以自辨也。视是而为非，以邪而为正，败亡至而不寤，天亦不能戒也。岂其恶存而好亡，憎治而喜乱哉？亦惑而不能辨尔。臣以为辨之非艰，顾不得其道也。诚能省己之存心，考

---

① 〔汉〕赵岐注、〔宋〕孙奭疏：《孟子注疏》卷三下《公孙丑上》，载〔清〕阮元校订：《十三经注疏》，第2689页下。

② 〔汉〕赵岐注、〔宋〕孙奭疏：《孟子注疏》卷七上《离娄上》，载〔清〕阮元校订：《十三经注疏》，第2718页下。

③ 〔宋〕李焘：《续资治通鉴长编》卷二百六十九，熙宁八年冬十月戊戌条，北京：中华书局，1986年，第6597页。

己之任人，察己之为政，思己之自处，然后质之人言，何惑之不可辨哉？能辨其惑，则知所以应天自新之道矣。臣请为陛下辨之。

所谓省己之存心者：人君因亿兆以为尊，其抚之治之之道，当尽其至诚恻怛之心，视之如伤，动敢不慎，兢兢然惟惧一政之不顺于天，一事之不合于理。如此，王者之公心也。若乃恃所据之势，肆求欲之心，以严法令举条纲为可喜，以富国家强兵甲为自得，锐于作为，快于自任，贪惑至于如此，迷错岂能自知？若是者，以天下徇其私欲者也。勤身劳力，适足以致负败，夙兴夜寐，适足以招后悔。以是而致善治者，未之闻也。愿陛下内省于心，有近于是者乎？苟有之，则天之所戒也，当改而自新者也。①

事实上，这是程氏兄弟对王安石变法的一个总批评，也是对神宗执政8年以来的一次总清算。如果在帝王心术上没有获得正确的认识，则其施政方针设计越是宏大，制定越是缜密，执行越是严厉，则离开仁政的目的越是遥远。因而，“存心”即政治意图的正确性与道德纯粹性始终是第一位的。“臣以为所尤先者有三焉，请为陛下陈之：一曰立志，二曰责任，三曰求贤。”②“三者之中，复以立志为本。君志立而天下治矣。所谓立志者，至诚一心，以道自任，以圣人之训为可必信，先王之治为可必行。”③而大程子也鲜明地揭示过君道之大“在乎君志先定，君志定而天下之治成矣。所谓定志者，一心诚意，择善而固执之也。夫义理不先尽，则多听而易惑；志意不先定，则守善而或移。”④在二程那里，天理这个道德伦理范畴被设定为宇宙的最高本体，是一个普遍的、至上的、超越性的精神实体，是凌驾于万物之上的至善的绝对精神。与之相颉颃的则是“人欲”，人欲横行，天理就会泯灭，而理义之心人皆有之，保持一颗纯净的道德心灵，不使人欲玷污之，显得格外重要，尤其是作为政治领导人，坚定地秉持道德理性，摒弃感性欲求，是达至国家长治久安与理想政治

① 〔宋〕程颢、程颐：《河南程氏文集》卷五《代吕公著应诏上神宗皇帝书（熙宁八年十月）》，载《二程集》，王孝鱼点校，第530页。

②③ 〔宋〕程颐：《河南程氏文集》卷五《为家君应诏上英宗皇帝书（治平二年）》，载《二程集》，王孝鱼点校，第521页。

④ 〔宋〕程颢：《河南程氏文集》卷一《上殿札子》，载《二程集》，王孝鱼点校，第447页。

的关键，“人心，私欲也；道心，正心也”。[1] 执政者必须时刻克除种种感性欲念的冲动，保持道德理性之心的纯净，他们极为推崇道德理性，空前地树立了人伦主体的庄严伟大，“王者之政”是天理、道义与公心的体现，“霸者之政”则是人欲、私利与私心的体现。这样，理欲之辨、义利之别、王霸之异相互之间形成一个完整的对应式的结构，仁与义从一种对个人的伦理要求扩展为一种政治思想的核心概念，政治领袖尤其要率先垂范，对私欲实现有效的限制，增进全民福祉，将国家引入祥和、富裕、有序的境地，是维系政治合法性的纽带。[2] 二程政治思想就此而言，有着显著的二元对决的观念。一方面，天理或道心作为推进政治与历史向善发展的力量，另一方面，人心与私欲是作为牵引政治与历史向恶的境域沦陷的动力。在这种精神与肉体的二元对决中，二程坚信精神能够最终主宰肉体。因为在二程看来，作为天理存在的绝对精神，俨然能够超出肉体之外，成为一切神圣、至善的根源，与之相对立的肉体，则是被贬损、遭克制的罪恶的化身，伦理规范和行为者的坚定信念是制服邪恶的武器：

> 甚矣，欲之害人也！人之为不善，欲诱之也。诱之而弗知，则至于天理灭而不知反。故目则欲色，耳则欲声，以至鼻则欲香，口则欲味，体则欲安，此皆有以使之也。然则何以窒其欲？曰思而已矣。学莫贵于思，唯思为能窒欲。[3]

就这样，灵与肉、天理与人欲的对决不但成为人性的主要现象，精神如何控制肉体，天理如何控制人欲，也不仅仅是人性观中的最主要的项目。更为重要的是，这种二元对决与灵对肉的控制乃关系到国家的兴衰治乱，关系到社会历史的走向。张灏认为，儒家的人性论有其两面性。从正面看，它肯定人性成德之可能；从反面看，它强调生命有成德的需要就意味着现实生命

① 〔宋〕程颢、程颐：《河南程氏遗书》卷十九，载《二程集》，王孝鱼点校，第256页。

② 蒋庆认为，王道政治的合法性由三个部分组成，(1) 天道合法性（超越神圣合法性），(2) 地道合法性（历史文化合法性）和 (3) 人道合法性（人心民意合法性）。参见氏著：《政治儒学》，北京：三联书店，2003年，第202—210页。

③ 〔宋〕程颢、程颐：《河南程氏遗书》卷二十五，载《二程集》，王孝鱼点校，第319页。

缺乏德性的意思，意味着现实生命是昏暗的和陷溺的，是需要净化和提升的。宋明儒学强调生命成德之可能，对生命的昏暗与人世的缺陷作出间接的映衬与侧面的影射，表现出一种“幽暗意识”。[①] 程朱理学的理论结构是以二元论的形式出现的。在宇宙论层面，设立了理与气的对立；在人性论层面，则有天理与人欲、道心与人心的对立。但是，这“千疮百孔”的生命，在理学看来终究有体现至善、成为圣人的可能。政治领导人的道德修养是良治达成与否的关键所在：

> 天下之害，无不由末之胜也。峻宇雕墙，本于宫室；酒池肉林，本于饮食；淫酷残忍，本于刑罚；穷兵黩武，本于征讨。凡人欲之过者，皆本于奉养，其流之远，则为害矣。先王制其本者，天理也；后人流于末者，人欲也。损之义，损人欲以复天理而已。[②]

在这种灵与肉的二元对决中，二程不使后者有一丝一毫合理存在的根据。张灏解释宋明理学幽暗意识的一个特点，那就是多种思想影响下形成的“复性”思想。“复性”观念的基本前提是生命存在的两个层面——生命的本质和生命的现实。前者是人类历史的本原状态，后者是人类历史的现实过程。生命

---

① 参见张灏：《幽暗意识与民主传统》，新星出版社，2006年，第34—36页。所谓的“幽暗意识”，是指对人性与宇宙中与生俱来的种种黑暗势力的正视和省悟：因为这些黑暗势力根深蒂固，这个世界才有缺陷，才不能圆满，而人的生命才有种种的丑恶，种种的遗憾。这种对人生和宇宙中阴暗面的正视，并不代表价值上的认可，相反，这种幽暗意识以强烈的道德感为出发点，在价值上否定人的私利和私欲，然后在这个前提上求其防堵、疏导和化解之策。因此它对现实人生、现实社会常常含有批判的和反省的精神。参见该书第24页。张灏指出，以幽暗意识为出发点，基督教不相信人在世界上有体现至善的可能，因为人有着根深蒂固的堕落性，靠自己的努力和神的恩宠，人可以得到救赎，但人永远无法变得完美无缺。因此，从基督教看来，人世间不可能存在“完人”。这种人性观，对于西方政治文化有着极为重要的影响。然而，在儒家传统和柏拉图思想里，解决政治问题的途径往往是归结到追求一个完美的人格作为统治者——这种追求“圣王”或“哲学王”的观念，起码在表层陈述上与幽暗意识存在矛盾。幽暗意识造成基督教传统重视客观的法律制度的倾向。人性既然不可靠，那么掌握权力的人容易成为可怕的人。历史上解决权力问题的途径分为两种：一种是希望执掌权力的人，透过内在的道德自律，成为一个完美的人格去净化权力；另一种是追求制度建设上的防范。参见该书第26—27页。

② 〔宋〕程颐：《周易程氏传》卷三《损》，载《二程集》，王孝鱼点校，第907页。

的现实虽然在理论上不一定就等于是昏暗，但却常常表现为昏暗。因此从生命的本质到生命的现实便常常是一种沉沦。同样的道理，人类政治与历史的本原状态和生命的本质一样，曾经是完美的存在，但在历史的过程中却会陷入昏暗，于是就形成了“复性”论的主题：沉沦与提升——本性的失落与本性的复原。① 二程的义理结构就是以二元论的形式出现的，人性论上如此，政治论与历史观上亦复如此，“‘人心惟危’，人欲也；‘道心惟微’，天理也。‘惟精惟一’，所以至之‘允执厥中’，所以行之。”② “三代之治，顺理者也；两汉以下，皆把持天下者也。”③ “视听言动，非理不为，即是礼，礼即是理也。不是天理，便是私欲。人虽有意于为善，亦是非礼。无人欲即皆天理。”④ “人心，人欲；道心，天理。”⑤ 从孔孟儒学到宋明理学儒家一向的乐观精神支配着它的政治思想的一个基本方向，那就是既然人存在体现至善、成圣成贤的可能，那么政治权力就应该移交到这些已经体现至善的圣贤的手上，让德性与成就德性的智慧来驾驭政治权力、指导政治生活，这既是儒家解决政治问题的基本途径，也是“圣王”和“德治”的思想，后者又与政治合法性问题密切相连。⑥ 二程的政治思想与此前一千五百年来的儒家政治思想一样，其整体精神就是沿着并贯彻着如何培育政治领袖的德性的道路而来的。程颐就认为：“治道在于立志、责任、求贤。”⑦ “知、仁、勇三者，天下之达德，学之要也。”⑧这里的“立志”，就是明确地提出要把国家的政治行为托付给贤明的领袖。柏拉图认为通常情况下的人们只习惯于感性现象的认知，而领袖则需要有一次灵魂的转向，即摆脱对于感性现象的单纯认知，转向关注永恒的理念世界。这样，政治领袖才能够掌握有关正义的知识，锻造出“哲学王”。毫无疑问的，赋予理想城邦以现实性的关键之处就在于秉持终极真理的“哲学王”成为领袖，或者

① 参见张灏：《幽暗意识与民主传统》，第36—37页。

②③⑦⑧ 〔宋〕程颢、程颐：《河南程氏遗书》卷十一，载《二程集》，王孝鱼点校，第126页、第127页、第126页。

④ 〔宋〕程颢、程颐：《河南程氏遗书》卷十五，载《二程集》，王孝鱼点校，第144页。

⑤ 〔宋〕程颢、程颐：《河南程氏外书》卷二，载《二程集》，王孝鱼点校，第364页。

⑥ 参见张灏：《幽暗意识与民主传统》，第40页。

是政治领袖通过教育的启迪成为哲学家。① "当一个国家最最像一个人的时候，它是管理得最好的国家。"②现实秩序来源于不朽的精神生命中的理性，良善的政治与社会秩序就应当与精神理性的秩序相一致，体现理性的和具备智慧美德的人理所应当地占据统治地位，在这样一个国度，对人的理性与智慧美德的推崇指向一个最终的目的——整体的和全部的和谐。故而，塑造智慧并自觉维护理性的秩序就是政治治理的关键所在。程颢、程颐认为政治家"立志"的基本含义是要确立体现"天理"的伦理意志。"夫以一夫之身，立志不笃，则不能自修，况天下之大，非体乾刚健，其能治乎？自昔人君，孰不欲天下之治？然而或欲为而不知所措，或始锐而不克其终，或安于积久之弊而不能改为，或惑于众多之论而莫知适用，此皆上志不立故也。"③ 因而，在程颢看来，无论是个人的修身，还是帝王的治国，都要从"识仁"开始，黄宗羲所谓："明道之学，以识仁为主，浑然太和元气之流行。"④ "识仁"也是程颢政治哲学之根基，具备仁德者，可以与天地万物为一体。仁德者具有一种能力，那是对生生之理的感通和领悟，在万物一体的基础之上将自己与宇宙融为一体，"一人之心，即天地之心；一物之理，即万物之理"。⑤ "可见他们总是不分内外不隔物我不立自然律与道德律之分别。"⑥ 其内在缘由则在于加强道德法则之必然性。⑦ 显然，程颢的"识仁"，绝不是仅限于个体生命的成圣成贤，"仁者，以天地万物为一体，莫非己也。认得为己，何所不至？若不有诸己，自与己不相干。如手足不仁，气已不贯，皆不属己。故'博施济众'，乃圣之功用。"⑧王道事业乃是一外推之过程，"成己须是仁，推成己之道成物便是智。"⑨ 在成己

①② 参见［古希腊］柏拉图（Plato）：《理想国》，郭斌和、张竹明译，北京：商务印书馆，2002 年，第 214—215 页、第 197 页。

③ 〔宋〕程颐：《河南程氏文集》卷五《为家君应诏上英宗皇帝书（治平二年）》，载《二程集》，王孝鱼点校，第 521 页。

④ 〔清〕黄宗羲原著、全祖望补修：《宋元学案》卷十三《明道学案上》，陈金生、梁运华点校，北京：中华书局，1986 年，第 542 页。

⑤⑧ 〔宋〕程颢、程颐：《河南程氏遗书》卷二上，载《二程集》，王孝鱼点校，第 13 页、第 15 页。

⑥ 张东荪：《思想与社会》，辽宁教育出版社，1998 年，第 146 页。

⑦ 参见张东荪：《思想与社会》，第 146 页。

⑨ 〔宋〕程颢、程颐：《河南程氏遗书》卷六，载《二程集》，王孝鱼点校，第 82 页。

成物和修己与治人之间的关系，实际上等同于内圣外王融为一体的关系。“独善其身”与“兼济天下”之间，内在理路是畅通无碍的。“‘博施济众’，云‘必也圣乎’者，非谓仁不足以及此，言‘博施济众’者乃功用也。”[①]“天下之治乱，系乎人君仁不仁耳。”[②] 在这种简单化的断语的背后，蕴含着极其精湛的“权力之善”与权力合法性内在契合程度的思考。所谓的“权力之善”，是一种权力拥有者在对权力的运用时能够贯彻执行有利于人民和国家的利益的政治现象，是权力与道德相结合而出现的体现政治价值的“善”，要做到这一点，最重要的在于贬损政治权力与生俱来并时刻出现的工具理性的过度使用，追求正义与秩序，在良知的主持下，实现良制和良治，这项任务，呼吁沉睡于权力内部的道德的苏醒，通过领袖道德人格的彰显以彰显权力之善。儒家伦理政治从人性论的角度坚信权力具有的道德属性，《大学》对此就有提纲挈领式的阐述，“三纲领”“八条目”无非是讲：（1）人可以成德而臻于至善；（2）成德的领袖有责任建设符合理想的国家与和谐社会。而贯穿于这两点的一个基本信念则是：权力可以通过内在的德性去培育并转化，外在的制度化的制约防范力量是次要的。应该承认，从政治实践的事实层面审视，权力在本质上并没有否定与道德的关系。即便是在异化严重的共同体，权力也依旧承担着相应的服务社会的众多职能，权力的社会属性，是权力存在与发挥其职能的基础。因此，无论从应然还是实然的维度审查，不能排除权力的道德属性。这样，“权力之善”概念的提出，就是要超越政治运作中的工具理性，以落实权力的普惠价值。还有，随着政治文明的进展，国家及其所蕴含的权力渐次地疏离了社会，成为一种异化的存在“利维坦”，权力者的政治世界与人民的生活世界如同天堑鸿沟，二程的基于“识仁”说的政治理念告诉我们，远离生活世界的政治是没有意义的，政治制度与政治运作的本意就在于改善生活的样态，构建更符合人性的良善世界。而“权力之善”就要求权力从其设置到其运作都必须有利于现实世界与人民生活的普遍改善。权力的合法性、有效性与生活世界改善之间存在对应的关系，缺乏这种对应关系的权力，一定是异化的权力和异化的政治。政治权力是否能够与现实的生活世界建立亲

---

① 〔宋〕程颢、程颐：《河南程氏遗书》卷二上，载《二程集》，王孝鱼点校，第15页。

② 〔宋〕程颢、程颐：《河南程氏外书》卷六，载《二程集》，王孝鱼点校，第390页。

密无间的关系，是政治合法性的真切参照物，也是权力价值诉求逻辑要求。现代政治学中有关权力合法性的理论，无论是“人民同意原则”还是“公平正义原则”，建基于“识仁”说之上的“权力之善”说均能够兼容。前者为了摆脱“一切人反对一切人的战争”状态，就需要“把大家所有的权力和力量付托给某一个人或一个能通过多数的意见把大家的意志化为一个意志的多人组成的集体”。① 社会契约论也是一样，“我们每个人都以自身及其全部的力量共同置于公意的最高指导之下，并且我们在共同体中接纳每一个成员作为全体之不可分割的一部分”。② 他们都想安置“权力之善”为政治合法性的基石。罗尔斯从公平正义的原则构筑政治合法性，政治权力的正义要素在于（1）平等的自由权利；（2）机会的平等和可以接受的差别原则。③ 罗尔斯看重的是权力所设置与依托的制度是否落实了正义原则，即能够有效地维护与促进个人的自由权利，并在尊重个体差异性的基础之上为个人的发展提供制度性的保障。应该说，罗尔斯等政治自由主义者所看重的权利意识，的确与传统中国的政治动机论与责任论不同，但他们都同意把“权力之善”看作合法性的根基。

二程将“为治之大原”“牧民之要道”建基于“格君心之非”的基础上，有“纯王之心”，方能有“纯王之政”，从“识仁”与“立志”出发，其政治思想的纲领就立足于《大学》，正心诚意是其抓手，修齐治平为其政治实践之程序，明君贤相以此进路，不难臻于治世。“《大学》‘在明明德’，先明此道；‘在新民’者，使人用此道以自新；‘在止于至善’者，见知所止。”④ “三纲领”“八条目”是政治治理思路的逻辑程序，但他们更重视内求的工夫，诚敬之心是推行仁政的先决条件。“仁政的观念是儒家政治学的基础，坚信道德和政治密不可分，统治者的修身和对人民的统治密切相关，使人们很难将政治理

① ［英］托马斯·霍布斯（Thomas Hobbes）：《利维坦》，黎思复、黎廷弼译，北京：商务印书馆，1985 年，第 131 页。

② ［法］让－雅克·卢梭（Jean-Jacques Rousseau）：《社会契约论》，何兆武译，北京：商务印书馆，2003 年第 3 版，第 20 页。

③ 参见［美］约翰·罗尔斯（John Rawls）：《正义论》，何怀宏、何包钢、廖申白译，北京：中国社会科学出版社，1988 年，第 56—76 页。

④ 〔宋〕程颢、程颐：《河南程氏遗书》卷二上，载《二程集》，王孝鱼点校，第 22 页。

解为独立于个人伦理之外的控制机制。”[①] 理学政治思想尤其如此。在程颢那里，王道政治的基点在于“识得万物一体之仁”，并在确立此种信念的基础之上“立志求仁”，以诚敬之心持续实践推展，天下归仁的理想政治也就因之而实现。“识仁”是程颢政治思想的出发点，是他对儒家“内圣外王”之道的一种新贡献。程颐也一样看重“志”（意志的力量），“君子莫大于正其气，欲正其气，莫若正其志。其志既正，则虽热不烦，虽寒不慄，无所怒，无所喜，无所取，去就犹是，死生犹是，夫是谓不动心”。[②] “志顺者气不逆，气顺志将自正。志顺而气正，浩然之气也。然则养浩然之气也，乃在于持其志无暴其气耳。”[③] “正其气”是将情感调整到能够被自己的意志管控的频道，“正其志”则是把思想意识提升到新境界、新高度。“不动心”是处于这种新境界、新高度中人的意识活动。这些伦理思想与伦理实践可以针对普通知识分子提出，但更重要的是针对政治领袖人物：

> “闲邪则诚自存”，不是外面捉一个诚将来存著。今人外面役役于不善，于不善中寻个善来存著，如此则岂有入善之理？只是闲邪，则诚自存。故孟子言性善，皆由内出。只为诚便存，闲邪更著甚工夫？但惟是动容貌、整思虑，则自然生敬，敬只是主一也。主一，则既不之东，又不之西，如是则只是中。既不之此，又不之彼，如是则只是内。存此，则自然天理明。学者须是将敬以直内，涵养此意，直内是本。[④]

政治领袖的“正心窒欲”是良善的政治行为的第一步。张灏认为，就政治理想层面而言，“‘内圣外王’代表儒家特有的一种道德理想主义——圣王精神。这个精神的基本观念是：人类社会最重要的问题是政治的领导，而政治领导的准绳是道德精神。因为道德精神是可以充分体现在个人人格里，把政治

① ［美］杜维明：《道·学·政：论儒家知识分子》，上海人民出版社，2000 年，第 6 页。

②③ 〔宋〕程颢、程颐：《河南程氏遗书》卷二十五，载《二程集》，王孝鱼点校，第 321 页。

④ 〔宋〕程颢、程颐：《河南程氏遗书》卷十五，载《二程集》，王孝鱼点校，第 149 页。

领导交在这样一个'完人'手里，便是人类社会'治平'的关键"。[①] 在中西古典政治思想的场域里，理想的政治生活一向与一种理想的政治人格及完美的政治观念相关联。亚里士多德认为，人之所以是政治动物，是因为"人类所不同于其他动物的特性就在他对善恶和是否合乎正义以及其他类似观念的辨认"。[②] 良善政治缔造幸福生活，而幸福意味着与一种卓越的德性相联系，良善政治以及与之相伴随的幸福，需要人的德性的培育和实践。德性指的是一种品性上的卓越和力量，具有一种追求"至善"的强大意志力。康德认为，"在客观上（在理论上），道德与政治之间根本就没有任何争论"。[③] "真正的政治不先向道德宣誓效忠，就会寸步难行。尽管政治本身是一种艰难的艺术，然而它与道德的结合却根本不是什么艺术，因为只要双方互相冲突的时候，道德就会剪开政治所解不开的死结。"[④]康德的政治学说，"赋予某些道德主题以直接的政治意义，又赋予某些政治主题以神圣的道德尊严"。[⑤] 它完全是超功利性的，正当的政治行为都应该受理性的指导，道德律令是纯粹理性为人制定的先天法则，而人的"善良意志"不能不遵循这种先天法则的安排。"在世界之中，一般地，甚至在世界之外，除了善良意志，不可能设想一个无条件善的东西。理解、明智、判断力等，或者说那些精神上的才能勇敢、果断、忍耐等，或者说那些性格上的素质，毫无疑问，从很多方面看是善的并且令人称羡。然而，它们也可能是极大的恶，非常有害，如若那使用这些自然禀赋，其固有属性成为品质的意志不是善良的话。"[⑥] "善良意志"在自身中就是善的，它独立于可能产生的任何结果，而且它在自身中就构成了最高的善，在某种程度上替代了上帝或自然。这样，服从道德律的人，无论社会政治地位如何，通过自由

① 张灏：《幽暗意识与民主传统》，第 45 页。

② ［古希腊］亚里士多德（Aristotle）：《政治学》，吴寿彭译，北京：商务印书馆，1965 年，第 8 页。

③④ ［德］伊曼努尔·康德（Immanuel Kant）：《永久和平论》，何兆武译，上海人民出版社，2005 年，第 54 页、第 56 页。

⑤ ［美］列奥·施特劳斯（Leo Straus）、约瑟夫·克罗波西（Joseph Cropsey）：《政治学说史》，李天然等译，河北人民出版社，1993 年，第 675 页。

⑥ ［德］伊曼努尔·康德（Immanuel Kant）：《道德形而上学原理》，苗力田译，上海人民出版社，2012 年，第 6 页。

意志的“善的意志”，都能够提升到很高的层级。[①]“在完全的善当中，善良意志是至高无上的善，也就是说，如果我们享受到的其他的善将是真正善的，我们对其的享受又是完全充足的，那我们必定具有一个善良的意志。”[②] 康德注重动机，所谓的“存心伦理学”即此之谓也。[③] 他坚持一个行为的道德意义只能凭借其所依据的意图，而不能凭借其所依据的后果去判定，一个真正具有道德意义的行为只能以“形式原则”，而不能以“实质原则”为依据。在目的方面无所预设。孔孟儒学与宋明理学的主流思想比较接近这种学说，“非道德意义”的善，从属于“道德意义”的善。[④]它们与康德学说一样，用道德为政治行动立法，用个体的、内在的道德自律为外在行为自由确定依据，而未能觉察出，“人们自觉地或不自觉地，归根到底总是从他们阶级地位所依据的实际关

① ［美］列奥·施特劳斯（Leo Strauss）、约瑟夫·克罗波西（Joseph Cropsey）认为，这种以道德为本、为上的学说包含有深广的政治意义，首先是有力地支持了人人平等的信念，因为它蔑视不平等在社会与政治中的根源，主张人的区别只依赖作为道德存在物的人的品质。由于“善的意志”的存在，导致一切人在这一决定性方面的平等，以及一切人的绝对价值应该受到一切人尊重的意识的凸显。参见氏著：《政治哲学史》，李天然等译，河北人民出版社，1993 年，第 678—679 页。儒学的平等理念与先秦以来孟子所阐发的“性善论”密切相关。在孟子那里，人与生俱来地拥有一种最基本的共同的天赋本性，“善”是这种道德品质的实质内涵。孟子侧重强调承认共同人性的存在，合乎逻辑地肯定了所有人在人性层面的平等。人性平等的思想，可以打破政治和经济资源拥有者对“德性”的垄断和解释权力的独占，人性上的一致和人格上的平等意味着圣贤的境域是向所有人开放的。执政者的“位”要与他应该具有的“德”相匹配，否则就是“德不配位”。在宋明理学那里，承认共同人性，并在此基础上认同本质平等的理念较之先秦儒学更为强劲。在程颢、程颐看来，从天性和成就德性的可能性上测度，人都是平等的，他们从一个独特的角度表达了在天之所覆、地之所载中，人与人之间理应形成的一种平等关系，而正是在这种平等关系的情境下，任何对个人利害穷达的超越，就是个体人格的升华，他的道德实践所体现的价值，也不仅是对他人的关爱与付出，同时还是对宇宙生命精神的深切领悟。关于这个主题的讨论，可以参见范立舟：《儒学平等理念之意蕴与价值》，载《政治学研究》，2018 年第 3 期。

② ［美］约翰·罗尔斯（John Rawls）：《道德哲学史讲义》，顾肃、刘雪梅译，北京：中国社会科学出版社，2012 年，第 198 页。

③④ 参见李明辉：《儒家视野下的政治思想》，北京大学出版社，2005 年，第 69—71 页、第 85—87 页。

系中——从他们进行生产和交换的经济关系中，吸取自己的伦理观念"。[①] 贺麟批评说，道德本位主义的一个弱点就在于"把功利主义与非功利主义机械地对立起来，认为功利主义者完全是盲目的，利欲熏心的，无理想指导的。非功利主义者则敝屣功名，轻蔑享乐，过孤寂生活的。这样一来，功利的热烈追求，无补于道德的发展。非功利的高尚襟怀，无补于社会福利。殊不知功利与非功利（道德的）不是根本对立的，是主与从的关系。非功利是体，功利是用，理财与行仁政，并不冲突，经济的充裕为博施济众之不可少的条件"。[②] 人固然应当超越感性的拘束而达到理性的升华，但如果仅仅注重理性精神的发展而完全无视感性生命的充实，则那种理性的精神势必变得抽象化、玄虚化。政治人物及其领袖也是如此。

二、二程之"治道"观

二程之政论，"皆以仁道为政治之根本，而以正心诚意为治术之先图"。[③] 既知仁为天地之大德，人与天地为一体，则修身之要在于"识仁"，推而广之，一切行事皆以此为本，程颢所谓以诚敬存仁，则吾心之仁即与先圣无间。而所谓的"仁道"，为人类修身之准则，也是政治生活之准则。"每一事物皆有其理。国家社会之组织，亦必有其理。本此理以治国家则国家治。不本此理以治国家则国家乱。故此理即所谓治国平天下之道也。"[④] 程朱理学以格物致知为知识论之重心，以正心诚意修身齐家为道德论之重心，以治国平天下为政治论之重心，然而三个重心各有侧重，如何连接三者，则实有逻辑上的问题。[⑤] 于是，儒家又有"治道"之说，以作为治国的理念与具体举措。程氏兄弟也是一样，对治国之"术"，他们也有一系列缜密而完整的设想：

臣窃谓：圣人创法，皆本诸人情，极乎物理，虽二帝、三王不无

① ［德］卡尔·马克思（Karl Marx）、弗里德里希·恩格斯（Friedrich Engels）：《马克思恩格斯选集》（第3卷），中共中央马克思、恩格斯、列宁、斯大林著作编译局编，北京：人民出版社，1995年，第434页。

② 贺麟：《文化与人生》，商务印书馆，1996年，第208—209页。

③ 萧公权：《中国政治思想史》，辽宁教育出版社，1998年，第465页。

④ 冯友兰：《中国哲学史》，华东师范大学出版社，2000年，第269页。

⑤ 参见萨孟武：《中国政治思想史》，东方出版社，2008年，第373页。

随时因革，踵事增损之制；然至乎为治之大原，牧民之要道，则前圣后圣，岂不同条而共贯哉？盖无古今，无治乱，如生民之理有穷，则圣人之法可改。……

古者自天子达于庶人，必须师友以成就其德业，故舜、禹、文、武之圣，亦皆有所从学。今师傅之职不修，友臣之义未著，所以尊德乐善之风未成于天下，此非有古今之异者也。

王者必奉天建官，故天地四时之职，历二帝、三王未之或改，所以百度修而万化理也。至唐，犹仅存其略。当其治时，尚得纲纪小正。今官秩淆乱，职业废弛，太平之治所以未至，此亦非有古今之异也。

天生蒸民，立之君使司牧之，必制其恒产，使之厚生，则经界不可不正，井地不可不均，此为治之大本也。唐尚能有口分授田之制，今则荡然无法，富者跨州县而莫之止，贫者流离饿殍而莫之恤。幸民虽多，而衣食不足者，盖无纪极。生齿曰益繁，而不为之制，则衣食日蹙，转死日多，此乃治乱之机也，岂可不渐图其制之之道哉？此亦非有古今之异者也。

古者政教始乎乡里，其法起于比闾族党、州乡酇遂，以相联属统治，故民相安而亲睦，刑法鲜犯，廉耻易格，此亦人情之所自然，行之则效，亦非有古今之异者也。

庠序之教，先王所以明人伦，化成天下；今师学废而道德不一，乡射亡而礼乐不兴，贡士不本于乡里而行实不修，秀民不养于学校而人材多废，此较然之事，亦非有古今之异者也。

古者府史胥徒受禄公上，而兵农未始判也。今骄兵耗匮，国力亦已极矣。臣谓禁卫之外，不渐归之于农，则将贻深虑；府史胥徒之役，毒遍天下，不更其制，则未免大患，此亦至明之理，非有古今之异者也。

古者民必有九年之食，无三年之食者，以为国非其国。臣观天下耕之者少，食之者众，地力不尽，人功不勤，虽富室强宗，鲜有余积，况其贫弱者乎？或一州一县有年岁之凶，即盗贼纵横，饥羸满路。如不幸有方三二千里之灾，或连年之歉，则未知朝廷以何道处之，则其患不可胜言矣。岂可曰昔何久不至是，因以幸为可恃也哉？固宜渐从古制，均田务农，公私交为储粟之法，以为之备。此亦无古今之异者也。

古者四民各有常职，而农者十居八九，故衣食易给，而民无所苦困。今京师浮民，数逾百万，游手不可赀度；观其穷蹙辛苦，孤贫疾病，变诈巧伪，以自求生，而常不足以生。日益岁滋，久将若何！事已穷极，非圣人能变而通之，则无以免患。岂可谓无可奈何而已哉！此在酌古变今，均多恤寡，渐为之业，以救之耳。此亦非有古今之异者也。

圣人奉天理物之道，在乎六府，六府之任，治于五官；山虞泽衡，各有常禁，故万物阜丰，而财用不乏。今五官不修，六府不治，用之无节，取之不时。岂惟物失其性，林木所资，天下皆已童赭，斧斤焚荡，尚且侵寻不禁，而川泽渔猎之繁，暴殄天物，亦已耗竭，则将若之何！此乃穷弊之极矣。惟修虞衡之职，使将养之，则有变通长久之势，此亦非有古今之异者也。

古者冠婚丧祭，车服器用，等差分别，莫敢逾僭，故财用易给，而民有恒心。今礼制未修，奢靡相尚，卿大夫之家莫能中礼，而商贩之类或逾王公，礼制不足以检饬人情，名数不足以旌别贵贱，既无定分，则奸诈攘夺，人人求厌其欲而后已，岂有止息者哉？此争乱之道也。则先王之法，岂得不讲求而损益哉？此亦非有古今之异者也。①

这便是程颢认识到的北宋国家最应该解决的十大政治与经济难题——“师傅”“六官”“经界”“乡党”“贡士”“兵役”“民食”“四民”“川泽”“分数”。吕振羽认为；一方面，“师道、官制、‘三纲五常’为中心的教化，封建主的土地占有制、农奴兵役制、重农抑商的父家长的农业经济、等级从属的身份制即‘礼制’，都是‘非有古今之异’的永恒不变的东西。后世不遵行这种成规，所以‘纪纲不正’”。② 然而另一方面，众多的现实政治问题又迫使他们

① 〔宋〕程颢：《河南程氏文集》卷1《论十事札子（师傅、六官、经界、乡党、贡士、兵役、民食、四民、川泽、分数）》，《二程集》，王孝鱼点校，第452—454页。

② 吕振羽：《中国政治思想史》，人民出版社，1955年第4版，第456页。

不得不作出符合时代的思考，而不是简单地从复古的方案中寻找现成的答案。

从北宋社会面临的诸多困境分析，“田制不立”或土地资源分配的不均衡是一项根源性的问题。而解决之方在于“均田务农，公私交为储粟之法，以为之备”，则未免缺乏可操作性。土地与附着于土地的赋税不均是北宋时代的大问题，官僚大地主阶级有能力想方设法地免去或者逃避赋税，“负担落到自耕农和佃农头上，这样对统治者也是不利的。这是中唐以后的大问题，唐元稹就曾提出“均田”的建议，后周世宗也曾经施行均税法，都是打算解决这个问题。但官户形势户兼并日趋剧烈，土地所有越发不平衡，地主的赋税负担也越发希图转嫁。在宋初又几次提出这个问题，真宗时曾在京畿实行均税法，然而未能解决问题，到仁宗、神宗时候，问题依然存在。不能解决这一问题，则不能解决国家的税收问题，所以从统治者立场出发也必须解决。理学家对此提出正经界和行井田。[①] 二程对土地政策的根本解决方案，当然是包括在恢复井田制的一揽子措施中，但是真正恢复井田制是一项复杂而又庞大的社会改造工程，需要机遇和时间，在眼下，若能“正经界”，也不失为对某种社会弊端的矫正。“伯淳（程颢）言：‘井田今取民田使贫富均，则愿者众，不愿者寡。’正叔（程颐）言：‘亦未可言民情怨怒，止论可不可尔。’’须使上下都无此怨怒，方可行。’‘正叔言：议法既大备，却在所以行之之道。’”[②] 究实而论，究竟如何“正经界”，如何“复井田”，二程始终未能正面、系统、深入地作出回答。[③]

---

① 参见杨向奎：《论程颢》，载《学术月刊》1962 年第 8 期。

② 〔宋〕程颢、程颐：《河南程氏遗书》卷十，载《二程集》，王孝鱼点校，第 111 页。

③ 今本《河南程氏遗书》卷十，载《二程集》，王孝鱼点校，即所谓“洛阳议论”，乃张载（后归二程）及门弟子苏昞记录。文中数段提及程氏兄弟与张载关于土地问题的讨论，显而易见的，张载对土地问题的思考比二程系统深刻地多。按：张载与二程会与洛阳，只有一次，即熙宁十年（1077）秋季，〔宋〕李焘：《续资治通鉴长编》卷二百八十一，熙宁十年三月戊午条：“诏著作佐郎、前崇文院校书张载归馆供职。载前以寻医去，秦凤路经略使吕大防请召还，故有是诏。”卷二百八十三，熙宁十年秋七月乙卯条：“著作佐郎、崇文院校书张载兼知太常礼院。载议礼于有司不合，亟罢归。”八、九月间，张载西归横渠，盘桓于洛阳，与程氏兄弟有晤。苏昞，《宋史》卷四百二十八《道学传二·程氏门人》有传，参见第 12733 页。朱熹《伊洛渊源录》卷九录其遗事数条。

儒家步武先圣，独尊三代，崇隆德治。但也并不绝对排斥强制性规训力量对社会的管控作用。一方面，"孔子曰：'道二，仁与不仁而已矣。'暴其民甚，则身弑国亡；不甚，则身危国削；名之曰'幽''厉'，虽孝子慈孙，百世不能改也"。① "三代之得天下也以仁，其失天下也，以不仁。国之所以废兴存亡者，亦然。天子不仁，不保四海；诸侯不仁，不保社稷；卿大夫不仁，不保宗庙；士庶人不仁，不保四体。"②孟子再三申明的是"仁政"的政治主张，但不排除法律的效率。"徒善不足以为政，徒法不能以自行。"③ "圣人既竭目力焉，继之以规矩准绳，以为方员平直，不可胜用也。"④程氏兄弟继承了这种思路，并将之发扬光大。"惟在以圣人之训为必当从，先王之治为必可法，不为后世驳杂之政所牵制，不为流俗因循之论所迁惑，自知极于明，信道极于笃，任贤勿贰，去邪勿疑，必期致世如三代之隆而后已也。"⑤ 然而，他们同时也意识到。如果没有一定的法律法规匡范、规训人民的日常行为，则泛滥成灾的私欲就会给社会公序良俗造成难以弥补的灾难。因而德法兼治，以德为先，既是应该的，也是必须的。"圣王为治，修刑罚以齐众，明教化以善俗，刑罚立则教化行矣，教化行而刑措矣，虽曰尚德而不尚刑，顾岂偏废哉?"⑥ "治国齐家以至平天下者，治之道也；建立纲纪，分正百职，顺天揆事，创制立度，以尽天下之务，治之法也。法者，道之用也。"⑦ "体"与"用"，是中国思想的重要范畴，前者是指事物的内在本质，后者是指事物的实际效能。《易传·系辞传》所谓"一阴一阳之谓道，继之者善也，成之者性也。仁者见之谓之仁，知者见之谓之知，百姓日用而不知，故君子之道鲜矣。显诸仁，藏诸用。"⑧ 在程朱理学这里，"体"成为永恒的、抽象的、规定性的精神实体，而"用"则成为事物的应用与使用，即功能性的作用。"至微者理也，至著者

---

①②③④ 〔汉〕赵岐注、〔宋〕孙奭疏：《孟子注疏》卷七《离娄上》，载〔清〕阮元校订：《十三经注疏》，第2718页上、第2718页中—下、第2717页上、第2717页中。

⑤ 〔宋〕程颢：《河南程氏文集》卷一《上殿札子》，载《二程集》，王孝鱼点校，第447页。

⑥⑦ 〔宋〕程颢、程颐：《河南程氏粹言》卷一，载《二程集》，王孝鱼点校，第1212页、第1219页。

⑧ 〔晋〕韩康伯注、〔唐〕孔颖达校：《周易正义》卷七《系辞传上》，载〔清〕阮元校订：《十三经注疏》，第78页上一中。

象也，体用一源，显微无间。”① 熊十力论中国文化真谛，归纳为“体用不二”之说，“体者，宇宙本体之省称。用者，则是实体变成功用。功用则有翕辟两方面，变化无穷，而恒率循相反相成之法则，是名功用。”② 体用关系微妙异常，“由体现用，即依用相，而立俗谛。即用而言，体在用。即用显体，便依本体，而立真谛。即体而言，用在体。”③ “儒家肯定的实体，不单是内在于人的道德实体，还有作为宇宙生化原则的天、天道、天命。此实体是一切然的所以然，不仅仅说明万物的存在，也说明了人之作为道德主体的存在，是性体、心体的总根源。”④ 不过这并非宋代理学思考与论证的全部，“从性体之根源说的天道的内容，必须以道德实践中心体的创造性与创生性予以充实，如此才能打通道德界与自然界。”⑤毫无疑问地，儒家思想及其文化精神之实践，也不会只局限在道德伦理的层面，一定会渗入政治生活的场域。程氏兄弟尽管严“王霸之辨”，但是也反复声明：“居今之世，则当安今之法令；治今之世，则当酌古以处时。制度必一切更张而后可为也，亦何义乎。”⑥ “立治有体，施治有序，酌而应之，临时之宜也。”⑦因此。道为本，经为末，通经为致用的思想得以确立。任锋认为二程的政治思想有一种“非常气质”，那就是“体乾刚健”，凡事必以昂扬之斗志、必胜之信念、勤勉之精神本诸实事求是的态度孜孜乾乾奋力不休。“三王之法，各是一王之法，故三代损益文质，随时之宜。……答颜回云：‘行夏之时，乘殷之辂，服周之冕，乐则韶舞。’”⑧ “天下之事，无一定之理，不进则退，不退则进。时极道穷，理当必变。”⑨每一个时代的法律，体现着统治阶级的意志，是维护特定社会关系及其伦理规范的工具。“法者，

---

① 〔宋〕程颐：《周易程氏传》卷首《易传序》，载《二程集》，王孝鱼点校，第689页。

② 熊十力：《体用论》，载《熊十力全集》（第7卷），湖北教育出版社，2001年，第35—36页。

③ 熊十力：《十力语要》，北京：中华书局，1996年，第228页。

④⑤ 黄慧英：《儒家伦理：体与用》，上海三联书店，2005年，第122页、第125页。

⑥⑦⑨ 〔宋〕程颢、程颐：《河南程氏粹言》卷一，载《二程集》，王孝鱼点校，第1216—1217页、第1214页、第1220页。

⑧ 〔宋〕程颢、程颐：《河南程氏遗书》卷十七，载《二程集》，王孝鱼点校，第174页。

道之用也。"[①] 法律是国家意志的体现，是"天理"的命令，具体的条文则依据各个时代的实际情形因时而变，无一定之成法。"万物皆只是一个天理，己何与焉？至如言'天讨有罪，五刑五用哉！天命有德，五服五章哉！'此都只是天理自然当如此。人几时与？"[②] 作为天理的命令，法律有着超时空而存在的绝对价值，"所谓天者，理而已。只如视听动作，一切是天。天命有德，便五服五章；天讨有罪，便五刑五用，浑不是杜撰做作来。学者直须明天理为是自然底道理，移易不得。"[③] "天理"是礼乐文化与典章制度及伦理原则的高度浓缩，是既定的政治秩序、社会秩序、文化秩序及人们行为规范最高规定和实际内涵。它反映在法律中，就使得既定的秩序与规范获得高度的合理性的认定。"故为政之始，立法居先。"[④] "先王观电雷之象，法其明与威，以明其刑罚，饬其法令。法者，明事理而为之防者也。"[⑤] 良法是善治的第一步，由于时代的变迁，环境的更易，具体的法律条文应当随时变易以适应时代与环境的要求。"凡为政须立善法，后人有所变易，则无可奈何。虽周公，亦知立法而已，后人变之，则无可奈何也。"[⑥] 这里的"无可奈何"，既是对后世违背"天理"命令的随意更改的谴责，也是蕴含着对符合社会变迁的更易的认可。二程重视法度在政治治理上的效用，"圣人以卦之象，推之于天下之事，在口则为有物隔而不得合，在天下则为有强梗或谗邪间隔于其间，故天下之事不得合也，当用刑法，小则惩戒，大则诛戮以除去之，然后天下之治得成矣。"[⑦]一般来说，儒家"礼法"，把外在的、规范人们行为正当性的准则（礼）作为匡范人们行为的自然法则（法），蕴含价值理性的儒家伦理同时也是治理过程中的

① 〔宋〕程颢、程颐：《河南程氏粹言》卷一，载《二程集》，王孝鱼点校，第1219页。

② 〔宋〕程颢、程颐：《河南程氏遗书》卷二上，载《二程集》，王孝鱼点校，第30页。

③ 〔宋〕谢良佐：《上蔡语录》卷一，文渊阁四库全书本，上海古籍出版社，1987年影印本，第698册，第569页。

④ 〔宋〕程颐：《周易程氏传》卷一《蒙》，载《二程集》，王孝鱼点校，第720页。

⑤⑦ 〔宋〕程颐：《周易程氏传》卷二《噬嗑》，载《二程集》，王孝鱼点校，第803—804页、第802页。

⑥ 〔宋〕程颢、程颐：《河南程氏遗书》卷十七，载《二程集》，王孝鱼点校，第179页。

工具理性。“当儒家力图靠道德教化即把礼仪规范变成每一个人的自觉行动来改造人民的时候，法家则力图通过客观的法的一体适用而使所有的臣民远离混乱或犯罪。对法家而言，法总是实现某种目的，即政治的、社会的秩序和国家福利的手段。”① 尽管我们并不否认这两种法的观念的分歧的存在，尽管我们也承认从北宋开始，社会对某些基本的儒家道德义务及其实际履行提出了更高的要求，而这些要求及其观念的改变也影响到了法律的制定与司法实践的进行，但总体而言，儒家对法律的工具理性认识也是得到持续深化的。法典围绕着规范君臣、父子、夫妻关系的三纲而制定落实，法典关于道德的履行。② 人民的蒙昧需要“大人”去启迪，“发下民之蒙，当明刑禁以示之，使之知畏，然后从而教导之”。③ 这本身就是一种对人民负责的理念与对政治人物的高标准的道德要求，“治蒙之初，威之以刑者，所以说去其昏蒙之桎梏，桎梏谓拘束也。不去其昏蒙之桎梏，则善教无由而入。既以刑禁率之，虽使心未能喻，亦当畏威以从，不敢肆其昏蒙之欲，然后渐能知善道而革其非心，则可以移风易俗矣。苟专用刑以为治，则蒙虽畏而终不能发，苟免而无耻，治化不可得而成也，故以往则可吝”。④二程秉持儒家传统，要求统治者对人民讲求教化，“帝王之道，教化之本”，⑤ 地方官也是一样，程颢说：“夫为令之职，必使境内之民，凶年饥岁免于死亡，饱食逸居，有礼义之训，然后为尽。故吾于扶沟兴设学校，聚邑人子弟教之，亦几成而废。”⑥ 然而他们从来不轻视法律的惩处功能，认为对人民整体利益负责任的政治人物，要把法律惩处纳入有效治理的正当程序中来。“治蒙之始，立其防限，明其罪罚，正其法也，使之由之渐至于化也。”⑦惩罚不是目的，惩罚是为了教化，但惩罚本身是正当的。“人有

① ［美］金勇义：《中国与西方的法律观念》，陈国平等译，辽宁人民出版社，1989年，第15页。

② 参见［英］马若斐（Geoffrey MacCormack）：《传统中国法的精神》，陈煜译，北京：中国政法大学出版社，2013年，第50—55页。

③④⑦ 〔宋〕程颐：《周易程氏传》卷一《蒙》，载《二程集》，王孝鱼点校，第720页、第721页。

⑤ 〔宋〕程颢：《河南程氏文集》卷五《上仁宗皇帝书（皇祐二年）》，载《二程集》，王孝鱼点校，第513页。

⑥ 〔宋〕程颢：《河南程氏外书》卷十二，载《二程集》，王孝鱼点校，第429页。

小过，校而灭其趾，则当惩惧不敢进于恶矣。”① “用刑得其中正，则罪恶者易服，故取噬肤为象。噬啮人之肌肤，为易入也。”② “中正之道，易以服人，与严刑以待刚强，义不相妨。”③马伯良认为，理学家对社会失序状态的一般反应，大致可分为四种：劝谕、预防、监禁和镇压。④ 古典的教育工具“礼”和“乐”包含着丰富的劝谕与预防思想，“礼”教会人们注意自己的身份差异并观察社会环境，合理地对待自己的行为；“乐”则向人们展示一种公共的联系，告诉人们所有人都是整个和谐的世界的组成部分。“推本而言，礼只是一个序，乐只是一个和。只此两个字，含蓄多少义理。”⑤ 和谐社会的出现，是人们自觉自愿遵守规范与秩序的结果。“礼者人之规范，守礼所以立身也。安礼而和乐，斯为盛德矣。”⑥ “盛德”之达成，以社会成员服从规范与秩序为前提，需要教化，也需要强力的惩治与矫正。“儒家学者们强调了他们的社会化的任务，但也知道，成功永远都只能是部分的。通过教育来实现转化的过程，始终必须伴随着对那些不受教的顽劣者进行阻止与制裁的机制。教化与惩罚总是相伴的。”⑦ 如此一来，法律不是（至少不主要是）对待与处理权利—义务关系，某种情况下，法律成为道德规范的有益补充，成为社会控制的工具与手段，它所具有的暴力性和强制性，是不言而喻的。二程对“至善”的追求，目的在于社会国家整体和谐的达成，属于价值理性的范畴；而法律制度中的“礼”“法”兼容，法律实践中的“德主刑辅”则是属于工具理性范畴。“任何制度都是以形成某种秩序为基本取向的，无论这种秩序具有何种特殊性质，体现着何种价值标准，只要它能够被称作是一种制度，就必然意味着在与之相应的社会生活领域存在着某种较为固定、一致和普遍的行为模式、互动模式，

①②③ 〔宋〕程颐：《周易程氏传》卷二《噬嗑》，载《二程集》，王孝鱼点校，第804页。

④ 参见［美］马伯良（Brian E. Mcknight）：《宋代的法律与秩序》，杨昂、胡雯姬译，北京：中国政法大学出版社，2010年，第14—15页。

⑤ 〔宋〕程颢、程颐：《河南程氏遗书》卷十八，载《二程集》，王孝鱼点校，第225页。

⑥ 〔宋〕程颢、程颐：《河南程氏粹言》卷一，载《二程集》，王孝鱼点校，第1174页。

⑦ ［美］马伯良（Brian E. Mcknight）：《宋代的法律与秩序》，杨昂、胡雯姬译，第457页。

存在着某种官方和私人的活动与计划的连续性和可预测性，而这些都是我们称之为秩序的那种状态所必然包含的东西。”① 为实现这完美的秩序，强力的介入是必须的，“凡天下至于一国一家，至于万事，所以不和合者，皆由有间也，无间则合矣。以至天地之生，万物之成，皆合而后能遂，凡未合者皆为间也。若君臣父子亲戚朋友之间，有离贰怨隙者，盖谗邪间于其间也，除去之则和合矣。故间隔者，天下之大害也。圣人噬嗑之象，推之于天下万事，皆使去其间隔而合之，则无不和且治矣。噬嗑者，治天下之大用也。去天下之间，在任刑罚，故卦取用刑为义。在二体，明照而威震，乃用刑之象也”。②

国家的兴与衰，社会的治与乱，二程认为最关键的还不在于法度的制定与有效贯彻，关键在于参与治理的人才的数量与质量状况如何。“天地生一世人，自足了一世事，但恨人不能尽用天下之才，此其不能大治。”③ 在成文法和治理者之间，二程总是执着地选择后者，“善言治天下者，不患法度之不立，而患人材之不成。善修身者，不患器质之不美，而患师学之不明。人材不成，虽有良法美意，孰与行之”？④ 究实而论，政治得当的关键不在于制度设施的形式完整与内容充实，而在于是否得人：

治天下以正风俗、得贤才为本。宋兴百余年，而教化未大醇，人情未尽美，士人微谦退之节，乡闾无廉耻之行，刑虽繁而奸不止，官虽冗而材不足者，此盖学校之不修，师儒之不尊，无以风劝养励之使然耳。窃以去圣久远，师道不立，儒者之学几于废熄，惟朝廷崇尚教育之，则不日而复。古者一道德以同俗，苟师学不正，则道德何从而一？方今人执私见，家为异说，支离经训，无复统一，道之不明不

① ［美］埃德加·博登海默（Edgar Bodenheimer）：《法理学：法哲学与法律方法》，邓正来译，中国政法大学出版社，2004年，第219页。

② 〔宋〕程颐：《周易程氏传》卷二《噬嗑》，载《二程集》，王孝鱼点校，第802页。

③ 〔宋〕程颢、程颐：《河南程氏遗书》卷一，载《二程集》，王孝鱼点校，第2页。

④ 〔宋〕程颢、程颐：《河南程氏遗书》卷四，载《二程集》，王孝鱼点校，第69页。

行，乃在于此。[1]

"王者必奉天建官，故天地四时之职"，而人才匮乏，严重地制约着有效治理的展开。职是之故，二程认为政治的当务之急与根本出路在于开辟一条稳固而又持续的人才选拔通道，而此种人才又必须是以德为本的。"贤不肖之在人，治乱之在国，不可归之命。"[2] 政治之"善"与"恶"，取决于朝廷与地方之上治理者贤人的多与寡，这是一条铁律，不可以推诿给神秘的超自然力量，因为那不仅毫无说服力，而且是一种对客观事实的扭曲解释。"善言治者，必以成就人才为急务。人才不足，虽有良法，无与行之矣。欲成就人才者，不患其禀质之不美，患夫师学之不明也。师学不明，虽有美质，无由成之矣。"[3]二程的心目中，贤人的得势与否与政治治理的关系当然是一种正比的关系：

> 所谓安且治者：朝廷有纲纪权持，总摄百职庶务，天下之治，如网之有纲，裘之有领，举之而有条，委之而不紊也；郡县之官，得人而职修，惠养有道，朝廷政化宣达于下也；百姓安业，衣食足而有恒心，知孝悌忠信之教，率之易从，劳之不怨，心附于上，固而不可摇也；化行政肃，无奸宄盗贼之患，设有之不足为虑，盖有歼灭之备，而无响应之虞也；民心和而阴阳顺，无水旱虫螟之灾，虽有之，不能为害，盖仓廪实而府库充，官用给于上，民食足于下也；武备修而威灵振，蛮夷戎狄，无敢不服，虽有之，不足为忧，盖甲兵利而储备丰，将善谋而士素练也。此六者，所谓安且治者。[4]

中国政治文化，在传统上一直有注重人治与德治的理念，也一直体现在各个时代的思想家之中。人治又主要体现在两个方面：一是君主政治，讲求的是"正君心"，君主要以道德感召力影响、教化人民，是他们自觉自愿地跟随、

① 〔宋〕程颢：《河南程氏文集》卷一《请修学校遵师儒取士札子》，载《二程集》，王孝鱼点校，第448页。

②③ 〔宋〕程颢、程颐：《河南程氏粹言》卷一，载《二程集》，王孝鱼点校，第1218页、第1210页。

④ 〔宋〕程颐：《河南程氏文集》卷五《为家君应诏上英宗皇帝书（治平二年）》，载《二程集》，王孝鱼点校，第519—520页。

服从自己并沉浸在浓郁的道德幸福感之中。[①] 是为与单纯地以强权武力迫使人民服从君主意志的“霸道”相对的“王道”。它的本质是寄托着回归上古三代理想的圣人政治。二是贤人政治。它初期是对世袭制的颠覆，主张政治权力向全社会开放，以增加参与政权的可选择性。个人的道德素质，是最重要的政治资源，它既是考量个人能否应当出仕的标准之一，也是个人从政后应对纷繁复杂的各项事务的最后能力源泉。“莫如贵德而尊士，贤者在位，能者在职，国家间暇，及是时，明其政刑，虽大国必畏之矣。”[②] “尊贤使能，俊杰在位，则天下之士皆悦，而愿立于其朝矣。”[③]于是，“大道之行也，天下为公。选贤与能，讲信修睦”[④] 就成为儒家理想化的贤人政治的最初蓝本和制度化的设计草图。战国之后，贤人政治的工具理性伴随着时代的要求而得到强化。“尊圣者王，贵贤者霸，敬贤者存，慢贤者亡，古今一也。故尚贤使能，等贵贱，分亲疏，序长幼，此先王之道也。”[⑤] 无论是立法者还是执法者，或实际公务的执行者，其道德素质直接关系到成文法的优劣与执法水平的高低，所以，“法者，治之端也；君子，法之原也。故有君子，则法虽省，足以遍矣；无君子，则法虽具，失先后之施，不能应事之变，足以乱矣。”[⑥] 从根本上说，法治也是人

① 鲍吾刚（Wolfgang Bauer）承认幸福的形式是难以描绘的，天堂的幻象不在于真实，恰恰在于因为虚幻而引发了无限的魅力。在新儒家那里，幸福存在于共同体之内，家庭直接指向完善社会，事实上也就是完善世界，但没有个体完善是无法实现的。个人的完善在对完善社会和作为整体的世界而作的贡献中拥有全部意义。在个人、家庭这个小范围内完成的事情，体现在一个更大范围的国家层面。严格性的道德控制整个社会，但只要政治领袖完美地履行了自己的道德义务，共同体内的其他成员就会风行景从。参加［德］鲍吾刚（Wolfgang Bauer）：《中国人的幸福观》，严蓓雯、韩雪临、吴德祖译，江苏人民出版社，2004 年，第 216—219 页。理学家认为，道德领袖拉升道德认同，道德认同营造道德氛围，道德氛围提升幸福感。

②③ 〔汉〕赵岐注、〔宋〕孙奭疏：《孟子注疏》卷三下《公孙丑上》，载〔清〕阮元校订：《十三经注疏》，第 2689 页下、第 2690 页中。

④ 〔汉〕郑玄注、〔唐〕孔颖达疏：《礼记正义》卷二十一《礼运第九》，载〔清〕阮元校订：《十三经注疏》，第 1414 页上。

⑤ 〔清〕王先谦著：《荀子集解》卷十七《君子篇》，《诸子集成》本，第 2 册，第 302 页。

⑥ 〔清〕王先谦著：《荀子集解》卷八《君道篇》，《诸子集成》本，第 2 册，第 151 页。

治，因为成文法的制定、颁布与执行不可能离开人的因素，它始终是人的意志、价值与立场介入的结果。法治的公平、正义与效率最终取决于执行者的道德素质，它包括正义感、责任感、荣誉意识和执行能力等各个方面。正是在这个意义上说，“有乱君无乱国，有治人无治法。”① “法不能独立，类不能自行，得其人则存，失其人则亡。”② “文武之政，布在方策，其人存则其政举，其人亡则其政息。人道敏政，地道敏树。夫政也者，蒲卢也。故为政在人，取人以身，修身以道，修道以仁。”③ 儒家坚信，唯有将权力与道德合二为一，确立伦理理性在政治治理中的核心地位，方才是有效合理的政治治理的第一步，而政治规则的缜密完备，政治过程的对象清晰化与特定知识运用等环节都是次一位的要素。人的政治参与首先是参与者道德的完善，而实现的途径又必须仰赖“内求”方式，因而，对政治人物的道德化的要求不可避免地具有工具理性的色彩。

二程的贤人政治理念，秉持了先秦儒家的一贯主张，而又有自己的独特意见。他们首先认为：

> 夫以海宇之广，亿兆之众，一人不可以独治，必赖辅弼之贤，然后能成天下之务。自古圣王，未有不以求任辅相为先者也。在商王高宗之初，未得其人，则恭默不言，盖事无当先者也。及其得说而命之，则曰济川作舟楫，岁旱作霖雨，和羹惟盐梅，其相须倚赖之如是。此圣人任辅相之道也。④

君主的地位与作用固然是独一无二的，然而天下之事务是如此的纷繁复杂，一人当然难以应付，所以需要大量贤人的辅助。贤人的辅助是成就外王事业的不可或缺的要素：

> 居尊位，而下应于二刚中之臣，是能倚任于二，不劳而治，以知临下者也。夫以一人之身，临乎天下之广，若区区自任，岂能周于万

①② 〔清〕王先谦著：《荀子集解》卷八《君道篇》，《诸子集成》本，第2册，第151页。

③ 〔宋〕朱熹：《四书章句集注·四书章句》，中华书局编辑部点校整理，北京：中华书局，1983年，第28页。

④ 〔宋〕程颐：《河南程氏文集》卷五《为家君应诏上英宗皇帝书（治平二年）》，载《二程集》，王孝鱼点校，第522页。

事？故自任其知者，适足为不知。唯能取天下之善，任天下之聪明，则无所不周。是不自任其知，则其知大矣。五顺应于九二刚中之贤，任之以临下，乃己以明知临天下，大君之所宜也，其吉可知。①

方天下之蹇，而得中正之臣相辅，其助岂小也？得朋来而无吉，何也？曰：未足以济蹇也。以刚阳中正之君，而方在大蹇之中，非得刚阳中正之臣相辅之，不能济天下之蹇也。二之中正，固有助矣，欲以阴柔之助，济天下之难，非所能也。自古圣王济天下之蹇，未有不由贤圣之臣为之助者，汤、武得伊、吕是也。中常之君，得刚明之臣而能济大难者则有矣，刘禅之孔明，唐肃宗之郭子仪，德宗之李晟是也。虽贤明之君，苟无其臣，则下能济于难也。……盖臣贤于君，则辅君以若所不能；臣不及君，则赞助之而已，故不能成大功也。②

贤人政治是政治治理有效性的合理选择，这本身也就包含着工具理性的因子。秦汉以后中央集权制度的确立与强化，与官僚政治倚为一体，更是给官僚体制赋予了难以摇撼的外在形式。大一统帝国的产生以及郡县制的根深蒂固，职业官僚队伍的形成，需要贤人政治来作为装饰。帝王也需要仰赖职业官僚来维持国家政治机能之运转：

古之圣人，居天下之尊，明足以照，刚足以决，势足以专，然而未尝不尽天下之议，虽刍荛之微必取，乃其所以为圣也，履帝位而光明者也。若自任刚明，决行不顾，虽使得正，亦危道也，可固守乎？有刚明之才，苟专自任，犹为危道，况刚明不足者乎？③

以贤人政治面目出现的官僚政治的最大功能就在于它是“内圣外王”之道的有效补充与合理助力，没有它的存在，圣人之治都会大打折扣，何况等而下之的帝王。“天地生一世人，自足了一世事。但恨人不能尽用天下之才，此其不能大治。”④“天下之治，由得贤也。天下不治，由失贤也。世不乏贤，顾求之之道如何尔。今夫求贤，本为治也。治天下之道，莫非五帝、三王、周

① 〔宋〕程颐：《周易程氏传》卷二《临》，载《二程集》，王孝鱼点校，第796—797页。

② 〔宋〕程颐：《周易程氏传》卷三《蹇》，《二程集》，王孝鱼点校，第899页。

③ 〔宋〕程颐：《周易程氏传》卷一《履》，《二程集》，王孝鱼点校，第752页。

④ 〔宋〕程颢、程颐：《河南程氏遗书》卷一，《二程集》，王孝鱼点校，第2页。

公、孔子治天下之道也。求乎明于五帝、三王、周公、孔子治天下之道者，各以其所得大小而用之。有宰相事业者，使为宰相；有卿大夫事业者，使为卿大夫；有为郡之术者，使为刺史；有治县之政者，使为县令。各得其任，则无职不举，然而天下弗治者，未之有也。"① 应该说，贤人政治理念尽管充斥着工具理性的味素，但毕竟还是一种社会正义力量对政治人物必备素质的要求，它致力于个人美德、参与资格与制度绩效的综合考量，要求在此基础上拔擢具备美德的公务人员。"从理论上来讲，政治尚贤听起来是个很不错的主意。当然，这种制度生来就是为了挑选拥有高超能力和美德的领袖。谁愿意被无能和腐败的领袖管理呢？但是好的想法如果在一个由不完美的人组成的世界里被实践的话，可能会造成灾难性的后果，因为这些拥有不同价值观和利益追求的人在激烈争夺稀缺的资源。"② 这显然是寄希望于少数人的"美德政治"，它的关键之处不在于它设想的不完善性，而在于它本质上是一种精英政治，它事实上排除了大众参与政治的可能性和现实性。也无法在事实层面保证个人美德能够落实到政治履职。这就不是平等价值的说辞，而儒学从心性平等层面的一切努力却与此形成巨大的矛盾。再加之政治美德的实现除个人的勤奋努力之外，别的因素也至关重要，此即所谓的"生成运气"（constitutive luck），在现实世界，外在的偶然性总是对人的生命产生着持续的、多样化的影响，这对于绝大多数凡夫俗子而言，是不可期待的希望。③ 因此，所谓的贤能政治就"有必要识别出能力（ability/capacity）、胜任资格（Competence）、美德（virtue）三个相关层次。"④ 既然成圣成贤是如此困难，既然美德的获取是如此艰辛，那么，如何保证参与有资格参与并主管公共事务的人员是合适的呢？程氏兄弟开出的答案是除科举选拔外，还应该大力营造良好的教育氛围与学校，使受教育者得到良好的熏陶，庶几跻身于贤人之域：

① 〔宋〕程颐：《河南程氏文集》卷五《上英宗皇帝书（皇祐二年）》，载《二程集》，王孝鱼点校，第513页。

② ［加］贝淡宁（Daniel A. Bell）：《贤能政治：为什么尚贤制比选举民主制更适合中国》，吴万伟译，宋冰审校，中信出版集团，2016年，第95页。

③ 参见［英］伯纳德·威廉斯（Bernard Williams）：《道德运气》，徐向东译，上海译文出版社，2007年，第32—58页。

④ 参见贾沛涛：《谁的政治？何种美德？——如何基于合宜社会语境构设一种美德政治学》，载《哲学研究》，2019年第5期。

臣谓：宜先礼命近侍贤儒，各以类举，及百执事方岳州县之吏，悉心推访，凡有明先王之道，德业充备，足为师表者，其次有笃志好学、材良行修者，皆以名闻。其高蹈之士，朝廷当厚礼延聘，其余命州县敦遣，萃于京师，馆之宽闲之宇，丰其廪饩，恤其家之有无，以大臣之贤典领其事，俾群儒朝夕相与讲明正学。其道必本于人伦，明乎物理；其教自小学洒扫应对以往，修其孝悌忠信，周旋礼乐，其所以诱掖激励渐摩成就之道，皆有节序，其要在于择善修身，至于化成天下，自乡人而可至于圣人之道，其学行皆中于是者为成德。……太学岁论其贤者能者于朝，谓之选士，朝廷问之经以考其言，试之职以观其材，然后辨论其等差而命之秩。凡处郡县之学与太学者，皆满三岁，然后得充荐；其自州郡升于太学者，一岁而后荐；其有学行超卓、众所信服者，虽不处于学，或处学而未久，亦得备数论荐。凡选士之法，皆以性行端洁，居家孝悌，有廉耻礼逊，通明学业，晓达治道者。在州县之学，则先使其乡里长老，次及学众推之。在太学者，先使其同党，次及博士推之。其学之师与州县之长，无或专其私，苟不以实，其怀奸罔上者，师长皆除其仕籍，终身不齿，失者亦夺官二等，勿以赦及去职论。州县之长，莅事未满半岁者，皆不荐士师，皆取学者成否之分数为之赏罚。凡公卿大夫之子弟皆入学，在京师者入太学，在外者各入其所在州之学，谓之国子。其有当补荫者，并如旧制，惟不选于学者，不授以职。每岁，诸路别言一路国子之秀者升于太学，其升而不当者，罪其监司与州郡之司。太学岁论国子之有学行材能者于朝，其在学宾兴考试之法，皆如选士。①

二程特别重视“养贤”，而究其本意，则在于营造一种社会伦理环境，让人们能够不由自主地浸润在这种环境之中：

圣人极言颐之道，而赞其大。天地之道，则养育万物；养育万物之道，正而已矣。圣人则养贤才，与之共天位，使之食天禄，俾施泽于天下，养贤以及万民也，养贤所以养万民也。夫天地之中，品物之

① 〔宋〕程颢：《河南程氏文集》卷一《请修学校遵师儒取士札子》，《二程集》，王孝鱼点校，第448—450页。

众，非养则不生。圣人裁成天地之道，辅相天地之宜，以养天下，至于鸟兽草木，皆有养之之政，其道配天地，故大夫子推颐之道，赞天地与圣人之功曰：“颐之时大矣哉！”或云：“义”，或云“用”，或止云“时”，以其大者也，万物之生与养，时为大，故云时。①

而求贤、养贤之途径，又是极其艰辛的历程。君主的诚意是必须摆在首位的：

所谓求贤者：夫古之圣王所以能致天下之治，无他术也。朝廷至于天下，公卿大夫，百职群僚，皆称其任而已。何以得称其任？贤者在位，能者在职而已。何以得贤能而任之？求之有道而已。虽天下常用易得之物，未有不求而得者也。金生于山，木生于林，非匠者采伐，不登于用。况贤能之士，杰出群类，非若山林之物广生而无极也，非人君搜择之有道，其可得而用乎？自昔邦家张官置吏，未尝不取士也，顾取之之道如何尔。②

二程在肯定科举取士意义与作用的前提下，也指出其不足。科举制度将儒学法典化并与教育体制、教育内容相结合，运用于人才选拔制度之上，它要紧的一点就在于试图确保获得权力的一方是具有高度道德水平的贤人，而塑造贤人的手段与途径则在持之以恒的经典阅读和文化熏染。然而，科举制选拔人才，有需要一定的规则和程序，就这些规则与程序而言，或为应试成功而生发的技巧性的应对策略在二程看来完全背离了经典教诲的实质内涵，成为科举求贤的障碍：

今取士之弊，议者亦多矣。臣不暇条析，而言大概。投名自荐，记诵声律，非求贤之道尔。求不以道，则得非其贤，间或得才，适由偶幸，非知其才而取之也。朝廷选任，尽自其中，曾不虞贤俊之弃遗于下也。果天下无遗贤邪？抑虽有之，吾姑守法于上，不足以为意邪？将科举所得之贤，已足治而不乏邪？臣以为治天下今日之弊，盖由此也。以今选举之科，用今进任之法，而欲得天下之贤，兴天下之

① 〔宋〕程颐：《周易程氏传》卷二《颐》，《二程集》，王孝鱼点校，第833页。

② 〔宋〕程颐：《河南程氏文集》卷五《为家君应诏上英宗皇帝书（治平二年）》，载《二程集》，王孝鱼点校，第524页。

治，其犹北辕适越，不亦远乎？①

如果人才的选拔者沉迷于选拔考试的形式上的缜密完善而忽视其实质与内涵的效果，如果人才沉迷于对选拔形式的揣度而忽视对选拔内容的理解与贯彻，则这种选拔本身就是失败的。工具性的设计理念对破解竞争性选拔过程中的公平公正有其必要性与合理性，但是不能因此而忘却选拔人才的实质意义在于求取“贤人”，而贤人的标准在于对先圣思想意涵的把握。那种“所得不过博闻强记之士尔，明经之属，唯专念诵，不晓义理，尤无用者也；最贵盛者，唯进士科，以词赋声律为工，词赋之中，非有治天下之道也”② 的情况不但不能求取贤才，反而有南辕北辙之嫌。鉴于当时的实际情况，程氏兄弟提出推行鼓励公卿大臣主动推荐的制度：

夫人君用贤，亦赖公卿大臣推援荐达之力。今朝廷未尝求贤，公卿大臣亦不以求贤取士为意。相先引汇，世所罕闻；访道求师，贵达所耻。大率以为任己可也，士将安补？今世无贤，求之何益？夫以周公之圣，其自任足矣，尚汲汲求贤以自辅也。以其圣且好贤，知人之明，宜天下之贤皆为之用，莫有遗也，尚乃日不暇食，恐失天下之士。后之人其才不及周公，而自谓足矣，不求贤以自辅也。以其不求，且知之不明，宜贤者在下之多也，乃曰天下无贤矣。噫！何其用心与周公异也！欲其助皇明烛幽隐，不可得也。③

渐自大学及州郡之学，择其道业之成、可为人师者，使教于县之学，如州郡之制。异日则十室之乡，达于党遂皆当修其庠序之制，为之立师，学者以次而察焉。县令每岁与学之师，以乡饮之礼会其乡老。学者众推经明行修、材能可任之士，升于州之学，以观其实。学荒行亏者，罢归而罪其吏与师；其升于州而当者，复其家之役。郡守又岁与学之师，行乡饮酒之礼，大会郡士，以经义、性行、材能三物

---

①〔宋〕程颐：《河南程氏文集》卷五《为家君应诏上英宗皇帝书（治平二年）》，载《二程集》，王孝鱼点校，第 525 页。

②〔宋〕程颢：《河南程氏文集》卷五《上仁宗皇帝书（皇祐二年）》，载《二程集》，王孝鱼点校，第 513 页。

③〔宋〕程颐：《河南程氏文集》卷五《为家君应诏上英宗皇帝书（治平二年）》，载《二程集》，王孝鱼点校，第 526 页。

宾兴其士于太学，太学又聚而教之；其学不明，行不修与材之下者，罢归以为郡守学师之罪。升于大学者，亦听其以时还乡里，复来于学。太学岁论其贤者能者于朝，谓之选士，朝廷问之经以考其言，试之职以观其材，然后辨论其等差而命之秩。凡处郡县之学与太学者，皆满三岁，然后得充荐；其自州郡升于太学者，一岁而后荐，其有学行超卓、众所信服者，虽不处于学，或处学而未久，亦得备数论荐。①

而荐举的准则，无非就是“性行端洁，居家孝悌，有廉耻礼逊，通明学业，晓达治道者”。②荐举的过程，则被设想为“在州县之学，则先使其乡里长老，次及学众推之；在太学者，先使其同党，次及博士推之”。③任何一种人才选拔制度，都会构成现实主义与理想主义的张力，在以才取人的同时，如何保证被选拔者的德性？在以德取人的同时，又如何保证被选拔者的才情？二程从道德理想主义的角度切入，坚持要求把被选拔者的德性搁置在第一位，他们对北宋中期科举变革的争论双方，均持不以为然的态度。因为当时主张科举变革的双方，无论是主张诗赋取士还是主张策论取士，都没有聚焦于德性第一位这个焦点之上。“教不本于学校，士不察于乡里，则不能核名实。有司束以声病，学者专于记诵，则不足尽人材。”④ 而即便是将考试直接落实到“一曰课百官，二曰安万民，三曰厚货财，四曰训兵旅”⑤ 这些紧迫、实用的对策性的课题上，也无法保证德性切实落实于被选拔人，而没有德性的落实，就不能被称为贤人，贤人不能进入统治阶层，良治是不可能实现的。因此，在程序化的科举考试不能胜任选拔贤人的情况下，二程不惜动议变相化的荐举制来进行完善。这说明，要实现理想主义的贤人政治，有时不得不采用现实主义的途径，所以我们说，贤人政治无论就选拔目的还是选拔途径，都有着实践理性的色彩，带有一种工具理性的表征。

---

①②③ 〔宋〕程颢：《河南程氏文集》卷一《请修学校尊师儒取士札子》，载《二程集》，王孝鱼点校，第449页。

④ 〔元〕脱脱等撰：《宋史》卷一百五十五《选举志一》，第3613页。

⑤ 〔宋〕苏轼：《苏轼文集》卷八《策别课百官一》，孔凡礼点校，北京：中华书局，1986年，第240—241页。“课百官”还包括“厉法禁”“抑侥幸”“决壅弊”“专任使”“无责难”“无沮善”六个小项。“安万民”还包括“崇教化”“劝亲睦”“均户口”“轻赋税”“教战守”“去奸民”六个小项、“厚货财”还包括“省费用”“定军制”两个小项。“训兵旅”还包括“蓄财用”“练军实”“倡勇敢”三个小项。

三、二程人治思想的经世进路

二程“取其贤能而进用之”的贤人政治思想，带有浓郁的人治色彩，这是不可否认的事实。然而，他们所理解的人治，并不体现在超逸权力运作规则的权力滥用的上，也不是意味着要听从个人利益、个人感情或情绪的驱使，将权力变为权力拥有者寻租的手段，以至于权力异化。二程理解的人治也绝对不会是血缘政治或权力的家族化，因为这与他们的“尚贤”主张格格不入。人治也不同于权力的部门化，因为作为天下公器的权力，被运用于某一类别的领域的利益，在理论上不许可，在实际上由于权力的相互牵制也很难操作。人治也不认同权力的人情化，因为那同样是对公器的滥用。人治也不认同权力的私有化和商品化。在这里，必须有效地区别启蒙运动后西方世界所理解的“法治”（rule of law）与传统中国所理解的“人治”之差异。在面对社会政治的治理体系和治理能力的时候，的确容易生发“谁的能力”“谁来治理”“治理对象”“治理效果”的系列问题。按照启蒙运动后渐次形成的西方的法治的理念，不存在治理的主体，社会全体成员以及组织机构都被纳入治理的序列。然而，在中国历史与传统的语境之中，主体则肯定是存在的，那就是人民。“民为贵，社稷次之，君为轻”，[①] 但是人民的利益与追求有需要赋权于统治地位的北宋王朝与各级官僚机构及其人格之代表——“贤人”。所谓的治理体系就是这一庞大的官僚群体及其复杂的国家机器；所谓治理能力，指的是这个治理体系所输出的巨大功能。这必然会涉及治理能力的主体即各级官员的德性与能力问题。至于治理对象和治理效果，最终都是落实于人并需要依赖人的认知与感受去评价的实际存在。费孝通认为，在中国的语境里，“法治的意思并不是说法律本身能统治，能维持社会秩序，而是说社会上人和人的关系是根据法律来维持的。法律还得靠权力来支持，还得靠人来执行。法治其实是‘人依法而治’，并非没有人的因素”。[②] 费孝通否认在传统中国存在人治与法治的对立，认为“如果人治是法治的对面，意思应当是‘不依法律的统治’了。统治如

① 〔汉〕赵岐注、〔宋〕孙奭疏：《孟子注疏》卷十四上《尽心下》，载〔清〕阮元校订：《十三经注疏》，第2774页中。

② 费孝通：《乡土中国》，北京大学出版社，2015年，第81页。

果是指社会秩序的维持，我们很难想象一个社会的秩序可以不必靠什么力量就可以维持，人和人的关系可以不根据什么规定而自行配合的"。[①] 费孝通否定"有权力的人任凭一己的好恶来规定社会上人和人的关系"[②]的可能性，明确指出，"所谓人治和法治之别，不在人和法这两个字上，而是在维持秩序时所用的力量，和所根据的规范的性质"。[③]这就与现代西方如塔玛纳哈的法治理论大相径庭。在塔玛纳哈看来，尽管法治的理论起源于希腊、罗马，但法治却是在自由主义理论被英美主流社会接受并确立起自由主义政治体制后才在其间发挥着种种的作用。法律排除人治，之所以成为法治，其前提就是确立非人治的法律。[④] 包括二程在内的理学政治思想坚守人治的主张，其实质内涵则在于贯彻德治的理念。法律的优劣取决于立法者素质的高低，从这个角度讲，治人远较治法为重。即便已制定良法，终究还需要高素质的治人来掌控和贯彻执行。而成文法的刚性（规范性）和柔性（变通性）也需要治人来把握。任何普遍的法律原则都是在各种具体的场景里操作的，普遍原则与具体场景发生冲突的情况在实际生活中比比皆是，所以，法律的选择与最后判断往往是令人困惑甚至不知所措的事情，即便是对法律条文倒背如流，也无法合理地应对眼前的事务。故而，儒家有"经""权"之判。"经"为规则和典范，"权"为结合原则的变通之道。"天之道，有伦，有经，有权。"[⑤] "经也者，常也。权也者，达经者也；皆仁智之事也。离之，滋惑矣。经非权则泥，权非经则悖。是二者，强名也，曰：当，斯尽之矣。当也者，大中之道也；离而为名者，大中之器用也。知经而不知权，不知经者也。知权而不知经，不知权者也。"[⑥] 人治的理念既是对儒家"权"说的合理延伸，也有着以人制"经"的合理内核。人治的本质是德治。如果说法治体现为一种对法律的坚定信念，那么人治就体现着一种对道德的执着认同。传统中国的人治理念包含几个方面的主要旨意：

---

①②③ 费孝通：《乡土中国》，北京大学出版社，2015 年，第 82 页。

④ 参见［美］布雷恩·Z. 塔玛纳哈（Brian Z. Tamanaha）：《论法治：历史、政治和理论》，李桂林译，武汉大学出版社，2010 年。

⑤ 〔汉〕董仲舒：《春秋繁露》卷十二《阴阳终始第四十八》，清《武英殿聚珍版丛书》本。

⑥ 〔唐〕柳宗元：《柳河东集》卷三《断刑论下》，上海人民出版社，1974 年，第 58 页。

(1) 它是在上位统治者对在下位的被统治者的单向度的付出，它既是一种统治策略，也是政治价值本身。(2) 唯有在德治的氛围里，人民才能感受到自己的行为不是受统治者的强力制约而是发自内心的自觉自愿。(3) 德治所推崇的伦理规范对社会全体成员均具有一定的约束力。(4) 德治并不否定法治。相反，它承认并肯定法治的地位与作用。显然，二程的贤人政治理念就是在这种意义上凸显出来的。从功能主义的角度审视，德治有着几个层面的价值：(1) 德治理念作为一种社会全体成员的政治共识，对统治者的政治素质起到规训和某种精神强制的作用。(2) 德治理念作为政治共识对社会公平正义信念的确立与坚守有强劲的、不可替代的维系作用。(3) 推而广之，德治能够升华为全社会的政治伦理氛围，对公序良俗和守护善法起到呵护作用。(4) 德治促进法治，因为德治会要求法治更加完善，提升立法在形式上的缜密性，在内容上的合理性和公正性，促进社会全体成员对法治正义理念的认识水平。(5) 德治的要求对主体性治理提出更高的要求，由此凸显教育对人的伦理自觉的积极作用。基于以上分析，在传统社会乃至现代社会，人治以及基于人治的德治主张有其一定的合理性。

任何思想意识都是时代的社会文化环境的产物，无论如何高妙和抽象的理论体系与价值关切都来自这种思想意识存在的社会文化土壤之中。“每一哲学属于它的时代，受它的时代的局限性的限制，即因为它是某一特殊的发展阶段的表现。个人是他的民族、他的世界的产儿（他的民族和世界的结构和性格都表现在他的形体里）。个人无论怎样为所欲为地飞扬伸张——他也不能超越他的时代、世界。因为他属于那唯一的普遍精神，这普遍精神就是他的实质和本质，他如何会从它里面超越出来呢？每一哲学都是它的时代的哲学，它是精神发展的全部锁链中的一环，因此，它只能满足那适合于它的时代的要求或兴趣。”① 程颢、程颐所提倡的贤人政治也是一样，它不可能独立成为抽离时代的政治与社会环境外的具有超时空而存在的思想意识，它嵌入于时代的社会、政治的存在之中。而北宋时代，社会与政治的醒目特征就在于士大夫官僚政

---

① ［德］弗里德里希·黑格尔（G. W. Friedrich Hegel）：《哲学史讲演录》，贺麟、王太庆译，商务印书馆，1978 年，第 48 页。

治。"宋之政治，士大夫之政治也。政治之纯出于士大夫之乎手者，惟宋为然。"① 而发轫于20世纪初的"唐宋变革期"理论范式也认定唐宋间社会的最显著变化，是门阀贵族的没落和科举出身的新官僚阶层的兴起。② 北宋士阶层的觉醒，对中国历史之演进影响至深，也是北宋中期新思想、新精神蓬勃四起的根本动力。③ 二程所倡导的贤人政治，具有将儒学政治化、实用化的强烈倾向，即便是出现二程所认同的"贤人"，也不可能超越时代的社会环境而独立地存在，他们只能以官僚的身份存在于现实的政治与社会环境内。北宋士大夫"原本不能造成世卿世官那样的贵族身份的社会，却借着知识的统制和长期独占，而无形中帮同把士大夫的身份更特殊化或贵族化了"。④ 而"当选"贤能的与否，当然要以对儒家学说的熟知程度和现实生活中赢得的口碑来做最终的测度。北宋科举制度的完善与固化，从一个侧面强化了"选贤任能"官僚政治的结构。不过，"所谓的贤者与能者，并不是在政治过程之外'预定生产'出来的，他们必得是在有所劝勉、有所警惕的政治环境下，居安思危和励图上进的结果"。⑤在宋代的新的历史情境下，"社会经济向前发展，文化传播接触较为频繁，有较多人民得到受教育机会的场合，更须把封锁的仕途开放一些，借以冲淡官民之间的对立情绪。更须把统制思想与统制仕途的方法打成一片，借以成就教化与治化的统一功能"。⑥然而，如果我们抛开选贤任能的形式规则，从其选拔的实际内容加以考察的话，我们就不能不说，形式上所具备的公平正义早就被碎片化的道德要求和虚假文辞所替代，更为令人错愕的是：贤人政治原本从摧毁世卿世禄的贵族制起跑，最终却创建了一个新的相对固化的新贵族阶层。他们对这种变相的贵族制度不吝赞誉之词，认为是精英应该的归宿，原本仍旧或多或少存在的道德意识很快让位于党同伐异的利益与意气之争，贤能的脂粉迅速掉落。"士大夫在人事问题上是专家，在统治艺术上是老

---

① 柳诒徵：《中国文化史》，中国大百科全书出版社，1988年，第516页。

② 参见［日］内藤湖南：《概括的唐宋时代观》，原载《历史与地理》第9卷第5号，1910年，今载刘俊文主编：《日本学者研究中国史论著选译》（第一卷），黄约瑟译，北京：中华书局，1992年。

③ 参见钱穆：《国史大纲》（修订本），北京：商务印书馆，1996年新1版，第560—561页。

④⑤⑥ 王亚南：《中国官僚政治研究》，北京：中国社会科学出版社，1981年，第78页，第102页、第103页。

手，所以他们就是国家的化身，国家是按照他们的形象创造的——一个等级制的独裁国家，融家长作风与专制统治为一体；一个向四面八方伸出触角的福利国家；一个极权国家。‘极权’一词有点现代味儿，但如果我们把它理解为国家对社会生活的全部活动实行全面控制，对各个层次实行绝对统治的话，那么，用它形容士大夫的国家是很合适的。”① 这种局面的出现，想必非程氏兄弟贤人政治理想所期盼的状况。

① ［法］艾蒂安·白乐日（Etienne Balazs）:《中国的文明与官僚主义》，黄沫译，久大文化股份有限公司，1992 年，第 31 页。

论孟子“义利之辨”展开的基础及其政治走向①

肖永明　黄有年

（湖南大学岳麓书院教授）

摘　要：孟子“义利之辨”的展开有赖于两大基础，一个是现实基础，另一个是理论基础。现实基础是，战国时期诸侯国之间进行大规模的兼并战争，各国的统治者都想快速扩张自己的经济实力和军事实力。它的理论基础是儒家的“心性论”和“天人论”。其中，孟子本人的心性论和天人论是核心理论。孟子“义利之辨”的最终政治走向是“仁政”，也即“王道政治”。从义利之辨出发，孟子的王道政治侧重于“仁义”这个价值要求，忽略了根本的政治制度的设计和安排，无法对统治者做出有效的限制。正常的政治实践却要求，价值理性与工具理性应该达到一定程度的平衡，而不是顾此失彼。总而言之，虽然孟子的“义利之辨”可以从理论上推导出“王道政治”，张扬价值理性，但是在现实的政治实践中它往往会遇到诸多困难，无法兼具工具理性。

关键词：孟子；义利之辨；心性之学；天人之学；王道政治；价值理性；工具理性

一、“义利”问题的追溯及孟子的论述

“义”与“利”像一对永无休止地拌嘴的孪生兄弟，然而它们又都在各大文明古国的思想文化体系中占有非常重要的位置，而且与其他思想理论产生了

①　本文系国家社科基金重大项目“中国《四书》学史”（编号13&ZD060）的阶段性成果。

紧密的联系[①]。就古代中国而言，“义利”问题在很早以前就已经出现了，只不过当时人们对该问题的讨论并没有形成一个庞大的理论群。根据记载，早在西周时代就有大臣以“专利”和“导利”规劝过周厉王：

厉王说荣夷公。芮良夫曰：“王室其将卑乎！夫荣夷公好专利而不知大难。夫利，百物之所生也，天地之所载也。而或专之，其害多矣。天地百物，皆将取焉，胡可专也？所怒甚多，而不备大难，以是教王，王能久乎？夫王人者，将导利而布之上下者也，使神人百物无不得其极，犹日怵惕，惧怨之来也。故《颂》曰：‘思文后稷，克配彼天。立我蒸民，莫匪尔极。’《大雅》曰：‘陈锡载周。’是不布利而惧难乎？故能载周以至于今。今王学专利，其可乎？匹夫专利，犹谓之盗，王而行之，其归鲜矣。荣公若用，周必败。”（《国语·周语上》）

在此，芮良夫这一席话指向了“利”的消极面和非正面性。因为他在“利”的前面添加了一个词——“专”。在芮良夫看来，荣夷公好“专利”，他没有纠正自身的缺陷，反而还教周厉王“专利”，这明显地败坏了统治者为天下分配“利”的规矩。周厉王运用自身的权势不合宜地收取天下之利，故而他所得到的“利”就不具有正当性。这样说来，一个问题就产生了：“利”本来是“百物之所生也，天地之所载”，它为什么会出现消极性和非正面性？原来这跟每个人获得“利”的正当性相关联。这种正当性跟“政治”有关，同

① 各大文明古国对“义”与“利”的用词及表述大不一样，但其中还是蕴含着人们对义与利的思考。例如，古希腊的苏格拉底提倡“美德即知识”，而且以此来批评智者群体所鼓吹的个人利己主义和享乐主义。他的学生色诺芬在《回忆录》中写道：“苏格拉底还说：正义和一切其他德行都是智慧。因为正义的事和一切道德的行为都是美好的；凡是认识这些事的人决不会愿意选择别的事情；凡不认识这些事的人也绝不可能把它们付诸实践……很显然，正义的事和其他一切道德的行为，就都是智慧。”（转引自姚介厚著：《西方哲学史》第二卷《古代希腊与罗马哲学》，南京：江苏人民出版社，2005 年版，第 497 页。）而在古印度的奥义书中，可以看到另一种表达方式，其中也蕴含着对“利”淡然视之的态度。《唱赞奥义书》：“世间所谓大者，乃谓多牛马也，多象也，多金也，多奴婢妻妾也，多田园宫室也。虽然，吾不谓是也，吾不谓是也。”（徐梵澄译：《徐梵澄文集》卷十五《奥义书》，上海：上海三联书店、华东大学出版社，2006 年版，第 204 页。）根据下文来看，本奥义书的作者所“谓”的是“自我”“梵”，而“自我”“梵”皆可看作“至善”，其中就蕴含着“义”的面相，而“世间所谓大者”恰恰就是物质之利。这反映了对“利”进行淡化的主张。

时也跟“心性”有关。显然，孟子论域中“利”的积极意义的淡化和“非正面化”在相当程度上是与此相关的。虽然芮良夫没有揭示出“义”的一面，但是他在这里面显然暗含着“义”的考虑——即作为最高统治者的周天子怎么样来分配“利”才是“合宜”的，而“合宜”正是“义”的一个面相。

春秋时期，孔夫子将“义”与“利”结合起来并且做出重要的人伦理论阐述。孔子说：

君子喻于义，小人喻于利。（《论语·里仁》）

孔子认为，“君子”追求的是“义”，而“小人”蝇营狗苟，只是钻营于蝇头小利之中。毫无疑问，这种“义”凸显出来的就是一种正直而高贵的道德，而与此相反，“利”则反映出来一副道德低下的样子。还可看到，孔子在另一处也有一个类似的提法：“君子怀德，小人怀土；君子怀刑，小人怀惠。”《论语·里仁》在此，“德”与“土”“刑”与“惠”是一种对立的形态，这种对立反映出来的也就是“义”与“利”的对立。在孔子的论域中，“君子”与“小人”体现出了两种截然相反的人伦道德理念。由于秉持着不同的人伦道德理念，这两个不同群体在行为处事的时候做出了“义”和“利”的选择，“君子”以“义”为尚，“小人”自然是趋向于“利”。然而，“义利之辨”得到比较集中的体现是在孟子这里：

孟子见梁惠王，王曰：“叟不远千里而来，亦将有以利吾国乎？”孟子对曰：“王何必曰利，亦有仁义而已矣。”（《孟子·梁惠王上》）

孟子与宋牼下面的对话同样是围绕着义与利展开的：

宋牼将之楚，孟子遇于石丘，曰：“先生将何之？”

曰：“吾闻秦、楚构兵，我将见楚王说而罢之；楚王不悦，我将见秦王说而罢之。二王我将有所遇焉。”

曰：“轲也请无问其详，愿闻其指。说之将何如？”

曰：“我将言其不利也。”

曰：“先生之志则大矣，先生之号则不可。先生以利说秦、楚之王，秦、楚之王悦于利，以罢三军之师，是三军之士乐罢而悦于利也。为人臣者怀利以事其君，为人子者怀利以事其父，为人弟者怀利以事其兄，是君臣父子兄弟终去仁义，怀利以相接；然而不亡者，未之有也。先生以仁义说秦、楚之王，秦、楚之王悦于仁义，而罢三军之师；是三军之士乐罢而悦于仁义也。为人臣者怀仁义以事其君，为人子者怀仁义以事其父，为人弟者怀仁义以事其兄，是君臣父子兄弟去利，怀仁义以相接也，然而不王者，未之有也。

何必曰利！”（《孟子·告子下》）

孟子在这两个地方都明确地揭示出了“义”与“利”之间所存在的张力。在后一则材料中，孟子认为应当以“仁义”来规劝国君，而不应该以“利”；在前一条材料中可以看出，孟子正是以实际行动来践行自己的主张，对梁惠王直陈“仁义”之意旨。这两个言说的时间点相隔不是特别远，而且其中体现的思想具有一致性，所以这两则材料可以放在一起并观。由此可见，孟子在对君王进行规劝的时候，一般都是将“仁义”放在首要的位置，而甚少对“利”给予正面的、积极的言说。这是发生在孟子身上的“义利之辨”。

从孔子开始对“义”与“利”做出人伦理论的阐述，到孟子对这一论域做出系统的阐发，“义利之辨”在中华民族的思维世界里愈发得到重视。特别是在儒家理论系统当中，“义利之说乃儒者第一义”。[①] 司马迁曾经对孟子的义利之辨大为赞叹，曰：“余读孟子书，至梁惠王问‘何以利吾国’，未尝不废书而叹也。曰：嗟乎，利诚乱之始也！夫子罕言利者，常防其原也。故曰‘放于利而行，多怨’。自天子至于庶人，好利之弊何以异哉！”（《史记·孟子荀卿列传》）显然，按照太史公的自道来看，他对“利”所秉持的这种消极印象是可以追溯到孔孟的。在太史公的意识里，“利”是“乱之始”，因为“自天子至于庶人”，皆有“好利之弊”。两汉以降，义利之辨不绝于书，尤以宋人朱熹与陈亮之间进行的“义利王霸之辨”为出名。朱子与陈亮的辩论既是他们对孔孟以来“义利之辨”的回应，也是他们理论和历史观的一种呈现[②]。不过，朱熹与陈亮在“义”与“利”方面固然存在着争辩，如朱子认为陈亮在义利方面的看法出现了重大的问题，有必要“黜去”，然而，他们对“利”都秉持着一定的消极看法。

在陈亮来信告知罹狱之曲折后，朱熹在给陈氏的回信中说：

---

① 〔宋〕朱熹：《晦庵先生朱文公文集》卷二十四《与延平李先生书》，《朱子全书》（第 21 册），上海古籍出版社、安徽教育出版社，2010 年版，第 1082 页。

② 〔宋〕陈亮：《陈亮集》，北京：中华书局，1974 年版，第 285—315 页。另外，可参邓广铭：《朱陈辩论中陈亮王霸义利观的确解》，载《北京大学学报》（哲学社会科学版），1990 年 02 期，第 1—5 页。

尝谓“天理”“人欲”二字不必求之于古今王霸之迹，但反之于吾心义利邪正之间。①

而陈亮在给朱熹的信中揭示出了“公”与“私”的对立：

有公则无私，私则不复有公。②

又，陈亮在论《孟子》时明言：

昔先儒有言：“公则一，私则万殊。”人心不同，如其面焉，此私心也。呜呼！私心一萌，而吾不知其所终穷矣。……故善观孟子之书者，当知其主于正人心；而求正人心之说者，当知其严义利之辨于毫厘之际。③

于此可以看出，朱熹的“天理”“正”对应的是“义”，而“人欲”“邪”对应的是“利”；陈亮的“公”对应的是“义”，而“私”对应的是“利”。在朱、陈的论域里，“人欲”是要去除的，而“私”也是必须予以严格的限制，因为它们都不是人类应当张扬的道德和伦理价值。所以，不管是朱熹还是陈亮，他们都意欲对“义”进行光大和弘扬，而对“利”进行一定程度的淡化，甚至是消解。在某种层面上，可以认为朱熹和陈亮是在伦理道德的范畴里对“义”与“利”进行“天理”与“人欲”“正”与“邪”“公”与“私”的界定。这同样深刻地影响了后世学者对孟子“义利观”的看法。除此之外，孔孟的“义利之辨”本身所蕴含的道德和伦理价值也为论述者所珍视。因而，后世之说者基本是在道德哲学领域对孟子“义利之辨”进行阐述和发挥④。

---

① 〔宋〕朱熹：《晦庵先生朱文公文集》卷三十六《答陈同甫》，《朱子全书》（第21册），上海古籍出版社、安徽教育出版社，2010年版，第1582页。

②③ 〔宋〕陈亮：《陈亮集》，北京：中华书局，1974年版，第295页、第105页。

④ 从伦理道德方面来论述的专著有：冯友兰著：《中国哲学史新编》，北京：人民出版社，2001年版，第366—374页；劳思光著：《新编中国哲学史》，桂林：广西师范大学出版社，2005年版，第125页；张国钧著：《中华民族价值导向的选择：先秦义利论及其现代意义》，北京：中国人民大学出版社，1995年版，第97—117页。为免去赘繁，其他论著和论文，暂不一一列出，待下文有所论及的时候，再加以引证。当然，也有少量的学者从政治哲学的角度来论述“义利之辨”。例如，周桂钿认为：“‘义利之辨’是政治哲学的重要内容。”周桂钿：《义利之辨》，载《福州大学学报（哲学社会科学版）》2001年01期，第5—9页。

应该肯定的是，学者们对孟子“义利之辨”的伦理道德之维度进行了深入而可贵的论述。然而，学者们对“义利之辨”所依靠的相关理论群论述得并不充分。除此之外，“义利之辨”在孟子这里不仅仅是一个伦理道德命题，它还是一个政治命题。从以上两个陈述中得来的疑问是：孟子的“义利之辨”是由哪些理论来做支撑的？孟子“义利之辨”的政治走向又是若何？概括言之，第一，孟子“义利之辨”背后有强大的逻辑和理论依据，它们分别是心性论和天人论。这是孟子“义利之辨”得以展开的理论基础。第二，孟子“义利之辨”的政治走向是“仁政”，即“王道政治”。这可以在《孟子》文本中找到依据。孟子认为，已经很长时间没有“王者”出来了，各国君主纷纷“假力”成霸，很有必要打消这些统治者对“力”的迷信、对“利”的追逐。孟子的“义利之辨”正是由此而发。因而，孟子究竟是重义轻利还是义利并重，孟子“义利之辨”在中国伦理思想史上究竟居于何等位置，鄙文不敢奢望跳出前修之胜论。在此若能揭示出孟子“义利之辨”背后的相关理论及其政治走向之万一，聊为读者备一浅说，则是本文之万幸。

二、孟子“义利之辨”展开的基础

从《孟子》整个文本来看，孟子对“利”与“仁义”的具体指向及其来源的思考方式截然不同。在孟子看来，“利”是外在的，有碍于成仁成义；“仁义”是内在的，它们关乎德性和德行。可以看到，孟子本人始终是没有谈论“利”是如何产生的，他好像已经确定地知道，在人们生活的这个世界里，“利”究竟是什么；而在“仁义”这个问题上，他似乎是在不厌其烦地给人讲解“仁义”是什么，它们又是怎么来的。在此，孟子对“利”与“仁义”都有一定的预设。尤其是在“仁义”方面，孟子认为“仁义”是不离日用伦常的，但是却又常常被人们所蒙蔽，所以他要“求其放心”。在这个意义上，孟子“义利之辨”得以充分地展开，它背后的支撑理论也慢慢地显露出来。在这个过程中可以发现，孟子“义利之辨”不是孤立地产生的，而是跟孟子所生活的时代、思想以及人物有着密切的联系。当然，孟子做出的“义利之辨”跟自身理论修养的关系也非常密切。因此，下面将从现实之“利”和“仁义”的相关理论方面展开论说。

（一）“利”：现实之镜的映照

孟子生活的时代是在战国中晚期，此时的“天下”已经不再是“万邦林立”的局面了，而各国的统治者也不再遵循原先的战争法则了。孟子说：“春秋无义战，彼善于此，则有之矣。征者，上伐下也，敌国不相征也。”（《孟子·尽心下》）其实，从现代的角度来看，春秋时期“诸夏”之间的战争还是具有一定的“道义”，例如宋襄公在泓水之战时的举动、晋文公的退避三舍，而且战胜国一般不会对战败国做出“灭国绝祀”的惩罚。然而到了战国时代，“诸夏”之间的战争变得“无义”了，一个国家一旦战败，这个国家的最终命运是被灭绝和吞并。因而，在战国时代，“天下”所剩下来的国家也就寥寥无几了。为什么会出现这样的现象？

从国家数量不断减少的现象来看，这是由于一股难以阻挡的“统一”大潮在推动着；从社会经济方面来看，这是社会生产力持续向前发展的结果。就第一方面来说，自春秋已来，周天子的威权已经大大地减弱了，姬周朝廷的纲纪对诸侯也失去了约束力。在这个时候，统治阶层出现了分化，权势在战争中急剧地转移，新兴力量从战争中获得的利益加速了“统一”的趋势。而“统一”得到的是什么内容？显然是被征服国家的劳动力、土地以及土地上的财产，还有当时的“国际”威望和政治效应。毫无疑问，从战争中获得的这些内容又刺激了各国君主“统一天下”的野心。除此之外，春秋已降，学术下移，诸子蜂起。当时的思想界对“大一统”的期待，也给参与“大一统”进程的君主们以极大的鼓舞。根据材料来看，其实孟子也参与到了这个潮流当中，只不过他与战国时期那些以“利”来讨好君主的策士大不相同[①]。例如，梁襄王跟孟子请教怎么样“定天下”“一天下”的时候，孟子回答说：“定于一”，“不嗜杀人者能一之”（《孟子·梁惠王上》）。从第二个方面来看，春秋战国时期各国争相对内政进行改革，尤其是对生产关系进行一定程度的调整，对生产工具做出极大的改良，这大大地解放了生产能力。生产力解放的一个重

① 例如，马王堆汉墓中出土的帛书，其中记录了战国时期纵横家给君主们献上大量的关于“利”的言论。（马王堆汉墓帛书整理小组编：《战国纵横家书》，北京：文物出版社，1976 年版，第 6 页。）再如，可以确定为商鞅本人所做的《垦令》，主张用二十种方法来“鼓励”民众开垦地力，从而收富国强兵之利。高亨注译：《商君书注译》，北京：中华书局，1974 年版，第 19—30 页。

要成果就是经济水平得到了提高[①]。这也就意味着现实之“利”更多。这样的现象又跟孟子的“义利之辨”有何关系？

其实，不管是通过战争得来的“国际”威望、政治效应、劳动力、土地和财产，还是自己国内的劳动力、土地和财产，这些都是现实之“利”；而各国统治者千方百计谋取的也就是这样“利”[②]。在孟子看来，如何治理好国家，让国民过上安适的生活，并且“趋而之善”，统治者们甚少将这些事项放在心上，或者说没有放在优先的位置[③]，他们所追求的恰恰是现实之利。另外，还有很多纵横家及策士以“利”来游说君主。可以看到，孟子很多言论都是批评统治者和策士将“利”放在首要位置的[④]。

孟子以为，让国民过上“善”的生活就是国家的重要目标，也是衡量统治者治国理政的关键尺度。孟子的这种意见在同一个时代的西方也可以听到呼应声。亚里士多德说：“我们见到每一个城邦（城市）各是某一种类的社会团

---

① 李剑农先生认为，与春秋之前，甚至是春秋时期相比，战国时期的手工业、农业及其技术、金属货币制度、商业和田赋制度等经济的主要部分都发生了重大的变化，而且皆取得了巨大的发展。李剑农著：《中国古代经济史稿》（第一卷），武汉：武汉大学出版社，1991 年版，第 36—99 页。

② 程远在研究“先秦战争观”中的“功利战争观”时指出：“古往今来，战争与‘利’密不可分，所谓‘利’，概括地讲，包括政治利益和经济利益两个方面。经济利益，是一切战争的最终根源。”程远著：《先秦战争观研究》，西安：陕西人民出版社，2006 年版，第 82 页。

③ 《孟子・梁惠王上》说：“明君制民之产，必使仰足以事父母，俯足以畜妻子；乐岁终身饱，凶年免于死亡；然后驱而之善，故民之从之也轻。今也制民之产，仰不足以事父母，俯不足以畜妻子；乐岁终身苦，凶年不免于死亡；此惟救死而恐不赡，奚暇治礼义哉？”

④ 例如，前面第一节所举的“宋牼将之楚”以“利”来游说秦楚罢兵的例子。孟子还提到一则策士“以利事君”的例子，并予以批评：“今之事君者，皆曰我能为君辟土地，充府库。今之所谓良臣，古之所谓民贼也。君不乡道、不志于仁，而求富之，是富桀也。我能为君约与国，战必克。今之所谓良臣，古之所谓民贼也。君不乡道、不志于仁，而求为之强战，是辅桀也。由今之道，无变今之俗，虽与之天下，不能一朝居也。”（《孟子・告子下》）又如，孟子批评梁惠王“不仁”时指出，“以土地之故，糜烂其民而战之，大败；将复之，恐不能胜，故驱其所爱子弟以殉之；是之谓以其所不爱及其所爱也”。再如，孟子在同一章批评当时的统治者依靠关隘设卡征收来往之税：“古之为关也，将以御暴；今之为关也，将以为暴。”（《孟子・尽心下》）

体，一切社会团体的建立，其目的总是为了完成某些善业——所有人类的每一种作为，在他们自己看来，其本意总是在求取某一善果。既然一切社会团体都以善业为目的，那么我们也可说社会团体中最高而包含最广的一种，它所求的善业也一定是最高而最广的。"① 然而在现实中，统治者往往会将"利"放在优先考虑的位置，而且也没有将"利"纳入善业当中来。不仅如此，统治者们还不惜民力，四处征战掠夺："欲辟土地，朝秦楚，莅中国而抚四夷也。"（《孟子·梁惠王上》）而在国内，由于争"利"导致了萧墙之祸："上下交征利，而国危矣！万乘之国，弑其君者，必千乘之家。千乘之国，弑其君者，必百乘之家。万取千焉，千取百焉，不为不多矣。苟为后义而先利，不夺不餍。"（《孟子·梁惠王上》）孟子主张优先考虑"仁义"而将"利"进行"后置"，这可以看作是对统治者们优先考虑"利"，而且没有将"利"纳入善业当中来的做法的反拨。

君主们为何会迷恋于"利"？在孟子看来，因为他们的"不忍人之心"被蒙蔽了，所以没法施行"不忍人之政"而只顾着争夺现实之利。统治者的"不忍人之心"被蒙蔽，那就需要"发明本心"，"求其放心"。正是在这个意义上，孟子将论述的重点引到了心性之学中来。

（二）"仁义"：心性之学的关切

心性之学，也可以说是性理之学②。这是我国先秦时期发展起来的一套专门研究人类"本性"（"本心"）及其特征的学说③。心性之学的一个重大任务就是探索人类在这个世界上的价值及其意义。在孟子论域中，个体生命在发掘自身价值与意义的过程中亦得以不断地超拔自我，从而达到"亲亲而仁民，仁民而爱物"的境界。那么，孟子的心性之学主要是在什么方面展开的？它到底给予"仁义"什么样的理论支撑？

---

① ［古希腊］亚里士多德著，吴寿彭译：《政治学》，北京，商务印书馆，1965 年版，第 3 页。

② 牟宗三先生有另外一种提法，他直接将"心性之学"等同于"内圣之学"。牟氏说："'性理之学'亦可值'心性之学'"，"此'心性之学'亦曰'内圣之学'"。牟宗三著：《心体与性体》（一），《牟宗三先生全集》卷五，台北：联经出版事业公司，2003 年，第 7 页。

③ 杨国荣教授说："心性之学更多地指向人自身的存在。"杨国荣：《心性之学与意义世界》，载《河北学刊》2008 年 01 期，第 35 页。

孟子的心性之学是在承认人性善的基础之上得以展开的。孟子在与告子的辩论过程中反驳了其他几个关于“人性”的论点，并且确立了“性善”的原则。再如，滕文公当世子的时候去楚国，途经宋国时顺道会见了孟子。此时，孟子给滕国这位世子讲了一大堆关于“性善”和尧舜“善政”的理论。孟子为何要给滕国的世子讲“性善”和“尧舜”？两者是何关系？这是因为尧舜行“仁政”“不忍人之政”，他们将这“性善”体现得淋漓尽致，孟子希望滕国这位世子将来继位之后，也能够遵行尧舜之道。孟子说：

> 尧舜，性之也；汤武，身之也；五霸，假之也。（《孟子·尽心上》）

像尧舜这样的统治者为什么能施行“不忍人之政”？因为他们好仁的本性乃是自然之流露，这种本性通过“不忍人之心”行“不忍人之政”而表现出来。此“不忍人之心”，也就是孟子跟齐宣王说的“仁术”，它实实在在地持存于每一个人的身上。这也就意味着尧舜从来都没有“放掉”自己的“不忍人之心”，他们就是以此心来行“不忍人之政”。正如孟子阐发“四端说”的那样：

> 人皆有不忍人之心。先王有不忍人之心，斯有不忍人之政矣；以不忍人之心，行不忍人之政，治天下可运之掌上。所以谓人皆有不忍人之心者，今人乍见孺子将入于井，皆有怵惕恻隐之心；非所以内交于孺子之父母也，非所以要誉于乡党朋友也，非恶其声而然也。由是观之：无恻隐之心，非人也；无羞恶之心，非人也；无辞让之心，非人也；无是非之心，非人也。恻隐之心，仁之端也。羞恶之心，义之端也。辞让之心，礼之端也。是非之心，智之端也。人之有是四端也，犹其有四体也；有是四端而自谓不能者，自贼者也。（《孟子·公孙丑上》）

孟子推演的结果是，“仁之端”“义之端”“礼之端”和“智之端”皆在“不忍人之心”中涵泳，“君子所性，仁义礼智根于心，其生色也睟然，见于面、盎于背，施于四体，四体不言而喻”（《孟子·尽心上》）。“仁义”的依据乃是“心”，又是“心”这个官能使得“仁义”最终给“外现”出来。对孟子来说，统治者身上的“仁义”得到“外现”，那就是“保民而王”，而非“先利而后义”了。

在孟子的论域中，仁义礼智根于心。那么，“不忍人之心”的外在依据又是什么？这就要另外从天人关系加以考察了。刘述先先生的一个论点很有启发意义：“孟子不但肯定人有内在的资源，而且相信天的真实性，只是通过心性在天人之间建立了一道桥梁而已。”①

（三）“仁义”：天人之学的倾注

天人之学，主要是指专门探讨“天之道”与“人之道”关系的学问②。虽然天人之学在宋儒那里得到非常深邃密致的讨论，但是，它的发端却是在先秦。先秦古籍当中遗留下来很多关于“天道”与“人道”关系的论点。这在《易》《书》和《诗》中有着明显的体现。

可以非常肯定地说，孟子的天人之学在一定程度上继承了《书》和《诗》的传统。孟子引《书·泰誓》言：

> 天视自我民视，天听自我民听。（《孟子·万章上》）

而《尚书·皋陶谟》中也有一个类似的表达：

> 天聪明，自我民聪明；天明畏，自我民明畏。达于上下，敬哉有土！

在此容易导致的一个误解是，仿佛“民”（“人”）才是“天”的依据。实际上，这是“人”之“聪”“明”“情”“意”上达于“天”，“人”在“下面”的“表现”为“天”所默视着。而且，据说“民”还是“天”所“生”。孟子引《诗·烝民》说：

---

① 刘述先：《孟子心性论再反思》，［美］江文思、［美］安乐哲编：《孟子心性之学》，北京，社会科学文献出版社，2005年版，第181页。

② 张岱年先生《天人关系综论》中说：“天人关系论，是人生论之开端。由宇宙论到人生论，第一步便是天人关系论。天人关系论，即是对于人与自然或人与宇宙之关系之探讨。”（张岱年著：《张岱年全集》第二卷，石家庄：河北人民出版社，1996年版，第209页。）也有学者对“天人关系”（“天人之学”）的概念做出一定程度的反思，并且给其中添加了“文化”因素。例如，邓辉说：“所谓‘天人之学’，是关于‘天人关系’的文化探讨。”他还说：“若仅把‘天人关系’仅仅归结之为人与自然界的关系，显然是片面的。”邓辉：《从天人之学看中西文化的根本差异——兼论未来人类文化的理想进路》，载《浙江社会科学》1997年01期，第90页。）鄙意以为，大可不必给“天人之学”的概念中添加“文化”因素，因为其中已经是具有“文化”因素了。何以言之？“天人之学”探讨的是“天之道”与“人之道”（包括“地之道”）的关系，此一“道”字已经显明其中所蕴含的价值、理想、理念与规律，而这些内容恰恰是“文化”当中至为关键的部分。

> 天生烝民，有物有则。民之秉彝，好是懿德。（《孟子·告子上》）

显而易见，由于这个“生”的关系，先民们认为“天”与“民”（“人”）之间存在着一定的沟通。这种沟通显示出来的一个结果是“天人相通”。根据张岱年先生的研究，“天人相通”的观念正是发端于孟子①。不必讳言，孟子“天人之学”的一个重要内容就是“天人相通”。现在的问题是，这又跟“心性”“仁义”有什么关系？

孟子相信，“天生烝民”，“天”在“上面”默视着“下面”的“民”，“天不言，以行与事示之”。所以说，“人”本身所具有的“心性”“仁义”乃是“天”所“赐予”和“倾注”的，而“天”又在上“看着”人类如何去扩充“心性”与“仁义”。正是在这个意义上，“心性”与“天”统合了。有研究者指出：“孟子的性善论是和他的天道论互有联系的。由于人性直接与天合一，那就不但使客观的世界失去了存在的基础，而且存在的‘万物’也‘皆备于我’了。”② 除此之外，孟子更加直白地说：

> 尽其心者，知其性也。知其性，则知天矣。存其心，养其性，所以事天也。殀寿不贰，修身以俟之，所以立命也。（《孟子·尽心上》）

孟子在此给出了一个逻辑推演的次序：“人”先要不断地扩充自己的“仁心”，然后才能够直抵“本性”“善性”，最后才能够明晓“天”给予人类的价值与意义；而“人”只有坚持存养“心”和“性”，才能够“事天”。这里一方面显示了“天”的至高性，一方面揭示了“天”与“人”的统合性。“人”与“天”若没有统合的地方，则人也无法“知天”了。这是孟子的一个思想进路。实际上，当时各国的君主及卿大夫并没有做到这一点，与此相反，这些统治者总是将现实之“利”放在优先的位置，例如孟子所劝谏的梁惠王、梁襄王和齐宣王等人。因而，孟子警告“时君”说：

> 有天爵者，有人爵者。仁义忠信，乐善不倦，此天爵也。公卿大夫，此人爵也。古之人修其天爵，而人爵从之。今之人修其天爵，以

① 张岱年：《天人关系综论》，《张岱年全集》（第二卷），石家庄，河北人民出版社，1996 年版，第 202 页。

② 侯外庐、赵纪彬、杜国庠著：《中国思想通史》（第一卷），北京，人民出版社，1957 年版，第 396 页。

要人爵。既得人爵，而弃其天爵，则惑之甚者也。终亦必亡而已矣。（《孟子·告子上》）

在孟子的论域中，由于“天”在“生民”的时候将“仁义”一并倾注在了人类的“心性”之中，故那些因求“利”而“放其本心”的统治者应该将“利”放在“仁义”之后，先寻找回自己迷失的“不忍人之心”，从而行“不忍人之政”。假如这些统治者继续迷途而不知返，“放其本心”，汲汲然求得“人爵”而暴弃“天爵”，即是求利禄而弃仁义忠信善，“终亦必亡”。这是孟子对统治者做出的谆谆告诫。

三、“义利之辨”的政治走向

孟子明白地宣告：“先王有不忍人之心，斯有不忍人之政矣。以不忍人之心，行不忍人之政，治天下可运之掌上。”（《孟子·公孙丑上》）“不忍人之政”强调了“仁义”在先，故而“利”就必然要在孟子规劝君王的言说系统当中遭到“后置”。因此可以说，孟子“义利之辨”的最终政治走向是“王政”“不忍人之政”。其实，这也就是“王道政治”。那么，孟子理想中的“王道政治”，其大体若何？举其荦荦大端，有以下几个重要方面。

（一）道德之王

孟子认为，“王道政治”的实现有赖于一个品德高尚的君主。统治者应该做一个道德表率，成为“道德之王”。这一“道德之王”在“全国”甚或“天下”所起到的示范作用非常之大。孟子言：“君仁莫不仁，君义莫不义，君正莫不正，一正君而国定矣。”（《孟子·离娄上》）再如，孟子认为，如果一个君主具备高尚的德行，那么这种德行就会像风吹草偃一样，在整个国家中盛行开来。这就是孟子说的：“上有好者，下必有甚焉者矣。君子之德，风也；小人之德，草也。草上之风必偃。”（《孟子·滕文公上》）这种“道德之王”所统治的地方虽然不大，但是由于他具备“仁德”，就可以真正地做到“保国安民”而人民“心悦诚服”。正如孟子在另一处说：

以力假仁者霸，霸必有大国。以德行仁者王，王不待大，汤以七十里，文王以百里。以力服人者，非心服也，力不赡也。以德服人者，中心悦而诚服也。（《孟子·公孙丑上》）

纵观古今，人们一直都希望在政治实践领域中由品德高尚的统治者引领着前进。在中国，儒家传统上对“道德之王”充满着期待。这在孟子的政治思想当中有着集中的体现。例如，“孟子道性善，言必称尧舜。”“尧舜”就是“道德之王”的代表。在西方的思想家当中，同样有人强调统治者应该具有良好的道德。柏拉图在《理想国》叙述了苏格拉底的一席对话，很能体现西方思想家对“道德之王”的期待：

另外还有一种人（指的是哲学家——引者注），他们知道每一事物的实在，而且在经验方面也不少似上述那种人（指的是不知道事物的“实在”、心灵里没有“原型”的人，实际是指非哲学家——引者注），在任何一种美德方面也不差似上述那种人，那么，我们还不任命这种人当护卫者（指的是统治者——引者注）反而去任命上述那种类似盲者的人当护卫者吗？①

通过回溯政治思想史可以发现，不管是东方还是西方，思想家们一般都设想由有德的统治者来治理“天下”和“国家”。在孟子的“王道政治”理想中，具有“不忍人之心”的“道德之王”是至关重要的一环。因为只有这种“道德之王”才能够施行“仁政”“不忍人之政”。舍此之外，“王道政治”别无他求。甚至可以说，一个没有道德的统治者，他往往保不住“四海”“社稷”“宗庙”。例如，孟子断言：

三代之得天下也以仁，其失天下也以不仁，国之所以废兴存亡者亦然。天子不仁，不保四海；诸侯不仁，不保社稷；卿大夫不仁，不保宗庙；士庶人不仁，不保四体。今恶死亡而乐不仁，是由恶醉而强酒。（《孟子·离娄上》）

（二）“明其政刑”与“尊贤”

在政治生活的实践过程中，一个国家不可以没有政制法典或原则，也不可以没有贤人“在位”、建策。没有政制法典，民众就无所适从，甚至出现“不教而诛”的惨剧；没有贤人“在位”、建策，统治者就像没有“手足”一样。因此，孟子认为，一方面，时刻存养“不忍人之心”的统治者要施行明晰的

---

① 当然得注意到，柏拉图的“哲学王”跟孟子所言的“尧舜”还是不一样的。但是他们也有共同的地方，两者皆强调统治者自身必须具备良好的道德修养。［古希腊］柏拉图著，郭斌和等译：《理想国》，北京：商务印书馆，1986 年版，第 229 页。

国家政制法典，“明其政刑”；另一方面，这些“道德之王”要“尊贤使能”。

孟子认为在“王道政治”之下，应该施行什么样的国家政制法典或原则？根据孟子自身的描述来看的话，他关于国家政制法典的看法还是比较模糊的。或者换一句话来说，孟子并没有给出比较具体的国家政制法典蓝图。然而，我们还是可以概括出以下几点。第一，坚持天子之制。孟子虽没有明言建立一个什么样的天子制度，但从《告子》篇对以往天子之制的描述中，可以看出来他对该制度并没有失掉信心。第二，妥善处理国政与“巨室”的关系。孟子说过：“为政不难，不得罪于巨室。”（《孟子·离娄上》）这是一条“为政”的原则。第三，遵行“礼制”，遵行五等爵制。第四，建立合理的赋税徭役制度。第五，实行合理的耕作制度和分配制度。实际上，孟子对以上大多数制度只是比较宽泛地谈论，并没给予详细的设计和论证；对少数的制度，如分配制度，则论之甚详。例如，在“制民之产”和土地分配方面，孟子对不同的统治者都给予比较详细的说明。在此也可以看到，孟子是十分重视以“利”来养民的，只是对君王言说的时候，时刻以“仁义”开导而不言“利”。孟子希望在“王道政治”之下，“民”的一生能够养生丧死无憾，“民”在内心里能够感受到统治者“仁义”的涌动。

（三）设教化民

古往今来，教化民众一直是国家的政治和文化实践当中一项非常重要的任务。孟子对教化及其功效非常重视。孟子说：

> 设为庠序学校以教之。庠者，养也。校者，教也。序者，射也。夏曰校，殷曰序，周曰庠，学则三代共之，皆所以明人伦也。人伦明于上，小民亲于下。有王者起，必来取法，是为王者师也。（《孟子·滕文公上》）

孟子指出，三代之时，统治者们都设置一定的场所“庠序学校”来教育自己的子弟，教育之目的是让他们“明人伦”。毫无疑问，“明人伦”也是孟子教育思想的出发点。孟子说：“谨庠序之教，申之以孝悌之义。”（《孟子·梁惠王上》）孟子在另一地方也表达了同样的意思：“人之有道也，饱食暖衣，逸居而无教，则近于禽兽。圣人有忧之，使契为司徒，教以人伦：父子有亲，君臣有义，夫妇有别，长幼有序，朋友有信。”（《孟子·滕文公上》）然而，孟子这种设教化民的主张与“王道政治”有何关系？孟子揭示了其中的一个秘密：

> 仁言，不如仁声之入人深也。善政，不如善教之得民也。善政民畏之；善教民爱之。善政得民财；善教得民心。（《孟子·尽心上》）

实际上，“善教”也就是“人伦之教”。赵岐对“善教”注曰：“善教使民尚仁义，心易得也。”由此看来，“人伦之教”主要是教导民众趋仁履义，它的政治目的是“得民心”。民众遵从仁义之道，那也就表明“明主”“仁君”化民有功，“王者之民，皞皞如也”（《孟子·尽心上》）。如此一来，上到统治者，下到民众，皆乐受“仁义”之陶融，人心无不欣悦。天下人心皆受“仁义”之涵泳，“利”自然也就不能充塞人心了。这正是孟子“王道政治”的题中之义。不过也应该看到，孟子设教化民之论并没有形成一套教化理论体系①。

结　语

如上所论，孟子“义利之辨”有其特殊的时代背景。在一个“大一统”的潮流中，统治者们为了兼并他国，不惜民力，无视民瘼，穷兵黩武，“率兽食人”；而天下之策士纷纷“以利事君”，像墨子、杨朱之徒更是张扬“利”说。在这种背景之下，自视为孔学传人的孟子挺身而出，“正人心、息邪说、距诐行、放淫辞，以承三圣”（《孟子·滕文公下》）。这也就意味着孟子有“卫道”的性质。而这个“道”，又是“尧舜之道”。在孟子的政治论域里面，“尧舜之道”相当于“王道政治”。因而，孟子从心性之学与天人之学方面来给“义利之辨”找理论依据，最后将它落实到“王道政治”中来，主张先“仁义”而后“利”②。

---

① 萧公权先生亦持有相似的观点。萧先生说：“孟子于养民之要不厌反复申详，而教民一端则多附带及之，仅举梗概。”萧公权著：《中国政治思想史》，沈阳：辽宁教育出版社，1998年版，第83页。

② 孟子在“义利之辨”的过程中只是给君王和其他策士大讲“仁义”且斥之以“何必曰利”，这给人的印象是孟子从来都不谈论“利”的问题。在孟子这里，“义”与“利”之间确实存在着张力，但孟子绝非没有对“利”进行考量。例如，孟子养民之论中所提到的土地、渔、桑、鸡、豚等物产，还有论及政府该如何征收徭役赋税，这些都是实实在在的“利”。其实，对君主来说，孟子的主张是先“仁义”而后“利”；而对民这个群体来说，孟子预设他们是君主行“王道政治”过程中“利”的接受者。刘泽华先生也有类似的观点。刘泽华著：《中国政治思想史集》（第一卷），北京：人民出版社，2008年版，第269页。

从人文理性方面来看，先“仁义”而后“利”有十分重大的意义和价值。一个社会的健康运转，需要价值理性来作为支撑点，而“仁义”正是价值理性之一。休谟（David Hume）在《论政府的起源》中说：“人们全都意识到正义是维护安宁和秩序所必需的，人们也都意识到安宁和秩序是维护社会生存所必需的。”① 孟子的“仁义”在某种意义上同样内含着“正义”的诉求②。先“仁义”而后“利”，这在一定程度上避免了人类社会因奉行弱肉强食法则而走向丛林社会。在此，“仁义”起着“存养”人心的重大作用。特别是对统治阶层来说，为了社会共同体的合理生存和发展，更有必要以“仁义”来加以约束。如果统治阶层不讲仁义道德，胡作非为，索取无度，这对整个社会的伤害无可估量。

然而，孟子先“仁义”而后“利”，并以此教人蹈“王道政治”之坦途，缘何被荀子讥刺为“略法先王而不知其统”“案往旧造说”（《荀子·非十二子》）？这固然跟孟、荀二子对“义”与“利”的态度有关，孟子先“仁义”而后“利”，荀子“义”与“利”并举；但至为关键的是，孟、荀二子所理解的“人性”大不一样。如所周知，荀子主“性恶”，孟子主“性善”。也正是在“性善”这一点上，孟子的“义利之辨”及其政治走向“王道政治”碰到了很大的问题。首先，“性善”何以会“行恶”？又何以会有“恶世”？难道仅仅是由于人“放其本心”？答案未必是这样。其次，从“义利之辨”方面来说，“王”为什么“何必曰利”，“亦有仁义而已矣”？仅就政府自身运转、维护社会秩序以及“保境安民”来说，“仁义”显然无法解决这样庞大的国政民生问题，非“利”而何？再者，当时在“大一统”浪潮的裹挟之下，绝少有人能够置身事外；而且，孟子自己也投身于这股洪流之中，他常对统治者说“斯天下之民至矣”“天下之民皆引领而望之矣”，表现出一种“定天下”“一天下”的志向，如果“王”真像孟子教导的那样“何必曰利”，那么“定天下”“一天下”的过程中遇到那种墙高池深的政治败坏的国家时，如何将“定天下”“一天下”推行下去？即便是“定天下”“一天下”之后，在“何必曰

① ［英］休谟著，张若衡译：《休谟政治论文选》，北京：商务印书馆，2010 年版，第 23 页。

② 王钧林：《正义与社会》，《济南大学学报（社会科学版）》，2012 年 02 期，第 1—4 页。

利”的训诫之下，“王”无充足之“利”的话，如何安顿好从“倒悬”之下解救出来的“天下之民”？可以想见，孟子的“义利之辨”高扬了价值理性而无法兼顾工具理性，在现实的政治实践当中难以成为一个自洽而有实效的政治理论。换言之，孟子的义利之辨侧重于“仁义”这个价值要求，忽略了根本的政治、经济制度的设计和安排，无法对统治者做出有效的限制，最终致使王道政治无法在现实当中得到践行①。

总而言之，虽然孟子的“义利之辨”可以从理论上推导出“王道政治”，张扬价值理性，但是在现实的政治实践中它往往会遇到诸多挫折，难以兼及工具理性。当然，如何来看待价值理性和工具理性在理论方面的互动，如何将这两方面的内容融贯进现实中，这都是颇费考量的事情。除此之外，孟子“义利之辨”蕴含着对“利”进行如何分配的问题。这反映的是：怎么样分配“利”才是“合宜”的?② 这个问题很具有探讨空间，值得人们去深入地探讨。

---

① 有一种观点认为，作为孟子“仁政”构想的基础和核心的“井田制”早就遭到了破坏、瓦解，“仁政”构想落空的主要根源，并非“仁政”构想不关注“制度”或者缺乏“制度”的设计，而是其“制度设想”有些脱离实际了。宋宽锋：《“义利之辨”的政治哲学意蕴与“仁政”的实际可行性问题——孟子政治哲学新探》，载《孔子研究》2018 年 06 期，第 53 页。

② 李祥俊在回顾整个儒家义利之辨的时候，也有一个类似的观点。他说：“儒家义利之辨最根本最基础的问题层次是在人类社会的共同生活中产生的，关注的是物质利益与关于物质利益的合宜分配制度之间的关系。”李祥俊：《儒家义利之辨的概念含义、问题层次与价值取向》，载《学习与实践》2019 年 01 期，第 126 页。

董仲舒“天”之三义及其在秦汉哲学史上的地位

武占江

（河北经贸大学图书馆馆长、教授）

“阴阳五行”是董仲舒表达其哲学思想的重要工具，也是历代研究董仲舒者最为重视的问题，谓其使迷信的“天人感应”思想回潮、在哲学上开历史倒车者有之，谓其创建了“系统论哲学体系”者亦有之，褒贬不一，认识差距很大。但从形式上来说，董仲舒也是通过“公羊春秋”接榫阴阳五行说的，而且要对董仲舒哲学思想有一个正确的评价，须先对其“天”的含义进行分析。

一、自然的天

《春秋》经隐公元年：“元年春王正月。”《公羊传》：“元年者何？君之始年也。春者何？岁之始也。王者孰谓？谓文王也。曷为先言王而后言正月？王正月也。何言乎王正月？大一统也。”“王正月”本来是周天子所颁布的历法，为西周以来通行的说法[①]，《公羊传》把“王”解释为周文王有一定的道理，但由此而得出“元年春王正月”含有“大一统”思想，则是公羊家的“意义赋予”。董仲舒在此基础上进一步引申：

臣谨案：《春秋》之文，求王道之端，得之于正。正次王，王次春。春者，天之所为也；正者，王之所为也。其意曰，上承天之所

① 杨伯峻先生指出：“‘王正月’的说法是一种由来已久的传统，意思是‘王’所颁布的历法，西周金文器物中常常出现，有‘王五月’‘王九月’‘王十月’，也有‘唯正月王春吉日’的说法，这里的‘王’指的是周天子。《楚王熊章钟铭》中有‘唯王五十有六祀’，则是指楚王。可见，‘元年春，王正月’，绝不是《春秋》的独创，其本身也并不含有‘大一统’的意思。”见杨伯峻：《春秋左传注前言》，《春秋左传注》（修订本），北京：中华书局，1990 年，第 10—11 页。

为，而下以正其所为，正王道之端云尔。然则王者欲有所为，宜求其端于天。天道之大者在阴阳。[①]

他把“春王正”三个字拆开说，认为“春”是“天”的表达，是宇宙间第一规律；“王”在“春”之下，表示“王”顺天之所为，顺“天”所为即为“正”，是“正道”“王道”；“天”的规律的体现就是“阴阳”，这里“阴阳”是泛称，指“阴阳五行”。通过《公羊春秋》，董仲舒把历史观与“天道观”统一起来了，也就是把他的“阴阳五行”的“天论”与《公羊春秋》结合起来，形成了董仲舒哲学思想两个重要基点。借此，董仲舒所阐释的儒家政治、伦理思想有了形而上的根据，他就可以平视六经，对整个儒学做自己的解读；而这种解读由于有了“天”这一根本依据，形成了“义理强制”，可以为汉代的思想统一擘画蓝图。

自上古以来，“天”就是中国思想史上的一个重要概念，近代以来，学者对传统思想中的天有多种解释，总不外乎三种含义，一是自然的“天”，二是神化的“天”，三是人化的“天”。“人化”的“天”是把“天”价值化，而没有“人格化”的属性，其实“神化”的天也可归于“人化”范畴之中，为了表述方便，我们在此作了区分。后两种意义上的“天”，其属性、“功能”均以“自然的天”为基础。从字义上说，“天者，颠也”，“穹苍，苍天也”，天字是“人”字上加一黑点，以突出在人上者、其色苍苍的宇宙背景。由于其大无外，一切可敬、可畏、可知、不可知自然现象在这个舞台上扮演，“天”就成了人类早期所敬畏的最重要的对象，由此派生出各种神秘的属性和力量，就是商代重巫信鬼的思想氛围中，天或者天的异称——帝，也有着突出的自然属性[②]。所以，一切把“天”人格化、神秘化的思想中都必然包含自然属性这一面，董仲舒也不例外。他认为人与宇宙万物皆由阴阳构成，人在阴阳之中，如鱼在水中：

天地之间，有阴阳之气，常渐人者，若水常渐鱼也，所以异于水者，可见与不可见耳，其澹澹也，然则人之居天地之间，其犹鱼之离

① 〔汉〕班固：《汉书》卷五十六《董仲舒传》第二十六，北京：中华书局，1962年。

② 晁福林：《论殷代神权》，《中国社会科学》1990年第1期，第99—112页。

水一也，其无间，若气而淖于水，水之比于气也，若泥之比于水也，是天地之间，若虚而实，人常渐是澹澹之中。①

五行是阴阳的具体化，阴阳是偶数，五行是奇数，阴阳五行都是一个环形模式，构成无始无终的宇宙循环系统。阴阳解释万物运行的内在动力，五行解释万物运行的具体模式，相生相克，以模拟世界的运行，时间、空间都在此偶数、奇数交错的模式中生生不息：

天地之气，合而为一，分为阴阳，判为四时，列为五行。行者，行也，其行不同，故谓之五行。五行者，五官也，比相生而间相胜也，故为治，逆之则乱，顺之则治。②

至此，董仲舒与汉初以来的阴阳气化宇宙论没有什么区别，也继承了春秋战国以来阴阳五行说解释宇宙形成、运行方式的哲学成果。

西汉初期是气化宇宙论发展、定型的时期，与之相应的自然科学也有了很大进步，盖天说、浑天说、宣夜说也有了长足的发展，经验性的自然科学成果与哲学思维相结合，以气为宇宙基本材料，以阴阳五行为模式，中国传统宇宙论迎来了一个新的发展时期。西汉定稿的《淮南子》中的两篇文章《天文训》《地形训》对此有比较详细的描述。董仲舒的上述思想无疑是对汉初气化宇宙论的继承。但是董仲舒的注意力和贡献并不在于气化宇宙论的构建方面，如其“春秋学”一样，他并不满足于人所共见的一般性知识，董仲舒要“由著见微”“以微知著”，探求宇宙更为精微的运行方式。《春秋繁露》中的《阴阳位》《阴阳终始》《阴阳出入上下》中探索了阴阳运行与四季的关系问题。在此，董仲舒对阴阳运行的路线、方式以及二分二至形成的原理做了解释，并以十天干为坐标系，作了量化的标识。③

在《雨雹对》中，董仲舒也对风云雨雪雹霰雷电的形成机理作了解释。一年十二个月时间维度中天气变化有一定的规律，把握了阴阳运行的节奏，即可掌握此规律，这体现了汉代思想家对包括四季运行在内的宇宙节律等经验性事物的哲学概括。既然掌握了宇宙运行节律，即可以对自然现象做出解释和准

①② 〔清〕苏舆：《春秋繁露义证》，钟哲 点校，北京：中华书局，1992 年，第 467 页、第 362 页。

③ 具体运行方式王永祥先生有详细图示，可参看《董仲舒评传》，南京大学出版社，1995 年，第 192—110 页。

确预测。但是“阴阳”范畴本是从气象现象中提炼出来的，中国所在的东亚地区其气象现象是由多种因素所决定的，最直接的是海陆季风之间的互动。季风固然以季节为根本依据，在四季的范围内运行，“时间变量”是最根本的决定因素，但是还有其他因素的影响，不可能做机械性看待，所谓“天有不测风云”，总体趋向可把握，实际现象难确定。这一现象董仲舒也注意到了，他的解释是：有关的气候现象应至未至即为“妖”，“和气之中，自生灾沴，能使阴阳改节，暖凉失度”。在《雨雹对》中，董仲舒对此基本上是从经验的角度解释的，“犹乎人四支五脏中也。有时及其病也，四支五脏皆病也”。“妖”是怎么产生的呢？是因为“政多纰缪”，董仲舒并没有把经验解释的方式贯彻到底，而走上了“人事”对天象“感应”的道路上。

阴阳二气以及五行本来是从自然现象中概括出来的，在汉代依然保留着具体物质属性的特点，用其解释纯自然现象则可，一旦把人事也牵扯其中，就会导致自然与人之间的神秘“感应”；要避免这种感应，又不得不陷入命定论的窠臼，就如王充所论，人的命运由气禀所决定。这就涉及董仲舒“天”的第二个意义，也就是“神化之天”。

二、神化之天

董仲舒谈“天人感应”主要在反常的自然现象方面。在正常情况下，阴阳五行按照规律运行，自然现象可预期、可理解，而反常现象的出现则是由人——尤其是帝王——的行为引起的：人的错误招致天的灾难，天以此对人“示警”，即“谴告”；人的行为良好，尤其是帝王施行德政，上天也会降下祥瑞，以示表彰。这样，“天”成为有意志的存在物，能感知、干预甚至左右人间事务，尤其是在政权兴衰存亡问题上，天的“意志”最为明显。

王正，则元气和顺，风雨时、景星见、黄龙下。王不正则上变天，贼气并见。五帝三王之治天下，不敢有君民之心。什一而税。教以爱，使以忠，敬长老，亲亲而尊尊，不夺民时，使民不过岁三日。民家给人足，无怨望忿怒之患……父不哭子，兄不哭弟。毒虫不螫，猛兽不搏，抵虫不触。故天为之下甘露，朱草生，醴泉出，风雨时，嘉禾兴，凤凰麒麟游于郊。囹圄空虚，画衣裳而民不犯。四夷传译而朝。

“王”是人群、社会的根本，“王”之政治代表人群行为是否恰当，所以

"天"之顺逆主要决定于"王"。政令正确，则元气、阴阳、五行运行顺畅，自然界风调雨顺，各种"祥瑞"纷纷出现，"景星见、黄龙下"，甘露、朱草、醴泉、嘉禾兴，凤凰麒麟都是祥瑞之物。各种祭祀、礼仪在人间政治清明、百姓安居乐业基础上才有效果，也是对这种祥瑞的仪式化赞颂。像夏桀、商纣以及西周末年那样倒行逆施，天下大乱，君臣相杀、父子相残，百姓流离失所，上天就会降下灾难：

> 日为之食，星霣如雨，雨螽，沙鹿崩。夏大雨水，冬大雨雪，霣石于宋五，六鹢退飞。霣霜不杀草，李梅实。正月不雨，至于秋七月。地震，梁山崩，壅河，三日不流。昼晦。彗星见于东方，孛于大辰。鹳鹆来巢，《春秋》异之。以此见悖乱之征。①

天既可以降下祥瑞，福佑万民，也可以造成灾难，使大山崩塌、江河改道、天气异常，总之，天无所不能，具有至高无上的权威性。董仲舒不否认鬼神的存在，但是鬼神也服从于天，天是"百神之大君"②。但是董仲舒的"天"又与春秋以前人格神的"天"有所不同。商周时期，"天"像一个帝王，有左右陪臣，所谓"文王陟降，在帝左右"，天可以"令风雨"。董仲舒也明确肯定"天"有意志，有欲望："灾异以见天意，天意有欲也、有不欲也，所欲、所不欲者"③，但是"天"表达其意志不再是派遣使者，或者降神于人，使神附于人身以传达其意旨；在董仲舒，天人之间有中间环节，天通过阴阳五行运行而形成的祥瑞、灾难垂示人类；人通过阴阳五行来"识读"天的意志，阴阳五行是沟通天人的中介。自然界的反常现象无时不有、无处不在，那么何者代表天意？代表天的什么意思？人如何识读阴阳五行中所包含的天意呢？董仲舒提出一个重要的方式，就是"同类相感"，也就是"天人感应"。"天人感应"又包含两层意思，一是天人相似，即"人副天数"；二是"同类相感"，这是董仲舒"天人感应"思想的重要特点。

天地都是一气所生，人是天地之精气所生，与其他物类的最大不同在于人具有与天地相似的构造：

> 人有三百六十节，偶天之数也；形体骨肉，偶地之厚也。上有耳

---

①②③ 〔清〕苏舆：《春秋繁露义证》，钟哲 点校，北京：中华书局，1992 年，第 101—104 页、第 398 页、第 260 页。

目聪明，日月之象也；体有空窍理脉，川谷之象也；心有哀乐喜怒，神气之类也。观人之体一，何高物之甚，而类于天也。物旁折取天之阴阳以生活耳，而人乃烂然有其文理。是故凡物之形，莫不伏从旁折天地而行，人独题直立端尚，正正当之。……发，象星辰也；耳目戾戾，象日月也；鼻口呼吸，象风气也；胸中达知，象神明也，腹胞实虚，象百物也。

人不仅与天地之像类似，是天的“副本”，人体的构造、生理运动也与阴阳五行相应：

天地之符，阴阳之副，常设于身，身犹天也，数与之相参，故命与之相连也。天以终岁之数，成人之身，故小节三百六十六，副日数也；大节十二分，副月数也；内有五脏，副五行数也；外有四肢，副四时数也；乍视乍瞑，副昼夜也；……此皆暗肤着身，与人俱生，比而偶之弇合。于其可数也，副数；不可数者，副类。……以此言道之亦宜以类相应，犹其形也，以数相中也。①

“以此言道之亦宜以类相应，犹其形也，以数相中也”，因为人与天相类，“人之道”也与“天之道”相通，是以天人之间能够“感应”。苏舆认为“道”与“之”两字倒置，这样，意思更为显豁。《深察名号》谓：“天人之际，合而为一，同而通理”，也是这个道理，这应该是中国传统哲学中“天人合一”最早的明确表达。

董仲舒在《同类相动》中，对天人同类相感有详细的表达：

今平地注水，去燥就湿，均薪施火，去湿就燥。百物去其所与异，而从其所与同，故气同则会，声比则应，其验皦然也。试调琴瑟而错之，鼓其宫则他宫应之，鼓其商而他商应之，五音比而自鸣，非有神，其数然也。美事召美类，恶事召恶类，类之相应而起也。如马鸣则马应之，牛鸣则牛应之。帝王之将兴也，其美祥亦先见；其将亡也，妖孽亦先见。物故以类相召也，故以龙致雨，以扇逐暑，军之所处以棘楚。

① 〔清〕苏舆：《春秋繁露义证》，钟哲 点校，北京：中华书局，1992 年，第 354—357 页。

> 天有阴阳，人亦有阴阳。天地之阴气起，而人之阴气应之而起，人之阴气起，而天地之阴气亦宜应之而起，其道一也。明于此者，欲致雨，则动阴以起阴，欲止雨，则动阳以起阳，故致雨，非神也。而疑于神者，其理微妙也。非独阴阳之气可以类进退也，虽不祥祸福所从生，亦由是也。……故琴瑟报弹其宫，他宫自鸣而应之，此物之以类动者也。其动以声而无形，人不见其动之形，则谓之自鸣也。又相动无形，则谓之自然，其实非自然也，有使之然者矣。物固有实使之，其使之无形。①

在这篇文章中，体现了董仲舒一贯的对事物细致入微的研究精神，这里对自然现象也做了精细的研究，如乐器之间的共鸣（其宫则他宫应之，鼓其商，而他商应之，五音比而自鸣），是一种真实的“感应”，并非有神秘不可知的力量在操纵，是其内在规律的体现（非有神，其数然也）。牛马之间的和鸣，公鸡在黎明时分不约而同地打鸣，这是动物本能与自然信号之间的微妙联系。此外，候鸟长距离迁徙中能够准确识别方向，其中的奥妙人类至今难以完全破解，但肯定有着内在联系。如人的病症与时间、天气等有联系，天气的变化最先在身体不适的人身上有了反应，这都是经验事实。通过自然感官人看到的是一个世界，还有通过自然感官看不到而通过仪器可以测到的世界，如各种射线、粒子等，是我们看不见平时也很难感觉到的物质，但是它们真实存在，并发生作用，更有通过仪器尚测不到的世界。董仲舒相信这些看不到的物质和力量的存在，并联系着天与人：“物固有实使之，其使之无形”；他致力于探索肉眼看不到、也不易感觉到的现象，并深究其原因：“谓之自然，其实非自然也，有使之然者矣”。

董仲舒对这些自然现象做进一步的综合与提升，对“同类感应”做哲学概括，提出一切现象都可以用阴阳五行这些范畴来解释。如果我们仅从这个角度来看，董仲舒是一个多么具有探索精神的古代科学家啊！但是他并不清楚哲学范畴与自然界的具体因果联系有着本质的区别，哲学范畴只是对自然因果律的一种方向性概括，它也可以成为总结经验资料的工具，但这种“总结性的工

---

① 〔清〕苏舆：《春秋繁露义证》，钟哲 点校，北京：中华书局，1992 年，第 358—361 页。

具”并不能代替对因果联系的具体揭示，离开了这种具体因果联系，仅仅用哲学范畴来推测，必然会发生谬误。比如五行配五脏，五脏之病依五行之次序传递，肝木有病传脾土，这只是一种可能，传之与否，还要看具体病情，“诸法和参”方能正确诊病，仅从五行相生来判断病情，那是庸医杀人的路数。当我们说某物能够燃烧是因为含有“燃素”，这并没有揭示“燃烧现象”的具体机制，但却不是什么也没说，而是说某物燃烧有其内在原因，不是神的意志，所以我们将其称为“哲学的概括”。当我们认识到碳在一定温度下与氧气发生剧烈化学反应，发热、发光，形成二氧化碳，则是揭示了科学因果联系，哲学范畴“燃素”也就被强烈氧化反应的科学术语所取代。

但是限于当时对自然界的认识水平以及董仲舒政治、伦理思想方面的先入之见，董仲舒在科学的认识、哲学概括的基础上又向前迈了一步：不仅认为哲学范畴可以揭示一切因果联系，而且凭这种哲学联系还可以影响甚至决定自然现象。在这种逻辑下，董仲舒并不是有意神化什么，也不是在“神道设教”，而是真的相信：掌握了阴阳五行、同类感应的奥秘，就可以左右风雨。“明于此者，欲致雨，则动阴以起阴，欲止雨，则动阳以起阳，故致雨，非神也。而疑于神者，其理微妙也。”他很自信地说，致雨、止雨可以人工控制，这不是神的力量，也无须借助神，明白了其中微妙的道理，人就可以做到。迈出这一步，就走向了谬误，在董仲舒的笔下，“自然的天”就变成了“神化的天”。班固说：“仲舒治国，以《春秋》灾异之变推阴阳所以错行，故求雨，闭诸阳，纵诸阴，其止雨反是；行之一国，未尝不得所欲。”① 前半部分非常准确地概括了董仲舒把阴阳五行与《春秋》结合的学术脉络，也突出了董仲舒对自己“同类感应”说的自信，但后半部分则失之太远，如果真是那么准确，董仲舒就不会因为对辽东高庙、长陵高园殿的灾异预测差点掉了脑袋。

三、人化的“天”

上面主要讨论董仲舒思想中“自然的天”与“神化的天”，这里我们再分析一下“人化的天”。一言以蔽之，“人化的天”就是把“天”以及“天”的规律体现者阴阳五行“伦理化”“价值化”。

① 〔汉〕班固：《汉书》卷五十六，《董仲舒传》第二十六，中华书局，1962 年。

董仲舒有着独特的阴阳运行观，他认为"十"是"天之大数"，认为此"大数"蕴藏着宇宙运行的规律和奥秘。阳气正月生，出于东北，向南、向西运行，最后入于东北，阴气与之相反。阳气在正东，阴气在正西，此时昼夜平分，为春分；阳气运行到正南为极盛，阴气极衰，为夏至；阳气到正西，阴气到正东，为秋分。阳气出，万物萌生，阳气转盛，万物随之生长繁育，阳气运行十个月，万物成熟，完成一个生长周期；阳气衰则物随之衰，"物随阳而出入，数随阳而终始"，所以十是"天数"，天以十月为一个生长周期，人受孕后，亦历十月而发育完成，是以人天同道。上古圣王制定历法，以阳气出为正月，计算天数以白天为依据，计算年数以阳气运行为依据，"以此见之，贵阳而贱阴也"。从自然节律的角度，董仲舒赋予阴阳以价值意义。从广义的角度上讲，在上的、积极的都属于阳，反之，则为阴。

> 诸在上者皆为其下阳，诸在下者皆为其上阴，阴犹沈也。
>
> 是故推天地之精，运阴阳之类，以别顺逆之理。安所加以不在？在上下，在大小，在强弱，在贤不肖，在善恶。恶之属尽为阴，善之属尽为阳。①

这段话非常明白地体现了董仲舒阴阳包含着价值意义的观点——"阳尊阴卑"，这是董仲舒阴阳五行思想的一个关键点，对于正确看待董仲舒"天"以及"阴阳五行"思想、对于理解董仲舒的哲学思想甚至董仲舒的整个思想体系有着非同寻常的重要意义。由于二千年来对董仲舒思想的认识分歧很大，至今也难以统一，分歧的关键之一就在"天"及"阴阳五行"问题上，为了准确理解董仲舒，不至于有所歪曲，需要对他的原文多做一些引证。

> 阳为德，阴为刑。刑反德而顺于德，亦权之类也。虽曰权，皆在权成。是故阳行于顺，阴行于逆。逆行而顺，顺行而逆者，阴也。是故天以阴为权，以阳为经。阳出而南，阴出而北。经用于盛，权用于末。以此见天之显经隐权，前德而后刑也。故曰：阳，天之德，阴，天之刑也。阳气暖而阴气寒，阳气予而阴气夺，阳气仁而阴气戾，阳气宽而阴气急，阳气爱而阴气恶，阳气生而阴气杀。是故阳常居实位

① 〔清〕苏舆：《春秋繁露义证》，钟哲 点校，北京：中华书局，1992 年，第 325、326 页。

而行于盛，阴常居空位而行于末。天之好仁而近，恶戾之变而远，大德而小刑之意也。先经而后权，贵阳而贱阴也。故阴，夏入居下，不得任岁事，冬出居上，置之空处也。养长之时伏于下，远去之，弗使得为阳也。无事之时，起之空处，使之备次陈，守闭塞也。此皆天之近阳而远阴，大德而小刑也。①

这里有两层重要含义，一是由阴阳的属性、阴阳的运行再次论证“阳尊阴卑”。在董仲舒的思想中，阴阳的这种价值含义不是他赋予的，而是他精研阴阳运行而总结出来的“天之属性”。二是阳尊阴卑运用到“刑德”问题上，应该“贵德贱刑”，这是董仲舒政治思想的重要观点。

阴阳与五行相配属，因此五行也有了尊卑等价值意义。

春秋之中，阴阳之气俱相并也，中春以生，中秋以杀，由此见之，天之所起，其气积，天之所废，其气随。故至春，少阳东出就木，与之俱生；至夏，太阳南出就火，与之俱暖；此非各就其类，而与之相起与！少阳就木，太阳就火，火木相称，各就其正，此非正其伦与！至于秋时，少阴兴，而不得以秋从金，从金而伤火功，虽不得以从金，亦以秋出于东方，俛其处而适其事，以成岁功，此非权与！阴之行，固常居虚，而不得居实，至于冬，而止空虚，太阳乃得北就其类，而与水起寒，是故天之道，有伦、有经、有权。②

因为阴阳是二分，是偶数，要与五行的“五”相配，阴阳又被做进一步的划分，有“少阴”“少阳”之说。阴阳各分为二，与五行配属的问题就解决了。五行通过与阴阳配属，并与四季结合，由于阴阳的位置决定四季，五行也相应有其位置。阴阳各分为二也不是董仲舒的创造，在《黄帝内经》中阴阳还分为少阴（阳）、至阴（阳）、太阴（阳），这样分为六种，合并起来与人的十二经脉配属。五行与方位、四季的配属也绝不是董仲舒的创造，《吕氏春秋》“十二纪”首、《淮南子·时则训》等董仲舒之前以及与董仲舒同时的文献姑且不论，《管子》中也有相当多的此类资料，长沙楚墓出土的战国缯书也有四时、五行、阴阳的配属，而且缯书中间为黄色，四周分别为青、赤、黑、

---

①② 〔清〕苏舆：《春秋繁露义证》，钟哲 点校，北京：中华书局，1992 年，第 326—327 页、第 340 页。

白，并有相应的文字表述，这种配属方案在战国时期已经比较成熟了。董仲舒的关键在于强调（也不是“创造”）阴阳五行的“价值性”。下面是五行尊卑的论述。

河间献王问温城董君曰：“《孝经》曰：‘夫孝，天之经，地之义。’何谓也?”对曰：“天有五行：木火土金水是也。木生火，火生土，土生金、金生水。水为冬，金为秋，土为季夏，火为夏，木为春。春主生，夏主长，季夏主养，秋主收，冬主藏。藏，冬之所成也。是故父之所生，其子长之；父之所长，其子养之；父之所养，其子成之。诸父所为，其子皆奉承而续行之，不敢不致如父之意，尽为人之道也。故五行者，五行也。由此观之，父授之，子受之，乃天之道也。故曰：‘夫孝者，天之经也。’此之谓也。”王曰：“善哉。天经既得闻之矣，愿闻地之义。”对曰：“地出云为雨，起气为风，风雨者，地之所为。地不敢有其功名，必上之于天。命若从天气者，故曰天风天雨也，莫曰地风地雨也。勤劳在地，名一归于天，非至有义，其孰能行此?故下事上，如地事天也，可谓大忠矣。土者，火之子也。五行莫贵于土。土之于四时无所命者，不与火分功名。木名春，火名夏，金名秋，水名冬。忠臣之义，孝子之行，取之土。土者，五行最贵者也，其义不可以加矣。五声莫贵于宫，五味莫美于甘，五色莫盛于黄，此谓孝者地之义也。”王曰：“善哉!”①

这里以五行相生类比君臣、父子的伦理。五行与四季又是奇偶关系，为了解决这一问题，提出了两种方案。一是在四季中间加一季，也就是在夏与秋之间加一个“长夏”，“长夏”相当于三伏天。二是把土放在中央，中央为“王者之位”，所以董仲舒说“五行莫贵于土”。在与四季关系方面又有两种方案，或“土不主时”，即土不属于任何一季，或土“寄王于四季”，即土分别在四季之中，每月18天属于“土”，合起来为72天。董仲舒说“土之于四时无所命”，是因为“土”为“火”所生，“所生”者为父，子不与父“分功名”。但是与五行相配的角徵宫商羽五声、酸苦甘辛咸五味、青赤黄白黑五色中的

① 〔清〕苏舆：《春秋繁露义证》，钟哲 点校，北京：中华书局，1992年，第314—317页。

“宫声”“甘味”“黄色”都居中央，为最贵，董仲舒说土不单独主一季（与火皆主夏），体现了“孝子”的谦卑，不管地位多高，其子的职责都要担负。同时，董仲舒又说，尽子职的“土”为“五行最贵者也”“其义不可以加矣”，又涵摄了“土”为帝王的意义，虽为“帝王”，但依然要在父母面前尽孝道，强调了“孝”为不可质疑的绝对价值（天之经，地之义），这也是董仲舒作为一代学术大师的精微、通达之处。下面一段也是对此的解释：

为人子者，视土之事火也。虽居中央，亦岁七十二日之王，傅于火以调和养长，然而弗名者，皆并功于火，火得以盛，不敢与父分功美，孝之至也。是故孝子之行，忠臣之义，皆法于地也。地事天也，犹下之事上也。地，天之合也，物无合会之义。①

这里有透露出土居中央，各王四季的传统说法，但是又强调土把自己的“功美”全归于其父“火”，体现了君臣、父子大伦中，君、父的绝对性，也是“三纲”思想的实质内涵。

站在今天的角度上，董仲舒“伦理化”的天其哲学思想脉络一目了然，先是把“天”及其规律的体现者“阴阳五行”伦理化，然后以伦理化的天证明人间伦理的永恒性。

四、以“阴阳五行说”发展儒学：复古还是创造

“自然的天”“感应的天”“伦理的天”是董仲舒“天论”之三义，明了此三义，董仲舒的哲学思想即豁然呈露，其关于“天”以及“阴阳五行”思想的是非得失也就找到了解决之道。“自然的天”是其哲学义理合理性的基础，“伦理的天”是其核心观点，“感应的天”是其特点。如果我们把董仲舒放在周、秦、汉这个思想史的长时段中分别来看，此三义都不是董仲舒的创造；合起来看，并结合其独特的论证方法，则不能不说是董仲舒的创造。明乎此，不属于董仲舒的“罪过”和“功劳”都可以剥离，属于董仲舒的也确然无可卸辞。

徐复观先生在汉代思想史研究中多有真知灼见，既切合历史实际，又高屋

① 〔清〕苏舆：《春秋繁露义证》，钟哲 点校，北京：中华书局，1992 年，第 326 页。

建瓴、深中肯綮，对董仲舒的评价也是如此。比如他说：“由其公羊春秋对《春秋》的解释，发生了一大转折，影响到西汉其他经学解释上的转折，乃至影响到先秦儒家思想在发展中全面的转折，在思想史上的意义特为重大。而此一转折，与董氏天的哲学系统是密切相关的。”[①] “用现代的语言来表达，他（董仲舒）要使《春秋》成为大一统专制帝国的宪章”[②]，“《公羊传》是董仲舒进入到自己哲学系统中的一块踏脚石”[③]等，都非常精当。但是徐复观先生说“儒家思想发展到董仲舒，在许多地方变了形；在许多地方，可以把董氏以前与董氏的新说及受董氏新说影响的继起之说，划一个大分水岭。两千余年，阴阳五行之说，深入社会，成为广大的流俗人生哲学，皆可追溯到董仲舒的思想上去”。[④]则无论从正面还是反面，都夸大了董仲舒的作用。

（一）董仲舒在囊括天人的阴阳五行构架方面并无独创性

对董仲舒哲学思想评价的不确定与摇摆，很大程度上与阴阳五行学说的历史发展脉络认识有关，一种具有很大普遍性的观点是推后阴阳五行说发达以及阴阳五行相结合的时间，而夸大了董仲舒在这方面的创造性，徐复观先生就是如此。徐先生说：“五行由国计民生所实用的五种材料，演变而为宇宙间的五种基本元素，且与阴阳二气关联在一起，只能追溯到邹衍。到了《吕氏春秋》，则把五行配入四时中去，更配上他们认为与四时相应的政令思想，第一次建立了以阴阳五行为依据的宇宙、人生、政治的特殊构造。”[⑤]徐先生认为阴阳与五行结合在邹衍时期，阴阳五行相配，形成囊括天人的庞大系统在《吕氏春秋》时期才开始，这一度是学术界通行的观点，日本学者金谷治也认为阴阳五行的结合从阴阳家邹衍开始[⑥]。这种观点的通行，有其特定的时代背景，在思想上受疑古派的束缚，在材料方面未看到或未注意到20世纪70年代以来大量的出土文献。疑古派受康有为影响，把反映春秋乃至更早时期的文献打入另册，认为是伪造，而不能正视传世文献中所反映的阴阳五行说的真实情形。

早在春秋时期，阴阳五行就被糅合在一起，并且与“五味”“五色”“五声”“六畜”等因素联系起来，形成了包括天人的思想系统：

---

①②③④⑤ 徐复观：《汉代思想史》北京：九州出版社，2014年，第268页、第308页、第332页、第269页。

⑥ 金谷治：《五行说的起源》，曲翰章 译，《哲学译丛》1990年第3期，第59—64页。

则天之明，因地之性，生其六气，用其五行。气为五味，发为五色，章为五声。淫则昏乱，民失其性。是故礼以奉之，为六畜、五牲、三牺，以奉五味；为九文、六彩、五章，以奉五色；为九歌、八风、七音、六律，以奉五声。①

《管子》中的《幼官》《四时》《阴阳》《五行》等篇章中也显示了阴阳五行合流的情形，中外学者之所以无视这些材料，主要是受疑古派影响，而不认为它们反映了春秋战国时期的思想观念。马王堆帛书《要》篇有明确把阴阳五行对举的记载：

易又（有）天道焉，而不可以日月星辰尽称也，故为之以阴阳。又（有）地道焉，而不可以水火金土木尽称也，故律之以刚柔。又（有）人道焉，不可以父子、君臣、夫妇、先后尽称也，故要之以上下。又（有）四时之变焉，不可以万勿〔物〕尽称也，故为之以八卦。②

出土文献明白无误地显示了战国时期不仅五行与阴阳关联，而且也建立了包含宇宙、人生、政治乃至灾异等庞大的阴阳五行系统，不仅阴阳五行的结合不是邹衍的“发明”，《吕氏春秋》也只是延续了战国以来的传统，并非首创。当代学者白奚也认为阴阳五行的合流是在“《乘马》《势》《侈靡》《形势解》《水地》《地员》《宙合》《七臣七主》《揆度》《禁藏》等篇中逐步完成的”[8]。《吕氏春秋》既然没有这样的发明权，董仲舒在阴阳五行这个庞大天人系统构建方面的创造性也不能作太高的估价，只不过是沿袭前人说法而已。

（二）对“天人感应”的新论证

董仲舒最为后世作瞩目的就是“天人感应”，有的学者说这是董仲舒的创造，有的说是董仲舒导致了上古宗教、迷信思想的回潮。确实，“天”作为神秘性、主宰性的力量上古时期就普遍存在，《国语》所谓“夫人作享，家为巫史”，甲骨文所记载的大量占卜事实就是明证。但上古宗教、迷信传统是非常复杂的，总的来说，天人之间的交感有两种情况，一种是没有“媒介”，一种是有“媒介”，无论是否有“媒介”都有一套繁缛的程序。没有“媒介”的是

① 杨伯峻：《春秋左传注》（修订本），中华书局，1990年，第1457—1458页。

② 陈鼓应：《代价文化研究：第三辑》，上海古籍出版社，1993年，第435页。

通过一定的仪式、程序，神直附体于人，传达神的旨意。在《左传》中有大量的这种神降于人身的记载，包括各种梦的“应验”，也属于神直接对人的启示。此外就是通过神树、神山、玉器等与天沟通，获得天的旨意，张光直先生对这种巫术活动有着比较充分的论述①。天人之间靠什么力量来沟通，形形色色、非常复杂，总之是不可见的力量交互感应，张光直将其称为“交感巫术”，法国学者列维－布留尔称之为“互渗律”②。

董仲舒的“天人感应”与此有别，他把天人之间的感应“媒介”做了“纯化”，认为“气”是天人得以“感应”的媒介，天地人因为都是一气构成，所以它们之间能够感应，最显著的是乐器中的宫动而它宫应之，“水流湿、火就燥”，其气相同，因而可以相互感应。从这个角度来看，董仲舒有把天人感应“媒介”“物质化”的倾向，也体现了汉初力图把自然现象进行高度概括的努力。这实际上是战国、秦汉以来学界对自然现象以及自然哲学认识方面提升的表现。秦至汉初，以气为构成材料的元气宇宙论即已成型，汉代流行的“浑天说”就以“元气宇宙论”为基础，汉初的贾谊、在董仲舒时代成书的《淮南子》对元气构成宇宙的观点有着比较完备的阐述，这是汉代在中国自然哲学方面的主要成果之一，牟宗三先生说汉代哲学受元气宇宙论的决定和影响，与魏晋以来以“空”“无”等本体论为核心的哲学体系有着突出的区别，这是很精当的看法③。我们说元气宇宙论在汉初定型，是这种思想产生的下限，在战国时期就有此类的说法，如《庄子》“通天下者一气耳”“易以道阴阳”，稷下学派学者著作以及《管子》中的许多篇章都反映了气构成宇宙的思想，只是没有《淮南子》系统、全面。相应地，以元气为“媒介”的万物之间感应、天人之间感应思想也产生了。《吕氏春秋·应同》曰：“类固相召，气同则合，声比则应。鼓宫而宫动，鼓角而角动。平地注水，水流湿；均薪施火，火就燥。”并且《应同》也把这种感应延伸到伦理道德与天的感应方面：“故曰同气贤于同义，同义贤于同力，同力贤于同居，同居贤于同名。帝者同气，王者

---

① 张光直：《中国青铜时代》，北京：三联书店，1999 年，第 424—454 页。

② 列维－布留尔：《原始思维》，丁由 译，北京：商务印书馆，1981 年，第 116—117 页。

③ 牟宗三：《才性与玄理·原版自序》，桂林：广西师范大学出版社，2006 年，第 1—2 页。

同义”，至于灾异与帝王兴衰的内容这是《应同》开篇所声明之义：“凡帝王者之将兴也，天必先见祥乎下民。黄帝之时，天先见大螾大蝼……”[①]。可以肯定，《春秋繁露·同类相动》篇文字就是从《应同》中化出，其文字都很相似，在其他论述天人感应以及“人副天数”的部分，也有与《应同》相似的说法。可见，董仲舒吸收了战国、秦汉以来的“元气宇宙论”的思想成果，对其做了新的论证，把“气”作为“天人感应”的“媒介”，这是与春秋及其以前“天人交感”巫术的根本区别。

（三）探究天人与儒学的“再论证”

由上面的分析可见，董仲舒在“春秋学”、阴阳五行说、儒家的礼仪规范等多个方面都有深入的探讨，也有创见，这种创见主要是对相关领域做深化、细化，在他所涉及的问题、学说方面，董仲舒可以称得上是有所发挥的“专家”，但董仲舒的主要创造不在具体领域，而在于把各个具体领域联系起来，做“综合创新”。他最为后人瞩目的是把阴阳五行与儒学结合起来，但是此二者的结合也绝不是始于董仲舒。阴阳五行是一种思维方式，一定程度上也可以说是巫术的思维工具，要看其具体运用的领域，既然是一种工具，任何一家、一派都有运用的“权利”，不是哪一家的“专利”。历史事实也是如此，道家、墨家、法家、兵家都曾运用阴阳五行，儒家也不例外。《周易》《春秋》《三礼》都吸纳了阴阳五行说，尤其是《礼记·月令》体现了包括“天人交互感应”在内的庞大系统，而且《月令》也绝不是汉儒的创造，从甲骨文四方风四方神刻辞、《尧典》关于“四仲星”记载、《夏小正》《山海经·大荒经》到《逸周书·时则训》以及《管子》中的相关篇章，我们可以看到，从商周以来，以时间节律为经，物候、人事政令以及各种巫术性的“违时悖乱”（不顺季节行事则会造成感应性的灾难）为纬的观念、文献系统，我们也可以称之为“《月令》文献系统”，阴阳五行说就在这一系统中发展壮大的，并实现了二者的结合[②]。“阴阳家”只不过是把这种上古流传下来的观念做专门的细化，尤其是邹衍以五行为工具，推演王朝兴替而得到了包括燕昭王在内的统治者的

① 〔先秦〕吕不韦：《吕氏春秋·应同》（诸子集成本），上海书店，1986 年，第 126—127 页。

② 武占江：《中国古代思维方式的形成及特点》，西安：陕西人民出版社，2001 年，第 139 页。

推崇而显名，这就是所谓的“五德终始说”。阴阳与五行的结合也不是邹衍的发明。从儒学发展史的角度来看，阴阳五行说只是其包罗万象体系中的一个部分，但是到了董仲舒时期，极大地提高了阴阳五行说的地位，将其作为论证儒家伦理规范合理性、帝王必须尊崇的哲学工具，这是董仲舒对儒学的新发展。具体来说，董仲舒以“自然的天”“哲学的天”来强化“人化的天”（或云“义理的天”、道德的天）；在经典方面，以《公羊春秋》为中心，重新阐释儒家伦理、价值观系统，结合景帝、武帝时期的政治实际与思想实际，使儒学跻身到国家最高统治思想行列。

“人化的天”（“义理的天”）也不是董仲舒的发明，这是西周以来的旧传统，《易》系辞所谓“天尊地卑”就是天地伦理化的体现，阴阳配天地，阴阳也随之被伦理化。从西周以来，“天”是一个逐步被去神秘化而走向自然化的过程，孔子即明确地把“天”解释成自然现象、自然力量，到荀子而达到高峰。董仲舒强调“天人感应”的“灾异”说，确实是神秘性、巫术性思想回潮的体现，这一点不容否认。从人类认识史的角度来说，在学科尚不足以充分揭开自然奥秘之前，迷信思想总是有存在的余地，无法根绝；在帝王权力达到极峰、要求思想高度统一的形势下，迷信思想就被激发而大幅弥漫。

墨子和平主义思想新探

吴小强

（广州大学教学督导委员会副主任、档案馆原馆长、教授）

墨子（约前480——前400年），姓墨，名翟，鲁国人，战国初期著名思想家和手工艺大师，曾任宋国大夫。清末著名学者孙诒让认为“墨子之生盖稍后于七十子，不得见孔子，然亦甚老寿，故前得与鲁阳文字、公输般相问答，而晚及见田齐太公和，又逮闻齐康公兴乐及楚吴起之乱。身丁战国之初，感悕于犷暴淫侈之政，故其言谆复深切，务陈古以剀今”（《墨子间诂·自序》）。[①] 面对春秋战国之际因诸侯纷争、社会战乱而导致的民众痛苦，墨子深感不安，痛恨战争，矢志追求天下正义，坚决反对不义战争，积极倡导和平，并因此重视研究可以用于阻止战争发生的科学技术，创立了墨家学派。俞樾说“窃尝推而论之，墨子惟兼爱是以尚同，惟尚同是以非攻，惟非攻是以讲求备御之法”（《墨子间诂·俞序》）。墨家与儒家在先秦时代并称为“显学”。《韩非子·显学》：“世之显学，儒墨也。儒之所至，孔丘也。墨之所至，墨翟也。”《外储说左上》载：“墨子为木鸢，三年而成，蜚一日而败。”《汉书·艺文志》记载《墨子》有七十一篇，现存五十三篇。清代学者毕沅、孙诒让等对《墨子》一书进行了系统的整理考证，恢复了墨书的基本面貌。尽管已历两千多年，今天重读其书，重识墨子的和平主义思想，发掘其时代价值，仍然具有重要的理论意义。

一、“兼爱”“贵义”的和平主义价值观

在先秦诸子中，墨子的和平主义思想倾向十分显著，他坚决反对侵略战

① 〔清〕孙诒让著、孙以楷点校：《墨子间诂》，中华书局，1986年。本文所引《墨子》原文，均见该著。

争，主张人类社会不同阶层之间要“兼爱”，相互友爱，而不要敌对仇恨。“兼爱”是墨子和平主义思想的基础与内核。他认为，社会矛盾和战乱的根源在于人们不能互相友爱：“圣人以治天下为事者也，不可不察乱之所自起，当察乱何自起？起不相爱。”（《墨子·兼爱上》）具体表现为“臣子之不孝君父，所谓乱也。子自爱不爱父，故亏父而自利；弟自爱不爱兄，故亏兄而自利；臣自爱不爱君，故君而自利，此所谓乱也。虽父之不慈子，兄之不慈弟，君之不慈臣，此亦天下之所谓乱也。父自爱也不爱子，故亏子而自利；兄自爱也不爱弟，故亏弟而自利；君自爱也不爱臣，故亏臣而自利。是何也？皆起不相爱”。横行天下的盗贼之所以能够形成气候，原因也在于社会不相爱。“虽至天下之为盗贼者亦然，盗爱其室不爱其异室，故窃异室以利其室；贼爱其身不爱人，故贼人以利其身。此何也？皆起不相爱。”国与国不相爱，即为战争爆发的根本原因。“虽至大夫之相乱家，诸侯之相攻国者亦然。大夫各爱其家，不爱异家，故乱异家以利其家；诸侯各爱其国，不爱异国，故攻异国以利其国，天下之乱物具此而已矣。察此何自起？皆起不相爱。”（《墨子·兼爱上》）

墨子主张推己及人，换位思考，“若使天下兼相爱，爱人若爱其身。”视他人之身若自己之身，视他人之室若自己之室，视他人之国若自己之国，如此相爱，则可以免除战争灾难。“若使天下兼相爱，国与国不相攻，家与家不相乱，盗贼无有，君臣父子皆能孝慈，若此则天下治。故圣人以治天下为事者，恶得不禁恶而劝爱？故天下兼相爱则治，交相恶则乱。”（《墨子·兼爱上》）

在墨子看来，天下战争和社会纷争均应归因于彼此之间不相爱情感的产生。墨子对不相爱现象进行了仔细研究和分析，指出人的极端自私自利，“以不相爱生”是战乱产生的根本社会心理因素：“今诸侯独知爱其国，不爱人之国，是以不惮举其国以攻人之国。今家主独知爱其家，不爱人之家，是以不惮举其家以篡人之家。今人独知爱其身，不爱人之身，是以不惮举其身以贼人之身。”因此，墨子认为“是故诸侯不相爱则必野战，家主不相爱则必相篡，人与人不相爱则必相贼，君臣不相爱则不惠忠，父子不相爱则不慈孝，兄弟不相爱则不和调。天下之人皆不相爱，强必执弱，富必侮贫，贵必敖贱，诈必欺愚。凡天下祸篡怨恨，其所以起者，以不相爱生也，是以仁者非之”（《墨子·兼爱中》）。

墨子提出解决社会和国家之间“不相爱、交相恶”现状的方法，即以

“兼相爱、交相利”的基本原则与方法来化解矛盾，消除战争根源。“既以非之，何以易之？子墨子言曰：‘以兼相爱交相利之法易之。’然则兼相爱交相利之法将奈何哉？子墨子言：‘视人之国若视其国，视人之家若视其家，视人之身若视其身。是故诸侯相爱则不野战，家主相爱则不相篡，人与人相爱则不相贼，君臣相爱则惠忠，父子相爱则慈孝，兄弟相爱则和调。天下之人皆相爱，强不执弱，众不劫寡，富不侮贫，贵不敖贱，诈不欺愚。凡天下祸篡怨恨可使毋起者，以相爱生也，是以仁者誉之。’”墨子相信“夫爱人者，人必从而爱之；利人者，人必从而利之；恶人者，人必从而恶之；害人者，人必从而恶之”（《墨子・兼爱中》）。

墨子的“兼爱”思想植根于其对人的生命的敬畏，在墨子看来，个体的生命价值高于所谓“天下”，这就是“义”。他认为“万事莫贵于义。今谓人曰：‘予子冠履，而断子之手足，子为之乎？’必不为，何故？则冠履不若手足之贵也。又曰：‘予子天下而杀子之身，子为之乎？’必不为，何故？则天下不若身之贵也。一言以相杀，是贵义于其身也。故曰，万事莫贵于义也”（《墨子・贵义》）。

二、“亲士”“尚贤”的和平主义人才观

墨子十分重视发挥和平人才的作用。选拔大批具有和平主义思想的人才进入各级部门，管理国家和社会事务，则是完成和平事业的组织保障。因此，他极力主张国君要厚待士人，优选贤才。《墨子》首篇《亲士》开篇就说：“入国而不存其士，则亡国矣。见贤而不急，则缓其君矣。非贤无急，非士无与虑国。缓贤忘士，而能以其国存者，未曾有也。”好战必亡，墨子这里推崇的“贤”与“士”，当是那些认同并接受其“兼相爱、交相利”政治思想主张的知识分子和杰出人才。他们应该具有良好的道德修养，生而有爱，守信行果，不务虚名，注重实际。“君子战虽有陈，而勇为本焉；丧虽有礼，而哀为本焉；士虽有学，而行为本焉。”（《墨子・修身》）墨子更为看重贤士的操行，“君子之道也，贫则见廉，富则见义，生则见爱，死则见哀，四行者不可虚假，反之身者也。藏于心者无以竭爱，动于身者无以竭恭，出于口者无以竭驯。畅之四支，华发坠颠，而犹弗舍者，其唯圣人乎”！墨子特别强调士人不可沽名钓誉，

弄虚作假，"名不徒生，而誉不自长，功成名遂，名誉不可虚假，反之身者也"。只有存善于心，力行兼爱，轻名重实，才能立于天下，"善无主于心者不留，行莫辩于身者不立。名不可简而成也，誉不可巧而立也，君子以身戴行者也。忘名忽焉，可以为士于天下者，未尝有也"（《墨子·修身》）。

墨子认为，导致一个国家出现贫富治乱的不同结果，关键在于君主是否能够重用真正的人才："今者王公大人为政于国家者，皆欲国家之富，人民之众，刑政之治，然而不得富而得贫，不得众而得寡，不得治而得乱，则是本失其所欲，得其所恶，是其故何也?"（《墨子·尚贤上》）原因即是国君不尊重人才，不能做到"尚贤"用贤。以下墨子的对话，集中体现了他的人才观：

> "子墨子言曰：'是在王公大人为政于国家者，不能以尚贤事能为政也。是故国有贤良之士众，则国家之治厚，贤良之士寡，则国家之治薄。故大人之务，将在于众贤而已。'曰：'然则众贤之术将奈何哉?'子墨子言曰：'譬若欲众其国之善射御之士者，必将富之，贵之，敬之，誉之，然后国之善射御之士，将可得而众也。况又有贤良之士厚乎德行、辩乎言谈、博乎道术者乎，此固国家之珍，而社稷之佐也，亦必且富之，贵之，敬之，誉之，然后国之良士，亦将可得而众也。'"（《墨子·尚贤上》）

春秋时代，诸侯纷争，大国争霸，周天子"号令天下"的权威逐渐沦丧，得人才者占先机，重人才者得天下，在先秦诸子中，墨子比较早地敏锐意识到人才的重要作用和价值，强调人才对于国家的极端重要性。"得意贤士不可不举，不得意贤士不可不举，尚欲祖述尧舜禹汤之道，将不可以不尚贤。夫尚贤者，政之本也。"（《墨子·尚贤上》）墨子从民间百姓角度观察，认为君主若能"尚贤"，既有利于国家社稷巩固，也可造福于天地百姓，"且今天下之王公大人士君子，中实将欲为仁义，求为上士，上欲中圣王之道，下欲中国家百姓之利，故尚贤之为说，而不可不察此者也。尚贤者，天鬼百姓之利，而政事之本也"（《墨子·尚贤下》）。

三、"尚同""非攻"的和平主义政治观

墨子和平主义思想在政治上体现为"尚同"理想，在对外关系方面则展现为"非攻"的和平原则。"尚同"即一国之内应该有统一的政策法令，统一

的制度管理。如果十人十义，百人百义，就会导致各执己见，互相攻击的混乱局面。“是以人是其义，而非人之义，故相交非也。”（《墨子·尚同中》）

墨子认为，为了实现和平富强，必须实现国内政令的一致。“唯能以尚同一义为政，然后可也。何以知尚同一义之可而为政于天下也？然胡不审稽古之治为政之说乎。古者，天之始生民，未有正长也，百姓为人。若苟百姓为人，是一人一义，十人十义，百人百义，千人千义，逮至人之众不可胜计也，则其所谓义者，亦不可胜计。此皆是其义，而非人之义，是以厚者有斗，而薄者有争。”为了避免内部的纷争混乱，墨子建议“同一”，即统一政令，上下一致，贤人当政。“是故天下之欲同一天下之义也，是故选择贤者，立为天子。天子以其知力为未足独治天下，是以选择其次立为三公。三公又以其知力为未足独左右天子也，是以分国建诸侯。诸侯又以其知力为未足独治其四境之内也，是以选择其次立为卿之宰。卿之宰又以其知力为未足独左右其君也，是以选择其次立而为乡长家君。是故古者天子之立三公、诸侯、卿之宰、乡长家君，非特富贵游佚而择之也，将使助治乱刑政也。”（《墨子·尚同下》）

在墨子看来，“贤者天子”的标准是为善之人。《墨子·公孟》记载“公孟子谓子墨子曰：‘为善人，孰不知？譬若良玉，处而不出有余糈。[①] 譬若美女，处而不出，人争求之；行而自衒，[②] 人莫之取也。今子遍从人而说之，何其劳也？’墨子曰：‘今夫世乱，求美女者众，美女虽不出，人多求之；今求善者寡，不强说人，人莫之知也。且有二生，于此善筮。一行为人筮者，一处而不出者。行为人筮者与处而不出者，其糈孰多？’”

墨子坚决反对统治者滥用暴力，侵略他国，主张君子对于那些主政“大人”的侵略行径应当挺身而出，加以劝阻。“若大人行淫暴于国家，进而谏，则谓之不逊，因左右而献谏，则谓之言议。此君子所疑惑也。若大人为政，将因于国家之难，譬若机之将发也然，君子之必以谏，然而大人之利，若此者，

---

① “玉”疑当为“巫”。“糈”，旧误作“精”。《淮南子·说山训》云“巫之用糈藉”，高注云“糈，祀神之米。”见孙诒让著、孙以楷点校：《墨子间诂》中华书局 1986 年，第 413 页。

② 《内则》“奔则为妾”，郑注云“奔或为衒”。《列女传·辩通篇》“齐钟离春衒嫁不售。”毕云“《说文》云‘衒，行且卖也，衒或字。’”见孙诒让著、孙以楷点校：《墨子间诂》中华书局，1986 年，第 413 页。

虽不扣必鸣者也。若大人举不义之异行，虽得大巧之经，可行于军旅之事，欲攻伐无罪之国，有之也，君得之，则必用之矣。以广辟土地，著税伪财，出必见辱，所攻者不利，而攻者亦不利，是两不利也。若此者，虽不扣比鸣者也。”（《墨子·公孟》）

墨子痛恨侵略战争和发动战争者，追求和平理想，对天下民众充满悲悯之心。墨子与鲁阳文君的对话，充分反映了墨子的和平主义情怀。《墨子·鲁问》载：子墨子谓鲁阳文君曰："攻其邻国，杀其民人，取其牛马、粟米、货财，则书之于竹帛，镂之于金石，以为铭于钟鼎，传遗后世子孙曰：'莫若我多'。今贱人也，亦攻其邻家，杀其人民，取其狗豕食粮衣裘，亦书之竹帛，以为铭于席豆，以遗后世子孙曰：'莫若我多'。其可乎？"鲁阳文君曰："然吾以子之言观之，则天下之所谓可者，未必然也。"墨子接着告诉鲁阳文君："世俗之君子，皆知小物而不知大物。今有人于此，窃一犬一彘则谓之不仁，窃一国一都则以为义。譬如若小视白谓之白，大视白则谓之黑。是故世俗之君子，知小物而不知大物者，此若言之谓也。"（《墨子·鲁问》）

墨子不仅是和平主义的思想者，更是和平的维护者与实践者，他以实际行动，竭尽所能，勇敢瓦解和阻止侵略行为的发生。例如，巧匠公输盘为楚国造云梯之械，将以攻宋。墨子闻之，起于齐，行十日十夜而至楚国都郢，当面责问公输盘："宋何罪之有？荆国有余于地，而不足于民，杀所不足，而争所有余，不可谓智。宋无罪而攻之，不可谓仁。知而不争，不可谓忠。争而不得，不可谓强。义不杀少而杀众，不可谓知类。"墨子当着楚王的面与公输盘进行攻防沙盘对阵，"解带为城，以牒为械，公输盘九设攻城之机变，子墨子九距之，公输盘之攻械尽，子墨子之守圉有余"（《墨子·公输》）。并预先令弟子禽滑厘等300人助宋守城，迫使楚王放弃攻宋计划。[①]

四、"节用""节葬"的和平主义社会观

墨子终身刻苦践行和平主义思想，倡导爱惜民力，节用财富，反对铺张浪费，反对厚葬。孟子说"古者棺椁无度，中古棺七寸，椁称之。自天子达于庶人，非直为观美也，然后尽于人心"（《孟子·公孙丑下》）。由于儒家的倡导，

① 参阅史党社：《〈墨子〉城守诸篇研究》，北京：中华书局，2011年1月版。

春秋末期厚葬之风愈演愈烈，“厚葬久丧”成为社会之痼疾：王公大人办丧事，要求“棺椁必重，葬埋必厚，衣衾必多，文绣必繁，丘陇必巨”；“匹夫贱人”办丧事，必“殆竭家室”；而诸侯死者，丧事更加隆重，“虚车府，然后金玉珠玑比乎身，纶组节约，车马藏乎圹。又必多为屋幕，鼎鼓几梃壶滥，戈剑羽旄齿革，寝而埋之”。更残忍的是人殉制度，“曰天子杀殉，众者数百，寡者数十。将军大夫杀殉，众者数十，寡者数人”。墨子指出：“若人厚葬久丧，实不可以富贫众寡，定危治乱乎，则非仁也，非义也，非孝子之事也，为人谋者，不可不沮也。”因此强烈呼吁天下士大夫、君子改革厚葬陋习，“上欲中圣王之道，下欲中国家百姓之利，故当若节丧之为政”（《墨子·节葬下》）。

墨子认为，君王执政的重要职责，即尽量减少“无用之费”，节约民财，增加民间财富，“圣人为政一国，一国可倍也；大之为政天下，天下可倍也。其倍之非外取地也，因其国家，去其无用之费，足以倍之。圣王为政，其发令兴事，使民用财也，无不加用而为者，是故用财不费，民德不劳，其兴利多矣”。墨子倡导“去无用之费，圣王之道，天下之大利也”。而当时多数诸侯国统治者为了满足个人贪欲，攻城夺地，置百姓生命于不顾，“今天下为政者，其所以寡人之道多，其使民劳，其籍敛厚，民财不足，冻饿死者不可胜数也。且大人惟毋兴师以攻伐邻国，久者终年，速者数月，男女久不相见，此所以寡人之道也。与居处不安，饮食不时，作疾病死者，有与侵就援橐，攻城野战死者，不可胜数”（《墨子·节用上》）。墨子希望“吾以为古之善者则诛，[①] 今之善者则作之，欲善之益多也”（《墨子·耕柱》）。

墨子的政治理想贯穿了和平主义思想精华，对外反对不义战争，对内维护政令统一，增进民众财富和福利。进入战国时代，诸侯国之间的兼并战争规模日益扩大，战争伤亡和破坏力更加惊人，为此，除了法家之外，诸子各家纷纷谴责战争，主张和平，儒家与墨家在和平主义价值观方面趋向一致。孟子指出：“君不行仁政而富之，则弃于孔子者也，况于为之强战？争地以战，杀人盈野；争城以战，杀人盈城，此所谓率土地而食人肉，罪不容于死。”因此，

① 诛，注引俞云：“诛”，当为“术”之误。前文有“君子不作，术而已。”见孙诒让著、孙以楷点校：《墨子间诂》中华书局，1986 年，第 397 页。

孟子建议“故善战者服上刑，连诸侯者次之，辟草莱、任土地者次之”（《孟子·离娄上》）。

另一方面，墨子的“兼爱”“尚同”思想受到儒家的强烈批评。身处战国中期的孟子看到，杨子、墨子思想在社会上已经形成了巨大的影响力，“圣王不作，诸侯放恣，处士横议，杨朱、墨翟之言盈天下。天下之言，不归杨，则归墨”。因而痛心疾首，痛斥杨、墨思想违背仁义：“杨氏为我，是无君也；墨氏兼爱，是无父也。无父无君，是禽兽也。”孟子断言：“杨、墨之道不息，孔子之道不著，是邪说诬民，充塞仁义也。仁义充塞，则率兽食人，人将相食。吾为此惧，闲先圣之道，距杨、墨，放淫辞，邪说者不得作。”（《孟子·滕文公下》）

战国后期著名学者荀子也对墨子“尚同”观点进行了抨击：“上功用、大俭约而僈差等，[①] 然而其持之有故，其言成理，足以欺惑愚众，是墨翟、宋钘也。”（《荀子·非十二子》）墨子的政治主张虽然与现代民主社会的宗旨不无抵牾，但其和平主义思想精华，仍然具有现代理论价值，值得探索。

① 王先谦注：功用，功力也。大，读曰太。言以功力为上而过俭约也。僈，轻也。轻僈差等，谓欲使君臣上下同劳苦也。王念孙注曰：“上与尚同。大亦尚也。谓尊尚俭约也。《表记》‘君子不自大其事，不自尚其功。’亦以‘大’与‘尚’并言之。《性恶篇》‘大齐信而轻货财’，《隐》三年《公羊传》‘故君子大居正’，并与此‘大’字同义。”杨读大为太，而以为过俭约，失之。僈，读为曼。《广雅》曰：‘曼，无也。’《法言·寡见篇》：‘曼是为也。’《五百篇》：‘行有之也，病曼之也。’皆谓无为曼。《文选·四子讲德论》‘空柯无刃，公输不能以斲，但悬曼矰，蒲苴不能以射’，曼，亦无也。曼差等，即无差等，作‘僈’者，借字耳。《富国篇》曰‘墨子将上功劳苦，与百姓均事业，齐功劳。’正所谓无差等也。”〔清〕王先谦撰，沈啸寰、王星贤点校：《荀子集释》，中华书局，1988年9月版，第92页。

李贽立足于“德业”的荀孟观述评

江心力

（聊城大学历史文化与旅游学院教授）

李贽作为晚明的学者，对“宋人讥荀卿”进行了非议，肯定其学说“真实有用”，认为荀子是“圣门之所谓狂狷也”，将其列于“德业儒臣”之首，置于孟子之上，逐渐摆脱宋明学者尊孟抑荀的思维框架，促进了荀学研究的发展。

一、从其学“不醇”的讥议到“真实有用”的肯定

李贽写有《宋人讥荀卿》一文，其中说：“宋人谓卿之学不醇，故一传于李斯，即有坑儒焚书之祸。夫弟子为恶而罪及师，有是理乎？若李斯可以累荀卿，则吴起亦可以累曾子矣。《盐铁论》曰：‘李斯与苞丘子同事荀卿，而苞丘子修道白屋之下。’卓吾子曰：使李斯可以累荀卿，则苞丘子亦当请封荀子矣”。[①] 这是李贽阅读杨慎《升庵集·宋人讥荀卿》而作的一篇读书札记，是说宋代学者尊孟而抑荀，认为荀学不醇，其根据是荀子教出来的弟子李斯，造成“焚书坑儒”之祸。李贽认为以李斯的作为归罪于荀子，是毫无道理的，如果照此逻辑，以荀子的另一弟子苞丘子修道白屋之下的作为，应当归功于荀子进行封祀的。

在李贽看来个人必须具有独立的个性和骨气，才能自立自强，主动访求师友，成就自己的事业。他在读杨慎《升庵集·荀卿李斯吴公》所作的札记中说：“升庵先生曰：‘以荀卿大儒，而弟子有焚书坑儒之李斯；以李斯为师，而弟子有治行第一之吴公。人之贤否，信在自立，不系师友也。’卓吾子曰：

---

① 张建业主编：《宋人讥荀卿》，《焚书》，《李贽文集》（第一卷），社会科学文献出版社，2000 年版，第 205—206 页。

能自立者必有骨也。有骨则可藉以行立；苟无骨，虽百师友左提右挈，其奈之何！一刻无人，一刻站不得矣。然既能行立，则自能奔走求师，如颜、曾辈之于孔子然。谓其不系师友，亦非也。"[①] 李贽一方面肯定了杨慎言人的贤能与否不依赖其师友的思路和不能因弟子李斯坑儒而否定荀子大儒地位的观点，另一方面又称赞师友的正面价值，举出颜渊、曾参主动访师求友从学孔子的例证。

李贽在《藏书》中五处提及荀子，分别在《韩非》《李斯》《春申君》《吕不韦》《许杨》等传中，论涉荀子的生平与言行。在《韩非》传中说："与李斯俱事荀卿，斯自以为不如非。"[②] 认为韩非所列治国之误区"千古同贯"，指出："韩非疾治国不务修明其法制，执势以御其臣下，富国强兵，而以求人任贤，反举浮淫之蠹，而加之于功实之上，以为儒者用文乱法，而侠者以武犯禁。宽则宠名誉之人，急则用介胄之士。(千古同贯)。"[③]肯定了韩非的理论贡献。对于李斯对韩非的陷害，李贽认为是"恶佞乱义"，其中说："李斯、姚贾害之，毁之曰：'韩非，韩之诸公子也。今王欲并诸侯，非终为韩不为秦，此人之情也。今王不用，久留而归之，此自遗患也。不如以过法诛之。'(恶佞乱义)。"[④]强调李斯虽才智过人，但把正义的标准搞乱了，陷害同学韩非是极不道德的。李贽虽然否定了李斯的人品，但肯定了其才力，将其列入《才力名臣》序列，肯定其"知时识主"。其中说："李斯者，楚上蔡人也。从荀卿学帝王之术。学已成，度楚王不足事，而六国皆弱，无可为建功者，(知时识主)"。[⑤] 虽然后世将焚书坑儒归罪于李斯，但在李贽看来，李斯"知时识主"，游说秦王"灭诸侯，成帝业，为天下一统"，将从其师荀子处所学帝王之术用于实践，是才力名臣的首选。

关于宋代学者讽刺荀子学说之醇，李贽认为"荀卿之学真实有用，与俗儒不同。"他在《史纲评要》卷三《东周君》条下记载："楚春申君以荀卿为兰

---

① 张建业主编：《荀卿 李斯 吴公》，《焚书》，《李贽文集》（第一卷），社会科学文献出版社，2000年版，第205页。

②③④ 张建业主编：《韩非》，《藏书》卷十五，《李贽文集》（第二卷），社会科学文献出版社，2000年版，第292页。

⑤ 张建业主编：《李斯》，《藏书》卷二十，《李贽文集》（第二卷），社会科学文献出版社，2000年版，第369页。

陵令。卿尝论兵于赵孝成王前，王请问兵要。曰：‘要在附民。’请问为将，曰：‘号令欲严以威；赏罚欲必以信；处舍欲周以固；徙举进退欲安以重、疾以速；窥敌观变欲潜以深、伍以参；欲敌决战，必行吾所明，无行吾所疑。是之而不顾害，凡虑事欲熟而用财欲泰。是之谓五权。可杀而不可使处不完，可杀而不可使击不胜，可杀而不可使欺百姓。是之谓三至。行此而处之以恭敬无旷，是之谓天下之将。’荀卿之学真实有用，与俗儒不同。”① 在李贽看来，荀况的学说真实有用，强调用兵的根本要领在于得到人民的拥护，带兵作战要注意五权三至，既要灵活机动，又要坚守原则，和世俗儒生的见解极为不同。在李贽看来，所谓“俗儒”就是只说大话毒害天下的人，他在《复邓鼎石》中指出：“惟是世人无才无术，或有才术矣，又恐利害及身，百般趋避，故亦遂因循不理，安坐待毙。然虽自谓不能，而未敢遽谓人皆不能也。独有一等俗儒，已所不能为者，便谓人决不能为，而又敢倡为大言曰：‘救荒无奇策。’呜呼！斯言出而阻天下之救荒者，必此人也。然则俗儒之为天下虐，其毒岂不甚哉。”② 李贽认为俗儒就是无才无术、好说大话，或者虽有才术，但趋利避害，坐以待毙没有担当的人。因此李贽主张将荀子与俗儒分开，显然是对荀子人格的肯定。

关于焚书坑儒，李贽认为要客观看待，不能埋怨李斯和秦始皇，由此推论，更不能归罪于荀子。李贽在《史纲评要》中夹叙夹议，对焚书坑儒事件进行了精彩的点评：“李斯上书曰：‘异时诸侯并争，厚招游学。今天下已定，法令出一。百姓当家则力农工，士则学习法令。今诸生不师今而学古，非当世，惑乱黔首。闻令下，则各以其学议之。入则心非，出则巷议，夸主以为名，异趣以为高。如此弗禁，则主势降乎上，党与成乎下矣。（眉批：刘项原来不读书。）臣请史官非秦记皆烧之，有偶语诗书者弃市，（毒）。以古非今者族。所不去者医药、卜筮、种树之书。若欲有学法令，以吏为师。’制曰：‘可。’（大是英雄之言，然下手太毒矣。当战国横议之后，势必至此。自是儒

---

① 张建业主编：《东周君》，《史纲评要》卷三，《李贽文集》（第六卷），社会科学文献出版社，2000 年版，第 50 页。

② 张建业主编：《复邓鼎石》，《焚书》卷二，《李贽文集》（第一卷），社会科学文献出版社，2000 年版，第 46 页。

生千古一劫，埋怨不得李丞相、秦始皇也)"① 李贽强调李斯所说焚书是英雄的豪言壮语，但是其实施的坑儒下手太过狠毒了一点。经过战国诸子横议之后，历史的趋势必然要求采取果断的焚书坑儒政策。然后由此使儒生遭受"千古一劫"，也不能埋怨李斯和秦始皇。

关于苞丘子，李贽认为其"修道白屋之下"，对《诗》学传承贡献卓著，有此弟子，荀子应当被封功推崇。李贽在《亲臣传·楚元王交》中对苞丘子（浮丘伯）及其弟子进行了点评。他说："楚元王交，高祖同父少弟也。好书，多材艺，少时尝与鲁穆生、白生、申公俱受《诗》于浮丘伯。伯者，孙卿门人也。……初，元王敬礼申公等。穆生不嗜酒，元王每置酒，常为穆生设醴。及王戊即位，常设，后忘设焉。穆生退曰：'可以逝矣。醴酒不设，王之意怠。不去，楚人将钳我于市。'称疾卧，（妙人）。申公、白生强起之，（痴人）。曰：'独不念先王之德与？今王一旦失小礼，何足至此？'穆生曰：'《易》称知幾其神乎！幾者，动之微，吉凶之先见者也。君子见己而作，不俟终日。先王之所以礼吾三人者，为道之存故也。今而忽之，是忘道也。忘道之人，胡可与久处？岂为区区之礼哉！'遂谢病去，（不谬为元王师友矣。）申公、白生独留。王戊稍淫暴，二十年，为薄太后服，私奸，削东海薛郡，乃与吴通谋。二人谏，不听，胥靡之，衣之赭衣，使杵臼雅舂于市。（痴人正宜摆布。）②" 在李贽看来浮丘伯安贫乐道，传经有功，门人众多。楚元王好书，多材艺，鲁穆生乃一妙人，白生、申公皆是痴人。充分肯定了浮丘伯的学术地位，认为荀子应以此门人自傲，受到后人的尊封。

二、"载道而承千圣绝学""圣门之所谓狂狷也"的认知

李贽在《藏书》《乐克论》中指出："荀之与杨，圣门之所谓狂狷也。韩子何人而遽指其醇疵哉！"③ 重新肯定了荀子在儒学传承中的地位，批评了韩

① 张建业主编：《后秦纪·始皇帝》，《史纲评要》卷四，《李贽文集》（第六卷），社会科学文献出版社，2000年版，第56页。

② 张建业主编：《亲臣传·楚元王交》，《藏书》卷六十一，《李贽文集》（第三卷），社会科学文献出版社，2000年版，第1158—1159页。

③ 张建业主编：《德行门·乐克论》，《藏书》卷三十二，《李贽文集》（第三卷），社会科学文献出版社，2000年版，第600页。

愈对荀子大醇小疵的非议。在李贽看来所谓狂狷者的根本特征是具备自信的人。他认为："凡人之生，负阴而抱阳。阳轻清而直上，故得之则为狂；阴坚凝而执固，故得之则为狷。虽或多寡不同，参差难一，未能纯乎其纯，然大概如是而已。惟彼纯阳之健，纯阴之顺，则其人难得见，故夫子思之。自今观之，圣人者，中行之狂狷也。君子者，大而未化之圣人也。善人者，狂士之徽称也。有恒者，狷者之别名也。是皆信心人也。故曰忠信之人可以学礼，曰主忠信。夫善人而至于信，则骎骎矣。是信者，狂狷之所以成始成终者也。惟其不学，则谓之善人。从事于学，则谓之君子。由有学悟无学，则谓之中行。而信实根柢之矣。"① 李贽强调人由天地间阴阳二气所化生，得"纯阳之健"成为狂者，承"纯阴之顺"则是狷者，两者非常罕见，所以孔子思"狂狷"。他说圣人属"中行之狂狷"，善人是"狂士之徽称"，有恒者称"狷者之别名"，他们都是充满信心的人。自信是狂狷者善始善终的根本，不效颦学步，则是善人。结合实践学习，则称君子。从学思到践悟，则可能修行至圣人。自信是学为善人、君子、圣人的根本法则。李贽强调："世无孔子，则古今天下无真是非。世无司马，则谁为继孔子者，此予之所以语狂狷也。"②在他看来，孔子和司马迁都不步前人足迹，敢于以自己之是非为世之是非之标准，是圣门传承的真精神，也是笔者讨论荀杨等人为"圣门之所谓狂狷也"的根源所在。

李贽强调"圣门之狂狷也"不仅充满自信，而且可以"载道而承千圣绝学"。李贽认为狂者"见识高"，他说："狂者不蹈故袭，不践往迹，见识高矣。所谓如凤凰翔于千仞之上，谁能当之？而不信凡鸟之平常，与已均同于物类。是以见虽高而不实，不实则不中行矣"。③ 称赞狂者不循规蹈矩，不墨守成规，有自己的主见，超凡出众。同时指出狂者自诩凤凰，不认同凡鸟，见识虽高但脱离实际，不符合"中行"的原则。李贽强调只有圣人，才能医治狂者之病。他在《与友人书》中指出："盖狂者下视古人，高视一身，以为古人虽高，其迹往矣，何必践彼迹为也。是谓志大。以故放言高论，凡其身之所不能为，与其所不敢为者，亦率意妄言之。是谓大言。固宜其行之不掩耳。何

①② 张建业主编：《德行门·乐克论》，《藏书》卷三十二，《李贽文集》（第三卷），社会科学文献出版社，2000 年版，第 599—600 页、第 601 页。

③ 张建业主编：《与耿司寇告别》，《焚书》卷一，《李贽文集》（第一卷），社会科学文献出版社，2000 年版，第 25 页。

也？其情其势自不能以相掩故也。……是千古能医狂病者，莫圣人若也。故不见其狂，则狂病自息。又爱其狂，思其狂，称之为善人，望之以中行，则其狂可以成章，可以入室。”① 李贽认为狂者志大高论是情势所致，是现实社会的不合理所造成。只有圣人才能医治狂者之病。圣人置若罔闻，狂者的“高视一身”“率意妄言”自然终止。同时圣人还爱其狂，思其狂，称颂狂者为善人，鼓励其中道行之。因之，狂者的思想编成文章，登堂入室，步进圣门。

李贽认为狷者“其守定”。他说：“狷者行一不义，杀一不辜而得天下不为，如夷、齐之伦，其守定矣。所谓虎豹在山，百兽震恐 ，谁敢犯之？而不信凡走之皆兽。是以守虽定而不虚，不虚则不中行矣。”② 称赞狷者操守坚定，洁身自好，只要行一不义之事，杀一无罪之人，就能获得天下，都不愿去做，就像伯夷、叔齐那样的伦理典范，操守异常坚定。比如虎豹居于山中，百兽无不惧怕，谁还冒犯它呢？只是虎豹不相信凡是行走的都是野兽。因此狷者节操坚定不移，但是不够谦虚，而不谦虚则不符合中行之道。

李贽认为狂狷者虽不如乡愿好与人相处，但却能够“载道而承千圣绝学”。他指出“盖论好人极相处，则乡愿为第一；论载道而承千圣绝学，则舍狂狷将何之乎”。③李贽强调尽管“乡愿”极好相处，但只有狂狷者才能够“载道而承千圣绝学”。他进而指出：“夫夷、齐就养于西伯，而不忍幸生于武王。……故学道而非此辈，终不可以得道；传道而非此辈，终不可以语道。有狂狷而不闻道者有之，未有非狂狷而能闻道者也。”④强调只有狂狷者，“学道”并可“得道”，“传道”而可“语道”。

李贽认为“求豪杰必在于狂狷”，他在《与焦弱侯太史》中指出：“孔子教人，教人求仁，惟求之而不得，则无可奈何。待价而沽，不欲求售者，以天下之无豪杰也。求豪杰必在于狂狷，必在于破绽之夫。若指乡愿之徒遂以为圣人，则圣门之得道者多矣。此等岂复有人气者，而尽指以为圣人，益可悲矣

---

① 张建业主编：《与友人书》，《焚书》卷二，《李贽文集》（第一卷），社会科学文献出版社，2000 年版，第 70 页。

②③④ 张建业主编：《与耿司寇告别》，《焚书》卷一，《李贽文集》（第一卷），社会科学文献出版社，2000 年版，第 25 页、第 26 页。

夫。”[5] 在李贽看来，“人气”是成为圣人的基本条件。孔子教育学生求仁却不得，真是无可奈何。孔子待价而沽，却不能够推销自己，根源在于天下没有豪杰之人。豪杰之人，必是狂狷之士，就是有性格，但有缺点的人。如果指望乡愿之辈都成为圣人，那么成圣的途径就太多了。将没有“人气”的乡愿都当作圣人，更是可悲了。李贽强调只有“豪杰之人”才拥有人气，而“豪杰之人”只能根源于有性格，有缺点的“狂狷之士”。

李贽肯定了《论语》对狂狷的论述，他在评论孔子有关狂狷的阐释“不得中行而与之，必也狂狷乎！狂者进取，狷者有所不为也”时指出：“‘进取’‘有所不为’，不是训释‘狂’‘狷’，有味乎其言之也。”[6] 在李贽看来，“进取”和“有所不为”只是人的行为方式，不是“狂”和“狷”的原则含义，但值得人们回味思考。

李贽点评了孟子有关乡愿的分析。他在《孟子评》中指出：“孔子曰：‘过我门而不入我室，我不憾焉者，旁批：狠。其惟乡原乎！乡原，德之贼也。’旁批：骂得好！曰：‘何如斯可谓之乡原乎？’眉批：偏会贼嘴。曰：‘何以是嘐嘐也？旁批：画出乡原。言不顾行，行不顾言，则曰古之人，古之人。行何为踽踽凉凉？生斯世也，为斯世也，善斯可矣。阉然媚于世者也，是乡原也。万章曰：‘一乡皆称原人焉，无所往而不为原人，眉批：乡原固是贼，一乡也是个窝家。孔子以为德之贼，何哉？’曰：‘非之无举也，刺之无刺也，同乎流俗，合乎污世，居之似忠信，行之似廉洁，众皆悦之，自以为是，而不可与入尧舜之道，故曰德之贼也。孔子曰：恶似而非者：恶莠，恐其乱苗也；恶佞，恐其乱义也；恶利口，恐其乱信也；恶郑声，恐其乱乐也；恶紫，恐其乱朱也；恶乡原，恐其乱德也。君子反经而已矣。经正，则庶民兴；庶民兴，斯无邪慝矣。’孔夫子作座主，狂狷中了，乡原不中，畅绝。”[7] 李贽认为孔子拒绝乡愿立场坚定，指斥其偷窃道德骂得好。李贽强调孟子画出乡愿的面貌

⑤ 张建业主编：《与焦弱侯太史》，《续焚书》卷一，《李贽文集》（第一卷），社会科学文献出版社，2000 年版，第 15 页。

⑥ 张建业主编：《四书评 · 论语卷之七》，《李贽文集》（第五卷），社会科学文献出版社，2000 年版，第 71 页。

⑦ 张建业主编：《四书评 · 孟子卷之七》，《李贽文集》（第五卷），社会科学文献出版社，2000 年版，第 192 页。

"阉然媚于世"，他们批评狂者言语和行为分离，指责狷者落落寡合、与众不同。自己则顺应现实世界，博取他人认可，得过且过。而孟子弟子万章认为孔子将乡愿作为"德之贼"不可理解。李贽点评说乡愿是贼，乡是窝家，也脱离不了干系。针对弟子的提问，孟子认为乡愿因为自以为是，众人悦之，但无法进入尧、舜之道，才成为"德之贼"。他们看起来讨人喜欢，但缺乏道德的担当。最后李贽强调按照孔子选人标准，狂狷者可以作为圣门的传承者，乡愿则是无法担负此责的。

三、尊为"德业儒臣"之首的荀孟观

李贽不仅称赞荀子是"圣门之狂狷也"，而且在《藏书》中将荀子列为"德业儒臣"之首，置于孟子之上，提出"荀孟"的主张。李贽在荀子传末评论说："李生曰：荀与孟同时，其才俱美，其文更雄杰，其用之更通达而不迂，不晓当时何以独抑荀而扬孟轲也。中间亦尊周孔，然非俗所以尊者；亦排墨子，亦非十二子，然亦非世俗所以排，所以非者。故曰荀孟。吁！得之矣。"①在李贽看来与孟子相较荀子"更通达而不迂"，其所尊、所排、所非都超越了世俗的认知，认为应该将孟荀并称改为荀孟齐号，逐步调整了宋代学者尊孟抑荀的基本思路。

李贽认为孟子"执定说以骋己见"，不够通活。他在《藏书·孟轲传》中说："李生曰：孟氏之学，识其大者，真若登孔子之堂而受衣钵也，其足继孔圣之传无疑。其言性善亦甚是，然尽排众说，犹未免执定说以骋己见，而欲以死语活人也。夫人本至活也，故其善为至善，而其德为明德也。至善者，无善无不善之谓也。惟无善无不善乃为至善；惟无可无不可，始为当可耳。若执一定之说，持刊定死本，而欲印行以通天下后世，是执一也。执一便是害道，孟氏已自言之矣。惟夫子之善言性也，曰：'性相近也，习相远也。上智与下愚不移。'不执一说便可通行，不定死法便足活世。"② 李贽强调孟子的性善说是"执定说以骋己见"，是用死的原则教育活人。作为活生生的人其性是至善和

① 张建业主编：《德业儒臣·荀卿》，《藏书》下，《李贽文集》（第三卷），社会科学文献出版社，2000 年版，第 597 页。

② 张建业主编：《德业儒臣·孟轲》，《藏书》下卷三十二，《李贽文集》（第三卷），社会科学文献出版社，2000 年版，第 598 页。

明德，而性善说则是坚持定说死本，执一害道，不如孔子性近习远之说更为优良。李贽认为不“执一说”“定死法”，才能通行人生，救活世界。

李贽批评孟子王霸之辨，认为王霸是相辅相成的。他指出：“乃王霸之辨，则舛谬不通甚矣。夫称天下之所归往曰王，前此而王者有三，故曰三王。王者不足为天下之归往，则方伯连帅修其职业，佐王者以定诸侯，宁一天下，于是始称方伯之任，故谓之伯。言其能伯兄之事，率诸兄弟以宗周，无敢相攻伐也。此其借之之力，固所以修方伯之职，非分外举也。何以得罪于三王乎？吾以为正有功于三王者矣。故为三王易，为五伯难。”① 在李贽看来，霸者继承王者的事业，其“定诸侯，宁一天下”的责任与“天下之所归往”的王者理想是统一的，五霸不仅有功于三王，而且比三王更难。李贽在《德业儒臣·荀卿》中指出：“荀卿疾浊世之政，亡国乱君相属，不遂大道而营于巫祝，信禨祥，鄙儒小拘，如庄周等又滑稽乱俗。（胡说）”②赞成荀子对乱君、鄙儒、滑稽的批评，认为他们的思想都是胡说。在对荀子与临武君议兵于赵孝成王前的叙述中，认为荀子所批评的主张，大多是胡说，所强调的光说道理不中用的观点，显示了李贽对荀子真实有用理论的肯定。

李贽认为荀子“尊周孔，然非俗所以尊者”。在李贽看来，周、孔是大明国士，周、孔之学是中国文化的代表。他在《与友人书》中指出：“承公问及利西泰，西泰大西域人也。到中国十万余里，初航海至南天竺，始知有佛，已走四万余里矣。及抵广州南海，然后知我大明国士先有尧、舜，后有周、孔。住南海肇庆几二十载，凡我国书籍无不读，请先辈与订音释，请明于《四书》性理者解其大义，又请明于《六经》疏义者通其解说。今尽能言此间之言，作此间之文字，行此间之仪礼，是一极标致人也。中极玲珑，外极朴实，数十人群聚喧杂，雠对各得，傍不得以其间斗之使乱。我所见人未有其比，非过亢则过谄，非露聪明则太闷闷瞶瞶者，皆让之矣。但不知到此何为，我已经三度相会，毕竟不知到此何干也。意其欲以所学易吾周、孔之学，则又太愚，恐非是尔。”③ 李贽告诉友人，利西泰（利玛窦）是一位“极标致人也”，超越众

---

①② 张建业主编：《德业儒臣·孟轲》，《藏书》下卷三十二，《李贽文集》（第三卷），社会科学文献出版社，2000 年版，第 598 页、第 596 页。

③ 张建业主编：《与友人书》，《续焚书》卷一，《李贽文集》（第一卷），社会科学文献出版社，2000 年版，第 33 页。

人，精通中国文化。在李贽的描述中，利玛窦不仅认知尧、舜、周、孔系列的大明国士，而且理解我国书籍《四书》《六经》之义理，甚至能说我们的话，作我们的文，行我们的礼，是一个典型的中国通。但是对于利玛窦求学初衷，李贽认为是否是全盘接受中国的周孔之学，还很难断定。

当然荀子认识的周孔和李贽理解的周孔还是有些不同。荀子在《儒效篇》中在回答孔子曰："周公其盛乎！身贵而愈恭，家富而愈俭，胜敌而愈戒"之疑问时指出："是殆非周公之行，非孔子之言也。武王崩，成王幼，周公屏成王而及武王，履天子之籍，负扆而坐，诸侯趋走堂下。当是时也，夫又谁为恭矣哉！兼制天下，立七十一国，姬姓独居五十三人焉，周之子孙苟不狂惑者，莫不为天下显诸侯，孰谓周公俭哉！武王之诛纣也，行之日以兵忌，东面而迎太岁，至汜而泛，至怀而坏，至共头而山遂。霍叔惧曰：'出三日而五灾至，无乃不可乎？'周公曰：'刳比干而因箕子，飞廉、恶来知政，夫又恶有不可焉？'遂选马而进，朝食于戚，暮宿于百泉，厌旦于牧之野。鼓之而纣卒易乡，遂乘殷人而诛纣。盖杀者非周人，因殷人也。故无首虏之获，无蹈难之赏，反而定三革，偃五兵，合天下，立声乐，于是《武》《象》起而《韶》《護》废矣。四海之内，莫不变心易虑以化顺之，故外阖不闭，跨天下而无蘄。当是时也，夫又谁为戒矣哉！"① 在荀子看来以恭持贵，以俭待富，以戒守胜既不是孔子赞扬周公的评语，也不是周公真正的操行。周公和孔子作为大儒。荀子认为周公取代成王，站在天子的位置上接受诸侯的朝见，无须恭敬待诸侯。周公统一天下，大封诸侯，七十一国中有五十三位姬姓子孙，不属以俭持富。周公利用殷人诛杀纣王，和合天下，四海化顺，更没有表现出戒慎恐惧。也就是说荀子尊重的周孔是顺应历史潮流的大儒，不是标榜道德但不能统一天下的俗儒。

李贽强调荀子"亦排墨子，亦非十二子，然亦非世俗所以排，所以非者"。在李贽看来，世俗之所以排斥墨子思想学说的主要是孟子，而孟子只是"说墨之枝叶"。他在《与焦漪园》的信中说："千里阻隔，徒尔梦寐，非但孤寂无闻，偶开书帙欲以散闷，而奇字奥义无从问卜，反增闷耳。譬如六家各为

① 〔清〕王先谦撰：《儒效篇第八》，《荀子集解》卷四，中华书局，1988 年版，第 134—137 页。

一家，而以名家为礼官，则是儒家之一支，不成家矣。太史氏谓使人俭而善失真，善失真是也，俭岂礼官事乎？墨家以强本节用为教，故以俭为家。孟氏以兼爱辟之，又从俭上推一层，是说墨之枝叶，何以服墨之心哉！幸略推言之以教我！诸如此者殊多，笔端难形，故不尽楮。”① 李贽认为墨家教人强本节用，所以俭是墨家特征，不是名家标志，孟子批评墨家兼爱，是说墨之枝叶，很难令墨者心服口服。

在点评孟子批评杨、墨的言论时，李贽认为也只是“好辩”而已。他在《孟子·滕文公章句下》孟子回应公都子为何好辩一段文字后，进行了点评，指出：“把自家‘好辩’，直说得这样大。也只是把自家一片苦心，呈出与人看耳，不作诳语。杨、墨之乱，在言语上，故老孟治之亦以言。”② 对于孟子对杨、墨“举一而废百”的批评，李贽是肯定的，他在《四书评·孟子卷之七》中指出：“孟子曰：‘杨子取为我，拔一毛而利天下，不为也。墨子兼爱，摩顶放踵利天下，为之。子莫执中，旁批：波澜。执中为近。旁批：千古定案。执中无权，犹执一也。所恶执一也，为其贱道也，举一而废百也。’读此然后知吾道之大。彼异端者流，特百中之一耳。那欲持其一以与吾百者角，抑知其一亦吾百中之一耶?”③ 李贽强调杨、墨各执一见，“举一而废百”是卑贱之道，其一见只是百见中之一，很难理解道统的伟大。

李贽强调孟子与杨、墨争辩，是聪明反被聪明误的表现。他在《四书评》中点评说：“孟子曰：‘逃墨必归于杨，逃杨必归于儒。归，斯受之而已矣。眉批：远墨近杨，都有味，经历过，始知其妙。今之与杨、墨辩者，如追放豚，既入其苙，又从招之。’豚极蠢，故以之骂杨、墨。呜呼！若辈俱聪明过人者也，何竟与豚无异哉？可痛哭矣！聪明之误人如此。”④在李贽看来，世俗之人从墨家为人之处逃出来，跑到杨朱为己之处，再从杨朱为己之处归宿人己兼顾的儒家之处，都是人生妙味的。孟子排斥杨、墨彰显了远墨近杨的人生倾

① 张建业主编：《与焦漪园》，《李贽文集》（续焚书）卷一，社会科学文献出版社，2000年版，第22页。

② 张建业主编：《四书评·孟子卷之四》，《李贽文集》（第五卷），社会科学文献出版社，2000年版，第136页。

③④ 张建业主编：《四书评·孟子卷之七》，《李贽文集》（第五卷），社会科学文献出版社，2000年版，第180—181页、第189页。

向，仍是世俗的聪明反被聪明误的愚蠢表现。

事实上荀子排斥墨子显然超越了孟子的空泛之见，而是抓住了“上功用、大俭约而僈差等”的基本主张，进行了较为系统的分析和批判。《荀子·非十二子》指出，墨家思想的根本错误在于：“不知壹天下、建国家之权称，上功用、大俭约而僈差等，曾不足以容辨异、县君臣；然而其持之有故，其言之成理，足以欺惑愚众。”[①] 荀子认为墨子不理解统一天下，建立国家的法度，只是崇尚功利实用，太过节俭，轻慢等级，甚至不容忍人的差别和区分，也不认同君臣之间的上下悬殊。但是其主张有根有据，有条有理，足以蒙骗愚昧的民众。

关于墨子的“上功用、大俭约”，荀子认为会造成“上失天时，下失地利，中失人和”的不良局面，他在《富国》篇中说：“我以墨子之‘非乐’也则使天下乱，墨子之‘节用’也则使天下贫，非将堕之也，说不免焉。墨子大有天下，小有一国，将蹙然衣粗食恶，忧戚而非乐，若是则瘠，瘠则不足欲；不足欲赏不行。墨子大有天下，小有一国，将少人徒，省官职，上功劳苦，与百姓均事业，齐功劳，若是则不威，不威则罚不行。赏不行，则贤者不可得而进也；罚不行，则不肖者不可得而退也。贤者不可得而进也，不肖者不可得而退也，则能不能不可得而官也。若是则万物失宜，事变失应，上失天时，下失地利，中失人和，天下敖然，若烧若焦。墨子虽为之衣褐带索，嚽菽饮水，恶能足之乎？既以伐其本，竭其原，而焦天下矣。”[②] 在荀子看来，墨子的“上功用、大俭约”原则必然形成“非乐”“节用”的主张，而“非乐”造成天下混乱，人和尽失，“节用”，则形成“上失天时，下失地利”的局面，人们安于贫困，“衣粗食恶，忧戚非乐”，失去生产动力，资源无法利用。当政者无所作为，赏罚失效，不能进贤退不肖。社会发展失去内在的本源，天下所有人都焦虑不已，因此“上功用、大俭约”是不值得提倡的。

关于墨子的“僈差等”，荀子认为是“役夫之道”。他在《王霸》篇中说：“人主者，以官人为能者也；匹夫者，以自能为能者也。人主得使人为之，匹

---

① 〔清〕王先谦撰：《非十二子第六》，《荀子集解》卷三，中华书局，1988 年版，第 92 页。

② 〔清〕王先谦撰：《富国篇第十》，《荀子集解》卷六，中华书局，1988 年版，第 185—186 页。

夫则无所移之。百亩一守，事业穷，无所移之也。今以一人兼听天下，日有余而治不足者，使人为之也。大有天下，小有一国，必自为之然后可，则劳苦耗顇莫甚焉。如是，则虽臧获不肯与天子易势业。以是县天下，一四海，何故必自为之？为之者，役夫之道也，墨子之说也。论德使能而官施之者，圣王之道也，儒之所谨守也。传曰：'农分田而耕，贾分货而贩，百工分事而劝，士大夫分职而听，建国诸侯之君分土而守，三公总方而议，则天子共己而已。'出若入若，天下莫不平均，莫不治辨，是百王之所同也，而礼法之大分也。"① 在荀子看来，墨子忽视人们能力的差别，以自能为能，事业亲力亲为，是役夫之道。圣王之道则与之不同，以官人为能，"论德使能而官施之"，选拔和使用德才兼备的人，授予一定的官职。士、农、工、商，诸侯、三公，各司其职，各尽其责，天子就可以垂拱而治了。

荀子强调墨子的"僈差等"，是"有见于齐，无见于畸"的偏见。他在《天论》篇中说："万物为道一偏，一物为万物一偏，愚者为一物一偏，而自以为知道，无知也。慎子有见于后，无见于先；老子有见于诎，无见于信；墨子有见于齐，无见于畸；宋子有见于少，无见于多。有后而无先，则群众无门。有诎而无信，则贵贱不分；有齐而无畸，则政令不施；有少而无多，则群众不化。"② 在荀子看来，各家只是看见"道"的某一个具体的方面，不理解"道"的全体。墨子所见之"齐"指的是天子统一天下的政令，所不见之"畸"指的是普通百姓的个人意见。荀子认为天子统一天下的政令如果不考虑普通百姓的个人意见，就无法贯彻执行。荀子强调，人本来就是不齐的，他在《赋》篇说："皇天隆物，以示下民，或厚或薄，常不齐均。"又在《王制》篇说："分均则不遍，势齐则不一，众齐则不使。"认为如果没有差等，政令无法施行，社会很难进步，天下不能一统。

李贽认为荀子的思想学说"通达而不迂"，并且"尊周孔"，超越墨子的理论，举为"德业儒臣"之首是当之无愧的。关于德业的标准，李贽强调"求道""载道"和"有德"。他在《德业儒臣前论》中说："李生曰：道之在

---

① 〔清〕王先谦撰：《王霸篇第十一》，《荀子集解》卷七，中华书局，1988 年版，第 213—214 页。

② 〔清〕王先谦撰：《天论篇第十七》，《荀子集解》卷十一，中华书局，1988 年版，第 319—320 页。

人，犹水之在地也。人之求道，犹之掘地而求水也。然则水无不在地，人无不载道也审矣。而谓水有不流，道有不传可乎？……予虽欲尚论古人，以知其世，何可得也！姑即平生所知者，录而别之，目为有德之儒。虽师友渊源莫详次第，而仅存什一，要当知道无绝续，人具只眼云耳。”① 李贽认为道如水之在地，无有不流，所以道，无有不传。人之求道，正如掘地求水解渴一样自然而然。至于道的传承，人皆有责，所以人无不载道。作为有德之儒更是人类的精英，正因为他们的存在，道统不可能绝续。在李贽看来人们虽自有德业，但受他人影响，最终一无所成。他在《德业儒臣后论》的最后说：“然则今者人人固自有一段光明俊伟之业也，第牵于意见，狃于成说，必欲补缀傅会，勉强凑和，以求万全，免讥毁。是以终于无成，有为无为皆不可焉耳。”② 也就是说现实的人们因循守成，凑和求全，傅会苟且，无论是有为还是无为，都无法建功立业。

关于以德业著称的历史人物中，李贽论到了杨震、裴度和吕大防，给予了积极的肯定。他在《杨震传》的最后说：“自震至彪，四世太尉，德业相继，与袁氏俱为东京名族云。”③ 赞扬了杨氏家族的德业并继。又在《裴度传》中表彰裴度：“其威誉德业比郭汾阳，而用不用，常为天下重轻。”④ 还在《吕大防传》中介绍其《乡约》说：“凡同约者，德业相劝，过失相规，礼俗相交，患难相恤。有善则书于籍，有过若违约者亦书之，三犯而行罚，不悛者绝之。”⑤ 强调德业是人生的基本原则和追求。李贽肯定了德业在个人修养，家族发展，社会和谐中的重要作用。

李贽虽然把荀子列为德业儒臣之首，并重点叙述了荀子与赵孝成王议兵的

---

① 张建业主编：《德业儒臣前论》，《藏书》下，《李贽文集》第三卷，社会科学文献出版社，2000 年版，第 595 页。

② 张建业主编：《德业儒臣后论》，《藏书》下，《李贽文集》第三卷，社会科学文献出版社，2000 年版，第 627 页。

③ 张建业主编：《行业德臣・杨震》，《藏书》下，《李贽文集》第三卷，社会科学文献出版社，2000 年版，第 647 页。

④ 张建业主编：《忠诚大臣・裴度》，《藏书》上，《李贽文集》第二卷，社会科学文献出版社，2000 年版，第 249 页。

⑤ 张建业主编：《行业儒臣・吕大防》，《藏书》下，《李贽文集》第三卷，社会科学文献出版社，2000 年版，第 678 页。

言论，但是直接引用荀子的观点并不太多。在《闇然录最》卷四里录有《荀子·大略》篇中的一则格言，强调仁义礼善这些基本的人伦道德观念是国家安危的根本保证。其中说："荀卿曰：仁义礼善之与人也，辟之若货财粟米之于家也。多有之者富，少有之者贫，至无有者穷。故大者不能，小者不为，是弃国损家之道也。今夫人之于货财也，铢铢而积之，为其无以给用也；人之于粟米也，铢铢而积之，为其无以资养也。甚者谋其身矣，又及其子；谋其子矣，又及其孙。日孜孜而不已也。至于仁义礼善，以亲父子，以和长幼，以睦邻里，以治内外，以续祖先，以栻后裔。有之则安，无之则危；有之则生，无之则死。乃弃而不求，求而不力。则何以异于货财粟米哉。"① 李贽把荀子对仁义礼善的论述当作格言，说明他和德业儒臣荀子对人伦原则对社会和国家生活的影响，具有广泛的共识。

① 张建业主编：《闇然录最》卷四，《李贽文集》第七卷，社会科学文献出版社，2000年版，第435页。

清中晚期朱陆异同论争一隅

——论唐鉴《国朝学案小识》

田富美

（台湾台北教育大学教授）

摘　要：在理学发展史中，有关朱陆学术论争是历来儒者难以回避的课题，至清代理学家则以更多种不同著作形式参与其中，如清初李绂《朱子晚年全论》、王懋竑《朱子年谱》以文献考订、年谱的体裁分别展现了陆王与程朱学者在此议题之态度；至清中晚期则有唐鉴以纂辑学术史的方式参与其中。一般研究者论及《国朝学案小识》，往往从争道统的视域下批评唐鉴局限于门户之见。本文则尝试论析唐鉴在推尊程朱之学的前提下，实含藏更深层的意图——朱陆异同论争的赓续及参与。从《国朝学案小识》内容来看，唐鉴一方面，以陆陇其为核心建立一程朱理学阵营，将布衣、地方官吏收录其中，同时广纳清初吸收陆王心学的大儒，以此扩大了程朱理学家之堂庑；另一方面，透过遴选之传主的论著摘录，赋予参与朱陆异同论争的图像，不仅赓续了自明代以来的朱陆异同论争，亦透显唐鉴自身之意旨。

关键词：清代学术；朱陆异同；唐鉴；国朝学案小识；程朱理学

一、前言

理学自北宋兴起，经历南宋、元、明三朝共四百余年的发展，其后的清代理学即使并非学术主流，且看来似乎缺少了典范的创新性，但实是考究理学发展史中必须审视的阶段，尤其是此一时期的思想家们赓续了"数百年未了底大公案"[1] ——朱陆学术论争的相关回应。[2] 本文所欲关注的，并不在于论究朱、陆、王之学在义理上的分殊问题，而是尝试在此基础上考察此议题在清代理学发展中，理学家们受其当下学术氛围以及自我问学体验等复杂的意识投入此一同室操戈场域中的相关辨析及其意义。

阳明于正德年间纂辑《朱子晚年定论》以阐发"其说不缪于朱子"之旨，[3] 此后儒者将之纳入了朱陆早同晚异或早异晚同等相关聚讼之中，如程瞳（1480—1560）《闲辟录》、陈建（1497—1569）《学蔀通辨》等，[4] 或为抨击心学之弊，或为融通与理学之歧异，其间的辩驳阐述，延续至清初李绂（1673—1750）作《朱子晚年全论》，王懋竑（1668—1741）所纂订《朱子年谱》，可说是以考辨史料形式参与朱陆异同论争的重要成果。除此之外，"学

① 陈建：《学蔀通辨·学蔀通辨总序》，收入陈建撰，黎业明点校：《陈建著作二种》，上海：上海古籍出版社，2015 年，第 77 页；现代学者张立文言："朱陆异同之辨，历元、明、清数代，乃中国学术史、哲学史上的一桩公案。"参见氏著：《走向心学之路——陆象山思想的足迹》，北京：中华书局，1992 年，第 192 页。

② 有关朱、陆学术关系的研究可分为二：一是纯就朱子与陆九渊之间的学术论辩而言，属思想体系的问题，可称之为"朱陆之辩"或"朱陆之争"，举凡论及朱子或陆九渊、王阳明学术时，往往涉及其思想差异，在哲学史著述中俯拾即是；另一则是后世儒者对"朱陆之辩"或"朱陆之争"的辨析与讨论，涉及思想史范畴，可称为"朱陆之辨"或"朱陆异同论争"。现代学者大都以"朱陆之辩"或"朱陆之争"为研究核心，成果丰硕，如黄进兴：《"朱陆异同"：一个哲学诠释》，收入氏著：《优入圣域：权力、信仰与正当性》，台北：允晨文化出版，1994 年，第 329—350 页；彭永捷：《朱陆之辩：朱熹、陆九渊哲学比较研究》，北京：人民出版社，2002 年；林维杰：《朱陆异同的诠释学转向》，《中国文哲研究集刊》第 31 期（2007 年 9 月），第 235—261 页；任剑涛：《朱陆之争：宋儒经典解释取向的政治蕴涵》，《原道》2013 年第 2 期，第 61—90 页；另外，延瑞芳《近年来国内朱陆之辩研究综述》，(《九江学院学报（社会哲学科学版）》2011 年第 1 期，第 34—36 页）梳理了中国大陆相关研究成果，亦可参酌。

③ 〔明〕王守仁著，王晓昕、赵平略点校：《朱子晚年定论·序》，收入《王阳明集》，北京：中华书局，2016 年，上册，卷 3，第 118 页。

④ 有关朱陆异同论争的发展，参见吴长庚：《鹅湖之会与朱陆异同"早晚论"的历史演变》，《朱子学刊》1999 年第一辑，第 78—98 页；陈林：《义理与考据之间："朱陆异同"学术史的内在发展理路》，《求索》2015 年第 4 期，第 150—154 页；徐公喜：《朱陆异同论的历史形态考察》，《江淮论坛》2015 年第 6 期，第 109—115 页。

宗朱子"[1] 的唐鉴（字栗生，号镜海，1778—1861）于道光二十五年（1845）所纂辑《国朝学案小识》（或称《清学案小识》）则是以结合儒林传记与学案体裁[2]方式，参与了这场朱陆论争：该书收录了从清初至嘉庆年间256位儒者，以传主之里籍与姓氏为标题，分别列入"传道""翼道""守道""经学""心宗"五学案共15卷，各为之作传，记述生平、出任地方官职经历、学术思想，并纂录部分学术论著内容，用以阐扬朱子为正学之旨，部分则附有评论。过去学者论及此书，除抨击其门户之见外，往往从清代学术发展主轴——汉宋之争——视域中进行讨论，或仅就该书叙文、后跋以论定其对陆王心学之贬抑。此理解固然属实，然而，若进一步考察唐鉴的纂辑旨趣、各学案人物的遴选、摘录传主的论著等内容，则或可看出，唐鉴《国朝学案小识》实另有一目的：即以撰作学术史的方式承继并参与了明代以来理学中的重要公案——朱陆异同论争。

二、前贤视域的考察：汉宋之争/朱陆论争

唐鉴所撰《国朝学案小识》在现今研究者的评价中并不高，主要肇因于唐鉴过分强调道统，视程朱理学为唯一承继者。在该书叙文与提要中，唐鉴首先标举出圣人之学在于"格、致、诚、正、修、齐、治、平"，自孔子以下分由颜、曾、思、孟承继；其次由汉唐之董、韩，再至宋之周、张、二程诸儒接续，其后推崇朱子"集诸子之大成，救万事之沉溺"者，此后能续继理学体系之清儒，依其恪遵程朱之道、阐明理学之情形分列入"传道""翼道""守道"三学案；同时别设"尊汉经师而诋朱子者""沦澌流荡，无所底极"者为"经学""心宗"学案，收录汉学家与陆王学派儒者。[3]就唐鉴所建构的五大学案来看，以理学为主的"传道""翼道""道"三学案内容占全书百分之八十，

---

① 不著编纂，王钟翰点校：《清史列传·儒林传》，北京：中华书局，1987年，卷67，第5400页。

② 张昭军认为，该书将传主分为五等，并非按学派、师承或地域，而是以对于道统传承的重要性为标准，其体裁近于清初熊赐履《学统》。参见氏著：《晚清民初的理学与经学》，北京：商务印书馆，2007年，第148—149页。

③ 参见〔清〕唐鉴：《国朝学案小识叙》《国朝学案小识提要》，《国朝学案小识》（收入〔清〕唐鉴撰，李健美校点《唐鉴集》，长沙：岳麓书社，2010年），第260—261页，第264—268页。

其中对于传主学行之记述、著作之摘录，远胜于“经学”“心宗”学案，明确地标揭程朱理学是道统的授受统绪及复兴程朱理学的企图。即如唐鉴外甥黄兆麟所论：

是编标道统之所归，明范围之所在，既不得以猎取名物而弃身心，更不得以蹈袭禅机而忘懿德。挽狂澜于既倒，引一发于千钧。[①]

这段文字极精要的点出了后世论者评论《国朝学案小识》的要旨：标志程朱之学为道统嫡传，用以闲防专讲名物之汉学、循袭禅机之心学。后世学者对于《国朝学案小识》的评述，即指出唐鉴在争道统的门户之见下而有“汉宋之争”或“朱陆之争”之倾向。

首先，如梁启超（1873—1929）指出唐鉴主观成见更甚于江藩（1761—1831）《国朝汉学师承记》，批评《国朝学案小识》“纯属讲章家争道统的见解，不足以语于史才明矣”。[②] 这样的评述，确实指出了唐鉴论学的大方向，现今评论者甚多，自不待言。再者，有学者进一步将《国朝学案小识》置于清代汉宋学之争中进行指摘，深化了道统之争的内涵，如陈祖武《中国学案史》一书中有专章“汉宋学术之争与《清学案小识》”，文中言：

汉学中人，沉溺考证训诂，远离世事，如醉如痴，为历史潮流淘汰势所必然。……之后《清学案小识》的结撰，即为一强烈反击。[③]

这是明确地从汉宋学之争的角度立论，指出唐鉴的学术立场。陈祖武并讥《国朝学案小识》“深陷门户之中，固执己见，一意表彰程朱一派”，[④]显见其贬斥之意。同样从汉宋之争的视域对《国朝学案小识》考究者不乏其人，[⑤] 但较值得注意的是从《国朝学案小识》史料来源为研究进路，考察唐鉴对汉学的抑黜，如戚学民考证《国朝学案小识》系转引了阮元（1764—1849）《儒林传稿》及其后史馆定本《国史儒林传》的部分文字，戚学民言：

《学案小识》代表了主程朱理学者在清廷学术正统的掩护下，力图和

---

① 〔清〕黄兆麟：《国朝学案小识跋》，《国朝学案小识》，第 732 页。

② 梁启超：《中国近三百年学术史》，北京：东方出版社，1996 年，第 361 页。

③④ 陈祖武：《中国学案史》，台北：文津出版社，1994 年，第 228 页、第 236 页。

⑤ 如吴海：《清代的学术与传记》（南京：南京大学中国古代文学博士论文，2011 年）。按文中言唐鉴《国朝学案小识》旨在“与阮元、江藩等人儒林传经学谱系抗衡”，第 42 页。

汉学争夺学术史的话语权力的一次重要努力。……《学案小识》绝不满足于对阮著的引用，而是对其文字进行了多方修改，重点是辨学，张大程朱理学的阵营，贬低汉学人物的成就，更有多处批评汉学的主张。①

戚学民认为唐鉴有意纂作一部以程朱理学为核心的学术史，作为与阮元崇汉学的《儒林传稿》相抗衡，是以，一方面参照了阮元的记述，另一方面亦有不同的鉴别与改动；至于唐鉴所力斥的心学，在戚学民看来，亦是唐氏针对《儒林传稿》在记载理学家时偏重阳明学者，而刻意相违所致。② 另外，曾志平则是从史料来源、人物遴选、学术宗旨等面向，指出唐鉴《国朝学案小识》与《四库全书总目·经部》的关系密切：

嘉庆年间，汉学家阮元借助《总目》编纂《儒林传稿》，进而达到扬汉抑宋的目的，唐鉴为理学家，却借助《总目》以批判《总目》扬汉抑宋的学术宗旨。③

显然，这样的考察视域不仅将《国朝学案小识》的史料来源追溯至《四库全书总目》，并且同样是将唐鉴编纂的宗旨纳入了汉宋之争中而论。然而，若细究《国朝学案小识》在传主及其论著内容的择取，即可发现，唐鉴所参酌、抄录的史料并非如戚、曾二位学者所言，几乎源自《儒林传稿》或《四库全书总目·经部》，实仅限于“经学学案”之取材，至于占全书八成篇幅，且更为核心的“传道”“翼道”“守道”三学案之内容，则鲜有摘自二书者；④ 至于所持学术立场的不同，是否即可认定为存有针锋相对之意图，也许应从《国朝学案小

---

① 戚学民：《〈学案小识〉与〈儒林传稿〉》，《近代史研究》2010 年第 1 期，第 82—96 页，引文见第 96 页。亦见于氏著：《〈学案小识〉与〈儒林传稿〉》，收入氏著：《阮元〈儒林传稿〉研究》（北京：生活·读书·新知三联书店，2011 年），第 373—419 页。

② 戚学民认为《国朝学案小识》“心宗学案”仅列集少数人物，和阮元《儒林撰稿》直接相关，因为《儒林撰稿》中确实记载了众多的阳明学者，而唐鉴排斥陆王，有和阮元针锋相对的意味。参见氏著：《〈学案小识〉与〈儒林传稿〉》，第 89 页。

③ 曾志平：《〈学案小识〉与〈四库全书总目〉》关系考，《人文论丛》2019 年第 1 期，第 114—123 页，引文见第 123 页。

④ 如“守道学案”中《中牟冉先生》《襄城李来章先生》《新安陈先生》《新乡殷先生》，文后唐鉴已注明据《洛学编》；《新城王先生》《王仲颖先生》《宁晋冯先生》，文后唐鉴已注明据《北学编》；《博野尹先生》文后唐鉴则注明据《续北学编》。参见唐鉴：《国朝学案小识》，卷 11，第 632、635、641、642、633、636、638 页。

识》所遴选之传主（尤其“传道”“翼道”“守道”三学案）、所摘选的论著、以及唐鉴的评论进行剖析，才能有更清晰的判断。

基本上，唐鉴确实对于乾嘉以来盛行的考据学风不满，在《国朝学案小识》中即有提出相关的批评，这也是上述学者据以为论证的重要依据，如唐鉴言：

> 夫学之所以异，道之所以歧，儒之所以不真，岂有他哉！皆由不识格、致、诚、正而已。习空谈者，索之于昭昭灵灵而障于内；守残编者，逐之于纷纷藉藉而蔽于外，斯二者皆过也。今夫礼、乐、兵、农、典章、名物、政事、文章、法制、度数，何莫非儒者之事哉！然当以若大经纶蓄之怀抱，不当以剩余糟粕夸为富强。……圣人之言典章也，莫大于颜子之问为邦，曰“夏时、殷辂、周冕、韶乐”，曰“放郑声、远佞人”，是必有顺天应人、长治久安、大经济、大功业，以运用于两间，岂惟推天文、考舆服、讲求乐律而已哉！其言政事，莫大于哀公之问政，曰“达道五，行之者三”，曰“九经，行之者一”。是必有事亲、知天、明善、诚身、真本原、真学问，以弥纶于无际，岂惟考官禄、别等差、讲明礼节而已哉！①

唐鉴强调名物、制度等范畴，应置于程朱的格致诚正之学中以求经世致用，而非如汉学家局限在琐屑残卷之考究。在此，唐鉴固然对于考据之学有所纠举，但仍肯定典章、政事的追索为“儒者之事”，所以接续言“是必有顺天应人、长治久安、大经济、大功业，以运用于两间”，“是必有事亲、知天、明善、诚身、真本原、真学问，以弥纶于无际”；换言之，章句训诂之学应视为掌握圣人之言的工具，以利于“运用于两间”，“弥纶于无际”的具体实践。由此而言，唐鉴所建构的学术正脉中，汉学考据仍属其中一环，惟应以阐述程朱之学的宗旨，此或正是在《国朝学案小识》中“经学学案”得以列入正式的卷数之中，而载记陆王学者的“心宗学案”则沦于“卷末”之因。② 那么，将《国朝学案小识》视为清代汉宋之争的一环，从更深的层面来看，是否能

① 〔清〕唐鉴：《国朝学案小识叙》，《国朝学案小识》，第262页。

② 鲍国顺即言：“唐鉴既然已将‘经学学案’列在正式的卷数当中，而不依序将‘心宗学案’列为第十五卷，反而特别以附见的形式标为‘卷末’，自然有其深意。”参见氏著：《清代学术思想论集》，高雄：复文图书出版社，2002年，第161页。

完全掌握唐鉴纂辑此一学术史的意图，是值得商榷的。

再者，上文引唐鉴的这段论述并不仅限于对汉学家（“守残编者，逐之于纷纷藉藉而蔽于外”）的抨击，同时伴随着所谓“习空谈者，索之于昭昭灵灵而障于内”，这无疑是指心学家亦是訾议的对象。现代研究者业已观察到此一意旨。鲍国顺指出唐鉴《国朝学案小识》乃朱学与陆学、汉学与宋学问题的总结，且透过唐鉴在卷次上之安排，推论：

> 唐鉴外甥黄兆麟认为此一用意即在“言其非学而足以乱学也”。此说甚是。由此可见唐鉴对陆王心学的态度，比对汉学是要严厉得多了。①

显然，鲍国顺已经注意到唐鉴在批评陆王心学上的着力甚于汉学，是较全面的一种考察。张昭军从清代理学发展史的角度分析《国朝学案小识》亦有与鲍国顺相近的理解，且更涉及唐鉴在各学案中传主的择取，如言：

> 《学案小识》则凭作者好恶，扬宋抑汉，尊朱黜王，如“经学学案”斥宗尚汉学，诋其宋学的毛奇龄于不录，“心宗学案”斥宗尚心学的孙奇逢于不录。孙奇逢与李颙、黄宗羲并称清初三大儒，同宗阳明心学，唐鉴以李颙入“翼道学案”，以黄宗羲入“经学学案”，已是意分轩轾，而置孙奇逢于不录，尤为后人不满。②

这段分析中可看出论者认为唐鉴对于心学的批判绝不亚于汉学，并初步勾勒出卷次、传主的安排中所隐含对心学的贬抑。史革新认为唐鉴的宗旨乃体现清朝儒学必须归宗于程朱理学，而长久以来含混其中的陆王心学亟需厘清，其言：

> 晚清理学家认为，清代的儒学统系同样鱼龙混杂，亟待用正统的观点进行“辨正”。这不仅因为陆王之学在清初没有得到认真的清算，致使清代学术统系混淆，而且连儒学在清朝的正宗传人也未被确认。……唐鉴的《国朝学案小识》用程朱学派的观点对清代的学术统系做了一番“辨正”，完成了晚清正统理学派对清代道统重建的

① 鲍国顺：《清代学术思想论集》，第161页。

② 张昭军：《晚清民初的理学与经学》，第148页；龚书铎主编，张昭军著：《清代理学史》下卷，广州：广东教育出版社，2007年，第86页。

工作。①

史革新对于《国朝学案小识》的观察，无疑是放置于朱陆论争的历史中进行定位的，相较于从汉宋之争的视域而言，是更近于唐鉴之意的。只是，若唐鉴意旨仅在于“辨正”陆王之学，则“心宗学案”仅列出9人，另外有太多主陆王心学者如孙奇逢（1584—1675）、李绂等人均未列入，势必难收所谓“清算”之效；是以，《国朝学案小识》容或有潜藏于尊朱黜陆王中更为切要的企图。前贤论述之视域，主要是就《国朝学案小识》的叙言、提要、后序、跋等文字进行分析，如若就全书内容进一步厘析，则可看出，唐鉴不仅以编纂学术史的方式参与了朱陆论争，且对于自阳明以来所谓“朱子晚年学术”的问题，有着所处时代的回应。

三、朱陆异同论争为主轴的《国朝学案小识》

（一）潜藏的编纂旨趣：扩大程朱理学家之堂庑

唐鉴编纂《国朝学案小识》之旨趣，确实如前贤所述，即在于树立鲜明的程朱理学旗帜，除前文唐鉴自撰《自叙》《提要》之外，唐鉴之弥甥黄膺更言：

> 公之书，悉本之朱子，即公之学案也，亦即国朝诸先生宗朱、学朱者之学案也。……《学案小识》，辨阴儒阳释之非，揭穷理尽性之实，所以示学者向道之涂，人皆当宗朱子也。②

此文说明了唐鉴编纂此书的主要目的，即在于确立程朱为儒门道统唯一正传；此外，遴选大量儒者纳入“翼道”“守道”学案，扩大程朱理学者在清代学术史中的比例，可说是《国朝学案小识》参与朱陆论争的策略之一。

实际考察唐鉴的做法，首先，是以其所认定清程朱理学之宗主——陆陇其（1630—1692）、张履祥（1611—1674）等人为核心，将与之有书信往来、论学、评述者加以联系起来，于是，诸多生平学行、论著几乎未见于正史儒林传记的儒者，均收入了程朱理学阵营之中，如收入雷鋐（1697—1760），唐鉴引录了雷鋐所撰《陆陇其年谱序》《张杨园先生全集序》，并评论曰：“大要宗朱

① 史革新：《晚清学术文化新论》，北京：北京师范大学出版社，2010年，第74页。
② 〔清〕黄膺：《国朝学案小识重刊后跋》，《国朝学案小识》，第735页。

文公而以薛文清、陆清献二公之书为谱牒”；评戚人镜（？—?）曰：“生平寝馈于稼书、杨园两先生之书，涵养纯熟，识量广远，无涯涘，无圭角，而见之者起敬起畏”；评论张溍（1621—1678）则言：“与汤潜庵先生共砥砺为圣贤之学”；论周好（？—?）则是引陆世仪（1611—1672）所言：“今吾与好先生，幸读程朱之书，知其大纲，彼之迷溺而不自觉者，吾知免矣。”其后唐鉴评曰：“先生宗仰杨园，与当湖相劘切，故粹然一出于正”；论张玉甲（？—?）、俞存斋（？—?）则引陆陇其所致书信；论沈磊（？—?）则是引与张履祥之书信，① 这些都是以清初几位理学大儒为线索而网罗入学案之中者。

其次，唐鉴亦广纳民间从事理学的布衣儒者，如“守道学案”中收有主张“读书以理学为主”的严瑴（？—?）、“养其心以合乎理，定其性以全其天”的王端（？—?）、“初喜任侠，三变而留心正学，折节周程诸先生，言动以之”的张承烈（1632—1693）等；② 另外，值得一提的是唐鉴摘录谭旭（？—?）之学行言：

> 盖隐居未仕，守程朱之学以教人者也。其论斥王庭《理学辨》曰：“偶过坊间，见王言远《理学辨》，悦其名也，购得之，时一披览，百孔千疮，殊不可耐。据其所言，宋代直无完儒。异哉！邪说之害道，一至此乎？如混沌言太极，以心知言性，以用言道……其他支离破碎，非圣叛经，并取陆王之学者，尤难缕述。”③

谭旭著有《谋道续录》一书，以程朱之学批驳陆王之说，四库馆臣评其“不免于好辨，每争竞于一字一句之闲”。④ 而唐鉴收录谭旭，除着眼于其恪遵程朱，恐怕更重视的是“辨学”之内涵，是以唐鉴引录谭旭论学的这段文字并非迳就《谋道续录》发议，而是完全抄录自《四库全书总目·子部》中所

---

① 参见〔清〕唐鉴：《宁化雷先生》《钱塘戚先生》《磁州张先生》《周好先生》《张玉甲先生》《沈石长先生》，《国朝学案小识》，卷 5，第 397 页，卷 9，第 580 页；卷 10，第 588 页；卷 10，第 591 页；卷 10，第 592、599 页；卷 11，第 623 页。

② 参见〔清〕唐鉴：《梁溪严先生》《翼城王先生》《武功张先生》，《国朝学案小识》，卷 8，第 511、513 页；卷 10，第 612—613 页。

③ 〔清〕唐鉴：《谭东白先生》，《国朝学案小识》，卷 10，第 614—615 页。

④ 〔清〕永瑢等撰：《四库全书总目》，北京：中华书局，2020 年重印，卷 98，子部儒家类存目四《〈谋道续录〉提要》，第 831 页。

载《〈理学辨〉提要》条中谭旭对《理学辨》的批评内容。[①] 推测唐鉴在遴选人物时，不仅从尊程朱者入手，在有限的辑录时间里（自道光二十三年草创，至道光二十五年付梓），含藏的严判朱、陆之别应是考量的重要向度，故而有这样照本的节录。除此，唐鉴同时也收录明儒高攀龙之侄高世泰（？—?）、顾宪成之孙顾枢（1602—1668），并记顾枢言："尝论明儒，服膺薛、胡，而谓陈、王不免有差"。[②] 收录地方官吏，如追想孔子之"精神命脉"而作《活孔子》的陶世征（？—?），唐鉴评为："从此粗浅处箴砭，未必非提撕警觉之一助也"；[③] 又如赵士麟（1629—1698），唐鉴抄录其论著《敬一录》中有关本心之修养、居敬穷理等言，最后特意叙明：

> 先生初亦谓阳明"致良知"三字为作圣真血脉，及作《朱子全书义序》，乃谓《朱子晚年定论》之说，为禅学之伪作，以欺世诬民。盖其学之归宿在紫阳，不在新建，可知矣。[④]

上述这些儒者在主要学术史中，鲜有见录，其中包括许多论学不宗主一家、甚至更倾向陆王心学之儒者，而唐鉴纳入《国朝学案小识》中，究其原由，无疑是"学之归宿在紫阳"所致。是以，即如前文所论，唐鉴在人物的遴选上并非与乾嘉汉学相颉颃，而是在护持程朱理学的原则下所拟构出一远盛于陆王心学之群体。而过去论者所訾议《国朝学案小识》的囿于门户之见，在此或可进一步指出，此一门户之见实是以尊朱为核心，而扩大批判心学的阵营。

再者，唐鉴亦为部分论学兼采理学与心学之学者提出辩驳，强调传主非调和朱陆论者，如收录于"翼道学案"的首位儒者汤斌（1627—1687），曾师事

---

① 〔清〕永瑢等撰：《四库全书总目》，卷 97，子部儒家类存目三《〈理学辨〉提要》，第 824 页。按，全文前有"是书以宋明诸儒互有得失，因以己意订正之，意在埽众说之轇轕，破诸家之门户。然过于自用。往往不醇。谭旭《谋道续录》曰：'……'"。

② 〔清〕唐鉴：《无锡高先生》《无锡顾先生》，《国朝学案小识》，卷 10，第 609、610 页。

③ 〔清〕唐鉴：《绛州陶先生》，《国朝学案小识》，卷 8，第 533—534 页。

④ 〔清〕唐鉴：《河阳赵先生》，《国朝学案小识》，卷 8，第 511 页。

清初心学大儒孙奇逢十年，其学思实颇多为阐发心学之处。[1] 对此，唐鉴言：

> 或谓其《上孙征君书》及答褚怀葛、张仲诚、顾亭林等书，皆以阳明与朱子并论，而《志学会约》有"致良知为圣学真脉"之语，盖先生师事苏门，初不欲显违其师若友，而及其久而悔学而成也，则纯乎程朱矣。其《答陆清献书》曰："……所学虽未能望程朱之门墙，而不敢有他途之归。……仆之不敢诋斥姚江者，非笃信姚江之学也，非博长厚之学也，以为欲明程朱之道者，当心程朱之心……"是则先生不主阳明可知矣。而后之称先生者，乃谓其初用阳明良知之言以立根脚。阳明顿悟何根脚之有？不细读先生之遗稿而妄加指议，先生有知，未必受其诬也。[2]

唐鉴认为汤斌是在师友情谊的前提下，故而没有提出违逆心学之主张；随后唐鉴引汤斌致陆陇其（1630—1693）之书信为据，强调汤斌"不主阳明"。这样的论证方式，缺乏学术脉络的考察，仅就书信中只字片言作为论断，实难以对应于"翼道学案"所言翼道者所承担"翼之则道不孤"[3] 的原则。

此外，唐鉴对于程朱、陆王兼采学者之学术主张，部分则是模糊带过或甚至误用文句作为论证。如"守道学案"范鄗鼎（1626—1705）：范氏汇集辛全《理学名臣录》、孙奇逢《理学宗传》、熊赐履《学统》、张夏《洛闽源流录》、黄宗羲《明儒学案》等五部学术史书辑成《国朝理学备考》，以此凸显所主："从来理学不一人，学亦不一类"，不专取一家一派之学，甚至言："薛（瑄）、胡（居仁）之学，参以王（阳明）、陈（献章），而薛、胡明，而王、陈之学

---

① 有关汤斌的学术思想讨论，参见杨菁：《清初理学思想研究》，台北：里仁书局，2008 年，第 179—231 页；王胜军：《清初庙堂理学研究》，长沙：岳麓书社，2015 年，第 285—294 页。

② 〔清〕唐鉴：《睢阳汤先生》，《国朝学案小识》，卷 3，第 310—311 页。按：唐鉴所引汤斌《答陆清献书》，在《汤子遗书》中作《答陆稼书书》，且唐鉴之引之文，于"仆之不敢诋斥姚江者"后，多出"非笃信姚江之学也，非博长厚之学也"两句。参见汤斌：《答陆稼书书》，《汤子遗书》，收入〔清〕永瑢等编：《文渊阁四库全书》，台北：台湾商务印书馆，1985 年，集部第 1312 册，卷 5，第 528 页。

③ 〔清〕唐鉴：《国朝学案小识提要》，《国朝学案小识》，第 265 页。

亦因薛、胡而益明。”[1] 对于此一代表范氏学术博采的主张，唐鉴并未引录，而是摘录了陆陇其致范鄗鼎书信作为全传的主要内容；据陆陇其在书信中言：“微有商者，《备考》中薛、胡、王、陈兼收并列，无所甲乙……若王、陈之与薛、胡，则直非小异也，是大差也。”[2] 可见陆氏并不认同范鄗鼎兼收心学论著的做法，但唐鉴却在引录这段文字之后，未置一词。又如对论学兼采程朱、陆王的李颙（1627—1705）。[3] 唐鉴论言：

先生学在反身，道在守约，功在悔过自新。……嗟呼！先生处处从身上验真修，事事从约中求实践……夫先生之严若此，笃守程朱夫又何疑？而门人所记《体用全学》，谓象山、阳明之书为斯道大原，程朱诸录及康斋、敬轩等集可以尽下学之功。或者自反之初，亦有取于陆王之本体乎？观其谓“六经皆我注脚”为象山之失，“满街都是圣人”为阳明之失，则其确宗程朱家法亦大可知矣。[4]

按，唐鉴仅就李颙律己严谨即以论定为“笃守程朱”者，实缺乏理据，且用来证明李颙为宗程朱家法之言的“‘六经皆我注脚’为象山之失，‘满街都是圣人’为阳明之失”一语，系来自李颙《二曲集》中所载：

高先生曰：“言满天下无口过，其惟紫阳朱子乎？‘《六经》皆我注脚’，是陆子之口过也；‘满街都是圣人’，是王文成之口过也。学者一启口，而不可不慎如此。”先生曰：“紫阳之言，言言平实，大中至正，粹乎无瑕，宛然洙泗家法。陆、王矫枉救弊，其言犹药中大黄、巴豆，疏人胸中积滞，实未可概施之虚怯之人也！”[5]

---

① 〔清〕范鄗鼎：《国朝理学备考序》，《国朝理学备考》收入《四库全书存目丛书》，济南：齐鲁书社，1997 年，史部第 121 册，第 743 页。

② 〔清〕唐鉴：《洪洞范先生》，《国朝学案小识》，卷 8，第 525 页。

③ 大体上，李颙论学是以陆王“先立其大”“致良知”为本体，并以程朱“主敬穷理”为工夫，是一种打破门户之见、体用兼赅的主张。参见袁天赐：《李二曲研究的学术史回顾与问题》，《汉学研究通讯》第 39 卷第 1 期（2020 年 2 月），第 9—17 页。

④ 〔清〕唐鉴：《盩厔李先生》，《国朝学案小识》，第 354—355 页。

⑤ 〔清〕李颙：《东林书院会语》，《二曲集》，台北：台湾商务印书馆，1973 年，卷 11，第 5 页右。按，李颙弟子载记本篇会语前有序，言其师李颙谒高攀龙祠，与高氏后裔高汇旃“会讲于东林书院，邑中诸贤达环集，各质所疑，语多难记。姑录与汇旃先生共商之一二”。第 1 页右。

依此可知，唐鉴所引录之言并非出自李颙，而是当时参与东林书院会讲者高汇旃（？—？）所言；至于李颙的回应，一方面肯定程朱之言平实无瑕，足为孔门家法，另一方面并未否定陆王所论，只是以用药应视病征而定，比喻用言论说必须谨慎罢了；显然，李颙在此并非否定陆王之学。而唐鉴主观立场造成引录之谬误，以此片面断定李颙学术立场，实难以成立。

（二）共同的人物群像：朱陆异同论争的参与者

唐鉴《国朝学案小识》中所摘录的传主著作，看似客观材料的呈现，然而其间的取舍往往也是唐鉴个人主观立场的投射，这些选录的著作有一共同的趋向，就是包含了大量论及朱陆异同论争之主张，尤其集中于"传道""翼道""守道"三学案中，此即是唐鉴自己论学宗旨及其编撰《国朝学案小识》的立意所在。

首先，唐鉴对于传主恪遵程朱之学，往往特意书写以示于人。在《国朝学案小识》传主学行记载中多次出现，如"传道学案"中言陆陇其主张"今有不宗朱子者，亦当绝其道，勿使并进"、陆世仪"谨守程朱家法"、张伯行（1651—1725）"学以程朱为准的"；"翼道学案"中言蔡世远（1673—1756）"笃志程朱"、江永"生朱子之乡，阐朱子之教，凡紫阳之极广大，极精微处，先生推扩之，研穷之，不遗余力"、姚鼐（1731—1815）"而所忧者，惟学者之厌薄程朱"；"守道学案"中言汪佑"每日尊朱子课程，作半日静坐半日读书工夫"、党成（？—？）"学以朱子为宗"、应撝谦（1615—1683）"殚心理学，躬行实践，力追程朱，痛辟新建"，[①] 这是唐鉴形塑程朱理学为儒门嫡传所必然树立的旗帜。

其次，在述及传主著作时，大量摘录朱陆之辨的相关论述，并给予相当高的评价，如陆陇其《学术辨》中辟阳明、顾宪成、高攀龙等人，摘录其文后，盛赞言："先生此辨可谓拔其本而穷其源矣。"[②] 如引韩梦周（1729—1798）日记、书信中批评心学家空疏、不知切问近思、入禅等言，其后唐鉴称许言：

---

① 〔清〕唐鉴：《平胡陆先生》《太仓陆先生》《仪封张先生》《漳浦蔡先生》《婺源江先生》《桐城姚先生》《修宁汪先生》《绛州党先生》《钱塘应先生》，《国朝学案小识》，卷1，第269页；卷2，第290页；卷2，第297页；卷5，第388页；卷5，第397页；卷5，第417页；卷6，第445页；卷6，第451页；卷10，第581页。

② 〔清〕唐鉴：《平胡陆先生》，《国朝学案小识》，卷1，第273页。

幸甚！幸甚！盖先生尊崇正学，统归程朱，言知言行，不稍假借。故于往来手札，或是或非，或规或劝，总之不离辨陆、王、洛、闽为大要。①

类似的论述，亦可见于与韩梦周一起讲学的阎循观（1725—1769）。唐鉴引阎循观所作《困勉斋私记》《文士诋程朱论》《与法镜野书》等抨击陆王学术之文后，评曰：

先生与潍县韩公复讲学于程符山，笃守程朱，身体力行，壁立千仞，不囿于俗学，不惑于心宗，一本规矩准绳，内直外方，不诡不激。②

显然，《国朝学案小识》不仅延续明、清初程朱理学家以确立道统为宗旨，甚至亦循袭了辨陆王的主张，即使这些论述并无太多新意，然而唐鉴却再三载录，这是有意接续清初以来朱陆异同的论争，不仅透露出对此议题在这部学术史中的重要位置，亦表明了对这场论争的态度。

再者，唐鉴更确切的做法，是详录了许多抨击王阳明《朱子晚年定论》的论著，以及归宗于程朱之学而纂辑的学术史著作，现撮举于下表：③

学案名称	传主	引录篇目或论著名	引录主要内容	唐鉴之评论
传道学案	仪封张先生（伯行）	未特别注明	程篁墩《道一编》，信王阳明《朱子晚年定论》，几欲混朱陆为一，使学者茫然莫辨，得陈清澜《学蔀通辨》，朱陆之异始见，朱陆之早同晚异始见。陈清澜大有功于朱子，大有功于后学也。	吁！自稼书、杨园两先生倡正学于南，天下之误入姚江者，稍知所趋向，而独河洛间龂龂焉竟而不为之屈，则以夏峰之主持故也。

① 〔清〕唐鉴：《潍县韩先生》，《国朝学案小识》，卷5，第416页。

② 〔清〕唐鉴：《昌乐阎先生》，《国朝学案小识》，卷8，第523页。

③ 〔清〕唐鉴：《国朝学案小识·仪封张先生》，卷2，第300、308页；《昆山顾先生》，卷3，第313—316页；《大兴张先生》，卷3，第348—349页；《柘城窦先生》，卷4，第358、359页；《无锡张先生》，卷4，第359—360、362页；《婺源汪先生》，卷4，363—372页；《宝应王先生》，卷4，387页；《安溪李先生》，卷6，第431、432页；《长洲彭先生》，卷8，第536页；《连城童先生》，卷9，第456页。

续表

学案名称	传主	引录篇目或论著名	引录主要内容	唐鉴之评论
翼道学案	崑山顾先生（炎武）	《日知录·朱子晚年定论》	全文引录 直指阳明“颠倒早晚，以弥缝陆学，而不顾矫诬朱子，诳误后学之深”“本欲安排早异晚同，乃至说成生异死同”“意欲借朱子以攻朱子”“《晚年定论》之刻真为阳明舞文之书”。	以此知先生知所宗矣。
	大兴张先生（烈）	《王学质疑》《读史质疑》	引录二书前《总论》：（阳明）著为《晚年定论》，实则以中为晚，以晚为中，与当日情事迥不相涉，锻炼舞文，诳辞以欺天下人……著《朱子晚年定论》此以敌攻敌之术也。以行兵之权谋用之以讲学，其心术险谲而技穷可知。	是言也，其思深，其意切，其忧若有不可已者也。而欣逢尧舜在上，正学昌明，一时同人如杨园、桴亭……诸先生，皆破横流而趋大道，新建之焰从兹遂熄。
	柘城窦先生（克勤）	《理学正宗》	引《自序》：自孟子而后，历汉唐之世，率不闻有登圣人之堂奥者，此后世溯道统正传，必以宋儒为断，而宋儒称孔孟嫡派，必以周、程、朱子为归……是圣道尽在《六经》《四书》，而周、程、张、朱之功亦尽在《六经》《四书》，此道统之正传，百世不易者也。	先生此书，伊洛渊源之正传也。其详、其略，要不外求统纪之一而已。知统纪之一，而后知《圣学宗传》《理学宗传》以及《宋元学案》《明儒学案》皆乱统纪者也。
	无锡张先生（夏）	《洛闽源流录》	引《序》：孔孟其儒之始祖乎？程朱其儒之始祖乎？程朱其儒之大宗乎？是故欲正之以孔孟，不若即正之以程朱；欲正之以程朱，不若即正之以学程朱之真儒。	先生辨论儒宗毫厘剖析，而存录之中不参一丝客气，即此可之先生之学矣。
	婺源汪先生（绂）	《理学逢源》《读近思录》	致知、格物、《中庸》、存养的相关阐释	《理学逢源》《读近思录》诸编，皆能发先儒所未发，洵大有功于程朱者也，即与程朱之书并行可也。

续表

学案名称	传主	引录篇目或论著名	引录主要内容	唐鉴之评论
翼道学案	宝应王先生（懋竑）	《朱子年谱·答朱宗洛书》	阳明《晚年定论》所以惑世诬民者，在颠倒岁月先后，而诋《四书章句集注》为未成之书。今将力攻其失，而不悟其覆辙，可乎？	《朱子年谱》大旨在辨为学次序，以攻姚江之说 先生之端学术，为洛闽传正脉，为阳儒阴释绝假托者，其虑亦至深远矣
守道学案	安溪李先生（光地）	《朱陆析疑》	朱陆之道，岂如一南一北之背而驰哉？其始终大致之所以不合者，陆氏之反约也速，收功近也，其教人之法，则径而多疏。朱子之用力也渐，卫道也严，其教人之法，则周而无弊也。	先生之心朱子之心，学朱子之学，可知矣。
	长洲彭先生（珑）附：彭定求		引彭定求《与门人林云翥书》：朱子之会于鹅湖也，倾倒于陆子义利之说，此阳明拔本塞源之论，致良知之旨，一脉相承，其因时救弊乃不得已之苦衷，非角人我之见。……且无哓哓于紫阳、姚江之辨也。	《儒门法语》不得尽为家法矣。
	连城童先生（能灵）	《朱子为学考》		其间浅深、疏密、异同、曲折、纤悉，逐年逐月皆有可见，即后学用心实不出此一途。虽其为朱子自悔处，亦必曾经一番细微体验，方可见此理之实也。

透过上表的归纳，明显可见唐鉴对于朱陆异同论争的关注：其中所摘录的文字，多有涉及自明代王阳明辑《朱子晚年定论》之评骘，如“混朱陆为一，使学者茫然莫辨”“颠倒早晚，以弥缝陆学”“诳辞以欺天下人”等；以及随后攻驳之论著的高度赞扬，如赞扬张伯行不为姚江所屈，张夏论儒学“毫厘剖析”等等，隐然建构了一条自清初以来的朱陆异同论争史。上表中最值得注意的是顾炎武。按，清代学术发展至道光年间，顾炎武即受到极高的评价与肯

定，有别于嘉道年间江藩《汉学师承记》将顾氏列为最末卷，阮元纂修《儒林传稿》以顾氏居首，逐步开启了对顾氏的崇拜，而有筹建顾祠会祀、修顾氏年谱等活动，代表着清代儒者全神堂（pantheon）位次的变化，[①] 这位被汉学家视为清代考据学的开基者，在唐鉴的眼中，则成为清代朱陆论争中拥护朱子而位居“翼道学案”中仅次于汤斌的高位者，唐鉴在叙顾炎武生平学行中言：

> 卒著书以老，使人追慕于简策之间，而不能置夫先生之为通儒，人人能言之，而不知先生之所以通，不在外而在内，不在制度、典礼而在学问思辨也。是以平心察理，事事求实，凡所论述权度惟精，往往折衷于朱子，尝谓王文成所辑《朱子晚年定论》，今之学者多信之，不知当时罗文庄已尝与之书而辨之矣。[②]

足见，在唐鉴看来，顾炎武值得推崇之处实不在于典章制度的考究，而是“折衷于朱子”的问学思辨，尤其唐鉴将顾炎武所撰批评阳明《朱子晚年定论》之文全部迻录，其用意不言而喻。另外，清初张烈（1623—1686）所撰《王学质疑》，对于心学的严厉攻讦，四库馆臣虽肯定能就“王学极滥”之时收“补偏救弊”之功，但在“门户之私”的视野下，不免沦为“持之过急，转不足以服其心”的评价。[③] 而唐鉴言：

> 读先生是书，如日之中于天，如雷之奋于地，使人肃然而起，卓然而知所趋向。举凡诐淫邪遁、虚无怪诞之说，昔沉锢于人心者，一砭而可以去其害矣。何也？昏者醒、肆者扬，误者得所以自返也。……《质疑》一书与陆子《学术辨》三章，正宜刊布天下，以警人心而留学脉，乌可忽哉？[④]

唐鉴对于《王学质疑》一书推崇甚高，视之为程朱学脉，其出发点自然是在于该书竭力辨析王学之失所致。据此可见，唐鉴不仅基于建构程朱之学为道统

---

① 相关讨论，参见王汎森：《清代儒者的全神堂——〈国史儒林传〉与道光年间顾祠祭的成立》，氏著：《权力的毛细管作用：清代的思想、学术与心态》，台北：联经出版公司，2014 年，第 567—604 页。

② 〔清〕唐鉴：《昆山顾先生》，《国朝学案小识》，卷 3，第 313 页。

③ 〔清〕永瑢等撰：《四库全书总目》，卷 97，子部儒家类存目三《王学质疑提要》，第 826—827 页。

④ 〔清〕唐鉴：《大兴张先生》，《国朝学案小识》，卷 3，第 351—352 页。

正传而大量摘录了贬抑陆王心学之论述，且有意梳理自阳明辑《朱子晚年定论》以来所引发有关朱陆早晚异同论争发展至清代的情形，是以摘录了理学家所持之态度及相关讨论，一方面借由选录各学案传主的论著及随文之后的正面肯定之语，以赓续严判朱陆相异的立场；另一方面则有驳斥企图绾合朱陆之学的主张。有别于唐鉴将汤斌、李颙等大儒列于程朱理学堂庑之中，唐鉴亦借由批评传主之论著以表达对严判朱陆之学的坚持。按沈维鐈在序文中即曾指出言：

或曰："此编出，徒为言王学者集矢，今王学势已衰矣，何亟亟于是？"余谓："今世言程朱者，束于功令，非其好也。即好陆王，亦高明之过，无二子之本领气魄也。"顾惟一种似是而非议论，务通朱、王二家之邮，最足滋后学之惑，究其调停，皆左袒也，至理无两是，正路无旁歧，得是书分明别白，而谬悠之说不扫而自退，故断断不可少也。①

这段论述表明了《国朝学案小识》对于程朱、陆王之辨的关注，不仅在于对心学的贬斥，且批驳所谓"务通朱、王二家"者，侧面反映这些兼采或调和之说也是必须进一步厘清的对象。如上表《长洲彭先生》中，除了传主彭珑（1613—1689）之外，并附录了其子彭定求（1645—1719），且引录了彭定求反对"哓哓于紫阳、姚江之辨"的主张，唐鉴言：

夫不辨姚江之顿悟，安能得紫阳之践履？朱子之所以为千古正学者，……皆由工夫而得本体，岂象山之"六经皆我注脚"、阳明之"满街都是圣人"所能同日语哉！借鹅湖之一会，以为朱亦同于陆者，阳明之援陆以自援也。洪水猛兽，何诋毁又若是其甚乎？尚可谓之一脉相承乎？②

按，彭定求在现今多数学者眼中，往往被归于倾向陆王心学立场者，③ 其

① 〔清〕沈维鐈：《国朝学案小识序》，《国朝学案小识》，第258—259页。

② 〔清〕唐鉴：《长洲彭先生》，《国朝学案小识》，卷8，第536页。

③ 如龚书铎主编，史革新著：《清代理学史》上卷，第268—273页。另有学者认为，彭定求是在"学必宗程朱"的前提下肯定阳明学，能够实践程朱之学的真精神。而彭氏所辑《儒门法语》则是强调义利之辨以攻讦李光地等"干禄"的理学之徒。参见彭国翔：《清康熙朝理学的异军——彭定求的〈儒门法语〉》，收入氏著：《近世儒学史的辨正与钩沉》，台北：允晨文化公司，2013年，第587—612页。按，此说则是将彭定求定位为援王入朱者，亦可视为广泛的调和程朱与陆王之学者。

所辑《儒门法语》采录了包括朱子、陆九渊、薛瑄（1389—1464）、王阳明等二十一位儒者讲学之语，间或附自身识语而成。《四库全书总目》引《儒门法语》卷首题词“功殊博约，候分顿渐，自朱、陆立言始。要之，入门异而归墟同，无荣偏举也”后，评言：“可以见其宗旨”，[①] 即在朱陆异同论争中定调为心学阵营。是以唐鉴在此严厉批驳彭定求所谓的“一脉相承”之说，完全否决了朱学晚同于陆王之说，强调以实事践履为本质的理学与讲求顿悟的心学之别，未尝不是潜藏了另一种对朱陆异同论争的参与态度。

四、结　语

唐鉴于道光二十年（1840）自金陵至北京任太常寺卿，其间透过讲学拢聚了一批京城士子，如倭仁（1804—1871）、吴廷栋（1793—1873）、何桂珍（1817—1855）、罗泽南（1807—1856）、刘廷诏（？—1856）等人，一方面使程朱理学风气借由京师群臣的政治权力而受强化与推动，[②] 同时又以纂述理学相关的学术史来巩固程朱理学在道统传承的地位。

唐鉴除了裒辑《国朝学案小识》之外，并嘱何桂珍接续窦克勤（1653—1708）《理学正宗》之后，编录明代胡居仁（1434—1484）、罗钦顺（1465—1547）、清初陆陇其、张履祥四传为《续理学正宗》。[③] 唐鉴作《续理学正宗》之序，言：

> 幸许、薛之后有余干胡先生、泰和罗先生，生当新会、新建之间，痛惩其迷溺，力破其矫诬，虽狂澜大肆而正学卒未尝挠；国朝稼书、杨园两先生起而昌之，扫荡群嚣，统归一是，其行至卓，其辨至严，谓非许、薛、胡、罗之后劲，周、程、张、朱之继绪乎？吾友丹溪何君闻吾言而然之，手四先生之集，庄诵焉，深思焉，精选其所以

① 〔清〕永瑢等撰：《四库全书总目》，卷97，子部儒家类存目三，《儒门法语提要》，第827页。

② 有关晚清咸、同年间程朱理学复兴与政治的关系，参见史革新：《程朱理学与晚清“同治中兴”》，收入氏著《晚清学术文化新论》，第1—30页。

③ 何氏在书后序言：“《续理学正宗》者，窦兰泉吏部之所购也。唐先生欲再购而不可得，因命余续成之。”参见何桂珍：《续理学正宗》，收入《丛书集成续编》，台北：新文丰出版社，1989年，第43册，后序，第4页。

发明程朱者，辑为续录。[1]

唐鉴忧于《理学正宗》仅载止于元代许衡（1209—1281）、明代薛瑄，故而冀望何桂珍所纂《续理学正宗》，用以延续程朱理学的道统史撰作；另外，刘廷诏作《理学宗传辨正》驳斥孙奇逢《理学宗传》倾向陆王心学的学派立场，展现辟除心学于道统外之意图。此后《理学宗传辨正》于同治十一年（1872）由倭仁、吴廷栋校订、刊行，倭、吴的用意在于“是能救良知之害，而示学者以正途”。[2] 由此来看，既然《续理学正宗》与《理学宗传辨正》二书实已分别肩负了延续理学道统、辨正心学之责；那么，唐鉴《国朝学案小识》除了企图建构一清代学术“正史”外，对于自明代以来的朱陆异同论争，自然是另一必须关照的议题了。

《国朝学案小识》透过人物的遴选，扩大了程朱理学之堂庑，并借由传主论著的摘录形塑出朱陆异同论争之参与者的图像，且亦表达了自身坚守程朱早晚皆异于陆王之学的意图。在此过程中，唐鉴所建构出的清代程朱之学，实已舍弃了程朱理学原有的整体意义，而仅从朱陆异同论争的视角，加以工具性的诠解，经过这种选择和诠解后的理学，恐怕已失去了程朱学的本质意义。即如钱穆所言：“今于学术大范围之内，单划出理学一小圈，又于理学一小圈之内，专钩出朱陆异同一线，乃于此一条在线进退争持。……治朱子学者，仅证得朱子晚年并无折从于陆之痕迹，岂朱子学之价值固即在是乎?”[3] 但从另一角度来看，学术的论争造就了学派发展历史的曲折与精彩，章学诚（1738—1801）曾指出，朱、陆之学有着“千古不可合之同异，亦千古不可无之同异”，故而后世历代儒者“各以所畸重者，争其门户，是亦人情之常”。[4] 无论主张朱陆

① 〔清〕唐鉴：《续理学正宗序》，收于何桂珍：《续理学正宗》，《丛书集成续编》，台北：新文丰出版社，1989 年，第 43 册，第 3 页。

② 〔清〕涂宗瀛：《理学宗传辨正跋》，收入刘廷诏撰，倭仁、吴栋校刊：《理学宗传辨正》，北京：北京图书馆出版社，2006 年景印六安求我斋刊本，卷末，第 368 页。案：相关记述请参李细珠：《倭仁与吴廷栋交谊略论》，《安徽史学》，1999 年第 2 期，第 42—47 页。

③ 钱穆：《朱子学提纲》，收入氏著《朱子新学案》，北京：九州出版社，2011 年，第 1 册，第 249 页。

④ 〔清〕章学诚著，叶瑛校注：《朱陆》，《文史通义校注》，北京：中华书局，2000 年重印，卷 3，第 262 页。

之学可相互会通，或严辨二者之别，甚或有早、中、晚年的异同变化，这个众声喧哗的朱陆论争无疑丰富了理学史的内涵，那么，《国朝学案小识》亦应置于此一环节中，方能在“门户之见”外凸显其学术意义。

刘向“述作”《新序》《说苑》《列女传》辨

朱浩毅

（佛光大学历史学系副教授）

刘向，字子政，本名更生，生于汉昭帝元凤二年，卒于汉成帝绥和元年。[①] 十二岁时，因父亲刘德的保任而为辇郎，二十岁时更以“通达能属文辞”擢为谏大夫。[②] 加之刘向家族为汉朝宗亲，楚元王刘交之后，使其在三十二岁时即被擢为九卿之一的“宗正”，执掌为“掌亲属”。[③] 不久便因防堵宦官掌权而遭宦官诬陷，免为庶人十余年，四十八岁才复进为郎中，领护三辅都水。此经历促使了刘向至其终老无不时以维护政权为己任，以维持其“故宗正”之名义。[④] 虽然宗正此一职本在“掌亲属”，以防止宗亲有篡逆之事发生，但对刘向而言，此职之授予，延续刘氏政权更属当务之急。之所以如此，乃在于刘向晚年所处之朝廷，外戚势力正压迫着刘氏宗亲。如刘向曾曰：

> 灾异如此，而外家日盛，其渐必危刘氏。吾幸得同姓末属，累世蒙汉厚恩，身为宗室遗老，历事三主。上以我先帝旧臣，每进见常加优礼，吾而不言，孰当言者？[⑤]

为此，刘向不仅数次以灾异之言论上封事以谏皇帝，更以领校中秘书之便作《列女传》《新序》《说苑》等正王教。然终不能夺外戚之权，甚至连皇帝

---

① 关于刘向的生卒年，采用的是钱穆《汉刘向歆父子年谱》（台北：台湾商务印书馆，1980 年 6 月）的看法。

② 〔汉〕班固撰，〔唐〕颜师古注：《汉书》点校本，北京：中华书局，1962 年 6 月，卷三十六，《楚元王传第六》，第 1928 页。

③ 〔汉〕班固：《汉书》，卷十九，《百官公卿表第七上》，第 730 页。

④ 例如汉元帝竟宁元年四月，封甘延寿为义成侯以及赐陈汤爵关内侯，便是刘向以“故宗正”之名上疏，此二人才得以受封。事见班固：《汉书》，卷七十，《傅常郑甘陈段传第四十》，第 3017 页。

⑤ 〔汉〕班固：《汉书》，卷三十六，《楚元王传第六》，第 1958 页。

亦不能尽用。而此类诸书之"作意",《汉书》皆有所说明:

向睹俗弥奢淫,而赵、卫之属起微贱,逾礼制。向以为王教由内及外,自近者始。故采取《诗》《书》所载贤妃贞妇,兴国显家可法则,及孽嬖乱亡者,序次为《列女传》,凡八篇,以戒天子。及采传记行事,著《新序》《说苑》,凡五十篇奏之。数上疏言得失,陈法戒。书数十上,以助观览,补遗阙。上虽不能尽用,然内嘉其言,常嗟叹之。①

刘向一生多以"公族者国之枝叶,枝叶落则本根无所庇荫"之观念渡过,② 因此《汉书》于《楚元王传》中对刘向的记载亦多着重在政治活动,以及其如何以灾异谈论时政和为何著书以正王纲。也就因为如此,《楚元王传》中对于刘向的学术环境则较少记载,如其五十四岁领校中秘书以后,对所校诸书皆"辄条其篇目,撮其指意"而成《别录》一事,便只见于《汉书·艺文志》。③ 而今日能窥探刘向思想的,除了《汉书》中零星的资料以及《五行志》《艺文志》中部分被引取的片段外,较为完善的只剩《新序》《说苑》《列女传》等。所幸《新序》《说苑》《列女传》于今尚流传,盖此三部书,乃是刘向领校中秘书之后所完成,分别为其五十六岁和六十三岁之时,④ 亦即刘向晚年的著作,因此将《新序》《说苑》《列女传》代表为刘向学术的总结,固无

① 〔汉〕班固:《汉书》,卷三十六,《楚元王传第六》,第1957页。

② 同上,第1966页。

③ 〔汉〕班固:《汉书》,卷三十,《艺文志第十》,第1701页。

④ 关于《新序》《说苑》两书的成书,徐复观于《刘向〈新序〉〈说苑〉的研究》中曾详加说明:"两书成书的年代,马总《意林》:'《七略别录》曰:《新序》三十卷,河平四年都水使者谏议大夫刘向上言。'"王应麟《汉书艺文志考证》:"《新序》总一百八十三章,阳朔元年二月癸卯上。"按河平四年为成帝即位后之第八年,其次年即为阳朔元年,两说相去甚近,刘向于此时上《新序》,其有可能。……至王应麟《汉书艺文志考证》《说苑》条下:"鸿嘉四年三月己亥上。"此时上距阳朔元年为七年,上距河平四年为八年;则此时上《说苑》,易颇为可信。"见徐复观:《刘向〈新序〉〈说苑〉的研究》,收于《两汉思想史·卷三》,台北:台湾学生书局,民国68年9月,第66页。至于《列女传》,乃因刘向有感俗弥奢淫,赵、卫之属起微贱踰礼制而发,因此《列女传》当在鸿嘉四年前后所作。盖所谓"赵"即赵飞燕、"卫"即李平,两位皆于鸿嘉中立为倢伃,其中赵飞燕更于鸿嘉三年谮告许皇后而成为皇后。事见班固:《汉书》,卷九十七,《外戚传第六十七下》,第3984页。故今将《列女传》系于鸿嘉四年。

不可。且再据《汉书》所言，《列女传》乃“采取《诗》《书》所载”，《新序》《说苑》亦是直接“采传记行事”而成，因此，《新序》《说苑》《列女传》三书于内容当可补“经典正义”之不足。[①] 甚至《列女传》更被推为女性传记之首。[②]

然而，《说苑叙录》却是如此记载：

> 护左都水使者光禄大夫臣向言：所校中书“说苑杂事”及臣向书、民间书，诬校雠。其事类众多，章句相溷，或上下谬乱，难分别次序。除去与《新序》复重者，其余者浅薄不中义理，别集以为百家后。令以类相从，一一条别篇目，更以造新事十万言，以上。凡二十篇，七百八十四章，号曰《新苑》，皆可观。臣向昧死。[③]

因此宋代以降，前贤们一反《汉书·艺文志》《隋书·经籍志》《旧唐书·经籍志》所认为《新序》《说苑》《列女传》为刘向所“著”“序”“撰”，[④] 而是沿袭《说苑叙录》的记载，认为《说苑》只是刘向所“校”，如黄震于《黄氏日抄》中云：“《说苑》者，刘向之所校雠，去其复重，与凡已见《新序》者，而定为二十卷，名《说苑》。”[⑤] 又如王应麟《汉艺文志考证》亦曰：“向校中书说苑杂事，分别次序，除去与《新序》复重者，以类相从，凡二十篇，《君道》至《反质》，七百八十四章。”[⑥] 甚至发展到后来，更出现《说

---

① 魏元明帝礼爱儒生，好览史传，以刘向所撰《新序》《说苑》于经典正义多有所阙，乃撰《新集》三十篇，采诸经史，该洽古义，兼资文武焉。事见魏收：《魏书》（点校本），北京：中华书局，1974 年 6 月，卷三，《太宗纪第三》，第 64 页。

② 〔宋〕王回《古列女传序》云：“凡以列女名书者，皆祖之刘氏。”见刘向：《列女传》，台北：广文书局，1987 年 3 月，《古列女传序》，第 1 页。

③ 〔汉〕刘向：《说苑》，台北：台湾商务印书馆，四部丛刊初编缩本，据平湖葛氏传朴堂藏明钞本缩印，1965 年 8 月，《说苑叙录》，第 1 页中。

④ 分见〔汉〕班固：《汉书》，卷三十，《艺文志第十》，1727 页；〔唐〕魏徵：《隋书》（点校本），北京：中华书局，1973 年 8 月，卷三十四，《经籍志三》，997 页；〔后晋〕刘昫：《旧唐书》（点校本），北京：中华书局，1975 年 5 月，卷四十七，《经籍志下》，第 2024 页。

⑤ 〔宋〕黄震：《黄氏日抄》，台北：大化书局，据日本立命馆大学图书馆藏清乾隆三十三年刊本影印，1984 年 12 月，卷之五十六，《读诸子二》，说苑，657 页下。

⑥ 〔宋〕王应麟：《汉艺文志考证》（收于《二十五史补编》），北京：中华书局，据开明书店原版重印，1991 年 3 月，卷五，《儒》，第 1410 页中。

苑》以及《新序》《列女传》“旧本有之”，不是刘向所作始的看法。沈钦韩《汉书疏证》便如此言道：

《新序》三十篇，《说苑》二十篇。按《说苑》本有刘向奏上言：“所校中书《说苑杂事》，及臣向书、民间书校雠，其事类众多，章句相溷，除去复重，更造新事。”则此二书旧本有之，向重为订正，非创自其手也。①

姚振宗《隋书经籍志考证》亦说：

案《晋书·陆喜传》，喜自序曰：“刘向省《新语》而作《新序》。”斯言也，必得之于《别录》，盖汉时旧传有《新语》，因而重编定着为《新序》，犹中秘书有《说苑杂事》，重编为新《说苑》也。②

此外罗根泽也采同样的看法。

刘向于《说苑》《列女传》，皆曰“校”。校字之义，据《文选·魏都赋注》引刘向《别录》云：“一人读书，校其上下，得谬误为校。”然则二书，刘向时已有成书，已有定名，故刘向得读而校之，其非作始刘向，毫无疑义。惟《新序》一书，《叙录》久佚无从考证。然《说苑·叙录》言“除去与《新序》复重者”云云，则《新序》亦当时已成之书，非自刘向撰著。③

因此，刘向与《新序》《说苑》《列女传》之关系，成了必先说明与澄清之课题，是“著”、是“序”、是“撰”、是“校”，皆影响到《新序》《说苑》《列女传》是否可呈现出刘向思想的关键。

而在重新翻阅《新序》《说苑》与《列女传》并检校前辈学者的说法后，认为当以刘向“作”《新序》《说苑》《列女传》较为得旨。汉唐以来的《艺文志》《经籍志》会著录“著”“序”“撰”等字，其用意只在表示“刘向

① 〔清〕沈钦韩：《汉书疏证》（收于《续修四库全书》），上海：上海古籍出版社，据清光绪二十六年浙江官书局刻本影印，1995 年，卷二十七，《楚元王传》，第 762 页上。

② 姚振宗：《隋书经籍志考证》（收于《二十五史补编》），卷二十四，子部一，《儒家》，第 5443 页中。

③ 罗根泽：《〈新序〉〈说苑〉〈列女传〉不作始于刘向考》，《诸子考索》，北京：人民出版社，1958 年 2 月，第 540—541 页。

的”，而非在辨别字义上的差异；至于《说苑叙录》中所提及的“校”亦只是《说苑》以及《新序》《列女传》成书的过程之一。再者，《新序》《说苑》《列女传》之定名亦始于刘向，也就是刘向手订之后才有之，然而由于此三书乃是“依兴古事”而成，故说《新序》《说苑》《列女传》“旧本有之”亦可，但只侷限于三书各单章对于“故事”的陈述，盖其用意在于将零散的“传记行事”提升为《新序》《说苑》或《列女传》以“戒天子”。换言之，刘向对于此三书是有所用心且也用过心的，因此今日所见的《新序》《说苑》《列女传》确实是“刘向的”《新序》《说苑》与《列女传》。深一层言，所谓《新序》《说苑》与《列女传》可呈现出“刘向的思想”，乃是“刘向‘述作’《新序》《说苑》《列女传》的思想”。兹论证如下：

（一）从“著”“序”“撰”“校”用字论之。徐复观于《〈刘向新序〉〈说苑〉的研究》对于《新序》《说苑》《列女传》到底是刘向所“著”还是所“序”曾做如此言论，其云：

> 《刘向传》对《列女传》则言“序次”，序次云者，编定其次序之谓。所以《列女传》，刘向只是根据材料，分类编定其次序；除“颂”外，向未加意见。《新序》《说苑》则言“著”，与《疾谗》等八篇之言“著”者同。《疾谗》等八篇是“依兴古事”；而《新序》《说苑》是“采传记行事”；……以自己的意见为主导的去采传记行事，始可谓之“著”。《新序》《说苑》是“著”而不是“序次”，……至于《汉志·诸子略》“儒家”中“刘向所序六十七篇”的“所序”，指的是刘向把自己几种著作，以篇为单位，编序在一起而言。与“扬雄所序三十八篇”的意思相同。①

徐复观从刘向的著作以及《汉书·艺文志》的特殊笔法推论《新序》《说苑》为刘向所“著”，此论证尚为中正。然而其将《列女传》摒除在外，则有待商榷，既已言“除‘颂’外，向未加意见。”为何不能称“著”《列女传》？盖“未加意见”所指的是有形的文字，然而“序次”谓是无形的意见，因此实未可言“未加意见”。此外再从徐复观言“‘所序’，指的是刘向把自己几种著作，以篇为单位，编序在一起而言”一句来看，表示着只用“序”表达刘

① 徐复观：《刘向〈新序〉〈说苑〉的研究》，《两汉思想史·卷三》，第62页。

向与《新序》《说苑》《列女传》之关系亦通，似乎无须特言“著”。其实之所以造成徐复观之有如此看法的根本原因，还在于徐复观如同前贤般，过分地强调“著”是“附着也”,[①]而“序”则是“次第也”。[②] 盖如不详加区分“著”与“序”，而只从文意、语意来看，可发现《汉书》之所以对于刘向的《新序》《说苑》与《列女传》有“著”与“序”的用法，其用意都是要突出以及强调此三书是“刘向的”。

兹在分疏如下：首先，《楚元王传》中言“序次”《列女传》以及“著”《新序》《说苑》，于该文意中无非是为了要表明《新序》《说苑》与《列女传》为刘向所奏，从而突显出“戒天子”的是刘向，而非是在强调“序次”“著”等字所代表的成书意义，盖《汉书·楚元王传》的语言是“序次为”，而非“序次”，既是“序次为”，即含有“著”的语意。至于《汉书》会以“序次为《列女传》”书写，而不言“著”，乃在于《楚元王传》中提到《列女传》之时，特别说明了《列女传》的内容依序为“兴国显家可法则，及孽嬖乱亡者”。因此用“序次为”，而《新序》《说苑》无内容说明，故用“著”。其次，《汉书·艺文志》言“刘向所序六十七篇”，乃因《艺文志》中多用“序”表达出《汉书》的“分类”，如“序六艺为九种”、[③]“故因旧书以序数术为六种”[④]等句的“序”虽为“序目”之意，但其实也就是“分类”之意，因此当《艺文志》在“儒家”下载“刘向所序六十七篇”的书法是《汉书》将自己的“分类”转化到“作者自己的归类”，也就是说《汉书·艺文志》在认为《新序》《说苑》《世说》《列女传颂图》等书为“儒家者言”之外，更认为刘向当初亦便是如此的“自我归类”。否则刘向著作之多何独于此六十七篇，而《汉书·艺文志》亦无须在别处录刘向的著作。总之，《汉书》在“刘向所序六十七篇”此条的书写，必须先建立在《新序》《说苑》《列女传》为“刘向的”此一概念上。

---

① 〔汉〕许慎曰：“箸于竹帛谓之书。”〔清〕段玉裁注：“箸各本作著，……而俗亦皆作附着、衣着。或云《说文》无著，改为箸，皆未得其原也。著于竹帛，附着而著明之于竹帛也。”见许慎撰，段玉裁注：《说文解字注》，据经韵楼藏版景印，高雄：复文图书出版社，1998 年 9 月，第十五卷，《说文解字叙》，第 754 页上。

② 〔汉〕许慎撰，段玉裁注：《说文解字注》，第九篇下，第 444 页上。

③④ 〔汉〕班固：《汉书》，卷三十，《艺文志第十》，第 1723 页、第 1775 页。

不过由于《说苑叙录》被保留下来，且为刘向本人所亲述，以使认为刘向只“校”《说苑》以及《新序》《列女传》者，甚嚣尘上。但在仔细分析《说苑叙录》后发现，《说苑叙录》之所以提到“校”字乃在于刘向自谓构成其成书的动机，而非指在“校”《说苑》，甚至是《新序》《列女传》。也就是说，特别关注《说苑叙录》中的“校”字，是无意义的。主要关键在于《说苑叙录》中“令以类相从，一一条别篇目，更以造新事十万言，以上”。此一句的转折，为何刘向要言“令以类相从”，又言“更以造新事”，乃在于刘向领校中秘书时，发现“传记行事”“事类众多，章句相溷，或上下谬乱，难分别次序”，所以另成一书。因此既然是刘向所“令”、所“造”，故当是“刘向的”。余嘉锡便如此言道：

> 《本传》云：“采传记行事。”《说苑叙》云：“更以造新事。”则向又已有所增益于其间。既奏上之以戒天子，亦以成儒者一家之言。故虽采自古书，仍不能不谓刘向所序。①

至于《隋书·经籍志》和《旧唐书·经籍志》言《新序》《说苑》《列女传》为刘向所“撰”，乃是因此二书的体例即是如此，对于所条列之书与该书作者，多以“撰”字标示，故无特殊意涵，亦无须辨证。唯一可说的乃是《隋书·经籍志》和《旧唐书·经籍志》同样认为《新序》《说苑》是“刘向的”。

（二）从《说苑叙录》与其他《叙录》比较论之。《说苑叙录》除提供了黄震、王应麟等人提出刘向“校”《说苑》说的依据外，亦提供了沈钦韩、罗根泽等人认为《新序》《说苑》《列女传》“旧本有之”的看法。而沈钦韩、罗根泽等人所根据的即《说苑叙录》中：“所校中书说苑杂事”“除去与《新序》复重者”“号曰《新苑》”等三句。确实，今如只阅读《说苑叙录》，终不免产生“旧本有之”的观点，然而如将《说苑叙录》与其他《叙录》比较后，可发现“旧本有之”的说法则有再商榷的余地。而今刘向《叙录》流传下来的除《说苑》外，尚有《战国策》《管子书》（《管子》）、《晏子》《孙卿书》（《荀子》）、《列子》《邓析书》（《邓析子》）等，兹依序胪列如下：

---

① 余嘉锡：《四库提要辨证》，台北：艺文印书馆，1957 年，卷九十一，《子一》，第 348 页。

护左都水使者光禄大夫臣向言：所校中《战国策》书，中书余卷，错乱相糅莒，又有国别者八篇，少不足。臣向因国别者略以时次之，分别不以序者以相补，除复重者，得三十三篇。本字多误脱为半字，以赵为肖，以齐为立，如此字者多。中书本号，或曰“国策”，或曰“国事”，或曰“短长”，或曰“事语”，或曰“长书”，或曰“修书”，臣向以为战国时游士辅所用之国为之筴谋，宜为《战国策》。其事继春秋以后，讫楚汉之起，二百四十五年间之事皆定，以杀青，书可缮写。①

护左都水使者光禄大夫臣向言：所校雠中《管子书》三百八十九篇，大中大夫卜圭书二十七篇，臣富参书四十一篇，射声校尉立书十一篇，太史书九十六篇。凡中、外书五百六十四篇，以校。除复重四百八十四篇，定著八十六篇，杀青，而书可缮写也。②

护左都水使者光禄大夫臣向言：所校中书《晏子》十一篇，臣向谨与长社尉臣参校雠。太史书五篇，臣向书一篇，参书十三篇。凡中、外书三十篇，为八百三十八章。除复重二十二篇，六百三十八章；定著八篇，二百一十五章。外书无有三十六章，中书无有七十一章。中、外皆有以相定。中书以“夭”为“芳”，“又”为“备”，“先”为“牛”，“章”为“长”，如此类者多，谨颇略楠，皆已定，以杀青，书可缮写。③

护左都水使者光禄大夫臣向言：所校雠中《孙卿书》凡三百二十二篇，以相校。除复重二百九十篇，定着三十二篇。皆已定杀青，简书可缮写。④

护左都水使者光禄大夫臣向言：所校中书《列子》五篇，臣向谨与长社尉臣参校雠；太常书三篇，太史书四篇，臣向书六篇，臣参书二篇。内、外书凡二十篇，以校。除复重十二篇，定著八篇。中书多，外书少；章乱布在诸篇中。或字误：以“尽”为“进”，以

① 〔汉〕刘向：《战国策书录》，《全汉文》，收于严可均校辑，《全上古三代秦汉三国六朝文》，北京：中华书局，1958 年 12 月，卷三十七，第 331 页上。

②③④ 〔汉〕刘向：《管子书录》《晏子叙录》《孙卿书录》，《全汉文》，卷三十七，第 332 页上、第 332 页下、第 332 页下。

“贤”为“形”，如此者众。及新书有栈，校雠从中书。已定，皆以杀青，书可缮写。①

……中《邓析书》四篇，臣叙书一篇。凡中、外书五篇。以相校，除复重为一篇。皆定杀而书可缮写。②

从所列的这几篇《叙录》可发现，刘向《叙录》的体例包括有：所校书名、所见版本、版本卷数的差异、文字的脱误、书名的别称、定本的卷数等方面。而将此体例与《说苑叙录》比较，不难看出《说苑叙录》明显少了版本卷数的差异这项。既然刘向于《说苑叙录》中已言所见版本，为何又不写出各本卷数，主要原因在于所谓“所校中书说苑杂事”句中的“说苑杂事”只是刘向对其所见及所采“传记行事”的别称，石光瑛即曰：“所采中秘家藏民间之书非一种，故名曰杂。”③ 所以刘向在《说苑叙录》中以“民间书”此一泛称的语词表示所见之他书，而非如其他《叙录》般明言某人有某书几篇。也就是说，刘向所见、所采乃是许多的“传记行事”，故无卷数可记，而《说苑叙录》中“其事类众多，章句相溷，或上下谬乱，难分别次序”一语所指的便是此意。再者，如从《战国策叙录》一文观之，《战国策》此一书名乃刘向手订之后才有之名称，可是《战国策叙录》确先言《战国策》，再言《战国策》此书先前之别名，不正好说明，就算“说苑杂事”是书名，也有可能与《战国策》同样般皆是刘向手订之后才有，然而“说苑杂事”却是连卷数以及别名也没有，故因只是刘向自己对其所见及所采“传记行事”的别称。既然“说苑杂事”所代表的是刘向所见、所采的“传记行事”，且刘向最后也加以整理，那号曰“新苑”又何尝不可？

“新苑”一词的出现，不免联想到是否有一“旧苑”存在？然而，如真有“旧苑”存在，亦是《说苑叙录》所产生出的问题，因此还是要回到《说苑叙录》来看。于是又回到了“所校中书说苑杂事”一句，从而所谓的“旧苑”乃指的是刘向所见的“传记行事”，也就是说，“旧苑”本就存在，但却非可能是一书。换言之，“新苑”之“新”并非相对于“旧苑”之“旧”而来。

①② 〔汉〕刘向：《列子书录》《邓析书录》，《全汉文》，卷三十七，第 333 页下。

③ 〔汉〕刘向编著，石光瑛校释：《新序校释》，北京：中华书局，2001 年 1 月，卷第一，《杂事》，第 3 页。

因此，如要说《说苑》“旧本有之”亦可，但也是局限于“故事”的陈述。总之，“说苑杂事”旧虽有之，但《说苑》一名确是起于刘向。

至于罗根泽由“除去与《新序》复重者”一句而引申出的《新序》“旧本有之”更是误解，盖此乃《说苑叙录》之语，而《新序》成书则早于《说苑》，因此《说苑叙录》出现此语何足怪乎。

（三）从《新序》《说苑》《列女传》“依兴古事”论之。姚振宗《隋书经籍志考证》引陆喜的“刘向省《新语》而作《新序》”一语，表面上好像给予了姚振宗认为“《新序》《说苑》有所本”此一说法的合理性，但实际上亦点出了对姚振宗说法的驳斥。盖陆喜所言全文为，“刘向省《新语》而作《新序》，桓谭咏《新序》而作《新论》”。[①] 而本意则是在说明《新语》《新序》《新论》三书在性质上的雷同，都是希望人君怀仁、崇检、举贤的书，而非指一书抄一书。也就是说，陆喜的一番话其实是其在仔细阅读《新语》《新序》《新论》后的理解。因此，重蹈陆喜之路将是首要之途，而非只是单纯地在书名上做联系。

而仔细翻阅《新序》《说苑》与《列女传》的内容后，可发现有刘向之语，亦有刘向之旨。

关于刘向之语，最明显的莫过于《列女传》中，刘向对每件“故事”所下的“颂”，以及《新序·杂事四》“宋康王时”章末记“臣向愚以《洪范传》推之，宋史之占非也”一语，直接表明了刘向之语，当然亦说明了刘向对于“传记行事”是有加以论断的。又如《新序·杂事五》“鲁哀公问子夏曰”章，记子夏论学的重要性，并与《韩诗外传》卷五“鲁哀公问子夏”章完全相同，然文末“不学，不明古道，而能安国家者，未之有也”一句，却是《韩诗外传》所无，明为刘向所加的评论。再如《说苑·修文》中记载到“乐”的几章内容，并与《礼记·乐记》同，然“乐之可密者”章文首的“乐之可密者，琴最首焉。君子以其可修德也，故近之”等语，则又是《礼记·乐记》所无，如此的论点，亦当为刘向之语。

此外，刘向之旨可先从《说苑》和《列女传》各篇的主旨来说明。在

① 〔唐〕房玄龄：《晋书》（点校本），北京：中华书局，1974 年 11 月，卷五十四，列传第二十四，《陆云传》，第 1486 页。

《说苑》一书中，除卷一《君道》外，各篇皆有一总论性的文章，以贯穿全篇，此正好符合《说苑叙录》的“令以类相从，一一条列篇目”之旨。此外，各篇的顺序亦是有所为的，何良俊便曰：

今读《说苑》二十篇，自《君道》《臣述》而下，即继以《建本》，极于《修文》，终于《反质》，盖庶几三王承敝易变之道，又岂后代俗传所得窥其旨要哉！①

而在《列女传》中，除对单章“故事”下“颂”外，刘向更曾著有“颂义”“大序”“小序”统摄全书。蔡骥云：

今人则以向所撰《列女传》七篇，并续列女传二十传为一篇，共计八篇，今止依此，将“颂义”“大序”，列于目录前，“小序”七篇散见目录中间，“颂”见各人传后。②

可惜今日所见《列女传》的是已遭后人改动编排过的版本，且“颂义”“大序”亦亡佚无存，③ 然从尚存的“小序”来看，仍然可以呈现出《列女传》各篇是刘向有意思的归类。刘向对《说苑》《列女传》各篇所下的主旨，正代表着刘向之旨。同样地，《新序》亦然，虽然今所见的《新序》各篇已无章旨性的文章贯穿，亦无“颂义”“大序”“小序”之类，不过如从《新序》各篇的篇名来看，其实仍可看出刘向于《新序》同样是有意思的归类。毕竟，此三部书皆是“采《诗》《书》”“采传记行事”，皆是“依兴古事”而成。而“依兴古事”正是刘向中晚年以来呈现其思想的论述方法。

长期以来，多将刘向视为《穀梁》家，其实是狭隘了刘向的学术脉络，如唐晏于《两汉三国学案》就曰：“《向传》固云宣帝初立《穀梁春秋》，征更生受《穀梁》，讲论五经于石渠。是向为《穀梁》专家矣！”④ 梅毓《刘更生年表》也言：“至奉诏《穀梁春秋》，专门名家以是为最。《前汉书·五行

① 何良俊：《说苑新叙序》，《说苑》（收于王谟辑，《增订汉魏丛书》，台北：大化书局，据清乾隆五十六年金谿王氏刻八十六种本景印，1995 年 2 月），第 1792 页上。

② 蔡骥：《列女传目录》，收于刘向，《列女传》，第 4 页。

③ 汪达孙言：“世所传者以建安余氏本为最古，《母仪》止十四传，盖阙其一，又佚去《颂义》《大序》。”见汪达孙：《列女传序》，收于刘向，《列女传》，第 1 页。

④ 〔清〕唐晏：《两汉三国学案》，北京：中华书局，1986 年 12 月，卷八，《春秋》，第 411 页。

志》载向诸说皆《穀梁》古义也。他如《新序》《说苑》《列女传》所言与《穀梁》合者，更不一而足。”①

但事实上考刘向的学术，除家传《诗》外，② 更以治《易》始。③ 且就《春秋》部分来看，除宣帝时“受《穀梁》”外，刘向亦曾为《公羊》之弟子，郑玄《六艺论》即如此载：

治《公羊》者，胡毋生、董仲舒。董仲舒弟子嬴公，嬴公弟子眭孟，眭孟弟子庄彭祖及颜安乐，安乐弟子阴丰、刘向、王彦。④

此外，刘向对于《左氏传》也有所涉猎，《新论·识通》便曰：

刘子政、子骏、子骏兄子伯玉，三人俱是通人，尤珍重《左氏》，教授子孙，下至妇女，无不读诵者。⑤

《论衡·案书》亦言：“刘子政玩弄《左氏》，童仆妻子皆呻吟之。”⑥ 可见其学识之广，故时人每每比之圣贤。如班固就曰：“自孔子后，缀文之士众矣，唯孟轲、孙况、董仲舒、司马迁、刘向、扬雄此数公者，皆博物洽闻，通

① 梅毓：《刘更生年表》（积学斋丛书本），台北：艺文印书馆，1974 年 3 月，据清光绪十九年徐乃昌刻本景印，《刘更生年表自序》，第 1 页。

② 《汉书·楚元王传》载：“高后时，浮丘伯在长安，元王遣子郢客与申公俱卒业。文帝时，闻申公为诗最精，以为博士。元王好《诗》，诸子皆读《诗》，申公始为《诗》传，号《鲁诗》。元王亦次之《诗》传，号曰《元王诗》，世或有之。”此外，《汉书·儒林传》也载：“吕太后时，浮丘伯在长安，楚元王遣子郢与申公俱卒学。元王薨，郢嗣立为楚王，令申公傅太子戊。戊不好学，病申公。及戊立为王，胥靡申公。申公愧之，归鲁退居家教，终身不出门。复谢宾客，独王命召之乃往。”因此不难可看出刘家世代对《诗》的重视。二条引文分见班固，《汉书》，卷三十六，《楚元王传第六》，第 1922 页；卷八十八，《儒林传第五十八》，第 3608 页。

③ 《汉书·楚元王传》就曰：“向三子皆好学，长子伋，以《易》教授。”又曰：“歆及向始皆治《易》。”可知刘家对《易》的喜爱。分见班固，《汉书》，卷三十六，《楚元王传第六》，第 1966、1967 页。

④ 〔汉〕郑玄：《六艺论》，《全后汉文》（收于严可均校辑，《全上古三代秦汉三国六朝文》），卷八十四，第 928 页上。

⑤ 〔汉〕桓谭：《识通第十》，《桓子新论·中》，《全后汉文》，卷十四，第 546 页下。

⑥ 〔汉〕王充：《论衡》（四部丛刊初编缩本，台北：台湾商务印书馆，1965 年 8 月，据明通津草堂刊本缩印），卷第二十九，《案书第八十三》，第 273 页上。

达古今，其言有补于世。”① 王充也言：“近世刘子政父子、杨子云、桓君山，其犹文、武、周公并出一时也。”②

除归依儒家经典，刘向对于《太史公书》（即《史记》）也有涉猎，甚至撰续《（续）太史公书》。刘知幾《史通》便如此言：

《史记》所书，年止汉武，太初已后，阙而不录。其后刘向、向子歆及诸好事者，若冯商、卫衡、扬雄、史岑、梁审、肆仁、晋冯、段肃、金丹、冯衍、韦融、萧奋、刘恂等相次撰续，迄于哀平间，犹名《史记》。③

张晏注《史记·匈奴列传》亦曾云：

自狐鹿姑单于已下，皆刘向、褚先生所录，班彪又撰而次之，所以《汉书·匈奴传》有上下两卷。④

若再从司马迁当年与壶遂对话考察，会发现刘向继承的正式孔子、司马迁以来的“作意”与“方法”。

壶遂曰：“孔子之时，上无明君，下不得任用，故作《春秋》，垂空文以断礼义，当一王之法。今夫子上遇明天子，下得守职，万事既具，咸各序其宜，夫子所论，欲以何明？”太史公曰：“唯唯，否否，不然。余闻之先人曰：‘伏羲至纯厚，作《易》八卦。尧舜之盛，《尚书》载之，《礼》《乐》作焉。汤武之隆，诗人歌之。《春秋》采善贬恶，推三代之德，褒周室，非独刺讥而已也。’汉兴以来，至明天子，获符瑞，封禅，改正朔，易服色，受命于穆清，泽流罔极，海外殊俗，重译款塞，请来献见者，不可胜道。臣下百官力诵圣德，犹不能宣尽其意。且士贤能而不用，有国者之耻；主上明圣而德不布闻，有司之过也。且余尝掌其官，废明圣盛德不载，灭功臣世家贤大夫之业不述，堕先人所言，罪莫大焉。余所谓述故事，整齐其世传，非所谓作也，而君比之

① 〔汉〕班固：《汉书》，卷三十六，《楚元王传第六》，第 1972 页。

② 〔汉〕王充：《论衡》，卷第十三，《超奇第三十九》，第 136 页上。

③ 〔唐〕刘知幾：《史通》（四部丛刊初编缩本），台北：台湾商务印书馆，1965 年 8 月，据明张鼎思覆校陆深本缩印，卷十二，《古今正史第二》，第 85 页上。

④ 〔汉〕司马迁撰，〔南朝〕裴骃集解、〔唐〕司马真索隐、张守节正义：《史记》点校本，北京：中华书局，1982 年 11 月，卷一百十，《匈奴列传第五十》，第 2919 页，张晏注。

于《春秋》，谬矣。”①

总之，从《新序》《说苑》以及《列女传》的内容来论，至少表达出《新序》《说苑》《列女传》已是“刘向的”结论。且从《新序》《说苑》与《列女传》所归类的“故事”中，正呈现出“刘向的”思想。然而由于刘向于此三书中，多先引取他书之“故事”再加以归类、评断，故如真要言刘向与《新序》《说苑》《列女传》之关系，当以“述作”为宜。

① 〔汉〕司马迁：《史记》，卷一百三十，《大史公自序第七十》，第3299—3300页。

论老子的政治思想

——如何建构一种谦让与宽容的政治秩序

宋洪兵

（中国人民大学国学院教授）

摘　要：老子讲述了一个由“道”主导的宇宙秩序与由“侯王”主导的人类秩序的宏大故事。宇宙秩序是一个大系统，人类秩序是一个小系统。小系统唯有模仿大系统，才会具有正当性。整个宇宙就在“存在”意义上形成了一个由道、天、地、万物（包括人）在内的“原初的存在共同体”。“道”当仁不让地成为万物之主宰，其“无为”“柔弱”“不争”，根本前提在于支配—服从秩序已经确立。百姓蕴含着一种摧枯拉朽的终极力量，明智的统治者，应该以一种谦让与宽容的态度来对待人民，由此方能实现和谐稳定的政治秩序。老子建构的以“侯王”为枢纽的谦让与宽容的政治秩序，适合人类所有坐稳了支配位置且手握强大统治权力的支配者。老子思想呈现出来的政治智慧，具有超越时空的价值。

关键词：老子；侯王政治；政治秩序；谦让；宽容

《老子》五千言，对中国文化产生了深远影响。缺少《老子》，中国文化将不复有今日所见的五彩斑斓的景象。老子作为史官，对人世间的兴衰成败，了然于胸。故《老子》具有强烈的现实关怀，诚如司马谈《论六家要旨》所说：“务为治者也”。班固《汉书・艺文志》所谓“君人南面之术”，明确指出《老子》为教诲君主如何治国的理论。清代魏源则指出：“《老子》，救世之书也。”① 此语大有深意。《老子》又是如何教诲君主治国、如何救世的呢？令人

① 〔清〕魏源：《老子本义・论老子》，中华书局，1955 年版，第 3 页。

深思。《老子》体现的强烈政治倾向，受到前辈学者的重视。高亨指出：“《老子》书实侯王之宝典，《老子》哲学实侯王之哲学也。”① 杨宽则主张《老子》“是我国思想史上第一部系统讲究斗争策略的理论著作”。② 张舜徽强调老子“人君南面之术”的实质在于“驾驭臣下、压制人民的一套手法和权术”③。三位前辈均注意到老子学说的政治特质。他们的看法尽管带有“阶级斗争”理论的时代痕迹，但至今依然具有启发意义。当代学界对此问题的重视明显不足④。王博曾以节制权力的视角探讨过老子的政治哲学⑤，曹峰则指出老子的“道”与“万物”是一种主宰与被主宰的关系⑥，予人极大启发，但终究未在支配—服从的秩序结构中审视老子思想：老子政治思想的前提在于思考“侯王”如何实现统治。本文即是在前贤研究基础之上，肯定“君人南面之术”蕴含的政治智慧，从政治秩序的角度进行解读老子政治思想。老子虚构了以道为核心的绝对秩序，呈现出一幅统治者与服从者之间的博弈图景，并力图建构一种由“侯王”主导的谦让与宽容的社会秩序。

一、“道”的政治秩序象征功能

人类告别自己的动物祖先进入智人时代时，发生了一场“认知革命”。人类能够运用抽象思维能力、想象力及语言能力来虚构在经验世界根本不存在的各种故事，以此作为支配—服从等级秩序中权力博弈的依据，“人类政治”由此产生。人类历史就是一场围绕着支配—服从的权力结构与社会秩序、依据各

---

① 高亨：《老子正诂》，中国书店，1988 年版，第 62 页。

② 杨宽：《〈老子〉讲究斗争策略的哲理》，《复旦学报》1980 年第 4 期。

③ 张舜徽：《周秦道论发微》，中华书局，1982 年版，第 9 页。

④ 日本学者高木智见受王博观点影响，从史官的视角来分析老子思想中的斗争哲理，着重强调了史官教给统治阶级的处世哲学，但并未上升到政治哲学的视角来审视《老子》。参阅高木智见：《先秦社会与思想：试论中国文化的核心》，何晓毅译，上海古籍出版社，2011 年版，第 163—189 页。

⑤ 王博：《权力的自我节制：对老子哲学的一种解读》，《哲学研究》2010 年第 6 期。

⑥ 曹峰：《无为与自然：老子的政治哲学》，梁涛主编：《中国政治哲学史》（第一卷），中国人民大学出版社，2017 年版，第 22 页。

种虚构故事而展开的权力博弈[①]。人类已经意识到，为了建构一种和谐稳定的社会秩序，需要依赖某种神圣的权威作为政治秩序的来源与保障。唯有赋予秩序创建者某种神圣性与权威性，才能确保秩序之稳固。统治者通过宣称自己能够获得神圣权威的意旨，具有某种道德权威和神圣光环，从而成为统治现实世界的代理人。政治秩序象征符号往往具有时代特色及神圣属性。

在中国政治文明长河中，祖先神、天，都曾扮演着政治秩序象征符号的功能。时至老子生活的春秋末期，中国有确凿记载的历史，已经历过夏、商及西周这一漫长的历史时段。统治者们讲了一个又一个的故事，从而维护和巩固自己的统治地位，而围绕被统治者的故事，却要等到人类具备“现代性”意识，个体从既定秩序中实现“伟大的抽离”，以自由为基础的个体主体性才得以确立[②]。春秋战国时期，礼崩乐坏。诸侯不再真正发自内心地尊崇周天子，也不认为周天子具有天命之德。“天”的权威性随之受到挑战。“天不可信”（《尚书·君奭》）、“天命靡常”（《诗经·大雅·文王》）的悲观观念开始弥漫开来。当此之际，更为超绝时空的本体就成为人类思维自然演变的向度，也成为维护现实秩序之所必需。老子超越周人之“天”，提出了一个新的政治秩序符号：道[③]。老子的“道”取消了“天”的至上权威，但并没有否定“天之道”的权威性，因为老子之道不可言说的特性决定了其面向现实秩序时必须依赖天道[④]。

由“天”而“道”的内在理由，还有更为深刻的政治哲学背景。在老子之前以及老子生活的时代，“天”固然具有权威性与神圣性，但是当时常常“天地”并称，如《尚书·泰誓上》将天地视为万物父母：“惟天地万物父母，惟人万物之灵。”这就带来一个严重的理论后果：天地彼此对待，并在经验世界可被感知。如此势必让人追问：天地从哪里来？天地之依据何在？天地的经验性在老子那里已经一览无余：“天地尚不能久，而况于人乎”（《老子》第

---

① 宋洪兵：《人类政治的远古根脉》，《北京师范大学学报》2020 年第 6 期。

② ［加拿大］查尔斯·泰勒：《现代社会想象》，林曼红译，译林出版社，2014 年版，第 43—59 页。

③ 郭沫若：《青铜时代》，《郭沫若全集·历史编 1》，人民出版社，1982 年版，第 351 页。

④ 曹峰：《论〈老子〉的“天之道”》，《哲学研究》2013 年第 9 期。

23 章）。老子认为，道是一种“先天地生”的不知为何名的存在（《老子》第 25 章），“道”的名称不具备任何经验世界的对象性。没有任何经验之物可成为道的源头：“吾不知谁之子，象帝之先。”（《老子》第 4 章）现实秩序的形上依据，必须具有唯一的权威性，否则现实秩序就会因源头的多元性而陷入混乱。老子给世人讲了一个以“道”为主题的宏大理论故事，稳稳地夯实了现实秩序的形而上学基础。一个在支配—服从的等级秩序中将谦让与宽容作为政治艺术的恢宏政治故事，拉开了序幕。

“道”是老子思想的核心概念，他将之视为宇宙万物的起源与依据。道生万物，决定了“道”对于万物而言的至高无上的权威性。“道”不仅是宇宙生存论意义上的起点，所谓“道生一，一生二，二生三，三生万物”（《老子》第 42 章），而且还始终参与并滋养万物的生存繁衍，如“衣养万物而不为主”（《老子》第 34 章）、“道生之，德畜之”（《老子》第 51 章），“道”在万物的生与养层面都发挥着作用：“一方面，‘道’是万物的创生者和根源；另一方面，‘道’是宇宙和万物良好状态及秩序的根本原则。”[①] 整个宇宙就在“存在”意义上形成了一个由道、天、地、万物（包括人）在内的“原初的存在共同体”[②]。

老子认为，“道”在“原初存在共同体”中处于主导地位，绝对神圣而不容质疑。所谓“生而不有，为而不恃，长而不宰”（《老子》第 3 章）涉及的“生”“为”“长”均表明，“道”对天地万物具有绝对主宰地位，只是能够做到“不有”“不恃”“不宰”而已。《老子》第 32 章称：“道常无名，朴虽小，天下莫能臣也。”天下莫能臣，也表明“道”在原初秩序同共体中的主宰地位。《老子》第 34 章说：“万物归焉，而不为主，可名为大。以其终不自为大，故能成其大。”“道”不以自己拥有主宰地位而宰制万物，不以“主”自

① 王中江：《早期道家“统治术”的转变（上）》，《哲学动态》2016 年第 2 期。

② 沃格林指出：“神和人、世界和社会，构成一个原初的存在共同体。这个四元结构的共同体既是又不是人类经验的对象。就人们通过参与共同体存在的奥秘而认识这一共同体而言，它是经验的对象。然而，这一共同体并不以外部世界的对象的方式呈现出来，它只有通过参与其中这一视角才能被认识。就此而言，它不是经验的对象。”参阅［美］埃里克·沃格林：《以色列与启示》，霍伟岸、叶颖译，译林出版社，2010 年版，第 40 页。

居，最终因为扶持、呵护万物生长而获得万物的认可与爱戴，故“万物归焉”。这里有一个前提：“道”本来就是“主”。“道”已经当仁不让地成为原初秩序共同体的主宰者。它所呈现的“不有”“不恃”“不宰”“不为主”“不自为大”，根本前提在于它已经是“主”。万物的生存繁衍，根本离不开“道”及其主导之下的共同体秩序。“道”不仅生育万物，而且还滋养万物并维持着万物的和谐秩序。万物是这种先在秩序的一个组成部分，都必须参与并服从于这个秩序。否则，万物的存在将失去形而上的凭借而堕入虚无。老子阐述的以“道”为依据的宇宙秩序，是在承认“道”主宰前提之下，讨论“道”如何做到让万物心悦诚服地服从，达到“万物归焉”的秩序效果。

“道”常无为，但并非无所作为。冯友兰认为，老子之无为并非无所事事：“‘无为’的意义，实际上并不是完全无所作为，它只是要为得少一些，不要违反自然地任意地为。”[①]“道”对万物的态度是“生而不有，为而不恃，长而不宰，功成而弗居”，这里本身就蕴含着强烈的秩序主导意味。“道”作为主宰者，其所“为”与所“长”，独一无二，无可替代。因此，“道”必有所作为。“道”之作为，沿着两个方面展开。一方面，创造万物并维持万物“自然”地生存繁衍的各种条件；另一方面，惩罚各种“失道”“不道”的行为，维持和谐秩序免受干扰。

首先，以“道”为主导的道—天地—万物共同体的秩序状态具有高度和谐的特征。“道”对待万物的方式充满着谦让与宽容的色彩：无为、不争、柔弱，充分尊重万物之“自然”，任其自然而然地生存和发展。老子划定了“道”与“天”作为的界限，那就是：“辅万物之自然而不敢为。”（《老子》第64章）“道”与“天”具有辅助万物自然地发展的功能，并不过多干涉。“道”虽然身处至尊地位，万物实质都臣服于它，但它始终以谦卑的方式对待万物，无私地为万物创造适合他们自身发展的环境和条件。“道”没有权力的傲慢，也不居功自傲。这样的结果，非但没有使“道”丧失绝对的权威地位，反而赢得了万物的爱戴、拥护和感激。“无为”在“道”那里，虽不带刻意的目的，但对于以“道”主导的原初秩序共同体而言，却在因果逻辑层面达成了一种和谐秩序的完美论证。强者宽容、尊重并谦让，自然获得弱者的拥护，

① 冯友兰：《中国哲学简史》，北京大学出版社，1996年版，第87页。

社会秩序实现了和谐与平衡。

其次，“道”与“天”具有一种神秘的力量，会惩罚干扰和破坏秩序共同体的行为。“道”能决定万物之生，亦能决定万物之死，一切皆取决于万物是否超越了自身应有的限度。“天之道，损有余而补不足”（《老子》第77章），“损”与“补”皆是有所作为。问题在于，“天之道”蕴含的力量如何来实现损与补？《老子》第73章回答，圣人也难以知晓：“天之所恶，孰知其故？是以圣人犹难之。”但是天道监督的效果却明明白白地存在：“勇于敢则杀，勇于不敢则活。此两者，或利或害。”天道的威力体现在一种无从察觉但却又实际发挥作用。“道”并非人格神，不具有福善祸淫的神圣权力，剑及履及地给予各种“违道”行为惩罚与制裁。但万物的生存繁衍过程，蕴含着“道”的神奇力量：处境与命运的相互转换。物壮则老与祸福相依的铁律神奇地体现了“道”能容忍的限度。生存与毁灭、荣辱兴衰，主观上取决于万物自身的选择。“妄作凶”（《老子》第16章）、“自见”“自是”“自伐”“自矜”（《老子》第22章）、“失道”（《老子》第38章）、“强梁者不得其死”（《老子》第42章）、“甚爱必大费，多藏必厚亡”（《老子》第44章）、“祸莫大于不知足；咎莫大于欲得”（《老子》第46章）、“物壮则老，谓之不道，不道早已”（《老子》第55章）、“坚强者死之徒，柔弱者生之徒”（《老子》第76章）。凡万物自以为是、胡作非为、贪得无厌、变本加厉而不懂得节制的状态或行为，最终皆会因“失道”“不道”而走向自身的反面或走向灭亡。老子之所以不断强调事物状态的转换，不仅仅是强调一种辩证法思维，而是阐述万物背后由“道”主导的神秘力量：物壮则老、祸福相依。“失道”“不道”就是违背万物之间隐藏的正义价值，必将付出代价，这种警示与威慑对于维持一种和谐秩序是至关重要的因素。

道与天地万物形成的和谐秩序，是由人类观察周遭万物运行同时又参与其中并通过理性分析而把握到的一种有序状态。“道”不可知，具有虚构色彩，是人类抽象的理性思维能力创造出来的权威。人类只能把握经验世界里的天地运行、四季变换以及生老病死。若对经验世界的各种现象进行深入追问，就会走向宗教或形而上之思。“道”便是老子形而上之思的产物并服务于他建构一种理想政治秩序的理论诉求。王博曾指出，老子作为史官，具有明显的“推天道以明人事”的思维特征[1]。这与沃格林发现的人类以一种神圣而超越的宇宙秩序来类比人类政治秩序的思维完全相同[2]。显然，“道”是老子建构人类政治秩序而提出的一种象征符号。这种由“道”决定而非由万物来决定的存在秩序，可以视为一个有关人类秩序的政治寓言，是一个与“道”有关的秩序故事。老子提供了一个以“道”为主导的绝对权威秩序，以供人类秩序效仿。作为个体的人，一生下来就“嵌入”一个既定的带有支配—服从特质的等级秩序。通观《老子》，其念兹在兹者，在于实现一种谦让与宽容的政治秩序。

二、以谦让与宽容为内涵的“侯王政治”

“道”之于天地万物的地位，对应着“侯王”之于百姓的地位，均为既存秩序的主宰者；“道”与天地万物达成的共同体和谐秩序，对应着“侯王”与天下百姓的支配—服从秩序。“侯王”欲维持秩序，需要谦让、宽容、无私、自我克制等。“道”之辅助作为与惩戒作为，是实现秩序的重要环节，对应着“侯王”尊重百姓之“自然”以及以正义价值为基准来惩罚与警示。祸福相依的转换理论，实质是老子对万物正义价值的坚定维护。“侯王”身为万物之一分子，处在“道”与天地万物的权威秩序之中，若“不道”“失道”，将受到“天之道”的惩罚。这无疑是老子向执政者发出严厉警告。在人类实际的政治领域，一个既有的政治秩序如何在权力与利益的博弈中实现和谐与平衡?

人类政治的本质是支配—服从等级结构中支配者与服从者之间的权力博弈。当个体单独面对支配权力时，无疑是弱小而不堪一击的。然而，作为绝对多数的百姓当中却始终蕴含着一种终极力量，这种源自洪荒时代的磅礴力量具有摧枯拉朽的功效。明智的统治者，应该懂得尽量避免激发百姓终极力量的道理，以一种敬畏、谦让与宽容的态度来对待人民，由此方能实现和谐稳定的政治秩序。老子政治思想大致讲了上述政治哲理。

老子身处春秋末期这一剧烈转变的时代，周天子的权威名存实亡、诸侯之间彼此征战，政治秩序陷入混乱。老子提倡的“侯王政治”，并非针对周天

① 王博：《老子思维方式的史官特色》，《道家文化研究》（第四辑），上海古籍出版社，1994 年版。

② ［美］埃里克·沃格林：《以色列与启示》，第 46 页。

子，而是针对有实权的诸侯国君，劝导他们要心存敬畏，要宽容和谦让，不得胡作非为。只有手握强权的统治者才谈得上"无为""柔弱""不争"。像周天子那样的名义上的"天下共主"，恐怕是想"有为"而不能了。老子关心"侯王"如何实现统治，但他的最终立场却是为百姓利益代言。他的理想秩序，是在承认"侯王"统治的前提下，百姓亦能安居乐业，彼此相安无事。老子政治思想之产生，一定会与他所处的时代背景有关，但这并非完全对应的关系。老子的史官身份，使得他能具有更为长远的历史视野来观察人类的兴衰成败，所谓"历记成败存亡祸福古今之道"，他懂得政治的真谛在权力博弈，强者的宽容与谦让有利于最大限度实现影响力。一味强制甚至粗暴颟顸对待服从者，终将激发整体力量的反抗。老子思想呈现出来的政治智慧，是说给人类所有手握强大统治权力的支配者听的，具有超越时空的价值。

老子发现，在支配者与服从者的权力博弈过程中，由于支配者依据手中权力以满足一己私利，越来越激发起百姓的不满和怨恨。因此，老子猛烈揭露和批判政治腐朽及统治者的巧取豪夺。"民之饥，以其上食税之多，是以饥。民之难治，以其上之有为，是以难治。民之轻死，以其求生之厚，是以轻死。"（《老子》第75章）此处的"难治"，隐含着强烈地支配—服从意味，充分表达了"上"与"民"之间的权力博弈实质。当百姓求生欲望因为统治者的剥削和压迫而无法得到满足时，"轻死"就随之而来："民不畏死，奈何以死惧之?"（《老子》第74章）当百姓不再惧怕死亡时，神圣而巨大的群体力量出现："民不畏威，则大威至。无狎其所居，无厌其所生。夫唯不厌，是以不厌。"（《老子》第72章）老子警告统治者，不要影响百姓安居乐业的生活，不要压榨百姓。激发百姓的群体反抗力量，只能说明统治者采取了愚蠢的高压政治及贪得无厌的剥削策略。老子的政治思想有利于黎民百姓的利益，以至于有学者认为老子学说代表了春秋末期自由民的利益[①]。实际上，他关心全社会的利益，关心全人类的前途和命运[②]。一种和谐稳定的政治秩序，必须照顾到支配者与服从者的双方利益，否则就无从实现支配—服从的统治秩序。

① 詹剑峰：《老子其人其书及其道论》，华中师范大学出版社，2006年版，第288页。

② 陈鼓应、白奚：《老子评传》，南京大学出版社，2001年版，第233页。

胡适认为老子思想“完全是那个时代的产儿，完全是那个时代的反动”。[①] 老子具有强烈的批判意识。老子不仅强烈批判统治者对百姓的巧取豪夺，而且还批判统治者穷兵黩武给百姓带来的巨大灾难。战争作为人类解决争端的一种形式，必须要有所节制，不能穷兵黩武，更不能嗜杀成性。战争的危害体现在：“以道佐人主者，不以兵强天下。其事好还。师之所处，荆棘生焉。大军之后，必有凶年。”（《老子》第30章）这是告诫统治者勿以武力征服天下。战争的破坏程度将会危及百姓生存。“夫佳兵者，不祥之器，物或恶之，故有道者不处。”“夫乐杀人者，则不可以得志于天下矣。”（《老子》第31章）以杀人为乐并依靠武力征服天下的统治者，不可能真正得到天下的认可和拥护。在老子看来，兵荒马乱、战争连绵的时代，是一个“天下无道”的时代（《老子》第46章）。

社会秩序的混乱当然源自统治者愚蠢而自私的统治策略。统治者对此责无旁贷，难辞其咎。老子对统治者的愚蠢做法可谓深恶痛绝：“朝甚除，田甚芜，仓甚虚；服文采，带利剑，厌饮食，财货有余；是谓盗夸（竽）。非道也哉!”（《老子》第53章）老子告诫统治者要懂得“功成身退”的道理，切不可变本加厉地推行极端策略，否则，“金玉满堂，莫之能守；富贵而骄，自遗其咎”（《老子》第9章）。统治者无视百姓伟大力量并横征暴敛的行径，已然违背“天道”：“天之道，损有余而补不足。人之道，则不然，损不足以奉有余。”在此，老子开始运用“天之道”蕴含的神奇惩罚力量来警示统治者：“天之道，其犹张弓与？高者抑之，下者举之；有余者损之，不足者补之。”（《老子》第77章）违背“天道”的代价，对于统治者而言，那就是终将失去统治。

统治者如何才能维持一种和谐的政治秩序？老子主张，正如“道”与万物的宇宙关系一样，“侯王”已经在整个支配—服从等级秩序中居于强势的支配者地位，“侯王”与“民”之间始终存在着斗争与博弈。统治者应该敬畏百姓的力量，谦让、宽容有利于实现统治。这是政治领域最为基本的道理。政治领域最佳的秩序效果，就是所有人都承认既有的支配秩序，没有怨恨，内心充满尊崇与敬仰的情感。这是最大的支持！所以《老子》第17章说：“太上，

① 胡适：《中国哲学史大纲》，上海古籍出版社，1997年版，第36页。

下知有之；其次，亲而誉之；其次，畏之，其次，侮之。"福永光司说："太上，即至高，最善的意思，次句'其次'，即次善的意思。乃是价值的等级。"① 老子反对"畏之""侮之"是毫无疑问的，他认同"下知有之"，也反对儒家式的"亲而誉之"。老子认同一种服从者基于尊与贵情感而形成的政治秩序。《老子》第51章说："道生之，德畜之，物形之，势成之。是以万物莫不尊道而贵德。道之尊，德之贵，夫莫之命常自然。"万物对"道"与"德"尊贵的情感并非"道""德"主观追求的，但却在万物那里产生尊贵的秩序效果，因为它们没有干扰万物的自然成长。《老子》第56章说："故不可得而亲，不可得而疏；不可得而利，不可得而害；不可得而贵，不可得而贱。故为天下贵。"圣人无言，只能大致感受到他存在，但是根本无从了解和接近他，欲亲之誉之而不得。他蕴含着神圣的力量，人们只能发自内心地尊之贵之。老子又说："是以圣人处上而民不重，处前而民不害。是以天下乐推而不厌。以其不争，故天下莫能与之争。"(《老子》第66章)"乐推而不厌"就是支配—服从秩序之完美实现。

老子在以"侯王"主导的既定政治秩序架构之内，首先承认"侯王"作为支配者的前提之下，依照以"道"主导的宇宙秩序，论证了一个手段、过程与目的的符合前后因果逻辑的和谐秩序构成理论。因为在一个既定的支配—服从政治秩序中，支配者无为、无私的手段以及宽容、谦让的态度，就会形成百姓的认同，最终产生众心所归的秩序效果。

老子苦口婆心地劝导"侯王"通过主动放权来维护既有政治秩序。《老子》第2章："以圣人处无为之事，行不言之教；万物作焉而不辞，生而不有。为而不恃，功成而弗居。夫唯弗居，是以不去。""弗居"与"不去"的因果关系。《老子》第7章："天长地久。天地所以能长且久者，以其不自生，故能长生。是以圣人后其身而身先；外其身而身存。非以其无私耶？故能成其私。""无私"与"成其私"的因果关系。《老子》第8章："上善若水。水善利万物而不争，处众人之所恶，故几于道。居善地，心善渊，与善仁，言善信，正善治，事善能，动善时。夫唯不争，故无尤。""不争"与"无尤"的因果关系。《老子》第22章："夫唯不争，故天下莫能与之争。古之所谓曲则

① 陈鼓应：《老子今译今注》，商务印书馆，2003年版，第141—142页。

全者，岂虚言哉！诚全而归之。”“不争”与“天下莫能与之争”的因果关系。最后，《老子》第36章用更为明确的话将其概括为一种柔弱胜刚强的“取与原则”：“将欲歙之，必固张之；将欲弱之，必固强之；将欲废之，必固兴之；将欲夺之，必固与之。是谓微明。柔弱胜刚强。鱼不可脱于渊，国之利器不可以示人。”《老子》第43章也说：“天下之至柔，驰骋天下之至坚。无有入无间，吾是以知无为之有益。不言之教，无为之益，天下希及之。”这不是阴谋，这是对一个“侯王”如何维持自己统治秩序的谆谆教诲，这是政治智慧。维护一种秩序，当然可以依靠强制力，但对于一个坐稳了统治地位的“侯王”来说，最佳的方法是“柔弱”“无为”，而非“刚强”。强硬手段可有效于一时，但终因存在着引起反抗的潜在危机而不如“柔弱”手段。

“侯王”应该保持谦让与宽容的理由主要有四个方面：其一，“道”与“天”的无形力量，尤其“天之道”具有神圣的“不争而善胜，不言而善应，不召而自来”的力量，能够威慑“侯王”；其二，百姓的“大威”，足以震慑所有支配者，提醒“侯王”切忌逼迫百姓到“不畏死”的程度；其三，“侯王”应明白：对己有利之事，往往需要付出和让利，“先予后取”，有利于维护统治地位；其四，万物具有不同形态不同特质，形态各异，“侯王”最好的办法就是任其“自然”，不能过度干预。事无巨细的全能统治，不现实。《老子》第29章说得非常明确：“天下神器，不可为也，为者败之，执者失之。故物或行或随；或歔或吹；或强或羸；或挫或隳。是以圣人去甚，去奢，去泰。”真正做到“辅万物之自然而不敢为”（《老子》第64章）。统治者应多“辅”百姓，予其更多自主空间。

老子阐述了强大的“侯王”实现支配—服从等级秩序的隐秘逻辑：懂得节制、谦让与宽容，才能获得百姓的支持和拥护。“先与后取”是一个人类政治实践的智慧总结。统治秩序之实现，并非一定要靠强力压制，完全可以在保持稳定秩序的前提下，主动示弱并为弱者提供帮助，这有利于获得弱者的认可。

三、“侯王”之“为”

老子政治思想表达了一种“侯王”主导的服务型而非管理型的政治秩序。学界大都关注老子如何提醒统治者“无为”并阐述“无为”政治的内在逻辑，但对于老子观念中涉及的“为”，似乎不太重视。的确，老子明白无误地表明“为”与“有为”的危害：“民之难治，以其上之有为，是以难治。”（《老子》第75章）“天下神器，不可为也，为者败之，执者失之”（《老子》第29章）“为者败之，执者失之。是以圣人无为故无败；无执故无失。”（《老子》第64章）但是，“辅万物之自然”之“辅”，以及“是以圣人处无为之事，行不言之教；万物作焉而不辞，生而不有，为而不恃，功成而弗居。夫唯弗居，是以不去”（《老子》第2章）的“生”“为”“功成”，“圣人之道，为而不争”（《老子》第81章）的“为”①。可以说，老子眼中的“侯王”，必然有为，否则就无功可谈。《老子》第77章其实已经说得非常明确：“孰能有余以奉天下，唯有道者。是以圣人为而不恃，功成而不处，其不欲见贤。”为而有功，但绝不居功自傲，关键处在“不欲见贤”：有道者不想炫耀自己的能力与功绩。问题在于，如何能够做到排斥外在的强力或直接的干预，同时又在“为”？老子眼中的“侯王政治”究竟可以做哪些事情②？

老子具体的治国思想可以用一句话来概括：“以正治国，以奇用兵，以无事取天下。”（《老子》第57章）这既涉及如何治理国内政治，又涉及如何用兵，还涵盖如何处理天下事务。显然，“治国”“用兵”“取天下”等政治议题，都离不开统治者的“为”。老子不断提及天子、三公、侯王，也表明老子之政存在着“为政”的主体。至少，在老子的政治观念中存在着一个支配－服从的权力系统。

---

① 刘笑敢曾指出：“‘辅万物之自然’算不算‘为’呢？从今天来看，‘辅’也是一种‘为’，但是，从《老子》原文来看就不算。圣人辅助万物正常发展、自然发展，万物兴盛，百姓自在，那不就是虽无为而无所不为了吗？所以，道家之圣人能够无为而无不为的关键是创造万物自然发展的条件和环境，万物有了好的发展条件，能够健康发展，就自然达到了‘无不为’的效果。”参阅刘笑敢：《老子古今》，中国社会科学出版社，2006年版，第484页。

② 刘笑敢认为老子哲学是“学”而非“术”，认为老子表达了一种价值理想，没有提出具体的方法和细则。刘笑敢：《老子古今》，第559页。关键在于他认为：“无为的原则本不属于实际在位的统治者，老子也没有汲汲以求地向当权者推销自己的无为之道。”刘笑敢：《老子古今》，第561页。其实，老子的“无为之道”只有在“侯王政治”这一前提下才能得到完满的理解，也即：无为原则适用于实际在位的统治者。老子政治思想既有“学”，也有“术”；既有价值理想，又有具体的施政措施。

“以正治国”的基本前提，在于服从“道”与“天之道”的价值标准，不干预百姓之“自然”。但“侯王”还有公共事务需要去做、必须去做。“百姓皆谓我自然”“辅万物之自然而不敢为”等，均意指不干预百姓的实际生活，并不意味“侯王”在公共事务方面完全放任。处理公共事务、维护公共秩序，是“侯王”不可推卸的责任。概括起来，老子之“为”涉及以下几个方面：

其一，在社会舆论领域，老子主张“不言之教”，“利而不害”。老子认为，任何价值观念之提倡，都会产生一种因为价值差异或观念差异而造成的纷争与计较，从而使百姓失去淳朴天真的本性并造成社会秩序之混乱。老子反对“以智治国”（《老子》第65章），强调保持整个社会淳朴天真的特质。一方面，“侯王”要用实际行动为百姓带去实际利益，但不刺激他们的欲望：“虚其心，实其腹，弱其志，强其骨。常使民无知无欲。”（《老子》第3章）“为腹不为目”（《老子》第12章）另一方面，不在舆论层面做任何歌功颂德的事情。为百姓带去基本利益并最大限度给予他们自主发展的空间，同时又不自我吹嘘、也不要求百姓感恩戴德，也不强控百姓，这是“自然而然”地获得百姓拥护最为有效的途径。老子政治思想的突出特征之一，就是既讲究实际功效，又不自我炫耀。这个特征是由“道”与“天”之于万物的行为决定的。

其二，在行政司法领域，处理好公共事务，维护好公共秩序与安全。无论老子如何强调“无为”“柔弱”“不争”，都无法回避一个基本问题：“侯王”及其整个政治秩序的运转，需要赋税徭役吗？会赈灾吗？会兴修水利吗？最后，也是理解老子政治思想最为关键的一点，会有法律与惩罚吗？所有这些问题的答案，应该都是肯定的。老子反对“食税之多”，但合理的赋税，老子应不反对。老子强调“百姓皆谓我自然”，但同时也主张“为而不恃，长而不宰，功成而弗居”，至少“侯王”需要提供赈灾、需要兴修水利、公共设施的维护。这是老子政治思想必然隐含的逻辑。在公共秩序与公共安全方面，老子已经意识到人具有欲望并有可能突破既有秩序的破坏倾向。老子说：“大道甚夷，而民好径。”（《老子》第53章）又谓：“五色令人目盲；五音令人耳聋；五味令人口爽；驰骋田猎，令人心发狂；难得之货，令人行妨。”（《老子》第12章）倘若百姓欲望泛滥进而破坏秩序，又该如何？老子明白表达“法令滋彰，盗贼多有”（《老子》第57章），但是，老子反对过多的法令，是否就意味着他完全否认法令存在的正当性？显然，老子并未这样说过。《老子》74章阐述了如何对待"为奇者"的问题：

民不畏死，奈何以死惧之？若使民常畏死，而为奇者，吾得执而杀之，孰敢？常有司杀者杀。夫司杀者，是大匠斫；夫代大匠斫者，希有不伤其手矣。

王弼曰："诡异乱群者谓之奇也。""为奇者"，即指乱群的为邪作恶的人。苏辙认为，老子对"为奇者"并非不主张"杀"，而要看以什么标准去杀。若以"天道"之理由杀"为奇者"，老子认同；若以"代大匠斫"的私意杀"为奇者"，老子反对。刘笑敢发现苏辙的观点存在一个问题："苏辙没有说明人君如何得知天意"。于是，他给出了新的解释。他结合古棣、高明的观点，认为"司杀者"指的是专门负责刑律的机构，"代司杀者杀"，则是越过刑律机构而凭私意杀人，故为老子所反对①。综上，基本可以得出如下结论：其一，老子并不反对法令与惩罚，"为奇者"应受到惩罚；其二，法令的依据本身应符合"天之道"的正义标准；其三，老子主张惩罚的依据不能出于侯王私意，应该由专门"司杀者"来执行。如此，老子的"侯王政治"才有逻辑依凭，其以"侯王"为枢纽的政治秩序才有可能存续。老子的"祸福相依"理论，在天之道的层面是自然而然的，但在人类政治问题层面，却不能离开正义的客观规则来保证。这是老子"以正治国"政治观念的题中应有之义。

再看老子的"以奇用兵"观念，涉及他如何用兵的军事思想。如果说"以正治国"强调治理国家时的规范性与稳定性，那么"以奇用兵"则着重突出军事层面的"不得已"以及灵活性、多变性等特质。

老子深谙战争的危害，所以他非常反对穷兵黩武。但是，老子并未完全否认战争，只是提醒统治者不可"取强"（不借用兵力来逞强），"兵强则不胜"（《老子》第76章）。《老子》第30章所说的"善有果而已""果而不得已，果而勿强"的"果"，有"趣以救难而已矣"（王弼）、"禁暴除乱，不过事济功成则止"（司马光）、"胜之辞"（王安石）之义②。战争虽为"不得已而为之"，所谓"恬淡为上"，但战争作为人类解决冲突的一种方式，战争一方未必愿战但却面临来犯之敌，故不得不战。老子强调战争之"果"，表明他的军

① 刘笑敢：《老子古今》，第697—698页。
② 陈鼓应：《老子今注今译》，第193页。

事思想中存在着一种战胜敌人的胜战观念。这是建立在强大的军事力量基础之上的，否则，何来“果”？战争必然意味着流血杀人，老子强调参战将士应该抱有一种悲悯之心去战，而不能“乐杀人”。战胜了也不能庆祝，而应以“丧礼”之“哀悲泣之”来对待战果。既然是“不得已”同时又战而必胜，离不开军事动员与军事准备，也说明老子军事思想体现出一种重在防御而非主动进攻他国的特征。《老子》第68章结合“道”来讲“不争之德”与“用人之力”。如何“用人之力”？战争是群体行为，如何将个体凝聚为一个有力的群体，最考验统帅的智慧。老子给出的方案就是“善用人者为之下”，对属下谦卑才能赢得将士们的信任和敬佩，才能在战场上勇猛杀敌①。

《老子》第67章讲的“三宝”，慈、俭、不敢为天下先，事实上是在讲军事问题。“慈”为何能“勇”？可以有两种解释：其一，主体之慈与勇。《韩非子·解老》曾以慈母勇护幼子为例来说明慈故能勇的道理；其二，主体之慈与客体之勇，这就与第68章的“用人之力”结合起来，因侯王对百姓或统帅对将士之慈，使得他们在国家遭受外敌侵犯时能够奋不顾身英勇杀敌。两者皆可通，此章主要讲军事，故第二种解释更接近老子本意。“不敢为天下先”意味着不主动发起战争，也就是第69章“吾不敢为主，而为客”的意思，无为居后，不得已而应敌，故能天下归心，成万物之长。若违背“慈”“俭”与“不敢为天下先”的原则，穷兵黩武，必然灭亡。老子提醒，两军对垒之际，决不可轻敌，以慈、俭、不敢为天下先的原则对待战争，将无往而不胜。既然老子以不得已的态度来认真对待战争，他为何不能以不得已的态度来对待惩罚呢？所以，“以正治国”应该蕴含着“为奇者，吾得执而杀之”的内涵。

最后看“以无事取天下”。张默生认为：“老子时代，国指诸侯的封土言，天下指全中国言。”②《老子》第54章明确提出“以身观身，以家观家，以乡观乡，以邦观邦，以天下观天下”。老子主张，治身、治家、治乡、治国、治天下，各有原则。观察对象与解决的问题不同，视角与方法亦不同。治国应“以正治国”，用兵应“以奇用兵”，取天下应“以无事取天下”。《老子》第

---

① 《韩非子·外储说左上》曾以吴起为例，讲了一个同样的道理：“吴起为魏将而攻中山，军人有病疽者，吴起跪而自吮其脓，伤者之母立泣，人问曰：‘将军于若子如是，尚何为而泣？’对曰：‘吴起吮其父之创而父死，今是子又将死也，今吾是以泣。’”

② 张默生：《老子章句新释》，济东印书社，1948年版，第75页。

48章说：“取天下常以无事，及其有事，不足以取天下。”“取天下”之“取”，应释为“非常容易，无须动用武力而强夺硬取的情况”。“取天下常以无事”意为：“民心归附如水之就下，不用夺、不用抢就可以取天下，可以给百姓带来好处，何乐而不为？即使不易实现，作为理想去提倡、去追求又何妨？”① 这是真正道出了老子“取天下常以无事”的真谛。若侯王能够谦让与宽容，为百姓提供自然发展的良好条件和基础，势必获得百姓支持，并成为众多诸侯国中最为强大的一国。届时，强大的诸侯国必然具有巨大吸引力，天下归往。这恐怕不仅仅是一种理想，而是一个强国扩大自己政治影响力非常有效的一种策略。当然，前提在于，该诸侯国足够强大，包括政治、经济及军事实力。诸侯国之间的竞争，也适用于如何吸引更多支持力量以确立起国际之间的支配秩序的问题。

在老子的政治思想体系中，“侯王”不仅要“为”，而且“为”的领域与范围还颇为广泛，涉及国内治理、军事策略及外交智慧等诸多方面。但其政治思想的根本内核，依然在于一个稳固的国内政治秩序之下，“侯王”应懂得“辅万物之自然而不敢为”“以百姓心为心”的道理，最终维持并巩固自己的支配地位。老子不断提示统治者，想要获得百姓的拥护和支持，必须要尊重他们，并懂得谦让，尽量为他们带去利益和好处，尽量不去打扰他们的生活。“侯王”之“为”的边界正在“万物之自然”。

余论　“小国寡民”及其他

《老子》第80章提出了“小国寡民”的观点：

> 小国寡民。使有什伯之器而不用；使民重死而不远徙。虽有舟舆，无所乘之，虽有甲兵，无所陈之。使民复结绳而用之，甘其食，美其服，安其居，乐其俗。邻国相望，鸡犬之声相闻，民至老死，不相往来。

何谓“小国寡民”？通常解释为“国家小，人民少”。但正如陈鼓应、白奚发现的，本章内容“使……”“使民……”不是简单地进行描述，而是在进

① 刘笑敢：《老子古今》，第485页。

行设计。故“小”与“寡”皆应视为动词，“小国寡民”应为“小其国，寡其民”[1]。何谓“小其国，寡其民”？河上公注提供了一种有益的启示：“圣人虽治大国，犹以为小，俭约不奢泰。民虽众，犹若寡少，不敢劳之也。”也就是说，“小国寡民”与“治大国”“取天下”并不矛盾。冯友兰认为此章并非原始社会，带有明显的文明特征，很有启发意义[2]。

结合河上公注、冯友兰的观点以及老子的“治大国”“取天下”的政治思想，本章所论“小国寡民”，其实是通过“聚焦”的形式来呈现“侯王政治”之下底层百姓的生活形态。“小国寡民”是老子理想政治的一个基本单元，是老子无为政治一个具体而微的形象描述。“侯王”统治的国家，由无数个这样的“小（的）国”与“寡（的）民”构成，始终存在一个基于支配—服从等级结构形成的“侯王政治”。由于反对“以智治国”，只专注于百姓物质生活与身体强健，任其“自然”，故“使民复结绳而用之，甘其食，美其服，安其居，乐其俗”。由于“侯王”会面临外敌来犯的情况，还要做好充分的军事准备，故有什伯之器、舟舆、甲兵等。由于“侯王”从不采取主动进攻，故人们绝大多数时候都安居乐业，这些战时物资与军事装备都派不上用场。在“侯王政治”秩序之下，民心纯真，风俗淳朴，没有钩心斗角与尔虞我诈，人与人之间的关系仅仅局限于熟人之间，且以情感与血缘为纽带，故“民重死而不远徙”。陌生人之间的交往需求，由于没有利益诉求与扩大影响力的权力欲望，变得非常淡漠。故有“邻国相望，鸡犬之声相闻，民至老死，不相往来”。老子借“小国寡民”来呈现“侯王政治”之下百姓的生活状态。如此，所谓“文明”因素，也就顺理成章。

老子政治思想讲述了一个由“道”主导的宇宙秩序与由“侯王”主导的人类秩序的宏大故事。宇宙秩序是一个大系统，人类秩序是一个小系统。小系统唯有模仿大系统，才会具有正当性。老子一再强调“侯王”模仿和效法宇宙秩序的重要性，“圣人”色彩浓厚，精英政治的思维也异常明显。人类的政治实践告诉我们，人类秩序之维持只与人类自身有关，且与支配者与服从者的权力博弈、利益权衡不可分离。若要使“侯王”无为、柔弱、不争，以谦让

---

① 陈鼓应、白奚：《老子评传》，第 234 页。

② 冯友兰：《中国哲学史新编》（上卷），人民出版社，1998 年版，第 347 页。

与宽容的态度对待百姓，仅仅靠“道”或“天道”的威慑不够，靠“民不畏威，则大威至”的终极反抗力量也不够，还需要百姓个体意识的觉醒。在老子政治思想体系中，个体意识只有朦胧的影迹，也即“百姓皆谓我自然”。万物“自然”，离不开“道”的呵护与扶持，万物“自然”在老子那里没有绝对的自足性。“道”赋予了“圣人”或“侯王”对于人类秩序的主导性，却未赋予作为个体的百姓“自然”的自足性，个体永远是群体中尚待唤醒的支配对象。在此情形之下，人类支配—服从的政治秩序永远有利于支配者。因为支配者虽是少数，但其拥有的权力是具体的；服从者只是抽象的多数，实质只是具体的个体。以具体个体对拥有权力的“侯王”，个体永远是弱势的。唯有当个体意识被一种超越人类自身的神圣力量唤醒时，个体才会实现力量凝聚，“侯王”之敬畏、宽容或谦让，才有实现之可能。老子对“以智治国”的警觉，以及对“非以明民，将以愚之”的提倡，皆不利于个体意识之觉醒。唯有到了庄子及孟子那里，个体意识逐渐受到重视，但并未从根本上改变中国的秩序结构模式。人类社会真正唤醒个体意识并参与塑造社会秩序，只有在具有明显个人主体性色彩的“现代性”阶段，方才能够实现。

最后，老子建构的以“侯王”为枢纽的谦让与宽容的政治秩序，只适合于已经坐稳了支配位置并且大权在握的君主，它是一种秩序稳定的政治形态。对于面对权力斗争无计可施且成天忧心忡忡担心自己权力被权臣篡夺的君主而言，老子的无为、柔弱与不争，只会火上浇油，使政治秩序陷入混乱的可能性空前增大。君臣之间的权力博弈以及如何保持权位等问题，并未进入老子的思想视野，而这恰恰成为之后韩非子思考的核心话题。

良知既非能力之知亦非动力之知[①]

——与郁振华、黄勇商榷

路传颂

（西北大学中国思想文化研究所副教授）

摘　要：郁振华和黄勇都认为道德命题知识不具有实践能动性，而王阳明的“良知”具有实践性，因此“良知”不是命题知识。两位先生分别把王阳明的“良知”诠释为能力之知和动力之知，但如此一来，“知而不行”就只是一种认知缺陷，而不是道德缺陷，即只具有道德命题知识，而没有实践性道德知识；要做到“知行合一”，道德主体要在命题知识的基础上“别立个心”获得实践性道德知识。道德能力之知与道德动力之知的概念也抹杀了信念与知识的分别，因此许多能够用“道德信念”解释的道德现象，是道德能力之知和道德动力之知难以解释的。为了说明“良知”的实践能动性，我们只需要放弃道德命题知识不具有实践能动性的观点，而不需要另立一种自成一类的道德知识。

关键词：良知；能力之知；动力之知；命题知识

近年来，受到分析哲学家吉尔伯特·赖尔区分命题知识（knowing-that）和能力知识（knowing-how）的启发，包括郁振华在内的一些学者用能力知识概念解释王阳明的良知（下文称这种观点为“能力论”），而黄勇则将良知与能力知识置于当代元伦理学领域关于动机的休谟主义和反休谟主义之争的视野下，认为良知既非命题知识，也非能力知识，而是包含两者但又有别于两者的

① 本文是陕西省社会科学基金项目“元伦理学视域下的阳明心学研究”（2019C005）的阶段性成果。

动力之知（下文称这种观点为“动力论”）。为此，郁振华和黄勇之间展开了富有启发性的学术争论[①]。

然而，本文认为，无论是能力论还是动力论，都违背了王阳明“知行合一”的宗旨，甚至适得其反地证明了“知而不行”在道德上并不是过错。此外，两种理论在如何解释良知，如何解释我们对道德知识的常识理解，以及如何解释广泛的道德现象方面存在着许多难题。

本文分为五个部分：第一部分简要回顾郁、黄之争；第二部分简要勾勒道德实在论的基本框架，作为展开本文观点的背景；第三部分解释为什么能力论和动力论违背了王阳明的“知行合一”；第四部分分析能力论和动力论所面临的道德语言哲学上的问题；第五部分揭示能力论、动力论和我们对道德知识的常识理解之间的差异，并由此引申出能力论与动力论难以解释的诸多道德现象。

一、郁、黄之争回顾

黄勇首先在《王阳明在休谟主义与反休谟主义之间》一文中认为我们日常生活中的体知，就是赖尔所谓的能力知识。但黄勇也指出了良知与一般意义上的能力知识的区别，其中关键一点是，大多数能力知识只涉及知不知、会不会的问题，而良知还涉及愿不愿或欲不欲的问题[②]。在该文中，黄勇把良知诠释为能够且必然体现于身体，并给人带来内心快乐的知识[③]。在《在事实知识（knowing-that）与技艺知识（knowing-how）之外：信念—欲望（Besire）何以不是怪物?》一文中，黄勇明确提出事实知识（命题知识）与技艺知识（能力知识）的区分没有穷尽不同知识类型的观点，并肯定良知就是两者以外的另一种知识，因为命题知识和能力知识本身都不能促使人行动，而良知则包含促使一个人根据这样的知识行动的自然倾向[④]。这种观点有一定道

① 两位作者都在文中介绍了其他一些从能力知识的角度解释良知概念的中外学者的著述及黄勇的几篇英文论文，此处不再转引介绍。

②③ 黄勇：《王阳明在休谟主义与反休谟主义之间》，载陈少明主编《体知与人文学》，华夏出版社，2008 年，第 154 页、第 159 页。

④ 黄勇：《在事实知识（knowing-that）与技艺知识（knowing-how）之外：信念—欲望（Besire）何以不是怪物?》，载《哲学与文化》2012 年第 2 期，第 103 页。

理，例如，如果我并没有喝水的动机，那么“水能解渴”的命题知识并不能促使我去喝水。

2014 年，郁振华撰文声称王阳明的良知即道德的能力之知，并把这种知识称为“稳定而灵动的实践智慧”①。随后，黄勇再次发文强调命题知识和能力知识本身不具有实践能动性，而实践能动性正是良知的本质特征，并开始明确把良知称为“知道去做的知识或动力之知”②。紧接着，郁振华通过进一步区分道德的能力之知和非道德的能力之知来回应能力知识不具有道德能动性的质疑，认为道德的“会不会”已经预设了“愿不愿”③。

根据郁振华的能力论，“我知道我应该善待他人”就等于“我有能力善待他人”；根据黄勇的动力论，“我知道我应该善待他人”就等于“我愿意善待他人”。两种观点互有优势。如果拥有道德知识就是拥有道德能力，那么我们就很容易理解我们是如何获得道德知识的：通过不断的实践、锻炼。但如果拥有道德知识就是拥有道德意愿，那么我们是如何获得道德知识的，就多少有点说不清道不明，因此黄勇主张良知天赋论，而郁振华认为即使良知天赋论在王阳明的著作中有文本依据，我们也应该放弃该理论④。另外一方面，能力论似乎要吞下赖尔关于心灵的逻辑行为主义的理论后果。众所周知，赖尔反对身心二元论，把笛卡尔式的心灵视为“机器中的幽灵”，因此把相信、知道等心理谓词解释为行为倾向。如果拥有道德知识就是拥有道德能力，那么我的道德知识就完全可以用关于行为的第三人称语言来描述。但是我们能够体验到拥有一种道德意愿在主观上是什么样的，换句话说，我们拥有关于道德知识或道德信念的“精神生活”，这种主观体验无法用行为倾向或能力来解释⑤。

---

① 郁振华：《论道德—形而上学的能力之知——基于赖尔与王阳明的探讨》，载《中国社会科学》2014 年第 12 期，第 33 页。

② 黄勇：《论王阳明的良知概念：命题性知识，能力知识，抑或动力之知?》，载《学术月刊》2016 年第 1 期，第 49 页。

③④ 郁振华：《再论道德的能力之知——评黄勇教授的良知诠释》，载《学术月刊》2016 年第 12 期，第 19 页。郁振华在该文中还对黄勇所谓的道德动力知识提出了六点质疑，第 23 页。

⑤ 有关意识体验的私密性，可以参考托马斯·内格尔的著名论文《作为一只蝙蝠是什么样?》，载内格尔：《人的问题》，上海：上海译文出版社，2000 年，第 177—192 页。

两种理论的共同之处是基于同样的理由否认良知是命题知识。潜在的论证是这样的：（1）命题知识不具有实践能动性；（2）良知具有实践能动性；所以：（3）因此良知不是命题知识。然而下文将指出，黄勇是二者当中最不该坚持"命题知识不具有实践能动性"这一论断的。

二、实在论的基本承诺

"帮助他人是正确的。"

"家庭幸福是道德上可欲的。"

"宽容是好的品格。"

上述三句话表达了三个不同的命题，这些命题把某种道德属性或规范性特征归之于某个行为、状态、品格。因此，当我肯定地说："帮助他人是正确的"，看起来我是在表达一个道德信念，即：帮助他人是正确的。如果帮助他人事实上确实具有"正确"这种属性或规范性特征，那么该命题就描述了一个道德事实或规范事实，因而是一个真命题。如果我是基于好的理由做出这个判断的，就可以说我拥有一个道德知识或道德真理，或者简单地说：我知道帮助他人是正确的。这时，人们自然会认为我会做帮助他人的事，至少是有意愿去帮助他人。我的意愿可能并非不可压倒的，或者会随着我的心理状态和所处情境的不同而有强弱变化，但如果我根本没有帮助他人的意愿，那么别人会怀疑我是否真诚，或者否认我真的知道帮助他人是正确的，甚或指责我言行不一。

上述图景刻画了大多数人对道德的前哲学理解所蕴含的理论承诺。该图景具有如下特征：在语言哲学上，它认为道德语句既是在描述事实，又是在做出行为规范；在道德心理学上，它认为在做出道德判断的时候，心灵既处于认知的（cognitive）信念状态，又处于意动的（conative）实践状态；在知识论上，它认为存在着道德知识；在形而上学上，它认为存在着道德属性、道德事实。总之，存在与价值是统一的，因为存在着道德属性；事实与规范是统一的，因为存在着规范性事实；描述与规范也是统一的，因为道德命题既描述了实在具有什么样的特征，又规范了主体应该怎么做①。与本文关系最密切的一点是，根据这幅图景，道德判断与道德动机具有内在的、必然的联系：如果我真诚地相信某个道德命题，那么它既为我提供了方向，又为我提供了动机②。

上述图景也是自古以来大多数道德实在论者的根本承诺③，但该图景却是在怀疑论者的刺激下才变得清晰可识。最核心的挑战来自休谟式的动机理论，该理论认为：（1）人类的行为动机包含信念和欲望两种因素；（2）信念既非欲望，也不能产生欲望；（3）信念和欲望是相互分离的心理状态。信念告诉我们世界是什么样的，但如果没有欲望的协作，信念单凭自身无法促使人行动。根据这种理论，道德判断与行为动机没有必然联系，道德信念能否促使我们行动，依赖于我们偶然具有的欲望。

无论是道德实在论阵营还是道德反实在论阵营，都有休谟式动机理论的支

① 黄勇曾说，儒家的道德知识涉及的心理状态所包含的信念不是描述性的，而是规范性的（参见黄勇：《在事实知识（knowing-that）与技艺知识（knowing-how）之外：信念—欲望（Besire）何以不是怪物?》，载《哲学与文化》2012 年第 2 期，第 103 页）。郁振华在批评黄勇的观点时也说，黄勇把规范性命题称作事实知识，“字面上的紧张也是明显”（郁振华：《再论道德的能力之知——评黄勇教授的良知诠释》，载《学术月刊》2016 年第 12 期，第 17 页）。看起来黄勇和郁振华都不承认规范性事实（道德事实）的存在。这或许就是他们都试图在命题知识之外寻求另一种知识来解释良知概念。

② 并非所有实在论者都接受这一点，Brink 和 Railton 认为道德判断与道德动机的联系是外在的、偶然的（参见 David Brink. *Moral Realism and the Foundations of Ethics*. Cambridge. 1989; Peter Railton. “Facts and Values,” Philosophical Topics, 1986. 14: 5 - 31.）。多数实在论者认为道德判断与道德动机的内在联系并非压倒一切的，而按照麦凯的解释，柏拉图认为对善的理念的知识为认识它的人提供了“高于一切的动机”（约翰·麦凯著，丁三东译：《伦理学：发明对与错》，上海译文出版社，2007 年，第 29 页）。

③ 不同版本的道德实在论对道德属性和道德事实的本质有不同看法，例如享乐主义版本的实在论者会认为道德属性就是快乐、痛苦这样的心理属性（自然属性），乔治·摩尔这样的直觉主义者则认为道德属性是非自然属性（参见摩尔《伦理学原则》，上海：上海人民出版社，2005 年）。Richard N. Boyd, Peter Railton, Russ Shafer-Landau 等人认为道德事实是独立于心灵而存在的事实，John McDowell, David Wiggins 则认为道德事实在存在论上依赖与心灵。这些哲学家的论文或著作选读可以在 Russ Shafer-Landau 与人合编的伦理学读本（*Foundations of Ethics: An Anthology*, Blackwell Publishing, 2007）中找到。

持者和反对者①。黄勇自己就接受了关于动机的反休谟主义的一个版本，即“对某种道德要求的明确认识同时也就是，或者已经包含了，使人根据这种要求行动的欲望”。他还明确地说，王阳明的看法与此更为接近，良知“既是一种知的状态，又是一种行的欲望”。② 他在另一篇文章中也明确接受了麦克道威尔的信念和欲望可以同时产生的观点③。然而非常奇怪的是，黄勇自相矛盾地在拒绝信念和欲望是相互分离的心理状态的同时，坚持认为我们关于道德的命题知识的信念不会带来行为动机。这就是黄勇执意要在道德命题知识之外寻找其他种类的道德知识的原因。

既然信念和欲望可以同时产生，那么我们对道德命题知识的信念就具有实践能动性；寻找其他种类的道德知识来解释良知的实践性，是多此一举。不仅如此，这种做法还会面临诸多困难。

三、“知行合一”

首先是用能力论和动力论解释“良知”概念和“知行合一”理论时所面临的困难。下面两段《传习录》中的文字在郁振华和黄勇的论文中重复出现：

> 爱因未会先生“知行合一”之训，与宗贤、惟贤往复辨论，未能决，以问于先生。先生曰：“试举看。”爱曰：“如今人尽有知得父当孝、兄当弟者，却不能孝、不能弟，便是知行分明是两件。”先生曰：“此已被私欲隔断，不是知行的本体了。未有知而不行者，知而不行，只是未知。圣贤教人知行，正是要复那本体，不是着你只恁的

① 黄勇的论文《王阳明在休谟主义与反休谟主义之间》简要介绍了相关争论，更充分的讨论可参见 Miller, Alexander. Contemporary Metaethics: An Introduction. Polity. 2013; Valerie Tiberius. *Moral Psychology: A Contemporary Introduction*. 2014; Rosati, Connie S., “Moral Motivation”, The Stanford Encyclopedia of Philosophy (Winter 2016 Edition), Edward N. Zalta (ed.), URL = <https://plato.stanford.edu/archives/win2016/entries/moral-motivation/>.

② 黄勇：《王阳明在休谟主义与反休谟主义之间》，载陈少明主编《体知与人文学》，华夏出版社，2008年，第162页。

③ 黄勇：《在事实知识（knowing-that）与技艺知识（knowing-how）之外：信念—欲望（Besire）何以不是怪物?》，载《哲学与文化》2012年第2期，第111页。

便罢[①]。"

故《大学》指个真知行与人看，说"如好好色，如恶恶臭"。见好色属知，好好色属行。只见那好色时已自好了，不是见了后又立个心去好。闻恶臭属知，恶恶臭属行。只闻那恶臭时已自恶了，不是闻了后别立个心去恶[②]。

首先要指出，本文仅在"一念发动处便是行"[③] 的意义上理解"行"，因而不涉及"知行合一"的更完整的含义。"念"就是情感、欲望、意向，在此意义上，"知行合一"就是认知与情感、欲望的统一。知行合一是"知行的本体"，是说道德认知与情感、欲望本就是"手拉着手"，亦即道德判断与道德动机具有内在的、必然的联系。但这种必然联系会被私欲隔断，所谓"隔断"，指的就是隔断了道德判断与情感反应的内在联系。所谓"复那本体"，就是恢复道德判断与情感反应的内在联系，"修复"道德判断的实践性。所谓"只见那好色时已自好了，不是见了后又立个心去好"，也是说价值判断与情感反应之间的联系是内在的、必然的，不依赖于判断主体是否"又立个心"。

当王阳明批评"知而不行"现象的时候，他究竟在批评什么？他在批评人们"知"而"不行"。然而，按照能力论和动力论对不具实践性的命题性道德知识与具有实践性的道德知识（良知）的区分[④]，王阳明是在批评别人只拥有一种知识，而没有另外一种知识。郁振华对王阳明所说的"知是行的主意，行是知的功夫"的解释最能体现这一点。他说，"知是行的主意"是说道德的命题性知识为行动指明方向，"行是知的功夫"是说道德主体通过行动将命题性知识转化为实践性道德知识，"道德主体在致良知的功夫下，实现了两种知识之间的转化。"[⑤] 然而这种解释面临多个问题。

第一，按照郁振华的解释，真正的道德知识成了"行"的结果，而不是

---

①② 〔明〕王阳明撰，吴光、钱明、董平等编校：《王阳明全集》卷一《语录一》，上海：上海古籍出版社，1992 年，第 3—4 页。

③ 〔明〕王阳明撰，吴光、钱明、董平等编校：《王阳明全集》卷三《语录三》，上海：上海古籍出版社，1992 年，第 96 页。

④ 郁振华认为真正的道德知识是道德能力之知，黄勇认为真正的道德知识是道德动力之知。

⑤ 郁振华：《论道德—形而上学的能力之知——基于赖尔与王阳明的探讨》，载《中国社会科学》2014 年第 12 期，第 28 页。

某种能使道德主体做出道德行为的东西。第二，一种类型的知识是如何转化成另外一种完全自成一类的知识的？通过不断地学、问、思、辨、行？学、问、思、辨、行又是如何把一种知识转化为另外一种知识的？第三，郁振华认为道德命题知识本身不具有实践能动性，道德主体需要通过"致良知"的功夫把道德的命题性知识转化、落实为道德的能力之知。这难道不是在说，在我们理解了道德命题之后，还需要"别立个心"将之转化成能力之知吗？然而，"致良知"不是在做"转化"的加法，而是在做去除私欲阻隔的减法①，从而恢复道德判断与情感反应的内在联系。

黄勇似乎不必面对知识转化的难题，因为他认为动力之知虽然不是命题知识，但是蕴含着命题知识。但这就像是说：人性蕴含动物性，但人不是动物，而是动物之外的另一种自成一类的生物。如果人性蕴含动物性，那么人本质上仍然是动物的，只不过人具有其他动物所不具有的特征。如果道德知识蕴含道德命题知识，那么道德知识本质上仍然是命题知识，只不过具有其他命题所不具有的特征。每一种类型的命题知识都有其独特性，例如数学知识的独特性在于其证成不依赖于经验，而道德知识的独特性就在于道德信念具有实践能动性。

郁振华在赖尔的早期论文《良心和道德信念》的启发下把道德的命题知识称为道德的学术性知识，把良知称为道德的实施性知识。然而我怀疑赖尔在早期只是区分对同一种知识的学术性接受（拥有）和实施性接受（拥有），而不是区分两种知识——在此我必须承认自己对赖尔的著作并不熟悉，但即使我的怀疑是错误的，也并不影响我的主要观点。阳明说："世之讲学者有二：有讲之以身心者，有讲之以口耳者。"② 这里也只有两种"学"，而不是两种"知"。当我们反思道德理论的时候，我们把自己从对道德命题的情感反应中抽离出来。同理，当一个人的良知被私欲遮蔽的时候，被遮蔽的不是道德认知能力，而是对道德判断的情感反应。

---

① 黄勇也把"致良知"的"致"理解为去除私欲（参见黄勇，2012 年，第 104 页）。但是，动力之识蕴含命题知识，意味着动力之知所包含的东西比命题知识更丰富，我在拥有了命题知识之后，需要"别立个心"丰富我的命题知识。

② 〔明〕王阳明撰，吴光、钱明、董平等编校：《王阳明全集》卷二《语录二》，上海：上海古籍出版社，1992 年，第 75 页。

郁振华和黄勇都想解释良知的实践能动性。但是，二者都适得其反地证明了“知而不行”的合理性。唯有在道德判断与道德动机具有内在的、必然的联系这一前提下，肯定某个道德命题却缺乏相应的动机，才是在道德上应受谴责的。如果我知道应该爱父母，但却不爱父母，这就是王阳明所批评的知行不一。然而黄勇却说：“我们关于我们应该爱父母的知识与我们不爱父母的事实并不矛盾。”[①] 这或许不是逻辑上的矛盾，但却是道德上的不融贯，因为，如果我知道我应该爱父母但却不爱父母，就是说我知道自己的责任是什么却拒绝履行责任。当王阳明说“知而不行，只是未知”的时候，他并不是在批评人的认知缺陷，而是在批评人的道德缺陷，即缺乏履行责任的担当[②]。然而根据能力论和动力论，这没有什么好指责的，因为这不是缺乏义务意识的体现，而是缺乏另外一种知识的体现。但是只拥有一种知识而缺乏另外一种知识，这在道德上并不受谴责。

能力论者和动力论者或许会回应说，我有义务将道德命题知识转化、落实为能力之知或动力之知，因此“知而不行”应该受到谴责。然而这只会导致无限后退。因为，按照这种回应，要做到“知行合一”，我需要首先知道我有义务将道德命题知识转化为能力之知或动力之知。然而即使我知道我有义务将道德命题知识转化为能力之知或动力之知，我知道的还只是命题知识。所以尽管我知道我有义务将道德命题知识转化为能力之知或动力之知，但这并不能促使我去将道德命题知识转化为能力知识或动力之知。我必须首先知道我有义务将“我有义务将道德命题知识转化为能力之知或动力之知”的道德命题知识转化为能力之知或动力之知。我们陷入了一个逻辑怪圈而无法自拔。

郁振华和黄勇在他们的论文中或直接或间接地表达了这样的愿望：重新诠释“良知”概念，激活传统智识资源，参与世界性的哲学争论。或许我们可以期望，尽管能力论和动力论不能用来诠释良知概念，但确实丰富了当代道德知识论。然而，本文余下两个部分就旨在表明，这种期待也并不乐观。

---

① 黄勇：《在事实知识（knowing-that）与技艺知识（knowing-how）之外：信念—欲望（Besire）何以不是怪物?》，载《哲学与文化》2012 年第 2 期，第 108 页。

② 日常生活中的许多道德话语都符合这种解释，例如，当我们说某人不知道尊重学术同行的劳动成果的时候，我们不是在说他不知道学术规范是什么，而是在批评他的学术道德。

四、“知道”就是“会”或“愿意”吗？

能力论和动力论也无法为道德知识、道德话语提供恰当的解释。根据本文的观点，道德判断与道德动机具有内在的、必然的联系，这就是道德知识的特殊性。如果用S指代一个道德主体，用P指代一个道德命题，那么我们可以这样分析“S知道P”：S知道P，当且仅当：

（1）S相信P，

（2）S有好的理由相信P，

（3）P是真的，

（4）P为S提供了行为动机。

通过把“知道”分析为“相信”“好的理由”“真”和“为……提供了行为动机”四个概念，我们即刻画了知识的一般特征，又体现了道德知识的特殊性。但是能力论和动力论该如何解释“S知道P”呢？假设P指的是“所有人都应该善待他人”，那么就有：

能力论：S知道P＝S会善待他人。

动力论：S知道P＝S愿意善待他人。

假设我们用p＊指代“善待他人”，那么就有：

能力论：S知道P＝S会p＊。

动力论：S知道P＝S愿意p＊。

请记住，根据能力论和动力论，“知道”分别和“会”与“愿意”是同义词，于是就有：

能力论：S知道P＝S知道p＊

动力论：S知道P＝S知道p＊

但是，P和p＊表达的意思并不一样，“所有人都应该善待他人”是个完整的语义单元，而“善待他人”是一个语义不完整的开语句。艾耶尔[①]、史蒂文森[②]等情感主义把“所有人都应该善待他人”这样的陈述句理解为表达情感的感叹句，在一定程度上还是可以理解的，但是，语义完整的句子怎么可能在

① Ayer, A. J. *Language, Truth and Logic*, London: V. Gollancz, 1936.

② Stevenson, Charles L *Ethics and Language*, American Mathematical Society, 1945.

本质上是语义不完整的开语句？

用第一人称代词填充这个开语句也于事无补。因为，当一个人说出“所有人都应该善待他人”的时候，他所表达的绝不仅仅是“我会善待他人”或“我愿意善待他人”，至少还有：（1）他相信“所有人都应该善待他人”是真的；（2）“所有人都应该善待他人”适用于任何人，而不仅仅是他自己。

其次，假设张三说：“李四那样做是错的。”能力论和动力论该对此做出何种解释？恐怕无论怎么解释都难以表达这句话的准确含义。郁振华或许会说，当评价别人的时候，我们用到的是道德的学术性知识，只有在运用于自己的时候，我们用到的才是实施性知识①。但这就意味着张三这样说时，我们不能合理地期待张三不会这样做。

最后，能力论和动力论对道德知识的解释并没有为“知道”一词提供分析。或许，实践性的“知道”就是“会”或“愿意”，这是不可进一步解释的基本事实。但这会威胁到“良知”概念的合法性。请思考这样一个思想实验：存在着另外一个可能世界，这个可能世界和我们所处的世界在各方面都完全一样，区别仅在于，我们在某种情境下说“我知道怎样开车”“我知道怎样帮助别人”，那个可能世界上的人在类似情境下从来都只说：“我会开车”“我会帮助别人”；我们在某些情境下说“这孩子长大了，都知道孝顺父母了”，那个可能世界上的人在类似情境下从来都只说：“这孩子长大了，都愿意孝顺父母了。”可想而知，在这个可能世界中没有道德知识的概念，而只有道德能力和道德意愿的概念。如果他们能和我们交流，他们会说我们之所以认为存在着道德知识，是因为我们被我们的语言用法所误导了；如果道德能力和道德意愿的概念足以交流道德事项，就根本没有必要再假设道德知识的存在。

五、难以解释的现象

能力论和动力论对“良知”的解释在很多方面不符合我们对道德知识的理解。而且，道德生活中许多能用“具有实践能动性的道德信念”这一概念来解释的现象，却是能力论和动力论难以解释的。

---

① 郁振华：《再论道德的能力之知——评黄勇教授的良知诠释》，载《学术月刊》2016年第12期，第20页。

首先，道德信念与道德知识之间的差别被抹杀了。信念有真假之分，但能力和动力没有。只有当道德信念为真时，它才有可能是道德知识。我可能对某个道德信念具有主观的确信，这种确信总能在恰当环境下促使我做出相应的行动，但这个道德信念仍然有可能是错误的。正是因为抹杀了信念与知识的区别，黄勇的论文中才出现了“这种知识本身是善的，即能驱使具备这样的知识的人去行善的”① 这种奇怪的表述，并把“犹太人该杀”这种错误的信念称为“不道德的动力之知”②。

其次，正是因为道德信念与道德知识存在着差别，道德信念才需要证成，但我们无法为能力之知和动力之知提供证成。除了某人会不会做、愿不愿意做之外，还有关于这样做究竟对不对的问题。能力可能被误用，但能力本身无对错。意愿可能在道德上是邪恶的，但意愿没有认知上的对错之分。我可能拥有某个意愿，而伪称自己没有该意愿，但这里的真假是关于我的，而不是关于意愿本身的。

再次，我们可以放弃某个道德信念，但却无法放弃能力知识。我可能曾经把某个道德命题视为道德真理，并且对该命题的确信总能在恰当的环境下促使我做出相应的行动，但我现在不再把它视为道德真理，它也不再能在类似环境下促使我行动。而典型的能力之知，如知道如何骑自行车的知识，一旦学会了，就永远不会失去。同理，我们可以拒绝相信某个道德命题，却无法拒绝拥有某种能力。

最后，道德命题能够进入推理结构中，但能力之知和动力之知无法进入推理结构中。因此，无论是能力论还是动力论，都不能对道德推理提供一个合理的解释。某人通过审慎的道德推理而得出一个正确的道德结论，我们自然会期望他有这样做的意愿。但是，按照能力论和动力论，因为道德推论是以命题的形式呈现的，我们还必须期待他“别立个心”，把这个命题知识转化为能力知识或动力知识。正是因为能力之知和动力之知没有真值、没有证成、不能进入推理结构，下列现象就是能力论者和动力论者难以解释的：

第一，能力论和动力论无法解释“错误良心”现象。基督教道德学家相

①② 黄勇：《论王阳明的良知概念：命题性知识，能力知识，抑或动力之知?》，载《学术月刊》2016 年第 1 期，第 56 页、第 66 页。

信错误良心的存在，即道德主体对于应该做什么形成错误的观念。但是，错误的能力和（认知上）错误的意愿却是十分奇怪的说法。如果能力论者和动力论者坚决否认错误良心的可能性，他们就需要解释为什么良心不会犯错。毕竟，人是容易犯错的动物，良好的视力也会出现错觉，良好的逻辑思维能力也会犯推理错误。

第二，我们需要援引道德知识或道德信念来决定该做什么。然而按照能力论和动力论，我们需要援引两种道德知识，或者我们需要先援引道德命题知识，再将其转化、落实为道德能力之识或道德动力之识。这种解释令人难以置信。

第三，我们用一个人的道德信念来解释他的道德行为。这意味着我们相信他的道德信念能够解释他的道德行为，但是根据能力论和动力论，这种“相信”是没有根据的。同理，我们诉诸一个人的道德信念来解释他的道德意愿。这意味着我们相信他的道德信念能够解释他的道德意愿，但是根据动力论，这种“相信”同样是没有根据的。

第四，我们会对自己过去的行为进行道德判断。“我现在知道了我当时不该那么做。”类似这样的话该如何翻译成关于能力之识或动力之识的表述呢？能力和动力是指向当下和未来。但是，“我现在知道了我当时不该那么做”首先是指向过去的：我相信我当时那样做是错误的。

第五，我们会试图说服他人改变道德信念，并期待由此改变他的行为模式。这意味着我们相信道德信念具有实践能动性。但是我不知道该如何改变他人的能力之知和动力之知。因此，根据能力论和动力论，即使对方是通情达理的人，相信改变他的信念就能改变他的行为也是没有根据的。

第六，我们可能拥有相互矛盾的道德信念。我可能是一个享乐主义版本的功利主义者，相信快乐是唯一具有内在善的事物，痛苦是唯一具有内在恶的事物；相信我的义务就是尽可能地减少世界上的痛苦、增加世界上的快乐。但我可能因为没有认识到自己的道德承诺的逻辑推论，反而认为即使遭受着不治之症带来的巨大的身心痛苦，人也没有权利安乐死。而且，对功利主义道德原则的承诺总能促使我尽力给世界带来更多快乐，对安乐死权利的否定也总能促使我积极呼吁阻止安乐死合法化。这说明存在着逻辑上不能共存的道德信念，但“逻辑上不能共存的能力”却是奇怪的说法。

第七，动机、意愿会随着道德信念的变化而变化。对这一现象的简单解释就是道德信念具有实践能动性。但是根据能力论和动力论，当这种现象发生的时候，当事者抛弃了一种能力（这是如何可能的?），而接受了另外一种能力；或者放弃了一种意愿，而获得另外一种意愿，同时，被抛弃的能力之知或动力之知转变成了命题之知（再次，这是如何可能的?）。

第八，有时候，道德信念所提供的动机与非理性欲望会在持续的交战中交替获胜。假设某个人不停地处于某个道德信念与某个非理性欲望（例如偷盗癖）的斗争中，有时候道德意志压倒了非理性欲望，有时候非理性欲望压倒了道德意志。根据能力论，对这一现象的解释是：此人时而具有某种能力之知，时而失去这种能力之知；不仅如此，在他身上，道德命题知识和道德能力之知在不停地相互转变。动力论的解释稍微简单一些：他时而拥有某个意愿，时而失去某个意愿。但动力论的解释也意味着有两种不同种类的知识在不断地相互转化。

以上种种现象都是一个完善的道德知识理论需要解释的现象。道德知识就是命题知识的观点能对这些现象提供简单明了的解释，而能力之知和动力之知两种理论要么无法解释这些现象，要么其解释太过复杂而令人难以置信。这显然是两种理论的缺陷所在。

结　语

综上所述，郁振华与黄勇都因为不加批判地接受道德命题知识不具有实践能动性的观点，而试图在道德命题知识之外另寻新的道德知识种类。然而本文认为，只要我们放弃关于道德动机的休谟式解释，就没有必要叠床架屋预设两种甚至三种道德知识。只要接受道德命题知识本身就具有实践能动性的观点，无论是对王阳明的“良知”“知行合一”，还是对日常生活中的诸多道德现象，我们都能提出更为简单的解释。

宋元时期的象数易学与胡方平《易学启蒙通释》

朱　军

（西北大学中国思想文化研究所副教授）

摘　要：象数易学在易学发展史上具有重要的地位，在宋元时期理学的义理解经盛行之时也得以蓬勃发展。作为朱子易学思想的重要继承者，胡方平并未墨守成规，其易学的代表著作《易学启蒙通释》不但诠释了朱熹的《易学启蒙》，消除了后学的误读；同时丰富了朱熹易学思想的内容，推动了宋元时期象数易学的研究进程。《易学启蒙通释》诸多版本中日本内阁浅草文库所藏日本享和二年（1802）刊刻《通志堂经解》本保存最为完备。

关键词：象数易学；胡方平；《易学启蒙通释》

胡方平与其子胡一桂是宋元时期重要的易学家。胡方平的《易学启蒙通释》一书乃是诠释朱子《易学启蒙》的典型之作，该书对研究胡方平的易学思想、朱子易学思想的传承与发展，甚至是宋元象数易学的发展史有重要价值。

一、宋元易学象数学的传承

易学象数学是以卦象、爻象所指代的事物及其位置、数量的变化来推测宇宙、人生变化的一门学问，它是易学发展中的重要一支。最早在《左传》《国语》中便记载了数十个象数"筮例"，这些零星琐碎的记载论述了象数易学的产生。《易传》的成书标志着象数易学体系化的建立，正因为它的重要地位，《四库全书总目提要·经部·易类》在分类时就将易学流派划分为象数派和义理派：

《左传》所记诸占盖，犹太卜之遗法。汉儒言象数，去古未远也。一变而为京、焦，入于机祥，再变而为陈、邵，务穷造化。易遂不切于民用。王弼尽黜象数，说以老 庄。一变而胡瑗、程子，始阐明儒理，再变而李光、杨万里，又参证史事。易遂日启其论端，此两派。①

就象数学而言，宋元以前有两次重要发展期。第一次为汉代，西汉的象数学在天人感应学说的影响下逐渐成为其符号表征，一定程度上沾染了神学的气息，同时以卦象、爻象结合阴阳二气与二十四节气等相关内容，观察时变、体察人间，体现了其所谓“定之以人伦而明王道”的特点（代表为京房《京氏易传》）；在东汉，郑玄、虞翻等人注经的规模和深度都有所提升，将象数思想提升到一个新的高度②。第二次为隋唐时期，在僧一行的推动下，象数与历数结合，在指导历法发展的同时也促进了自身的兴盛。

在宋代，随着理学的兴起，义理解经的方式成为经学研究主流，但是象数学并未没落，象数易学和义理易学呈现出并行发展的态势。五代末至宋初的陈抟传授先天图，开启了宋代象数易学的先河。根据朱震《汉上易传·进周易表》中所记，宋代象数易学主要研究内容是先天图、河图洛书、太极图，此三者有着较明晰的传承谱系：

先天图：陈抟→种放→穆修→李之才→邵雍

河图、洛书：种放→李溉→许坚→范谔昌→刘牧

太极图：穆修→周敦颐→程颢、程颐③（同时期的张载）

由此可见，从周敦颐到二程，他们结合“太极图”阐发自己的理学思想，形成了以“无极”“太极”以及“理”所建构出的本体论，而刘牧与邵雍则接续了陈抟、种放传承的象数一系，对先天图与河图洛书细致发掘研究，其所建立的图书之学是宋代象数易学的代表。刘牧与邵雍在宋代象数易学发展中作出

① 〔清〕永瑢、纪昀等：《四库全书总目提要》，北京：中华书局，1986 年，第 54 页。

② 林忠军的《象数易学发展史》（齐鲁书社，1994—1999 年）认为，虽然东汉注经将象数阐发更加细致，不过同时也将烦琐的注经模式带入到象数易学的发展中。

③ 根据朱震的记载，张载介于邵雍与二程之间，但并未有明确传承，不过张载有《太和》《参两》两篇，亦是宋代象数易学的代表作品。

巨大贡献。刘牧提出“形由象生，象由数设。舍其数，则无以见四象所由之宗”。[①] 卦象源于数，数源于河图、洛书的说法，形成图书一派；而邵雍则在继承陈抟的“先天说”之后，撰述《皇极经世书》，用象数学阐述其思想体系，在一定程度上吸收了道教的“道”的理论；并结合“时”（时间）、“事”（历史事件）概念，用“元”“会”“运”“世”解释宇宙的生化，以这些理论试图构建一个蕴含宇宙、自然、人的宇宙万物消长循环图式。形成了宋代象数易学的先天一派。

南宋象数易学的进一步发展以朱震和朱熹为代表。朱震崇尚象数，反对王弼义理解《易》，著《汉上易传》以明其志。他将象数易学视为易学的正统之学，归纳总结了自汉以来的象数易学的特色，同时结合义理一派对易学理论的分析，认为他的《易》学“以《易传》为宗，和会雍载之论”（《汉上易传·进周易表》）这既表明他是《易》学的集大成者，也在一定程度上指出象数与义理是并行不悖的。朱震的易学思想为理学大环境下象数易学的发展铺平道路。

理学集大成者朱熹对象数易学的传播、承继也功不可没。他虽注重以义理解经，然而在北宋象数易学发展背景下，朱熹并未拘泥于门户之见，对二者优劣有客观的评判。他对象数与义理两派的治经方式皆有批评，认为：“其专于文义者，既支离散漫而无所根着；其涉于象数者，又皆牵合傅会。而或以为出于圣人心思智虑之所为也，若是者，予窃病焉。”[②] 由此可见作为二程的道统体系的传承者，朱熹对二程的易学思想仍有损益，他一贯坚持《易》是卜筮书籍，曾明言：“《易》本是卜筮之书，卦辞、爻辞无所不包，看人如何用。程先生只说得一理。”[③] 正因如此，朱熹治《易》也有阐发自身思想的目的：首先是对卜筮再次进行阐发，结合象数易学理论补充《伊川易传》的不足之处；其次是重新阐释伏羲的先天易学，试图建立新的象数体系，以有别于前代人将象数视人为造作之物，避免后人随意解《易》、穿凿附会；再次则是回到理学路径，将易中象数与理气相结合，如其所言“气便是数。有是理，便有是

① 〔宋〕刘牧：《易数钩隐图》，上海：上海古籍出版社，1989 年，第 11 页。

② 〔宋〕朱熹著，朱杰人、严佐之、刘永翔主编：《朱子全书》第一册，《易学启蒙》卷一，合肥：安徽教育出版社，上海：上海古籍出版社，2010 年，第 209 页。

③ 〔宋〕黎靖德编：《朱子语类》卷六七，北京：中华书局，1986 年，第 1651 页。

气；有是气，便有是数，物物皆然”[①]，以期实现象数与义理的结合。

朱熹的易学思想集中体现于其著作《周易本义》中，此书乃朱熹“《易》本卜筮之书”思想的具体成果，试图以此引起学界对卜筮的重视。该书注解经文力求精简，由于注解过于简单，后世读者不易读懂，故而朱熹又作《易学启蒙》一书以作辅助。在《答赵提举书》中朱熹曾言“近又尝编一小书，略论象数梗概，并以为献。妄窃自谓学易而有意于象数之说者，于此不可不知，外此则不必知也”。[②] 由“外此则不必知也”这样的话语可知朱熹对此书的自得态度。《周易本义》与《易学启蒙》代表了朱熹的易学核心思想，正如黄震在评价宋代易学时所云：“晦庵朱先生作《易本义》，作《易启蒙》，乃兼二说，穷极古始。”[③] 解决了邵雍至二程象数与义理分裂的问题。但是由于对易学启蒙的过高评价，致使“后人置《本义》不道，惟假借此书以转相推衍至于支离辖辅而不已。”[④] 导致部分学者忽略《周易本义》的价值，而仅凭《易学启蒙》来解释朱熹的象数易学思想。

宋、元易代，象数易学在义理与象数的交织影响下继续发展，在现存的四十余部元代象数易学著作中，既有以雷思齐《易图通变》《易筮通变》，丁易东《大衍索隐》、吴澄《易纂言》等为代表的象数学；亦有以钱义方《周易图说》、俞琰《读易举要》等为代表的易图学；还有以赵汸《周易文诠》、保巴《周易原旨》等为代表的象数与图录结合的作品。这些易学著作足以证明皮锡瑞“若元人则株守宋儒之说，而与注疏所得深浅”[⑤] 的评价并非实际，元代象数《易》学虽然没有宋代发展程度高，但在承袭宋代易学的基础上仍有所创新。宋末元初的胡方平、胡一桂父子就是在朱熹象数易学基础上进行继承创新的突出代表。

---

① 〔宋〕黎靖德编：《朱子语类》卷六五，第1603页。

② 朱杰人、严佐之、刘永翔主编：《朱子全书》第二十一册，《晦庵先生朱文公文集》卷三八《答赵提举书》，第1683页。

③ 〔宋〕黄震撰：《黄氏日抄》卷六《读易》，明正德刊本。

④ 〔清〕永瑢，纪昀等：《四库全书总目》卷三《易学启蒙通释提要》，第20页。

⑤ 皮锡瑞：《经学历史》，北京：中华书局，2004年，第205页。

二、胡方平与《易学启蒙通释》之作

胡方平，字师鲁，号玉斋，世人称之为玉斋先生，徽州婺源（今江西）人。与其子胡一桂皆是宋末元初重要的易学名家。然正史传记中并未见其传，其生平经历在休宁程敏政的《新安文献志》及程瞳所编《新安学系录》中保存的最为完整：

胡玉斋，方平，婺源人。曾伯祖昴，政和间由辟雍第，尝与朱韦斋有同邑同年之好。曾祖溢，绍兴初复继世科，因伯氏交于韦斋，获闻河、洛之论，而朱子则世好也。方平早受易于介轩董梦程，继师毅斋沈贵瑶。沈实介轩上客，而介轩乃盘涧从子，得其家传者，盘涧受《易》于朱子之门最久。方平研精《易》旨，沉潜反覆二十余年，尝因文公《易本义》及《启蒙》注《通释》一书。又《外易》四卷，考象求卦，明数推占。又有《易余问记》，其言曰：《本义》阐象数理义之原，示开物成务之教。朱子言易开卷之初先有一重象数，而后易可读。启蒙四篇，其殆明象数以为读《本义》而设者与！象非卦不立，数非蓍不行。象出于《图》《书》而形于卦画，则上足以演太极之理，而《易》非沦于无体；数衍于蓍策而达于变占，则下足以济生人之事，而《易》非荒于无用。其间又多发造化尊阳抑阴之意，《易》之要领，孰大于是。明乎此，则《本义》一书如指诸掌也。①

由此传记可知胡方平的思想渊源。据此文记载胡方平曾伯祖与朱韦斋交好，韦斋即朱熹父亲朱松；其曾祖父又因闻《河》《洛》之论与朱熹交好，可见胡氏一门与朱熹一门的交往并非一时而起。胡方平学《易》于董介轩、沈贵瑶。董介轩即董梦程，董铢之子，师承黄榦；沈贵瑶则为董梦程高足，由此可知，胡方平可谓朱熹的三传弟子，其学术思想，尤其是《易》学思想来源于朱子之学。这一点也得到后世学者的认可，脱脱在编撰《元史》中曾指出

① 〔明〕程敏政：《新安文献志》卷七〇《胡玉斋传》；程瞳：《新安学系录》卷一〇。关于胡方平的传记亦见〔清〕黄宗羲原著，全祖望补修，陈金生、梁运华点校：《宋元学案》卷八九《介轩学案》，北京：中华书局，1986年，第2973页。

“一桂之学，出于方平，得朱熹氏源委之正”。[1] 清代四库馆臣亦评价“方平及其子一桂皆笃守朱子之说”。[2]

胡方平精于易学，且深得朱熹之学的传承，《易》学研习中沉潜反复二十余年。胡方平深得朱熹之学的传承。胡方平的《易学启蒙通释》《外易》以及其子胡一桂的《周易本义启蒙翼传》《易本义附录纂疏》皆是对朱熹《易》学思想的传承、创新。

《外易》一书今已不传，《易学启蒙通释》也就成为研究胡方平易学思想的重要著作，也是他对宋元象数易学发展重要贡献的标志。

《易学启蒙通释》撰述之因要从朱熹的著作传承说起。朱子易学重要著作为《周易本义》与《易学启蒙》，因其注疏风格简约豁达，导致后世学者在学习中未能够完全理解朱子原旨；更因其时学人对《周易启蒙》的过高评价造成学者忽视《本义》而过分强调《启蒙》，这实际上违背了朱熹的原意，胡方平注意到这一弊病，他在《易学启蒙通释》序言中已有所揭示，其言：

> 朱子尝言：《易》最难读，以开卷之初，先有一重象数，必明象数，而后易可读。《启蒙》四篇，其殆专明象数，以为读本义者设欤！象非卦不立，数非蓍不行。象出于图、书而形于卦画，则上足以该太极之理，而易非沦于无体。数衍于蓍策而达于变占，则下足以济生人之事，而《易》非荒于无用。且其间又多发造化尊阳贱阴之意，易之纲领，孰有大于是者哉！明乎此，则《本义》一书，如指诸掌矣。然《启蒙》固为读本义设，而读《启蒙》者，又未可以易而视之也。[3]

又如胡次焱在《启蒙通释序》中所言：“世之为图书说者，何纷纷乎？彼惟于十数中求所谓八卦者，而见其敻不相干，于是创说以强通之。幸有一节偶合，矜以自喜，而于他节不合者，辄变例易辞，牵挽傅会，抑勒之俯就其说，

---

① 〔元〕脱脱：《元史》卷一八九《胡一桂传》，北京：中华书局，1976 年，第4322 页。

② 〔清〕永瑢等：《四库全书总目提要》卷三易类三，北京：中华书局，1965 年，第 20 页。

③ 〔元〕胡方平：《易学启蒙通释自序》，日本享和二年刻《通志堂经解》弘化三年杉原直养增刻本。

虽穿凿支离不恤也……宗老玉斋先生于众言殽乱中，尊信《启蒙》，为之训释、纂注，明白正大，具有渊源，隐然足以折近说之谬。”①

胡方平一生以绍述朱子为务，因此在意识到这个问题后，试图纠正后世学者对朱熹《易》学错误的理解，力求倡明义理、正本清源。《易学启蒙通释》一书正是在这一背景下，胡方平精研易学后，对朱熹《易学启蒙》的诠释之作，故胡方平自称著述之目的为“授儿辈颂习，庶由此进与本义，非敢为他人设”。② 此虽胡方平自谦之语，但也正说明此作，最初为阐发朱熹《易》学而作。《启蒙通释》结合卜筮与象数，以象出于图书、象形于卦画、数衍于蓍策、数达于变占为基本内容，注解朱熹《易学启蒙》，阐发朱熹象数《易》学的原旨。杨士奇在《易学启蒙》一文中曾评价“朱子《易学启蒙》，惟胡方平本最善”。③ 林忠军教授在解析象数易学发展历程中，对胡方平评价甚高，认为胡氏“承传和高扬了朱子的象数《易》学，对于后世研究朱子象数易学乃至整个象数有重大的影响”。④

胡方平在总结象数易学与义理易学的基础上，著《易学启蒙通释》以阐发朱子《易学启蒙》之大义，纠后学之误读；既兼顾了程朱理学的传承，也为元代象数《易》学的发展贡献了一分力量。

三、《易学启蒙通释》版本考述

《易学启蒙通释》的成书时间应在宋末元初⑤，根据胡氏自序中所言“已

---

① 〔元〕胡次焱：《梅巖文集》卷三《易学启蒙通释序》，《文渊阁四库全书本》第1188册，台北：商务印书馆，1986年，第550—551页。

② 〔元〕胡方平：《易学启蒙通释自序》，日本享和二年刻《通志堂经解》弘化三年杉原直养增刻本。

③ 〔明〕杨士奇：《东里续集》卷一六《易学启蒙》，《文渊阁四库全书本》第1238册，台北：商务印书馆，1986年，第579页。

④ 林忠军：《象数易学发展史》第二卷，济南：齐鲁书社，1994年，第373页。

⑤ 谷建教授发表于《儒家典籍与思想研究》上的《胡方平生平及其著作考订》一文，内容翔实，对易学启蒙通释的成书及其版本流源问题有深入研究，此次亦多所取鉴，并在基础上有所进一步补充。

丑仲春中澣新安后学胡方平序”①，又因其子胡一桂曾于是年携此书至武夷山拜访闽中朱子学传人熊禾、刘泾，当知此书应成书于元至元己丑（1289）年之前，具体成书何时，今不可考。

《易学启蒙通释》成书后胡氏并未立即付梓刊印，而是由其子胡一桂携带入武夷山求教于熊禾、刘泾。刘泾序跋有云：“一日，约退斋熊君访云谷遗迹。适新安胡君庭芳来访，出《易学启蒙通释》一编，谓其父玉斋平生精力尽在此书，辄为刻置书室。”② 作跋之年在至元壬辰（1292），又据朱彝尊《经义考》所记其子胡一桂题识中言：“一桂承兹付授，不敢失坠。辛卯九月，再入闽关，历壬辰季夏，两书录梓皆成。是书感随斋刘侯捐金造就之赐，永矢无斁。雠校之余，谨次其事如左。六月望日男胡一桂百拜谨识。”③ 可推知胡氏《易学启蒙通释》刊于至元壬辰（1292）六月，胡一桂将此书稿本携带入武夷山，熊禾、刘泾因仰慕圣贤之名而刊印此书。此后元致和元年（1328）又由福州环西书院覆刻，版式如初刊本，仅刘泾跋文尾注为“致和戊辰夏朔环西书院重刊谨跋”，此本即是“元覆刻本”。元代初刻和覆刻本是后来多数《易学启蒙通释》的底本（现藏北京大学图书馆、国家图书馆，同时“中华再造善本丛书”有影印存世）。

明代《易学启蒙通释》有两个相对完整的刊本，其一是刊定《性理大全》收录的版本，该书将胡方平《通释》稍做删减而录于其中，正如钟彩钧教授考证“明初纂修的《性理大全》，其中卷十四至十七为《易学启蒙》，将方平的《易学启蒙通释》除了极少数的删减以外，全书收入，只不过另外再补上

---

① 关于胡方平自序是否存在问题。日本尊经阁文库至元刊本，致和元年福州环溪书院覆刻本等皆不见胡氏自序；后出的《四库全书》本、通志堂经解本等也未有此序，故而怀疑此至元乙丑为熊禾与刘泾作跋时间。然而根据日本享和二年刊刻的《通志堂经解》弘化三年衫原直养的修订本后记，我们可以看到衫原直养所修订的刊本就补了胡方平自序，可见此序应实有。可参见谷建《胡方平生平及其著作考订》，《儒家典籍与思想研究》，2013 年。

② 〔元〕胡方平：《易学启蒙通释》卷末《刘泾跋》，日本享和二年刻《通志堂经解》弘化三年杉原直养增刻本。

③ 〔元〕胡方平：《易学启蒙通释》卷首《胡一桂题识》，清影元钞本（清原宣贤抄本）。

一些朱子、蔡西山、黄瑞节等人的言论而已”[①]，但是此本的编排顺序与胡氏原刻差距较大。此外明代胡氏后裔与新安曾刊刻此书，此本将原来的两卷本分为四卷，革新了胡氏原稿的样貌。据嘉庆年间刊本后余鹏抟所言：“明季，先生裔孙烈征、锦鳌、之珩诸人续刊是书，历年兹多，字画漫漶脱误，难以枚数。近征裔锦川、华川昆仲承先人紫园太守公遗志，编订藏本，欲广其傅。得昆山徐氏所刻通志堂本，及诸易书援引之说校之。”[②] 可知胡氏后裔于明末刊印此书，惜不传，此疑似纳兰性德序中所言“新安旧有槧本，今已不可得”。[③]因此本不传，新安胡氏后裔又据《通志堂经解》本再次刊印，即今所言“嘉庆新安槧本”。

清代刊本较多，除嘉庆本以外皆以元代刊本为底本，诸如《通志堂经解本》、日清原宣贤所存的“清影元钞本”，而此后刊刻《四库全书》《四库荟要》时又以《通志堂经解》本为底本，形成我们现在看到的《四库全书》本、《四库荟要》本[④]。《四库荟要》本基本上对《通志堂经解》本进行了完全照搬的抄写，并对其中一些问题做了校正。四库本虽以《通志堂经解》本为底本，但誊抄者疑似为完成皇家任务，对《通志堂经解》本的错误有视而不见之嫌，甚至由于抄写时漫不经心，徒增不少错误，其中最为严重即是卦画错乱无序，对读者理解造成巨大影响。

此外，现存较为完备且错讹较少的除元刻明修本以外，日本还有几个版本值得我们注意，日本内阁浅草文库藏有日本享和二年（1802）刊刻《通志堂经解》本《易学启蒙通释》。内阁浅草文库另有一个版本《通志堂经解》，此本中收录的《易学启蒙通释》后有日本学者衫原直养的后记：

> 此书原系经解本重镌，然讹脱不尠，天保甲辰夏日，俾试员就影钞元槧本及朱子《文集》《语类》等校订，且并钞本所载胡氏自序、

① 钟彩钧：《胡方平、一桂父子对朱子易学的诠释》，《元代经学国际研讨会论文集》，台北：“中央研究院”中国文哲研究所筹备处2002年，第208页。

② 〔元〕胡方平：《易学启蒙通释》卷末《重刊易学启蒙通释附识》（余鹏抟），清嘉庆十七年新安刊本。

③ 〔元〕胡方平：《易学启蒙通释》卷首《纳兰性德序》，《通志堂经解本》，第2册，江苏广陵古籍刊印社，第1页。

④ 关于胡氏《易学启蒙通释》成书几版本情况，亦可参见谷建《胡方平生平及其著作考订》，《儒家典籍与思想研究》，2013年。

熊禾跋文补刊。衫原直养记。

亨和二年刊　弘化三年订

根据后记，我们可以得知，此本乃以日享和二年（1802 年）刊刻的《通志堂经解》本为底本，试员们于天保十五年（1844 年）结合元椠本、朱熹等著作校订，于弘化三年（1846 年）增订刊刻而成[①]。将此本与“中华再造善本丛书”的元刻明修本做对比可发现：此本既弥补了原本《通志堂经解》本中的错讹，同时也将现存元刻明修本的阙文补充，实为现存《易学启蒙通释》的最佳版本，此本北京大学图书馆有收藏。

宋元易代，象数易学在义理之学的兴盛下延续着其传承。在吸收理学思想的内涵的基础上完成了质的转变。作为程朱理学的传承者，胡方平究其一生所创作出的《易学启蒙通释》，是恪守朱子易学所形成之精华。当然这种恪守朱学是有所损益的：一方面胡氏坚守朱熹易学启蒙的宗旨，这从《通释》编纂体例及内容便可一目了然；另一方面胡方平从象数、义理两方面对朱熹的《易学启蒙》进行补充阐释，增加了阴阳尊卑、阴阳互换等思想内涵。这样既达到了对朱熹思想正本清源的效果，又丰富完善了朱熹《易》学的内涵，故熊禾称赞其书“其穷象数也精深，其析义理也明白”。[②]

---

① 按：浅草文库存有一函两册《通志堂经解》本的《易学启蒙通释》，此本有红色批注，校对《中华再造善本》的元刻明修本，此疑似天保十五年试员修订《通释》的稿本。

② 〔元〕胡方平：《易学启蒙通释》卷末《熊禾跋》，日本享和二年刻《通志堂经解》弘化三年杉原直养增刻本。

文子以道论为基础的治国理政思想

夏绍熙

（西北大学中国思想文化研究所讲师）

摘　要：文子及其学派的思想代表着道家对于治国安邦之术的深入思考。文子思想的核心是探讨如何让统治者因顺自然之道，无为而治，从而实现国家和谐，民众安宁。道论是文子思想的基础，侧重于从道生成万物的角度来理解道的根本性作用，提出“无为”“因循”“自然”三个重要概念来说明人对于道的顺应和服从。天下有道还是无道，人得道还是失道是《文子》书最关心的问题。

关键词：文子；道论；无为；因循；自然

文子是先秦道家学派的代表人物之一，《文子》记述了文子及其后学的思想。东汉思想家王充在《论衡·自然》中说：“以孔子为君颜渊为臣，尚不能谴告，况以老子为君，文子为臣乎？老子、文子，似天地者也。”① 王充将老子、文子并列，认为他们是禀天地之气而生的圣贤，懂得自然无为之道的精髓，可见文子思想对中国思想文化史曾产生过较大影响，本文从老子与文子思想之关系的角度探讨文子的治国理政思想。

一、文子其人其书简述

东汉班固《汉书·艺文志》著录有“《文子》九篇”，班固自注云：“老子弟子，与孔子并时，而称周平王问，似依托者也。”从这则简短评介中可知班固肯定文子为老子弟子，但姓名和国籍已不能确定；对《文子》书之渊源也含糊其词，没有留下更多信息。陈国庆对此进行简要考释说：“此书大旨皆

---

① 黄晖 撰：《论衡校释》，北京：中华书局，1990年，第783页。

本《老子》，凡二卷十二篇。清《四库全书》著录入道家。或题《通元真经》。"[1]《隋书·经籍志》《旧唐书·经籍志》《新唐书·艺文志》皆著录有《文子》十二卷。自汉至唐，人们都认为文子是老子的高徒，而《文子》书为文子所著，系先秦古籍。然而思想家文子和《文子》一书却很少被学者提及。唐代柳宗元在其短文《辩文子》中对该书的学术价值有明确评估，他说："《文子》书十二篇，其传曰老子弟子，其辞时有若可取，其指意皆本《老子》。然考其书，盖驳书也。其浑而类者少，窃取他书以合之者多。"[2] 柳宗元指出《文子》书驳杂不纯，其中许多内容为后人所增益，显得杂乱，但立论往往有可取之处，因此放弃又觉得可惜。这一看法对后世影响颇大。

尽管如此，文子和《文子》一书在道教中却拥有较高地位。唐玄宗天宝元年（742）二月，皇帝下诏："《古今人表》，玄元皇帝升入上圣。庄子号南华真人、文子号通玄真人、列子号冲虚真人、庚桑子号洞虚真人。改《庄子》为《南华真经》《文子》为《通玄真经》《列子》为《冲虚真经》《庚桑子》为《洞虚真经》。"[3]《道藏》"洞神部玉诀类"中存有唐代道士徐灵府（号默希子）注解的《通玄真经》十二卷，元代道士杜道坚撰写的《通玄真经缵义》十二卷以及朱弁注《通玄真经》七卷，其中徐灵府注《通玄真经》尤为治《文子》者所重。

值得注意的是，1973 年在河北定州八角廊村 40 号汉墓（墓主为西汉中山怀王刘修）出土大批竹简，其中有《文子》《论语》《儒家者言》《太公》等多种。[4] 定州汉简整理小组初步指出《文子》竹简有 277 枚，2790 字，对照今本《文子》，可发现其中属《道德篇》的竹简有 87 枚，1000 余字。另有少量竹简文字与《道原》《精诚》《微明》《自然》等篇的内容相似，其余均是不见于今本《文子》的佚文。整理小组通过对汉简《文子》的研判，认为其"理道深至，笔力劲练，非周秦间人不能为"。《文子》非伪书，但传世本《文

---

① 陈国庆：《汉书艺文志注释汇编》，北京：中华书局，1983 年，第 122 页。

② 〔唐〕柳宗元：《柳河东集》，北京：中华书局，2008 年，第 68 页。

③ 转引自王利器：《文子疏义·序》北京：中华书局，2000 年，第 1 页。

④ 参见河北省文物研究所：《河北定县 40 号汉墓发掘简报》，载《文物》1981 年第 8 期。

子》经后人增益，也确实驳杂不纯。[1] 当前研究整理《文子》比较有代表性的著作是王利器撰《文子疏义》（中华书局2000年版）和李定生、徐慧君校释《文子校释》（上海古籍出版社2004年版）。本文以这两部著作为基础讨论文子及其学派之思想。

二、文子对老子道论的继承和改变

杜道坚在《通玄真经缵义》的序言中说："《文子》者，《道德经》之传也。"[2] 这明确指出《文子》是对老子思想进行阐述和发挥的作品。文子道论承自老子。老子论道，言简意赅，意味深长，文子论道则有本有源，生动具体。《文子》书第一卷《道原》开篇即云：

> 老子曰："有物混成，先天地生，惟象无形，窈窈冥冥，寂寥淡漠，不闻其声，吾强为之名，字之曰道。"夫道者，高不可极，深不可测，包裹天地，禀受无形，原流泏泏，冲而不盈，浊以静之徐清。施之无劳，无所朝夕，表之不盈一握。约而能张，幽而能明，柔而能刚，含阴吐阳，而章三光。山以之高，渊以之深，兽以之走，鸟以之飞，麟以之游，凤以之翔，星历以之行。以亡取存，以卑取尊，以退取先。古者三皇，得道之统，立于中央，神与化游，以抚四方。是故能天运地滞，轮转而无废，水流而不止，与物终始。风兴云蒸，雷声雨降，并应无穷，已雕已琢，还复于礼。无为为之而合乎生死，无为言之而通乎德，恬愉无矜而得乎和，有万不同而便乎生。和阴阳，节四时，调五行，润乎草木，浸乎金石，禽兽硕大，毫毛润泽，鸟卵不败，兽胎不殡。父无丧子之忧，兄无哭弟之哀，童子不孤，妇人不孀，虹蜺不见，盗贼不行，含德之所致也。天常之道，生物而不有，成化而不宰，万物恃之而生，莫之知德；恃之而死，莫之能怨。收藏畜积而不加富，布施禀受而不益贫。忽兮恍兮，不可为象兮；恍兮忽兮，用不诎兮；窈兮冥兮，应化无形兮；遂兮通兮，不虚动兮，与刚

---

① 参见河北省文物研究所定州汉简整理小组：《定州西汉中山怀王墓竹简〈文子〉的整理和意义》，载《文物》1995年第12期。

② 《道藏》第16册，北京、上海、天津：文物出版社、上海书店、天津古籍出版社，1988年，第754页。

柔卷舒兮，与阴阳俯仰兮。①

这是对《老子》书第25章的诠释，其思想与老子一致，文子认为“道”是浑然不可得而知的，它寂寥深远，无形无声，而又无所不在，无所不包，它不是某种可听、可见、可触的对象，它超越任何具体的事物，是最先的、最基础和最根本的存在。同时“道”运行不止，生成万物，一切事物都因“道”而生生不息，不能离开道而存在。天地间的自然万物、人类社会的秩序、各种事物的生死循环、周而复始，归根结底都是因为有“道”。

“道”作为根本性的存在，不是静止不动的，而是不断变化，具有神妙的生化功能的。“道”是天地万物之源头或开端，为万物的生成奠定基础，并与万物变化的整个过程相始终，所以《道原》篇说：

> 夫道者，陶冶万物，终始无形，寂然不动，大通混冥；深闳广大，不可为外；折毫剖芒，不可为内；无环堵之宇，而生有无之总名也。②

《微明》篇说：

> 道者，所谓无状之状，无物之象也。无达其意，天地之间，可陶冶而变化也。③

“道”化育生成万物，文子称之为“陶冶万物”或“可陶冶而变化”，这一过程是永无停歇的，但又无声无形，难以察其终始，在冥冥之中，无所不至，混然而通。

“道”是无限的，可以说是至大无外，至小无内，但它具有整体性，其中包含着有与无两种相反相成的因素，万物正是在这两种因素的推动之下得以生成。正所谓“夫道有无相生也，难易相成也”④。文子又进一步将有无对立统一具体化为阴气和阳气的相互激荡、相互推动，从而比较明确地论述“道”不断运行、生成万物的过程，《九守》篇说：

> 天地未形，窈窈冥冥，浑而为一，寂然清澄，重浊为地，精微为天，离而为四时，分而为阴阳，精气为人，粗气为虫，刚柔相成，万

---

①②③④　李定生、徐慧君：《文子校释》，上海：上海古籍出版社，2004年，第1—2页、第17页、第266页、第45页。

物乃生。[①]

“道”无形无象，不可得见，玄深微妙，可理解为混沌未分的元气，其中包含着重浊的阴气，精微的阳气，在阴阳之气的相互作用下，天地之间各种各样的事物得以逐渐生成。《下德》篇说：“阴阳陶冶万物，皆乘一气而生。”[②]“一气”分而为阴阳，阴阳散而生成万物，这就使得“一”在文子道论中占有极为重要的地位，它甚至与“道”相等同，是“道”的另一个名称。如：

> 无声无形者，视之不见，听之不闻，是谓微妙，是谓至神，绵绵若存，是谓天地之根。道无形无声，故圣人强为之形，以一字为名，天地之道。[③]

文子认为“道”的变化是微妙神奇的，它“无形无声……以一字为名”，这与《老子》第14章“视之不见名曰夷，听之不闻名曰希，搏之不得名曰微。此三者，不可致诘，故混而为一”的说法是相通的。《文子》还提出：“一也者，无适之道也，万物之本也”[④]“道者一立而万物生矣”[⑤]；“万物之总，皆阅一孔；百事之根，皆出一门”[⑥]；“天地运而相通，万物总而为一，能知一即无一不知也，不能知一即无一能知也”[⑦]。这种思想与老子就有所不同了，《老子》第42章说：“道生一，一生二，二生三，三生万物。”这里的“道生一”是指道生浑然未分之气，“一生二”则是浑然未分之气化为阴气和阳气，由此可见，老子认为“道”高于“一”。《老子》第39章还说：“昔之得一者，天得一以清，地得一以宁，神得一以灵，谷得一以盈，万物得一以生，侯王得一以为天下贞。”此处“得一”指天地间一切事物的初始和产生都有其根源，万物各得其根本而成为自身，这个“一”描述了“道”之复杂意义的一个方面，即它是一切事物都离不开的根本，是一切事物得以存在的根据，是一切事物的统一性所在。“一”是老子说明万物生成的一个重要环节，它指示着万物的整体性和统一性，但老子没有表述过一即道、道即一的思想，“一也者，无适之道也，万物之本也”是文子在解读老子思想的过程中提出的重要命题。

---

①②③④⑤⑥⑦ 李定生、徐慧君：《文子校释》，上海：上海古籍出版社，2004年，第99页、第354页、第80—81页、第201页、第29页、第33页、第103页。

三、文子道论中的三个重要概念：无为、因循、自然

纵观《文子》全书，第一篇《道原》，论“大道”之原本，起首即引用《老子》第25章论“道”在天地万物运化过程中的根本性、终极性地位。第十二篇《上礼》，论人道之际，尊卑贵贱之别，而以诠释《老子》第57章“以正治国，以奇用兵”作为全书之终结，其以道论为基础纵论治国用兵之术的特点昭然若揭。可以说《文子》论道必不离人，论人必归宗于道，“道”与“人”的关系或者说如何运用“道”来治理社会的问题是其所关注的核心问题。《文子》中盛称大丈夫、大人、圣人、至人、真人、伏羲氏、黄帝、夜行者、体道者、执道以御民者、善用道者、善为天下者等等，这些都是因循“大道”治国用兵而使天下安宁的楷模。

先来看《文子》所说的“大丈夫”，《道原》篇云：

> 大丈夫恬然无思，淡然无虑，以天为盖，以地为车，以四时为马，以阴阳为御，行乎无路，游乎无怠，出乎无门。以天为盖，则无所不覆也；以地为车，则无所不载也；四时为马，则无所不使也；阴阳为御，则无所不备也。是故疾而不摇，远而不劳，四支不动，聪明不损，而照见天下者，执道之要，观无穷之地也。故天下之事不可为也，因其自然而推之；万物之变不可救也，秉其要而归之。是以圣人内修其本，而不外饰其末，历其精神，偃其知见，故漠然无为而无不为也，无治而无不治也。所谓无为者，不先物为也；无治者，不易自然也；无不治者，因物之相然也。①

这一段生动的描写刻画出“大丈夫”最重要的几个特点，首先从内在的心灵来看，大丈夫没有谋求，没有思虑，心态恬静安适。大丈夫的第二个特点是顺从大道，与之俱化。他乘坐一辆大马车，这车以上天为圆圆的车盖，没有什么不能覆盖，以大地为方形的车身，没有什么不能装载，以春夏秋冬四季为拉车的骏马，没有什么不能役使，以阴阳二气驾车的仆人，没有什么不能具备。这辆大车在深玄微妙、无形无名的大道中驰骋，跑得快但是不摇晃，跑得远但又不劳乏。大丈夫身处其中，身体不疲惫，精神不懈怠，观察处理地上无

① 李定生、徐慧君：《文子校释》，第9页。

尽的世事变迁，又总能得其要领。大丈夫的第三个特点是大丈夫因顺自然，因物之相宜，因势利导治理万物。具体表现是无为而无不为，因其自然而推之。大丈夫精神内守大道而不外驰，顺从事物本性而不自作聪明，不主观盲动，不以自我为中心处理各种事务。由此看来，大丈夫身心与道合一，同时又能因循自然之道以辅佐君主治理国家。

《文子》对“无为”“因循”“自然”等重要观念做了明确的解释，并将这些观念与治国理政紧密联系起来。《自然》篇曰：

> 所谓无为者，非谓其引之不来，推之不去，迫而不应，感而不动，坚滞而不流，卷握而不散。谓其私志不入公道，嗜欲不挂正术，循理而举事，因资而立功，推自然之势，曲故不得容，事成而身不伐，功立而名不有；若夫水用舟，沙用肆，泥用輴，山用樏，夏渎冬陂，因高为山，因下为池，非吾所为也。圣人不耻身之贱，恶道之不行也；不忧命之短，忧百姓之穷也。故常虚而无为，抱素见朴，不与物杂。①

文子所谓“无为”，非“不来”“不去”“不应”“不动”“不流”“不散”，不是什么都不去做，而是不将“私志”“嗜欲”即一切以自我为中心的计谋、欲求凌驾于“公道”“正术”之上，处处遵循大道行事，万物不受干扰，巧诈无法萌生，一切事物皆顺其自然之势而变化、生成、衰亡，没有人贪图功劳，自傲自夸。与“无为”相对的行为是“有为”或“失道”，《道德》篇说：

> 夫失道者，奢泰骄佚，慢倨矜傲，见余自显自明，执雄坚强，作难结怨，为兵主，为乱首。小人行之，身受大殃；大人行之，国家灭亡，浅及其身，深及子孙。夫罪莫大于无道，怨莫深于无德，天道然也。②

文子认为失道者心态失衡，妄自尊大，行事过度，害人害己，害家害国，贻害无穷，应该极力反对。

文子提倡“无为”的根本原因，是认识到“道”的运行不以某个人的意志或好恶为转移，而是有其“常”的，即“天常之道，生物而不有，成化而

---

①② 李定生、徐慧君：《文子校释》，第329页、第186页。

不宰，万物恃之而生，莫之知德；恃之而死，莫之能怨"。[①] 所以，顺从"天常之道"而不自以为是成为人们的最佳选择，将此运用于君主治国理政的实践之中就产生了"因"这一观念，它强调依靠、凭借"道"，顺随、顺从"道"。《自然》篇云：

> 以道治天下，非易人性也，因其所有而条畅之，故因即大，作即小。古之渎水者，因水之流也；生稼者，因地之宜也；征伐者，因民之欲也。能因，则无敌于天下矣。[②]

圣人用道治理天下，不是改变人的本性，而是根据现有条件进行调理疏导。正如开挖水渠就顺着水的特性引导水流，耕种田地就根据土地肥沃程度选择该种植什么庄稼，征讨敌国就根据民心向背来派兵遣将。能因顺"常道"就有望成就大事，而背离"常道"胡作非为，就是"作即小"，是十分危险的，所以"能因，则无敌于天下"。体道者应该"循大常"[③]"循道理之数，因天地自然"[④]"遵天之道""循天之理""与天为期""从天之则"[⑤]"虚无因循"[⑥]"执道以御民者，事来而循之，物动而因之。万物之化，无不应也；百事之变，无不耦也。"[⑦]

与"因循"有密切联系的观念还有"自然"。"道法自然"观念是老子首先提出的，是老子思想的关键词。《文子》也将"自然"视为"道"的本质特征，同时更侧重于从治国理政的角度来阐发"自然"的意义。"道"生成万物的整个过程是复杂的，所谓：

> 冬日之阳，夏日之阴，万物归之而莫之使，极自然至精之感，弗召自来，不去而往，窈窈冥冥，不知所为者而功自成。[⑧]

这是事物正常运行、呈现自身的过程。在这一过程中，如果事物的本性得到尊重，其自身得以正常地展开而不受到扰乱，就是"自然"，是"道"的神奇微妙之处。身处这个过程之中的人，如果尊重而不扰乱事物自身之运行，能够因顺天道，"不以行求名，不以知见求誉，治随自然，己无所与"[⑨]，不饰智矜愚，追求名誉，顺随自然，其行为特征就可称之为"无为"。反之，不顾天道自然，自以为是，一味要弄聪明依凭强力，就必定会导致失败。因此，明白

①②③④⑤⑥⑦⑧⑨ 李定生、徐慧君：《文子校释》，第1页、第316页、第481页、第44页、第154页、第223页、第12页、第76页、第157页。

了“道之自然”，就需要自觉地“因顺”“无为”，“所谓无为者，不先物为也；无治者，不易自然也；无不治者，因物之相然也”。[①] 由此可见，“无为”“自然”“因循”三者是互相关联，缺一不可的。

《符言》进一步说：

> 山生金，石生玉，反相剥；木生虫，还自食；人生事，还自贼。夫好事者未尝不中，争利者未尝不穷；善游者溺，善骑者坠，各以所好，反自为祸。得在时，不在争；治在道，不在圣。士处下，不争高，故安而不危；水流下，不争疾，故去而不迟。是以圣人无执故无失，无为故无败。[②]

一厢情愿，妄自行事，会适得其反，自招祸患，这是背离自然之道的结果，因此应该学习圣人无执无为，这样才能立于不败之地。文子据此对“末世之法”进行评论，《下德》篇说：

> 末世之法，高为量而罪不及也，重为任而罚不胜也，危为其难而诛不敢也。民困于三责，则饰智而诈上，犯邪而行危。虽峻法严刑，不能禁其奸。兽穷即触，鸟穷即啄，人穷即诈，此之谓也。[③]

在末世，统治者想尽各种办法维持统治，但即使是严刑峻法都不能制止民众奸诈丛生，根本原因就在于“有为”，违背了自然之道。紧接着文子展示了另一种景象：

> 夫至人之治，虚无寂寞，不见可欲，心与神处，形与性调，静而体德，动而理通，循自然之道，缘不得已矣。漠然无为而天下和，淡然无欲而民自朴，不忿争而财足，施者不得，受者不让，德反归焉，而莫之惠。[④]

天下和谐，没有争夺，民众心地淳朴，生活安定，这是因循自然之道的结果。所以文子提出：

> 圣人立法，以导民之心，各使自然，故生者无德，死者无怨。[⑤]
>
> 凡事之要，必从一始，时为之纪，自古及今，未尝变易，谓之天理。上执大明，下用其光，道生万物，理于阴阳，化为四时，分为五

---

①②③④⑤　李定生、徐慧君：《文子校释》，第9页、第148页、第360页、第364页、第308页。

行，各得其所。①

要使天下得到治理，最根本的法则就是以“自然之道”引导民众，在“大道”运行的过程中，万事万物都能“各得其所”，这样的社会才是正常的社会。

四、文子的理想与追求：道行天下

天下有道还是无道，人得道还是失道是《文子》最关切的问题。文子思想的核心就是探讨如何让统治者因顺自然之道，无为而治，从而实现国家和谐，民众安宁。

君王推行大道于天下，就是“执一无为，因天地之变化”。②如前所述，“一”即生成万物、“无为而无不为”之“道”，是天下一切事物的根本。“执一”就是君王守住“道”这个根本，“君执一即治，无常即乱。君道者，非所以有为也，所以无为也。智者，不以德为事；勇者，不以力为暴；仁者，不以位为惠；可谓一矣。一也者，无适之道也，万物之本也。君数易法，国数易君，人以其位达其好憎。下之任惧不可胜理，故君失一，其乱甚于无君也。君必执一，而后能群矣。”③

这段论述明确指出，君王能否“执一”是天下治乱的关键，君主只有“执一”，才能够治理好国家。

“君必执一”是基础，在此基础之上，文子又提出“四经”即“德”“仁”“义”“礼”为四大治国原则。

> 文子问德？老子曰：畜之养之，遂之长之，兼利无择，与天地合，此之谓德。何谓仁？曰：为上不矜其功，为下不羞其病，于大不矜，于小不偷，兼爱无私，久而不衰，此之谓仁也。何谓义？曰：为上则辅弱，为下则守节，达不肆意，穷不易操，一度顺理，不私枉挠，此之谓义也。何谓礼？曰：为上则恭严，为下则卑敬，退让守柔，为天下雌，立于不敢，设于不能，此之谓礼也。故修其德则下从令，修其仁则下不争，修其义则下平正，修其礼则下尊敬，四者既修，国家安宁。故物生者道也，长者德也，爱者仁也，正者义也，敬

①②③　李定生、徐慧君：《文子校释》，第303页、第199页、第201页。

者礼也。不畜不养，不能遂长；不慈不爱，不能成遂，不正不匡，不能久长；不敬不宠，不能贵重。故德者民之所贵也；仁者民之所怀也；义者民之所畏也；礼者民之所敬也。此四者，文之顺也，圣人之所以御万物也。君子无德则下怨，无仁则下争，无义则下暴，无礼则下乱。四经不立，谓之无道。无道不亡者，未之有也。①

“四经”在《文子》中占有非常重要的地位，它是对《老子》第38章“故失道而后德，失德而后仁，失仁而后义，失义而后礼。夫礼者，忠信之薄而乱之首”的继承和发挥，同时又吸收了儒家仁义思想，墨家兼爱无私理念。文子将“四经”建立在道论的基础之上，指出只有从“道”的角度出发，才能准确地理解“四经”的功能和作用。“四经”是君王“以道御天下”的具体措施。但如果离开“道”这个根基，单纯强调“四经”，那就是“有为”，“四经”的积极作用就不会显现，反而变成束缚人的本性的教条。如果没有“四经”的支持，“道”也不能实现，变成“四经不立，谓之无道”的局面。

从《文子》中可以看到，治国理政是一项庞大的系统工程，天下大治是不断积累得来的结果。“无为”不是束手旁观，而是积极地深入地向“自然之道”求教。

学问不精，听道不深。凡听者，将以达智也，将以成行也，将以致功名也。不精不明，不深不达。故上学以神听，中学以心听，下学以耳听。以耳听者，学在皮肤；以心听者，学在肌肉；以神听者，学在骨髓。故听之不深，即知之不明；知之不明，即不能尽精；不能尽其精，即行之不成。凡听之理，虚心清静，损气无盛，无思无虑，目无妄视，耳无苟听，专精积蓄，内意盈并，既以得之，必固守之，必长久之。②

这表明要行“大道”于天下，必须对其有精深的理解，而精深的理解需要聚精会神，也需要长久的坚守。因此，《文子》特别强调“精诚”，《精诚》篇说：

神越者言华，德荡者行伪。至精芒乎中，而言行观乎外，此不免

①② 李定生、徐慧君：《文子校释》，第192—193页、第185页。

以身役物也。精有愁尽而行无穷极，所守不定而外淫于世俗之风。是故圣人内修道术而不外饰仁义，知九窍四肢之宜，而游乎精神之和，此圣人之游也。①

文子认为虚伪浮华会导致精神涣散，只有专心致志地向"大道"求教，才能逐渐体会到认识事物和处理事情的正确方式、方法，从而与"道"合一，这就是"圣人之游"。

在文子思想中，人需要不断地学习和实践才能对"道"有深入的理解，"见本而知末，执一而应万，谓之术；居知所以，行知所之，事知所乘，动知所止，谓之道"。②这里强调"见"与"知"两个概念，强调如何遵循"道"处理纷繁复杂的各种事务，它也表明文子重视人的主观能动性在实践过程中的发挥。老子在论述"自然"的时候说过"辅万物之自然而不敢为"（《老子》第64章），"辅"的意思是辅助、协助；而文子说"因其自然而推之"③"推自然之势"④"抱道推诚"⑤，"推"有顺随之意，也有推动、寻求、推行之意；比较而言，文子更加看重人的积极主动性的发挥。

《文子》关注的主要问题是如何在天下推行大道，从高高在上的君主到处于下层的士庶都要因循自然之道，其中的关键是统治者"执一无为"，并以此为基础用"四经"即"德""仁""义""礼"治国。在这个过程中，君主对"道"的深入体验和理解也起着关键作用，文子注重人的主观能动性，强调"推自然之势"这也可视为其对老子思想的继承与改变。

五、结　语

文子其人其书在中国思想史中很少被提及，原因是多方面的，也是复杂的。文子其人的行迹幽邈难考，我们只知道他是老子思想的传人之一。《文子》更以多种面貌出现，有人说它是"驳书"，有人说它是伪书，在道教之中，它又是不容置疑的神圣的经典，它也有出土文本，但又残缺不全，难以据之推翻其剽袭它书的论说。从现有文本及出土文本提供的有限信息来探讨其思想，能够发现《文子》是在对《老子》一书进行全面深入理解的基础之上论述其治国理政思想的，它对我们探讨道家思想的特色具有极大的启发

①②③④⑤　李定生、徐慧君：《文子校释》，第70页、第273页、第329页、第73页。

意义。其对老子道论的阐释，对“无为”“因循”“自然”的论述，以“道”为生成化育万物的根本，均给人留下深刻印象。而其“执一应万”重视“君道”，又确立“四经”为治国之道的思想，更显示出道家对于治理天下的深刻思考。

文化创新与民族复兴新征程

慎终追远，民德归厚

——谈孝道在传统文化中的地位与现代实践

董金裕

（台湾政治大学中文系名誉教授）

一、前言

从小读书，每逢清明节，学校都会举办“遥祭黄陵”的活动，家人也会齐聚祖坟扫墓。诚如《论语·学而》所载曾子之言：“慎终追远，民德归厚矣。”① 对民心的淳厚、社会风气的良善，确实起了很大的推进作用。因此践行孝道即成为传统社会的美德，自古以来就十分受重视，尤其是强调伦理教化的儒家。据《论语》所载，孔门弟子曾多次以“孝”为主题向孔子请教。且自汉代以后，历朝政府无不标榜以孝治天下，对于能躬行孝道者每每加以优礼表扬。但孝道的本义为善事父母，其范围及效用仅及于家庭之间，则是否有过于狭隘之嫌？尤其是在现代这种亲属关系日益淡薄，家庭成员互动愈来愈疏离，反而是人际关系越来越多元，与家庭之外的人接触更加频繁的情形下，孝道是否值得我们注重？即使要注重，又应该怎么去实践？确实是很值得探讨的课题。

其实，注重孝道的精神，自孔子极力倡导以来，经过许多儒者的阐发，不断地随时代的演进而扩充其范围，已不局限于家庭，而由亲亲推广为仁民、爱物，关注到整个社会人群，以至于动植物，发挥万物一体的高尚情操，层面极为开阔。这种阐发诠释不仅吻合以孔子为代表的儒家思想本意，而且能配合时代的潮流，成为一种普世的价值，继续对世界文明提供贡献。

惟在实践孝道方面，由于时代及环境的转变，型态上已由农业社会转而为

① 〔宋〕朱熹：《论语集注·学而》，《四书章句集注》，台北：大安出版社，2005 年 8 月第 1 版，第 65 页。

工商社会，观念上已由安土重迁变成迁徙频繁。再加上孝道已由家庭推展到社会人群、天地万物，则传统的行孝方式显然已无法因应，而必须切实地调整。如何在制度上妥为设计，以保证其成效能较为普遍而落实，达成老吾老以及人之老，与夫以其所不忍达之于其所忍①的目标，既符应儒家的理想，又能与现代社会相接轨，即成为我们应该黾勉以赴者。

以下即针对上述两个问题，先探讨孝道思想如何由亲亲扩展至仁民、爱物，以合乎时代的潮流；其次就在现代社会中如何践行孝道，使儒家的理想具体实现加以阐述。所论是否得当，尚祈方家有以教之。

二、孝道思想的扩大诠释

孝的本义为善事父母，属于亲亲的层次，其后乃逐渐扩大为仁民、爱物，遂由家庭伦理拓展为社会伦理、自然伦理，兹分点述之如下：

（一）孝的本义——亲亲

孝的本义，据《说文解字》的解释为：

> 孝，善事父母者，从老省从子，子承老也。②

段玉裁注曰：

> 《礼记·祭统》曰：“孝者，畜也。”③

徐灏笺曰：

> 《孝经说》曰：“孝，畜也。畜，养也。”④

凡此解说，皆可见孝的本义为善于奉养父母。试观《论语》所载，诸弟子向孔子问孝，孔子所对答者，如：

> 孟懿子问孝。子曰：“无违。”樊迟御，子告之曰：“孟孙问孝于我，我对曰：‘无违。’”樊迟曰：“何谓也？”子曰：“生，事之以礼；

---

① 〔宋〕朱熹著：《孟子集注·尽心下》：“人皆有所不忍，达之于其所忍，仁也。”此取其语，在此意指不忍父母未受适当之照顾，因而能善事父母，并以此心意推广至其他的人、物上。《四书章句集注》，台北：大安出版社，2005 年 8 月第 1 版，第 522 页。

②③ 〔汉〕许慎著，〔清〕段玉裁注：《说文解字注》，台北：黎明文化事业公司，1978 年 11 月 4 版，第 402 页。

④ 〔汉〕许慎著，〔清〕段玉裁注，〔清〕徐灏笺：《说文解字注笺》，台北：广文书局，1972 年版，第 2871 页。

死，葬之以礼，祭之以礼。”

孟武伯问孝。子曰：“父母唯其疾之忧。”

子游问孝。子曰：“今之孝者，是谓能养。至于犬马，皆能有养；不敬，何以别乎？”

子夏问孝。子曰：“色难。有事弟子服其劳，有酒食先生馔，曾是以为孝乎？”①

抑或是孔子论述孝道，如：

子曰：“事父母几谏。见志不从，又敬不违，劳而不怨。”

子曰：“父母在，不远游。游必有方。”

子曰：“三年无改于父之道，可谓孝矣。”

子曰：“父母之年，不可不知也。一则以喜，一则以惧。”②

不论是孔子直接论述孝道，还是答复弟子问孝，基本上都没有超乎家庭父子之间的范围，与孝的本义相符。即使是《孟子》中的记载，仍然有极大部分属于这种范围，如：

壮者以暇日修其孝悌忠信，入以事其父兄，出以事其长上，可使制梃以挞秦楚之坚甲利兵矣。③

是故明君制民之产，必使仰足以事父母，俯足以畜妻子，乐岁终身饱，凶年免于死亡。然后驱而之善，故民之从之也轻。今也制民之产，仰不足以事父母，俯不足以畜妻子，乐岁终身苦，凶年不免于死亡。此惟救死而恐不赡，奚暇治礼义哉？王欲行之，则盍反其本矣。五亩之宅，树之以桑，五十者可以衣帛矣；鸡豚狗彘之畜，无失其时，七十者可以食肉矣；百亩之田，勿夺其时，八口之家可以无饥矣；谨庠序之教，申之以孝悌之义，颁白者不负戴于道路矣。老者衣

① 上引四则皆见朱熹著：《论语集注·为政》，《四书章句集注》，台北：大安出版社，2005年8月第1版，第72—73页。

② 上引四则皆见朱熹著：《论语集注·里仁》，《四书章句集注》，台北：大安出版社，2005年8月第1版，第98页。惟第三则属重出而较略之章，《论语·学而》载：“子曰：‘父在，观其志；父没，观其行；三年无改于父之道，可谓孝矣。’”《四书章句集注》，台北：大安出版社，2005年8月第1版，第66页。

③ 〔宋〕朱熹著：《孟子集注·梁惠王上》，《四书章句集注》，台北：大安出版社，2005年8月第1版，第285页。

帛食肉，黎民不饥不寒，然而不王者，未之有也。[①]

舜尽事亲之道而瞽瞍厎豫，瞽瞍厎豫而天下化，瞽瞍厎豫而天下之为父子者定，此之谓大孝。[②]

凡此所说的孝，也都是指事父母而言，与孝的本义相符。可见不管是孔子还是孟子，所谈论的孝道，概括而言，几乎都是针对亲子关系作阐述，而属于家庭伦理。

（二）孝道的扩充——由亲亲而仁民、爱物

孝的本义既然是善事父母，属于亲亲的层次，但《论语》却载："（有子曰）……君子务本，本立而道生。孝弟也者，其为仁之本与！"[③] 这是因为对父母的爱出自良知良能，是非常自然的[④]，与仁为自然感情的发露，性质正相一致，故孝可以作为行仁的根本。所谓仁，《论语》载有子贡与孔子的对话：

子贡曰："如有博施于民而能济众，何如？可谓仁乎？"子曰："何事于仁，必也圣乎！尧舜其犹病诸！夫仁者，己欲立而立人，己欲达而达人。能近取譬，可谓仁之方也已。"[⑤]

仁为诸德之总称，乃是一个抽象的概念；圣则是成德之名，必须有具体的事功表现。所以必须以"能近取譬"的仁之方，达到"己欲立而立人，己欲达而达人"的地步，亦即做到"博施于民而能济众"，才可以算是已臻于圣的境界。因此仁与圣并非截然的两件事，仁为圣的内涵，圣则为仁的实践，相须而成为一种体用关系。又按《礼记·祭义》记载：

曾子曰："身也者，父母之遗体也。行父母之遗体，敢不敬乎？

① 〔宋〕朱熹著：《孟子集注·梁惠王上》，《四书章句集注》，台北：大安出版社，2005年8月第1版，第290页。

② 〔宋〕朱熹著：《孟子集注·离娄上》，《四书章句集注》，台北：大安出版社，2005年8月第1版，第403页。

③ 〔宋〕朱熹著：《论语集注·学而》，《四书章句集注》，台北：大安出版社，2005年8月第1版，第62页。

④ 〔宋〕朱熹著：《孟子集注·尽心上》："人之所不学而能者，其良能也；所不虑而知者，其良知也。孩提之童，无不知爱其亲；……亲亲，仁也；……无他，达之天下也。"《四书章句集注》，台北：大安出版社，2005年8月第1版，第495页。

⑤ 〔宋〕朱熹著：《论语集注·雍也》，《四书章句集注》，台北：大安出版社，2005年8月第1版，第123页。

居处不庄，非孝也；事君不忠，非孝也；莅官不敬，非孝也；朋友不信，非孝也；战陈无勇，非孝也；五者不遂，裁及于亲，敢不敬乎？”①

意谓不管是做什么，只要是分内所应行的事，即竭尽心力，黾勉以赴，来为社会群体提供贡献，都包含在孝的范围之内。这种孝显然已不限于父子之间的伦理关系，而扩及于其他的伦理了。

综上所述，孝为行仁的根本，仁者“己欲立而立人，己欲达而达人”，实践仁则可以达到“博施于民而能济众”的境界。又据孔门之中最以孝著称的曾子之推衍阐发，孝还可涵盖“庄”“忠”“敬”“信”“勇”诸德，几乎可谓等同于仁了。如此，则属于亲亲之道的孝，至此已扩充为仁民矣！

不仅如此，《礼记·祭义》又载曾子尝引述孔子之言，以为取物宜注重配合时令，做适当的节制，曰：

曾子曰：“树木以时伐焉，禽兽以时杀焉。夫子曰：‘断一树，杀一兽，不以其时，非孝也。’”②

孝既为行仁之本，滥伐滥杀有害于仁，即有害于作为行仁根本的孝，故孔子以为非孝也。至此，孝道又扩充至爱物矣！

仁道的具体表现在于忠恕，孔子曰：“忠恕违道不远，施诸己而不愿，亦勿施于人。”③ 自己既不愿受戕害，则可推知人、物也希望能生能活，故其终极目标乃在于使所有的人、物皆能各遂其生，各得其所。此即孟子所谓“君子之于物也，爱之而弗仁；于民也，仁之而弗亲；亲亲而仁民，仁民而爱物”。④“万物皆备于我。反身而诚，乐莫大焉。强恕而行，求仁莫近焉。”⑤ 而后来张

---

①② 〔汉〕戴圣编，郑玄注，〔唐〕孔颖达疏：《礼记正义·祭义》，台北：艺文印书馆影印嘉庆二十年江西南昌府学开雕《重刊宋本礼记注疏附校勘记》，第821页。

③ 〔宋〕朱熹著：《中庸章句·第十三章》，《四书章句集注》，台北：大安出版社，2005年8月第1版，第30页。

④ 〔宋〕朱熹著：《孟子集注·尽心上》，《四书章句集注》，台北：大安出版社，2005年8月第1版，第509—510页。

⑤ 〔宋〕朱熹著：《孟子集注·尽心上》，《四书章句集注》，台北：大安出版社，2005年8月第1版，第491页。

载所强调的"民吾同胞，物吾与也"[①] 的精神，正是孝道由亲亲扩充为仁民、爱物的至高境界。

三、孝道的现代实践

儒家思想的最大特色为注重实践而不尚空言，孝道思想当然也是如此。惟古人的行孝方式，因时移势异，到了现代，固然有值得我们参考者，但也有需要改弦更张或补充加强之处。兹分就亲亲与仁民爱物两方面，论述之如下：

（一）就亲亲而言

孔子论孝之实践，依前引孔门师生有关孝道的问答，如"今之孝者，是谓能养""有事弟子服其劳，有酒食先生馔"等，属偏于子女对父母提供物质的奉养；另如"不敬，何以别乎""色难"等，则属于让父母在精神上感到受尊重或愉悦。再看孟子之论孝，他曾说："世俗所谓不孝者五：惰其四肢，不顾父母之养，一不孝也；博弈好饮酒，不顾父母之养，二不孝也；好货财，私妻子，不顾父母之养，三不孝也；从耳目之欲，以为父母戮，四不孝也；好勇斗狠，以危父母，五不孝也。"[②] 虽说是世俗认定的不孝，孟子似乎也认同而加以引述。至于《礼记·祭义》则两度记载曾子之论孝："曾子曰：'孝有三：大孝尊亲，其次弗辱，其下能养。'""（曾子曰）孝有三：小孝用力，中孝用劳，大孝不匮。思慈爱忘劳，可谓用力矣；尊仁安义，可谓用劳矣；博施备物，可谓不匮矣!"[③] 所说虽不尽相同，但仍有共通之处。

综合上述孔子、孟子、曾子所言，盖有两个共通之处：一为他们都兼重物质、精神两个层面，二为偏于物质层面的"养"，虽属世俗之见而将之归于"其下""小孝"，但皆被认可而属于较基本者。

以我们在现代的实践孝道而言，第一个共通点仍然值得重视遵循，除物质的奉养以外，举凡可以使父母感到受尊重或心情愉悦的各种举措皆应实行。至

---

① 〔宋〕张载撰：《张载集·正蒙·乾称》，台北：汉京文化事业公司，1983 年 9 月，第 62 页。

② 〔宋〕朱熹著：《孟子集注·离娄下》，《四书章句集注》，台北：大安出版社，2005 年 8 月第 1 版，第 419 页。

③ 〔汉〕戴圣编，郑玄注，〔唐〕孔颖达疏：《礼记正义·祭义》，台北：艺文印书馆影印嘉庆二十年江西南昌府学开雕《重刊宋本礼记注疏附校勘记》，第 820—821 页。

于第二个共通点的“养”，当然指的是子女对父母的物质奉养，亦即子女采取“反哺”的做法，这也形成了传统的“养儿防老”观念。这种观念虽然不能说是错误，但对已无谋生能力的老者而言，却缺乏明确有力的保障。有太多的因素，举如未生儿育女，或虽有儿女但其能力不足……，都会影响到对老者应有之照顾。因此“养儿防老”的观念显然已经落伍，而必须改弦易辙，以保证老者在基本的生活需求上无所匮乏。

因此养老制度的建立，便成为我们现代实践孝道的必要途径。各国政府都应该依据国情，设计并施行符合国人需求的养老制度，不再是像过去一样的由子女作个人式的“反哺”，而是由国家整体对曾为社会提供贡献的老者做集体式的“反哺”，确保老者在物资供应方面能独立自主。如此，老者不必在生活上乞怜于人，可以很有尊严的安度其余年，也可以获致精神上的满足，而达到与第一个共通点相同的目标。

（二）就仁民爱物而言

前已引述《论语·雍也》记载孔子回答子贡之问，曾说：“夫仁者，己欲立而立人，己欲达而达人。能近取譬，可谓仁之方也已。”亦即能推己及人则可以达到“博施于民而能济众”的地步。另外《论语·宪问》又记载孔子回答子路之问，曰：

> 子路问君子。子曰：“修己以敬。”曰：“如斯而已乎？”曰：“修己以安人。”曰：“如斯而已乎？”曰：“修己以安百姓。修己以安百姓，尧、舜其犹病诸！”①

修己以敬者，己立己达之事；修己以安人、修己以安百姓者，立人达人之事。彼此所讲，可以相互发明，而皆属仁民之事。孟子在这方面，也提出了“人溺己溺，人饥己饥”的关怀弱势者的看法，曰：

> 禹、稷当平世，三过其门而不入，孔子贤之。颜子当乱世，居于陋巷，一箪食，一瓢饮。人不堪其忧，颜子不改其乐，孔子贤之。孟子曰：“禹、稷、颜回同道。禹思天下有溺者，由己溺之也；稷思天

① 〔宋〕朱熹著：《论语集注·宪问》，《四书章句集注》，台北：大安出版社，2005年8月第1版，第222页。

下有饥者，由己饥之也，是以如是其急也。禹、稷、颜子易地则皆然。”①

“人溺己溺，人饥己饥”的胸怀，建基于能为对方设身处地，具有同理之心，此与推己及人的观念并无二致。

在爱物方面，《论语·述而》记载：

子钓而不纲，弋不射宿。②

可见孔子之取物有节，其仁爱之心已由人推展至禽兽。孟子的思想承自孔子而有进一步的发挥，首先肯定恻隐之心是每个人都具有的，此恻隐之心即为仁之端，曰：

人皆有不忍人之心，……所以谓人皆有不忍人之心者，今人乍见孺子将入于井，皆有怵惕恻隐之心。……由是观之，无恻隐之心，非人也。……恻隐之心，仁之端也。③

以此仁之端推而及于爱物，孟子也极力主张取物有节，以期人民养生丧死无憾，认为这是推行仁政的始基，曰：

不违农时，谷不可胜食也；数罟不入洿池，鱼鳖不可胜食也；斧斤以时入山林，材木不可胜用也。谷与鱼鳖不可胜食，材木不可胜用，是使民养生丧死无憾也。养生丧死无憾，王道之始也。④

此可见孟子实具有长远的眼光，而非短视近利者可比。不过孟子并非仅就实利的观点而有此看法，这是由于对物的关怀，其实也是仁心的自然流露，所以他说：

人皆有所不忍，达之于其所忍，仁也。⑤

---

① 〔宋〕朱熹著：《孟子集注·离娄下》，《四书章句集注》，台北：大安出版社，2005年8月第1版，第418页。

② 〔宋〕朱熹著：《论语集注·述而》，《四书章句集注》，台北：大安出版社，2005年8月第1版，第133页。

③ 〔宋〕朱熹著：《孟子集注·公孙丑上》，《四书章句集注》，台北：大安出版社，2005年8月第1版，第328页。

④ 〔宋〕朱熹著：《孟子集注·梁惠王上》，《四书章句集注》，台北：大安出版社，2005年8月第1版，第282页。

⑤ 〔宋〕朱熹：《孟子集注·尽心下》，《四书章句集注》，台北：大安出版社，2005年8月第1版，第522页。

人情常于其亲近者有所不忍，而于疏远者有所忍，能由亲近者推而及于疏远者，而亦有所不忍，此即仁也。因此当齐宣王见有牵牛过于堂下将被杀以衅钟者，不忍见其觳觫若无罪而就死地，而以羊易之，孟子即就此一事称许其有不忍之心，而鼓励他推扩此不忍之心以施行仁政。①

在对人上，不论是孔子所提的“己欲立而立人，己欲达而达人”，或孟子所讲的“人溺己溺，人饥己饥”，观念其实相同。在对物上，孔子、孟子皆注重取物之有节，孟子还对此主张赋予仁的基础。凡其所行所言，立意皆非常可取，值得我们尊崇并且认取实践。但是拿来作自我的要求虽然极为适当，责成大家皆能同遵共守，则未必具有强大的约束力，亦即其属性为道德的，并不具有强制性。既然如此，其成效也就会大打折扣而无法彰显了。

因此在仁民方面，社会福利制度的建立，才能普遍提供鳏、寡、孤、独、废、疾等弱势者的适切照顾，而非由具有善心的个人或慈善团体，做比较零散甚至于即兴式的济助。在爱物方面，保育制度的建立，才能使草木不被滥砍滥伐，禽兽不被滥捕滥杀，进而使动植物都在妥当照顾下生生不息，并使生态保持平衡。所以各国政府也都有必要依据国情，设计出符合国人需要的社会福利制度与保育制度，庶使由亲亲推而扩之于仁民、爱物的孝道，在现代实践时，都能获得全面而充分的保障，达成真正落实的目标。

四、结　语

孝道本来是家庭父子之间的伦理，但经扩大诠释之后，可由亲亲推而仁民、爱物，其层面已拓展至整个社会人群以至大自然。我们为了生活的需要，一方面必须经营分工式的群体生活，另一方面不能不获取万物作为维生的资源。对于人群理应相互扶持，以求共生共荣；对于万物也该取之有节，而不妨害其继续繁衍生长。此种观念在现代尤其具有意义。盖近一两百年以来，人们由于自我意识过度膨胀，强者予取予求，弱者任人宰割，造成弱肉强食，贫富差距愈来愈大，富者朱门酒肉臭，贫者辗转死于沟壑，致使社会骚动不安。对自然界的草木则滥砍滥伐，禽兽则滥捕滥杀，已使许多动植物濒于灭亡或绝

① 其详见朱熹著：《孟子集注·梁惠王上》，《四书章句集注》，台北：大安出版社，2005 年 8 月第 1 版，第 287—289 页，文长，不具引。

种，严重地影响生态的平衡，造成环境的破坏，并因此而威胁到人类的生存。注重孝道的精神，不论是“善事父母”或“民胞物与”的精神，正可用来唤醒大家关怀年长者及社会的弱势族群，注重生态的维持及环境的保护。

孝道思想首重实践，在这方面，不论是提供必要的物质奉养，使老者不饥不寒，也兼重精神上的满足，使其心神愉悦；或者能推己及人，怀抱“人溺己溺，人饥己饥”的胸怀，尽其所能来照顾孤苦无依者，对于万物又能取之有节，用之有度。以上传统所践行之道，都是我们在今天仍然值得遵循的。不过传统的实践方式固然有其可取之处，但也有值得检讨而改善的地方。基本上这些方式大抵是偏于情感的回报或关怀，只是一种道德性的诉求，因缺少强制性而无法保证其在亲亲或仁民、爱物上获得充分的实现。因此在现代要实践孝道，就要补传统的不足，在情感之外加进理性的因素，在道德诉求之上增添法律的规范，建立切实的养老制度、社会福利制度以及保育制度，使孝道的实践确实获得保障。

张载与眉县

赵世超

（陕西省社科联主席、陕西师范大学原校长、教授）

北宋仁宗年间的一天，有兄弟二人侍奉着母亲奔波在川陕古道上，父亲刚刚病殁于涪州任所，他们计划将灵柩护送回故乡开封。但走到郿县（今陕西眉县）的横渠，却改变了主意，就地安葬了逝者，并在此定居下来，将自己变成了横渠人。这兄弟两个就是张载和张戬。张载 38 岁中进士，三历外任，51 岁辞官返里，主持横渠书院，创立关学学派，被称为横渠先生，从此他便和横渠融为一体，再也分不开了。然而，当年是什么原因促使他们下决心留在横渠，却始终是我心中的未解之谜。很想去实地考察，竟一直不曾遇到机会。直到 2019 年 4 月，才实现了多年的夙愿。

根据中组部的规划，北京大学选调毕业生支援陕西。学弟陈昌煦以优秀博士学位获得者的身份被任命为眉县副县长，履新两年，分管诸事已皆有端绪，乃于忙中抽暇，邀请北京大学西安校友会组团到眉县参观，我作为一名老年校友随行，得以躬逢其盛。承蒙杨彬校友派车来接，一大早就出发了。适值一场夜雨过后，蓝天、绿树、房舍、道路都被洗得干干净净，益发显得风和日丽。湿漉漉的空气带着丝丝甜意，沁人心脾，极目远眺，只见南山如黛，层峦叠嶂，云蒸霞蔚，真是美不胜收。一边观景一边走，丝毫不觉得累，转眼之间，眉县到了。

昌煦陪着县委武书记在路口迎候，考察路线预先已经商定，于是，也不休息，又上车出发，看猕猴桃产业园，登平阳阁，上太白山，去常兴，过槐芽，最后到横渠张载祠。眉县南北 38 千米，东西 35 千米，近似正方形，用一天的时间，基本跑遍全境。在领略了它的形胜之后，对张载当年为什么要卜居于此，我也有了自己的理解。

地理学界多数学者都主张黄土高原风成说。喜马拉雅山脉的隆起挡住了西南印度洋上的暖湿气流，不仅使中国中西部的气候变成了干旱半干旱气候，更使近地的季节风变得极为强劲，蒙新高原上能吹走的物质都被裹挟起来向东南吹送，最终使当地只剩下了吹不动的石头，被称为石漠或戈壁。在风力转运的过程中，颗粒和比重较大的部分较早落下，形成了沙漠，只有黄土继续飘移，直到遇见秦岭这座天然屏障，才飘不过去了。眉县地处秦岭北麓，它的土壤当然正是由一批吹得最远的黄土所构成。

吹得远的原因无非两个。一是细，所以我们通常总说关中黄土团粒结构细微，易于垦耕；二是轻，土里含有很多腐殖质成分，土壤本身具备自我加肥能力。如此优良的土质在农业社会里是十分难得的。而横渠还有另外一些条件值得称道。作为黄河最大支流的渭河滚滚东去，横贯眉县全境。北岸有马家、常兴，南岸有槐芽、横渠，再加上城关和齐镇，这些眉县的名镇实际上都处在渭河的河谷里，而更北边凸起的旱原却已属于扶风了。近水的低地在典籍里被称作隰，不仅平坦、肥沃，而且耐旱，自古即为农人所喜耕，因而，《诗经》中便有“畇畇原隰，曾孙田之”之句。如果说关中盆地是陕西的“白菜心”，那么，地处渭河中段的眉县就是关中的“白菜心”。张载一眼就看中了“白菜心”里的横渠镇，不是没有道理的。

不过，让张载爱上横渠的，除了自然环境，应该还有社会环境。据司马迁《史记·货殖列传》记载，关中民“好稼穑，殖五谷，地重，重为邪”。意思是说这里土层深厚，百姓皆勉力于农，绝不肯轻涉奸邪之事。横渠一带所流行的应该就是此种风尚。自唐末五代以来，社会剧烈动荡，政权随军事实力的消长而更迭，迫使赵宋王朝不得不改弦更张，确立偃武修文、“与士大夫共天下”的基本国策，从而促成了“庆历之际，学统四起”的新气象。有志于在由乱入治的潮流中以所学重塑民族精神的张载，决定在富裕、安定、淳朴的横渠定居，并把这里当作创立和传播关学的基地，可算是一个十分恰当的选择。

张载是在“访诸释老”以后，认定宗教不足以抚慰和修复饱受战乱之苦的心灵，才转而“求诸六经”的。故张载之学便“以《易》为宗，以《中庸》为体，以孔孟为法”。学《易》可以应时知变；学《中庸》能使言行合宜适度，防止肆无忌惮；而学孔孟之法，则能尊礼贵德，乐天知命。在儒家思想中，德的核心是仁，仁的要义是爱人，礼则为德的物化表现形式和处理人际关系的规范。所以，他著《西铭》时便提出，要“尊高年所以长其长，慈孤幼所以幼其幼”，对“疲癃残疾，惸独鳏寡”者，皆应“于时保之，子之翼之”。推而广之，张载更认为“民吾同胞，物吾与也”，即世人皆为我同胞，万物俱为我朋友，既然如此，人就应该既爱同类，也爱生活于其中的自然界。这种将爱人与爱物相统一的“民胞物与”思想，不仅蕴含着社会伦理，而且也蕴含着自然伦理。据我看，张载是想以大爱为出发点，树立新的道德观和世界观，以彻底涤除唐末五代所盛行的好勇斗狠。

张载学术的特征是“敦本善俗”“学古力行”。简单说来，就是提倡孔孟之法，确立“道之以德，齐之以礼”的文治社会，避免再出现像唐末五代那样的“武化政治”。在推行的办法上，不单是用讲学和读经让弟子变化气质，学作圣人，更要通过实践使民众知礼成性，化礼成俗。他在做云岩令时，每月初，都要“具酒食，召乡人高年会县庭，亲为劝酬，使人知养老事长之义”，并趁机“问民疾苦”。由于孟子讲过“民无恒产，因无恒心，苟无恒心，放辟邪侈，无不为已”的话，张载晚年辞官归里后就在家乡规划井田，区分宅里，制定婚丧嫁娶之制，兴办学校。他显然是要把横渠打造成一块让劳动者既有恒产又有恒心的活样板。可惜他只活到57岁就不幸去世了。他的学生吕大钧继承其遗志，在蓝田推行《吕氏乡约》，号召人们“德业相劝”“过失相规”“礼俗相交”“患难相恤”，影响所及，曾使关中风气为之丕变。他所创立的关学也因崇尚力行、能见实效而被世人推重，后来发展成为濂、洛、关、闽理学四大流派之一。

斗转星移，自宋代到如今，时间过去了1000来年，我们进入了21世纪。从参观中大家发现，眉县早已今非昔比。这里成立了眉县经济技术开发区和常兴纺织工业园，入驻的企业涉及砖瓦机械、建筑铝材、汽车零部件、纺织服装、钛合金制品、白酒果酒、食品饮料等多种，厂商来自不同国家和省区，而且生产的自动化、现代化程度都很高。在南部山区，以秦岭主峰和汤峪河为中心，打造出了5A级太白山国际旅游度假区，海内外游客常年川流不息。农作物生产则由种植小麦、玉米、水稻、棉花为主转向种植猕猴桃、红提、葡萄、草莓和大樱桃，全县35.4万亩耕地中，果园面积已达32万亩。境内不仅“三季有花，四季有果”，而且建有国家级的大型猕猴桃批发市场。在齐峰果业的车间里，我亲眼看着从法国进口的生产线自动地对水果进行分检、擦拭、包装，源源不断地从这里送往世界各地，内心不由得感慨万千。眉县人在迈向工业化和建设社会主义市场经济的过程中找到了新的拥有恒产的方式，这是北宋的张载无论如何也想象不到的。

据县领导介绍，工业、商业、旅游业的收入及猕猴桃这个“金蛋蛋”已使眉县人钱包鼓了起来，不仅居住和生活条件大为改观，而且汽车已经开进了千家万户。既已“富之”，如何“教之”，能否通过弘扬张载开创的关学来提升人们的精神境界，是眉县的同志希望同北大校友讨论的中心话题。在座谈会上，我直截了当地发言说：“一定的道德都与一定的社会环境相适应。有什么样的历史环境，就有什么样的道德。因此，对在农业社会里产生的关学不能原封不动地照搬，但对它的合理内核和科学成分却应该抽象继承，推陈出新，古为今用。”作为不可照搬的显著事例，我举出了复井田、重宗法和在推行礼制中讲究尊卑贵贱等；至于应该弘扬的地方，我主要强调了张载“民胞物与”的大爱精神和以爱为基础建立文治社会的崇高理想。以我浅见，横渠四句中的“为天地立心”，就是要用爱心代替仇恨；“为生民立命”，就是要“富之”“教之”，让百姓“有恒产”“有恒心”；“为往圣继绝学”，就是要恢复被长期战乱打断的中华优秀文化传统；“为万世开太平”，就是要让人民永离相互残杀和权力斗争的苦海，过上和谐安定的生活。我曾暗想，如果没有以人类为同胞、以万物为朋友的深爱和一颗诚明之心，这四句话是绝对想不出来的。所以我要说，关学伟大，因为关学有爱；张载伟大，因为他把爱人类、爱自然视为最高的道德。习近平总书记多次表示：“人民群众对美好生活的向往就是我们的奋斗目标。”可以认为，在让人民过上好日子这点上，张载与共产党的主张是相通的。

夕阳西下，漫天的彩霞欢送我们的归去。沿渭河滩修建的十里画廊上杨柳依依，蒹葭苍苍，两岸护坡的植被翠绿与鹅黄、淡紫相间，组成错落有致的图案，江心洲上有群鸟低翔，亭子角下有渔者垂钓，路过明镜般的平阳湖，可以望见泛舟人幸福的身影，听得到从平阳阁那边飘来的秦腔和丝竹之声，道路两边更是百花盛开，姹紫嫣红。我倚着车窗，一边体味着眉县的富足与安宁，一边默祝这里明天更美好。猛抬头，发现车子已驶回了西安地界。

眉县县委武书记毕业于陕西师范大学历史系，叶县长毕业于西北政法大学，他们既具现代意识，又高度重视传统文化，第二天，即根据我的建议，请师大丁为祥教授为全县干部做了关于张载和关学的专题报告。昌煦学弟来电话称，听众十分踊跃，在全县引起了强烈反响。我相信，关学这门古老的学问不仅会焕发青春，而且必将在眉县新时期社会主义精神文明建设中发挥积极作用。

个体与社会

——中西文化关于人的两个维度

罗安宪

（中国人民大学哲学院教授）

摘　要：人，一方面是个体性存在，另一方面又必然是社会成员。社会与个体，是人之为人的两个基本维度，西方文化更突出和强调人的个体性因素，突出个体的权利；中国传统文化更突出和强调人的社会性因素，突出人的责任与义务。人，作为个体的人与作为社会的人，是不矛盾的。社会应为个体人的存在与发展提供保障与支持，社会的本质就在这里；个人应为社会尽到必需的责任与义务，必须清楚自己同时还是一名社会成员。中西文化应当相互吸收，相互借鉴，而不是相互对立，相互排斥。

关键词：个体人；社会人；权利；责任

人是什么？人最根本性的因素是什么？如何定义人以及人的存在？中西两种文化有着很不相同的答案。

单独来看，每个人都是一个一个的个体，是个体性存在；另一方面，任何单个人都必然、必须与他人发生这样那样的关系。不同的人，聚居在一起，联系成为一个整体，从而形成社会。一方面，社会是单个人组成的社会；另一方面，个体必然、也必须生存于社会中，离开社会，就没有人。前者，是个体人的观念；后者，是社会人的观念。西方文化更突出和强调个体人的观念，强调人的个体性因素，突出人的个体性，突出个体的权利；中国传统文化更突出和强调社会人的观念，强调人的社会性因素，突出人的社会性，突出人的责任与义务。

一、个体人的观念：社会是单个人组成的共同体

从个体人的观念来看，社会只是单个人的共同体，社会作为单个人的共同体，并没有自身的利益，社会的作用，正是最大限度地保护每个人的个人利益。

人与人之间，因为必须发生这样那样的关系，而结成社会。从个体人的观念出发，社会是因为人而有的，社会是因为人的活动与生存才得以形成并存在的，社会并不是一个独立自在的实体，它只是一群个体的组合或者聚合而已。

英国哲学家洛克（John Locke，1632—1704）指出：

> 上帝既把人造成这样一种生物，根据上帝的判断他不宜于单独生活，就使他处于必要、方便和爱好的强烈要求下，迫使他加入社会，并使他具有理智和语言以便继续社会生活并享受社会生活。最初的社会是在夫妻之间，这是父母现儿女间社会的开端；嗣后又加上了主仆之间的社会。①

洛克认为，自然状态是一种自由而平等的状态。“为了正确了解政治权力，并追溯它的起源，我们必须考究人类原来自然地处在什么状态。那是一种完备无缺的自由状态，他们在自然法的范围内，按照他们认为合适的办法，决定他们的行动和处理他们的财产和人身，而无须得到任何人的许可或听命于任何人的意志。”②自然状态是一种平等状态，人们的权利是平等的。自然状态也是一种自由的状态。既然人们天生是平等的，人与人之间便没有高低贵贱之分，人们便无权彼此损伤和侵害。

> 自然状态有一种为人人所应遵守的自然法对它起着支配作用；而理性，也就是自然法，教导着有意遵从理性的全人类：人们既然都是平等和独立的，任何人就不得侵害他人的生命、健康、自由和财产。③

在自然状态中，人们虽然平等地享受着生命、自由、财产等诸种权利，但是这种享受是不稳定的，又不断受到他人侵犯的威胁。既然每个人都有王者的

①②③　［英］洛克：《政府论》下篇，商务印书馆，1996 年版，第 48 页、第 5 页、第 6 页。

气魄，既然人与人完全平等，而大部分人又不严格遵守公道与正义，所以人们总是处于一种尽管自由但却充满着恐惧和危险的状态。在此情况下，人们组成国家。"人们联合成为国家和置身于政府之下的重大的和主要的目的，是保护他们的财产。"① 人们组成家庭、社区、行会，以至国家，不是要为社会组织服务，不是要为社会组织作贡献，而是因为社会能够保护、保卫个人的权利。人们参与社会活动，实际上是为了维护个人的权利。个体参与社会活动，非是出于"利他"的动机，而是出于"利己"的动机。个体从本质上来讲，都是自私的。普通人之间的关系是自私的，就连父子关系、兄弟关系、夫妻关系，从本质上来讲，也是自私的。爱他人，并不是出于对他人无私的爱，本质上还是爱自己。

人们组成社团，而社会团体的使命在于维护成员的利益。社会团体以至于国家、政府应该将什么样的利益看作是它维护的内容呢？洛克认为，每个人生来就有三种权利：生命、自由和财产。这些权利是自然权利，与生俱来，是与人的自然存在联结在一起的权利。人们尽管有民族、等级、宗教等方面的差别，但作为人，权利却是平等的。这些权利因为不是赋予的，而是天然具有的，所以也被称为天赋人权。因为这些权利是天赋的，而不是被授予的，所以也是不可剥夺和不可转让的。当人们依靠契约而建立国家，这三种权利仍然保留在自己手中。

人们加入社会，建立国家的目的不是因为别的，正是为了保护自己的权利，正因为如此，国家必须依法行事。

> 虽然人们参加社会时放弃他们在自然状态中所享有的平等、自由和执行权，而把它们交给社会，由立法机关按社会的利益要求的程度加以处理，但是这只是出于各人为了更好地保护自己、他的自由和财产的动机……所以，谁拥有国家的立法权或最高权力，谁就应该以既定的、向全国人民公布的、众所周知、经常有效的法律，而不是以临时的命令来实行统治；应该由公正无私的法官根据这些法律来裁判纠纷；并且只是对内为了执行这些法律、对外为了防止或索偿外国所造成的损害、以及为了保障社会不受入侵和侵略，才得使用社会的力

① ［英］洛克：《政府论》下篇，商务印书馆，1996年版，第77页。

量。而这一切都没有别的目的，只是为了人民的和平、安全和公众福利。①

国家是人们为了保护自己的权利而建立的，国家的使命就是保护人民的利益，没有独立的、凌驾于人民利益之上的所谓的“国家利益”。国家政府不得侵犯人们的天赋权利，如果政府侵犯了人的天赋权利，人民就有权利推翻它。

洛克认为，当人们联合成为社会的时候，通过自己委派的官吏来执行法律，这种政府形式就是民主政治；如果把制定法律的权力交给少数精选的人和他们的嗣子或继承人，这就是寡头政制；如果把这种权力交给一个人，这就是君主制；如果交给他和他的嗣子，这就是世袭君主制；如果交给他终身，在他死后，推定后继者的权力仍旧归于大多数人，这就是选任君主制。政府形式以最高权力，即立法的隶属关系而定，制定法律的权力归属于谁，决定国家是什么形式的国家。在洛克看来，政府所拥有的一切权力，既然只是为社会谋幸福，因而不应该是专断的和凭一时高兴的，而应该是根据公布的法律来行使。这样，一方面可使人民知道他们的责任，并在法律范围内得到安全和保障；另一方面，也使统治者被限制在适当的范围内，不致为他们所拥有的权力所诱惑，以达到他们个人的目的或实现他们个人的利益。

社会与国家是单个人组成的共同体，人们组成社会共同体是为了保护他们个人的利益，国家作为社会共同体，其目的与使命正是保护社会成员的利益，这是洛克政治学说的基本内容。

国家并不是从来就有的，是人们出于某种需要而建立起来的，国家的职能正是为了维护全体国民的利益，洛克如是看，法国思想家卢梭也如是看。洛克的《政府论》重在论述政府的职能，卢梭（Jean-Jacques Rousseau，1712—1778）的《社会契约论》重在论述国家与国民的关系。在《社会契约论》中，卢梭开宗明义指出：

人是生而自由的，但却无往不在枷锁之中。自以为是其他一切的主人的人，反而比其他一切更是奴隶。②

人本是自由的，但现实中的人却是不自由的，人类社会以及国家是怎样形

① ［英］洛克：《政府论》下篇，商务印书馆，1996 年版，第 79—80 页。
② ［法］卢梭：《社会契约论》，商务印书馆，2003 年版，第 4 页。

成的？与洛克一样，卢梭也认为在国家出现之前，人类处于一种自然状态。在自然状态下，每一个人都是自由、独立、平等的，没有奴役与被奴役，没有统治与被统治，没有压迫与被压迫，自然状态是一种和平友好的状态。"自然状态是每一个人对于自我保存的关心，最不妨碍他人自我保存的一种状态，所以这种状态最能保持和平，对于人类也是最适宜的。"① 自然状态，是人类的"黄金时代"。

在卢梭看来，人类曾经达到这样一种境地，当时自然状态下，不利于人类生存的各种各样的障碍，已经达到了每个人在那种状态下无法继续正常生存的境地，人类如果不改变其生存方式，就必然会走向灭亡。然而，人类既不能产生新的力量，只能是结合起来运用已有的力量，所以，人类没有别的办法，只能集合起来形成一种力量的总和，以克服各种各样的困难。于是，人们不得不进入共同协作的社会，人们必须成群地结合在一起。从此，自然状态宣告结束，人类开始进入到社会状态。

卢梭认为，家庭是最早最自然的社会组织。家庭中的孩子对家长有一种依附关系，而这种依附关系源于家长对于孩子的养育。现代社会也有类似的性质，政府好像是父亲，人民好像是孩子。但是，政府与人民之间并不存在自然的依附关系，每个人都是生而自由、平等的，没有人天然具有某种权力，使他可以凌驾于他人之上。人们可以服从强权，但人们服从强权不是出于义务。"强力并不构成权利，而人们只是对合法的权力才有服从的义务。"② 人们服从强力不是出于义务，而是出于恐惧和懦弱。"强力是一种物理的力量，我看不出强力的作用可以产生什么道德。向强力屈服，只是一种必要的行为，而不是一种意志的行为；它最多也不过是一种明智的行为而已。"③一旦有机会可以逃避处罚，人们就不会服从强权，强权并不是合法的权力，权利不是来自强权，而是来自约定。在卢梭看来，镇压一群人与治理一个社会，两者之间永远有着巨大的差别。即使分散着的人们一一相继被某个个人所奴役，无论被奴役的人数有多少，也只是一个主人和一群奴隶，而没有人民和他们的首领，那只是一种聚集，而不是一种结合。这里既没有公共幸福，也没有政治共同体。这个

① ［法］卢梭：《论人类不平等的起源与基础》，商务印书馆，1979 年版，第 98 页。
②③ ［法］卢梭：《社会契约论》，商务印书馆，2003 年版，第 10 页、第 9 页。

人，哪怕他奴役了半个世界，也永远只是一个个人，他的利益脱离了别人的利益，就永远只是私人的利益。

社会状态的核心问题是“社会契约”。社会契约论所要解决的主要问题是：

> 要寻找一种结合的形式，使它能以全部共同的力量来卫护和保障每个结合者的人身和财富，并且由于这一结合而使得每一个与全体相联合，并且仍然像以往一样自由。[①]

人们通过社会契约自由地结合起来，人们结合起来只是为了保护自己的人身和财富，每个人只是为了个人的利益，才会转让自己的自由。社会契约的基本内容可以用一句话来概括，即：“每个结合者及其自身的一切权利全部都转让给整个集体”。[②]

社会契约论的核心词语是“转让”。每个人都把自己全部奉献出来，转让给整个集体。每个人都把自己转让出来，没有例外，在这个意义上，每个人都是平等的；这种转让是全部而不是有所保留；任何个人只是向整个集体转让自己，而不是向任何个人。正因为如此，人们虽然奉献出了自己，但是却没有向任何人奉献自己。转让后的人们既不是奴隶，也不是奴隶主，每个人仍然处在平等的地位。每个人把自己全部转让给集体，又平等地从集体那里得到了他所丧失的一切的等价物。卢梭说：

> 如果我们撇开社会公约中一切非本质的东西，我们就会发现社会公约可以简化为如下的词句：我们每个人都以其自身及其全部的力量共同置于公意的最高指导之下，并且我们在共同体中接纳每一成员作为全体之不可分割的一部分。[③]

国家不是从来就有的，而是由人们建立起来的。国家的本质就是社会契约。社会契约不是“在上者”与“在下者”之间的约定，而是共同体各个成员之间一种平等的、公平的约定。“它是合法的约定，因为它是以社会契约为基础的；它是公平的约定，因为它对一切人都是共同的；它是有益的约定，因为它除了公共的幸福而外就不能再有任何别的目的；它是稳固的约定，因为它

---

①②③ ［法］卢梭：《社会契约论》，商务印书馆，2003 年版，第 19—20 页。

有着公共的力量和最高权力作为保障。"[①] 由于这一共同体是人们在平等的基础上自愿建立的，因此人们遵守自己的约定，只是在服从他们自己的意志，而不是服从他人的意志。

> 这一由全体个人的结合所形成的公共人格，以前称为城邦，现在则称为共和国或政治体；当它是被动时，它的成员就称它为国家；当它是主动时，就称它为主权者；而以之和它的同类相比较时，则称它为政权。至于结合者，他们集体地称为人民；个别地，作为主权权威的参与者，就叫作公民，作为国家法律的服从者，就叫作臣民。[②]

人们结合起来组成国家，国家并不是统治人民的工具。人们服从国家，服从国家法律，不是服从于任何特定的人，而是服从自己也是其中之一的这一集体。

国家是依照社会公约建立起来的，国家的运行依照的是法律。法律并不是针对个别人或个别事件而设的，法律只考虑抽象的行为，而不考虑个别的人和个别的行为。什么是法律？卢梭说："当全体人民对全体人民作出规定时……这种行为，我就称之为法律。"[③]法律是社会公意的行为，全体公民既然根据社会契约是人人平等的，所以全体就可以规定什么是全体所应该做的事。"我们既无须问君主是否超越法律之上，因为君主也是国家的成员；也无须法律是否会不公正，因为没有人会对自己本人不公正；更无须问何以人们既是自由的而又要服从法律，因为法律只不过是我们自己意志的记录。"[④]人民是法律的创造者，但并不是人人都参与立法，因为个人往往是盲目的，限于各种局限，人们往往并不知道什么东西才是最好的，希望自己幸福但并不一定知道什么是幸福。为此，人民要选出一个能代表公意的机构，这个机构的成员要富有理性、知识与道德，他们既不受个别意志的诱惑，也不受眼前利益的诱惑，立法者的使命是发现社会最好的规则。立法的任务是缔造，而不是行政。行政不能干涉立法，立法也不能号令人。

立法权属于人民，它所针对的是全体而不是个别。行政权是执行法律的权力，它所针对的是个别的人和个别人的行为。行政权是由人民选出的代理人来

①②③④ ［法］卢梭：《社会契约论》，商务印书馆，2003 年版，第 40 页、第 21 页、第 46 页、第 47 页。

实施的，政府是由这些代理人组成的。人民具有双重性的身份：从享有立法权而言，人民是主权者；从与自己选出的政府的关系来看，人民又是臣民。政府是夹在人民双重身份之间的中间体。“政府就是在臣民与主权者之间所建立的一个中间体，以便两者得以互相适合，它负责执行法律并维护社会的以及政治的自由。”① 作为人民的代理人，政府服从人民制定的法律，是人民的公仆；作为法律的执行者，政府又管理人民。然而，更为重要的，政府以及政府官员，必须服从人民的意志。

> 创制政府的行为绝不是一项契约，而只是一项法律；行政权的受任者绝不是人民的主人，而只是人民的官吏；只要人民愿意就可以委任他们，也可以撤换他们。对于这些官吏来说，绝不是什么订约的问题，而只是服从的问题；而且在承担国家所赋予他们的职务时，他们只不过是在履行自己的公民义务，而并没有以任何方式来争论条件的权利。②

主权在民，人们结合在一起组成国家，国家的设立与运作，只是为了更好地保护人们的利益。西方人关于国家、社会的基本观念就是如此。

二、社会人的观念：人是社会的动物

从社会人的观念来看，人总是处于社会之中，人总是处于各种社会关系之中，人总是某一社会成员。作为社会成员，人必须尽到自己的社会责任，必须努力扮演好自己的社会角色。

在自然界中，由于生存性原因，一般生物群落都会具有一定程度上的社会属性。但是，这种社会属性只是最低限度的种群结合。然而，可以被称为社会群落的，只有等到人类进化完成之后才会出现。在这个意义上，我们可以说人区别于动物的最大特征就在于人的社会性。社会性是人之所以为人的最重要的属性。

先秦儒家代表人物荀子考察人兽之别，认为人“力不若牛，走不若马，而牛马为用，何也？曰：人能群，彼不能群也”（《荀子·王制》）。单就个体来

①② ［法］卢梭：《社会契约论》，商务印书馆，2003年版，第72页、第127—128页。

说，人的确不如牛的力量大，也不如马跑得快，但却能将牛马收服为己所用，为何如此呢？荀子认为原因就在于人能群，而牛马等动物不能群。

何为“群”？《说文解字》：“羣，辈也。”段玉裁在注解中说：“朋也，类也，此辈之通训也。引申为凡类聚之称。俗作群。”① 群也就是类聚之义，指人或物聚集在一起。《周易·系辞上》说：“方以类聚，物以群分。”在此，上下两句对仗，类与群同义，都含有群体、群落的意思。其实，对于群居类聚而言，并不只是人类的特权，其他动物也有这一现象。可以说，群居类聚是大多数动物为了在自然界生存下来而进化出的普遍技能。面对这个严酷的世界，个体动物单凭一己之力是很难生存下来的。因此，为了个体生命，也为了种群繁衍，很多动物都有着群居的习性。甚至有些动物群落还十分的发达，例如蜂群和蚁群。一个蜂群由蜂王、工蜂和雄蜂组成，它们各有职能，共同维持着一个群落的生存。尽管很多动物都有这种群落，但是这种“群”与人之“群”仍然存在着本质的不同。对于动物来说，群居生活属于其进化出的本能，仅仅是为生存和繁衍而做出的无自主的意识行为。在蜂群或蚁群中，虽然群居生活非常发达，但是它们的行为完全是由其自身基因决定的。在这种生理本能的支配下，蜂王和工蜂从事着各自的工作，扮演着在群体中的角色。而对于人类来说，群体生活是高度自由组合的结果。特别是对于自身在群体中的角色和职能，人是有自主选择权的。因此，在这个意义上可以说，人之群与动物之群是有着本质差别的。

对于人之群来说，依照群体的界限可分为两种，一是家，一是国。从人类社会发展史来看，二者可以说是人类最重要的两个群体。从本质上看，家是基于血缘的组织，而国则是一种政治组织。因此，家的出现时间远远早于国。当人类走出蒙昧时代，就已经有了家庭的观念，这在不断出土的古代聚落遗址中就可以观察到这一点。而国的出现则要等到人类聚落规模更大时，也就是城市时代。在这一时期，人们的组织能力更加强大，已经可以聚集大量人工修建城墙和一些高大纪念物。国——这一大规模组织的出现是人类社会发展的必然结果。不过，对于家这一概念来说，其含义还有古今差异。现代意义上的家以小

① ［汉］许慎撰，［清］段玉裁注：《说文解字注》，上海古籍出版社，1981 年版，第 146 页。

家庭为主，大致包括父母子女等直系亲属，这种意义上的家庭是现代社会的最小单元。而在古代，家的含义却有所不同，甚至说有着很大差异。在古代，家的规模远比现代巨大。孔子曾说："千室之邑，百乘之家。"（《论语·公冶长》）家竟然可以具备百乘的规模，这远非现代家庭可比。严格来讲，在春秋时期，所谓"家"是卿大夫的领地，而不是后世的核心家庭。所以，晋大夫师服说："故天子建国，诸侯立家，卿置侧室，大夫有贰宗。"（《春秋左传·桓公二年》）这即是表明卿大夫之"家"是由诸侯所立，是基于诸侯给予的领地建立起来的。

在古代中国，家国之间虽然存在着规模和组织上的差异，但是二者之间也有共同之处，即家国同构，这使其成为传统中国的一项重要特质。关于家国同构的表述，《大学》的说法最为中肯："古之欲明明德于天下者，先治其国；欲治其国者，先齐其家。"而《孝经·广扬名章》中的"君子之事亲孝，故忠可移于君。事兄悌，故顺可移于长。居家理，故治可移于官"，也可作为最佳释例，也就是对父母之"孝"可以移作对君主之"忠"，而对兄之"悌"可移作对上司之"顺"，由此齐其家便可治其国。在这种结构下，国被视为家，君被视为父，其间的感情、心理因素被认为是相通的。而将君比之于父母，在先秦时期非常普遍，如《国语·越语上》："越四封之内，亲吾君也，犹父母也。子而思报父母之仇，臣而思报君之雠，其有敢不尽力者乎?"《春秋左传》中的相关例证也比比皆是。"孝"可移为对君之"忠"，"悌"可移为对长之"顺"，不过这种"移情"也并非单向的，与宗族伦理的双向对等原则相同，为君为长者也应具备为父为兄之道。《左传·襄公十四年》有："良君将赏善而刑淫，养民如子，盖之如天，容之如地。民奉其君，爱之如父母，仰之如日月，敬之如神明，畏之如雷霆。"这一双向原则在这一段引文中非常明确，民爱君如父母，而君也需养民如子女。对此，《大学》相关的讨论更为清晰："孝者所以事君也；弟者所以事长也；慈者所以使众也。《康诰》曰：'如保赤子。'心诚求之，虽不中不远矣。……一家仁，一国兴仁；一家让，一国兴让；一人贪戾，一国作乱。"对父母之孝可用以事君，对兄之悌可用以事长，但同时君长使民也需具有为父母之慈。建立在血缘情感基础上的家庭较之国家更为稳固，因此古代中国这种家国同构利用了血缘情感来达成组织国家的目的，使得国家更加安定。

在人类社会中，人的群体性展露无遗，同时这也成为人有别于动物的重要特征。但是，人聚集在一起并不就意味着成为群体，换而言之，群体并非人的简单汇聚。群体的形成是由于其内部井然有序、层次分明的构成，也就是组成人员分工明确的协调组织是人类群体能够形成和存在的重要保障。对此，荀子也有明确的意识。在提出了人区别于动物的重要之处，即“人能群”之后，荀子继续说到：“人何以能群？曰：分。”（《荀子・王制》）“分”者为何？《说文解字》：“分，别也。”分，也就是有所分别义。《国语・周语上》中有：“兽三为群，人三为众。”当事物数量达到三个以上时，便可称为群。但是这种群只是单纯的数量累积，即使在数量上达到很高的等级，最多也是同质性事物的堆砌。对于这种群体来说，这种简单的数量增加并没有特别的意义，不仅不会增强群体的实力，甚至有时还会导致群体的无序和混乱。所以，荀子说：“故人生不能无群，群而无分则争，争则乱，乱则离，离则弱，弱则不能胜物。”（《荀子・王制》）又说：“人之生不能无群，群而无分则争，争则乱，乱则穷矣。故无分者，人之大害也；有分者，天下之本利也。”（《荀子・富国》）在荀子看来，“争”“乱”“离”“穷”“弱”等充满贬义的词汇无疑就是“群而无分”的不堪后果。其实，无论中西，抑或古今，一个没有任何规则和秩序的群体必然会落得崩溃的结局。因此，群体中的规则和秩序非常重要，而这就是荀子所说的“离居不相待则穷，群居而无分则争。穷者患也，争者祸也，救患除祸，则莫若明分使群矣”（《荀子・富国》）。如果一个群体没有秩序，其结果就是无休止的争斗。若要避免这种祸乱，那途径只有一条，即“明分使群”。

在一个正常的群体中，所谓“分”无处不在，体现在群体的方方面面。对此而言，荀子做了非常全面的梳理，阐明了蕴含在群体中各种各样的“分”。

> 强胁弱也，知惧愚也，民下违上，少陵长，不以德为政，如是，则老弱有失养之忧，而壮者有分争之祸矣。事业所恶也，功利所好也，职业无分，如是，则人有树事之患，而有争功之祸矣。男女之合，夫妇之分，婚姻娉内，送逆无礼，如是，则人有失合之忧，而有争色之祸矣。故知者为之分也。（《荀子・富国》）

依照荀子的区分，人群之中存着强弱、智愚、上下等区别，也有事业、职业等分别，还有男女、夫妇等分际，这些差别是人类天然存在的，因此必须认识到并遵从这些区分，否则便会引发群体分争、争功、争色等各种祸乱，最终导致人类群体的崩溃。

依照荀子的论述，“分”应该包含三个方面，即等级、职业和人伦。

首先，对于等级方面来说，强弱、智愚、上下等诸种分判都可由等级上下所规范。荀子说：“有天有地而上下有差，明王始立而处国有制。夫两贵之不能相事，两贱之不能相使，是天数也。执位齐而欲恶同，物不能澹则必争，争则必乱，乱则穷矣。先王恶其乱也，故制礼义以分之，使有贫富贵贱之等，足以相兼临者，是养天下之本也。”（《荀子·王制》）天地、上下都是天然存在的，并不能否认这种差别。而如果泯灭这种等级区分，那所谓“两贵”“两贱”之间必定会发生争执，最终会导致混乱和贫穷。因此，在荀子看来，差等的出现是必然的，也是保证天下治平的重要手段。但需要注意的是，荀子的差等并非以力、以权为标准，而是主张以德、以能。他说：“论德而定次，量能而授官，皆使人载其事而各得其所宜，上贤使之为三公，次贤使之为诸侯，下贤使之为士大夫，是所以显设之也。”（《荀子·君道》）在等级的划分和官职的授予上，荀子的标准是德与能，这保证了等级之分一定程度上的公正性。

其次，对于职业来说，群体中必须有职业上的划分，否则这个群体就无法存在和发展。只有各个职业之间合理分工、同心合作，才能维持整个群体的运作并推动群体的兴盛。荀子说：“农农、士士、工工、商商一也。”（《荀子·王制》）无论是农民、士人，还是工人、商贾，都是职业的区分。这些职业是根据群体发展的需要进行分工的，例如农民完成粮食的生产，士人进行行政的管理，工人则负责工程、工具的制造，商贾通过交易带动商品的流通。所有分工对群体都是必不可少的，如果没有职业分工的话，整个群体的运作将陷入停滞。所以，《管子·小匡》称：“士农工商四民者，国之石民也。”士农工商这四种职业对于国家来说非常重要，犹如国之柱石，所以称其为“国之石民”，可见其重要性。《淮南子·齐俗训》中也对农士工商的分工进行了论述：“农与农言力，士与士言行，工与工言巧，商与商言数。是以士无遗行，农无废功，工无苦事，商无折货，各安其性，不得相干。”农士工商的分工是必要且不得混淆的，只有各安其职，才能避免群体的无序。

第三，对于人伦来说，人的血缘关系是天然的，父子兄弟之分拥有着最坚实的基础。所以，荀子说："父父、子子、兄兄、弟弟一也。"（《荀子·王制》）从人出生的那一刻起，就首先是一个家庭的成员，这是由血缘关系决定的。依据血缘关系，人在家庭中占据着不同的位置，而其他家庭成员也自然拥有自己的称谓，这种位置和称谓就是父子兄弟的分际。这种分际是有秩序在其中的，依照荀子所说就是"故尚贤使能，等贵贱，分亲疏，序长幼，此先王之道也。……亲疏有分，则施行而不悖，长幼有序，则事业捷成而有所休"（《荀子·君子》）。亲疏、长幼必须有所区分，亲者别于疏，而长者高于幼，这种秩序是群体运行的保证。在传统宗族社会中，亲疏长幼的区分非常重要，其中附着复杂的宗族礼法。在他们眼中，如果疏者贵于亲，幼者凌于长，那整个社会将陷入混乱。

人能群是人与动物的根本性区别，通过"分"，亦即通过等级、职业、人伦等方面的区分，人类群体实现了有机组合，这使得群体秩序得到维护、社会规则得到贯彻，有效地保证了群体的稳定和发展。只有良好的分工，才能保证群体内部秩序。而对于社会分工来说，如何实现有效分工是一个关键问题。对此，荀子在渐次提出人的"群"与"分"之后，进一步指出"义"对于保障分工有效性的重要作用。

对于"群""分""义"的完整关系，《荀子·王制》篇进行了全面论述。他说：

> 力不若牛，走不若马，而牛马为用，何也？曰：人能群，彼不能群也。人何以能群？曰：分。分何以能行？曰：义。故义以分则和，和则一，一则多力，多力则强，强则胜物，故宫室可得而居也。故序四时，裁万物，兼利天下，无它故焉，得之分义也。（《荀子·王制》）

人通过"群"实现了对牛马等动物的超越，又进一步通过"分"保证了"群"的有序，而"分"也需要一个重要因素，即"义"。经过"义""分""群"的逐步打通，人最终实现了强大，完成了对于外在世界的驾驭与支配。

在荀子的理论体系中，"义"处于一个非常关键的位置，它是整个推演的最初发动者。因此，荀子十分推重"义"，甚至将其置于影响天下兴乱的高度。他说："有夫分义则容天下而治，无分义则一妻一妾而乱。"（《荀子·大略》）"义"的有无直接影响了天下之治，无义的话，即使一妻一妾都无法保证安定。同时，荀子还指出：“水火有气而无生，草木有生而无知，禽兽有知而无义，人有气、有生、有知，亦且有义，故最为天下贵也。”（《荀子·王制》）在荀子看来，世界万物可划分为四类事物，即水火、草木、禽兽和人。水火为非生物的代表，草木是指植物，禽兽则是指称动物，最后即是人。荀子在对比了四者之后，认为他们是逐层递进的关系，区别就在于气、生、知。而人为最高等级，所以是“天下贵”，其原因就在于人有“义”。“义”不仅成为天下兴衰之源，还成为人之为人之本。人之所以为人，在于人有“义”。“义”不仅有义务的含义，也有正义的含义，也有道义的含义，是应当如此，是行为准则的依据。正因为是行为准则的依据，所以是人之所以为人者。

荀子在《非相》篇中再次提到了人之为人的要点，他说：

> 今夫猩猩形相亦二足而无毛也，然而君子啜其羹，食其胾。故人之所以为人者，非特以其二足而无毛也，以其有辨也。夫禽兽有父子，而无父子之亲，有牝牡而无男女之别。故人道莫不有辨。辨莫大于分，分莫大于礼，礼莫大于圣王。（《荀子·非相》）

人是“二足而无毛”的动物，然而猩猩与人拥有相同的体貌，但是却被人所驯服。因此，荀子认为人之所以为人并不仅仅在于“二足而无毛”，而是在于人有“辨”。杨倞注：“辨，别也。”[①] 也就是说，人之为人的独特之处就在于其“有辨”。这种“辨”并非简单的区分，例如对于禽兽来说，也有父子、性别之分，但是禽兽却没有父子之亲与男女之别。而所谓的“亲”与“别”恰恰是禽兽并不具备的，这也正是人所独具的礼义。所以，荀子才会在最后总结说“辨莫大于分，分莫大于礼”。

荀子在谈及“分”时，曾从等级、职业、人伦等几个方面都进行过讨论。对于这些方面的“分”而言，礼无疑是其有效性和准确性的重要保证。关于礼的相关效用，荀子曾明确指出：“故先王案为之制礼义以分之，使贵贱之等，长幼之差，知愚、能不能之分，皆使人载其事而各得其宜。”（《荀子·王制》）礼义的作用就在于分判“贵贱之等”“长幼之差”“知愚、能不能之分”。韩非子也说：“礼者……君臣父子之交也，贵贱贤不肖之所以别也。”（《韩非子·解老》）在古代中国，上下等级、父子夫妇等方面都存在着极大的差别，而这

① ［清］王先谦：《荀子集解》，中华书局，1988 年版，第 78 页。

些差别正是通过礼义来进行确定和实行的。《论语》记载孔子曾经对季氏“八佾舞于庭”十分不满，指出“是可忍也，孰不可忍也”。八人为列，八佾即是八八六十四人，而依照礼仪规定，只有天子可用八佾，之后随等级下降，人数相应减少，即诸侯六、卿大夫四、士二。所以，在等级方面，礼都有着严格的规定，不容混淆。同样，在家庭关系上，礼也有着明确规定，特别是在丧葬礼上，每个人根据死者与己关系亲疏的不同，而有不同的服饰、行为方面的规定。

人是社会的动物，这是人区别于其他动物的最大特征。同时，这种社会属性也是人类社会超越于动物群体的重要因素。正是这种社会性凝聚起整个人类社会，并不断推动其发展前进。而这种社会性的体现，就在于使人人都承担起在社会中应具备的责任。从根底上说，社会是由个体人组成的。当千千万万原子般的人汇聚在一起，组合成各种群体直至形成整个社会时，个体人也就成为社会的一分子，并与之同呼吸、共兴衰。这就要求每个人在社会中都扮演好自己的角色，承担起自己的责任，最大程度地展现出其所具有的社会属性。

在社会中，每个人都有属于自己的角色，而最基础的角色是作为家庭成员的角色。尽管表面看来，家庭角色只是家庭一员，但是实际情况远为复杂。特别是在古代中国，家庭角色不仅仅局限在家庭中，甚至成为社会组成的重要部分。古代中国是一个宗族为主导的社会，这就导致所谓的家庭角色与整个社会相联通。人出生之后，其首先是一个宗族的成员，所担负的角色也必然在宗族之中，这是由传统宗法制度决定的。古代宗族内部实行严格的宗法制度，包含一系列实行并维护宗族秩序的规则。因为宗法制度是以宗族为单位的，所以非常强调血缘关系，由血缘作为纽带，并根据长幼等级划定相应的权力与责任，以此达到宗族内部的和谐与和睦。在《国语·郑语》中，史伯曾说：“商契能和合五教，以保于百姓者也。”商契的功德在于能和合五教，并以此教养安抚民众。五教指的是父、母、兄、弟、子五类行为规范。依照韦昭的解释，五教的具体内容是：“父义、母慈、兄友、弟恭、子孝。”[①] 五教也是父、母、兄、弟、子所应具备的五种德行。由此，“和合五教”即是指父、母、兄、弟、子五种家庭角色所代表的家族伦理关系和谐融洽，而关系融洽的关键在于父、

① 徐元诰：《国语集解》，中华书局，2002 年版，第 466 页。

母、兄、弟、子具有符合各自角色的德行。

关于宗族伦理的这一设定，在同一时期的《左传》中也有记述，“举八元，使布五教于四方，父义、母慈、兄友、弟共、子孝，内平外成”（《春秋左传·文公十八年》）。《国语》关于五教的论述在此进一步得到《春秋左传》的支撑，即“父义、母慈、兄友、弟共、子孝”。对于《春秋左传》《国语》中的“父义、母慈、兄友、弟恭、子孝”，即是关于父、母、兄、弟、子等五种角色的伦理定位。在先秦经典文献中，五教之称谓也经常出现，如《春秋左传·桓公六年》记载：“故务其三时，修其五教，亲其九族，以致其禋祀。”杜预注曰：“父义、母慈、兄友、弟恭、子孝。”这与《国语》“和合五教”的表述是相同的，而且引文也显示出五教与九族的密切关系。父、母、兄、弟、子五种关系依血缘而定，应该很早便出现，但是为其各自规定相应的伦理角色，则是宗法产生之后才有其可能性。除此之外，还有一些涉及五教的论述，如《春秋左传·隐公三年》：“君义，臣行，父慈，子孝，兄爱，弟敬，所谓六顺也。”《春秋左传·昭公二十六年》：“君令、臣共，父慈、子孝，兄爱、弟敬，夫和、妻柔，姑慈、妇听，礼也。”在这两处论述中，五教大致都有谈及，只是在此之外，又添加了君臣。君臣无疑已经超出了家庭的范围，但是君臣经常比之以父子，所以仍然可以置入宗法的视野中进行讨论。可以看出，五教在古代社会拥有普遍的代表性，其并不仅仅指称宗族家庭角色，甚至可以成为整个社会的角色代表。

五教也被称为五伦，《国语》中的“商契能和合五教，以保于百姓者也”，到《孟子》中则转换为“使契为司徒，教以人伦：父子有亲，君臣有义，夫妇有别，长幼有序，朋友有信”（《孟子·滕文公上》）。孟子对五教说有所改动，以“人伦”称诸种关系可与“教”互通。不过，相较于五教的父、母、兄、弟、子而言，孟子的父子、君臣、夫妇、长幼、朋友五伦扩大了角色指称的范围。五教中的父子、兄弟以及父母可以划归到五伦中的父子、长幼、夫妇之中，而五伦的君臣、朋友属于家庭之外增加的社会角色维度。因此可以说，所有社会角色都可以划分为这五伦。对于五伦中各个角色所具有的定位，孟子分别以亲、义、别、序、信对应。在古代社会，人们在探讨自身的角色意识时，必须以亲、义、别、序、信相合。对于个人来说，其都在社会中扮演着一定的角色。这些角色可以是父或子，也可以是兄或弟，或者互为朋友，但是不管何种角色，都应有其相应的德行规范。个人所要做的就是履行这些规范，实现角色应有价值，为整个社会作出自己的贡献。

在社会中，每个人都有属于自己的角色定位。通过这种定位，人不仅实现了自我价值，同时还在某种程度上完成了社会责任。人终归是社会中的一员，生于其中，长于其中，概而言之，终其一生都与社会维持着密切的联系。因此，人不单是个体存在，还是社会的组织成员，这就要求每个人担负其应有的社会责任。对于个人来说，当面对他人和社会时，个人必须展现出应有的社会意识。只有在社会行为中，个人自身价值才能得到体现。“自我生命的人格理想，需要在自我生命的实践中得以凸显；个体或群体的生命价值的自我实现或群体实现，需要在社会生命价值中得以显现；内圣的心性道德理想，需要在社会道德精神的体验和实践中，实行外王之道；内圣的道德的形上学，需要在形而下的现实社会层面上得以落实和体现。”① 因此，人必须在社会中有所担当，并通过这种责任担当实现个人的价值。

三、结　论

人，一方面是个体的人，社会理应为人的健康、全面发展提供条件；另一方面，又是社会的人，人应当努力尽到自己作为社会成员的责任。中西两种文化各强调一个方面，在世界交往交流日益密切的今天，在文化领域，不是各执一词，相互对立，而是求同存异，相互理解，相互包容。人，作为个体的人与作为社会的人，是不矛盾的。社会应为个体人的存在与发展提供保障与支持，社会的本质就在这里；个人应为社会尽到必需的责任与义务，必须清楚自己同时还是一名社会成员。中西文化应当相互吸收，相互借鉴，而不是相互对立，相互排斥。

① 张立文：《内圣外王新释》，《中共桂林市委党校学报》2001 年第 1 期。

儒学是徽州文化的灵魂①

解光宇

（中国孔子研究院特聘专家、尼山学者；安徽大学哲学系教授）

摘　要：被誉为“东南邹鲁”“程朱阙里”的徽州，儒学贯穿在徽州文化各个要素之中。首先，“程朱阙里”与儒学尤其是程朱理学密不可分；其次，新安理学继承和发展儒学；第三，徽商“贾而好儒”；第四，儒学与徽州教育。由于徽州受到儒学的影响非常大，以至于徽州文化的各个层面，都贯穿着儒家思想，这表现了儒学对徽州文化影响的广度和深度。

即儒学是徽州文化的灵魂，徽州文化是儒学的实践表现形态。

关键词：儒学；新安理学；徽州文化

儒家文化是中华民族的主流文化。作为中华民族主流文化的儒学，影响着中华民族的每一地域，并与当地本土文化结合，产生了以儒学为指导的、独具特色的地域文化。各地域文化的形态特征虽然不尽相同，但其本质都是一致的，即都是儒家文化在不同地域的不同表现形态。最能说明这个问题的要数徽州文化了。

徽州位于安徽省南部，处于皖、浙、赣三省结合部。三国时为新都郡，晋太康年间改置新安郡，隋开皇年间改为歙州，宋宣和三年（1121）改歙州为徽州，治所在歙县。元改为路，明清又为徽州府，下辖歙县、黟县、休宁、祁门、绩溪、婺源六县。

---

①　基金项目：国家社科基金项目：“中韩儒学发展路径及其现状比较研究”（15BZX067）；教育部人文社科重点研究基地重大项目：明代徽州心学研究（15JJDZONGHE002）。

徽州文化指的是原徽州属下歙县、黟县、休宁、祁门、绩溪和婺源等六县所出现的既有独特性、又有典型性，并具有学术价值的各种文化现象的总和，其主要内容有新安理学、徽州商帮、新安医学、新安文献、新安画派、新安宗族、谱牒、徽派朴学、徽派版画、徽派篆刻、徽派建筑、徽州盆景、书院、方言、民俗、戏剧、土地制度、佃仆制度、契约文书以及徽墨、徽砚、徽菜等。

徽州文化底蕴厚实，内涵丰富，素有“东南邹鲁”“程朱阙里”“文献之邦”之称，堪称是中国封建社会后期文化的标本。尤其是数千种方志、家谱和文集等各种文献，以及近万处各种地面文化遗存，为徽州文化全面深入研究，奠定了雄厚的物质基础。徽州文化根植于徽州本土，具有鲜明的地域文化特征，同时它贯穿着儒家文化，成为传承儒家文化的典型。

一、徽州被誉为“程朱阙里 ”的由来

徽州自南宋以来就被称为“程朱阙里”“东南邹鲁”，足见受儒学影响之大。为什么徽州被誉为“程朱阙里”“东南邹鲁”？首先是二程、朱熹的祖籍均是徽州。据清《河南程氏正宗世系谱》记载，二程一世祖为东晋新安（即徽州，晋称新安郡）程元谭。又据明洪武十九年（1386）《新安程氏族谱》载，自元谭起二十八世而有程泽，因避唐末之乱，举家北迁中山博野（今河北博野县）。自程泽起三传而为程羽，即二程高祖。程羽因佐宋太宗赵光义有功，被赐第京师泰宁坊，遂移居开封。曾祖程希振又从京师迁至洛阳，自此，二程为洛阳人。朱熹之父朱松为徽州人，宋徽宗政和八年（1118），朱松授南建州政和尉，朱熹遂出生于福建尤溪。故高攀龙曰：“程夫子生洛，朱夫子居闽，人知三夫子洛、闽相去之遥，不知两姓之祖同出歙，又出篁墩之撮土也。”①

其次是程、朱等圣贤发扬光大儒学：“吾夫子生尼山，而颜、曾、思三大贤非出其家即出其乡，七十二弟子大抵鲁人为多，至孟氏道益大明。……孟氏之后圣学不传。千四百年重开于周子，光大于程、朱。”②《紫阳书院志》云：“孔子没而微言绝，异端蜂起，百家争鸣，历汉唐以来，鲜有能发其精蕴者。有宋之兴，周、程、张子并世而出，邪说排斥，正学昌明，而其于天人性命之

①② 〔宋〕赵滂：《程朱阙里志·原序》，明万历刊本。

故，诗书礼乐之文，考古证今，毫厘必辨。则至紫阳朱子而后集其成。”[1]《新安学系录》亦云：“孟子没而圣人之学不传千有余岁。至我两夫子始得之于遗经，倡以示人，辟异端之非，振俗学之陋，而孔孟之道复明。又四传至我紫阳夫子，复溯其流，穷其源，折衷群言，集厥大成，而周、程之学益著。”[2] 最后，徽州儒风盛行。“新安为程子之所从出，朱子之阙里也。故邦之人于程子则私淑之，有得其传者；于朱子则友之、事之，上下议论，讲劘问答，莫不允然，各有得焉。嗣时以还，硕儒迭兴，更相授受，推明羽翼，以寿其传。由宋而元，以至我朝，贤贤相承，绳绳相继，而未尝泯也。”“新安介万山间，而中兴绝学之大儒与夫左右之者，胥此焉出，殆乾坤气运之所关，山川英灵之攸钟也，岂偶然哉，昔人谓之东南邹鲁。”[3]《茗洲吴氏家典》亦云：“我新安为朱子桑梓之邦，则宜读朱子之书，取朱子之教，秉朱子之礼，以邹鲁之风自持，而以邹鲁之风传子若孙也。”朱熹祖籍徽州，从父辈才迁至闽。朱子在徽州有不少亲朋好友，生前曾回徽省亲，收授许多门生，并且有多人赴闽随朱子学习，所以朱子理学思想在徽州广为传播。据有关史料记载，朱子曾三次回徽省亲。第一次在绍兴二十年（1150）春，“朱子二十一岁始归婺源省丘墓宗族”。第二次在淳熙三年（1176）二月朱子 47 岁，归婺源省先墓，“取道浦城，自常山、开化趋婺源，蔡元定从。日与乡人讲学于汪氏之敬斋，至六月乃去。有归新安祭墓及告远祖墓文，又作茶院朱氏谱后序”。第三次在庆元二年（1196）九月朱子 67 岁归婺源省墓，“讲学于郡城天宁山房”。[4] 朱子每次回徽，都应友人之邀讲学授徒。据《新安学系录》记载，朱子在徽州的门人就有程洵、滕璘、滕珙、吴儆、汪会之、祝直清、程先、汪清卿、许文蔚、吴昶、谢琎、程永奇、程珙、李季子、汪楚材、祝穆、汪莘等人。《紫阳书院志》还为其中杰出者立传：“文公归里乡，先正受学者甚众，今论定高第弟子十二人列于从祀，义应各为列传。然圣人有取于述而不作，故凡诸贤行实有前人志状家乘者仍之，或冗长则遵伊洛渊源例略节之，阙者补之，不复署名。有遗事间增数行为附录，传首则称先生。……兹十二君子者，生文公之乡，亲受

① 〔清〕施璜：《紫阳书院志·序》，清雍正三年刻本。

②③ 〔明〕程曈：《新安学系录·序》，安徽丛书第一期影印本。

④ 〔清〕施璜：《紫阳书院志·卷五》，清雍正三年刻本。

业于文公之门，得以配食，岂不伟哉？"① 从上述资料可见，古代徽州不仅是程、朱故里，更重要的是徽人好儒，有私淑程、朱者，有朱子友人与门人，且硕儒迭兴，更相授受，贤贤相承，故徽州被誉为"东南邹鲁"。

由于徽州受到儒学的影响非常大，以至于徽州文化的各个层面，都贯穿着儒家思想，这表现了儒学对徽州文化影响的广度和深度。徽州文化的广度，是说徽州文化层面的多样性，包括新安理学、徽商、徽州宗族制度、新安医学、徽州民居、新安画派、徽州朴学等；其深度是说徽州文化每一层面都贯穿着儒家思想。

二、儒学与新安理学

朱熹曾数次回徽州省墓，并在婺源及歙县等处悉心讲学，竭力为家乡培养人才。返闽后，仍与新安士人频繁书信往来，悉心指导为学之要。另外还有不少新安学子赴闽随朱子就学。由此，朱子学在徽州愈益得到广泛的传播，从而形成了作为朱子学又一重要分支的新安理学，将儒家思想渗透到徽州政治、经济、文化等各个层面。在学术层面，程洵、汪莘、程大昌、吴儆、倪士毅、朱升、赵汸、郑玉、汪循、范涞等，是新安理学的重要代表。新安理学在理气学、性理学、易学、宇宙自然哲学、宗法思想、儒家经注以及"和会朱、陆"等方面多有建树，从中不仅可以看到朱子学在徽州发展的状况，同时还可以领略到新安理学继承和发扬传统儒学中的求实求真精神和经世致用的务实态度，特别是对"理"的诠释，体现了对朱子学继承和发展的统一，坚持和创新的统一。

新安理学时间跨度。新安理学派的起始时间应是绍兴二十年（1150）。该年春，"朱子二十一岁始归婺源省丘墓宗族"。这次回徽，就收授程洵、滕璘、程先、程永奇、吴昶等弟子。朱熹在世时曾三次回婺源省墓，每次都逗留数月，收授弟子，从事讲学活动。朱熹以及朱熹的徽州讲友（如程大昌与吴儆）和朱熹徽州的及门弟子，成为新安理学的早期创始人。

新安理学的转型是在清早中期，是以戴震对"理"的批判以及徽派朴学兴起为标志。即是说，新安理学从南宋时期形成一直到清代转型，共经历600

① 〔清〕施璜：《紫阳书院志·卷八》，清雍正三年刻本。

多年的历程。

新安理学地域跨度。新安理学的活动与影响范围，主要是宋元明清徽州所辖婺源、休宁、歙县、绩溪、祁门、黟县，这与该地区的自然地理环境有关。徽州在万山之中，相对封闭，从而形成相对独立的稳定的环境。在这样的环境里，新安学者主要以书院为依托，进行教育与学术活动。如歙县的紫阳书院、斗山书院、师山书院、天都书院、竹山书院等；休宁的还古书院、天泉书院、竹洲书院、西山书院、海阳书院等；绩溪的桂枝书院、槐溪书院、颖滨书院、二峨书院等；祁门的东山书院、白杨书院、全交馆、全交精舍、梧冈书院等；黟县的碧阳书院、松云书院、集成书院、南湖书院等。

除了书院的正常讲学传授外，还制定讲会制度，即“六邑（六县）讲会”。讲会即是学术交流与研讨。讲会有力地推动徽州地区的学术发展。

徽州的书院教育与讲会，促进该地区的学术繁荣。以《皖人书录》记载为例，宋代徽州有著述传世者 131 人，而同时代安徽其他地区共计 113 人，尚不及徽州一地。故徽州有“程朱阙里”“文献之邦”之美誉。

新安理学特质。新安理学在其 600 多年的发展过程中，大体上经历了四个历史发展时期。在其发展的不同时期，虽呈现出不同的阶段特征，但奉朱熹为开山宗师，以维护继承、发扬光大“朱子之学”为宗旨的学术旨趣却基本未变。由于各阶段历史背景不同，面临的学术环境各异，因而形成了各自的特色。

第一个时期为南宋新安理学形成时期。朱熹在世时，曾三次回婺源省墓，每次都逗留数月，从事讲学活动，阐述自己的思想。朱熹去世后，其门人弟子和学友，均以研习传播朱子理学为己任。朱熹的学友程大昌与吴儆，学术造诣高，影响大，与朱熹往来密切，学术交流甚笃。总的说来，南宋时期是新安理学形成时期，新安学者环护在朱熹周围，精研性命义理之学，重在阐发“朱子之学”的学派宗旨。主要表现在三个方面：

一是传承与弘扬朱熹理学。在朱子学中，“理”是核心概念，早期的新安学者，特别是朱子才入门的弟子，对“理”的认识并不深刻，后在朱子的指教下，入理学圣堂。如程洵对理有一个由浅入深、由片面到全面的认识过程。在这个认识过程中，朱子对其指教起了很重要的作用，以至程洵能够认识理的本质，认为，“四时行矣，百物生矣”，其背后的主宰都是“天命”“理”，自然界的发展、运动、变化以及人类社会的发展、运动、变化都有其自身的规律，“不为言之有无而损益”，即不以人的意志为转移。人们认识的任务就是认识、体会“道”或“理”，也就是认识规律。程洵将“理”看成是自然界和人类社会的本源，“理”涵盖一切，并且“理”是客观存在的。在朱子的影响下，程洵成为新安理学大家之一，以至于“凡登程洵之门如出文公之门”。

程大昌的学术特色是坚持理学方向，奉程、朱为正统，在宇宙观、修养论、历史观等理学的根本问题上与程朱相一致。程大昌比朱熹年长数岁，两人常以书信讨论学术问题，感情甚笃。程大昌发挥朱熹的理为万物之源、太极为众理之总的观点，建立了太极生万物的宇宙观，并且在易学研究方面有很深的造诣，尤其研究宇宙生成问题，坚持理学，援道入儒。

吴儆在学术本旨上坚持理学方向，奉程朱为正统，在天道观、历史观、人性论、格物致知等理学根本问题上与程朱相一致。

汪莘初对“文词”有兴趣，后在朱子的指教下，研究儒学与理学，成为朱子在徽州的“高第弟子”。汪莘关于宇宙是有限与无限相统一的思想以及天地交泰的思想，代表了南宋自然哲学的最高成就。

二是注重事功，主张积极入世，这在程大昌和吴儆身上表现更为突出。

程大昌注重事功，主张积极入世、参政议政。程大昌对南宋黑暗的现实和困苦的民生等各个方面都极为关注，对吏治、狱治、军事、财政、农业、教育等各个方面都进行了深入的思考和不懈的探索，不仅在理论上取得了成功，更是以身作则，积极入世，以其非凡的才干，在各个方面都作出卓绝的贡献。此外，程大昌的整个学术特点是平实、朴素。除易学思想之外，涉及政治、历史、地理等领域的思想，都与程大昌的亲身经历有关，都立足于现实和根据具体情况而发，不做形上抽象的思辨，不做玄远空洞的虚论。但这并没有使程大昌的思想显得粗陋，相反，他的思想由于立足于对现实的深入观察上，又从理论上和理学思想相结合，既切中时弊，又具有理论深度，这使得他和专言事功、不言心性的永康、永嘉等事功学派又有所区别。

吴儆的思想以理学兼事功，基于内圣而强调外王。吴儆强烈地关注现实与民生，从恢复大计到吏治、狱治、军事、财政、教育等，都进行了认真的思考和艰辛的探索，不仅取得理论上的成果，更具有非凡才干，且不畏艰难，以身作则。吴儆的思想与行为间的一致性使吴儆的学术具有一种“知行合一”的色彩。此外，吴儆的整个学术具有平实、朴素的特点，无论是理学还是政治、教育领域的思想，都是吴儆根据现实问题和具体情况而发，既切中时弊，又具理论深度，至今仍有现实意义。

三是排佛老，捍卫儒学的正统地位。

朱熹理学深受佛老影响，但为了捍卫儒学的正统地位，必须排斥佛老。朱熹不仅经常批判佛老，而且经常告诫弟子佛老之弊，远离佛老。

朱子在给弟子《答汪太初》书中批评佛老："然间尝窃病近世学者不知圣门实学之根本次第，而溺于老、佛之说，无致知之功，无力行之实，而尝妄意天地万物、人伦日用之外别有一物空虚玄妙、不可测度，其心悬悬惟徼幸于一见此物，以为极致；而视天地万物本然之理、人伦日用当然之事皆以为是非要妙，特可以姑存而无害云尔。盖天下之士不至于学，则泛然无所执持而徇于物欲，幸而知志于学，则未有不堕于此者也。"[①]

朱子弟子滕璘曾一度"所喜释氏之说"，朱子在《答滕德粹》之五指出："释氏之说，易以惑人，诚如来喻。然如所谓若有所喜，则已是中其毒矣。恐须于吾学有进步处，庶几可解。不然，虽欲如淫声美色以远之，恐已无及于事，而毒之浸淫侵蚀日以益深也"。[②] 针对滕璘所喜释氏之说，朱子批评其"已是中其毒矣"，如不立即警觉，"虽欲如淫声美色以远之，恐已无及于事，而毒之浸淫侵蚀日以益深也"。

滕璘也曾一度读庄周书，认为"读庄周书，泛观无害，但不必深留意耳。"对此，朱子给滕璘书信指出："向来相聚，见德粹似于此理见得未甚端的，且尚不能无疑于释子之论。今若更以庄周之说助之，恐为所飘荡而无以自立也。"由于新安理学学者具有排佛老的传统，故佛老之教在徽州一直不得势。正如许承尧所云："此地不尚佛老之教"，其原因是徽州为"文公道学之邦"，"其教泽入人深哉"！[③]

总之，学宗朱熹、发扬光大朱子理学这是当时新安地区的普遍学风。但南

① 〔宋〕朱熹：《朱文公文集》卷四十六《答汪太初》，北京：北京图书馆，2006年。

② 〔宋〕朱熹：《朱文公文集》卷四十九《答滕德粹》，北京：北京图书馆，2006年。

③ 许承尧：《歙事闲谈》第18册《歙风俗礼教考》。

宋时期的新安理学虽推崇朱熹理学，却无门户之见，对其他学派的学说能持宽容乃至接纳态度。如吴儆的理学思想既与朱熹理学有渊源关系，也与张栻的湖湘学派及吕祖谦的金华学派的理学有师承关系，这多少反映出新安理学在其形成过程中对其他学派理论成果有所吸收与借鉴。

第二个时期为元明新安理学发展时期。南宋以降的朱子学被朝廷立为官方哲学，居于显赫的地位，成为士人获得功名的敲门砖。但就朱子学本身发展来说，“朱子既没，天下学士群起著书，一得一失，各立门户，争奇取异，附会缴绕，使朱子之说翳然以昏然”。[①] 故元明的新安学者治学重心是努力探寻朱学本旨，致力于维护朱子学的纯洁性。同时，不满足于一味地墨守门户，致力于学风的转变，力倡独立思考，于是提出了“求真是之归”以及“和会朱陆”的口号，即要求真正明了儒学、朱子学的真谛，发展儒学、朱子学，而不是人云亦云，附声唱和。这一时期的新安理学家大多是朱熹的再传弟子，代表人物有程若庸、陈栎、倪士毅、朱升、郑玉、赵汸、汪循、范涞等。

程若庸建立的理学范畴系统“宗朱”是显而易见的。他对范畴的解释是源于朱熹对范畴的解释，以朱熹的理学思想为宗旨。另一方面，朱熹的理学思想本身具有集前人理学思想大成的特点，对程若庸的理学范畴系统分析可以看出，程若庸对很多范畴的解释，是综合了朱熹及张载、二程等人的思想，字字精要，概括全面，诸如“命”“心”以及“心”“性”“情”三者的关系等等。对少数范畴的解释，程若庸甚至提出同朱熹不一样的看法，来阐释范畴概念，如“道”“器”范畴。朱熹反对以“形上”和“形下”来区分“道”“器”，程若庸则赞同二程的观点，作了“形上”和“形下”的区分。在他的《造化》篇中，程若庸不仅吸收了《易》中的思想来阐释其中的范畴，他还引用了《老子》“一生二，二生三，三生万物”的宇宙生成模式来表达他自己对宇宙生成过程的理解，用易学的思想改造了老子的宇宙生成论。他的哲学思想是“不尽同于朱子”的，表现出了对朱子学的继承和发展的统一。

陈栎学宗朱子，排斥异端，返朱子学本来面目，著述颇丰，阐明性理，有功于朱子学，并影响其后的新安理学家。

倪士毅编著的《四书辑释》，是新安理学发展到元代的重要成果，它全面

---

① 〔明〕程曈：《新安学系录》卷12《陈定宇》墓志铭。

反映了元代新安理学的基本风貌。《四书辑释》一书主要是通过对《大学章句》《中庸章句》的重点分析，对《论语》《孟子》的简要分析，纠正诸儒异说，来传承朱熹思想。“惧儒家之说，乱朱子本真”，目的就是为了捍卫朱子学的纯洁性。

朱升是朱熹的五传弟子，不仅是明朝的开国功臣，同时在学术上也有独特的建树。政治上，朱升从战略高度提出“高筑墙、广积粮、缓称王”的创基立国之策；学术上，做诸经旁注，凸现儒学真谛，返归元典儒学，求真是之归。尤其是提出理是“脉理、纹理”，摒弃程朱理学和陆九渊心学关于理的神秘性和主观性，赋予理的客观规律性，更是对先哲思想的超越。

赵汸作为朱子再传弟子，致力于著书立说、教书育人、传播朱子理学思想，为徽州地区培养了大量的理学人才，从而丰富和发展了新安理学，为新安理学的兴盛作出积极的贡献。其思想反映了新安理学对朱子学的传承，同时体现了元末新安理学流派的典型特征。赵汸重视治经，其原因是元代朱子学在发展过程中出现弊端，尤其是在当时新安学者中严重存在盲目迷信的风气，促使赵汸提出新的治经主张，即“一切以实理求之”。

郑玉治经以义理为旨归，宗朱取陆，不执门户之见，兼采诸儒之长。善于就史事立论，不尚空谈义理，以致用为目的。郑玉解《春秋》有如下特征：一则经传并用，以经为重，兼采诸儒之说；二则宗朱子而不拘执，自成一家之言；三则以经明理，以致用求治。郑玉还比较客观公正地分析朱、陆之学各自的利弊，认为学者应汇两家之长，打破门户之见。郑玉“和会朱陆”的观点影响了当时及后代学者，为理学内部阵营的统一作出一定的贡献。

汪循作为“休宁理学九贤”之一，不仅在政治上有所作为，而且在学术上、思想上也有独特的建树。面对内忧外患，汪循向朝廷提出“外攘内修十策”；学术上，极力反对王阳明“妄诋朱子”，与阳明“数相辩论”，以捍卫朱子学说。

范涞是明朝中后期著名的新安理学家，在“理气论”方面，范涞继承了朱熹“以理为本”的宇宙论思想，坚持了“理在气中”的观点，并且认为“气”是沟通“形上之理”和“形下之物”的中间环节。范涞的“心性论”也基本上继承了朱熹的观点并有所发挥。

此外，在“和会朱、陆”的历程中，徽州学者作出重要的理论贡献。虽然有少数学者如程瞳认为朱、陆之学“早异晚异”，互不相容，但大部分学者都主张“和会朱、陆”。朱升认为，朱、陆所分别主张的“道问学”与“尊德性”的关系是动、静关系，“动而道问学，静而尊德性”，二者是相辅相成，“如寒、暑、昼、夜之更迭而无间”，缺一不可；郑玉认为，朱、陆之学各有优劣，应取长补短；赵汸认为，朱、陆思想“合并于暮岁”；程敏政提出“早异晚同”说。徽州学者的这些观点直接影响了王阳明及其后学。

第三个时期是晚明徽州心学兴盛时期。晚明时期，白沙心学和阳明心学在徽州曾兴盛一时，形成晚明徽州心学思潮。

心学在徽州有一个发生、发展的过程。元末明初，徽州学者致力于“和会朱、陆”，同时也表明陆九渊心学在徽州有一定的影响，如郑玉、赵汸、朱升等，就对陆九渊心学有所研究，主张“和、会朱陆”；明代徽州学者程敏政主张朱陆“早异晚同”，具有明显的心学倾向。尤其是到陈白沙、王阳明心学的崛起，以及晚明白沙后学湛若水与阳明高足邹守益、王畿等，纷纷赴徽州讲学，培养弟子，形成徽州特有的讲会，心学大有压倒朱子学之势，成为这个时期徽州学术的主流。最近新发现的传抄本《新安理学先觉会言》，可见心学在徽州繁荣之一斑。《新安理学先觉会言》为明代韩梦鹏所辑。据《安徽通志·艺文考·子部提要》说，该书有明刻本，但暂无从考，现仅发现民国时期安徽通志馆传抄本一册。

《会言》共二卷，卷一为新安同志会约之序，因当时心学与阳明学盛行，郡有郡会，邑有邑会，乃至一家一族亦莫不有会。而为会约作序者，大都是鼓吹心学的大家，如王守仁、湛若水、邹守益、王畿、刘邦采、祝世禄、潘士藻等。

卷二为主会诸先生之所讲论，如湛若水、罗汝芳、王畿、刘邦采、耿定向、洪垣等。他们或拈四书五经以彰大义，或揭性命天道以阐微言，以弘扬儒学和阳明学。从该书出现的人物以及讲论的内容来看，反映了16世纪中期心学尤其是阳明心学在徽州的传播和兴盛的状况，说明心学是当时徽州学术的主流，这对于研究这个时期徽州的学术走向，是一份难得的宝贵资料。

第四时期为清初新安理学转型时期。晚明的新安理学，因受“心学”的冲击，阐释朱子学不力，整个学派出现萎靡不振的衰落迹象。清初虽出现过复兴朱子学的局面，但也是短暂的。而陆、王心学讲求内省，空谈心性，特别是明亡以后，王学末流被抨击为空谈误国，心学在徽州也无市场。随着清初汉学的兴起，清代的学术研究开始向以求实切理、名物训诂，并崇尚朴实无华的考据学方向发展，即是学术史上的所谓“朴学”。而徽州的学者则是“朴学”的主力，站在这股学术浪头之上的则是徽州休宁人戴震。戴震是徽派朴学的集大成者，他不仅在声韵训诂、名物制度、经籍考证、天算地理研究等方面取得了重大成就，而且创造性地阐发了义理之学，在解构程朱之“理”的过程中，闪耀着启蒙思想的光芒。以戴震为代表的新安学者之所以对理进行解构，是他们继承和发扬了传统儒学中的求实求真精神和经世致用的务实态度，尤其是戴震目睹理学被充当统治者的“忍而残杀之具”，并阻碍徽商经济发展，故必须对理进行解构，还理本来的面貌。新安理学派在对理进行解构的过程中，还体现了对朱子学继承和发展的统一，坚持和创新的统一。

随着戴震等徽州学者对程朱理学的批判，以及清初学术界由“宋学”转为“汉学”这股潮流影响，“徽派朴学”的创立，标志着新安理学向徽派朴学的转型，新安理学终被徽派朴学所取代。

总之，宋明徽州的新安理学，是儒学、朱子学地域化的典范。儒学、朱子学引导着新安理学，而新安理学丰富和发展了儒学、朱子学。同时，新安理学在发展过程中，更彰显徽州地域文化的特色，从而使徽州文化具有理性内涵。

三、儒学与徽商

明清时期，徽商的活动范围“几遍宇内”，所谓“山陬海涯无所不至”，尤其是在江南各地，一向有“无徽不成镇”之说。徽商的一个重要特色是“贾而好儒”，他们或是“先儒后贾”，或是“先贾后儒”，或是“亦贾亦儒”。徽商这种“贾”与“儒”的结合，便是徽商为“儒商”的内在根据。许多徽商在从商之前皆是儒生，他们小时就熟读经史，有较高的儒学修养。只因“士而成功者十之一”，所以，在科举之途上碰壁的读书人就只好“弃儒从贾 ”，即“先儒后贾”，“以儒服贾”。这些儒生虽然改换“贾”服，但对儒学仍情有独钟。他们从现象上看忙碌于商务，但其本质却是“儒”，以“儒”作为内在素质来经商，以儒家的哲学与伦理来指导经商。徽商中“先贾后儒”现象也层出不穷。如清代徽商江春，身任盐业总商长达 40 年，然“老而归儒”“雅好诗书”。他在客居地扬州建起“秋声馆”，广交天下儒士名流，并成为乾隆皇帝的文友，留下了“布衣交天子”的佳话。徽商汪廷榜年轻时从贾，远抵汉江，为汉江波澜壮阔的气势所震撼，于是“归而读书，学文词”，最后中举人。盐商程鱼门，经商致富，但始终心向儒业，到40岁中进士。产生“先贾后儒”现象的原因是多方面的，而其主要原因也许是“儒”与官场有内在联系，能够保护切身利益。所以许多徽商不惜重金混迹儒场以及官场，以谋求政治庇护。

既然徽商对儒学有剪不断的情结，那么他们在从事商务活动中就会自觉或不自觉地以儒家思想来指导。儒家思想对从商有直接指导意义的主要有两点：其一是以“仁”为本的思想。孔子的“仁者爱人”，孟子的“人性善”，可以说是儒家伦理中的核心概念，是对个人德行的最高要求。把“仁”“善”的要领贯彻到经商实践中，就必须坚持方法与手段的合理性与合德性，使经商能达到“至善”的目的。清代歙县商人吴鉌，“平生仁心为质，视人之急如己，力所可为即默任其劳，事成而人不知其德。其或有形格势阻，辄食为之不宁”。他经常谆谆告诫儿子说：“我祖宗七世温饱，惟实此心田之报。今遗汝十二字：存好心、行好事、说好话、亲好人。”又尝说：“人生学与年俱进，我觉‘厚’之一字，一生学不尽亦做不尽也。”①

教导其子孙在经商中要存仁爱之心、宽厚之德，这是经商成功的奥妙之所在。其二是以义统利的思想。儒家的义利观，是把义和利看作既对立又统一的整体。儒家在处理义和利关系时，主张义、利并举。所谓“礼以行义，义而生利，利以平民，政之大节”，就是将义和利统一起来。清黟县商人舒遵刚对义、利关系进行了生动的阐述。他说：“生财有大道，以义为利，不以利为利。”又说：“钱，泉也，如流泉然，有源斯有流。今之以狡诈生财者，自塞其源也；今之吝惜而不肯用财者，与夫奢侈而滥于财者，皆自竭其流也。……圣人言‘以义为利’。又言‘见义不为，无勇’。则因义而用财，岂徒不竭其流而已抑，且有以裕其源，即所谓大道也。”②

就是说，“因义用财”才能开辟财源，使之流而不竭，既收到经济效益，又收到社会效益。可见徽商的义利观来源于儒家思想，见利思义、以义为利，

① 吴吉祜：《丰南志》第五册，《显考嵩堂府君行状》，稿本，1945年。

② 〔清〕谢永泰、程鸿诏：《黟县三志·舒君遵刚传》，同治十年刊本。

正是儒家所要求的。

四、儒学与徽州教育

徽州在魏晋以前为山越人聚居之地，当地山越人过着刀耕火种的生活，经济、文化远远落后于中原地区。西晋末年八王之乱，中原震荡，北方衣冠大族纷纷南迁，其中不少人迁入了四面环山、峰峦叠嶂的新安，儒学与中原文化随之被带进了这块土地。但宋代以前，这里的文化发展缓慢。到了南宋，全国政治经济中心南移，朱熹理学思想在徽州广泛传播，徽州文化得到了迅速发展。徽州的学校官办的有府学、县学、社学；官民合办、以民办为主的有书院；私办的有各地以宗族为主的私塾、义塾等等。以书院言之，宋代徽州共有书院 14 所。其中，北宋时仅有 3 所，其他 11 所均为南宋时所建。元代徽州有书院 17 所，比宋代还多 3 所。明代时，程朱理学得到统治者进一步推崇，徽州书院愈办愈多，共有 48 所。清代徽州书院更增至 54 所。再以社学为例，仅明代徽州六县就有社学 462 所。清康熙时，增至 562 所。私塾、义塾更是处处可见。以至明清时，徽州已形成“十户之村，不废诵读”，“远山深谷，居民之处，莫不有学、有师”的盛况。而在这些地方，“一以朱子为宗”。“凡六经传注，非经朱子论定者，父兄不以为教，子弟不以为学也。”普通徽州人亦认为，“我新安为朱子桑梓之邦，则宜读朱子之书，取朱子之教，秉朱子之礼，以邹鲁之风自持，而以邹鲁之风传子若孙也”。徽州崇尚儒学与程朱理学的一个重要成果是科举考试成绩辉煌。据《明清进士题名碑索引》记载，明代徽州中进士者 392 人，清代 226 人。以上只是徽州本土进士数，不包括寄籍的进士数，如包括后者，人数就更多了。再以状元为例，有清一代，徽州本籍和寄籍状元多达 17 人。本籍状元有金榜、洪莹、黄轩、吴锡龄 4 人；寄籍状元有汪绎、汪应铨、毕沅、潘世恩、吴信中、洪钧、戴有祺、金德瑛、汪如洋、王以衔、戴衢亨、汪鸣相、戴兰芳等 13 人。清代总共有状元 114 人，全国多数省为零，而徽州出了 17 人，占全国总数 15%。再以安徽省为例，清代（顺治至光绪）安徽本省共出状元 9 人，而徽州本籍状元占 4 人，几占一半。总之，随着文化教育的发展，宋代以后，徽州被人们称之为“东南邹鲁”。这里，先后出现了“兄弟丞相”“父子尚书”“连科三殿撰”“十里四翰林”等科举佳话。宋代以后，徽州文化教育的发展，虽有多种因素，但与以朱熹理学为代表的儒学的传播并得到高度重视显然有着密切关系。

五、儒学与徽州宗法制度

儒学对徽州的影响是多方面的，其中还有不可忽视的一点是，儒学对徽州宗法制度的影响。朱熹一生是非常注重维护封建宗法制度的。他曾明确宣称：“君臣父子，定位不移。”又说：“父安父之分，子安子之分，君安君之分，臣安臣之分”，此即“天分”。“天分”即“天理”①，为了维护上下尊卑的封建等级秩序和宗法制度，朱熹除了自己编订《仪礼经传通释》外，还对未完成的《祭礼》《丧礼》等嘱弟子在他死后续完。朱熹所制订的《家礼》，按其自己说法，是“以三纲五常为大体”，旨在“明君臣父子夫妇之伦”“序亲疏贵贱之仪”，它成为徽州各宗族制订“族规”“家典”的主要依据。徽州地区自西晋末年北方大族陆续迁入后，宗族观念逐步得到加强。到了南宋，由于朱熹大力提倡严格区分上下、尊卑、贵贱的“名分”，以及制订朱子《家礼》、修《婺源茶院朱氏世谱》等等，更进一步强化了徽州封建宗族观念。诚如清初休宁赵吉士所言：“新安各姓聚族而居，绝无一杂姓掺入者。其风最为近古，出入辞让，姓各有宗祠统之，岁时伏腊，一姓村中千丁皆集，祭用朱文公家礼，彬彬合度。父老尝谓新安有数种风俗胜于他邑，千年之家，不动一抔；千丁之族，未尝散处；千载谱系，丝毫不紊。”② 自南宋以来，徽州各族无不遵循朱文公《家礼》，在一个宗族里，尊卑、上下、长幼等级极其严格。每一族设有族长、祠长、房长、家长，各族有自己的祠堂、家谱、公产，等等。其中，尤为值得注意的是，徽州的家谱、家乘数量之多、时间之长，为全国之冠。所有这些家谱、家乘都是以朱子《家礼》为依据的。清休宁《茗州吴氏家典序》就明文规定：吴氏“族规”乃“推本紫阳家礼，而新其名曰家典”。清歙人方弘静也说：“郡之久安也，非徒以险阻足恃也。由内之纪纲不弛足以维之耳。纪纲之系于治乱，非世所习言乎？”③ 这里所谓使徽州“久安”的“纪纲”，即朱熹《家礼》中所说的“以三纲五常为大体”“明君臣父子夫妇之伦”“序亲疏

① 〔宋〕朱熹《朱子语类》：卷九十五，北京：中华书局，1994 年。

② 〔清〕赵吉士：《寄园寄所寄》卷十一，清康熙刊本。

③ 〔清〕方弘静：《素园存稿 郡语》，四库全书存目本。

贵贱之仪”等封建伦常。显然，徽州重封建宗族系的传统直接来源于儒家宗法思想。

六、儒学与徽人的民族气节

由于徽州深受儒家文化的熏陶，历代绝大部分士人都注重民族气节。尤其是在外敌当前时，大多都表现出大义凛然、积极御寇、坚贞不屈的高尚情操。当南宋灭亡、元王朝兴起时，不少士人纷纷投入元王朝怀抱，而大部分徽州士人恪守儒家的气节，拒绝元王朝高官厚禄的诱逼，一身正气。如许月卿，做过几任地方官，元兵南下，誓不复出，深居一室，“五年不言而卒”。正如黄宗羲所说：“新安之学，自山屋一变而为风节，盖朱子平日刚毅之气，凛不可犯，则知斯之为嫡传也。”[①] 陈栎，一生勤于治学，“十五乡人皆师之”。元仁宗延祐（1314—1320 年）初，“诏以科举取士，有司强之，乡闱中选，竟不复赴礼部 ”[②]，终不肯失节于元。朱升曾做过短时的池州学正，随即隐居于歙县石门山，日与另一士人戴昂霄以诗文相唱和。朱升不愿事元，昂霄自辟荒园、种橘以自立，劝告族人不得从政。后来朱升投入朱元璋队伍，提出“高筑墙、广积粮、缓称王”的建国方略，成为朱元璋的重要谋士，为明朝开国功臣。

总之，徽州文化的各个层面以及每个层面的各个要素，无不贯穿着儒家思想。而徽州文化的这种特征，无不受到以儒学为代表的中华文化的影响，并且将儒学付诸实践，在实践中传承与弘扬。徽州文化是典型的地域文化，它与以儒学为代表的中华主流文化是密切相关的。儒学是徽州文化的实质，徽州文化是儒学的实践表现形态，二者的关系是地域文化和中华文化的关系，又是辩证统一的关系。即地域文化是中华文化的生动体现，中华文化又影响着地域文化；地域文化丰富和发展着中华文化，中华文化在地域文化的基础上不断地积淀，又对地域文化起着重要的指导作用。

① 〔清〕黄宗羲：《宋元学案 · 介轩学案》，北京，中华书局，1986 年。

② 〔明〕程瞳：《新安学系录》卷十，安徽丛书第一期影印本，1932 年。

弘扬传统君子文化　促进“人的全面发展”

王维生

（厦门筼筜书院创院院长）

摘　要：党的十九届五中全会确定了2035年实现文化强国，教育强国的新时代发展目标。今年两会讨论通过“十四五”规划纲要，其中的一个核心就是“人的全面发展”。文化兴国运兴，教育兴民族兴，文化强国和教育强国的核心是人，是公民的现代化，而人格的现代化又是核心中的核心。君子人格是中华民族的人格精神原型，充分发挥君子文化的教化和引领作用，有助于培养现代君子人格，促进人的全面发展。

一、新发展阶段呼唤“人的全面发展”

党的十九届五中全会提出我国进入了一个新发展阶段。五中全会对文化建设高度重视，从战略和全局上做了规划和设计，并明确提出了2035年建成文化强国，教育强国的发展目标，这是党的十七届六中全会提出建设社会主义文化强国以来，党中央首次明确了建成文化强国的具体时间表。

文化兴国运兴，文化强民族强。实现中华民族从站起来、富起来到强起来的伟大飞跃，必然伴随着中华文化大发展大繁荣，必然召唤着建设社会主义文化强国。

今年两会期间，3月6日下午，习近平总书记看望参加全国政协十三届四次会议的政协委员并参加联组讨论。这是自2013年全国两会以来，总书记第一次参加医药卫生界、教育界联组会。2020年，在制定“十四五”规划建议时，总书记专门召开座谈会，听取教育文化卫生体育领域专家代表的意见和建议。5个多月后，讨论“十四五”规划纲要草案，总书记再同医药卫生界、教育界委员坦诚交流、共商国是，都关乎“人的全面发展”。

“人的全面发展”，是马克思主义追求的崇高目标，也是今年全国两会审查和讨论的“十四五”规划和2035年远景目标纲要中的一个关键词。在现代语境下的健康人有两个基础含义，一是身体健康，这对于每个个体都非常重要，但不是本文要讨论的；二是人格健全，这也是实现“人的全面发展”的题中之义，本文着重讨论人格健全这个问题。

人格健全是人的全面发展的重要标志或称要素，文化强国和教育强国的核心是人，是公民的现代化，而人格的现代化又是核心中的核心。在中国传统文化中，优秀人格的典范，儒家称之为“君子人格”，中国传统文化中具有丰富的君子文化资源，充分发挥君子文化的教化和引领作用，有助于培养现代君子人格，有助于促进人的全面发展。

二、弘扬传统君子文化，促进人的全面发展

中国传统哲学研究天、研究地、研究自然、研究道，但其核心是研究人的问题，而人的问题核心则是理想人格的建构。人格，“是指人与其他动物相区别的内在规定性，是个人做人的尊严、价值和品质的总和，也是个人在一定社会中的地位和作用的统一”。“一切文化，最后都沉淀为人格。”（荣格语）我们大家努力在学习各种知识，努力在修行，最终都是为了塑造一个更好的自己，提升生命的维度。

作为儒家的道场，中国历史上书院的诸多功能最终也都指向一个终极目标——培养人，培养什么样的人呢？——“君子”。在中国书院的千年历史中，书院传播“君子之学”，培养“君子人格”，是其根本要义。做一个君子，是中国古代读书人的终极目标和信仰。

从某种意义上讲，儒学的本质就是君子之学，儒家教育的本质就是君子人格教育。在新发展阶段培养“新君子”人格，促进人的全面发展，这也是儒家的“成人”教育思想的现代体用。“成人”教育是儒家的重要概念，主要体现在于“人文化成”，即通过教化完善个体的人，关注个体发展，重视个体的精神人格，培养美好品德，使人成为真正意义的人和完全的人，即“君子”。所谓“人文化成”之“化”在于“变”，《易传》曰“化而裁之存乎变”，朱熹认为是“因自然之化而裁制之，变之义也”。儒家的学说虽然各有侧重，但

都体现出对理想人格的塑造和追求，通过“修身齐家治国平天下”的实践操作程序完成对如何“成人”的完美概括。

儒家通过“人文化成”达到“君子”式的“成人”教育的思想影响深远，对于当今新发展阶段新君子人格的培养，对于探索新发展阶段社会公民人格教育如何更加科学合理发展，对于促进人的全面发展，仍然具有重要的借鉴价值与研究意义。

习总书记说过，中华优秀传统文化是社会主义核心价值观的根和魂。党的十九大报告提出，“中国特色社会主义文化，源自于中华民族五千多年文明历史所孕育的中华优秀传统文化，熔铸于党领导人民在革命、建设、改革中创造的革命文化和社会主义先进文化，植根于中国特色社会主义伟大实践。”“深入挖掘中华优秀传统文化蕴含的思想观念、人文精神、道德规范，结合时代要求继承创新，让中华文化展现出永久魅力和时代风采。”

3 月 22 日下午，习近平总书记在福建武夷山市考察朱熹园时指出，如果没有中华五千年文明，哪里有什么中国特色？如果不是中国特色，哪有我们今天这么成功的中国特色社会主义道路？我们要特别重视挖掘中华五千年文明中的精华，弘扬优秀传统文化。

因此，在新发展阶段培养全面发展的人，要善于从传统文化里面吸收精神养分，其中最主要、最直接的文化资源、精神来源，就是君子文化资源和君子人格。君子人格是中华民族的精神原型，我们现在所要做的是，唤醒、回归，创新、转型与超越，以助力社会主义核心价值观建设和培养全面发展的人。

三、君子文化必须与时俱进，君子人格应有创造性转化与超越

当今社会，复兴儒学的主要社会功用之一就是培育具备君子人格素养的社会贤良，通过君子人格的道德典范引领社会风尚，重塑道德人心，促进人的全面发展。但是，由于时代的变迁，传统君子人格的文化基础已发生根本性的改变，因此，君子文化也必须与时俱进，君子人格必须有创造性转化与超越。

（一）传统君子人格的文化基础改变了

传统君子人格的文化基础即传统文化诞生于农耕文明，决定着其特点是自然、内在和封闭的。今天进入 21 世纪，进入新发展阶段，君子人格的文化基础有着根本性的变化，主要表现：

一是时代变了、文化基础变了

——黄色文明——蓝色文明——太空文明

——农耕文明——工商文明——全球化互联网时代

二是生活方式、生产方式变了

——聚族而居——都市城镇——地球村

文化基础的变化，意味着人格文化必须与时俱进，必须有创造性转化与超越。

（二）传统君子文化存在的结构性缺陷必须矫正

中国传统的君子文化在几千年的发展演变过程中，在核心价值体系，发生了巨大且致命的变化，这个变化表现在要素丢失、比例失调、结合失当等与时代发展要求不符的“结构性问题”。比如：知行脱节，义利脱节，乾坤脱节，礼义仁智信与刚强勇毅新脱节等等。正因为知行脱节，所以今天要提倡知行合一；正因为义利脱节，所以今天要提倡义利结合；正因为乾坤脱节，所以今天要提倡“自强不息”精神与“厚德载物”精神的结合；正因为过于强调礼义仁智信，而忽略刚强勇毅新等，造成偏颇等等。

大家都知道，《周易》特别推崇两种道德精神：一是“自强不息”；一是“厚德载物”。《乾・大象》提出，“天行健，君子以自强不息”；《坤・大象》提出，“地势坤，君子以厚德载物”。这二者也是儒家对君子人格的最根本的要求，同时这二者也是相互对应，是互补的。《乾》卦强调乾乾夕惕的自强不息精神，《坤》卦强调宽容，顺从，但它是有原则、有目标、有理想的宽容与顺从，是立足于“自强”精神之上的，需要以“自强刚毅”的精神为之支撑，方有可能成功。而“自强刚毅”也需要有温柔敦厚、厚德载物的精神为之辅益调剂，才可能完成开创宏伟事业的功绩。故《系辞》曰：乾知大始，坤作成物。乾以易知，坤以简能。体现了《周易》贯穿全书的阴阳互补、刚柔相济的精神。

我们再转换一下语境，以儒家的语言来阐述，“厚德载物”讲的就是“仁义礼智信”；“自强不息”的表现就是“刚强勇毅新”。但是，在很长一段时间里，我们所看到的都是讲“仁义礼智信”，很少提及后者，这就造成了要素丢失、结合失当，就会看到失去“自强刚毅”的精神为之支撑的儒者或君子的形象，柔弱有余，刚强不足。因此，在新发展阶段弘扬君子文化必须首先促使其核心价值的回归和与时俱进。

（三）君子文化核心价值的回归与和时俱进

君子文化核心价值体系的回归和与时俱进，必须面对未来立足当下。我们既需要儒家的“仁义礼智信”这个厚德载物精神的回归，更需要“刚强勇毅新”这个自强不息精神的回归。两手都要有、两手都要硬。我们要“刚强勇毅新”的回归是要它强大，我们要“仁义礼智信”的回归是要它回位恰当。而且，两者的回归与回位都必须与时俱进、必须进行符合时代要求的创造性转化。两者必须按时代要求去完善自己单独方面的内部结构，还需完善两者之间的结构，做到比例恰当、有效结合、落到实处。

这个创造性转化与超越，需要正确吸收人类现代文明中的优秀核心价值理念，比如科学精神、进取精神、务实精神、平等自由精神等等，并融入中华美德体系；更必须与社会主义核心价值体系高度融合，必须同马克思主义立场观点方法结合起来。如此正确的有效结合，构建“刚柔相济，柔攻强守”的人格特质，培养健全而优秀的人格，将有助于新发展阶段“人的全面发展”。

燃烧学视域的文明基因

——黄土高原史前用火成就考察

钱耀鹏

（西北大学文化遗产学院教授）

人类的文明化进程取决于思想意识，取决于人类对客观世界（包括人类社会）的认识，亦即取决于人类内在的适应环境的主观能动性。但能动性不等于主动性，人类适应环境的能动性往往基于生存需要导致的外源性刺激作用，被动性和激发性特征甚为明显。黄土高原特定的地理位置和环境资源特征，必然塑造出特定的文化创造成就。从辩证唯物主义的观点来说，人类反作用于客观世界的技术进步结果，必然源于先期实践认知的思想进步，但技术进步的客观结果又可在反复实践过程中反作用于思想进步，并在社会因素的综合作用下引发制度进步。

在人类进化及文化发展史上，石器制作开启了技术创造的伟大历程，但持久影响人类历史进程的技术因素似乎莫过于用火。从利用天然火到人工取火，从木材到化石煤炭、金属及高聚物等燃料开发，从人身安全、炊事取暖到烧制陶瓷、玻璃乃至冶金以及热动力学应用领域的不断拓展，无不体现出用火技术绵延不绝的深远影响。考古发现表明，半干旱半湿润的温带气候以及黄土堆积丰厚的环境资源特征，塑造出黄土高原地区相对突出的史前用火成就，初步奠定了中国古代陶瓷及青铜冶铸等领域的燃烧学文明基因。

一、木材燃烧原理与燃烧特点

从燃烧学的角度来说，常见的固体燃料包括木材、煤炭、金属、高聚物等。姑且不论金属和高聚物燃料，就是煤炭类化石燃料的应用历史也是相当有限的。相对而言，木材的可获性和易用性最为突出，不仅是历史最为悠久的固体燃料，而且也是当代极为常见的日常生活现象。然而，习以为常的生活现象往往限于经验性的实践感知，并聚焦于燃烧行为的直接目的，极少关注燃烧现象所导致的其他结果。而用火遗迹或痕迹所承载的燃烧结果，多在日常生活的关注视野之外。因此，通过用火遗迹或痕迹考察古代的用火技术，必须以木材的燃烧原理和燃烧特点为基础，否则就很难准确把握用火技术水平及其突出成就。

木材的燃烧原理：木材的组成元素主要为炭（C）、氢（H）、氧（O），另有少量氮（N）和其他元素。基于这些元素的混合物成分主要为纤维素和木质素，另有少量蛋白质、脂肪、树脂和灰分等。而热作用可以使这些混合物成分发生化学分解反应，并生成多种可燃气体和木炭等，属于高熔点有机混合物。因此，在干燥、高温及富氧条件下，木材可以产生分解燃烧和表面燃烧现象；但在潮湿、低温或贫氧条件下，木材还会产生阴燃现象。

木材的燃烧过程：既可简单概括为干燥准备、有焰燃烧和无焰燃烧三个阶段，也可细分为加热升温、热分解、着火、燃烧和燃烧蔓延五个阶段等。原因在于研究目的或应用范畴的差异，如热力学、消防等。干燥准备就是通过外源性热作用促使木材中的水分蒸发，当温度达到150—200℃时木材开始分解，产生水蒸气（分解物）甲酸、乙酸和二氧化碳等气体。有焰燃烧就是加热至200—250℃时木材开始炭化，从而分解出少量水蒸气及一氧化碳、氢气、甲烷等气体，并伴随有闪燃现象；当温度达到250—280℃时，木材分解加剧，从而产生大量一氧化碳、氢气、甲烷、乙烷、乙烯、醛、酮等可燃气体，形成稳定的有焰燃烧，直到完全分解为止。表面燃烧就是分解的可燃气体开始减少时，氧气逐渐扩散到炭质表面进行燃烧，分解终止而不再析出燃气时则完全转为无焰燃烧，直至熄灭。

木材的燃烧特点：一是燃烧过程复杂，燃烧过程伴有干燥、蒸发、分解、炭化等多种现象，燃烧状态包括有焰燃烧、无焰燃烧和阴燃等多种类型。二是燃烧性能稳定，木材燃烧过程中不会出现软化和熔融现象，加之导热率甚小，燃烧总是由表及里进行，所以较大的木材燃烧一段时间后仍具支撑力。完全燃烧的产物主要是 CO_2 和 H_2O，燃点一般为 240 ~ 275℃，自然点一般为 410 ~ 440℃，平均热值约为 20000kj/kg（千焦耳/公斤）。三是热值及传播形式多样，有焰燃烧温度相对较低，但传播性能良好；无焰燃烧温度相对较高，但传播性能较差；阴燃温度较低且传播性能较差。

根据燃气和助燃气比例即燃助比，同一种火焰还可进一步区分为中性焰、贫燃焰和富燃焰三种类型。中性焰也称化学计量焰，是指供氧量等于需氧量的燃烧状态，即燃助比等于化学计量比；完全燃烧的产物既无剩余氧气也无缺氧所导致的一氧化碳等还原性气体，因而不具氧化或还原性能。贫燃焰是指燃气流量小而助燃气流量大的燃烧状态，燃助比小于化学计量比，火焰燃烧呈现贫弱状态，兼具氧化气氛。富燃焰是指燃气流量大而助燃气流量小时的燃烧状态，燃助比大于化学计量比；火焰中含有大量未燃烧的基团或官能团，具有较强的还原性能。

影响木材燃烧的因素：一是木质密度，因为密度越大，木材的导热性能就越好，表面温度的上升就越慢，热分解及燃烧速度则会随之降低。二是含水量，因为水分含量不仅可以增大木材的导热率，同时也需要通过吸收热量才能得以蒸发，而水蒸气又会降低氧气和可燃气体浓度，所以含水量越大就越不容易热解着火。三是比表面积，即单位体积或单位质量物料所拥有的总面积，木材的比表面积越大，单位体积的受热量就越大，就越容易热解着火；又因比表面积越大，与氧气接触的面积也就越大，所以燃烧的速度也会随之加快。

二、钻木取火及火种保存原理

从实践认知的难易程度来说，肇始于旧石器时代早期的用火技术，理应始于天然火种。虽然天然火种导致了用火技术的发生，但如《左传·宣公十六年》所言："凡火，人火曰火，天火曰灾。"亦即对于人类在内的所有地球生物来说，任何一次天火都可能是灾难性的。因此，人类虽然掌握了用火技术，但趋利避害也应是人类长期渴望实现的目标。从考古发现和史籍记载来看，人类较早掌握的人工取火技术，当以钻木取火最为普遍。至于欧洲旧石器时代以黄铁矿石和燧石为核心的击石取火技术，抑或基于原料的可获性而不具普遍性意义。

中国古代以钻杆（可含绳索或木弓）、钻火板及引燃物构成的钻木取火技术，其发明者屡见于史籍记载。或归之于燧人氏，如《古三坟·太古河图代姓记》《韩非子·五蠹篇》等；或归之于炎帝，如《淮南子·泛论训》《论衡·祭意》；或归之于黄帝，如《管子·轻重戊》；或归之于伏牺，如《太平御览·皇王部三》引《河图》。众说纷纭，莫衷一是。无论如何，钻木取火技术的发明能与传说中的“圣人”紧密联系在一起，足见人工取火意义之重大。

无论钻木取火还是阳燧取火（即《礼记·内则》所谓木燧和金燧），抑或是击石取火（铁质火镰、燧石、引燃物）等，古代人工取火技术的易用性均不十分理想。直至近代以来火柴的发明与普及，才逐渐引发了人工取火技术的革命性变化。显然，古代人工取火技术发明的核心意义，当在于火种的获取不再依赖灾难性的天火。事实上，无论哪种人工取火技术，都存在不同程度的应用局限。尤其基于摩擦生热原理的钻木取火技术，未必每次都能获得成功，明显具有耗时费力的应用缺陷。因此，即便人类发明了人工取火技术，火种保存依然是用火技术不可或缺的重要内容之一。

仰韶文化居住性房屋建筑的室内灶址后部，时常设有倾斜状的火种坑，有时火种坑内还置有陶罐即火种罐。这种火种保存遗迹及应用技术，是黄土高原地区颇具特色的用火技术之一，为其他地区所罕见。而火种坑（罐）的应用一般当以表面燃烧的炭质燃料为填充物，通过减小比表面积、增大燃助比减缓燃烧速度，从而达到保存火种的目的。但仰韶文化之后，火种坑（罐）在黄土高原地区也逐渐趋于消亡，原因可能在于火种保存技术本身而非其他。史籍所谓“束蕴请火”的本义应在于“束蕴蓄火”，类似于当代俗称的“火约子”。《说文》释“约”［yāo］为“缠束也”，因而“火约子”不宜写作“火葽子”。

三、半封闭小环境燃烧的意义

无论炊事还是取暖，室内生火都存在排除烟尘的问题。如果不把木材燃烧限定在半封闭的小环境之中，较大的室内空间不易与室外形成明显的温度差，即便屋顶设有通风的天窗，基于空气对流的排烟效果也是非常有限的。仰韶文化中晚期以来，在室内营建半封闭小环境的炉灶，并通过烟囱上下端口高差，极易形成温差较大的对流现象。即可有效排除烟尘，又可充分利用燃烧的热量。

尤其具有半封闭小环境燃烧特征的史前陶窑，不仅集中体现出黄土高原地区的用火技术水平，也开启了生态文明与可持续发展的技术历程。因为半封闭小环境燃烧的突出特点之一，就是充分利用燃烧所产生的热量。木材的瞬间燃烧温度不会发生变化，但半封闭小环境有利于热能的积聚，烧制温度随着热能积聚而不断提高。其结果就是既可提高陶器的烧成温度，也可显著节约木材的使用量。

尤其黄土高原地区，丰厚的黄土资源及其所拥有的垂直节理特性，有别于南方及黄河下游地区的黏性土壤，非常有利于史前人类持续探索更加合理的陶窑结构，提升陶器烧制过程中的用火技术水平。

四、还原烧制技术的经验积累

仰韶文化之后，黄土高原腹地的陶器颜色由红转灰，而颜色变化的背后实则是由氧化转变为还原的烧制技术变化。即陶土中的铁元素完全氧化后（三氧化二铁 Fe_2O_3呈棕红色或黑色粉末，俗称铁红），陶器便呈红色；若被完全还原成氧化亚铁（FeO 呈黑色），陶器颜色便呈黑色；若部分还原成氧化亚铁，则陶器颜色呈现灰色。比较而言，烧制灰陶的过程控制和技术要求更为复杂一些。

具体来说，封闭烟道口并添加湿木材，可以生成大量的一氧化碳而呈强还原氛围，并利用燃烧产生的烟尘造成渗碳现象，生产出黑陶或黑皮陶。渗碳工艺是基于木材的挥发分在不完全燃烧或高温热解时的产物，其中 50% 的成分是碳（炭黑）即单质碳或谓游离碳，粒径一般小于 0.5 乃至 0.1 微米（μm）。通过渗碳可以增强陶器微结构的致密度，提高陶器烧制质量。部分或全部封闭烟道口以控制进气量，促成富燃焰燃烧，也可营造出还原氛围，陶器颜色由红变灰，但缓慢降温一般不会改变陶器微结构。

灰陶致密度的提升并非源于渗碳工艺，而是源于洇窑工艺。即洇窑工艺不仅可以营造出弱还原氛围，也可提高陶器的致密度。渗入或注入窑内的液态水，经高温作用而为气态水。当水蒸气遇到残留于火膛的炽炭，便会生成低热值的水煤气，其主要成分为 CO 和 H_2，而一氧化碳和氢气均具可燃性和还原性能（弱还原氛围下还原部分氧化铁而为灰陶）。其化学反应式为 $C+H_2O$（g）→（高温）$CO+H_2$（g 表示气态水）。正是由于水煤气的生成，所以高温状态下的湿煤比干煤燃烧更旺，故日常生活中煤炭燃烧常用此法。与此同时，渗水过程还可一定幅度地导致窑内温度骤降现象，降温过程并不均匀。根据热胀冷缩原理，渗水所产生的温度骤降现象，难免会使陶坯微结构产生一定程度的收缩，从而更加致密坚硬。“秦砖汉瓦”的工艺技术之源当在于此。

五、木炭燃烧特征的实践感知

从木材的燃烧原理和燃烧过程来说，人类认知木炭及其燃烧性能并非难事。即木材在不完全燃烧或者完全分解后终止燃烧，就会形成木炭。

无论是自然火灾还是人为失火，时常都会有燃烧不充分的木炭残留。姑且不论灶址附带的火种坑（罐），就是仰韶文化常见的木骨泥墙房屋建筑，失火后墙内的木骨往往会因缺氧而分解为木炭。尤其甘肃秦安大地湾遗址仰韶文化早期的陶窑 Y204，火膛尾端下部还留有孔洞，可能就是为了掏出完全分解后炭质本体，以便终止燃烧而为木炭。

在烧制陶器尤其烧制石灰的过程中，人们比较容易感知木炭的热值及燃烧性能。复合结构陶窑即火膛与窑室实现空间分离后，陶器烧制技术得以彻底改变。其中火膛成为放置及添加木材的固定场所，烧制陶器主要依赖燃气产生的火焰。由于可通过火膛持续添加木材以延长烧制时间，火膛就成为炭质表面燃烧之所。其结果就是火膛及连接火膛的火道前部，往往因高温而出现玻璃纸“窑汗”现象。与此相反，火焰所及的窑室中后部则往往呈现烧结程度较低的红烧土。

龙山时代以来，以黄土高原为核心，又在陶窑的基础上创造出专门烧制石灰的石灰窑。石灰窑与陶窑的结构略有不同，主要由进气口和窑室两个部分垂直构成，没有专门用于燃烧的火膛，亦即燃料和石料混置于窑室。在烧制过程中，虽然木材燃烧不会出现软化和熔融现象，但热分解过程完成后，随着表面燃烧的持续进行，残余炭质难免也会出现断裂下坠现象，并集中于窑箅之上。其结果就是窑箅及下窑室部分的“窑汗”现象极为严重，而窑室上部则为红烧土。

由此来看，史前人类不难感知炭质表面燃烧的热值远远高于有焰燃烧的燃气。事实上，木炭的热值为 34000 千焦耳/公斤（kj/kg），远远高于木材的平均热值 20000 千焦耳/公斤。就冶金领域的应用实效而言，不仅木炭的热值相当甚或略高于焦炭，而且木炭所含灰分、含硫量、含磷量等均低于焦炭，甚至还拥有碳中和即零排放的优异特性，唯木炭冶金的成本过高。夏商时期青铜冶铸技术爆炸式发展的原因，似乎离不开用火与制陶技术的历史积淀。

总之，人类自学会用火以来，通过钻木取火及火种保存的技术应用，不断加深了对木材燃烧原理及燃烧特性的实践感知。半封闭小环境燃烧的循环对流与热能积聚，尤其黄土高原地区还原烧制陶器技术以及对木炭燃烧特性的实践认知等，不仅奠定了中国古代陶瓷文明和青铜文明的技术基础，同时也通过节约木材燃料而开启了黄土高原生态文明的先河。